건강과 아름다움을 추구하는 모든 남녀노소를 위한

이기수 보디빌딩 피트니스 백과 시합편

KEESOO LEE's ENCYCLOPEDIA of BODYBUILDING and FITNESS: COMPETITION

치과의사 **이기수** 지음

범문에듀케이션

내가 사랑하고 나를 사랑해준
누군가에게 바칩니다.

건강과 아름다움을 추구하는 모든 남녀노소를 위해,
건강하고 아름다운 개인과 사회를 위해

For All the Male, Female, Young, and Old in Pursuit of Health and Beauty,
For Healthy and Beautiful Individuals and Society

이기수 백과 머리말

책 머리말은 저자나 역자가 그 책을 왜 집필하거나 번역하게 됐는지, 그 책이 어떤 과정을 거쳤고 어떻게 구성돼 있는지, 그래서 독자는 그 책의 각각의 모든 부분을 어느 정도로 신뢰하면서 받아들이면 좋고 그 책이 독자에게 어떻게 도움될지를, 포괄적으로, 그리고 집약해서 말해줄 수 있는 가장 중요한 부분이다. 그래서 내가 책에서 가장 비장해지는 순간이 바로 이런 머리말을 쓰거나 읽을 때다.

나는 이 (전체) 머리말을 처음부터 ([마인드편], [운동편], [영양편], [시합편], 이렇게 총 네 편) 본문과 함께 써왔고, 머리말과 본문 공히, 지금껏 여러 해 동안 더하고 빼고 고치고 다듬기를 끊임없이 반복해왔다.

아놀드 백과 & 이기수 백과

2007년 나는 **아놀드 백과**를 우리말로 번역출간했다 (당시에 아놀드 백과 원서(1999)는 그 원판original edition(1985)에서부터 치면 무려 20여 년간 이 분야에서 단연코 세계 최고의 베스트셀러·스테디셀러였지만 국내에서는 그 존재조차 거의 알려지지 않았었다). 나는 아놀드 백과 우리말 번역서가 출간되자마자 이 분야의 수많은 이에게 큰 이슈가 될 줄 알았지만, 초기 몇 개월 동안 조용하다 할 정도로 국내에서는 사람들이 아놀드 백과를 잘 알아보지 못하는 것 같고 내가 체련장에서 직접 열변을 토하며 강력히 권해도 일반인은 물론이고 대부분의 동호인조차 그렇게까지는 생각하지 않는 것 같아 아쉬웠다 (아놀드 백과는 2003년 내가 그 원서를 처음 접했을 때부터 극찬하면서 지금껏 이 분야에서 '남녀노소 할 것 없이'(비록 여자 사진이 많이 나오거나 여자들이 좋아하게끔 예쁘게 생긴 책은 아니지만), '체련장에 첫발을 내딛는 초보·초급자에서부터 트레이너와 선수를 포함한 중급·상급자까지', 그들 모두에게 최우선으로, 그리고 거의 유일하게 권해온 책이다). 나는 이 책 번역출간에 있어서, 트레이너와 선수보다는, 당시의 나와 마찬가지로 이 분야에서의 진리를 아놀드 백과 외의 다른 수단으로는 잘 알 수 없는 일반인과 동호인을 더 염두에 두었지만, 책이 크고 두꺼운 데다, 이름조차 당시의 우리나라 일반인이나 동호인에게는 부담스럽게 느껴질 만한 '보디빌딩'에다 '백과'다 보니 더욱 그런 것 같았다 (비록 이후 아놀드 백과 우리말 번역서는 당초의 내 예상이나 기대보다는 늦게, 나도 모르는 사이에, 자생적인 입소문을 타고 온·오프라인 서점 모두에서 수개월간 품절되는 에피소드를 거쳐, 지금껏 매년 거의 일정한 수의 많은 남녀 동호인·마니아·트레이너·선수가 신규 소장하며 가장 아끼는, 국내에서도 이 분야에서 가장 중심적인 책이 되었지만).

그래서 나는 아놀드 백과를 바탕으로 한 내 운동경험을 토대로 내가 직접 쓴 책을 통해, 많은 이에게 아놀드 백과를 더 잘 알림과 동시에 내가 직접 이 운동을 안내해줘야겠다 싶었다. 게다가, 아놀드 같은 세계 최정상의 보디빌더가

아놀드 백과 & 이기수 백과. 내가 일상적으로 사용하는 약칭으로, **아놀드 백과**는 원서 『The New ENCYCLOPEDIA of MODERN BODYBUILDING』 또는 그 번역서 『아놀드 슈워제네거 보디빌딩 백과』를 가리키고, **이기수 백과**는 이 『이기수 보디빌딩 피트니스 백과』를 가리킨다.

아놀드 백과 원서의 '지은이 머리말'은 작은 글씨로 빽빽하게, 무려 열두 페이지에 이르고, 그 우리말 번역서의 내 '옮긴이 머리말' 역시 작은 글씨로 빽빽하게, 무려 다섯 페이지에 이른다. 그것은 내가 지금껏 봐온 그 어느 책의 지은이 머리말, 옮긴이 머리말보다도 훨씬 더 긴 것인데, 아놀드 백과가 다른 책들과 어떻게 다르고 얼마나 다른지, 그리고 본문에 들어가기에 앞서 아놀드와 내가 각자 독자에게 꼭 해주고 싶거나 해줘야만 했던 얘기가 얼마나 많았는지를 단적으로 보여주는 것이다. 그리고 이 모든 것은 이제 이 이기수 백과에서도 거의 마찬가지다.

이기수 백과는 운동, 영양, 시합 등 **보디빌딩**과 **피트니스** 그 자체만을 얘기하지는 않는다. 몸과 마음은 또는 신체와 정신은 서로 완전히 분리될 수 없고, 어느 하나도 **건강, 심미, 행복, 개인, 사회, 인생** 같은, 우리 삶에서 훨씬 더 중요한 부분과 완전히 떼놓거나 그 부분을 빼놓고는 충분히 얘기할 수 없다. 이 책 이름 선택의 기로에서 끝까지 남은, 이것보다 넓은 개념의 다른 하나는 『이기수 건강 심미 백과』였다. 언젠가 이 백과나 그간의 작업을 바탕으로, 처음에 생각했던 대로 운동 위주의 ([운동편] 핵심이 초간단 요약되고 나머지는 살짝만 더해진), 어쩌면 성별과 연령에 따라 세분화된 독자층마다 거기에 특화된 구성, 내용, 비주얼의 얇고 가볍고 쉬운 책들로도 펴내, 훨씬 더 많은 독자가 그중에서 자신에게 최적인 것을 선택해 더 쉽게 활용할 수 있게 해줄 수 있다면 좋겠다.

아닌, 오랫동안 단순히 웨이트트레이닝 동호인이었다가 아놀드 백과를 통해 동호인과 정상급 보디빌더의 중간쯤 위치하게 된 내 입장에서 그렇게 하는 게 독자에게, 그리고 일반인과 전문인 사이의 상호 이해와 연결 측면에서 더욱 의미 있는 일이라 생각했다. **이기수 백과**는 아놀드 백과 번역출간 수개월 후 그런 단순한 생각으로 '운동 안내서' 정도에서 출발한 게, 여러 해 동안 이렇게 발전해오게 되었다. 사실, 아놀드 백과 번역출간 직후까지만 해도, 내가 이 분야에서 더 해야 할 일은 없을 줄 알았고, 편안한 마음으로 내 본업인 진료에만 충실하면 될 줄 알았다. 비록 갈수록 나 자신이 이 분야의 기술적인 면과 철학적인 면에서 더 진지해졌지만, 만약 당시에 충분히 많은 이가 아놀드 백과를 보고 있다고 내가 느꼈다면, 어떤 주제, 형식, 내용, 분량으로든, 내가 굳이 내 전공이나 본업에서 크게 벗어나 보이는, 그러나 넓게 보면 꼭 그렇지는 않은, 이 분야의 책을 쓸 생각은 어쩌면 지금까지도 들지 않았을지 모른다.

전국의 체련장에서 웨이트트레이닝을 하는 대부분의 사람은, 아놀드 백과를 접하기 이전까지의 나처럼, 자신은 정말 열심히 한다 하더라도, 아는 사람이 보면, 자신의 이유나 목적, 예상이나 기대, 추구방향이나 발달단계에 전혀 맞지 않는 운동을 선택하거나, 운동을 잘못 조합하거나, 운동을 잘못 또는 아주 비효율적·비효과적 실시방법으로 하고 있는 것이다. 감독이나 코치나 팀이 있어 전문적인 지도나 정보를 일상적으로 접하게 되는 전문선수가 아닌 다음에야, 그 어떤 보디빌딩 전문잡지를 일상적으로 보더라도, 아무리 PT(개인지도. personal training)를 받더라도, 총체적인 기본서적이 굳건한 밑바탕으로 자리잡고 있지 못한 상태에서는, 그럴 가능성이 크다.

나는 많은 이가 이 분야의 다른 안내서나 잡지(일반잡지든 전문잡지든), 인터넷, 라디오, TV 등에서의 작가, 기자, 트레이너, (각과)의사 등의 사진이나 동영상, 글이나 말을 접할 때, 그 모든 것에 있어서 적절히 취사선택하고 제대로 이해하고 바르게 활용하기 위해서라도, 어떤 중심서적이 있어야 하며, 아놀드 백과나 이기수 백과가 그런 역할을 가장 잘해줄 수 있다고 생각한다. 이기수 백과는 아놀드 백과와 상관없이 단독으로 봐도 좋은 '자매서'인 동시에, 연계해 보면 더욱 좋은 '보충서'라 할 수 있다.

이기수 백과는, 내가 아놀드 백과 우리말 번역서에 대해 생각하는 것과 거의 마찬가지로, 일반인 또는 이 분야 운동 초보·초급자에서부터 트레이너와 선수까지, 심지어는 기타 스포츠종목 트레이너와 선수까지, 학생에서부터 교수까지, 그리고 환자에서부터 의사까지, 기초적인 신체발달과 가치관 확립이 중요한 10대 청소년에서부터 다이어트 또는 탄력 있고 맵시 있는 몸매를 바라는 성인 여자, 뱃살제거 또는 눈부시게 멋진 근육질을 원하는 성인 남자, 그리고 신체 에너지와 활력을 회복하거나 증진시키려는 고령자까지, 이 모든 남녀노소에게 직·간접적으로 도움되는 '건강 심미 안내서'가 되기를 바라며 쓰는 책이다.

나아가, 이기수 백과는 지금껏 대부분의 사람이 **보디빌딩**이나 **피트니스**에서 떠올릴 법한, 단순히 (미시적인) **운동이나 스포츠 차원**을 넘어, 그것을 포함한 (거시적인) **전인적 의료 차원**에서, 보디빌딩과 피트니스를 중심으로 **건강하**

고 아름다운 개인, 나아가 **건강하고 아름다운 사회**를 총체적으로 추구하고 있다. 이는 보디빌딩과 피트니스를, 목적이나 결과로서 추구하기보다는 건강하고 아름다운 개인과 사회를 위한 수단이나 과정으로서 활용하는 것에 더 큰 비중을 둔 것이라 할 수 있다. 여기서 건강이란 신체적[육체적] 건강뿐 아니라, 넓게는 WHO(세계보건기구)의 정의에서와 마찬가지로, 정신적·신체적·경제적·사회적·감정적 총체로서의 건강을 말하는 것이고, 심미 역시 단순히 신체적[외모적] 심미뿐 아니라, 정신적·신체적·경제적·사회적·감정적 총체로서의 심미를 말하는 것이다.

이기수 백과의 구성

이기수 백과는 크게 [마인드편], [운동편], [영양편], [시합편], 이렇게 네 부분으로 구성될 것이고, 나는 이들을 단 한 권으로 엮을 수 있었다면 이 순으로 배치했을 것 같다. 그러나 결국은 분책하기로 한 상태에서 이들의 집필 완료 순서는 거의 반대로 될 것 같다. 즉, [시합편], [운동편], [영양편], [마인드편].

시합편. 내가 이 분야에서 초보·초급자인 네티즌이나 체련장에서 처음 보는 일반 회원에게조차, '아놀드 백과를 꼭 보라'는 것과 함께, 적극적으로 권하는 한 가지는 '가능하다면 시합출전을 꼭 해보라'는 것이다. [시합편]이 중요한 특별한 이유가 있는데, 그것은 방향감각과 눈높이, 동기유발, 숲과 나무 개념 측면이다. 즉, 어느 시점에 어떤 선택을 하느냐에 따라 어떤 결과가 주로 예상되는지 대충이라도 짐작하면서 자신에게 더 잘 맞는 방향과 목표를 설정하고, 거기에 맞게 적절히 동기부여를 지속하면서, 그 과정에서 크게와 작게는 각각 무엇을 보고 무엇을 놓치지 말아야 할지 알 수 없다면, 한 번뿐인 인생에 너무 아쉬운 일이 아니겠는가.

운동편. 마음 같아서는 [운동편]을 먼저 출간하고 싶었는데, 처음에 이 분야의 책을 쓰겠다고 생각한 주된 이유도 그 부분이고, 더 많은 독자에게 더 폭넓게 도움될 것 같은 것도 그 부분이기 때문이다. 그러나 내가 운동을 위주로 한 책을 더 잘 쓰기 위해 보디빌딩 시합출전을 시작한 것처럼, [운동편]을 더 잘 쓰기 위해서도 [시합편]을 먼저 완성하는 게 나로서는 자연스러운 순서다.

영양편. 일반인의 몸만들기에서부터 선수들의 보디빌딩 및 피트니스 차원에서는 운동 못지않게 중요한 게, 그리고 기본적인 건강 차원에서는 운동보다 더 근본적으로 중요한 게 영양일지도 모른다. 그래서 [영양편]은 심미와 함께 건강에 대해 총체적으로 다루는 [마인드편]과 가장 많이 연결돼 있다.

마인드편. [운동편]과 함께, 내가 가장 써주고 싶은 것은 [마인드편]이다. [시합편]은 더 건강한, 상대적 강자를 더 위한 것이고 (주로 심미증진), [운동편]은 적어도 체련장을 이용할 수는 있는 건강 수준은 되는 사람을 주로 위한 것이라면 (주로 건강증진), [마인드편]은 건강과 심미에 대해 총체적으로 다루기도 하지만, 어쩌면 주로 병약·허약해서 그런 단계에 이르지 못한, 상대적 약자를 더 위한 것이라 할 수도 있다 (주로 질환이나 장애의 예방·치료·재활).

나는 이들 네 부분을 처음부터 동시에 체계를 맞춰 집필해왔지만, 내 모든 상황이 항상 집필에 최적화돼 있는 건 아닌 데다, 첫 출간편인 [시합편] 원고를 마무리하는 데만 최우선 집중하기 시작해서도 전문편집 완성까지 2년도 넘게 걸린 만큼, 전체가 모두 출간 완료되는 것은, 과정이 아주 순조로워도 수년 후의 일일 것이다 (그래서 그 점에 대한 어쩔 수 없는 아쉬움을 어느 정도 벌충하기 위해서라도, [운동편], [영양편], [마인드편], 이들 나머지 부분에 더 적합할 수 있는 내용도 첫 출간편인 [시합편]에 일부 포함시키게 되었다).

이기수 백과의 집필 마인드와 여정

이 백과 집필 과정의 일환으로 2008년 보디빌딩 시합출전을 시작하고 이후 보디빌딩 심판 자격, 보디빌딩 지도자(트레이너) 자격도 갖게 되면서, 시간으로 보나 과정으로 보나 결과로 보나, 참으로 먼 길을 왔다.

나는 어려서부터 감기와 그 합병증인 기관지염·중이염을 반복적으로 심하게 앓으면서 초·중·고 학창시절까지 동급생 중에서는 가장 허약하고 병약한 편이었고 그 일로 병·의원 신세를 자주, 그리고 오래 지면서 자연히 환자 입장에서 건강과 의사(!)에 대한 남다른(!) 생각을 갖게 되었다. 한마디로 '왜 나는 걸핏하면 감기 걸려 목이 찢어지게 귀가 터지게 아프고 병·의원을 수개월씩 다니도록 잘 낫지 않고 나아도 계속 재발하는가, 매번 여러 시간도 기다려 진료받을 때 의사들은 대개 잠깐 코, 목, 귀에 '칙칙' 하고 책상에서 차트, 처방전에 끼적대는 게 다인 것 같은데, 과연 그 처치는 충분히 효과적으로 되고 있고 그 약은 내 병세의 원인과 경과에 적절히 맞춰지고 있는 것일까' 하는 것이었다. 그리고 의사가 자신은 경제적·사회적으로 성공적이라 하더라도 환자의 문제를 확실히 해결해주지 못하는 것은 이기적인 것이라고 생각했다. 그런 이유로 고3 때 대입원서 접수기간에 그간의 생각대로 공대냐 아버지의 바람대로 의대냐 고민스럽던 차에, 아주 어릴 때 밤새 끙끙 앓던 내 치통(유치의 치수염 또는 치수괴사에 의한)이 치과 방문 단 한 차례, 아주 잠깐의 처치로 바로 해소된 (노랗던 하늘이 순식간에 파랗게 변하던) 기억이 문득 떠오르자, 더 생각할 것 없이 '환자의 건강문제를 한 방에 확실히 해결해주는 사람이 되어야겠다'는 단순한 생각으로, 지금의 본업 쪽으로 하루아침에 결정하게 되었다 (비록 당시까지의 제한된 경험과 정보를 바탕으로 내가 의사와 치과의사에 대해 미숙한 판단을 한 면이 강하고, 그것은 내 면역력과 그 질환들의 성격 문제였다는 걸 이제는 잘 알지만, '의료인과 환자와의 관계'에 대한 그때의 그 철학은 지금껏 조금도 약해지거나 달라지지 않았다). 그리고 나 자신이 먼저 건강하고 튼튼해지고 할리우드 영화에서 봐오던 근육질의 남자 액션배우 같은 몸을 갖고 싶다는 단순한 생각으로, 대학입학과 동시에 혼자 동네 헬스클럽에 등록하고 체련장 웨이트트레이닝을 시작하게 되었다.

내가 아놀드 백과를 번역출간하고 이기수 백과를 여러 해 동안 최우선으로 생각하며 집필해오게 된 것은, 내가 특히 30대에 들어 정신적·신체적으로 갑자기 수개월 이상 크게 아픈 이후 그 병세에서 헤어나오거나 그 병세에 다시 들어서지 않기 위해, 이전에 해오다 말다 하던 체련장 웨이트트레이닝에 본격적으로 의지하고, 이후 아놀드 백과를 통해 보디빌딩을 취미나 생활체육 이상으로 진지하게 하게 되면서, 이 스포츠가 일반인이든 환자든 그 누구에게든, 단기적으로나 장기적으로나, 정신적으로나 신체적으로나, 건강에 긍정적 영향을 얼마나 크게 미칠 수 있는지에 대한 내 확신과 그것을 많은 이에게 바르게 전해야겠다는 사명감 때문이라 할 수 있다. 그것은 내 전인적 의료의 연장선에 있는 것으로, 진료실에서의 특정 소수를 대상으로 한 직접적 진료가 아닌, 책을 통한 불특정 다수를 대상으로 한 간접적 진료인 셈이다.

내가 체련장에서 눈에 띄게 적극적으로, 다른 회원들에게 가장 효율적인 운동이나 제대로 된 운동 실시방법(특히 자세와 동작)을 조언하는 회원이다 보니 (10여 년 전, 아놀드 백과를 접한 이후, 순전히 그 이유로 지도자(트레이너) 자격 취득을 염두에 둔 적도 있었지만, 그 필요성이 절실하지 않았고, 그 연수과정을 위한 내 여유시간이나 타이밍도 적절하지 않았다), 책으로 훨씬 더 많은 이에게 한꺼번에 자세하게 알려주고자 하는 동기는 분명하고 강할 수밖에 없었다. 심지어는 내가 내 생애 첫 보디빌딩 시합출전을 준비하면서 내 몸과 내 운동에 완전히 집중해야 할 때조차도, 체련장에서 매일같이 보이는 그런 회원들을 모른 척 지나치지 못하고 바로잡아주곤 했는데, 매번 그러다 보니, 그것은 나로서는 최대한의 시간과 에너지와 노력을 들여 겨우 단 한 명에게만, 그것도 그 회원이 얼마나 준비되었느냐에 따라, 긍정적 영향을 겨우 미칠까 말까 한, 비용효과cost-effect 면에서 너무나도 비효율적인 것이었고, 역시 책을 통해 많은 이에게 한 방에 모든 걸 확실히 알려주는 게 내가 할 수 있는 최선이라고 생각하게 되었다. 그러다 보니 갈수록 머리와 가슴에 넘쳐나는 걸 책으로 풀어내지 않고는 병이 나거나 많은 시간이 흐른 나중에 후회할 것 같았다. 문제는, 그걸 최대한 포괄적으로, 그리고 집약해서 정리된 형태로 줘야겠다는 것이다.

내가 체련장에서 어떤 회원과 바로 앞에서 대화를 나누고 그 회원의 몸을 보고 그 회원이 나아가야 할 방향을 조언하거나, 어떤 운동을 가르쳐주면서 "여기를 이렇게 잡고 발은 이만큼 벌리고 조금 더 떨어져서 팔을 밖으로 돌리면서 해보세요. 제가 한번 해보죠. 그게 아니라 여기를 이렇게..." 또는 다른 표현으로 그 자세와 동작을 수십 번 바로잡아주면서, 그 운동을 정확히 어떻게 해야 하는지 가르쳐주는 것은, 그래서 그 어느 운동도 제대로 해본 적 없거나 수십 년 동안 체련장에서 꾸준히 운동해왔지만 자세나 동작이 어설플 수밖에 없는 남녀노소 초급자조차도, 맨몸 운동이든 중량 운동이든, 그 자리에서 곧바로 잘하게 되어 거의 완벽한 자세와 동작이 되게 하는 것은, 그리고 그렇게 올바른 실시방법으로 단 한 세트만 하더라도 그 효과를 곧바로 실감하게 하는 것은, 나로서는 무척 즐겁고 쉬운 일이다. 그러나 책에서는 그렇게 할 수 없을 뿐 아니라, 불특정 다수를 대상으로, 그 모든 경우의 수를 다 고려해 일일이 글로 정확히 알려주는 것은 지극히 어려운 일이다. 신체에 대해서도 어느 부분, 동작, 방향 등에 대한 정의를 먼저 명확히 해야 하고, 그래서 결국은 의학이나 보디빌딩 전문용어를 다 동원해야 하는데, 그러면 내용이 방대해지고 독자에게는 너무 어려워질지도 모른다. 그러나 그 반대로 하자면 얼핏 간결하고 쉬운 듯 보이지만, 나로서는 자세히 알려주는 것 자체가 불가능해지고, 독자는 아주 기본적인 것조차 정확히 또는 최대한 얻을 수 없다.

내가 이 백과의 초기 형태를 집필하기 시작할 당시, 이 분야의 많은 책이 '3개월 만에 누구나 몸짱 되는 책', '1개월 만에 예쁜 비키니 몸매 만드는 책', '별로 운동하지 않고 다이어트 할 수 있는 책' 같은 제목이나 '1,000만 명이 그 효과를 경험한 책', '연예인 누구를 어떻게 만들어준 책', '강남의 수백수천만 원짜리 프로그램·관리·수업을 집에서 대신하게 해주는 책' 같은 수식어를 달고, 주로 저자보다는 출판사나 기획사에 의해 주도되어, 기획 단계에서부터 불과 3개월 정도 만에 출간되고, 대부분의 독자는 그런 책에 딸려온 화보 같은 사진과 CD 속의 동영상을 보고 열심히 따라 해보지만, 그렇게 1주일을 넘겨 꾸준히 지속하기도 어렵다는 걸 익히 알게 되면서, 그런 책은 "1개월, 3개월을 꾸준히 해야 한다고 했는데, 그러지 않았으니 몸매에 개선이 없는 것이다."하며 변명할 것이고 독자 역시 그렇게 자책하거나 체념할 텐데, 과연 그게 독자만의 탓일까 생각했다. 운동이 왜 중요하고 운동은 어떻게 해야 하는지에서 시작해, 영양은 또 어떻게 해야 하는지, 그리고 운동 등을 중단하게 되는 이유와 그것을 이겨내는 마인드[철학]나 기술을 총체적으로, 그리고 개별적으로 제대로 안내받지 못하다 보니, 독자는 그만큼 운동과 자신의 몸으로 그 효과를 체감하지 못하고, 그러다 보니 흥미는 점점 떨어지는 것이라 생각했다.

나는 허위·과장이나 누구나 하는 비슷한 얘기 없이도, 이 분야의 일반적인 책이나 기타 매체에서 알려주지 못하는 Why(이유, 목적, 효과)와 How(방법)를 누구보다 잘 알려줄 수 있을 것 같았다. 그렇게 충분히 진지하지만 충분히 가벼운 마음과 상당한 자신감으로, 나는 나 혼자서도 집중하면 3개월 만에 일사천리로 책 한 권 뚝딱 써낼 줄 알았고, 실제로 처음에는 상당 부분을 써나갔다. 그러나 이후 내 경험이 더해지고 의식이 발전하면서, 그 글의 대부분은 경험 부족 때의 글이라 별 가치가 없는 것이거나 심지어는 잘못된 것이었고, 일부분은 이 백과 전체의 어딘가에 조금씩 녹아 있는 수준의 아주 작은 부분에 불과한 것이 되었다. 아놀드 백과 번역 작업 때도 처음에 3개월이면 해낼 줄 알았지만, 내가 잘 모르거나 관심 없는 부분도 완벽하게 번역해내려다 보니, 결국은 몰입해서도 1년여가 걸린 것과는 달리, 내가 아는 것만, 내가 쓰고 싶은 것만 쓰면 되니까, 그것보다는 쉽게, 그리고 빨리 쓸 수 있을 것 같았지만, 완전히 그 반대였다. 담고자 하는 주된 내용은 지금과 비슷했더라도, 초기에는 이런 백과 형식도 아니었고 분량은 더욱 아니었는데, 이 정도로 이 집필이 어렵고 힘겨워질 줄 알았더라면, 절대 시작조차 하지 않았을 것이다. 나 같은 성격과 경험과 작업방식의 소유자에게는 너무나 무거운 과제여서, 내 거의 모든 자원(시간, 비용, 노력, 에너지 등)을 쏟아 부어야만 했다.

처음에는 대범한 계획도 세웠었다. 보디빌딩과 피트니스에 관해서는 물론이고 건강과 다이어트에 관한 대부분의 주요 서적을 모두 읽고 내 책으로 집대성해볼 생각이었다. 내가 우연히 또는 의식적으로 접한, 남녀 몸만들기·보디빌딩·피트니스에 관련된 어느 베스트셀러·스테디셀러 실용서·잡지에서도 대부분 하나 이상씩은 느끼거나 건질 게 있었고 (동기유발이든 운동·영양 정보든), 그래서 내가 아놀드 백과를 번역할 때, 그리고 이기수 백과 집필 초기에는 내 용어와 표현, 개념과 체계를, 그리고 혹 내가 빠뜨리면 아쉬울지 모르는 세부항목이 있을까 점검하기 위한 차원으로, 그런 몇 종류의 책을 처음부터 끝까지 살폈다. 그러나 상당수가 비슷한 형식에 비슷한 내용의, 그 책이 그 책으로 대동소이해 보였고, 원론적 개념을 가치판단 없이 나열하거나, 효과 없고 중요하지도 않은 것을 절대적인 양 말하거나, 공허한 얘기나 중복으로 지면을 허비하며 페이지를 부풀리거나, 고유의 철학이나 기술적 방법론은 그다지 없어 보였다. 그러다 보니 다른 책들을 최대한 참고하겠다는 처음의 생각은 차츰 없어졌다. 게다가, 그런 책들을 자꾸 접하면, 그런 책의 좋은 점은 자꾸 차용하려 할 것이고, 잘못되었거나 아니라고 생각되는 점은 자꾸 바로잡아주려 할 것이다. 그래서 최근에는 더욱더, 내 책이 기존의 책과 비슷한 말을 덜 하고 내 책이 산으로 가지 않게 하기 위해서라도, 의학서적에 준하는 운동 관련 서적 등, 특별한 가치가 있다고 생각되는 몇몇 책들을 제외하고는, 일부러라도 더는 이 분야의 다른 책들의 내부는 들여다보지 않기로 했다. 이후에는 주로 의학적으로 접근하게 되었는데, 학부생 때 보던 해부학책을 다시 꺼내 펼쳐봄은 물론이고, 내가 이 집필에 참고할 만하다고 생각되는 해부학, 영양학, 내과학, 생화학, 생리학 등의 최신 의학서적을 기본으로 참고하고, 필요 시 메드라인 의학논문 검색 등 인터넷을 통한 각종 전문자료를 나름대로 비교분석하며 참고했다.

내가 아놀드 백과를 번역출간하고 보디빌딩 시합출전을 시작하고 이기수 백과를 집필하면서, 체련장에서 회원들이 어떻게 바르게 또는 그릇되게 운동하는지, 회원들의 몸 상태가 처음에는 어땠고 장기적으로 얼마나 어떻게 발전적으로 변하거나 거의 그대로인지, 트레이너들이 회원들을 어떤 운동, 어떤 실시방법, 어떤 태도로 지도하는지, 당연히 더 잘 보였다. 물론, 내가 가장 많이 관찰한 대상은 바로 나 자신이다. 워크아웃 중에도 독자에게 어떤 글과 사진으로 더 혜택을 줄까 생각하면서, 내 운동 실시방법이나 운동 전·중·후의 느낌이나 모습 등을 포함해, 워크아웃 도중과 직후에 가장 현실적이고 창조적이고 발전적인 생각이 많이 나고 문맥이 일목요연하게 정리되는 경우가 많기 때문에, 나는 이런 것들을 놓치지 않고 독자에게 전달하기 위해, 그때마다 훈련일지나 심지어는 노트북 등에 곧바로 입력·저장하다 보니, 워크아웃 리듬을 잃거나 한 워크아웃에 엄청난 시간이 소요되는 경우도 허다했다. 체련장 외에서도, 일상적인 인터넷 검색은 물론이고, 출퇴근 동안이나 책상 앞에서나, 머리에 떠오른 걸 항상 메모하고 라디오는 녹음하고 TV는 녹화하면서, 관련 정보를 수집·정리했다. 체련장에서나 시합장에서나 집에서나, 독자를 위한 시청각자료 차원에서 사진과 동영상 촬영도 수시로 하고, 내가 출전하지 않는 시합에도, 멀든 가깝든, 이 백과를 위한 취재(?) 차원에서 선수들을 만나러 갔다.

그렇게 해서 얻은 동영상은 수시로 인터넷 유튜브에 업로드했다. 그리고 책을 위해서는, 방대한 양의 이들 사진을 분류하고 순서별로 정리하고 그 분류 안에서 서로 비교하고, 필요하면 선수들에게 개인적으로 어떠어떠한 사진을 보내줄 수 있겠냐고 하고, 끊임없이 새로 발견되는 그 모든 사진까지 계속 더해(10~20장씩 아주 미세한 차이를 보이는 수많은 사진을 포함해, 내가 이 백과 첫 출간편인 [시합편] 집필 과정에서 검토하고 배제한, 나와 다른 선수들의 운동·시합 사진은 수만 장은 족히 될 것이다), 그중에서 책을 위해 고른 것들을 본문과 잘 병행되게 적절한 위치에 적절한 잘라내기crop와 적절한 크기로 배치하고, 그것을 전문편집 과정에서도 계속 미세하게 조정하면서 많은 시간을 반복적으로 들여야만 했다 (선명하지 않거나 어두운 등, 소위 쨍하지 않거나 색감이 실제와는 달라 보이는 사진을, 후보정해야 할지, 한다면 그 수많은 사진을 얼마나 어떻게 해야 할지 하는 것에도 끊임없는 선택의 문제와 시행착오가 있었는데, 인공적인 왜곡이나 과장을 배제하기 위해, 적어도 내 선에서는 후보정을 전혀 하지 않거나 최소한으로 하는 것을 원칙으로 했다).

이 책이 백과 형태가 되면서부터 최근까지 나는 영문판까지도 생각하며 집필해왔는데, 처음에 [운동편] 위주의, 그리고 이후에는 [마인드편]도 중요하게 더해진 책을 생각했던 것처럼, 결국 한글판으로만 생각하고 우리나라 독자에게 더 집중하기로 했지만, 그 과정에서 특히 [운동편]에서의 수많은 운동 이름을 포함해, 내가 이 백과에서 사용하고 있는 모든 용어·표현·개념·체계가 더 일관성 있고 한·영 표준화되어 더 일목요연해질 수 있었다. 또한, 내가 이 백과 집필을 위해 이 분야의 용어·표현·개념·체계(내가 이 백과에서 다루는 부분에서 이 분야의 학문체계와 상충하거나 내가 놓친 게 있는 건 아닐까?), 심사관점(보디빌딩 및 피트니스 시합에서 심판들이 선수를 심사할 때 일반인, 동호인, 마니아, 선수가 보는 것과 다른 관점이나 철학이 있을 수도 있는 것일까?), 사고체계(트레이너들이 어떤 교육과정을 거치거나 근무환경에 영향받길래 어떤 특정 행동양식을 흔히 보일까?) 등을 더 잘 알고자 하다 보니, 소정의 과정을 거쳐 보디빌딩 심판, 보디빌딩 지도자(트레이너) 자격까지 갖게 된 것도 자연스러운 순서였다. 특히 보디빌딩 지도자 자격 연수과정과 필기시험 공부를 통해, 트레이너 자격시험 준비생을 위해서도, 이 백과에서 다루는 용어·표현·개념·체계가 그런 시험에 도움될지언정 충돌되지는 않게 확실히 할 수 있었다.

나는 아놀드 백과를 통해 많은 지식과 경험을 얻은 만큼, 이기수 백과를 통해 그만큼 많은 걸 되돌려줘야 했다. 나로서는 이 백과 집필이 무척이나 장기간, 무척이나 힘겨워, 아마도 내 일생을 통틀어 가장 힘겨운 작업일 것 같은데, 특정 소수를 직접 대면하고 말과 손으로 하는 내 진료와는 달리, 불특정 다수를 대상으로 글과 사진을 통해 간접적으로 그만큼 잘하려니, 나로서는 거의 불가능에 가깝게 여겨질 때가 수시로 찾아왔다.

처음에 나는 단순히 보통 분량의 책에서 초보·초급자에게 〈팔굽혀펴기〉, 〈턱걸이〉, 〈쪼그려앉기〉 같은 기초적인 맨몸 운동, 〈벤치 프레스〉, 〈랫 풀다운〉, 〈스쿼트〉, 〈데드리프트〉, 〈바벨 컬〉 같은 기본적인 중량 운동을 가르쳐주고 싶었고, 독자에게 긍정적 영향을 더 크게 미치기 위해, 트레이너나 선수 누군가를 운동사진 모델로 섭외하기보다는, 내가 직접 깎인 모습으로 운동을 시연하고 싶었고, 그 목적으로 다이어트를 하려면 시합출전이 최선이라는 생각으로 생애 첫 보디빌딩 시합출전을 준비하기 시작했다. 그때로부터 지금껏 내게 가장 힘겨웠던 것은, 운동도, 시합도, 심지어는 다이어트, 그리고 더욱 심지어는 내 본업과 관계된 그 무엇도 아닌, 바로 이 백과 집필이었다.

나는 이 집필을 하고 있다고, 처음부터 일반인과 동호인(체련장이나 인터넷 카페 회원), 마니아와 선수, 보디빌딩 협회·연합회 관계자 등 누구에게나, 언제나 어디서나, 공개적으로 열렬히 얘기해왔고, 내가 생각할 수 있는 그 어떤 비현실적이거나 천문학적 규모의 불로소득과도 맞바꿀 수 없는 절대가치로 여기면서, 산 넘어 산이 끝없이 펼쳐진 것 같은, 이 장기간의 힘겨운 집필 작업을, 순전히 나 자신만 상당한 정신적·신체적·시간적·사회적·경제적 대가를 치를 수밖에 없더라도, 그것을 감수하고 감내하고서라도 꼭 해내야 하는 위치에 있다고 생각해왔다. 본업과 관련한 어이없는 개인적 불운(진료 자체와는 무관한, 그리고 근본적으로 내 잘못에 기인한 게 아닌)으로 뜻하지 않게 진료를 몇 차례나 일시중지하게 되었을 때는, 그런 개인적 불운과 힘겨운 시간조차 이 백과를 통해 불특정 다수의 독자 개인과 나아가 이 사회에 어떤 식으로든 도움된다는 긍정적 사고로 억지로라도 승화시키고 나 자신을 다독이면서, 이 백과 집필은 지금 아니면 앞으로 절대 할 수 없을 것 같고, 이 백과는 꼭 완성되어 출간되어야 할 것 같았기 때문에, '이번에 몇 개월 집중해서 꼭 마무리해 출간하자.' 생각하거나 책에 쓸 내 (운동이나 시합) 사진을 확보하는 데에 더 큰 뜻을 두고, 진료를 수개월 이상 자발적으로 미루는 것도 다반사였다. 그러다가도, 그 기간이 3개월 이상으로 길어지면, 항상 집필을 생각하며 머리와 가슴은 터질 것 같은데도, 그리고 원고 내용이나 배치 등은 워크아웃(웨이트트레이닝이든 유산소운동이든) 중이나 직후에 항상 새롭게 떠오르고 그게 훈련일지에 메모로 쌓여가고, 그래서 이전의 원고에 보충하거나 이전의 원고를 수정해야 하는 등, 해야 할 업무량은 날마다 늘어가는데도, 그럴수록 오히려 그걸 원고에 쏟아내지 못하거나 원고 상에서 정리하지 못하면서 집필 진도는 거의 나가지 못하고 시간만 흘려보내기를 수없이 반복했다.

그러다 보니 진료를 가장 잘하고 좋아하는 사람이, 진료할 때 날아다니는, 진료가 최고인 사람이, 환자와 치과 식구를 포함해, 내 주변의 모든 이에게 진료로 가장 행복하게 해줄 수 있고, 또 그러고 싶은 사람이, 왜 진료를 못 하거나 안 하면서 이 집필로 생활리듬이나 정신적·신체적 건강마저 해치며 힘겨워하고 있나 싶을 때도 아주 많았다. 나를 찾는 환자, 내가 개원하기만을 기다리는 환자, 내가 어서 진료해주고 싶거나 어서 진료해줘야만 하는 환자가 단 한 명이라도 연락오거나 생기거나 생각날 때마다, 당장 실제적인 진료로 도와주지 못하는 안타까움을 속으로 인내해야만 했다. 그러면 과연 원고를 완성하고 출간은 할 수 있을지 자문하고는 회의적으로 생각하게 되었고, 진료를 쉬다 보니 정신적·신체적으로 건강이 극도로 나빠진 상태에서, 수년간 최우선으로 집중해온 이 집필을 처음으로, 완전히 그만둘 뻔했다.

그러나 아놀드 백과 번역 작업 때부터 지금껏, 나 한 사람이 더 참아내고 더 노력해 더 잘 정리한 책을 통해, 한꺼번에 많은 개인이, 그리고 점차 사회가 그 이득을 누리리라는 비장한 사회경제적인 생각은 변함없었고, 아무리 힘겹고 진도가 느리더라도 어떡해서든 마음을 다잡고 집필에 집중하기로 했다. 정신적으로나 신체적으로나 최고조로 건강하던 불과 얼마 전까지 내가 (물론, 진료와 함께) 가장 자랑스럽고 수년간 가장 사명감 깊게 생각한 당면 최우선 과제였으니까. 그리고 주변에 해놓은 내 말을 지키기 위해서라도.

이기수 백과 일러두기

예사말과 높임말. 이 백과에서 내가 기본적으로 예사말을 쓰고 있더라도, 독자에 따라 적절한 높임말로 생각해주기 바란다. 이 백과에는 많은 이가 등장하며, 이 백과에 대해 내가 예상하고 희망하는 독자층은 10대 청소년에서부터 고령자까지, 이 모든 연령대를 포함한다. 그래서 내가 나, 등장인물, 그리고 나이가 다양한 불특정 다수인 독자, 이들 삼자 사이에서 적절한 높임말을 쓰고자 하더라도 모두에게 딱 맞게 높임말을 쓸 방법이 없고, 글의 간결성과 전달성을 생각해서도 예사말을 선택할 수밖에 없다.

면책조항disclaimer**.** 나는 사실fact과 진실truth을 바탕으로 이 백과를 집필하고 있지만, 이 백과가 다루거나 언급하는 의학, 영양학을 포함한 그 모든 분야와 개별 사안에서 내가 전문가일 수 없고, 근거evidence가 되는 과학·기록·정보·기사가 항상 결정적이거나 불변인 것도 아닌 데다, 말하고자 하는 바가 책에 글로 항상 똑같이 옮겨지는 것도 아니어서, 오류·오해·변동의 여지는 항상 있을 수 있다. 그러나 그것도 극히 작은 부분일 것이며, 논지에도 거의 영향 미치지 않을 것이다. 그러나 그것과는 무관하게, 독자는 이 백과의 어느 부분이든 자신에게 맞게 받아들여야 할 것이다.

영어병기. 중요한 기존 용어·표현을, 그리고 내가 이 백과에서 만들어내거나 정의·정리한 용어·표현·개념·체계를, 독자가 영어로도 알 수 있고 총체적으로 더 잘 이해할 수 있게, 내가 가급적 영어를 함께 적는 것은 필수라 생각한다. 원칙적으로 처음 나오는 말에 대해 한 번 병기하지만 예외도 있다. 하지만 기본적으로는 한글만으로 빠르게 읽어갈 수 있도록 영어병기에는 작고 연한 글씨체를 사용했다.

괄호. 아놀드 백과 우리말 번역서에서와는 대동소이한데, 이 백과에 나오는 ( )는 부연설명이나 (예. 펌프(근육 내 혈류 증가에 의한 근육의 충만감)), 생략 가능한 글자를 나타내고 (예. 저항(력)훈련), [ ]는 동의어거나 (예. 힘줄[건]), 유의어거나 (예. 운동[동작]), 문맥에 따라 치환 가능한 글자거나 (예. 마인드[마음, 생각, 심리, 정신(력), 사고방식 등]), 그 뜻을 나타낸다 (예. 테이퍼진[점점 가늘어지는]). 물론, 예외도 있다.

맞춤법과 띄어쓰기. 맞춤법과 띄어쓰기 규정을 최대한 준수하고자 추가로 많은 노력을 기울였다. 그러나 띄어쓰기는 한글에서 가장 까다로운 부분이라 생각하며, 특히 전문용어, 합성어, 외래어, 외국어, 고유명사 등과 관련해서는 거의 항상 복수의 정답이 가능하다는 생각으로, 보기 편하게 또는 의미 관계와 전체적 통일성을 고려해 달리하기도 했다. 어쨌든, 띄어쓰기는 끝없이 반복적이고 소모적인 과정을 거치면서 수시로 바뀌 정하게 되는 내 규칙에 완벽히 일관되거나 내 기준에 흡족하게 끝내는 것부터 거의 불가능한 일이다. 그러나 무엇보다도, 맞춤법과 띄어쓰기 규정이나 권장사항이란, 모름지기 저자나 독자가 커뮤니케이션에 도움되게 참고할 대상이지, 제한받을 대상은 전혀 아니다.

아주 긍정적으로 생각할 때, 이 모든 게 이 백과를 위해서는 다행스럽게 느껴지기도 한다. 이 책이 어떤 형태와 내용과 분량으로든 이전에 출간될 수 있었더라도, 지금의 내 기준에 부실한, 경험부족으로 어딘가가 아쉬운 책이 되었을 것이다. 그리고 내 개인적 요인 못지않게, 특히 최근 수년간 갈수록 더 나를 힘겹게 하고 이 백과 집필 집중력을 분산시키고 이 백과에 대한 가치감과 의욕을 가장 떨어뜨린 것은, 바로 사회적 요인이었다. 이 머리말을 마무리하고 있는 현재, 그간 걱정스러웠던 우리 사회가 상식과 정의, 민주와 복지 측면에서 최대 위기의 순간을 넘기고 다시 희망을 가져볼 수 있게 된 것을 참으로 다행스럽게 생각한다. 저자로서 최선을 다했고 앞으로도 그럴 테지만, 모자라거나 넘치거나 다르거나 틀린 부분, 혹은 어렵고 복잡한 부분이 항상 있을 텐데, 거기에 대해서는 독자의 양해 바라며 발전적 피드백도 기대한다.

이 백과는 주로 내 경험과 생각을 바탕으로, 보디빌딩과 피트니스, 건강과 심미와 관련된 원리와 비결을 체계적으로 정리한, 내 위치에서의 '대국민 안내서'라 할 수 있다. 내가 (치과)의사이기만 했거나 보디빌더이기만 했다면, 건강하기만 했거나 아프기만 했다면, 성공적으로만 살아왔거나 시행착오와 실패만 거듭해왔다면, 이런 구성과 내용의 백과는 불가능했을 것이다. 나도 꼭 그대로 경험했고 동의하는 것으로, 스트레스나 우울증은 만병의 근원이고, 운동은 스트레스나 우울증에 대한 가장 좋은 대처법 중 하나이자 만병통치약에 가장 가까운 것이라 한다. 당신이 아주 건강할 때뿐 아니라, 몸이나 마음이 아주 아프고 힘겨울 때에도, 이 백과에서 위로와 격려, 용기와 희망, 긍정적이고 발전적인 힌트를 얻을 수 있기를 바란다. 그리고 당신, 당신과 함께하는 사람들, 나아가 당신을 통해 우리 사회까지도 더 건강하고 아름답게 하는 데 이 백과가 도움되기를 바란다.

감사의 말. 이 백과를 위해 많은 도움을 준 출판사 (주)범문에듀케이션 임직원 여러분(실무에서 중심적인 역할을 해준 이재선, 이경민, 박상연, 장훈, 이 분들은 특히)과 이 백과의 전문편집을 맡아준 분들(최재천, 김선예)에게 고마움을 표한다. (주)범문에듀케이션은 나와 아놀드 백과 번역출간 작업을 함께한 (주)이퍼블릭 의학서적 부서의 후신으로, 나는 이번에도 같은 팀과 함께하게 되었고, 덕분에 장기간의 집필에도 출판사와 관련해서는 가장 마음 편할 수 있었다. 시합장과 체련장 등에서 수많은 사진을 찍으며 나와 함께 많은 시간을 보낸 사진작가들, 이 백과에 자신의 사진이 실릴 수 있게 협조해준 남녀 보디빌딩 및 피트니스 선수들, 선수들의 사진을 공유해준 동호인들, 이 백과의 등장인물로도 기여해준 내 훈련 동료들, 그리고 인터넷 카페 회원들, 체련장 회원들과 트레이너들 등, 이 백과에 직·간접적으로 기여하거나 이 백과를 응원하고 기다려준 모든 이에게도 고마움을 표한다. 그리고 그 무엇 못지않게, 치과대학 시절부터 항상 나를 지지해준 대학 선배이자 지도교수 최병주 선생님께 고마움의 뜻을 전한다.

2017년 3월
이기수

시합편 머리말

보디빌딩 및 피트니스 선수 또는 그 지망생에게 책으로는 아놀드 백과가 가장 도움되지만 (아놀드 백과만큼 시합을 실질적이고 구체적이고 방대하게 다루는 책이 내가 알기에는 없다), 아놀드 백과 역자이자 열렬한 예찬자인 나 자신도 수년간 시합출전을 해오면서 많은 시행착오를 하고, 또 그만큼 많은 실험·시험·발견·생각을 하다 보니, 나 자신이 아놀드 백과에 추가해 말해줄 수 있는 게, 갈수록 많아졌다. 비록 지금의 내 생각이나 주장도 앞으로 일부 변화를 겪을 수밖에 없겠지만, 그럴 여지를 최소화하면서 그 모든 것을 이 [시합편]에 최대한 담으려 최선을 다했다.

시합편의 구성. [시합편]은 크게 다음 네 부분으로 구성돼 있다. 1. 시합경험, 2. 포징 원리, 3. 경기종목별 포징, 4. 시합출전. [시합경험]은 [운동편]에서의 [운동경험], [영양편]에서의 [영양경험]과 마찬가지로, 주로 독자의 '동기유발[동기부여]'motivation을 위한, 또는 이기수 백과 전체에서 다루는 모든 내용에 대한 기초적 근거로서의, 또는 도입으로서의 얘기다. 시합경험을 운동경험, 영양경험과 완전히 분리할 수는 없지만, 가급적 시합에 초점을 맞춰보려고 했다. 나머지 세 부분은 주로 '정보전달'을 위한 것이다.

설렁설렁 선수와 정상급 선수, 그리고 독자. 비록 내가 충분히 진지하더라도, 나는 '직업적 또는 전문적' 선수가 아닌 '여가선용 생활체육' 선수인 데다, 이 백과 본문 곳곳에서 어느 정도 얘기되는 것처럼 나는 절대로 몸으로 승부할 수 없게 태어나고 자라오고 사회생활을 해오다 보니, 그리고 그간의 대부분의 운동·영양·시합 과정으로 보나 결과로 보나, 어떤 면에서는 '설렁설렁 선수'일 수밖에 없다. 그래서 독자는 선수로서의 내 겉모습에 혹 동기유발이 약해질 이유는 없다. 게다가, 본문에서 구체적으로 다루겠지만, '커팅'은 물론이고 '컬러링 및 오일링', '탄수화물 로딩', '펌핑' 등에 의해서도 겉모습이 크게 달라지는데, 어쩌면 내 고유의 사정으로, 그 면에서도 나는 성공적으로 해본 적이 거의 없어서 더욱 그렇다.

이와는 반대로, 정상급 선수들의 모습에 혹 기가 꺾일 이유도 없다. 독자는 지금은 설령 애송이baby(아놀드 백과에서 인용)라 할지라도, 이 백과, 특히 [시합편]과 함께라면, 시행착오를 최대한 줄이며 최단시간에 정상급 선수, 그들 이상으로까지 멀리 갈 수도 있을 것이다. 아니면, 그 정도까지는 아니더라도, 대부분의 독자는 나보다 몸의 발달이 덜하겠지만, 나보다 몸만들기나 시합출전에 유리한 여건에 있을 테고, 나보다는 훨씬 더 짧은 기간에 훨씬 더 쉽게 훨씬 더 나은 모습에 이를 수 있는 거의 모든 정보를 이 [시합편]을 통해 단번에 갖게 되었다. 단적으로, 여기에서 말하는 대로, 어떤 중요한 포징 하나를 자신에게서 바로잡기만 해도, 심지어는 당신이 정상급 선수라 하더라도, 당신은 완전히 달라 보이게 될지도 모른다.

2017년 3월
이기수

시합편 일러두기

선수들. 이 [시합편]에는 많은 선수가 등장하는데, 대부분이 최근 적극적으로 시합출전을 해온, 미스터 코리아, 미즈 코리아, 세계선수권대회나 아시아선수권대회 국가대표를 비롯한 국내 정상급 선수들이다. 물론, 이 [시합편]은 독자에게 보디빌딩 및 피트니스 시합과 관련해 제대로 알려주고 이끌어주자는 게 주된 목적이고 선수들을 소개하자는 건 부수적 목적일 수는 있어도 주된 목적은 아닌 만큼, 과거는 물론이고 현재의 국내 정상급 선수들을 총망라하지도 않고, 그게 가능한 것도 아니다.

사진 선택. 나는 이 [시합편]도 최고로 깔끔하게 정리된 사진들로만 구성하고 싶은 게 기본마음이지만, 덜 잘 찍힌 방사선사진radiograph이라도, 없는 것보다는 있는 게 의사와 환자에게 도움되는 것처럼, 덜 좋은 광학사진photograph이라도, 없는 것보다는 있는 게 저자와 독자에게 도움되는 점을 더 중시했다. 또한, 선수들의 사진을 선택하고 배치함에 있어서, 독자는 지면상에서 체급을 초월해 선수들을 비교해봄으로써 더 많은 걸 알 수 있고, 그러면서도 선수들은 단 한 명이라도 불리하게 비치지 않게 하고자 했다.

사진 후보정retouching. 이 [시합편]에 나오는 사진들은, 출판을 위해 정상적으로 필요한, 명암·색감·대조·계조 같은 아주 기본적인 것들을 사진마다 전체적으로 조정하는 수준의, 최소한의 후보정만 거칠 것이다. 당연하겠지만, 나와 선수들을 포함한 누군가의 몸에서 어딘가를 늘리거나 줄이거나 더하거나 빼는 등의 부분적인 수정이나 인공적인 편집은 가해지지 않을 것이고, 기껏해야, 독자의 시선이 심하게 분산되는 것을 방지하기 위해, 어지러운 배경을 단순하거나 깔끔하게 정리하는 정도일 것이다.

사진 설명문legend. 이 [시합편]에 나오는 사진들에 부연돼 있는 설명문에서 처음에 나오는 연도나 시점은 그 사진촬영에 대한 것으로, 그 설명글을 작성하거나 정리한 시점과는 기본적으로 무관하다. 이들 연도나 시점은, 독자가 나를 포함한 선수들의 몸, 포징, 생각 등에서의 변화·발전 과정을 쉽게 알 수 있게 할 뿐 아니라, 동기유발이나 정보 차원에서도 독자에게 도움될 것이다.

나이와 기타 수치. 나를 포함해 이 [시합편]에 나오는 누군가의 나이는, 기본적으로 내가 파악한 그 시점의 연 단위의 만 나이로, 몇 개월의 오차는 있을 수 있다. 내 체중과 체지방률 등의 수치는, 내가 2008년 이후 지금껏 한 체련장, 그리고 그 후신 체련장에서 이용해온 단 하나씩의 체중계, 체성분측정기 상에서, 기본적으로 오전 6~9시 또는 그에 준하는 이른 아침에, 공복 또는 그에 준하는 몸 상태, 그리고 거의 일정한 운동복 차림으로 측정하는 등, 나름대로 표준화하고 그것을 처음부터 끝까지 일관성 있게 지켜온 방식에 의한 것이며, 절대적이지는 않더라도 상대적으로는 충분히 참고할 만한 것이다.

시합편 차례

1장

시합경험

EXPERIENCE OF COMPETITION

아놀드 백과

시합출전을 하다

일러두기. 이번 장 [시합경험]은 2016년 현재 장차 [운동편]이나 [마인드편]에서 첫 장이 될 [운동경험(또는 이 비슷한 제목)]에서부터 시간적으로 이어지는 것이라 할 수 있다. 당연히 시합경험이 주를 이루지만, 운동경험, 영양경험 등도 어느 정도는 연관돼 포함돼 있다.

아놀드 백과

2003년 말, 나는 우연히 외국 인터넷 서점에서 아놀드 백과 원서를 발견하고는, 기대에 못 미치더라도 큰 낭비 아니라는 생각으로, 어떤 책인지 확인하고 싶어 바로 주문했다. 당시에 나는 '헬스'를 하고 있었지만 '보디빌딩'에 관해서는 기껏해야 아주 어렴풋하게 인식하고 있는 정도였고, 아놀드는 내가 고3 때 가장 인상 깊게 본 영화 중 하나인 『람보 III』(1988)의 실베스터 스탤론, 예1 때 내 첫 보디빌딩 안내서에서 가장 인상 깊은 모습이었던 프랭크 제인보다 내게 존재감이 덜했다.

나는 아놀드 백과 원서를 읽으면서 흥분과 감동에 휩싸였다. 세상에 이런 책이 있었다니! 나는 1989년 대학입학과 동시에 동네 헬스클럽에서 체련장 웨이트트레이닝을 시작한 이후 거의 15년간, 이 책의 존재조차 모르고, 일관성 없는 **동기부여**와 낮은 **눈높이**로, 때로는 불명확하거나, 때로는 명확하지만 부정확하거나 심지어는 완전히 반대된 **방향감각**으로, 때로는 미천한 **운동** 지식으로, 때로는 전무한 **영양** 개념으로, 그리고 **시합**에 관해서는 전혀 생각하지도 못한 채, 얼마나 많은 내 자원(시간, 비용, 노력, 에너지 등)을 낭비해온 것인가! 그간 해온 것은 '잘못된 헬스'였지 '올바른 보디빌딩'이 아니었다! 그리고 국내의 수많은 이가 나와 마찬가지 아니겠는가! 나는 아놀드 백과 원서를 읽으면서 '이 책은 반드시 국내에서도 많은 이에게 공유돼야 해.' 생각했고, 많은 독자에게 이 책의 특혜를 최대한 누리게 해주기 위해 꼭 내가 번역출간하고 싶어졌다. 그러나 막 그때, 아놀드가 (캘리포니아) 주지사로서 인종차별적인 발언을 했다는 기사가 국내에 짧게 전해졌다. 내가 아놀드 백과를 우리말로 번역출간하는 것은 저자인 아놀드에 대한 기본적인 호감을 바탕으로 아놀드를 국내에 본격적으로 소개하는 것이기도 한데 (아놀드가 출연하거나 아놀드를 다루는 그 어떤 영화나 책도 아놀드 백과만큼 아놀드를 호감가게 잘 드러내지는 못할 것이다), 인종차별적인 발언을 공개적으로 했다고 전해지는 저자를 국내에 소위 띄워줄 수는 없는 일이었다. 그런 내 철학적 문제로 결국은 그때 바로 번역서 작업을 시작하지는 않았다.

2년쯤 후 다시 아놀드 백과를 읽으면서, '아냐, 이 책은 반드시 우리말로 번역출간돼야 해.' 생각하면서 이전의 그 기사는 와전된 것일 수도 있고, 내가 그 기사의 구체적 사실과 진실을 파악할 만한 정보를 갖고 있지 않은 상태에서 단편적으로 그대로 받아들인다 하더라도, 나도 한때 그 비슷하게 생각하거나 발언할 수 있었을 법한 단순하고 사소한 실수일 수도 있다고 이해하게 되었고, 내가 이 책을 번역출간해 국내에 소개하는 것의 가치는 무엇보다도 크다고 확신하고, 개인적으로 혼자서 번역 작업을 시작했다. 이듬해인 2006년, 대학졸업 10년 만에 드디어 첫 개원을 준비하던 중, 나는 지도교수님을 찾아가 한 출판사를 소개받았고, 아놀드 백과가 번역출간돼야 하는 이유에 대해 그 의학서적 전문 출판사에 열변을 토한 끝에 번역출간 계약을 하게 되었고, 1년여의 집중된 작업 끝에 2007년 7월, 드디어 아놀드 백과를 번역출간해냈다.

아놀드 백과 이전과 이후

나와 마찬가지로, 많은 독자가 '아놀드 백과 이전과 이후로 나뉜다.'고 말한다. 역시, 책 속에 길이 있었다. 나는 대학입학과 동시에 체련장 웨이트트레이닝을 시작할 때, 나름대로 보디빌딩 안내서 한 권을 사 봤고 (앞에서 말한), 이후에도 보디빌딩 안내서와 잡지를 여러 번 사 봤지만 (『바디 포 라이프』, 『건강과 근육』 등), 아놀드 백과 단 한 권으로 비로소 (거의) 모든 게 정리되었다. 아놀드 백과 이전, 나는 대부분의 동호인과 별반 다르지 않았지만, 아놀드 백과 이후, 나는 완전히 달라졌다.

나는 대학입학과 동시에 웨이트트레이닝을 시작하면서 대단한 열정으로 처음에 수개월을 꾸준히 했지만, 이후는 짧게는 1~2개월 하다가 어떤 다른 일이 생기면 그만두고 길게는 몇 년간 체련장에 한 번도 가지 않고 까맣게 잊고 지내기를 반복했다. 열심히 할 때조차도 지금의 내 기준으로는 기껏해야 '잘못된 헬스'였지 '올바른 보디빌딩'은 아니었지만, 당시에는 그런 사실조차 전혀 깨닫지 못했다.

아놀드 백과를 보면서 그제야 처음으로 보디빌딩과 그 관련 분야에 대해 진지하게 깨닫기 시작했고, 그 책을 통해 안내받고 그 책을 지침 삼아 운동하다 보니 비로소 〈스탠딩 바벨 컬〉에서부터 시작해 운동과 영양에 대한 개념을 총체적으로, 그리고 체계적으로 알아가기 시작했다. 웨이트트레이닝을 처음 시작한 지 약 15년 만이었다. 자연히, 다른 회원들이 체련장에서 얼마나 시간, 노력, 비용을 낭비하고 있는지, 나 자신도 과거에는 얼마나 그들처럼 무지했고, 지금의 나처럼 더 많이 아는 누군가는 그때의 나를 얼마나 한심하거나 안타깝게 보았을지, 그리고 많은 트레이너와 GX 강사가 얼마나 제대로 모르고, 또는 어느 정도 제대로 알면서도 그들의 지도나 수업을 받는 회원들을 얼마나 애정 없이 내버려두거나 어쩌면 속으로는 무시했을지, 눈에 보이기 시작했다. 보디빌딩과 관련한 내 마인드, 운동 지식, 영양 개념, 시합출전, 그리고 그 과정과 결과로서 발전한 몸과 포징 등, 지금의 내 모든 보디빌딩 레벨은 아놀드 백과 원서를 읽으면서부터 시작되었다.

아놀드 백과를 소개합니다

좋은 것은 최대한 알리고 최대한 공유해야 최대한 많은 개인이 더 건강하고 아름다워지고 사회도 역시 더 건강하고 아름다워진다. 그래서 나는 인터넷에서 게시글이나 댓글, 답글로 아놀드 백과에 대해 '충분히'를 넘어 '너무나'라고 할 수 있을 정도로 많은 얘기를 했고, 그건 정리가 어려울 만한 분량이다. 그렇게 매번 똑같은 주제와 결론의, 그러나 매번 조금씩 다른 장문의 구체적인 설명으로 인터넷에서든 오프라인에서든 장시간 온힘을 다하다 보니, 그런 내 대답을 더는 일일이 하지 않아도 되게 한 방에 대신해줄 총체적인 자료가 필요해졌다. 그래서 아놀드 백과 번역출간 초기의 이 책에 대한 구매 문의나 추천, 평가나 후기 같은, 다른 독자들의 생각과 기타 정보를 모아 '아놀드(또는 보디빌딩) 백과를 소개합니다'라는 제목으로 인터넷에 게시했다. 물론, 거기에 다 모을 수 있는 것도 아니었고, 더는 모으고 있지 않기 때문에라도, 필요하면 추가로 인터넷 포탈 검색창에 '아놀드(또는 보디빌딩) 백과'만 입력하더라도, 충분한 정보를 접할 수 있을 것이다. 아놀드 백과를 아직 접하지 않은 독자가, 비록 내가 이 백과에서 이렇게 아놀드 백과를 반복적으로 강력히 권함에도 불구하고 이 책이 자신에게 어떨지 더 가늠하고 싶다면, 이걸 최우선으로 참고하기를 권한다. 평점을 참고하는 것도 좋을 것이다.

아놀드 백과를 보디빌딩 전공자(선수나 트레이너)나 볼 책이라든가, 심지어는 운동법 등에서 최신의 추세와는 맞지 않을 거라고 막연히 짐작하는 네티즌이 종종 보인다. 아는 만큼 보이고 아무리 좋은 보석이라도 그것을 볼 줄 모르는 사람에게는 보석이 아니라는 말이 있다. 단적으로, 나 자신이 아놀드 백과로 보디빌딩을 제대로 시작했고 그래서 내가 남녀노소 불문하고, 그리고 초보·초급자 중급·상급자 불문하고, 그들 각각에게 최우선으로, 그리고 거의 유일하게 이 책을 권한다는데? 그리고 2016년 현재, 최근 수년간의 미스터 올림피아 필 히스도 아놀드 백과로 보디빌딩을 시작했다는데? 시대를 초월한 유일무이한one and only 존재들인 '팝의 황제' 마이클 잭슨이 그렇고 '농구 황제' 마이클 조던이 그렇듯, 이 분야에서 아놀드와 함께 아놀드 백과 역시 대체 불가능할 것이다.

초보·초급자에게

나는 아놀드 백과 번역출간 당시, 원래 하고 싶었던 말을 줄이고 줄여 한 페이지 남짓으로 정리했던 옮긴이 머리말을, 이후 원래 하고 싶었던 말을 충분히 하고자 다섯 페이지로 늘려 다시 쓰면서 다음과 같은 부분을 마지막으로 추가했는데, 특히 초보·초급자에게 정말 강조해서 해주고 싶은 핵심적인 말이었다.

> **아놀드 백과 옮긴이 머리말:** 정말, 이 책은 처음 시작하는 초보자부터 봐야 한다! 나는 그러지 못했기에, 성장호르몬과 남성호르몬이 넘치는, 신체발달(또는 근육발달) 절호의 시기에 헛수고하며 15년을 날려 보냈다. 그런 안타까움이 당신에게는 적용되지 않기를 바란다. 수많은 사람이 헬스클럽에서 운동을 시작한다. 그러나 대다수는 중도에 그만둔다. 계속하는 사람 중에서도 그만큼의 성과를 거두는 경우는 극소수다. 자칭 마니아의 상당수는 자신이 몸이 좋은 줄 알고 아는 것도 많은 줄 안다. 사람들은 똑같은 잘못을 반복하면서도 자신이 잘못하고 있다는 사실 자체를 모른다. 나도 그랬다. 기초의학 지식도 있었고 트레이너와도 가까이 지내면서도 사실상, 훈련의 아주 기본적인 것조차 모르고 있었다. 이 책을 만나면서 비로소 그 사실을 깨닫기 시작했고 그제야 몸도 급발전하기 시작했다. 당신이 초보자로서 이 책을 만났다면 당신은 엄청난 행운아다!

나는 나와 같은 체련장에서 웨이트트레이닝에 무시하지 못할 시간과 노력을 들이는 일반 회원들이, 웨이트트레이닝은 부수적으로 하는 운동이고 주로 하는 운동은 유산소운동, GX, 수영, 골프일 때는 물론이고, 주로 하는 운동이 웨이트트레이닝일 때조차, 그리고 웨이트트레이닝 PT(personal training. 개인지도)를 과거에 받았든 아니든, 현재 받고 있든 아니든, 그리고 남녀노소 불문하고, 이 분야, 즉 보디빌딩 및 피트니스 또는 보디빌딩·피트니스 유형의 웨이트트레이닝에 관한 책 단 한 권도 읽지 않은 경우를 흔히 접하게 된다. 그때마다 나는 다소 의아해하면서 즉각적으로 그들에게, 골프 치느냐, 아니면 쳐봤느냐, 그렇다면 골프 책 한 권도 안 봤느냐, TV에서 골프 프로그램이나 골프 동영상, 프로 골퍼의 스윙은 관심 있게 보지 않느냐, 학생이 학교에서 수업을 듣고 학원에서 강의를 듣더라도 교과서나 기본적인 중심교재는 있어야 하는 것 아니겠느냐 등등, 이렇게 연속해 묻게 된다.

나는 체련장 회원들이나 누군가와 이 분야의 아주 사소한 얘기라도 하다 보면, 대부분은 어느새 아놀드 백과 얘기를 하게 되고, 또 대부분은 열변을 토하며 아놀드 백과를 권하게 된다. 상대가 자신에게 도움되는 말을 기대하고 내게 말을 걸어온 것이라면, 나는 그 상대를 괴롭히지 않는 범위에서, 항상 그들에게 최대한 도움되는 말을 해주려 노력하고, 아놀드 백과를 얘기하는 게 나로서는 자연스러운 결과다. 요즘 말로 하면, '기–승–전–아놀드 백과'다. 아니면, 그 어딘가에 '시합출전'이 들어가거나. 물론, 그래도 대부분은 결국 아놀드 백과를 선택하지 못한다. 그렇다면, 내가 더 해줄 말은 없어진다. 그러려니 하면서 포기하는 수밖에.

인터넷에서는 다음과 같은 질문과 거기에 대한 나름의 대답을 흔히 보게 된다. 뉴비newbie(초보자, 입문자, 새내기, 풋내기)인데 어떤 책을 봐야 하나요? 슬림한 근육을 만들기 위해서는 어떡해야 하나요? 홈 트레이닝을 하려는데요, 간단한 기구만으로 할 수 있는 운동 책은 없나요? 등등. 거기에 대한 내 대답이라면 항상, 남녀노소 할 것 없이, 초보·초급자든 중급·상급자든, 아놀드 백과를 보라는 것이다. 그게 내가 해줄 수 있는 최선의 대답이다.

중급·상급자에게

그러나 또한, 나는 이 분야의 독자가 이런저런 책을 너무 찾아 나서거나, 어느 새로운 책이 온라인이나 오프라인 서점에서 베스트셀러에 올라 있더라도, 어느 외국 저자에 의한 어느 유명 베스트셀러 시리즈 또는 속편 중 하나가 새로 출간되더라도, 그런 것에 너무 마음 흔들리지도 말라고 조언한다. 그런 책이 당신의 현시점에 가장 유리한 책이라고 단정할 수도 없고, 심지어는 그런 책이 특히 출간 즉시 단기간, 또는 출간 이후 수시로 반복적으로, 공정하고 투명하지 않은 과정으로 베스트셀러에 오르는 경우도 흔하다. 그런 책에서 얻을 수 있는 동기유발과 운동·영양 정보의 긍정적 효과조차도 대부분은 크지 않고 오래가지 않는다. 나는 아놀드 백과를 한 번 더 보고 자신의 몸을 한 번 더 보는 걸 우선시하기를 권한다. 아놀드 백과에 당신의 밑줄과 형광색과 메모가 더해질수록 아놀드 백과의 내용이 조금씩 더 당신의 것이 되고 당신의 몸도 그렇게 발전하지만, 당신이 아놀드 백과에서 멀어지고 다른 것에 치중되어서는 당신의 머리와 몸에 남는 게 별로 없고 당신 자신이 없어진다.

아놀드(와 공동저자 또는 조력자라 할 수 있을 것 같은, 그리고 최근에 인식하게 된 사실로, 이 분야의 전문 작가·편집자인 빌 도빈스)는 가르쳐주고 싶은 모든 원리와 해주고 싶은 모든 말을 이 800여 페이지의 책에 응축해 집대성했는데, 거기에서 단어 하나, 문장 하나, 그 어느 한 부분도 진리 면에서 빼놓을 수 없을 정도라는 걸 나는 매번 느낀다. 원서를 처음 읽을 때부터 대단히 흥분하고 감동했지만, 번역할 때, 번역서를 반복적으로 읽을 때, 그리고 이 백과를 집필하면서는 더욱더, 갈수록 그 깊이를 느끼고 있다. 아놀드 백과 지은이 머리말의 '(아놀드 백과를 통해) 평생 두고두고 그 보답을 받을 수도 있다'든가 '이 책을 보고 또 보고, 항상 참고하면서, 이 책을 공부하라'는 말은 그냥 하는 말이 아니다.

특히 일반인에게

내가 아놀드 백과를 번역출간한 구체적인 이유나 목적 중 첫 번째가 아놀드 백과 옮긴이 머리말에 다음과 같이 잘 나타나 있는데, 이것은 내가 그 책의 번역출간에 있어서 동호인, 마니아, 트레이너, 선수 등에 못지않게 일반인을 얼마나 염두에 두고 있었는지를 단적으로 보여주는 것이다.

> **아놀드 백과 옮긴이 머리말:** 이 책이 선수나 마니아, 그리고 지도자나 학생에게도 필독서로서 많은 도움이 되겠지만, 내가 막대한 투자를 하고 엄청난 수고를 겪으면서도 이 책을 의욕적으로 출간하게 된 많은 이유 중 가장 근본적이고 중요한 것은 바로 일반인에게 그 진실을 투명하게 알려주고자 한 것이다.
>
> 단기간을 외치는 자극적인 제목과 화려한 구성으로 몸만들기를 단편적으로 설명하는 책이나 인기인의 다이어트 및 운동법을 흥미 위주로 소개하는 비디오테이프와 방송 프로그램은 일반인에게 쉽게 접근해 순간적인 자극을 줄지는 몰라도 지속적인 동기유발을 시키거나 진실을 제대로 알려주지는 못한다.

아놀드 백과를 더 많은 트레이너, 더 많은 동호인과 마니아가 접하게 됨으로써, 그들 자신이 우선 그 책의 특혜를 직접 봄은 물론이고 그들이 직접 주위의 회원이나 일반인에게 PT나 말로써 전해주거나, 아니면 그 책의 일부분을 보여줌으로써, 간접적으로라도 일반인에게까지도 이 분야에서의 진실이 자연스럽게 전해지기를 바라는 기대도 있었다. 그리고 그렇게 많은 이가 그 책을 알게 되고 그 책에서 말하는 진실로 무장하고 있게 되면, 더는 이 분야와 관련한 그 어떤 허언에 속아 어떤 식으로든 피해를 입는 사람이 줄고, 앞으로는 그 누구도 지상파 TV에서조차 대놓고 대국민 사기(못된 꾀로 남을 속임) 또는 기만[기망](그럴듯하게 남을 속임) 짓거리를 하지는 못하게 되리라고도 기대했다.

국민이 똑똑해지면 그런 방송과 그 제작진과 출연진은 여론의 뭇매를 맞을 수밖에 없고, 자연히 그런 프로그램이나 코너는 점차 도태될 것이라 여겼다.

그러나 2016년 현재, 별로 상황이 나아진 것은 아니다. 오히려 더 나빠졌는지도 모른다. 다양한 분야의 많은 (각과)의사, 트레이너가 지상파, 종편(종합편성), 심지어는 홈쇼핑 TV 채널에 에 출연해 소위 전문지식을 표방하지만, 거기에서 잘못되거나 무의미한 정보조차 무분별하게 시청자에게 전해지다 보니 (그들 중에는 소위 '약장사'처럼 사기성 짙은 화술의 달인인 경우도 있고, 어떤 사안에서는 잘 모르면 잘 모르겠다고 해도 될 텐데, 어차피 일반인은 전혀 모를 테니 일단은 아무 말이라도 해줘야 '전문가로서' 모양새가 산다고 생각하는 것처럼 보이는 경우도 있다), 사람들은 진실된 정보를 접하기 더 어려워지기도 했다. 평일 아침, 평일 밤, 주말 할 것 없이, 교양 프로그램, 건강 프로그램, 예능 프로그램 할 것 없이, 시청자가 곧이곧대로 믿든 아니든, 일례로 다음과 같은 것은 흔한 게 돼버렸다.

"5분 운동 단 한 번으로 허리둘레 5cm를 줄인다." 2014년, 한 지상파 TV의 유명 예능 프로그램에는 이와 같은 주제의 코너가 방송되었다. 필라테스 여자 강사가 주연, 남자 강사가 조연이 되어, 이 (보디빌딩 및 피트니스) 분야에서 익히 이용되는 맨몸[체중]bodyweight 운동 몇 가지를 조합해, 처음 듣는 나름의 솔깃한 운동법 이름을 붙여, 새로운 운동법인 양, 그런 효과가 정말 있는 양, 시청자들을 현혹했다. 출연진(진행자와 연예인 패널)은 단 몇 분minutes 그 운동을 흉내 내고서는 거기에 장단을 맞춰 "내 허리가 정말 줄어든 것 같다."고 하고, 실제로 서로 줄자로 재면서 허리가 몇 cm 줄었다고 보여준다. 물론, 그렇게 재는 방식으로는 복부를 당겨 넣고 줄자를 더 세게 당기는 것만으로도 5cm쯤은 가볍게 줄이겠지만, 그것은 좋게 말해 (엔터테인먼트라는 긍정적 의미가 아닌, 거짓말이나 거짓행위라는 부정적 의미의) '쇼'고, 있는 그대로 말하자면 더 앞에서처럼 심하게 말할 수 있겠지만, 그다지 악의는 없어 보이는 그 직접적인 당사자들에게 상처를 주고 싶지는 전혀 않기 때문에, 그리고 어느 개인에게든 우리 사회 전체에든 실제로 아주 큰 해악을 끼치는 축에 낄 만한 정도도 아닌, 어찌 보면 아주 작은 부분인 것도 같아서, 여기서 그렇게까지 말하고 싶지는 않다. 그런데 이 두 강사의 외모(주로 얼굴과 몸매)와 운동복 차림새는 수준급이고 전문가답게 믿음이 가는 '비주얼'이어서, 제작진 입장에서는 예능용으로는 '딱'이라고 생각했을지도 모른다.

이 비슷한 경우는 넘쳐난다. 지압사, 마사지사, 필라테스·요가·헬스 트레이너·강사, (각과)의사까지, 지상파 TV에서조차 버젓이 '5분'의 운동이나 간단한 처치로 키가 커진다, 허리둘레가 줄어든다, 오다리가 펴진다 등의 터무니없는 소리를 남발하고, 출연진은 그들에게 동조하면서 전국의 국민과 시청자를 상대로 단체로 거기에 동참한다.

나는 이런 것들을 볼 때마다 생각하게 된다. 어찌 감히 대놓고 저런 대국민 쇼(또는 더 부정적인 용어)를! 그것도 단체로! 그리고 앞서 말한 그 두 강사는, 그리고 다른 많은 트레이너와 강사가, 준수한 외모 그 자체로도 자신의 분야에서 충분히 경쟁력 있어 보이는데, 왜 굳이! 내면 못지않게 외면, 그것도 시각적 요소인 비주얼을 중시하는 나로서는, 그래서 더 안타깝다. 그래서 애정으로 이렇게 말해주고 싶다. "그렇게까지 안 해도 될 텐데..."

과연 PD, 작가, 진행자, 연예인 또는 때로는 (각과)의사 패널까지, 제작진과 출연진은 과연 운동과 이 분야의 최소한의 진실에 관해 몰라서 그들을 섭외하고 출연시키고 그들이 말하고 행동하는 바를 그대로 받아들이고 그들에게 맞장구치는 것인가? 아니면, 아니라는 걸 알고도 재미와 시청률만 추구하면 된다는 생각으로 국민과 시청자들을 속이거나 바보 취급하는 것인가? 시청자들이 가려 듣고 가려 보면 된다는 것인가? 아니면, 시청자들이 알아도 그러려니 하고 너그러이 그냥 넘어가주니까 괜찮다는 것인가? 비록 진지한 건강·의학 프로그램이 아닌 예능 프로그램에서라 하더라도, 지상파 TV 방송에서의 거짓말이라는 것은, 시청률이 얼마건 간에, 수천만 우리나라 국민을 상대로 벌이는 엄청난 짓이라고 인식할 필요가 있다. 그리고 대부분의 시청자는 곧이곧대로 믿고 심지어는 잠시라도 따라 해보거나, 그 정도까지는 아니라도 솔깃해하는 것 같다. 그러나 그런 것들이 사실이면 거의 모두가 허리가 날씬해지겠지, 그리고 전국적인 이슈가 되어 전국적인 붐이 일겠지, 그리고 허리를 최대한 날씬해지게 하는 게 바람 중의 하나인 보디빌딩 및 피트니스 선수들은 늘 하는 그런 운동으로 허리를 얼마나 효과적으로 줄일 수 있는, 듣도 보도 못한 희소식일까.

내가 수치로 객관적으로 반박해주기 위해 계산을 한번 해봤다. 결과를 먼저 얘기하자면, 허리둘레를 줄이기 위한 운동이든 뭐든, 그 종류 불문하고, 어떤 초고강도의 운동으로도 5분에 허리둘레 0.1mm도 줄어들기 어렵다는 것이다. 너그럽게 봐준다 하더라도 적어도 수백 배 뻥튀기를 한 셈이다. 그 강사 자신도 이 정도까지일 줄은 몰랐을 것 같지만, 적어도 자신의 말이 비현실적인 것이라는 건 몰랐을 수 없는 것이다.

우선 체중과 허리둘레의 상관관계에 관한 내 경험으로 말해보자. 2008년, 내 생애 첫 보디빌딩 시합출전 시즌, 운동요법과 식이요법을 병행한 3~5개월간의 시합 다이어트를 통해, 나는 체중을 83~77kg에서 65kg으로 줄였고, 내 허리띠를 통해 추정한 내 허리둘레는 약 32인치에서 27~28인치로 줄었다. 즉 체중 12~18kg을 줄이는 동안 허리둘레는 10cm 정도 줄어든 것이다. 그런데 이게 겨우 그런 5분간의 운동 두 번에 해당하는 것이라고?

이제 칼로리와 허리둘레의 상관관계에 관한 내 경험으로 말해보자. 이 분야의 초보·초급자에게는 용어와 개념에서부터 따라오기 조금 어려울 수 있지만, 내 몸 기준으로 체중을 12~18kg 감량할 때 허리둘레는 10cm 줄었고, 그 체중감량은 주로 체지방량 감량에 의한 것이므로, 허리둘레가 최대한 많이 줄어드는 쪽으로 양보해, 체중이 대략 1kg 줄 때 허리둘레는 1cm 줄어든 것으로 해두자. 체지방량 1kg은 7,000~10,000kcal(kcal: 엄밀히는 '킬로칼로리'지만, 흔히 '칼로리'로 줄여 부른다)의 과잉 또는 부족에 해당하는 것이다. 이 정도의 칼로리가 과잉하면 살이 1kg 찌는 것이고 이 정도의 칼로리가 부족하면 살이 1kg 빠지는 것이다. 이렇게, 허리둘레 5cm를 줄이기 위해서는 적어도 체중 5kg을 줄여야 한다고 전제한다고 할 때, 과연 5분간의 운동으로 35,000~50,000kcal를 소비할 수 있었다는 말인가?

먼저, 칼로리 소비가 극단적인 운동으로 계산해보자. 체중 70kg(약 150파운드)인 사람이 100m 전력질주를 할 때 7kcal가 소비된다고 한다. 100m 전력질주에 15초 소요된다고 할 때 (시간이 더 걸리고 덜 걸리고는, 칼로리 소비에 큰 차이가 아니다), 그 전력질주 속도로 극단적으로 1분을 유지할 수 있다고 하더라도 약 30kcal, 극단적으로 5분을 유지할 수 있다고 하더라도 150kcal를 소비할 뿐이다.

이번에는, 칼로리 소비가 현실적인 운동으로 계산해보자. 체중 70kg(약 150파운드)인 사람이 시속 16km(10마일)로 10초간 달릴 때 3kcal가 소비된다고 한다. 시속 16km는 1,000미터를 3분 45초, 즉 고등학생 이상 모든 성인 남자가 그 어떤 체력테스트 기준으로도 만점에 거의 항상 드는 수준이다. 이 속력으로 5분 달려도 90kcal가 소비될 뿐이다 (물론, 기초대사량을 차치한 것이다).

물론, 이렇게 소비되는 칼로리의 채 ⅓도 체지방량 감량, 즉 허리둘레 감소로 직접 연결되지는 않는다. 결론적으로, (초)고도비만이 아닌 보통의 사람이 5분 만에 극단적으로 150kcal를 소비할 수 있었다고 가정하더라도, 그 5분간의 운동만으로는 체중으로는 최대 10g (땀 배출에 의한 일시적인 체중변화는 본 논지와는 무관해 별개로 할 때), 허리둘레로는 최대 0.1mm도 줄어들기 어려울 것이다.

그 비슷한 방식으로 해서 키가 커진다거나 오다리가 펴진다는 것 역시, 신경, 뼈, 인대, 근육 등의 생리·해부·임상(치)의학적으로 볼 때, 방금 말한 것 못지않게 터무니없이, 일반적으로는 조금도 가능하지 않은 것이라고 말할 수밖에 없다 (물론, 그 관련 신경, 뼈, 인대, 근육에 그 근본적 이상이 있었고 그게 어떤 처치로 즉각적으로 또는 일시적으로 해소된 아주 예외적인 경우를 제외하고).

키나 오다리는 신경이나 근육적인 문제도 있겠지만, 대부분은 골격적인 문제라 할 수 있는데, 치열교정이나, 거기에 더 근접하게는 악교정을 생각해보면 (성인의 경우에, 뼈 속에서 치아를 움직이게 하거나 (이것은 가장 쉬운 경우다), 뼈 자체의 모양에 영향을 미치게 하기 위해 하루에 10시간 이상씩 지속적인 힘을 장기간 가하지만 그 효과는 아주 국소적이고 미세하고 아주 제한적이다), 그게 얼마나 비현실적인지 알 수 있다. 성장기나 수술의 경우라면 또 모르겠지만, 지압, 마사지는 물론이고, 운동으로라면, 수 년 이상 거의 종일 거기에만 집중하면 겨우 조금 가능할까?

물론, 여기에 언급된 세부사항이 아놀드 백과에 모두 나오는 것은 아니지만, 나와 마찬가지로, 아놀드 백과를 기본으로 생각하고 아놀드 백과를 진지하게 받아들이면, 누구나 체계적이고 꾸준하게 운동할 수 있게 되고, 그 과정과 결과로, 이들 사항에 관한 어떤 거짓이나 무의미한 것에도 쉽게 혹하거나 흔들리지 않을 수 있을 것이다. 나는 아놀드가 주연한 대부분의 영화의 대단한 팬이지만, 이 분야에서의 진실추구의 내 입장에서, 그리고 수많은 이의 건강과 심미에 기여한 측면을 생각할 때, 그가 지금껏 가장 잘한 일이 바로 이 아놀드 백과를 집필출간한 일 아닐까 생각한다.

특히 학생들에게

아놀드 백과 우리말 번역서가 출간 수개월 후 수개월간 품절되었을 때는, 새 책이든 중고 책이든, 아니면 심지어는 원서로라도 구하고자, 인터넷과 전국의 오프라인 서점과 중고책방을 찾아 헤맨 이도 많았던 모양이지만, 요즘에도 특히 주머니가 가벼운 청소년이나 청년층은 조금이라도 아끼고자, 아놀드 백과를 중고로 구하는 경우를 쉽게 발견할 수 있다. 물론, 책 가격의 고하를 막론하고, 학생 때는 최대한 저렴하게 책을 구하고자 하는 게 아주 당연하다. 내가 중·고등학생 때의 많은 참고서를 중고책방에서 구했음은 물론이고, 예과생, 본과생 때의 일부 전공서적조차도 구판을 물려받아 신판과 비교해가며 노력을 곱절로 들여 벌충해야만 했던 경우도 있기 때문에, 아주 잘 알고 있다. 아놀드 백과를 신품으로 구하든 중고품으로 구하든 간에, 추후 되팔아도 금전적으로는 별로 손해는 아니다. 아놀드 백과는 상호 만족스러운 가격에 중고 거래가 가장 잘되는 책 중 하나니까. 아놀드 백과를 도서관 등에서 빌려 보는 경우도 흔한 것 같은데, 그렇게 해서는 제대로 볼 수 없고 놓치는 게 너무 많으므로, 처음에 그렇게 접했다 하더라도 그 한 번으로 그치지는 말기를 권한다.

아놀드 백과는 진행형

나는 아놀드 백과 원서를 읽으면서 처음부터 그 모든 내용을 완전히 이해했다고 생각했지만, 실제로는 운동이나 특히 시합에서, 그대로 따라 하지는 않거나 못했는데, 그것은 주로 내 경험부족, 레벨부족 때문이었다. 아놀드 백과는 처음 읽을 때도 대부분의 사람이 대부분의 내용을 완전히 이해한 것처럼 생각할 정도로 쉽게, 그리고 빠져들게 쓰였지만, 어쩌면 세상에서 아놀드 백과를 가장 여러 번, 그리고 꼼꼼히 읽었을지도 모를 내가, 이 부분을 처음 쓰면서 또, 이런 말도 있었구나! 하면서 새롭게 발견하고 새롭게 배우게 된다. 독자로서 읽는 재미, 역자로서 번역에 대한 자부심 혹은 추가적인 개선·보강에 대한 사명감 차원에서 이따금 편하게 혹은 작정하고 읽으면서, 그리고 이기수 백과 저자로서 참고서적으로서 활용하거나 활용되게 하는 면에서도, 내게 아놀드 백과는 그럴 때마다 진행형이다.

나는 처음에 번역 작업을 할 때도 내 시간, 에너지, 노력, 그리고 결코 작지 않은 당시의 내 기회비용 등, 이 모든 걸 쏟아 부었다. 한 부분이라도 독자가 잘 이해하지 못하거나 잘 이해하기 위해 인터넷 검색을 동원할 수밖에 없는 상황이 되지 않게, 내가 조금 더 고생하고 조금 더 애쓰면, 얼마나 많은 독자의 시간과 노력을 덜고, 그들에게 더 많은 걸 쉽게 전해줄 수 있을까 생각해서였다. 내 번역 원고가 완벽 또는 거의 완벽하다고 생각되지 않았다면, 출판사에 그 원고를 넘겨주지 않았을 것이고 인쇄 작업에 들어가도 좋다고 하지 않았을 것이다.

내가 인터넷에서 이 분야의 카페 등에 어떤 주제로든 글을 올리면, 거기에는 '덕분에 아놀드 백과 잘 보고 있다', '좋은 책, 완벽하게 번역해주셔서 고맙다'는 유의 댓글이 수두룩하게 달린다. 저자도 아닌 역자가 이런 말을 들을 수 있는 경우가 얼마나 될까. 그러나 이번에 이 백과 집필 과정에서 나는 부수적으로 아놀드 백과도 처음부터 끝까지, 끝에서부터 처음까지, 다시 한 번 총체적으로 훑어보게 되면서, 내 번역이 전혀 완벽하지 않다는 걸 발견하고는 다소 당혹스러웠는데, 없어야 할 자리에 쉼표가 들어 있었거나, 있어야 할 자리에 마침표가 없었거나, 맞춤법과 띄어쓰기 오류가 미처 걸러지지 않았거나 한, 의미 관계상 중요성은 전혀 없는 것들에서부터, 원서에서 오류가 있었는데 내가 걸러내지 못했거나, 원서에서 오류가 없었지만 내가 방심해서 만들어낸 몇몇 군데를 포함해, 고치자고 들면 고칠 게 엄청나게 많다고 느껴졌다. 그리고 이 백과와 아놀드 백과 사이의 연결이 더 잘되게, 이 백과의 용어·표현·개념·체계에 맞게, 아놀드 백과의 용어 일부는 손볼 필요가 있다고 느껴졌다. 물론, 아놀드 백과는 아놀드 백과대로, 이기수 백과는 이기수 백과대로의 체계가 있어, 이 둘 사이에서 완전한 일관성을 확보하는 것은 불가능할 수도 있다.

꼭 더 낫거나 정답이라고 확신해서 새롭게 고친 건 아닌 게 훨씬 많다. 51:49로 더 낫다든가, 때로는 어느 게 확실히 51인지 모를 때도, 좀 더 마음이 가는 쪽으로 굳이 고치는 것이다. 굳이 쉼표를 새로 넣기도 하고, 있던 쉼표를 굳이 빼기도 하고, 잘 모르는 독자가 조금도 오해하지 않고 원문의 뜻을 정확히 똑같이 이해하도록 어순을 바꾸기도 하고, 역주나 영어병기를 추가하거나 더 자세히 하기도 하고, 고칠까 말까 많은 생각으로, 일부러 그대로 놔두는 것도 있을 것이고 (예. 〈로우〉와 〈로〉, 〈패러렐 바 딥〉과 〈패럴렐 바 딥〉), 새로 고쳤다가 다음에는 이전의 것으로 모조리 되돌리는 것도 수없이 많을 것이다. 비록 시행착오를 수없이 거치더라도, 이런 게 모이고 모이면 결국에는 이전보다 1% 더 나아진 무언가가 될 것이다. 그만큼 새 독자를 위해 특정 기회나 시점이 될 때마다 아놀드 백과를 다시 점검해 개선할 점을 발견하려 하고, 이렇게 미세한 개선사항을 이후 최대한 반영하려 하고 있다.

나는 아놀드 백과 번역서를 두 번째 찍어낼 때, 영어병기에 사용한 폰트가 예쁘기는 하지만 출판된 책에서 가독성이 약간 떨어져 그것을 교체하느라 전체를 바꾸면서, 그것과 별개로 수개월에 걸쳐 200군데쯤 찾아내고 수정한 것 같다. 세 번째 찍어낼 때는 100군데쯤 또 수정한 것 같다. 그리고 집중해서 봐도 원문과 일일이 대조해보지 않는 이상, 작정하고 번역서에서 무언가를 찾아내려고 하지 않는 이상, 눈에 띄는 부분도 별로 없을지 몰라도, 다음에 또 수정하자고 달려들면, 수정할 게 또 많이 보일 게 분명하다 (2017년 인쇄본을 위해 또 수천 군데 손봤다). 그것은 내가 처음에 최선을 다하지 않았거나 완벽을 기하지 않았기 때문이 아니라, 방대한 분량 때문이기도 하지만, 영한 또는 한영 번역에서 어쩔 수 없는 영원한 딜레마를 갖고 있기 때문이다. 이과적 번역 vs 문과적 번역, 직역 vs 의역, 어렵더라도 오역이나 생략이 전혀 없는 번역 vs 오역이나 일부 생략이 있더라도 쉬운 번역, 영어투 번역 vs 한글투 번역 등 선택의 문제 말이다. 첫 쇄 출간 이후의 이런 반복적인 수정 작업은, 어쩌면 다른 백과 하나를 더 번역하는 수준에 버금가는 것일지도 모른다.

아놀드 백과 원서와 우리말 번역서

시합출전을 하다

2007: 시합출전의 서막

2007 미스터 대구 김진식

2007 미스터 코리아 이두희

대구 대회. 내가 나 자신의 시합출전에 대해 처음으로 진지하게 생각해보게 된 건 4월 초, 2007 대구 대회에 구경 가서였다 (대구 대회: 미스터&미즈 대구 선발대회). 내 첫 개원 직전에 시작해 1년 넘게 끌어온 아놀드 백과 번역출간 작업이 거의 마무리돼가던 시점이었는데, 기분전환 겸, 그 시합 구경이 내 번역 용어·표현을 다시 점검하고 머리에만 가득하던 내 옮긴이 머리말을 글로 체계적이고 일목요연하게 풀어내는 데 조금이라도 도움되면 좋겠다는 생각으로 간 것이었다. 나 자신의 시합출전에 대해서는 아무 생각 없던 때였다.

남자 일반부 –70kg급 1위를 한 (김진식) 선수가 남자부 전체우승[대상, 그랑프리]으로 '2007 미스터 대구' 타이틀을 차지했는데, 무대에서의 시상식이 모두 끝나 다른 선수들과 대부분의 관객이 모두 떠나고, 남녀 그랑프리 선수와 경기 임원들, 진행위원들이 함께하는 공식 기념촬영이 모두 끝난 뒤에도, 그는 나보다 조금 작은 키에, 관객들 모두가 감탄하며 바라보게 되는 눈부신 몸으로, 카메라 세례를 받으며 기념촬영 포징으로 무대를 독차지하고 우뚝 서 있었고 (무대조명은 그 효과를 더해주었고, 지금의 내 관점에, 당시의 그의 컬러링coloring 및 오일링oiling도 그 무대조명에 최적이었던 것 같다), 나는 그보다 조금 큰 키에, 여전히 그저 그런 몸의 일반인으로, 그의 모습을 가까이에서 카메라에 담거나 가까이에서 보고자 무대 바로 앞에 모여든 여러 사진사와 관객들 조금 뒤 한쪽에서, 나 역시 그를 올려다보며, 카메라를 들고 셔터를 누르다가 카메라를 내리고 생각에 잠기다가 하고 있었다. 그러면서 나는 이러고 있는 나 자신의 모습을 객관적으로 바라보게 되면서 이렇게 생각했다. '저 선수는 저렇게 자신을 발전시켰는데, 그렇게도 강해지고자 했던 나는 그동안 운동을 하다 말다 하면서 체련장에서는 도대체 뭐 하고 있었나. 나도 정말 저 선수처럼 진짜 보디빌더가 되어 좋은 몸으로 시합무대에 서고 싶다!'

18년 만에 처음이었다. 내가 대학입학식 직전에 처음으로 체련장에 등록할 때 원하던 게 람보든 코만도든, 바로 그와 비슷한 모습이 아니었던가! 나는 '그래, 내 키에 저 선수 비슷하게라도 보이려면 적어도 –75kg급에 출전할 정도는 되어야겠고, 그러려면 우선 체중을 90kg까지는 불려야겠어!' 하고 막연히 생각하게 되었다. 이것이 내 시합출전에 대한 마음가짐의 사실상의 시작점이었고, 그 시작점의 계기는 이렇게 우연한 것이었다. 그는 차후 알고 보니 대구시청 보디빌딩팀, 즉 실업팀 소속의 전문체육 선수였다 (그리고 국가대표). 이전까지 나는 TV에서 농구 경기, 배구 경기 중계방송을 보면서 그런 팀이 당연히 농구·배구 실업팀·프로팀이라는 걸 알 수밖에 없었지만, 보디빌딩에서는 그런 게 있을 거라는 것 자체를 전혀 인식하지 못했고, 체육관[체련장] 관장이든 아니든, 모든 선수가 나 같은 개인 신분인 줄로만 알고 있었다.

코리아 대회. 6월 말, 아놀드 백과 번역출간 예정일을 2주쯤 앞두고, 출판사에서 '시합장에서 약간의 홍보를 할 예정'이라 해서 나도 그 홍보를 돕고 시합 분위기를 즐길 요량으로, 서울 올림픽공원 역도경기장에서 열린 2007 코리아 대회에 구경 갔다 (코리아 대회: 미스터&미즈 코리아 선발대회).

2개월여 전 2007 대구 대회에서, 찬조공연을 하던 대구시청 보디빌딩팀 중에서 체격이 특히 늠름하면서 커 보여, 관객석에 있던 내가 특히 눈여겨보게 되었던 그(이두희) 선수가 남자 일반부 −80kg급 1위를 거쳐 남자부 전체우승으로 '2007 미스터 코리아' 타이틀을 차지했는데, 그는 그때의 육중해 보이던 몸과는 달리, 잉여 체지방이 걷혀, 잘빠진 모습으로 완전히 변해 있었다 (역시 국가대표로, 이는 이 [시합편]에 등장하는 대부분의 선수 공통이다).

저번에나 이번에나, 관객석에서 그를 지켜보면서 그의 키가 나보다 10~15cm는 큰 180~185cm일 것이라 짐작했는데, 이후 밖에서 우연히 마주치게 되었는데, 전혀 그렇게 크지 않았다. 그래서 당시에 내 눈에 그의 체격과 키가 그렇게도 커 보였다는 게 신기했다. 잘 깍인 상태로 시합무대에 선 대부분의 선수가 실제 자신의 키보다 훨씬 커 보이게 된다는 걸 이때부터 확실히 깨닫게 되었다. 이는 이후에 사실상 나 자신도 시합출전을 전후해 스스로 항상 경험하는 것이고, 그때 내 주위 사람들이 내게 하는 말이기도 하다.

그렇다. 보디빌딩 운동과 영양으로 체격을 키울 때도 몸이 커 보이고, 여기에서 체지방을 걷어냄에 따라 몸의 모양이 더 자세히 드러나고 굴곡이 점점 두드러지면, 전자와는 또 다른 방향으로 몸이 더욱 커 보이는 것이다. 체지방을 제외한 실질적인 체격도 실제로 어느 정도 커질 수 있지만, 실제로 커지지는 않는 키조차도 더 커 보이게 된다.

시합장에서 볼 때도 느끼던 것이고, 이 [시합편]을 쓰면서 선수들의 시합사진을 비교해보게 되면서 더욱 잘 알게 된 사실은, 선수들이 미스터 코리아, 미즈 코리아가 될 때, 대부분은 자신의 최고 모습일 때가 아니었을 뿐 아니라, 대부분은 그 이후 몸이 훨씬 더 발전한다는 것이다.

@ 2007 7월 (아놀드 백과 번역출간 작업을 마치고)

마인드: 개원과 진료. 2006년, 대학졸업 10년 만에 드디어 첫 개원을 하면서 (원래 서울 특정 중심지역에서 개원할 생각으로 자리를 집중적으로 찾았으나 시간이 지체되고 어서 환자를 보고 좋은 진료를 고향에서라도 널리 전하고 싶다는 등, 당시의 타이밍상, 그리고 나름대로 뜻한 바가 있어 대구에서), 나는 내 첫 치과 이름을 '○○○○○(순우리말)치과'로 지었다. 환자, 의료진(원장인 나, 후배 페이닥터, 치위생사, 치기공사), 거래처(치과재료상, 기공소 등), 관련기관(건강보험공단, 국세청 등), 심지어는 주차 관리인이나 건물 관리인까지, 우리 치과와 관련한 모든 이 각자에게 '내 마음 같은, 내 마음에 쏙 드는' 치과를 만들고 그런 치과로 운영하겠다는 내 진료철학과 내가 항상 추구해온 '(심)미'를 그대로 반영한 이름이었다. 이후 외래어·외국어 이름도 허용되기 시작하자, 나는 비록 우리말을 더 쓰고 싶지만 우리말로는 그 느낌을 충분히 전달할 수 없었던, 내가 진정으로 전달하고 싶던 더 큰, '환자와 의료진을 포함한 모든 이에게 세상이 아름답고 인생이 아름답게 느껴지게, 행복감을 느끼게 해주겠다'는 마인드를 그대로 반영한 '□□□□□□(외래어)치과'로 즉각 바꿔 등록했다. 치과 이름이 어떠했건, 나는 한밤중에 인공위성쯤에서 지구, 그중에서도 우리나라를 내려다 볼 때 우리 치과가 주변으로 밝고 따뜻한 빛을 널리 비추는 이미지를 항상 떠올려왔다. 비록 그 이상과 계획과 희망은, 그 첫 단추를 인수개원으로 잘못 끼우는 판단착오와 이후에 그 일에 따라온 (많던 환자들이 거의 일시에 모두 빠져나가는) 불행으로 초기부터 완전히 무산되었고 (그건 내게 아주 큰 충격이었다), 1년 수개월 만에, 아놀드 백과 번역출간 작업을 마치자마자 그 치과를 접게 되어 소기의 목적과 이상을 달성할 수 없었지만...

2007년의 운동과 영양. 2007년 치과를 접고서도 내 정신적·신체적 상태가 비교적 괜찮은 편이었던 7월 초기까지는 체련장에서의 운동을 계속했다. 그러나 3월 즈음의 지극히 내 개인적인 감정적·감성적 이유와 본업상의 어떤 충격적 상황 (내가 아는, 근처의 소위 '아주 잘나가는' 몇 병·의원의 엄청나고 명백한, 총진료비 약 7배의 과잉진료 및 과잉수가 또는 그 훨씬 이상)을 접했을 때, 그리고 이후 치과를 접고 얼마 지나지 않아 또 엄청난 우울증과 만성피로에 시달리면서 한참 힘겨울 때야, 몸에 힘이 하나도 없거나 몸 자체를 제대로 가눌 수조차 없을 정도로 여겨질 때도 있었으니, 당시의 훈련일지를 보고 지금 말하는 것은 아니지만, 당연히 체련장에 나가지도 못했을 것이다. 11월 부천에 올라와 진료를 시작하자마자 정신적·신체적 컨디션을 되찾기 시작하면서 (수개월간 폐인처럼(?) 지내다 '이 분야의 진실을 널리 또는 필요한 이에게 전하기 위해서라도 처음의 생각대로 역시 서울 특정 중심지역에서 새로 개원해야겠다' 결심했던 절박하고 비장한 얘기, 그러나 타이밍상 바로 서울로 올 수는 없었던 얘기는 여기서는 생략하고), 비록 고시원 생활을 하면서도, 주위에서 내가 찾을 수 있었던 최고급 피트니스센터에서, 처음에는 컨디션 회복을 가속하기 위해, 그리고 이후에는 치과에서 다시 엄청난 자부심, 자신감, 행복감을 느끼면서 장차 내 시합출전을 생각하며, 직전에 증량하던 작업을 계속하기 시작했다. 운동은 진료 다음으로 내게 생활의 리듬과 행복감, 정신적·신체적 건강을 주는 것이었으니, 다른 것 다 제쳐두고, 내가 가장 행복할 수 있는, 내 마음이 가장 편한 곳에서 운동하는 게 최고였다.

그래도 2007년 7월 이후 언젠가부터 힘겨워지기 전까지는 힘은 넘쳤고, 첫 시합출전을 계획하고 처음으로 '전략적 증량'을 했던 2007년 이후 2008년 초반까지의 1년 정도의 기간 동안, 67kg 정도에서 시작한 내 체중은 생애 처음으로 70kg을 넘어서고 계속해 80kg을 향해 나아갔다. 특히 가슴, 등, 대퇴, 상완에서 고중량을 다루며, 본격적인 증량을 하던 시기인데, 웨이트트레이닝과 스트레칭을 열심히 했다 (이때는 대부분의 웨이트트레이닝을 효과적으로 했던 것 같다). 적어도 이때부터, 내가 이용하는 체련장에서는, 회원 수가 수백 명이기도 했고 수천 명이기도 했는데, 나는 거의 항상, 가장 무거운 중량을 다루거나 같은 중량이라도 가장 많은 반복수로 다루는 한두 명의 회원 중 하나가 되었다.

1. 상체 훈련. **가슴·등** 워크아웃 때는 첫 운동으로 〈벤치 프레스〉와 〈친〉을 슈퍼세트로 하면서, 〈벤치 프레스〉에서는 1RM(1회반복 최고중량)을 올려가는데, 그리고 〈프런트 친〉에서는 제1세트에 20회 이상, 최대한의 반복수를 하는데 집중했다. 비록 가슴까지 닿게 내렸던 것 같지는 않지만, 〈벤치 프레스〉에서는 이때 처음으로 120kg을 내 1RM으로 여기게 되었고, 비록 〈와이드 그립 프런트 친〉이라기보다는 〈미디엄 그립 프런트 친〉인 경향이 있었지만, 제1세트에서 반복수 20회를 넘어 본격적으로 늘어갔고, 동시에 날이 갈수록 자연히 그립을 점점 넓혀갔다. 〈벤치 프레스〉에서 초고중량에 이르렀을 때는, 그 중량에 대한 심리적 부담을 덜면서도 더 고중량으로 나아갈 수 있게, (초)고중량의 〈머신 플랫 프레스〉로 대신하거나 〈머신 플랫 프레스〉 후 자신감과 용기를 북돋우고 다시 초고중량의 〈벤치 프레스〉로 돌아왔다. 등 운동은 〈와이드 그립 프런트 랫 풀다운〉, 〈시티드 케이블 로〉로 이어졌고, 당시로써는 충분히 효과적이었다고 생각한다. 〈와이드 그립 비하인드 랫 풀다운〉을 도입한 것은 이때로부터도 수년 후의 일이다. **상완** 워크아웃 때, 이두근 운동으로는 〈스탠딩 바벨 컬〉

피라미드 세트 후, 거의 항상 EZ바를 이용한 고중량의 〈바벨 치트 컬〉을 많이 했다. 직선바보다는 EZ바를 이용하고 엄격한 〈스탠딩 바벨 컬〉보다는 치팅을 많이 이용한 〈바벨 치트 컬〉을 더 주로 한 것 같은 것은 아쉬운 점이다. 삼두근 운동으로는 〈케이블 프레스다운〉과 〈케이블 오버헤드 익스텐션〉을 주로 했지만, 이 역시도 지금의 내 관점에 〈로프 프레스다운〉보다 비효과적이라고 생각하는 것들이다. 〈케이블 프레스다운〉으로 삼두근의 힘은 증가했겠지만, 삼두근의 두께와 모양은 크게 발전하지 않았다고 생각한다. **어깨** 워크아웃에서는 특별한 발견이나 경험이라고 할 만한 것은 없는 것 같다.

2. 하체 훈련. 이때의 내 하체 훈련에서 내게 가장 인상적으로 남아 있는 것은 **대퇴**를 위한 고중량의 〈덤벨 워킹 런지〉와, 거의 처음으로 제대로 된 실시 방법으로 하기 시작한, **종아리**를 위한 〈스탠딩 카프 레이즈〉다.

3. 코어 훈련. 고중량의 〈덤벨 워킹 런지〉와 마찬가지로 고중량의 〈데드리프트〉를 처음으로 본격적으로 했는데, 〈데드리프트〉는 코어(여기서는 척주기립근과 둔근) 운동이라고 생각하기보다는 주로 전신 운동이라 생각하면서, 주로 하체 워크아웃의 마지막에 했다. 매번 피라미드 세트로 했는데, 빠르게 발전해, 마지막 세트는 이내 165kg까지 하게 되었다.

4. 스트레칭. 거의 매일 저녁 웨이트트레이닝 직전의 스트레칭 GX 수업 1~2타임(시간) 동안, 단순히 중력에 의지하는 게 아니라 최대한의 내 근력을 이용해, 땀을 뻘뻘 흘리며 최선을 다해 열심히 임했다. 그러고도 직후의 1~2시간의 고강도 웨이트트레이닝을 위한 에너지는 충분했다.

5. 유산소운동. 유산소운동은 별로 하지 않았던 것 같다.

6. 영양. 2008년 시합출전 이후의, 더 알게 된 기준에서 생각하면, 그리고 이때의 내 사진들을 이후의 것들과 비교하면, (당시에 힘, 체중, 특히 가슴, 등, 대퇴, 상완의 굵기는 원만히 향상돼갔지만) 체지방은 다시 끼는 경향이 있었다. 그 주된 이유는, 유산소운동이 부족했다기보다는, 내 체형이 어디에 속하는지도 '제대로'는 몰랐고, 단백질·탄수화물·지방 섭취량과 섭취 타이밍 개념도 잘못 알고 있었다. 아놀드 백과를 열심히 본 것만으로 내 몸에 대해서도 저절로 알게 되는 게 아니었다. 이후에 깨닫게 된 것으로, 나는 내배엽성 중배엽형 체형인데, 너무 외배엽형 사람에게 더 맞을 법한 영양 개념을 따르고 있었다. 2008년 초까지 나는 탄수화물·지방 섭취량은 과했지만 단백질 섭취량은 부족했고 식사·간식 타이밍도 부적절해 (주로 게이너를, 자기 전에도 먹고 새벽에도 일부러 깨서 먹었다), 섭취한 상당 부분의 탄수화물과 단백질은 근육 글리코겐이나 근육 단백질이 되기보다는 체지방이 되었던 것이다.

2009년 이후 체중 65kg과 75kg 사이를 오가게 유지해오다가, 5년 만에 다시 '전략적 증량'을 했던 2012년 후반부터 2013년 초반까지는, 탄수화물 섭취량도 충분했지만, 특히 닭가슴살 등 단백질 음식을 충분히 섭취했고, 섭취 타이밍도 잘 알고 있었다. 그렇게 해서 처음으로 다시 80kg을 넘어섰을 때, 나는 같은 체중이었던 5년 전 2007년 후반부터 2008년 초반까지보다 대흉근, 광배근, 대퇴사두근, 삼각근, 복근 등이 훨씬 근육질이 돼 있었다.

@ 2007 7월

손목 랩. 오랜만에 내 워크아웃을 도와준 친한 트레이너가 손목을 보호하자며 내게 손목 랩을 해줬지만 (이날 손목이 지쳐 더 계속하기 힘들 정도로, 새 운동도 추가하고 각종 상급 인텐시티 테크닉을 다 동원하면서 고강도의 상완 워크아웃을 장시간 했다), 아놀드 백과를 접한 이후 내가 손목 랩을 한 경우는 전혀 또는 거의 없다.

2008: 시합출전을 시작하다

인천 대회. 5월, 당시 내가 다니던 체련장(피트니스센터)에서 친하게 지내던 트레이너가 2008 인천 대회 +90kg급에 출전했고 나는 거기에 응원 겸 구경 가게 되었다 (인천 대회: 미스터&미즈 인천 선발대회). 그는 2005년에 이어 이번에도 그 체급에서 1위에 입상했고, 나는 그를 포함한 선수들의 모습에, 가을에 있을 내 첫 시합출전에 대한 가벼운 자극을 받게 되었다.

이후 내 첫 시합출전을 도와준 그는, 내가 첫 시합 다이어트를 본격적으로 시작하기 수개월 전부터 이렇게 말했다. "회원님은 몸이 몸짱 스타일이 아니라 보디빌더 스타일이세요. 그리고 65kg까지 체중감량만 하면 하늘을 찌를걸요. 미스터 인천에서도 통할 몸입니다 (비록 내 주민등록지는 인천이 아니었지만, 그리고 꼭 그것으로 출전자격이 제한되는 것도 아니지만, 인천 대회에 출전해온 그의 기준에서 그렇게 말한 것이다)." 아놀드는 말했지, 시합을 뛰어라. '그래, 나는 이제 몸짱 정도가 아니라, 진정한 보디빌더가 되는 거다. 아마추어 보디빌더!'

with 김재민, 박인정(찬조출연) @ 2008 인천 대회

체형과 눈높이. 내 생애 첫 시합출전 몇 개월 전의 모습으로, 유전적으로 결정된 내 체형이 '내배엽성 중배엽형'에 가장 가깝다는 걸 알려준다. 이때 체중은 **80kg** 정도, 체지방률은 **20%** 정도였다.

그러나 이후 그 첫 시합을 마칠 때까지만 해도, 이때의 내 뱃살과 허릿살은 내 눈에 들어오지 않았다. 시합 다이어트를 시작하기 전까지 6개월 이상 동안에 우선은 체중을 **90kg** 정도까지는 최대한 불려야겠다는 생각 때문에, 열심히 운동하면서도 무의식적으로 '근육증대'보다는 '체중증량'에 우선적인 관심을 두었고, 눈높이가 높지 않다 보니, 내 군살이 내 눈에 들어온 적이 한 번도 없었던 것이다.

2007 대구 대회, 그리고 2008 인천 대회 이후 내가 항상 강조하게 된 것 중 하나는, 시합출전이 자신의 것이 되려면 우선 타인의 시합출전을 시합장에서 간접경험 해봐야 한다는 것이다. 우선은 단순히 시합장에 가보는 것이다. 관객의 입장이 되어도 좋고 응원군의 입장이 되어도 좋지만, 더 좋은 것은 선수 옆에서 돕는 지원군$_{second}$의 일원이 되어, 선수 대기실을 포함한 모든 공간에서 그 시합을 함께 치러내는 것이다. (계속)

2008년의 운동과 영양. 2008년 초, 내 체중은 드디어 80kg을 넘어섰고 나는 90kg까지 증량하기 위해 노력하고 있었다. 이후 시합 다이어트를 시작하고 1개월쯤 된 6~7월이었나, 생애 첫 시합출전을 준비하면서 웨이트트레이닝에도 그 어느 때에 못지않게 몰입하던 중, 나는 상완 워크아웃의 마지막 운동으로 고중량 〈원암 케이블 컬〉을 흔히 했는데, 어느 날 한쪽(왼쪽) 팔꿈치 안쪽에 통증이 느껴져 정형외과를 찾아 초음파충격 요법과 근육이완제 처방 등의 진료를 수주간 받게 되었다. 끝까지 정확한 진단명이 무엇이었는지도 모르겠고 증상도 크게 나아지지 않았고, 처음부터 그냥 그 부분을 쉬어주기만 했어도 결국은 나았을지도 모르겠지만, 나는 적어도 초기 처치는 할 만큼 했고 의료적 도움은 이만하면 됐다고 생각하고, 이후는 내가 그 부위를 쉬어주든 운동요법으로 하든, 내가 알아서 해야겠다고 생각하게 되었다. 이후 차츰 괜찮아져 정상 회복됐다.

마인드: 개인과 사회 (광우병 촛불집회). 체중 80kg을 넘어 90kg을 향해 한참 증량하던 2008년 5월, 나는 당시에 전국적으로 가장 큰 이슈로 떠오른 '광우병 (위험 미국산 소고기 수입 반대) 촛불집회' 정국에 깊이 빠져들게 되었다. TV에서는 정권의 온갖 대국민 거짓과 사기가 난무했는데, 그들의 주장은 앞뒤가 맞지 않고, 그들 스스로 자신들의 말을 매번 바꿔가면서 국민의 의사에 반하는 정책을 불도저식 일방통행으로 밀어붙였다. 전문가가 아니라도 상식적인 사람이라면, 그 자체로도 견디기 어려운 것이었다. 그 분야를 정확히 꿰뚫고 있는 데다 사명감 있는, 진정한 전문가라 할 수 있는 극소수의 수의학과 교수와 민변(민주사회를 위한 변호사모임) 변호사를 제외한 대부분의 학계, 법조계 등 관련 전문가라는 사람들은 사회적 책임을 저버리고 복지부동, 기회주의, 이기주의의 면모만 보였다. 5월 말, 나는 이런 정권의 불의에 반발해 전국적으로 자연 발생한 촛불집회의 중심 현장인 서울 청계광장·광화문광장 일원에서 한밤에 경찰들의 무차별적인 불법 폭력진압으로 무고한 남녀노소 시민들의 인권이 유린당하고 부상이 속출하고 있다는 소식을 인터넷 개인방송·독립언론 영상이나 음성, 네티즌들의 글로 실시간으로 접하면서 더는 그냥 있을 수 없었고 (집회·시위라곤 생애 처음으로 전날 그 현장에 나갔었지만, 일찍 돌아와 자정 이후의 현장 상황은 그때까지 몰랐다), 그 현장에 의료지원단이 마땅히 없다는 걸 인터넷으로 확인하고는, 바로 그날 저녁 현장에서, 간호사 등 나처럼 자발적·독자적으로 나온 시민들과 함께 의료지원단을 꾸렸다. 그리고 인터넷으로 전국의 의료인 포함 네티즌들에게 의료지원단 합류를 적극 독려했다. 밤새워 시민들과 경찰들 속에서 의료지원을 하면서, 나는 마치 우리가 내전을 치르고 있는 것 같았다 (당시에 우리 내부에서나 외부에서나, 사람들은 우리를 의료봉사단이라고 불렀지만, 나는 점차 의료지원단이라고 불러야 한다고 주장하게 되었다. 각자가 생각하는, 봉사와 지원의 의미나 어감은 어떻고 어느 쪽이 더 마음에 드는지에는 모두 조금씩 차이가 있겠지만, 나는 봉사(사전적 뜻은 국가나 사회 또는 남을 위해 자신을 돌보지 않고 애씀. 그러나 여기에는 그 기저에 분명한 지지의 마인드가 내포돼 있지 않은 것 같다)라기보다는 지원(지지해 도움)하고 있는 것이었으니까).

그렇게 일주일쯤 되었을 때, 의료지원단은 (각과)의사들만 해도 10명 이상에, 전체 인원은 40명을 넘어섰고, 전국의 약사들로부터 도착한 의약품 등 물자도 한참을 쓰고도 남을 만큼 충분히 쌓였지만, 그 촛불집회 정국은 간단히 해결되거나 시민들이 이길 수 없는 방향으로 흐르고 있었고, 나는 이제 나 없어도 의료지원단 인력은 충분하고, 나는 의료지원단이 좀 다른 방향으로, 즉 현장에서의 중립적이고 수동적인 구급·처치에만 한정되기보다는, 물대포에 고막이 찢기고 저체온증으로 실신하고 경찰 방패에 얼굴과 머리가 찍히고 경찰 군홧발에 머리가 밟히고 경찰에 밀려 넘어져 치아가 부러지는 등, 현장에서 밤새 일어나는, 시민들을 상대로 미친 공권력이 벌이는 무지막지하고 천인공노할 폭력 자체를 고발하고 방지하는 쪽으로 나아가야 한다고 주장했고, 이는 '당시의' 대부분의 구성원의 생각과는 달라, 이제는 독자적으로 내가 원래 하려던 일, 즉 이 백과의 초기 형태 집필에 집중해서 그 책으로 장기적으로, 특히 청소년, 청년층 등 젊은 세대에게 운동을 가르쳐주는 것은 물론이고 바른 역사·민주 인식을 도와줘야겠다 싶었다. 어차피 일주일간의 밤샘 의료지원으로 체중도 6~7kg 줄어든 상태여서, 그대로 시합 다이어트를 시작하기로 했다.

(계속) 내가 그를 체련장 샤워장에서 처음 봤을 때, 그의 대흉근이 특히 남달라 보였고 (비시즌이었고, 커팅 된 상태는 아니었다), 나는 "당신이 국내 정상급 보디빌더입니까?" 하고 물었다. 그는 "아뇨, 전혀 아닙니다." 했다. 그게 인천 대회 이전의 내 눈높이였다.

인천 대회에서부터 곧바로, 나는 그의 말이 사실이라는 걸 깨닫게 되었는데, 비록 그가 자신의 체급에서는 1위에 입상했지만, 체급 1위들이 겨루는 그랑프리전에서 미스터 인천이 될 정도까지는 아니었고, (이후에 알게 된 이름이지만, 박인정 선수를 포함한) 몇 명의 국가대표 선수들이 찬조출연까지 했기 때문에 더욱 그랬다.

2009년인가, 내가 BBMC 모임에서 마니아들과 선수들 앞에서 내 소개와 함께 다음과 같이 말할 기회가 있었다. "보디빌딩책을 쓰고 있는데, 여기 오신 선수분들은 좋은 사진 있으면 보내주면 좋겠습니다." 잠시 후 한 선수가 조용히 다가와 "그 책 언제 나옵니까?" 하면서, 그 책이 나오면 사 봐야겠다는 것이었다. 내가 한편 반가우면서 한편 의아해 "아니, (2009) 미스터 코리아 박인정 선수가 그 책이 왜 필요하겠습니까." 하니 "더 배워야죠." 하는 것이었다. 그는 예의바름 뿐 아니라 정상급 선수답지(?) 않게 겸손한 자세를 갖고 있었고, 나는 그것 하나만으로도 그에게 아주 좋은 인상을 갖게 되었다. 시합에서 내가 심판 입장이라면, 몸과 포징으로는 우열을 전혀 가릴 수 없는 박빙의 상황에서, 어떤 선수에게 높은 등위로 채점하고 싶겠는가 (인맥이나 개인적 친분을 말하는 게 아니라는 점을 강조한다).

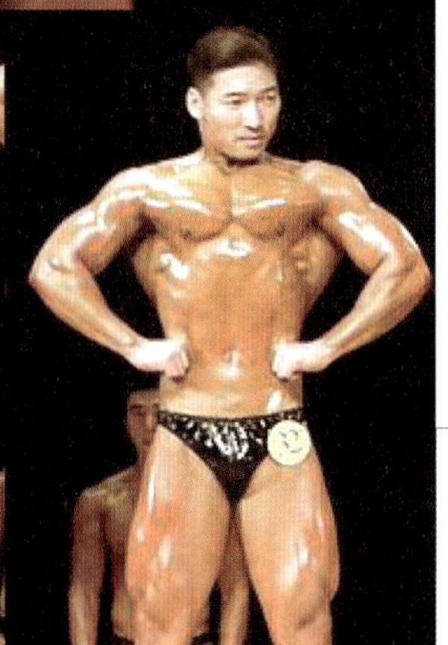

크리스챤 대회

9월 초(6일), 인천에서 열린 2008 크리스챤 (보디빌딩)대회. 나는 드디어 생애 첫 (보디빌딩) 시합출전을 시작했다. 대학입학과 동시에 이 운동을, 비록 원시적이고 초보적인 수준이었지만, 시작한 지 19.5년 만이고, 아놀드 백과를 처음으로 접한 지 5년 만이었다.

비록 주위 친한 지인 중에, 그리고 내 환자 중에, 바르고 착한 기독교인이 더러 있지만, 2007년 대선 이후 특히 몇몇 특정 대형 교회 및 그 관계자와 신도들이 정치·사회적으로 지탄의 대상이 되었고, 나 역시 그런 보편적인 사회 인식과 같이하고 있던 터라, 이 시합이 그 이름에서부터 꺼려졌지만 (그래서 시합사진을 찍을 생각도 없었고, 어떤 경로로든 남겨진 시합사진도 다소 부실하다), 내 첫 시합출전을 도와주던 트레이너의 '그게 무슨 상관입니까, 시합이면 다 같은 시합이죠.' 하는 말에 편견 없이, 그리고 개인적으로 그 종교와 그 종교인들에 대한 상호이해와 화합의 대승적 차원에서, 내 다이어트 시기적으로 적절한 이 시합을 첫 시합출전의 기회로 삼기로 했고, 시합일 여러 날 전에 그 체중에 맞게 감량할 수 있었다. 비록 개회식에는 그 종교적 식순이 짧게 포함돼 있었지만, 시합장이 교회도 아니었고, 관객 그 누구에게서도 그런 종교적 색채는 없었다.

@ 2008 크리스챤 대회

눈높이와 수분조절. 시합결과는, 13명이 무대에 오른 −70kg급에서 나는 상위 6명, 즉 입상권에조차 들 수 없었고, 그 체급에서 경쟁력 있는 몸이 아니었다. 첫 시합출전에 체급 1위까지 기대하며 열심히 다이어트하고 태닝하고 포징 연습하며 준비했는데, 체련장에서 점점 가장 좋은 모습의 회원이 되고 태닝하던 야외 수영장에서 시선을 한몸에 받다가 '우물 안 개구리'였다는 걸 깨달은 것이다. 그러나 부끄럽지는 않았다. 찬조출연 온 국가대표 선수들이 무대와 대기실 사이의 통로에서 내 옆을 지날 때에도, 그들의 몸이 나와는 완전히 다른 모습을 하고 있어 멋있어 보였지만, 나는 내 모습이 자랑스러웠다. 나는 거기 구경 오거나 응원 온 일반인들 기준에서는 여전히 아주 좋은 몸이라고 생각했기 때문이다. 물론, 이대로 그냥 있을 수는 없었고, 체지방감량을 5kg 더 하고 더 잘 준비해서 다음 시합에는 −65kg급에 출전해야겠다 싶었다. 내 포징을 잠깐 지도해준, 정상급 선수 출신의 한 관장은 내게 수분조절(뒤에서 구체적으로 다룬다) 하지 말고 출전하라고 했지만 나는 수분조절을 했는데, 역시 그건 악효과거나 별 효과 없는 것이었는데, 후에 알게 된 사실로, 체지방감량이 충분히 된 상태가 아니었기 때문이다.

나는 생애 첫 시합출전을 준비하면서 체련장(피트니스센터였다)에서 더욱 많은 관심을 받게 되었다. 체련장에서 만나는 많은 아저씨·아주머니 회원들로부터는 허리가 잘록해진 몸매에 대한 칭찬의 말을 갑자기 많이 듣게 되었고, 이전보다 야위어 보이는 얼굴에 '요즘 잘 못 먹는 것 같다'며 걱정을 해주는 회원들도 더러 있었다. 남학생과 청년 회원들은 탈의실에서 갈색으로 태닝 된 탄력 있는 근육질의 몸매로 포징 연습을 하는 내 모습이 낯설기도 하고 부럽기도 한 눈치였다. 많은 회원이 '파이팅!'을 외쳐주며 시합장에 응원하러 가겠다고 하니, 나는 그들의 기대를 저버리지 않기 위해서라도 더욱 힘을 내야겠다고 생각하기도 했다. 그리고 시합을 준비하는 나를 직접 도와주는 트레이너 외에도 체련장의 트레이너들과 직원들도 모두 칭찬을 한마디씩 했다. 그러다 보니, 시합을 마치고 내가 허한 마음을 달래러 바로 찾은 곳도 바로 그 체련장이었다.

광명시 대회

10월 초(5일), 2008 광명시 (보디빌딩)대회. 내 둘째 시합출전으로, 7명이 겨룬 −65kg급에서 나는 처음으로, 그것도 1위에 입상하게 되었다.

4주 전 토요일 크리스챤 대회를 마치고 주말 이틀 동안 일반식을 충분히(?) 했더니 월요일에는 체중이 5kg이나 불어 75kg 정도가 돼 있었다. 대부분은 수분으로 불어난 체중이지만, 상당 부분은 체지방으로 몸이 부푼 것도 사실이었다. 당연히 모든 근육의 데피니션과 세퍼레이션도 밋밋해졌지만, 몸이 부은 것처럼 몸이 비정상적으로 무겁거나 손이 부은 것처럼 느껴지지는 않았는데, 화요일에는 그게 몸으로, 손으로 느껴지기 시작했다. 나는 다시 다이어트를 해 이번에는 더 경쟁력 있는 몸을 위해 체중을 65kg으로까지 감량해야 했다.

마인드: 동기유발과 내 몸 바로 알기. 시합 다이어트를 하면 전신의 잉여 체지방이 줄면서 전신의 피부가 얇아지는데, 그 외견상의 변화는 정말로 대단하다. '왕자'가 선명하게 드러나는 것은 물론이고, 배꼽 모양마저도 확연히 달라지는데, 소위 '배'pear 배꼽에서 '참외' 배꼽이 되는 것이다.

코어(복부)는 물론이고, 가슴, 어깨의 변화 중 대부분은 시합준비 과정 몇 개월 동안 단순히 체지방이 감소한 결과지만, 어떤 부분은 그 기간 동안, 이전 기간보다 더 집중적인 운동, 영양, 포징 연습 등으로, 실제로 근육도 발달했고, 또 그 근육의 모양과 움직임을 조절하고 통제함으로써 같은 몸으로도 더 나은 모습을 만들어낼 수 있는 기술과 신경–근육 연결관계가 발달했기 때문이기도 하다.

내가 생애 첫 시합출전을 준비하며 체지방을 줄이기 위한 본격적인 식이요법에 들어가면서 첫 번째로 한 일 중 하나는, 허리띠에 새로운 구멍을 내는 것이었다. 기존 약 1인치 간격으로 나 있는 구멍들 중 안쪽에서 세 번째쯤에 걸쇠를 끼웠을 때 편안히 맞던 내 허리는, 식이요법에 약간씩 신경을 쓰며 시합준비를 위한 시동을 걸고 있던 어느 날, 배를 살짝만 당겨 넣으면 첫 번째 구멍에 걸쇠를 끼우며 허리띠를 채울 수 있게 되었다. 여기에 고무된 나는, 앞으로 허리선의 변화를 가늠하기 위해, 그리고 체지방을 최대한 줄이겠다는 의지를 다지기 위해, 그 1인치 간격으로 새로운 구멍을 안쪽으로 두 개 더 뚫었다. 이렇게 새로운 구멍을 내고 또 가능한 한 허리띠를 졸라맴으로써, 나는 지금 허리선을 잘록하게 만들기 위해 노력 중이라는 사실을 항상 잊어버리지 않을 수 있었다.

어느 날 갑자기 같은 구멍에 채운 허리띠가 너무 죈다고 느껴질 때는 그 원인이 무엇인지 알아내기 위해, 바로 전날 내가 웨이트트레이닝과 유산소운동은 무엇을 얼마나 했고 단백질과 탄수화물은 무엇을 얼마나 먹었는지, 낮 시간은 어떻게 보냈고 제한하던 지방과 나트륨이 특히 많이 섭취될 가능성이 있었는지, 그리고 소화기능과 전신적 컨디션은 어땠는지 되돌아보았다. 헬스클럽의 탈의실과 샤워장에 있는 특정 거울을 통해 내 전체적 모습이 점점 인상적으로 보이는 방향으로 발전하고 있는지, 그리고 복근이 계속 선명해지고 있는지 눈으로 직접 확인하는 것에 더해, 이렇게 졸라맨 허리띠는 내가 시합을 앞두고 제대로 다이어트가 되고 있는지 알 수 있게 해주는 분명한 잣대가 되었다. 허

@ 계체 대기 중 10:20AM

시합 다이어트의 효과: 얼굴과 코어. 얼굴은 1~2개월 전에 한 번 본 사이인데도 얼핏 서로 못 알아볼 정도로 달라졌다. 우리 눈은 수십 년 전의 얼굴도 그 세월을 유추해 알아보고, 한 얼굴을 두 각도에서만 봐도 그 입체적 양상을 알아볼 텐데, 시합 다이어트 효과가 성형수술보다 더하다. 웃을 때는 얼굴에 주름이 더 많이 잡혀, 일시적으로 나이 들어 보이기도 하지만.

내장지방과 피하지방에 의한 뱃살은 물론이고, 과연 빠질 수 있을까, 빠질 수 있다면 과연 얼마나 있어야 빠질까 했던, 골반 위에 두툼하게 잡히던 허릿살까지도 거의 없어졌다. 누워 있을 때는, 복부에서의 고유감각으로나 손 촉각으로나, 복부가 등에 닿을 듯 오목하게 느껴졌는데, 이것은 다이어트 하면서 가장 기분 좋은 느낌 중 하나다.

리띠가 갑자기 죈다고 느껴질 때는 거울로 본 내 모습도 단지 12시간 만에 훨씬 덜 인상적으로 변해 있었고 복근은 어김없이 덜 선명해져 있었다.

시합을 준비하든 그렇지 않든, 졸라맨 허리띠는 복부의 체지방을 줄이고자 하는 누구에게나 긴장을 늦추지 않게끔, 허리선이 조금이라도 굵어지면 곧바로 알려주는 민감한 센서 역할을 해줄 것이다. 그래서 2016년까지 나는, 그 싸구려 허리띠가 너덜너덜해지고 끊어지기 직전이 되도록 애용해왔다.

@ 계체 대기 중 10:20AM

시합 다이어트의 효과: 체중과 체지방률, 그리고 허리둘레. 당일 이른 아침 내 공복 체중은 **65kg**, 체지방률은 **10.4%**였다. 48시간 전 체중은 **66.5kg**이었는데, 이후에도 계속된 커팅과 이때부터의 수분조절로 이틀간 분모인 체중이 약간 줄어 체지방률이 약간 늘었을 것이고, 수분조절 없었다면 체지방률이 대충 10%였을 것이다. 수분조절 효과가 더해졌건 아니건 간에, 어쨌든 체중은 시점에 따라, 5월 말 83kg 또는 6월 초 77kg에서부터 시작해 결국은 65kg까지, 즉 **18kg** 또는 **12kg** 감량한 것이다.

허리띠 둘레는 시합 다이어트 시작 때에 비해 네 칸, 약 **10cm** 줄어든 것이다. 선수복과 얇은 바지 위에, 새로 뚫은 맨 안쪽 구멍, 즉 시작 때보다 네 칸 안쪽 구멍에 고리를 끼우고서도 편안하고 비교적 느슨했던 이 허리띠의 길이가 28인치 정도 되는 것으로 보아, 이때 내 허리둘레는 **27.5인치** 정도였을 것이다.

어려서부터 툭하면 감기 걸려 한 달을 심하게 앓는 약한 기관지 때문에 고등학교 졸업 때까지, 반에서 거의 꼴찌 수준의 체육실기 점수를 받는 약한 체력이 되었다. 대학입학 이후 체련장 웨이트트레이닝을 시작해 아주 건강한 편이 되었지만, 때로는 학업으로, 때로는 심한 감기 때문에 번번이 운동을 중단할 수밖에 없었고, 그럴 때마다 몸은 원점으로 돌아가고, 다시 탄력을 붙이려면 수개월이 소요되면서, 당연히 몸의 발달은 지지부진했었다. 완벽주의 성격으로 나 스스로 학업과 진료업무에서 스트레스를 자초하면서, 그래도 틈틈이 한 운동으로, 그리고 몇 년 전 아놀드 백과를 만나서 비로소 처음으로 본격적으로 달라지기 시작한 몸. 그리고 시합출전을 시작하면서 본격적이고 다소 처절했던 다이어트로 처음으로 깎아본 몸. 이때가 내 나이 38세. 생애 첫 시즌, 둘째 시합. 레벨 높은 선수들에 비하면 많이 부족하지만, 처음으로 진지한 보디빌딩, 즉 시합 보디빌딩을 접한 순간이다.

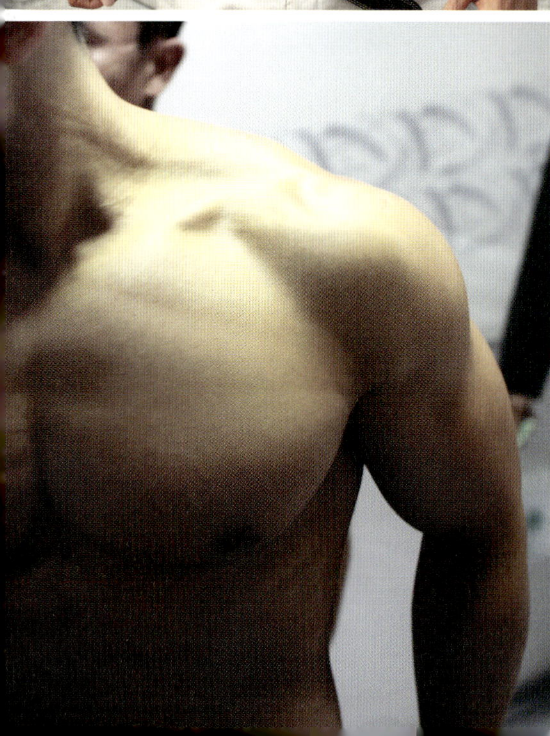

@ 계체 직전 10:30AM

시합 다이어트의 효과: 가슴과 어깨. 대흉근이 삼각근과 분리되고 정중선에서의 분리가 명확해진 것은 물론이고, 심지어는 과연 피하지방이 충분히 빠질 수 있을까, 그래서 명확한 라인이 생길 수 있을까 했던 하부 외측 대흉근의 외측에서, 명확하게 오목한 분리를 이루고 있다. 하부 외측 대흉근의 발달과 그 인접 피하지방의 감소로, 다소 둥글던 대흉근의 외형도 각진 사각형에 가까워져 더 남성적인 모습이 되었고, 밋밋하고 둔하던 삼각근 외형도 다소 뚜렷하고 각져 보이게 되었다. 남성적인, 모양 좋은 가슴을 위해서는 하부 외측 대흉근 발달이 중요하다.

그러나 남성적인 상체 발달을 위해서는 가슴 운동보다 등 운동이 중요하다. 대부분의 남자가 가슴 운동을 좋아하고 등 운동을 그만큼 하지 않는 이유로, 보기 싫은 상체가 되곤 한다. 가령, 〈팔굽혀펴기〉와 〈턱걸이〉 중 한 가지만 하라고 한다면, 〈턱걸이〉를 하는 게 더 남성적으로 멋진 몸이 될 게 분명하다.

@ 계체 직후 10:45AM

시합 다이어트와 수분조절. 수개월 전의 같은 상의, 그리고 비슷한 바지의 모습과 비교해보면 전신적으로 체지방이 얼마나 많이 줄었는지, 그리고 허리둘레가 얼마나 줄었는지, 그 시각적 그 차이가 극명하다. 다이어트로 얼굴의 피하지방도 빠져 피부가 얇아진 데다, 수분조절도 하다 보니 다소 난민 같아 보이면서, 웃을 때 얼굴에 주름이 많이 생겨 일시적으로 나이 들어 보이기도 하지만.

@ 계체 12:30PM

경기 전 잘못된 영양. 나는 잘못된 로딩 개념으로, 몇 시간 후 있을 펌핑을 위해 직전에 많은 음식과 음료를 일부러 섭취했고, 그래서 배가 조금 나온 상태일 뿐 아니라, 이후 펌핑에는 도움되지 않고 피하 수분정체만 일으키는 역효과를 낳았다.

@ 개회식 1:00PM

자연미. 본격적인 시합 시작 전, 개회식이 진행되고 있을 때, 펌핑 전인데도 어느 정도 봐줄 만하다. 처음부터 체급 1위를 직감했다. 보통, 시합장에서 만나는 경쟁자들을 보면 웬만하면 나보다 더 좋아 보이게 마련인데, 이 시합에서는 계체 때부터 내가 확실히 제일 나아 보였고, 만약 1위를 못 한다면, 나를 포함해 누구든 부당하다고 느낄 것이라 생각할 만큼 승부는 명확해 보였다.

그러나 이후 시합사진들을 봤을 때, 나는 역시 하체, 특히 대퇴 전면의 세퍼레이션[근육분리]이 부족한 약점이 두드러져 보였다. 전신의 자연미와 상체, 특히 가슴과 등의 모양과 세퍼레이션이 벌충해줬다는 걸 알아차렸고, 부실한 하체에도 체급 1위 하게 된 걸 다행이며 감사하게 생각했다.

@ 경기 중 2:40PM

포징. 나름대로는 상당히 일찍부터 수개월간 포징 연습을 했지만, 많은 실수를 했다. 뒤에 자세히 살펴보는 것처럼, 지금의 내 관점으로는 참으로 엉성하지만, 당시에는 포징을 잘하는 편이라고 생각했고, 그러다 보니 이후에는 한동안 포징 연습을 열심히 하지 않아, 이때만큼의 포징 감각도 없이 경기를 치른 적도 많았다.

지금 보면 근육발달 면에서는 많이 부족하지만, 때로는 그때 시합 다이어트를 참 잘 참아냈구나 싶기도 하다. 첫 시즌이라, 그때의 다이어트 방법이 지금의 내 관점에 꼭 현명한 것도 전혀 쉬운 것도 아니었지만.

내가 원래 건강한 체질의 강인한 육체의 소유자였더라면, 그리고 넘치는 열정과 집중 외에 훈련과 영양을 처음부터 제대로 알았더라면, 이보다 훨씬 이른 시기에 훨씬 좋은 몸을 만들 수 있었을 거라 확신한다. 누군가가 아놀드 백과를 나보다 더 일찍 만날 수 있는 사람이라면, 그 자체로 엄청난 행운아라는 사실을 깨닫게 될 것이다. 나는 그 사실을 내 몸으로 직접 보여주고 싶었다. 그리고 아놀드 백과 번역서와 내 몸을 통해 많은 이에게 알려주고 싶었다. 얼마나 많은 진실이 묻히고 사람들은 얼마나 많은 시간, 노력, 비용을 헛되이 낭비하고 있는지. 그래서 내가 먼저 경험하고 내가 내 몸으로 실험하고 더 많이 배워서 더 많이 남 주자고, 그리고 내가 백(100) 가지를 제대로 알 때, 남에게 한(1) 가지를 확실히 가르쳐줄 수 있다고 생각했다.

@ 시합을 모두 마치고 5:00PM

감회. 체급 1위를 했다. 초등학생 때의 체육시간이나 운동회에서의 〈100m 달리기〉를 비롯해, 정식으로 겨루는 체육경기에서 처음으로 1위를 한 셈인데, 비록 시합의 레벨이 높지는 않더라도, 출전자들은 모두 나름대로 체련장에서 이 운동을 해온 사람들이고, 6명의 입상자들 정중앙에서, 그리고 무대 한가운데에서 1위 수상하는 것은 무척 감회 깊은 일이었다 (그러나 사진은, 시합 경험이 부족해, 잘못된 개념으로, 다른 선수들처럼 경기 펌핑이나 근육 모습에 도움되리라 생각해서, 경기 직전에 일부러 잔뜩 먹은 김밥과 스포츠음료로 인해 피하에 물이 차 훨씬 밋밋해진 모습이고, 실제로 펌핑에 전혀 도움되지도 않았다). 시합을 마치고 돌아오는 길에 한동안, 시합에 따른 긴장 때문이었는지 시합성적에 즐겁게 흥분되어서인지, 침이 너무 말라, 입안에서 윤활이 되지 않고 혀가 자꾸 치아에 붙어, 몇 마디 말도 제대로 이어갈 수 없었다 (그 현상은 이때가 처음이자 마지막이었다).

시합을 마치고 돌아오면서 먼저 찾아간 곳은, 이번에도 체련장이었다. 트레이너들, 회원들과 이 감회를 조용히 나누고 싶었기 때문에. 직전의 크리스찬 대회 때와는 달리, 트로피를 들고 뿌듯한 마음으로.

강서구 대회

10월 중순(18일), 2008 강서구 (보디빌딩)대회 −65kg급에 출전했다. 직전의 광명시 대회 때보다 경기력(특히 몸과 포징. 컬러링 및 오일링도 여기에 포함된다)에서 아쉬움이 있어, 무대에 오른 6명의 선수 중 2위에 그쳤고, 반성하며 이듬해에는 더 나은 몸으로 승부하겠다고 생각했다.

시합 다이어트와 컨디셔닝. 2주 전 광명시 대회를 마치고는 만족감과 긴장을 덜기 위한 보상 차원 등으로, 며칠간 돼지처럼 먹었다. 당연히 체중이 70kg까지 불었는데, 고지방 고탄수화물에다 자연히 나트륨도 상당량 함유한 음식을 먹었기 때문이다. 그런 상태에서 강서구 대회를 일주일 남겨놓은 시점, 나는 우연히 같은 체련장에서 나와 같은 시합, 같은 체급에 첫 시합출전을 준비하는 어린 회원을 보게 되었다. 나는 그보다 근육량이 더 많았고 두 번이나마 시합출전 경험이 있었고 막 체급 1위도 했지만, 일주일 사이에 밋밋해져 지금 당장 그와 대결하면 질 수밖에 없겠다 싶자 정신이 번쩍 들었다.

체중 5kg을 1주 만에 다시 빼려다 보니, 시합출전을 앞두고 막바지에 체중조절, 체지방조절 등으로 다이어트에 상당한 어려움을 겪었다. '내 의지력이 이것밖에 안 되나.' 싶기도 하고 하루에도 여러 차례 마음이 희망과 실망, 용기와 좌절로 흔들렸다. 그래도 시합에 부실한 몸으로 출전하는 것도 예의가 아니고, 체중을 맞추지 못하는 것도 나 자신과 나를 응원하는 사람에게 해서는 안 될 일이라는 생각에, 하루 두 차례 스피닝spinning 수업에 참여하기도 하고, 공복으로 등산을 6시간(일부러) 하거나 공복에 스테퍼stepper를 3시간 타거나, 사이클과 스테퍼를 교대로 타는 등 유산소운동으로 하루에 체중 2~3kg을 줄였을 때는 '내 속에 나도 몰랐던 힘이 있구나!'하고 느낀 좋은 기회가 되었다.

그러나 이후에 깨닫게 된 사실인데, 지난 광명시 대회 직후 며칠간 돼지처럼 먹어 늘어난 그 증가한 체중 5kg 중 2kg은 체지방, 1kg은 근육(글리코겐+수분. 근육 단백질은 무시할 만한 수준), 2kg은 피하 수분정체 정도로 볼 수 있고, 하루에 '전투적으로' 줄인 그 체중 2~3kg은 유산소운동 등에 의한 '체지방감량'보다는, 주로 물을 많이 마시고 땀도 많이 흘려, 그 전날 먹은 빵 등에 함유돼 내 몸에 들어차 있던 나트륨과 과잉의 수분이 빠져나간 게 대부분을 차지한다. 별다른 노력 하지 않고 나트륨 섭취 제한하고 물만 충분히 마셔어도 사흘이면 빠졌을, 그러나 '모르니 마음고생, 몸고생'해야만 했던 부분이기도 하다. 그리고 체지방은 단기간에 많이 빠질 수 없는 상태에서 지나친 막판 다이어트와 과도한(3일간) 수분조절로 근육 내 글리코겐과 수분 저장량이 줄어들면서 근육은 쪼그라들고 피하수분은 오히려 정체되면서 데피니션은 엄청나게 나빠졌다. 이후 시합 다이어트 중이더라도, 유산소운동은 헐떡거리거나 장시간 전투적·소모적으로 하기보다는 점점 더 편한 마음으로 하게 되었고, 등산이나 각종 유산소운동을 시작하거나 더 강도 높게 하거나 더 오래 지속하기 위해서 의지력을 발휘해야 할 때가 여전히 흔히 있기는 하지만, 원인과 결과를 알다 보니, 마음고생만은 훨씬 덜해졌다.

@ 2008 강서구 대회

컨디셔닝과 컬러링. 당일 이른 아침 내 공복 체중은 **64.5kg**, 체지방률은 **9.6%**였다. 체중과 체지방률만으로 보면, 광명시 대회 때와 비교해 오차범위 내로 낫거나 비슷해, 몸도 그럴 것 같겠지만, 실제로는 거의 그 반대다. 이는 '막판의 극단적인 체중감량과 거기에 따른 컨디셔닝의 디테일에서의 실패'가 체중과 체지방률 그 자체보다 몸의 겉모습에 더 결정적인 영향을 미친다는 걸 보여준다.

이전의 두 시합에서는 착색제(프로탠)만 발랐지만, 이번에는 처음으로 현장에서 컬러크림을 발랐다. 이후, 컬러크림도 제품과 바르는 방법, 무대조명 등에 따라 그 색감과 효과가 얼마나 차이 나는지, 그래서 적당한 제품과 잘 바르는 방법을 알아내는 게 얼마나 중요한지 점차 실감하게 되었다.

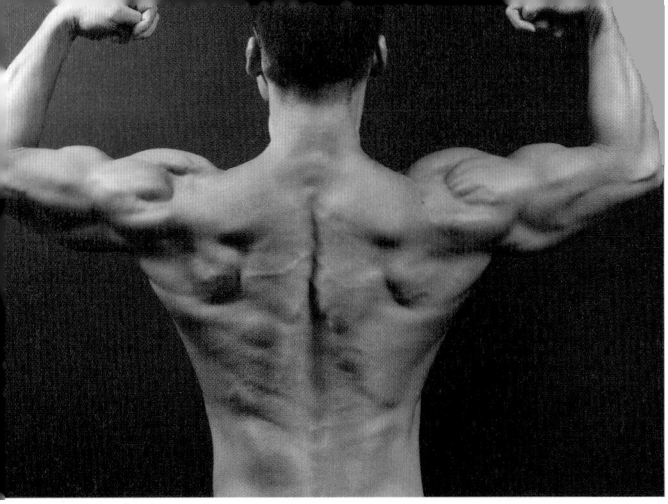

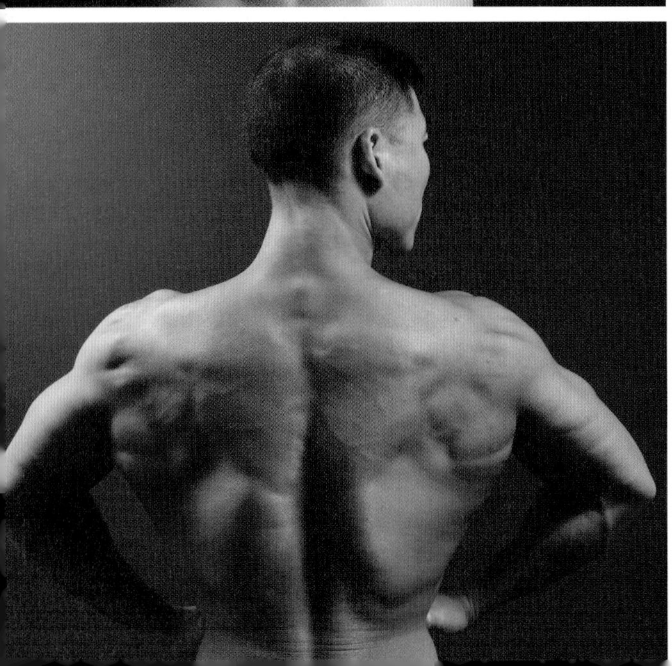

@ 2008 강서구 대회를 마치고

간이 스튜디오 사진촬영. 시합을 마치고 집으로 돌아와, 단순한 기록 겸 이 백과의 초기 형태 집필을 위한 사진촬영을 했다 (비록 이 목적의 사진촬영을 위한 최적의 타이밍은 대부분은 이때가 아니고, 심지어는 이 사진촬영 직전과 중 그 짧은 몇 시간에도, 이 중요한 사진촬영에서 내 모습이 부실해질 수 있다는 걸 알고 있음에도 불구하고 허기를 참지 못하고 이것저것 주워(?) 먹어 피하 수분정체는 심해지고 있었지만).

집에서 급조된 스튜디오 세팅과 인력·장비 부족으로 인해, 특히 간접조명이 충분하거나 적절하지 않다. 그래서 특히 몸의 암부 외곽선이 배경과 쉽게 분리돼 보이지 않아 몸의 외형이 한눈에 들어오지 않고, 몸의 암부 디테일도 전혀 또는 거의 알아볼 수 없다 (왼쪽 페이지 좌상단 사진은 이들 면에서 그나마 아쉬움이 가장 덜하다).

같은 몸에서도 조명과 포징의 아주 작은 변수로도 그 전체적 또는 세부적 모습에 차이가 많이 난다는 걸 확인할 수 있다. 등과 어깨에서 광배근, 대원근, 승모근의 모양, 분리, 스트리에이션이 더 잘 살면서 더 근육질로 보이기도 하고 (첫째·둘째 시리즈), 상완과 어깨에서 이두근, 삼두근, 삼각근의 경우에도 역시 마찬가지다 (셋째·넷째 시리즈).

당신이 주인공이다

나는 내 생애 첫 (보디빌딩) 시합출전 시즌을 포함한 그간의 경험을 네티즌들과 공유하고 그들에게 동기유발을 포함한 긍정적 메시지와 실질적 정보를 전하고자, 관련 인터넷 카페에 시합사진과 함께 몇 개의 글을 게시했다. 다음은 그 복수의 게시글을 이 [시합편]에 맞게 간추리고, 필요하면 현재 시점에 맞게 약간의 수정을 가한 것이다 (원문과 거기에 대한 네티즌들의 댓글과 또 거기에 대한 내 답글은 내 인터넷 카페에 모아두었다. 이들 게시글, 그리고 비록 처음부터 모든 것을 한 권에 집약시키고 그 한 권으로 최대한 알려주겠다는 오랜 생각으로 정성들여 다듬고 이 [시합편] 전문편집에까지 포함시켰지만 결국에는 한 권으로 모든 것을 알려줄 수도 없고 그러는 게 꼭 정답도 아니고 그러기에 무척 까다로운 부분도 있어 최종교정 단계에서 제외시키기는 했으나, 이들 댓글과 답글이 독자에게 특히 도움될 수 있는 것은, 이 백과를 위해서처럼 내가 어떤 한 주제에 관해 본격적으로 글을 쓸 때는 그 글이 자꾸 가지에 가지를 치면서 너무 깊고 넓어져, 독자에게는 너무 무겁고 어렵게 느껴지는 경향이 있는데, 인터넷 카페 등에 내가 독백, 방백, 대화하듯 글을 빠르게 막 쏟아낼 때는, 비록 놓치거나 충분히 설명하지 못하거나 실수하는 부분이 있다 하더라도, 정작 내가 하고 싶거나 해주고 싶었던 핵심적인 말을 더 빠르고 쉽게 해줄 수 있을 뿐 아니라 부수적인 것까지 어쩌면 더 제대로 전달할 수 있게 되기 때문이다. 지금 보기에 요즘 말로 '손발 오그라드는' 말이 더러 있지만, 모두 당시의 깊은 본심으로, 지금도 별로 변함없는 것이다).

당신 자신도 네티즌들 또는 그 누군가에게 희망과 의지를 북돋우며 마음으로부터의 진실한 조언을 해주는 주인공이 될 수 있다. 무엇보다도, 나는 당신이, 자신도 모르는 사아에 또는 자신이 원하지 않게도, 타인의 인생에 조연만을 하거나 심지어는 들러리 서주는 게 아니라, 그리고 타인의 모습을 부러워하거나 심지어는 질투하거나 깎아내리는 게 아니라, '자신 인생의 진정한 주인이자 주인공'이 되기를 응원한다.

여기까지는 기본적으로 1~2년도 전에 완성한 글이다. 그러나 2016년 현재, 다음과 같은 부분을 덧붙이고 상기시킬 수밖에 없다. 독자들 각자 자신 인생의 진정한 주인이자 주인공이 되기 위해서는, 우리나라가 상식적이고 정의롭고 민주적이고 복지적이어야 한다. 현재 우리나라가 그렇지 않다면, 국민 각자가 '이 나라의 '주인'이자 '주권자'라는 사실을 분명히 자각하고 그에 맞는 행동을 하는 주체적 국민'이라는 차별화된 개념으로 말하는 것인 '시민'이 되는 게 무엇보다 중요하다. '대한민국은 민주공화국'(헌법 제1조 1항)이고, '대한민국의 주권은 국민에게 있고, 모든 권력은 국민으로부터 나온다'(헌법 제1조 2항)는 사실, 그리고 선출직이든 임명직이든 그 어떤 방식에 의한 직이든, 모든 공직자·공무원은 국민의 혈세를 받고 일하는, 국민 이하에 있는, 국민에 대한 봉사자이며, 대통령은 그런 공직자 중 최고위직일 뿐이고 대학교에서의 '과 학우'에 대한 '과 대표'와 기본적으로 다를 바 없다는 마인드를 잊어서는 안 된다.

안녕하십니까, 동호인 여러분!

아래 두 게시글에 첨부되었던 사진들 중 일부

최초작성 @ 2008 강서구 대회 당일 5:00AM

안녕하십니까, 동호인 여러분! 아놀드 백과 옮긴이이며, 치과의사(원장)입니다. 치과의원을 잠시 휴업하고 이전개원하기 위한 새로운 장소가 준비되기를 기다리는 중, 다시 오기 어려운 이런 기회에 다이어트하고 시합에 출전하고자 여기에만 집중했습니다.

고등학교 때까지 체육 실기 점수는 반에서 거의 꼴찌였고, 대학입시 '체력장'에서도 친구들 상당수는 이미 오전에 20점 만점을 채울 수 있었지만, 저는 점심 먹고 마지막 〈1,000m 오래달리기〉까지 전력질주를 해야만 했습니다. 그래서 1989년 대학입학과 동시에 헬스클럽에서 웨이트트레이닝을 시작했고, 이후 좋고 나빴던 시절을 웨이트트레이닝과 함께했습니다.

이번에 저로서는 우선순위를 여기에 둔 것이고, 이번의 집중적인 경험을 토대로 앞으로의 훈련과 영양에서 더 나은 지식으로 임할 것 같고, 헬스클럽의 다른 회원들에게도 더 도움되는 실질적인 조언을 해줄 수 있을 것 같습니다. 앞으로 이만큼 시간을 낼 수 없고 이만큼 에너지를 들여 집중할 수 없게 될 테지만, 경험과 시행착오로 배운 게 많은 만큼, 새로운 환경에서 새롭게 발전할 수 있는 방법을 찾게 되겠죠.

아놀드 백과를 보며 아놀드의 조언대로 시합출전을 결심했고, 더 불려 더 큰 몸으로 다이어트해서 출전하리라 생각하다 보니 시합출전을 자꾸 미루게 되던 차에, 2007, 2008 인천 대회 헤비급 1위의, 거의 띠동갑 연하 트레이너의 조언대로 가장 가까운 시합에 출전하기로 결심하게 되었습니다. 5월부터 마음의 준비, 6월부터 본격적 다이어트 시작, 체급 1위까지 기대하며 열심히 준비해서 9월 초에 생애 첫 시합 –70kg급에 출전했으나 제 몸은 너무나도 부족해 입상조차 하지 못했고, 4주 후인 10월 초에 둘째 시합 –65kg급에 출전해서 체급 1위의 행운을 얻었고, 2주 후인 오늘 이제 제 첫 시즌의 마지막 시합에 출전하게 되어, 새벽에 일어나 그동안의 감회를 정리해보고 있습니다.

보디빌딩은 제게 취미나 건강유지 차원보다 훨씬 중대한 의미입니다. 인생의 철학과도 같습니다. 그래서 많은 이에게 '단순한 헬스'가 아닌 '진정한 보디빌딩'을 예찬하고 있습니다. 물론 여러분도 그렇겠지요.

많은 경험을 하고 많은 부족함을 느끼고 많이 배우게 된 계기였는데, 이제 그동안 힘겨웠던 다이어트의 마지막 날이군요. 보디빌딩을 하는 사람들은 정말 대단한 인내력과 성실함을 갖춘 사람들이란 걸 절실하게 느꼈습니다.

헬스클럽의 많은 회원이 제게 묻습니다. 그런 몸이 되려면 얼마나 운동해야 하냐고, 그리고 운동을 얼마나 한 거냐고. 저는 기간이 중요한 게 아니라 '얼마나 집중하느냐'에 달렸고 '우선순위를 어디에 두느냐'에 달렸다고 말합니다. 그리고 처음부터 영양을 잘 챙기고 바른 훈련 개념으로 집중하면 저보다 훨씬 짧은 기간에 더 좋은 몸을 만들 수 있다고 말합니다. 그리고 무엇보다도 시합에 출전해보라고 권합니다. 제가 그랬듯이, 몸이 좋든 아니든, 시합을 경험함으로써 엄청난 발달을 경험하게 될 것이기 때문입니다. 그리고 그런 경험이 이르면 이를수록 좋기 때문입니다.

여러분도 그렇고, 저 역시도 다른 사람들을 굳이 따라갈 필요는 없지만, 제 몸 자체가 많이 부족하기에 내년에는 더 나아지길 바라며 더 노력해야겠습니다. 일단은 좀 쉬었다가요.^^ 감사합니다.

최초작성 @ 2008 11월 말

웨이트트레이닝을 처음 시작한 이래 아놀드 백과를 보며 시합출전을 처음 생각해보게 되기까지 약 15년. 그로부터 실제로 첫 시합출전을 하기까지 약 5년, −70kg급 입상 실패 (크리스찬 대회). 4주 후 둘째 시합출전, −65kg급 1위 입상 (광명시 대회). 2주 후 셋째 시합출전, −65kg급 2위 입상 (강서구 대회).

시합을 마치고 훈련을 게을리하면서 영양을 내 멋대로 하다 보니 몸이 다시 이전으로 돌아가고 있어, 내년의 시합 등을 목표로 마음을 다잡고 힘을 내기 위해, 출력해서 항상 보려고, 그리고 헬스클럽의 다른 회원들에게 도움되고자 헬스클럽에 비치해둔 아놀드 백과에 붙여놓기 위해, 지난 시합출전 사진들을 편집해봤습니다.

헬스클럽에서 자세도 바로잡아주고 파트너도 되어주고 하면서 늘 회원들과 함께하고 웃고 말 많던 제가 어느 순간 시합 다이어트를 시작하고 시행착오를 거치면서 힘겨워하는 모습을 옆에서 지켜본 많은 회원이 저를 걱정해주고 응원해주기도 했고, 저를 잘 모르는 회원들은 호기심으로 지켜보면서 이렇게 생각했을 겁니다. '저 사람은 선수인가? 도대체 하루에 몇 시간을 운동하는 거야? 운동중독이군.'

이제 헬스클럽에서 그동안 나를 지켜본 그들에게 그동안 내가 무엇을 위해 얼마나 집중했는지, 이 사진들로 결과보고 해야겠죠? 그리고 아놀드 백과에 붙어 있게 될 이 사진들이 제가 헬스클럽에서 다시 힘을 내는 데 정신적 지지 또는 자극이 돼줄 겁니다.

병·의원에 가면 누가 주인공일까요? 의사도 간호사도 사무직원도 아니라 바로 환자가 주인공입니다. 헬스클럽에 가면 누가 주인공일까요? 당신이, 여러분이 주인공입니다. 보디빌딩 시합이나 몸짱 화보는 누가 주인공이 되는 게 좋을까요? 여러분입니다. 바로 우리입니다. 감사합니다.

훈련, 식단, 보충제에 관한 조언

최초작성 @ 2008 12월 말

공부를 잘하는 방법이 뭘까요? 대학 입학시험 수석을 차지한 사람들에게 그런 질문을 하면 어떤 대답이 나올까요? 많은 사람이 궁금해하지만, 그 대답 역시 거의 뻔한 것 아닐까요? 그래도 뭔가 나름의 노하우가 있을 거라고 생각하며 그 비결을 알려주길 바라겠죠?

물론 저는 대입 수석처럼 대단한 몸을 가진 것은 전혀 아닙니다 (주: 2016년 현재, 나는 보디빌딩 선수로서 초급 또는 기껏해야 중급 정도라 생각한다). 그런데도 제 운동방법과 식단에 관해, 많은 분이 이전 글에 대한 댓글로 또는 쪽지로 물어옵니다. 물론 저는 그런 분에게 도움을 주고 싶습니다만, 그런 일이 쉽지 않다는 걸 깨달았습니다. 어떤 분의 쪽지에 답을 하려고 글을 작성하다 보니 한 시간이 넘어가더군요. 단답형으로 답을 하는 게 나은지, 논리적으로 자세하게 설명하는 게 나은지 확신이 없고, 비슷한 내용이지만 개인의 요구에 따라 달리 답해야 하다 보니 많은 분에게 답을 하는 것 자체에 너무나 많은 시간과 에너지가 필요하더군요. 개인적으로 질문을 해오신 분께, 여기서 한꺼번에 답하겠습니다.

저 역시 일류 선수들의 운동방법과 식단이 궁금합니다. 그래서 여러분의 질문을 그대로 전하고 친한 트레이너의 조언을 노트북에 받아적기도 하고, 얼마 전 BBMC 모임에서 이승철(이후 2010 미스터 코리아가 된다) 선수의 공개 질의응답 시 그의 답변을 더 유심히 듣기도 했습니다. 그래서 결론적으로 말하면 다음과 같습니다.

훈련. 이승철 선수는 공개 질의응답에서, 〈네거티브〉의 중요성을 강조했다. 〈벤치 프레스〉를 하더라도 내릴 때 천천히 내리면 아주 다른 느낌이 든다고, 여러분도 그렇게 해보시라고 조언했다. 나의 가장 중요한 조언은, 큰 근육을 위주로 하라는 것이다. 그리고 작은 근육 때문에 헬스클럽에서의 귀중한 시간을 낭비하지 말라는 것이다. 또 하나 정말 중요한 것은, 처음부터 중량을 무겁게 해서는 정확한 자세로 정확한 자극을 줄 수는 절대로 없다는 것이다. 경력자가 내 지도와 함께 가벼운 중량으로 단 한 세트를 하고서는 "평소 30분 운동하던 것으로 수 년, 수십 년간 하면서도 이런 자극은 처음"이라고 놀라면서, 다음에 볼 때는 "그동안 근육이 아파 혼났다"고 말하면서, 가르쳐준 방식으로 그 운동을 즐기는 모습, 또는 나를 기다리는 모습을 종종 보게 된다. 초보자는, 또는 경력자라 하더라도, 정확한 자세를 익히고 근육에 제대로 된 자극을 주기 위해, 빈 봉으로 〈바벨 컬〉을 하는 게 단순히 무거운 중량을 드는 것보다 훨씬 유익하고, 〈맨몸 쪼그려앉기〉를 근육이 아플 때까지 하는 것도 〈바벨 스쿼트〉만큼 좋다.

내가 가장 추천하는 운동은 바로 기본적인 운동이다. 단계별로 나아갈 수 있도록 정리하면 다음과 같다.

1. 가슴, 등, 대퇴의 맨손운동으로... 〈팔굽혀펴기〉, 〈턱걸이〉(앞으로〉뒤로. 턱걸이가 어려운 사람은 악력기 운동부터), 〈맨몸 쪼그려앉기〉

2. 가슴, 등, 대퇴의 기본운동으로... 〈벤치 프레스〉, 〈랫 풀다운〉(앞으로, 뒤로), 〈스쿼트〉(바벨 또는 스미스 머신)/〈데드리프트〉 슈퍼세트

3. 가슴, 등, 대퇴의 발전운동으로... 〈스미스 머신 인클라인 프레스〉, 〈딥〉, 〈시티드 케이블 로〉, 〈레그 익스텐션〉/〈레그 컬〉 슈퍼세트, 〈레그 프레스〉

4. 어깨, 상완, 코어의 기본운동으로... 〈프런트 숄더 프레스〉/〈비하인드 숄더 프레스〉 슈퍼세트, 〈스탠딩 바벨 컬〉/〈스탠딩 바벨 익스텐션〉 슈퍼세트, 〈디클라인 싯업〉

5. 어깨, 상완, 코어의 발전운동으로... 〈덤벨 레이즈〉(래터럴/프런트/리어) 트라이세트, 〈스탠딩 덤벨 컬〉/〈스탠딩 덤벨 해머 컬〉/〈로프 프레스다운〉 트라이세트, 〈크런치〉/〈사이드 크런치〉/〈리버스 크런치〉 트라이세트

6. 전신의 상급운동으로...
가슴: 〈플라이〉(덤벨, 케이블, 머신, 이들 중 어떤 것으로든)
등: 〈해머 그립, 미디엄 그립 풀다운〉
대퇴: 〈레그 프레스〉/〈레그 어덕션〉 슈퍼세트, 〈헤비 데드리프트〉
어깨: 〈케이블 레이즈〉(래터럴/프런트/리어) 트라이세트, 〈머신 숄더 프레스〉, 〈바벨 업라이트 로〉
상완: 〈프리처 바벨 컬〉, 〈원암 케이블 컬〉, 〈라잉 바벨 익스텐션〉, 〈원암 케이블 익스텐션〉
전완: 특이사항 없음.
종아리: 〈스탠딩 카프 레이즈〉, 〈시티드 카프 레이즈〉
코어: 특이사항 없음.

(주: 이것은 내 첫 시즌을 마칠 때까지의 내 경험을 바탕으로 한 것에 2016년 현재의 내 기준에 맞춰 약간의 수정을 가한 것이고, 지금 현재 내가 수년간 해오고 있는 운동은 이와는 대동소이한데, 운동편에서의 훈련프로그램에 레벨별로 단계적으로 반영될 것이다.)

식단 및 보충제. 보충제보다 자연식이 우선이다. 그리고 특별한 방법은 없었다. 모두가 아는 일반적 방법밖에는. 그리고 그 중심에는 닭가슴살이 있었다. 다만, 단백질공급원에 있어서 계란이 우수한지 닭가슴살이 우수한지 그리고 병행해야 하는지는 모르겠지만, 다양한 아미노산 공급을 위해서는 다양한 단백질공급원을 이용하는 게 바람직하지 않을까 싶다 (주: 2013 코리아 대회를 준비하면서 증량을 하던 수개월 동안, 나는 최근 수년간 중에서 이때가 가장 순조로운 진척을 이뤘다고 생각하는데, 계란은 별로 이용하지 않았고 닭가슴살로 대부분의 단백질 섭취량을 충족시킬 때였다. 영양상으로는 닭가슴살을 부족하지 않게 충분히 섭취한 게 그 진척에 크게 도움되었다고 생각한다).

이승철 선수는 닭가슴살, 양파, 마늘, 등등으로 일 년 내내 그렇게 식사한다고 했다. 보충제를 병행하는지는 언급하지 않았다. 내가 이용하고 있는 체련장에서 나와 친한 트레이너는, 초보자뿐 아니라 자신이 PT를 담당하고 있는 회원에게 보충제를 권하지 않는 편이고, 사람들이 보충제를 먹으면 근육이 늘 거라고 생각하는 게 잘못이라고 지적한다. 하루에 여러 차례 단백질을 공급해

줬는가, 달리 말해, 하루 3회 정상적인 보디빌딩 식사를 하고 3~4회 보디빌딩 간식으로 충분한 영양을 공급해줬는가를 먼저 생각해야 한다고 말한다. 그런 사람이면 굳이 보충제의 필요성을 느끼지 않고도 분명히 효과를 보았을 것이고, 그렇지 않은 사람이면 보충제를 먹어도 별 효과를 보지 못할 사람이란다. 그만큼 보충제에 대한 환상을 갖고 보충제에 의존하지는 말라는 뜻이다. 이두희(2007 미스터 코리아) 선수는 적어도 평소에 보충제를 먹지 않는다고, 어느 인터뷰에서 밝혔다. 물론, 이런 자연식으로 충분한 단백질 공급이 어려운 사람이면 보충제를 이용할 수 있을 것이다. 나 역시 그랬고, 실제로 많은 보디빌더가 그렇게 하는 것으로 알고 있다. 그러나 나도 그렇고 다들 그렇겠지만, 아무리 단백질 보충제가 충분히 있다 하더라도 닭가슴살이나 계란을 우선으로 챙겨 먹지 않는 보디빌더는 별로 없을 것이다.

마른 사람, 그리고 초보자가 근육을 늘리고 싶은데 어떤 보충제가 좋겠냐는 질문이 많다. 유청단백 파우더, 아미노산, BCAA, 글루타민, 크레아틴, 글루코사민 등을 어떻게 시작해볼까 하는 질문이다. 트레이너와 내 의견을 종합하면, 역시 별다른 방법이 아니다. 그런 사람은 게이너(체중증가용 보충제) gainer가 가장 흔한 선택일 것이고 그게 바르다고 본다. 탄수화물:단백질이 9:1 같은 극단적인 비율의 경우는 체지방만 늘고 배만 나오기 때문에 탄수화물:단백질이 7:3 정도의 게이너를 택하라는 게 우리의 조언이다. 아미노산 보충제 제조과정을 직접 본 적이 있는데 유청단백 파우더 그대로를 정이나 캡슐 형태로 만드는 것일 뿐, 유청단백 파우더와 다를 게 전혀 없다는 게, 그리고 아미노산 보충제의 그 성분을 보면 유청단백뿐 아니라 대두단백이 원료로 같이 들어가 있는 경우도 있는데, 대두단백은 유청단백보다 저급한, 그리고 저가의 단백질로, 효과가 떨어진다는 게 그 트레이너의 설명이다. 그리고 단백질 양도 적기 때문에 (알다시피 아미노산 정이나 캡슐은 한 알에 많아야 단백질(또는 아미노산)이 1~2g이다. 보통 3알씩 먹어봐야 5g의 단백질도 채 되지 않는 경우가 많다. 그런데 단백질이 적은 게이너라 하더라도 한 스쿱scoup에 이 정도의 단백질은 들어 있고, 유청단백 파우더는 한 스쿱에 보통 25g 전후의 단백질이 들어 있으니, 아미노산 보충제를 따로 먹을 이유가 전혀 없다는 게 우리의 생각이다. BCAA는 선수가 시즌일 때, 즉 시합 다이어트 중일 때 근손실을 방지하기 위해 주로 먹는 것이므로, 일반인의 경우, 그리고 초보자의 경우, 필요치 않다는 게 우리의 생각이고, 특히 상대적 고가인 이런 제품을 먹느니 그냥 유청단백 파우더를 더 먹겠다는 생각이다 (그리고 그런 파우더에도 BCAA는 기본적으로 들어 있다). 글루타민은 아미노산 중에서도 가장 중요한 것으로서 따로 챙겨 먹을 수도 있지만, 이것 역시도 유청단백 파우더에 기본적으로 들어 있어 굳이 먹을 필요가 없다는 게 우리의 생각이다. 크레아틴도 초보자는 필요치 않고, 관절 부상이 없는 일반인에게는 글루코사민도 필요치 않다고 본다 (그러나 자신이 관절에 가벼운 부상을 당하고 통증을 느꼈을 때 글루코사민을 한 달간 열심히 먹었더니 나아졌다고 그 트레이너는 말한다. 그러나 저절로 나았을 수도 있는 것이다. 어쨌든 일반인에게는 필요치 않다는 게 우리 둘의 생각이다). 간단히 말하면, 일단 자연식으로 영양을 먼저 챙기고, 그리고 살을 찌우기 위해서는 게이너를 먹을 수 있는데, 다른 것은 굳이 필요치 않다는 것이다. 그리고 사람들이 자신은 별나다고 생각하고, 일반적으로 알려진 방법을 따르는 대신, 새로운 방법을 자꾸 찾아 나서고 또 누군가 그에 대해 답변을 해도 그것을 그대로 믿기보다는 계속 이 사람 저 사람의 조언을 찾아 나서는 게 문제라고, 그리고 아무리 마른 사람이라도 영양을 제대로 챙기고서 살이 안 찌는 사람은 보지 못했다고 지적한다. 이승철 선수도 처음에는 엄청나게 말랐었고, 내가 이용하고 있는 체련장의, 근육질이지만 극단적인 외배엽형의 회원도 (물론 지금도 말라 보이지만) 처음에는 훨씬 말랐었다고 전한다. 그리고 자신이 아주 잘 챙겨 먹으면서 운동할 때는 어느 정도 근육도 붙었고 잘 챙겨 먹지 않으면서 운동할 때는 마르더라고 얘기하는 외배엽형의 회원들을 나는 종종 봐왔다. 그들이 잘 챙겨 먹었다고 할 때는, 그것은 보충제가 아니라 대부분은 일반식으로서의, 특히 단백질을 말하는 것이다.

최초작성 @ 2008 12월

며칠 전, 식단에 관해 얘기하면서, 보충제에 관해 실컷 얘기하다 결국, 자연식 식단은 별로 얘기하지 못했더군요. 참고로, 저번 시합을 준비하면서, 저 역시 보충제를 적극적으로 활용했습니다. 물론, 자연식으로 닭가슴살과 계란으로 반 이상의 단백질을 섭취해주면서, 유청단백 파우더, 크레아틴, 글루타민, BCAA, 비타민 및 미네랄 보충제, 체지방 연소 보조제 (주된 성분은 카페인), 이 모두로 도움을 받았죠. 첫 시합 시리즈라, 그런 보충제가 얼마나 도움될지 나름대로 테스트할 여유보다는, 도움될 가능성이 있는 것은 모두 이용하자는 것이었습니다.

그러나 여러분과 마찬가지로, 보충제를 이용하면서 100% 그 효과와 식품 안전성에 대해 확신하는 사람은 드물 겁니다. 대부분의 경우에서 '몸매=건강'을 명제라 생각하지만, 보충제의 식품안전성 측면도 반드시 고려해야 할 것 같습니다.

제가 보충제를 처음 이용한 것은 웨이트트레이닝을 처음 시작한 후 12년 이상이 지난 시점, 즉 2001년 이후 언제쯤으로 어렴풋이 기억되는데, 글루타민을 먹어본 게 처음이었습니다. 1회섭취량으로 낱개 포장된 형태였는데, 2~3g짜리였습니다. 미국 유명 브랜드의 수입품인 데다 포장이 그래서인지, 양은 적고 비싼 편이었죠. 그래서 다음에는 국산에다 낱개 포장 아닌 것으로 줄곧 이용했고, 효과는 알 수 없었지만, 상대적으로 저렴한 대체품이라는 점에서 만족스러웠습니다. 글루타민 다음으로 주로 이용하게 된 건 아미노산이었는데, 운동 직후 마치 소변 맛인 듯 쓰디쓴 아미노산 정tablet 3~5개를 억지로 씹어 먹는 게 참으로 고역이었습니다. 지금은 아주 기본적으로 알고 있는 것이지만 그때는 전혀 개념조차 없었던 게, 운동 직후 얼마만큼의 단백질을 섭취하고 하루에 얼마만큼의 단백질을 섭취해야 하느냐 하는 것이었습니다. 그리고 단백질 면에서 글루타민, 아미노산, BCAA, 단백질 파우더 등, 어떤 게 있고 이들 중에서 어느 것을 이용하는 게 더 효과적이고 경제적인지도 몰랐습니다. 물론, 탄수화물 적정 섭취량과 타이밍도 몰랐습니다.

단백질 보충제라고 운동 직후 섭취한 게 단백질량으로는 고작 5g 정도였으니, 사실상 그때 운동 직후 마땅히 섭취했어야 할 단백질량의 1/10 수준이어서, 간에 기별만 가는 정도의 것이었지, 근육 성장에 도움되는 정도는 거의 아니었습니다. 그리고 글루타민이나 아미노산보다는 더 저렴하고 더 기본적인 단백질 파우더를 먹었어야 했으며 단백질로는 무엇을 먹든 훨씬 더 많이 먹었어야 했다는 것도 몰랐던 것입니다.

보충제에 대해서는 늘 식품안전성에 관해 고려해야 한다고 생각했습니다. 어떤 의사는 그런 제품의 원료에 대해 전혀 알 수 없는 부분이라 생각하며 보충제를 먹지 않을 것을 권고하고, 친한 트레이너는 제가 '자연식으로 시합을 준비하겠다.'고 하자 '왜 그렇게 하려고 하느냐, 보충제를 못 믿으면 어떡하느냐, 자연식으로 좋은 몸을 만든다고 더 자랑스러운 것은 아니다.' 하면서도, 초보자나 자신의 일반 PT 회원에게는 보충제를 권하지 않는 말을 합니다. 물론, 후자는 보충제보다는 운동과 자연식이 더 중요하고, 초보·초급자는 시합출전을 준비하는 저와는 다른, 더 기본적인 것에 충실해야 한다는 걸 말하는 것입니다만.

보충제에 대한 식품안전성 측면의 의문 중 하나는, 쉽게 말해, 단백질 보충제의 원료로 어떤 저급하고 비위생적인 원료가 쓰일지 모른다는 것일 겁니다. 제가 가진 또 하나의 생각은, 단백질 보충제든 탄수화물 보충제든, 식품첨가물이 많이 들어간다는 이유입니다. 과당, 인공착향료, 인공색소 등이 들어가죠. 이런 식품첨가물이 몸에 이로울 수는 전혀 없습니다. 해로운 요소들이죠. 국내 유명 회사에서 생산돼 나오는, 캡슐 형태로 된 BCAA조차도 캡슐에 인공색소가 들어가 있습니다. 보충제의 식품안전성 측면은 더 생각해볼 만한 문제입니다. 내년 봄부터 시합에 다시 나갈 생각인데, 보충제는 거의 이용하지 않고 제 몸을 테스트해볼 생각입니다. 물론 언제든 작전은 바뀔 수 있지만, 지금까지의 느낌으로는 부족함이 없어 보입니다. 어쨌든, 자연식으로 얘기해보겠습니다.

얼마 전, BBMC 모임에서 이승철 선수는 닭가슴살, 마늘, 양파 등등으로 하루 식사를 늘 그렇게, 그리고 일 년 내내 그런 식사를 한다고 했습니다. 보충제에 대해서도 언급했는데, 다른 것은 말하지 않았고, 크레아틴을 3개월 먹고 1개월 쉬는 형태로 한다고 했습니다.

보디빌더가 가장 좋아하는 음식, 그래서 보디빌더의 도시락에 주로 들어 있는 음식을 알면 답이 나오지 않을까요? 그것들을 나열해보겠습니다. 참고로, 단백질과 탄수화물 섭취량에 대해 알아두면 좋습니다.

단백질. 의학과 스포츠영양학을 종합할 때, 따로 운동을 하지 않는 일반 성인은 체중(kg) × 1g이 영양섭취권장량이지만, 실제로는 너무 적다는 게 스포츠영양학적인 의견이며, × 1.5g이 추천되는데, 이는 체중 70kg인 사람인 경우, 단백질량으로는 100g 정도로, 계란 전란으로는 15~20개, 계란 흰자로는 25~30개, 닭가슴살로는 300~400g에 해당합니다.

체중감량을 위해 식사량을 줄여야 하는 사람 또는 몸매를 위해 근력운동을 하는 사람은 체중(kg) × 1.5~2g, 근육증대를 위해 규칙적으로 매일 강도 높은 웨이트트레이닝을 하는 사람은 체중(kg) × 2~3g이 권장량이라 할 수 있고, 훈련 강도가 무척 높고 운동량이 많은 전업 보디빌더라면 체중(kg) × 3g 이상으로 섭취량을 늘려야 할지도 모릅니다.

탄수화물. 일반 성인은 하루 100~150g은 최소한 섭취하라고 권합니다. 이것은 최소한의 건강 유지와 뇌 기능을 위한 혈당, 그리고 근육단백질 분해를 방지하기 위한 최소한의 탄수화물 섭취량 등과 연관 있습니다. 탄수화물량 100~150g은 흰쌀밥으로는 1.5~2그릇에 해당합니다.

그리고 신체가 한 번에 단백질을 소화·흡수할 수 있는 양에는 한계가 있는데, 일반적으로 50g을 기준으로 보는 것 같습니다. 워크아웃을 마친 직후에는 충분한 단백질을 섭취하고, 그 이후 30~40g 정도씩 여러 차례 섭취하는 게 좋다고 생각됩니다. 물론, 워크아웃 한두 시간 전의 단백질 섭취는 워크아웃 중의 근육단백질 분해를 줄여줄 수 있습니다만, 꼭 그렇게 하기를 제가 권하는 것은 아닙니다. 그리고 위에 부담을 주지 않고 훈련에 방해되지 않는 범위에서, 가령 훈련 1시간 전이라든지, 훈련 직전이라면 소량만 먹는다든지 해서, 훈련 전에는 지속성 효과가 있는, 현미밥이나 고구마 등의 당지수가 낮은 음식이 추천됩니다만, 이 역시도 제가 그렇게 하기를 권하는 것은 아니고, 저는 공복으로 아침 웨이트트레이닝을 강도 높게 1~2시간 할 때도 흔히 있고, 현미밥이나 고구마는 제게 꼭 맞는 음식도 그다지 아닌 것 같기도 하고요. 웨이트트레이닝 직후에는 20분 이내에 일차적으로 소화·흡수가 빠른 탄수화물 및 단백질 음식이 추천되는데, 이때 탄수화물로는 포도 주스나 오렌지 주스를 이용하는 사람도 많지만, 저는 주로 바나나 생것을 선호합니다. 흰쌀밥도 좋겠죠. 그리고 이때 단백질 또는 탄수화물 보충제가 특히 유리한 게 되는데, 일반적으로 분말형으로 된 보충제가 소화·흡수가 빠르고 어떤 형태든 보충제가 자연식보다는 휴대 및 보관이 용이하기 때문입니다. 특히, 여름철에도 변질 우려가 없다는 장점도 있죠. 그 이후에 정상적인 보디빌딩 식사를 하라고 합니다.

그리고 훈련 전, 블랙커피 또는 설탕커피 한 잔 정도 마시는 것도 이로울 수 있는데, 그러면 커피 속 카페인 덕분에 훈련지속시간과 체지방연소량이 각각 10~15% 증가한다고 합니다. 다만, 평소에 마시는 커피는 체지방연소 효과가 없고 (반드시 훈련하는 동안에 체지방이 더 연소하는 것이지 그냥 있을 때 더 연소하게 하는 것은 아니라고 합니다), 커피를 너무 많이 마시면 (그 양과 효과 또는 부작용이 개인차가 큽니다) 수면의 질이 떨어져 일상생활에서든 훈련에서든 더 피곤해지고 오히려 카페인 의존증만 생기니 (신체적이든 정신적이든) 좋지 않기도 하고, 카페인은 기존의 만성피로를 흔히 악화시키기도 합니다. 제 경험상, 만성피로 상태가 아닐 때는, 훈련하러 가기 전 또는 체련장에 도착해서, 커피(블랙 또는 설탕) 한 잔 정도는 이로울 수 있다고 생각됩니다.

계란. 흰자는 가장 고급인 단백질공급원으로, 인체에서 가장 잘 활용되는 아미노산 구성을 하고 있고, 노른자는 단백질 외에도 각종 유익한 영양소를 함유하고 있습니다. 보통 크기의 계란 흰자에는 단백질이 4g 들어 있고, 노른자에는 단백질이 2g, 지방이 6g 들어 있습니다. 콜레스테롤 측면에서, 수치가 정상인 일반인은 하루 계란(전란) 2개가 권장량이고, 웨이트트레이닝과 유산소운동 자체가 혈중 콜레스테롤 수치를 떨어뜨리고, 노른자에 들어 있는 레시틴이 혈중 콜레스테롤 수치를 낮추므로, 콜레스테롤 때문에 걱정하지는 않아도 된다고 합니다. 다만, 지방 함량이 많으므로 노른자를 너무 많이 먹는 것은 칼로리 과다의 문제가 있을 겁니다. 삶아서 먹는 게 일반적이지만, 그렇게 하면 집안 가득 계란 비린내가 진동하고, 삶는 것도 시간과 노력이 들어가기 때문에, 저는 이제 프라이팬에서 휘저으면서 익히거나 찜 냄비에서 증기로 찌는 방법을 주로 택합니다.

닭가슴살. 보디빌더의 근육을 위해서 닭의 가슴근육을 단백질공급원으로서 섭취하는 상식적인 방법으로, 닭가슴살은 함유된 물을 제외하면 거의 순수한 단백질입니다. 100g당 단백질 25g 정도가 들어 있습니다. 70kg의 남자가 × 2~3g을 적용한다면 150~200g 정도의 단백질이며 이것은 닭가슴살 거의 600g 이상에 해당하는 것인데, 일반인으로서는 매일 이만큼 많은 단백질을 먹는 사람은 잘 없을 것 같지만, 실제로 −65kg급에 출전한, 내가 이용하던 체련장의 막내 트레이너였던 광태는 당시에 시합을 준비하면서 보충제 외에 닭가슴살을 매일 거의 1kg씩 먹었다고 합니다.

등푸른생선. 고등어나 연어 같은 생선은 단백질공급원으로서도 훌륭하지만, 그 생선기름에 포함된 불포화지방산, 그중에서도 필수지방산인 오메가3지방산이 풍부한데, 현대인은 오메가3지방산이 부족해 건강에 문제가 되는 경우가 있고, 트랜스지방산에 의한 건강위해요소를 오메가3지방산이 반대작용을 해준다고 합니다. 고등어나 연어를 구우면 이 유익한 지방산이 일부는 해로운 트랜스지방산으로 변할 수 있으니, 프라이팬에 굽는 것보다는 조림이나 찜으로 먹는 게 좋습니다. 또는 들깨나 압착 들기름을 가열하지 않고 그대로 먹는 것도 오메가3지방산 섭취를 위해 좋은데, 들기름보다는 들깨를 통으로 먹는 게 훨씬 더 좋다고 합니다. 들기름은 산패가 쉽게 되어 장시간 보관 시 트랜스지방산으로 변하기 쉽기 때문입니다. 또 하나, 고온으로 가열하는 요리에는 올리브유, 가열하지 않는 요리에는 들기름을 이용하는 게 트랜스지방산 발생을 줄이고 오메가3지방산 섭취를 늘리는 방법입니다.

기타 탄수화물을 위해 잡곡밥, 현미밥, 고구마, 단호박, 감자, 오트밀 등을, 비타민 및 미네랄, 파이토케미컬을 위해 사과, 브로콜리, 마늘, 양파, 당근, 방울토마토, 오이 등을, 섬유질을 위해 미역, 다시마, 김 (고구마, 단호박, 사과도 포함) 등을, 그리고 무엇보다도 물(!)을 적절히 섭취해주면 될 것 같습니다.

그리고 보디빌더가 특히 피해야 할 음식으로는, 술(근육분해, 훈련 차질), 소금 또는 외식에 의한 나트륨(고혈압과 수분정체 유발), 각종 튀김(지방에 의한 고칼로리뿐 아니라 백해무익한 트랜스지방산), 각종 가공식품(지방, 단순당(단당류, 이당류), 나트륨뿐 아니라 각종 식품첨가물 때문에) 등이 되겠습니다.

2009: 자신과의 싸움과 생활체육

@ 2009 3월 초

춘계 전국대회

4월 말(25일), 나는 충남 논산에서 열린 2009 춘계 전국(보디빌딩)대회에 출전했다. 사실상, 출전했다고 볼 수도 없는 것이었다.

2009년의 운동과 영양. 처음 도전하는 메이저 대회라, 운동은 당연히 열심히 했고, 식이조절도 잘하고 있었다. 내 시합출전 겨우 두 번째 해였지만, 첫해와는 식이요법에서 크게 차이가 났다. 2008년, 크리스챤 대회, 광명시 대회, 강서구 대회를 준비할 때는 **단백질** 총섭취량의 50%는 단백질 파우더로, 나머지 50% 가까이는 닭가슴살과 계란으로 섭취했다고 할 수 있고, 참치는 가끔, 우유는 종종 먹었지만 이들이 단백질 총섭취량에서 차지하는 부분은 아주 작았다. **탄수화물**은 주로 흰쌀밥으로 섭취했지만, 매일 세 끼를 겨우 두 숟가락씩만, 즉 탄수화물로는 겨우 20g 정도씩만 먹는 정도였고, 나머지는 고구마, 바나나(운동 직후), 그리고 아주 가끔 감자로 섭취했다. 그러고는 허기와 입맛을 달래기 위해 종종 빵을 먹어야 했는데, 하나에 탄수화물 60~70g, 지방 5~10g의 300kcal 내외의, 가급적 행복감을 최대로 하면서도 체중감량을 덜 후퇴시킬 것 같아 보이는 빵 딱 하나만 먹는 것이었는데, 수백 원짜리 보통의 프랜차이즈 제과점 소보로빵 하나가 그렇게 맛있다니! 그리고 허기로 잠 못 이루다가 그 빵 하나로 비로소 잠들 수 있었다니! 이후 다이어트 하지 않을 때는 그렇게 잘 먹지도 않게 되고, 가끔 먹더라도 그때보다 훨씬 맛없고, 일단 먹으면 훨씬 많은 양을 먹게 되면서도 끝까지 그때의 빵 하나만큼 행복해질 수는 없었다. 물론, 그때는 허기를 달래기 위한 바나나 ¼개로도 행복했고, 다이어트 차원에서 일부러 생쌀을 씹어 먹기도 했는데도 그렇게 달게 느껴질 수 없었다. 무엇보다도, 이때는 꼭 필요하다고 생각되는 다양한 종류의 **보충제**, 즉 앞에 말한 단백질 파우더를 비롯해 크레아틴, 체지방분해보조제(카페인, 키토산, 가르시니아 등이 주성분), BCAA, 글루타민, 그리고 보디빌더를 위해 하루섭취량 단위로 몇 개가 한 포에 포장된 형태의 비타민·미네랄 보충제를 적당량 먹었다.

그러나 2008 강서구 대회를 마친 후부터 나는, 이 백과의 초기 형태를 위해 실험·시범 차원에서 한동안 보충제의 도움을 전혀 받지 않고 운동하고 시합출전을 하기로 했고, 그렇게 해를 넘겨 이때까지 사실상 전혀 보충제를 이용하지 않은 것이나 다름없었다 (그리고 이후 2016년 현재까지도 계속). **단백질** 총섭취량의 거의 100%를 닭가슴살과 계란으로, 나머지는 가끔 고등어로 먹었지만 (단백질과 오메가3지방산 섭취를 위해. 그러나 나트륨 섭취와 오메가3지방산의 트랜스지방산으로의 전환을 최소화하기 위해, 싱거운 조림으로 등으로), 단백질 파우더는 전혀 먹지 않았다. **탄수화물**은 주로 바나나로 섭취했고 (하나에 200g이면 껍질 벗기면 120g쯤 되고, 그 안에는 탄수화물이 30g 정도 들어 있다), 나머지는 사과, 오렌지, 채소로 섭취한 셈이고, 밥은 흰쌀밥이 전부였지만, 그 흰쌀밥조차 하루 두 숟가락도 먹지 않는 경우가 많았고, 이번에는 빵도 거의 먹지 않았다. 앞에 말한 것처럼 단백질 파우더는 물론이고, 크레아틴, 체지방분해보조제, BCAA도 전혀 먹지 않았고, 글루타민, 비타민·미네랄 보충제(일반인이 가장 흔히 먹는 종합영양제)는 어쩌다 한 달에 한두 번 먹는 둥 마는 둥 했다. 이 모든 것은 내가 첫 시즌의 시행착오를 통해 좀 더 배우고 현명해져서, 이제는 '자연식'으로도 이전의 '보충제 병행식' 때보다 몸을 더 잘 만들 수 있겠다는 생각도 조금은 들었지만, 그것보다는, 일반인, 동호인은 보충제 없이도 어느 정도의 몸은 충분히 만들 수 있고 보충제보다는 자연식을 우선으로 해야 한다는 걸, 그리고 보충제보다는 운동에 집중하는 게 우선이라는 걸, 내 몸으로 실험·시험하고 증명해 보이기 위한 것이었는데, 물론, 선수의 몸을 만드는 데는 분명히 불리한 선택이라는 건 잘 알고 있었지만, 이때의 내 주목적은 전자였기 때문이다.

첫 해와는 공복감과 허기에서도 크게 차이가 났다. 2008년, 생애 첫 시합출전 때까지는 수개월간 체중 10여 kg을 줄이면서도 다이어트가 그다지 힘든 줄 몰랐다. 그러나 그 직후 둘째 시합을 준비하면서는 그 한 달 새 5kg을 줄이면서 나름 힘들었다. 셋째 시합을 준비하면서는 며칠 폭식해서 늘었던 5kg을 1주일여 만에 줄이느라 더욱 힘들었다. 방에 누워 천장을 보면 음식만 보였다. 거의 항상 허기졌었다. 수시로 음식의 유혹을 느끼고, 시합을 마치고는 어떤 어떤 음식을 꼭 먹으리라 다짐했다. 밥을 잘 안 먹다 보니 수시로 습관적으로 빵집에서 빵을 사 먹거나 시식 코너를 전전하게 되었다. 그리고 그것은 과도한 지방, 당지수 높은 탄수화물, 그리고 다량의 나트륨을 섭취하는 것이었고, 그에 따라 다음날 몸 모양은 더 나빠졌고, 그럴 때마다 절망하거나 굳은 결심을 새로 하거나, 이 둘 중 하나였다. '시합을 마치고도 이런 다이어트 방식으로 이런 몸을 유지하면 좋겠다'고 생각하지만, 한편으로는 이런 방식의 식이조절은 절대로 계속할 수 없을 거라고 생각하며, 미리 미래의 모습에 안타까워했다. 굶다시피 한 적도 많았기 때문에 그냥 맨밥도 맛있었고, 어떤 형태의 어떤 음식도 아무런 조리과정 없이 맛있었지만, 이왕이면 더 맛있게 요리된 음식이나 가공식품을 먹고 싶다는 생각도 했다.

그러나 이번 시합을 준비하면서는 시합 1주일쯤 전까지 거의 배고픔을 느끼지 않았고 그다지 힘든 줄 몰랐다. 빵을 보고도 흔들리지 않았으며, 내가 만든, 자연식이 정말 맛있을 수 있구나 생각했다. '일반적으로 맛있게 느끼던 음식을 가끔만 먹으면서 지금과 같은 다이어트 방식을 이어나갈 수도 있겠다'는 생각도 들었다. 시합이 가까워져오자, 더 긴장하고 더 집중하게 되었지만, 시합출전 준비는 아무런 차질 없이 순조로웠다. 다이어트가 힘겹지 않았으니까. 그리고 워크아웃을 매일 아침저녁으로 한 번씩, 그리고 그 워크아웃 때마다 웨이트트레이닝과 유산소운동을 모두 해서 (즉 오전 WT, 오전 AE, 오후 WT, 오후 AE), 하루에 3시간 정도씩은 운동하고 있었으니까. 그렇게 해서, 시합 23일을 남긴 시점, 체중은 **69.1kg**으로까지 줄였다 (체지방률은 **11.2%**). −65kg급이든 −70kg급이든, 체중감량·체지방감량 측면에서 공히, 역대 가장 순조로운 준비상황이었다.

@ 2009 춘계 전국대회

몸과 포징, 그리고 컬러링. 나는 체지방량이 과한 상태로 거의 '영혼 없이' 출전한 −70kg급에서 '당연히' 예선 탈락했는데, 피하지방만 과한 게 아니라 (피하지방이 과하면 자연히 포징도 엉성해지고, 근육질은 물론이고, 상대적으로 근육발달도 부족해 보이게 된다), 태닝과 컬러링에 의한 피부톤조차도 턱없이 부족했다. 전날 피부착색제인 '프로탠'만 한 번 발랐을 뿐, 피부가 흰 편이면서도 사전에 태닝도 하지 못했고, 시합요강에서의 규정이나 시합장에서의 제지나 제재가 어떻든, 전날이나 당일 컬러크림도 바르지 않았다. 그리고 당시에는 프로탠 외의 더 진한 색의 피부착색제를 알지 못했다. 태닝을 하지 못한 것은 시합이 4월이어서 자연광 태닝은 기대할 수 없고 그 봄에 인공광 태닝을 할 수 있는 시설이나 방법을 알지 못했기 때문이다.

자신과의 싸움. 그러나 시합 1주일쯤 전, 저녁 워크아웃을 마치고, 오랜만에 체련장에서 우연히 마주친, 알고 지내던 한 회원과의 대화가 체련장 밖으로까지 이어졌고, 그러다 야식을 먹게 되었다. 이전까지 다이어트가 전혀 힘들지 않았고 그날은 특히 더 그랬던 만큼, 무언가를 꼭 먹어야 할 이유는 전혀 없었고, 운동 직후였으니, 좀 먹더라도 정상적인 경우라면 도움되는 방향으로 작용했을 터였다. 그러나 가볍게, 내가 좋아하던 빵 하나면 충분했을 야식이, 빵이 아닌 라면과 김밥이 되고 말았다. 문제는 거기에 들어 있던 나트륨이었다. 다음날 내 몸은 나트륨에 의한 수분정체로 전신도 무겁게 느껴졌고, 손도 부었다. 당연히 아침 워크아웃을 하러 체련장에 가고 싶은 의욕이 떨어질 수밖에 없었고, 이후 또 몇 차례, 나 개인의 일반식으로 이어졌다. 당연히 체지방량도 늘고, 수분정체 아니더라도 체중도 늘었을 것이다. 그래도 시합 사흘(3일) 전, '하루에 2kg' 정도씩 체중감량을 하며, 경쟁력 없는 몸이라도 겨우 시합출전을 해볼 수는 있는 체중은 되었지만, 경쟁력 자체를 떠나 무대에 서기 부끄러운 몸이었다. 사실상 그때의 야식은 내게 완전히 불필요한 것이었고 어떤 영양소나 음식에 내 몸이 의식적이든 무의식적이든 끌렸던 것도 아니었다. 무의식중에 다이어트가 외로워서, 사람이 그리워서였던 것이다. 나는 그 한 번의 야식으로 무너졌고, 그렇게 이후 시합 다이어트에 완전히 실패했다.

물론, 칼로리나 음식 섭취량은 충분히 외로울 만큼 적었고, 이전까지 다이어트가 한 번도 힘겹지 않은 것도 아니었다. 이 시합을 2주 앞둔 시점, 하루 섭취량은 1,000kcal 정도가 되게 분명히 많이 줄였고 하루 소비량은 3,000kcal 정도 될 텐데, 그리고 나트륨 섭취도 특별히 한 것도 아니어서 수분이 찬 것이라고 볼 수도 없는데, 체중은 며칠 동안 줄지 않고 오히려 복부 팽만감이 들면서 배변량은 무척 적어졌다. 다행히 대장은 건강해 보이고 배변 시 항문으로부터의 출혈은 없어졌는데 (당시는 내가 채소를 즐긴 편이 아니어서, 칼로리 섭취량이 줄면서, 음식 섭취량, 섬유질 섭취량 자체도 따라서 줄었고, 그에 따라 변비가 찾아올 때가 있었다), 내장지방은 그대로인 것 같고, 피하지방이나 피하수분은 다시 늘어 보였다. 복부 팽만감 때문인지, 감기 때문인지, 섭취량을 줄인 탓에 대사율의 감속이 일어나 칼로리 소비도 줄고 소화기능도 떨어진 때문인지, 어쨌든 컨디션은 좋지 않고 훈련도 강도 높게 몰아칠 에너지가 나지 않았는데, 복부가 날씬하고 상쾌하게 느껴지지 않는 것과 어떻게든 연관이 있는 것은 분명해 보였다. 그래서 늦은 밤이었지만, 지난번의 좋았던 경험을 떠올려 마트에 가서 미역을 사와서 그것을 그냥 물에 넣어 냄비 한가득 끓여 먹었는데, 갑자기 먹은 미역이 장내에서 부풀고 부풀었는지, 다음날 새벽부터 배가 터질 것처럼 아파 여러 시간을 엄청나게 고생해야만 했다. 다행히 아침에 내과에 방문했을 때에는 고비를 살짝넘긴 상태였는지, 점심때쯤에는 거의 회복되기는 했지만, 거의 죽다가 살아난 것 같았다.

앞서 작은 시합에서나마 입상을 하고 이제 아주 조금이나마 알려졌다 생각하니 (물론, 혼자만의 착각이겠지만), 부실한 몸으로 시합에 나가는 것은 이전보다 더욱 부끄럽게 생각되었다. 이렇게 체지방량이 과한 상태로 무대에 서는 것 자체가 예의가 아니라 생각하고 사전에 시합출전을 포기할까도 생각했지만, 같이 출전하기로 돼 있고 이번이 생애 첫 시합출전인 두 선수(!)를 이끌고 도와주기 위해서라도 출전하기로 했다.

문광태 @ 2009 춘계 전국대회 −65kg급

근성과 진지함. 이 시합출전 이후 내 가장 가까운 훈련 동료가 된 광태(사진에서 제일 오른쪽)는 내 16세 연하의, 정신과 목표 바른 청년으로, 이 시합 당시 체련장 회원들에게 다정다감한 트레이너이면서, 오전 6시부터 오후 3시까지의 트레이너로서의 근무를 마치자마자, (특히 〈스쿼트〉와 〈레그 프레스〉에서) 정식 클래식 스타일의 정자세 정동작으로, 엄청난 고중량으로, 엄청나게 땀을 흘리며, 그렇게 2시간 동안 잠시도 쉬지 않고 자신을 더 강하게 몰아붙이던, 내가 인정하는 '근성 가이'gut guy였다 (사실, 이는 대부분의 선수 겸 트레이너의 모습이기도 하고, 한편으로는 나와 비슷한 모습이기도 하다).

이후, 사람 몸과 그간 부족했던 공부에 대해 더 진지해져, 트레이너일 뿐 아니라, 진정한 본업으로서는 작업치료사의 길을 선택해 그쪽으로 대학편입을 하고 졸업해 현재는 주로 그쪽에서 아주 모범적이고도 훌륭하게 활동하고 있다.

그는 이 시합 훨씬 이전에 한때 체중 90kg까지 불렸었다고bulk-up 하며, 이쪽에서 한 획을 긋겠다는 대단한 결심으로 이쪽으로 왔다고 한때 내게 말했다. 나와 마찬가지로, 비록 이 분야에서 몸 자체로 승부할 수 있을 만큼 유전적으로 잘 타고난 것은 아니어서, 2016년 현재, 선수로서도 그런 길을 걷고 있다고 할 수는 없지만,

시합결과는, 내가 이용하던 체련장의 막내 트레이너인 (문)광태는 우리 중에서는 가장 잘 준비된 몸이었지만, 많은 선수가 출전해 경쟁이 가장 치열했던 체급 중 하나인 −65kg급에서 예선 탈락했고, 그 체련장의 30대 일반 회원인 다른 한 명은 −55kg급에서 2위에 입상했다 (그는 그 준비기간 내내, 선수 출신 트레이너에게 PT를 받았고, 상대적으로 경쟁이 덜한 체급이기는 했지만, 그가 만들어낸 비포 앤 애프터 차이와 광태에 거의 버금가는 애프터 모습 그 자체로 충분히 훌륭한 것이었다). 시합성적과 상관없이, 얼마나 제대로 준비해서 얼마나 제대로 경기력을 펼쳐 얼마나 멋진 모습을 보였나 하는 면에서, 각자 자신과의 싸움에서 이번에 나는 졌고 (이후 다시는 중간에 시합 다이어트를 '이런 식으로 망친' 일은 없었다), 둘은 이긴 것이다. 다음은 얼마 후 그 회원의 후기다.

> 어딜 가도 누군가 내 몸을 볼까봐 두려웠고 목욕탕, 수영장은 가기도 싫었습니다. 조금만 걸어도 숨이 차고 일상생활에서도 체력이 약하다는 걸 느끼는 순간, 지금까지 운동과 담을 쌓고 살아왔었던 것에 후회하게 되었습니다.
>
> 지난 10년 동안 술, 담배, 커피, 야식 등이 매일 계속해서 되풀이되었던 일상생활. 병원에서 복부비만, 관절염, 소화기장애, 집중력감퇴 등, 제가 생각지도 못했던 진단을 받고 이러면 안 되겠다 싶어서 운동을 시작했습니다.
>
> 처음에는 그냥 살만 빼려고 했는데 어쩌다 보디빌딩 선수 출신 트레이너를 만나게 되었고 저도 복근이 있는 정말 멋지고 강한 몸을 만들어보고 싶었습니다. 그래서 스스로 식이요법과 운동법 등을 책이나 인터넷 등으로 공부하면서 저의 몸에 대해서 하나하나 알아나가기 시작했고 트레이너의 권유로 6개월 만에 보디빌딩 메이저 대회인 춘계 전국보디빌딩대회에 참가해 2위를 했습니다.
>
> 전 항상 맘속으로 하고자 하는 걸 생각만 했을 뿐이지 실행하지 못했습니다. 하지만 지금은 아닙니다. 운동은 저의 외모만 바꾼 것이 아니라 저의 모든 것을 바꿨습니다.
>
> 저는 오늘도 나 자신과의 싸움에서 승리하기 위해 식단과 운동, 그리고 생활습관까지 모든 걸 일과표대로 진행하고 있습니다. 솔직히 너무 힘들고 밤만 되면 배에서는 밥 달라고 요동을 칩니다.^^ 하지만 지금보다 더 멋진 몸을 만들고 당당해져서 행복해하는 나의 모습을 떠올리며 이겨내고 있습니다.
>
> 다른 분들도 저처럼 원하시는 모든 걸 이루시길 바랍니다. 모두 파이팅.

문광태 @ 2009 경기 대회 (미스터&미즈 경기 선발대회) (5월 초) −65kg급

근골격계 인체해부학. 직전의 춘계 전국대회와 이 시합을 포함해, 그는 이후에도 몇 차례의 출전에서도 입상권에 들지 못했지만, 그것은 시합 레벨의 문제였다고 할 수 있고, 그는 포기하지 않았다. 이후, 그가 중·장기적으로 안정적으로 보이던 직장(체련장)과 수입의 트레이너 생활을 중단(또는 일시중지)하고, 작업치료사로서의 직업적인 면도 있지만, 영어와 사람 몸을 포함해 전반적으로 더 공부하기 위해 모 대학교 작업치료학과로 편입학하고자 했을 때, 그의 직장 동료(트레이너)들은 대부분이 말린 것으로 알고 있지만, 나는 그 길에 적극 동의했다. 어떤 공부든 좋은 것이고, 어떤 공부는 너무 늦었을 때라는 건 있을 수 없고, 그게 발전적인 것, 발전적인 떠남이라면 언제든 응원할 만한 것이기 때문이다. 이후 그의 본업이 된 작업치료사로서의 측면을 차치하고, 그가 그 학과를 거치면서 얻은, 이 분야에서의 가장 큰 자산은, 적어도 신경근골격계에 대한 인체해부학을 정식으로(의학계열 학생들에 거의 준하게) 배웠다는 점이라고 나는 생각한다. (신경계까지는 차치하고) 근골격계에 대한 해부학적 이해가 깊을수록, (자신의 운동을 하는) 보디빌더에게, 그리고 특히 (근골격적으로 다양한 정상·이상 상태의 타인의 몸·운동·반응을 이해하고 지도해야 하는) 트레이너에게 도움된다. 그래서 트레이너들이 가장 선망하거나 그들에게 가장 요구되는 공부 중 대표적인 게 근골격계 인체해부학일 것이다 (그 정도의 내용은 [운동편]에서 섭섭하지 않게 접할 수 있을 것이다). 말 나온 김에, 상급 보디빌더들의 경우에는 그게 영양학일 것이다. 내가 꼭 그런 과정을 거치는 것처럼.

with 문광태 @ 2009 8월 초, 한강 야외수영장

언제 어디서나 운동과 포징. 나는 9월 시합출전을 앞두고, 화창한 날씨에 순간적으로 태닝을 해야겠다 싶어 (때와 장소에 어울리지 않아 보이겠지만, 선수복 차림은 그래서다), 광태와 한강 야외수영장에 갔다. 그러나 두 번이나 소나기 때문에 거의 운동만 하다 왔다. 소나기 속에서 우리가 〈팔굽혀펴기〉를 하거나 포징을 할 때 (언제 어디서나 누구에게나, 이런 식의 운동이나 포징을 제안하거나 부추기는 쪽은 항상 나다), 주위 사람들은 3~4m 옆 천막에서 비를 피한 채, 상당수가 우리를 지켜보고 있었다. 내가 태닝이나 일광욕을 하면서, 심지어는 야외수영장의 많은 일반인 앞에서조차, 아무것도 하지 않고 가만히 누워 있기만 하는 경우는 오히려 드물고, 〈크런치〉를 하든 스트레칭을 하든 가방으로 〈바이셉스 컬〉을 하든, 이런 모습이 다소 엉뚱하거나 우스꽝스럽게 보일지는 몰라도, 보디빌딩을 사람들이 가까이 느끼게 하기에도 좋은 모습이라고 생각하며 자랑스럽고 즐겁게 여기려고 했고, 실제로도 그렇게 느껴졌다. 운동이나 포징은 어디서나 그렇지 않은가! 앞으로 누구든 야외수영장이나 어디에서 서로 만나면, 타인의 시선 너무 신경 써서 못 하기보다는, 오히려 그 시선을 자극제 삼아, 같이 〈팔굽혀펴기〉나 〈맨몸 스쿼트〉 한바탕 하는 건 어떤가!

후에, 이들 사진에서 커팅이 어느 정도 된 그에 비해 체지방 가득한 내 모습을 보고는, 다이어트 열심히 하고 유산소운동 정말 본격적으로 해야겠다, 작년 가을 (2008 광명시 대회 준비할) 때처럼 미친 듯 해야겠다고 생각했다. 그리고 모자 하나가 사람을 이렇게나 나이 들어 보이게 하고 모양새를 나쁘게 하다니! 이제 저런 모자는 웬만하면 쓰지 말아야겠다.

연합회 전국대회

9월 초(5일), 나는 대전에서 열린 2009 연합회 전국대회에 출전했고 (연합회 전국대회: 연합회장기 국민생활체육 전국보디빌딩대회), 9명이 무대에 오른 −40세급에서 5위에 입상했다 (남자 일반부는 −25세급에서부터 5세 단위로 해서 +65세급까지 있었다).

@ 2009 연합회 전국대회 시합장 가는 길
생활체육의 행복감. 이 시합은 시·도 대항전의 성격도 있어, 내가 속하게 된 경기도 보디빌딩연합회에서 마련한 전세 버스를 타고 다른 선수들, 관계자들과 함께 이동하게 되었다. 버스 안에서, 그리고 화창하고 따뜻한 초가을 날씨에, 휴게소에서, 그리고 시합장에서(특히 각종 운동으로 펌핑하면서), 나는 오랜만에 (본문에서 부연설명된다) 안정감과 잔잔한 마음의 여유와 행복감을 느낄 수 있었다. '그래, 생활체육이란 게 이런 거지!' 생각했다. 그리고 이후 생각하기를, '물론, 국가대표 선수들은 외국에서 열리는 시합에 대표로 출전할 때 비행기와 호텔을 이용하면서, 훨씬 더 행복한 느낌이겠지?'

@ 2009 연합회 전국대회
몸과 포징. 당일 이른 아침 내 공복 체중은 **67kg**이었고, 체지방률은 **11%** 정도였을 것이다 (열흘 전 체중 **68kg**일 때 체지방률 **11.8%**였으니). 체지방 최소한 2~3kg은 더 걷어내고 출전해야 했는데, 개원준비 과정에서 또 다시 불운을 맞고 약 6개월간 마음고생하면서 훈련과 식이조절에 충분히 집중하지 못했던 기간이 중간에 생겨 체지방을 제대로 못 걷어냈는데, 체지방 때문에 포즈도 안 살고 데피니션과 세퍼레이션도 밋밋할 수밖에 없었던 게 아쉬웠다. 물론, 체중 체급이 아니다 보니, 체중감량, 체지방감량이 덜 절실하게 느껴진 때문이기도 했다. 시합 때는 콘택트렌즈를 끼다 보니, 다른 선수들 몸이 더 크고 잘 발달한 것처럼 느껴졌는데, 나중에 사진으로 보니, 실제로 그 정도인 것은 아니었다. 그래서 체지방을 더 걷어낼 수 있었다면, 물론 훨씬 높은 등위에 올랐을 텐데, 다음에는 체지방 더 걷어내서 책에는 좋은 사진을 실을 수 있도록 하겠다고 생각했다.

2016년 현재, 당시의 시합사진을 전체적으로 다시 보면, 몸과 포징은 심판에 따라 달리 판정할 수 있는 것이어서, 내가 5위가 아니라 6~7위라 하더라도, 그럴 수도 있겠다 싶다. 초기여서, 역시 포징은 아쉬운 데가 많다 (하나만 꼽자면, 전완을 이렇게 들기보다는 아래로 기울여야 한다는 것이다). 그래도 이 사진에서 광배근이 만족스럽게 눈에 들어왔고, 많은 네티즌이 이런 내 광배근을 '날개'에 비유했다. 대퇴 전면에서 약하게나마 근육분리가 이뤄지게 된 것도 당시에 만족스러웠다.

@ 2009 연합회 전국대회 펌핑 중

생활체육 마인드. 경기 전 광배근 펌핑을 위해 내가 농구대에서 《와이드 그립) 프런트 친》을 하고 있을 때, 나 외에도 많은 선수가 (멀리서 나를 따라 (?)) 나뭇가지에 매달려 턱걸이(《프런트 친》)를 하는 걸 볼 수 있었는데, 시합 펌핑을 위해서뿐 아니라 평소에 광배근 운동으로, 그들도 이 운동을 얼마나 효과적으로 생각하고 있는지 짐작할 수 있었다. 또한, 멀리서는 나와 비슷한 나이대로 보였지만, 가까이에서 그들 중에는 40대도 있고, 50대도 있고, 60대도 있고, 그들 대부분이 (얼굴이나 전신의 잔주름은 논외로 하고) 실제 나이보다 훨씬 더 젊어 보인다는 걸 확인하고, 역시 이 운동(턱걸이, 그리고 보디빌딩)을 꾸준히 해야겠다는, 그리고 적어도 1년에 한 시즌 정도는 시합출전을 해서 그런 젊음을 유지해야겠다는 생각이 확실히 들었다.

마인드: 정신적·신체적 건강 (치과 개원준비 과정에서의 좌절). 이 시합과 관련해서 내가 가장 크게 느꼈고, 그래서 꼭 해주고 싶은 말은, 시합출전 자체의 과정과 결과보다는 시합출전까지의 과정과 시합출전을 하면서 얻게 되는 것에 관한 것이고, 그것은 주로 정신적·신체적 건강과 관련한 생활체육 마인드, 개인적·사회적 건강과 관련한 상식·정의 마인드에 관한 것이다. 사실, 이때 나는 아주 힘겨운 일을 5~6개월의 긴 시간 동안 겪고 있던 중이었다.

처음부터 잘못 인수한 것이었던 대구의 내 첫 개원 치과를 1년 3개월 만에 버리듯 하면서 접은 2007년 7월부터 우울증과 만성피로 등으로 정신적·신체적으로 엄청나게 피폐해지고 힘겨워하다, 11월에 경기도 부천시로 와서 다시 진료를 시작하자마자 날아다니면서 바로 살아났지만, 나는 고시원에 살면서, 페이닥터 생활을 하고, 이후 이 백과의 초기 형태 집필과 전업full-time 보디빌딩 선수 같은 생활을 병행하면서, 춘계 전국대회 전후였던 4월, 20여 km 떨어진 서울 용산에서 둘째, 그러나 이번에는 신규개원을 준비하기 시작했는데, 직전과는 다른 방식으로 그게 또 심각하게 잘못돼갔던 것이다. 이번에는 내가 개원하려고 임대계약한 자리의 건물 시행사, 관리단, 그리고 구분 소유주, 그중에서도 특히 관리단장이 근본 원인이었고, 나는 거기에 대한 면역력이 없었던 것이다.

나는 치과 간판을 어느 위치에 어느 크기로 달기로, 관리단(관리단장)으로부터 확답을 받았을 뿐 아니라 (그 건물의 모든 간판은 관리단에서 최종 결정하고, 그 관리단 사람들은 그 건물의 시행사에서 고용한 사람들로 구성돼 있었다), 처음부터 간판 문제를 가장 중요하게 여겼고, 그쪽에서도 처음부터 간판 위치와 크기를 내 뜻에 맞게 보장해왔고, 건물에는 그 위치뿐 아니라 그 어디에든 치과 간판을 붙일 공간이 아주 많아, 문제가 생기기 전까지 거기에 대해서는 처음부터 조금도 걱정하지 않았다. 거기에 임대계약하기 위한 기본 중의 기본 요소였기 때문이다. 그리고 이 백과의 초기 형태를 계약한 출판사 사무실에 내 집필 책상도 확보해 며칠 나가면서 집필을 어서 마무리하려고 노력도 했다.

그러나 인테리어 공사를 시작하고 1~2주 되었을까, 관리단장이 바뀌었고, 새로 온, 시행사 회장의 지인으로 보이는 50대의 관리단장은 치과 간판을 기존에 합의된 것의 절반 크기로 줄여 달아야 한다고 해왔고, 나는 그것은 처음의 얘기와도 달라 온당하지 않은 것이기도 하지만, 그렇게 해서는 너무 작은 간판이 되어 내가 원래 '멀리서라도 우리 치과를 찾아 온 환자에게 한눈에 크게 보이는' 간판이 전혀 될 수 없어 양보할 수 없는 문제였다. 나는 인테리어 공사를 일시중지할 수밖에 없었다. 당연히 집필 작업은 전혀 할 수 없는 상황이 되었다.

그렇게 인테리어 공사를 일시중지한 상태에서 1~2주간 관리단과 협의했고, 후퇴한 그 관리단 방침을 받아들일 수밖에 없어 그렇게 하기로 하고 인테리어 공사를 속개했다 (이미 임대계약을 한 상태에서 인테리어 공사를 ⅓쯤 진행한 상태였고, 너무나 당연한 간판 문제가 어떡하다 보니 임대계약서에는 명시되지 않았었고, 임대계약서에 어떻게 돼 있든, 어쩌면 용역 깡패들이 겉만 그럴 듯하게 해서 막가파식 건축 사업을 하는 것일지도 모르는 시행사 사람들에게 내가 말로든 법으로든 이길 수 있는 문제는 아니었다). 그러나 인테리어 공사를 2/3쯤 진행한 상태에서, 관리단은 아예 간판을 달 수 없다면서 또 말을 바꿔 알렸다. 나는 또 인테리어 공사를 중단하고 관리단과 구청을 오가며 간판 문제를 해결하려 각고의 노력을 기울이면서 시간을 계속 흘려보내야 했고, 그 모든 과정과 결과에 정신적 스트레스가 극에 달해갔다.

당시에 내 주변에 있던 복수의 누군가는 이렇게 얘기했다. 그자가 뒷돈을 바라는 것일지도 모른다고. 그러나 나는 그런 낌새를 전혀 느끼지 못했고, 설령 내가 그걸 느꼈거나 그가 그런 의사를 내게 분명하게 표시해왔더라도, 나는 거기에 응하지 않았을 것이다. 환자에게 떳떳하고 당당한 원장으로서, 내가 환자 앞에서든 환자가 볼 수 없는, 환자 없는 어느 곳에서든, 환자를 생각해서도 환자 외의 그 누구에 의한 불의와도 타협하고 싶지는 않았다. 그게 진료 자체와 무관하더라도, 나는 한편에서는 불의와 타협하거나 불의한 강자에 지고 진료실에서만 잘하면 된다고 생각할 수 있는 편한 성격의 소유자가 아니었다. 그것은 내가 더는 그들에게 조금도 기대하지 않겠다는, 그리고 도저히 못 참고 폭발한, 그리고 그곳에서 그만두겠다는 의미와 마찬가지였다. 자신이 한 말조차, 그리고 그것 때문에, 그 말이라도 믿고 속개한 인테리어 공사를 다시 일시 중지하게 만든 상태에서, 그 원래의 말을 뒤집고 간판을 아예 달지 못하게 만드는 그 뻔뻔하고 타인에게 가혹한 짓을 하는 그 관리단장을 포함해, 수시로 말을 바꾸는 저급한 부류의 작자들을 상대하면서, 그래도 진료를 시작하는 걸 최우선으로 생각하고 견뎌왔지만, 간판 문제도 그렇지만, 언제 어떤 식으로 또 관리단에 방해받을지 모르고, 그 방해에 따라 정신적·경제적 손해를 고스란히 입을 수밖에 없는 나로서는 인테리어 공사를 속개해도 결국 개원까지 무난히 갈 수 있다고 생각되지도 않았다. 나는 급기야 어쩔 수 없이, 난생 처음으로 소형 녹음기, 즉 보이스 리코더를 구입했고, 그들에 의해 내 치과 인테리어 공사를 진행하다 말다를 반복할 수밖에 없었기 때문에, 그것이 수시로 자기 편의대로 말을 바꾼 시행사 회장과 관리단장에 대한 내 소명방법이나 증거자료에 도움되기를 바랬지만, 그런 부당한 자들에게도 내 선의의 약자로서의 그런 대항수단을 활용하는 것조차 나로서는 마음 편할 수 없었고, 그 시행사 회장은 나를 놀리자는 것인지, 이런 말까지 했고, 그 뜨악한 말에, 나는 더는 여기서 내가 할 수 있는 게 없다고 생각하게 되었다. "어서 인테리어 공사 진행하고 개원해서 돈 버세요. 내가 다니는 치과도 간판 없는데."

결국은 그곳에서의 개원준비를 6개월 만에 포기했다. 2명의 구분소유주와는 내가 원상복구 공사를 하고 접기로 합의하고 그 공사를 진행했다. 그 수개월간의 임대료, 관리비, 인테리어 공사비, 인테리어 원상복구 공사비 등에 의한 경제적 손실이 내 기존 마이너스 재정상황에 또 마이너스로 더해졌다. 비록 내가 돈을 보고 진료하지 않고, 돈과 반대로 가는 사람이기는 하지만, 그래도 경제적 수입은 거의 전적으로 진료에서 발생하는 것인데, 진료라는, 내가 가장 좋아하고 보람을 느끼고 어느 특정 개인과 불특정 다수인 사회에 기여하는 것을 못하는 것은 물론이고, 그 거의 유일한 경제적 수단이 되는 진료를 할 수 있는 하드웨어를 마련하다 좌절되었을 뿐 아니라 거기에서 빠져나오기 위해 추가로 금전, 시간, 노력, 에너지를 들여야 하다니.

@ 2009 8월 초 (연합회 전국대회 4주 전)

마인드: 이겨내거나 견뎌내거나. 나는 이때(사진촬영 시점) 정신적으로는 제법 힘겨운 시간을 보내고 있었지만, 운동과 영양(식이조절)을 통해, 신체적으로는 최소한의 건강은 유지하고 있었다. 그것은, 1. 내가 어떤 예기치 못한 불운을 겪었을 때, 그것도 내 잘못이 아닌 타인의 비상식적인 불의에 의한 것일 때는 더욱, 초기에는 당황해 적절히 대처하지 못하는 경향이 있지만, 결국은 어떤 상황에서도 견뎌내거나 이겨내고 최대한 긍정적인 면을 찾으려 하는, 즉 한편으로는 완벽주의이면서도 강박적일 수도 있지만 한편으로는 꽤 낙천적이기도 한, 복합적인 내 성격, 2. 내 본업에서의 분명하고 강한 장기적·단기적 목표의식·목적의식을 바탕으로 한 의지력, 거기에, 3. 아무리 안 좋은 상황에서도 어떡해서든 이 운동과 식이요법으로 내 정신적·신체적 건강을 도와야 하고 또한 그게 어떤 상황에서도, 어느 정도든 간에, 분명히 효과가 있다는 걸, 적어도 수년 전부터 경험으로 알고 있었던 게 더해진 결과라고 할 수 있다. 물론, 이후 훨씬 더 힘겨워졌을 때는 운동도 제대로 할 수 없을 정도로 정신적·신체적 건강이 나빠지기도 했지만. 또한 물론, 이 기간 역시도 결국은 이겨냈다. 그게 운동이나 영양을 병행하면서든, 그것과 상관없이 순전히 본업에서의 해결책을 통해서든.

마인드: 운동과 영양으로 견뎌내다. 5월부터 개원준비(순조로웠을 때든 잘못돼갔을 때든) 관련으로, 일반식을 무절제하게 하고, 훈련을 잘 하지 않거나 나중에는 전혀 하지 않게 되면서, 무릎관절에 물이 찬 것 같고 무릎에 체중이 과하게 실리게 느껴지고, 손이 붓는데, 특히 한손(왼손)은 주먹을 쥐면 손이 뻑뻑하고, 많이 먹고 나면 간liver 있는 쪽에 압박과 통증이 느껴지는 등, 신체적 건강에도 약간의 이상이 느껴졌는데, 그래서라도 나는 다시 식이조절과 운동에 신경 쓰기로 했다. 4월의 춘계 전국대회에서의 반성과 교훈이 있었으니, 당연히 잘 준비하고 싶었을 것이다. 그것은 개원준비 과정에서 또 힘겨운 시간을 보내면서, 환자를 보면 많은 게 해결되는데도 그럴 수 있는 하드웨어 구축이 눈앞에서 좌절되면서, 그리고 거기에서부터 바로 쉽게 빠져나올 수도 없는 상황에서, 내 생활·호르몬 리듬과 정신적·신체적 건강을 완전히 놓치지는 않으면서, 적어도 매일 오전 몇 시간 동안은 그것과 관련된 생각이나 스트레스에서 나름(사실, 당시는 다행히도 온전히) 해방되는 유일한 길이기도 했다.

마인드: 인생 경험·교훈·철학과 본업으로 이겨내다. 2007년 나는 대구의 치과를 접고 진료를 쉴 수밖에 없던 상태에서, 정신적·신체적으로 내 본 기능의 10%도 발휘할 수 없을 만큼 폐인에 가까울 정도로 힘겨웠던 경험이 있기 때문에, 이번에 어떡해서든 인테리어 공사를 마치고 결국은 개원해서 환자를 보는 게 최선이고, 결국 개원하지 못하면 정신적·신체적·경제적·시간적 고통이 더 엄청나리라는 생각에, 도저히 그만둘 수 없었다. 그러나 지인을 통해 소개받은 경험 많은 변호사와 상담을 해봐도, 내게 전혀 도움되지 않는다는 걸 확인하게 될 뿐이었다 (이때가 내가 변호사를 처음으로 접하고 면담한 때였는데, 이후 몇 차례, 다른 상황에서 그렇게 상담을 하게 된 몇 명의 내 연하의 변호사 역시, 아는 것도 별로 없으면서 아는 척하다 내게 오히려 손해를 입힐 뻔했거나, 자신의 좁은 경험과 생각으로 내 상황을 이해하지도 않으면서 당장의 수임료에만 관심 두면서 법적 과정과 결과에 대해서는 애매모호하게 말하니, 전혀 신뢰할 수 없었다).

9월이 되어, 나는 '손에 쥔 걸(개원자리) 놓지 않고서는 다른 걸(그게 무엇이든) 쥘 수 없고, 수개월간 놓지 못했던 이걸 결국은 놓을 수밖에 없다. 이전에도(대구) 치과를 접으면서 힘겨웠지만, 다시 새로운(부천시) 환경에서 진료를 시작하면서 되살아났던 것처럼, 이번에도 미래는 어떻게 될지 알 수 없지만, 이제는 손에서 놓아버리고, 그 이후는 자연에 맡기자'고 생각하면서, 마음을 비우고, 인테리어 공사업체에 원상복구 공사로 전환시켜 조속히 마무리해달라고 했다. 이후에도 두 구분소유자 중 한 명에게 한 번 더 억울하게 경제적 피해를 더 봐야 했지만 (그는 50~60대 의사였다), 어서 헤어져 나오는 것 외에 내가 할 수 있는 일은 없었다. 그 치과를 접자마자 나는 다시 만성피로 폐인이 되었다. 종일 방바닥에 엎어져 이 부당함과 내 신세를 비관하고 있었다. 그러던 중, 이전에 근무하던, 그리고 내게 계속 오라던 그 치과병원(서울 삼성역 인근)에서 연락이 왔고, 나는 사실상 페이닥터로 거기에 다시 들어가고 싶지 않았고 그곳은 내가 장기적으로 있을 만한 곳이 전혀 아니라고 생각했지만, 진료를 시작하면 나는 바로 회복되리라는 걸 알고 있었기 때문에, 일단은 거기에 들어가기로 했다. 진료를 시작하자마자, 첫날부터 역시 나는 날아다녔다.

@ 2009 연합회 전국대회 다음날

2009년의 몸과 포징, 그리고 기본운동(수행)능력. 연합회 전국대회 다음날 9:00PM부터 자정을 넘겨 2:00AM을 넘어서까지, 기본포즈에서부터 각종 스트레칭 운동, 각종 신체부위별 맨몸 운동에서부터 중량 운동까지, 이 백과의 초기 형태를 위한 본격적인 체련장 사진촬영을 했다. 물론, 그 대부분의 사진은 이후 더 좋은 몸, 더 좋은 자세와 동작의, 더 적절한 사진으로 교체될 수밖에 없는 게 되었지만, 그런 면에서, 여기서의 몸과 포징은 이후 다른 시점의 몸과 포징이 어떻게 변하고 발전해가는지 비교해보기 위한 비포before 사진 정도라 할 수 있다.

사진촬영 시작한 지 2시간쯤 되었을 때, 가슴 운동을 시연하고 있었고, 문득 〈팔굽혀펴기〉 개인기록에 도전하고 싶어졌다. 한 번(세트)에 150회를 하기로 한 것인데, 이전까지의 개인기록은 140회쯤 된다. 사진촬영에 함께한 광태(내가 다니던 체련장의 막내 트레이너)는 그날 오전에 가슴 워크아웃을 했음에도 이날 밤 엄청난 근성으로 〈팔굽혀펴기〉를 나와 함께 훌륭하게 해냈다. 내가 만약 그날 오전에 가슴 워크아웃을 했더라면, 그런 〈팔굽혀펴기〉가 선뜻 하고 싶어지지도 않았을 뿐 아니라 그렇게 훌륭하게 해내지도 못했을 텐데 말이다.

내가 이때 〈팔굽혀펴기〉를 하면서 후반에 갈수록 가장 힘들었던 것은 대흉근이 피로해져서라기보다는 복직근의 근지구력이 떨어졌기 때문인데, 이때까지 나는 복근(복직근, 내.외복사근, 복횡근 등)을 위한 운동은 대부분이 바닥에서 하는 맨몸 운동이었고, 그것도 아주 즐기면서 하는 편은 아니었기 때문에, 이렇게 고반복 〈팔굽혀펴기〉에서 고정근으로서 장시간 잘 버텨줘야 할 복직근의 근지구력이 그만큼 발달해 있지 않았기 때문이다. 그래서 후반에는 골반이 자꾸 처져 허리가 아파 세트를 지속하기 자꾸 힘겨워졌지만, 그래도 150회는 기어코 해낼 수 있었다. 카메라가 동영상 촬영을 하고 있었기 때문에, 독자(네티즌)를 위해 더 힘을 내게 되었던 것이기도 하다 (그 동영상은 인터넷 유튜브에서 확인할 수 있다).

2010: 다이어트는 잘 돼 좋았으나...

새로운 환경에서 진료를 시작하고 해가 바뀌고, 나는 어느새 정신적·신체적으로 완전히 정상 회복했다. 환자들은 물론이고 치위생사, 치기공사 등 내부 진료진과 그들의 친인척은 '역시 내게' 진료받기를 가장 원했고, 그 과정과 결과에 더 좋아했다. 수개월이 지났을 때, 나는 환자들의 진료에서나 직원들 사이에서 정신적으로나 중심이 되었다고 할 수 있었다. 당연히 자존감과 자아가치감이 회복되었고 마냥 행복하게 지냈다. 그러나 운동과 식이요법은 전혀 또는 거의 신경 쓰지 못하고 있었다.

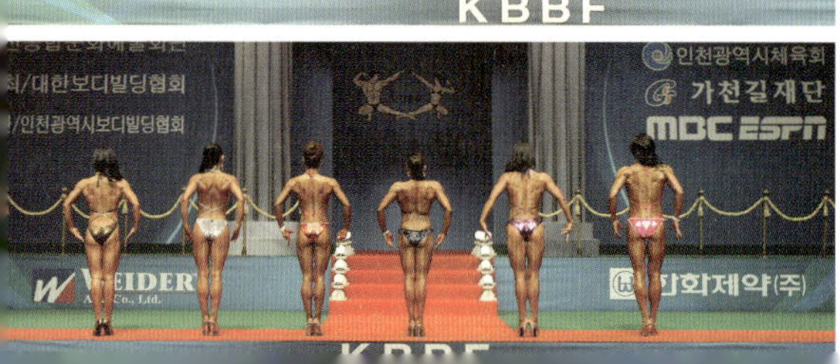

최민석 @ 2010 코리아 대회 6주 전, 이승철 등 @ 2010 코리아 대회 (6월 말)

2010년 상반기의 운동과 영양. 내 본업에 더 집중하거나 본업에서 더 재미를 느끼다 보니, 나는 자연히 운동에 대한 집중이 흐트러지고, 점심도 직원들과 일반식으로 하고, 초기에는 직원들과, 특히 내부 치기공사들과 더 친목을 다짐으로써 진료에서의 기공물에 대한 품질을 내 눈높이와 철학에 맞추고 그들과의 팀워크를 다지려 하다 보니, 치과나 치과 근처에 늦게까지 남아 있으면서 그들과 저녁을 일반식으로 먹는 경우가 많아졌고, 당연히 오후(저녁) 워크아웃(그게 웨이트트레이닝이든 유산소운동이든)은 거의 또는 별로 하지 않게 되었는데, 새로운 환경에서의 적응을 위한 단계였다고 할 수 있다.

이전까지는 주로 월회원으로 매일 쉬지 않고 이용하던 것을, 새해 들어서는 그런 규칙적 운동은 전혀 하지 않고, 6월 중순까지, 나는 적어도 6개월 동안 체련장 웨이트트레이닝을 훈련일지에 기록한 게 겨우 20회 남짓일 정도로, 운동을 제대로 지속하지 못했다. 어쩌다 일일입장으로 한 번씩 하다가, 6월 초에는 다시 월회원으로 등록하고서도 2주일 동안 겨우 8일만 체련장 웨이트트레이닝을 했다. 운동을 해야 한다는 생각은 여전했고, 내가 이용하던 체련장에서는 같은 시간대에 -90kg급의 정상급 선수도 있어 정상급 선수들에 대한 내 눈높이와 실제적 정보에는 도움되었지만, 나는 진료시간 외에도 여전히 치과나 치과 근처에서 시간을 보내고 있었다. 그러다 보니, 몸은 자연히 원상복귀(퇴보)하고 있었고, 특히 대흉근의 부피감이 작아져 상당히 납작해지고, 무엇보다도 하부 외측 대흉근의 외형과 분리감이 크게 약해지고 허리 군살도 만만찮게 잡혀갔다.

2010년 하반기의 운동과 영양: 다이어트가 어느 정도 저절로 되다. 그러다 우연히 몸을 만들기 시작하게 된 계기가 생겼다. 치과에서 치위생사들이 마침 다이어트를 시작하려 하고 있었고, 한여름에 치과에서 20명쯤 되는 전 구성원이 물놀이공원에 갈 예정이라는 것이다. 나는 직원들을 위한 다이어트 및 몸만들기 세미나 발표를 한 차례 돌리고, 오프 날에 전 구성원을 위한 다이어트 식단을 준비해 전체에 한 차례 돌렸다. 그러나 명색이 보디빌더고 선수이기도 하다면서도, 내 몸은 그간 근육량은 줄고 체지방량은 늘어 동호인이나 기껏해야 마니아 수준도 안 될 상황에서 그런 몸을 보여줄 수는 없었다. 당연히 나도 다이어트를 시작하게 되었다.

함께하는 점심에서 나는 나트륨을 최대한 배제하면서 섬유질과 미량영양소도 챙기기 위해 김치는 헹궈 먹고, 회덮밥(양배추와 약간의 생선, 최고였다)을 먹을 때는 쌀밥은 $\frac{1}{10}$ 정도만 먹었다. 그래도 종일 진료하니, 저녁까지 배고픔도 전혀 못 느끼고 다이어트는 거의 저절로 되었다.

1

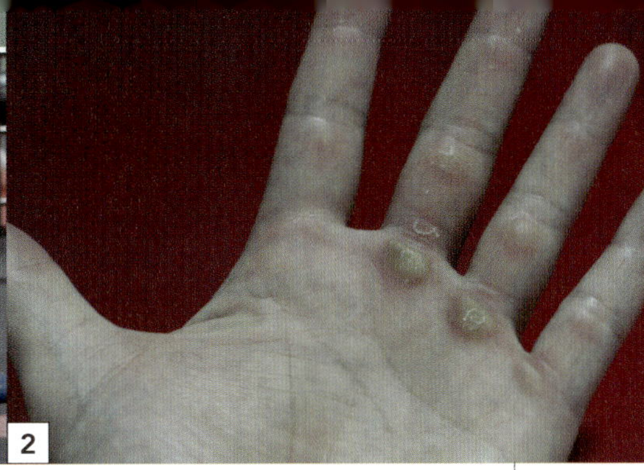

2

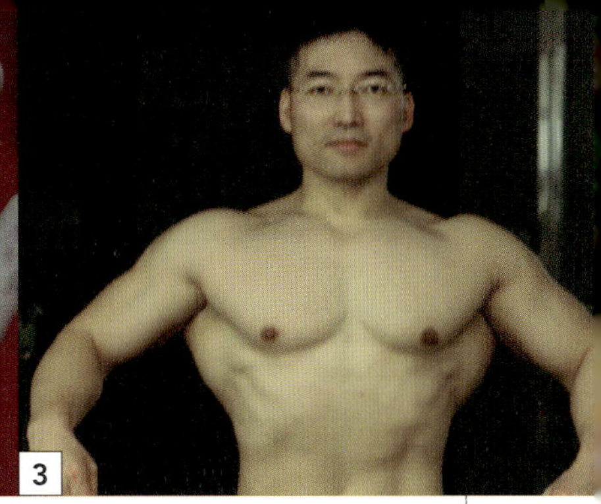

3

@ 2010 6월 말, 7월 중순, 8월 말

새로운 시작. 식이조절 없이, 본격적인 웨이트트레이닝에 다시 집중해 매일 한 지 10일 지난 이날 (**1, 2**). 이른 아침 내 공복 체중은 **71~72kg**. 그동안 많이 약해졌던 손바닥·손가락 굳은살이 다시 생기기 시작하고, 그 굳은살이 약한 상태에서도 계속 고중량, 고반복으로 〈친〉, 〈랫 풀다운〉, 〈시티드 케이블 로〉 등을 하다 보니, 굳은살 아래에 물집이 잡혔다가 터지고, 이내 굳은살은 살짝 아프기는 하지만 거의 괜찮아졌고, 그립 느낌도 좋고, 전완의 파워는 중간 정도로 느껴졌다.

7월 1일부터 섭취량 계산하고 칼로리 제한하는 식이요법 병행하면서 3주 가까이 된 이날 (**3**). 이른 아침 내 공복 체중은 **69.8kg** (그간 하루 섭취량 평균은 1,500kcal, 최소치는 1,000kcal, 최대치는 2,400kcal였다). 이번에는 증량이라는 과정이나 기간이 전혀 없었던 셈이다. 이후 이 사진으로 깨달은 사실이지만, 그래서 몸이 단단하기보다는 가늘어지기만 한 것 같고, 광배근 펼침 등 포징도 모든 포즈에서 다소 부실해졌다 (**4**).

4

2010년 하반기의 운동과 영양: 에너지 바닥상태를 극복하는 한 방법. 그렇다고 수개월의 다이어트가 끝까지 그렇게 쉽게 되기만 했던 건 아니다. 8월 말, 종로구 대회를 10일 앞둔 시점, 열심히 아침저녁으로 매일 두 차례 WT, 매일 한두 차례 AE, 그리고 적절한 식이조절을 하고 있었고 체중도 어느 정도 줄어들면서 근육의 모양도 나오기 시작하고 피하지방도 적어지고 있다는 게 눈에 띄면서 다이어트가 순조롭게 되고 있다고 느꼈는데, 갑자기 소화기능 떨어지고 근육 크기 줄어들고 피하지방 늘어나고 훈련의욕이 바닥을 헤매기 시작했다. 그 이유가 무얼까 생각해보았을 때, 몇 개월간 계속된 진로방향(들어올 때의 생각처럼 이제 새로 단독 개원할 생각이었기 때문에) 문제로 스트레스를 지속적으로 받고 있었고 (당연히 남성호르몬, 성장호르몬 수치가 떨어진다), 최근 훈련 전에 설탕커피(설탕 8g 함유)를 계속 마셨고 (카페인으로 수면의 질이 떨어지고 만성피로가 오히려 생기거나 악화될 수 있다), 최근 며칠간 검은콩·들깨·해바라기씨·견과류 강정을 하루 50~300g 즐기고 있었기 때문에 (맛도 있었지만, 다이어트에 도움된다는 말도 있고, 불포화지방산, 그리고 들깨의 오메가3지방산을 생각해. 그러나 칼로리 과잉이 될 수 있고, 검은콩의 에스트로겐 유사성분 때문에 남성호르몬과 여성호르몬 균형에서 여성호르몬 쪽이 상대적으로 강해졌을지도 모르는데, 결국은 단백질 합성을 방해하고 체지방 축적을 야기하는 것이다), 이 중에서 원인을 찾으려고 노력했다.

하루는 힘없이 저녁에 체련장에 도착해서, 스피닝 수업이 7:30PM에 시작하는 걸 확인하고, 50분간 〈친〉/〈벤치 프레스〉와 〈딥〉을 하고 30분간의 그 스피닝 수업에 들어갔다. 수업을 마치니 컨디션이 좋아졌다. 그래서 〈바벨 컬〉과 〈로프 프레스다운〉을 좀 하고, 다른 회원 지도도 좀 하면서 〈시티드 케이블 로〉도 했다. 체련장에서 나올 때, 성장호르몬과 남성호르몬 수치가 다시 올라온 느낌이었다. 이때, 나는 내가 아직 기본훈련을 할 단계에 이르지 못한 상태에서, 이전에 항상 해왔던 루틴으로, 하기 싫어도 억지로 하기보다는, 평소에 잘 하지 않던 운동과 평소에 좋아하던 운동들 중 내가 순간적으로 선택한 운동을 내키는 만큼의 중량, 반복수, 세트로 하면서, 완전히 본능적·직감적 훈련을 함으로써, 그리고 스피닝 수업처럼, 어느 정도 수동적으로 마지못해서라도 따라 하게 되는 환경에 나 자신을 내맡기며, 거기에서 몸을 적응시키고 기분전환을 하면서 점점 에너지를 내고 수업을 열심히 따라가면서 열심히 땀을 흘림으로써, 신체의 스트레스호르몬(에피네프린, 코티졸)도 어떤 식으로든 낮아지는 것 같고, 늘 잔잔하게 머리와 마음을 옥죄고 있던 스트레스가 땀과 함께 씻겨내려간 듯한 느낌이 들면서, 이게 에너지 바닥상태를 극복하는 한 방법이 되는구나 하고 느꼈다.

종로구 대회

with 문광태 @ 2010 종로구 대회

체중관리. 당일, 여느 때처럼 5:30AM에 일어났다. 6:30AM에 체련장에 도착해 공복으로 체중계에 올라보니 **65.5kg**. 물 없이 설탕커피(낱개포장) 3봉을 먹고 사우나를 30분간 하면서 보통 정도로 땀을 흘렸더니 **65.15kg**. 필요에 따라 수시로 배뇨하고 피부착색제인 프로탠을 한 번 더 바르고 나니 **64.5kg**. 체성분측정기에 올라보니 체지방률은 **9.2%**였다. 이후 체중 예측·계산해가면서 체중이 과해지지 않게 고구마 무게를 가늠하고 약간 먹으면서 시합장에 도착해 11:00AM에 계측을 하니 체중은 **64.85kg**.

9월 초, 나는 2010 종로구 (보디빌딩)대회에 출전했고, 15명이 무대에 오른 −65kg급에서 6위에 입상했다 (함께 출전한 광태(사진에서 맨 오른쪽)는 같은 체급에서 4위에 입상했다. 시합 레벨을 떠나, 그로서는 2009 춘계 전국대회, 경기 대회, YMCA 대회 입상 실패를 거쳐, 처음으로 입상한 것이었다. 그리고 이후 출전한 대부분의 시합에서 입상했다. 이후 수년간 시합출전을 안 해왔지만, 2016년 현재, 2017 코리아 대회 출전을 준비하고 있다).

펌핑과 컬러링. 물 없이 설탕커피 3봉, 고구마 1개, 사과 ¼개를 먹고 펌핑을 시작했다. 그러나 펌핑이 전혀 되지 않았고, 왼쪽 종아리의 전경골근에 연축이 생겼다. 추후, 평소와의 차이로, 이는 정신적 긴장에 수분섭취 부족에 의한 탈수까지 더해진 탓이라는 생각이 들었다. 고구마와 사과 역시 당장의 펌핑에 크게 도움되는 탄수화물 음식이라고 할 수는 없다. 커피 또한 탈수를 야기하기 때문에, 이 역시 현명한 방법이 아니었을 것이다 (2011 광명시 대회에서도 같은 시행착오를 반복하게 된다). 나는 이 체급에서 가장 하얀 선수였는데, 그만큼 내 피부색이 밝은 데다 컬러링에도 문제가 있었다는 뜻이다.

연합회 전국대회

종로구 대회 일주일 후인 9월 중순, 나는 2010 연합회 전국대회에 출전했고 (내가 살고 있는 경기도 부천시에서 열렸다), 6명이 무대에 오른 −45세급에서 2위에 입상했다 (함께 출전한 광태는 4명이 무대에 오른 −25세급에서 1위에 입상했다. 시합 레벨을 떠나, 그로서는 2010 종로구 대회, 광명시 대회 입상을 거쳐, 처음으로 1위에 입상한 것이었다).

@ 2010 연합회 전국대회

체지방률이 관건은 아니다. 당일 이른 아침 내 공복 체중은 **65.4kg** (체지방률은 **8.3%**). 체중 체급이 아닌 연령 체급의 생활체육 보디빌딩 경기종목이어서 계측 시 체중이 65kg 이하가 되게 할 필요는 굳이 없었고, 체지방률은 이때가 2016년 현재까지 중에서 가장 낮았던, 역대 최저치 개인기록이었다.

그러나 몸은 그렇게 보이지 않는다. 직전의 시합 사진과 비교해봐도, 그리고 당일 경기 직전의 내 기념촬영 사진과 비교해봐도, 경기 전까지는 피부가 얇았지만, 경기에서는 피부가 훨씬 두꺼워져 있었는데, 역시 경기 직전의 수분조절, 영양섭취(로딩 연관), 펌핑이 시합 때마다 조금씩 다르지만, 분명히 무언가 또 여전히 역효과를 낳는 방향으로 잘못했던 것이다.

감상. 개회식에서는 내가 남자 대표로 선수선서를 하게 되었는데, 누구나 할 수 있는 것이기는 하지만, 아무에게나 그냥 주어지는 기회도 아니다. 나는 2008 광명시 대회에서 체급 1위를 한 이후, 이제는 선수선서를 하기도 하는구나 하는 생각에, 내가 여러 번 시합출전을 하면서 이 스포츠에서 여러모로 발전한 한 단면인 것 같아 적잖이 고무되었었다. 시합 다이어트도 열심히 했고 그 과정도 순조로웠고 결과적으로 체지방률도 당시로써는 내 기대보다 낮은데다, 현장에서 내 눈에는 내 체급에서 처음부터 끝까지 내가 가장 좋아 보였기 때문에도, 나는 1위를 거의 확신했는데, 2위로 발표될 때 상당히 아쉽기는 했다. 이 책 집필을 위해 당시의 시합사진을 정리하면서 나는 무대에서의 내 몸과 포징이 그때 참 별로였다는 걸 알게 되었고, 내가 그 1위 입상자에게 자연미와 균형미, 굵기와 모양에서는 훨씬 앞서 있었지만, 어쩌면 복부 데피니션과 세퍼레이션에서 밀린 것일지도 모른다고 생각되었다. 경기 전 대기 중의 사진과 무대 위에서의 시합사진을 비교하면서, 역시 당일의 막판 컨디셔닝(특히 수분조절)에 문제가 있었음을 깨닫게 되었다.

문광태 @ 2010 연합회 전국대회 −25세급

1

2

3

4

5

6

@ 2010 종로구 대회 다음날

포징. 대부분은 뒤에 다시 언급되겠지만, 이 일련의 사진들에서도 포징에 관해 언급할 만한 부분이 있다 (복장의 차이에 의한 변수를 차치하고).

허리를 얼마나 뽑아내느냐에 따라 복직근뿐 아니라 복사근의 모습에 크게 차이가 난다 (**1~6**). 어깨를 들어올리는 정도를 달리하면서 광배근 펼침을 약하게 하는 것과 강하게 하는 것에 따라 어깨너비나 광배근너비가 크게 달라 보이고 (**3, 4**), 어깨를 뒤로 빼느냐 옆으로 두느냐에 따라 어깨너비나 광배근너비가 크게 달라 보인다 (**5, 6**).

뒤로 내민 대퇴 후면이 느슨해 보이는 것은 대부분은 엉덩이를 뒤로 내밀었기 때문이라 할 수 있다 (**8, 11**). 〈후면 광배근 포즈〉에서 광배근 펼침에 실패(또는 실수)하지 않는 한 방법은 광배근 펼침을 먼저 한 다음 그 포즈로 연결하는 것이다 (**9, 10**).

7

8

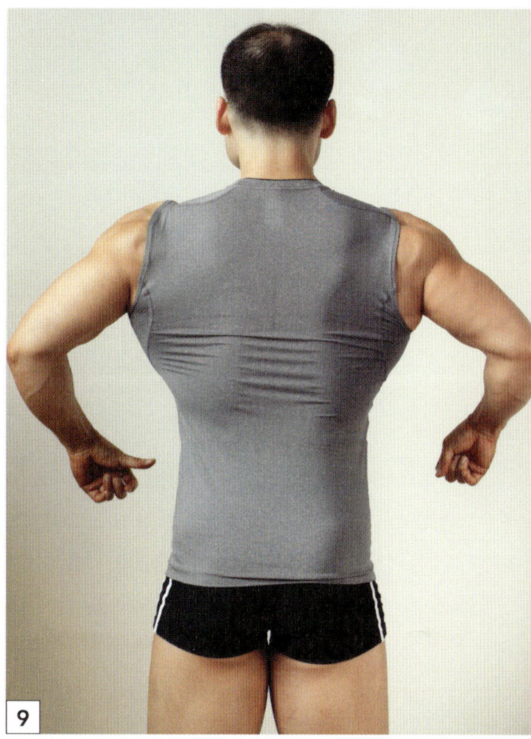
9

10

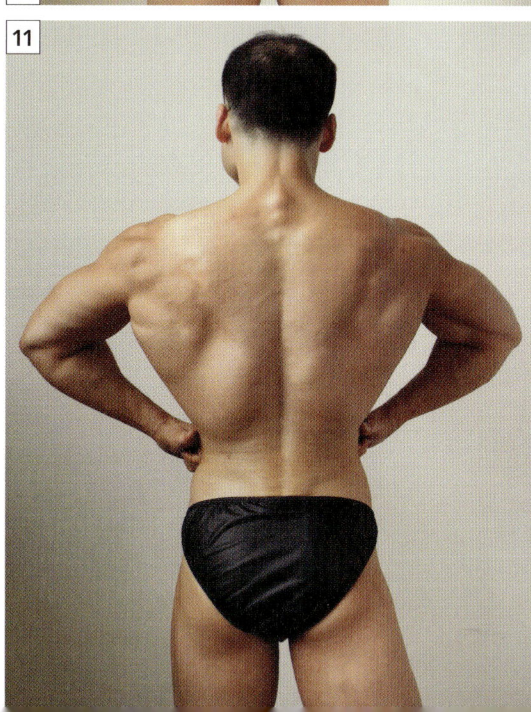
11

12

@ 2011 1월 중순(17일)

2011:
한 단계 올라섰나 싶었으나...

2010 종로구 대회, 연합회장기 대회 즈음부터, 직전까지 진료하던 치과병원을 그만두고 완전히 새로운 장소, 새로운 환경에서 임시로 진료를 시작하고 수개월 후 다시 새로운 장소, 새로운 환경에서 치과의원을 개원하면서, 거기에 적응하거나 새 치과 식구들과 진료시간 이후 저녁과 약간의 음주를 함께하는 경우가 많아졌고 (연합회장기 대회 이후 시합훈련과 이에 따른 식이조절이 중단됨은 물론이고 비시즌 훈련마저 이런 본업에서의 변화된 환경에 우선순위에서 밀림은 물론이고), 거기에 따라 다음날 오전(출근 전 이른 아침) 운동을 못하는 경우가 잦아졌다.

2011년의 운동과 영양. 그렇게 2010 연합회장기 대회 이후에도 마음만은 항상 '훈련해야 하는데...' 생각하고 있었지만 그 시작점을 잘 잡지 못하고 있었다. 그러다 팔다리가 실제로 가늘어졌고 근력·기초체력·고유감각적으로 내가 약해졌다는 걸 실감하게 되었다. 그때가 12월 중순이었는데, '또 점차 훈련과 식이조절이 부실해지다 어느 순간 완전히 중단된 채로 3개월간 전혀 하지 못하고 있었구나!' 깨달으며 점차 훈련과 식이조절의 필요성을 다시 느끼게 되었다. 그래서 간이훈련 차원 겸 체련장에서의 기본훈련으로 넘어가기 위한 기초훈련 차원에서, 홈 트레이닝으로 악력기 운동, 〈팔굽혀펴기〉, 〈쪼그려앉기〉, 〈바벨 로〉, 〈바벨 컬〉, 〈바벨 익스텐션〉, 〈바벨 숄더 프레스〉, 〈의자에서 다리펴기〉, 다양한 복근 운동을 시작했다.

약 2주 후 새해가 되어 2011년 1월 1일, 다시 체련장에 등록하고, 동시에 체성분 측정을 했다. 이때의 체성분 측정 결과는 '비포' 기록으로서 추후 '중간'이나 '애프터'와의 비교에도 도움되겠지만, '그래도 아직 괜찮네', '여기에 더해 또 잘해봐야지' 하는 안도·발전적 자극이 되었다. 그게 아니었더라면 '이렇게나 나빠졌다니', '이래서는 안 되지' 하는 충격·발전적 자극이 되었을 것이다(체성분 측정에서 가장 나쁜 결과는 '내가 이 정도밖에 안 되다니', '이럴 바에야 아예 말자' 하는 비관·좌절적인 것일 테다. 체성분 측정 전에는 그게 자신에게 어떤 심리적 결과를 가져올지, 대부분은 알 수 없다).

그리고 1월 3일, 마음의 준비를 단단히 하고 있다가 새해 신정연휴 끝나자마자 체련장 웨이트트레이닝을 다시 시작했다. 영양은 1개월간 감량 생각하지

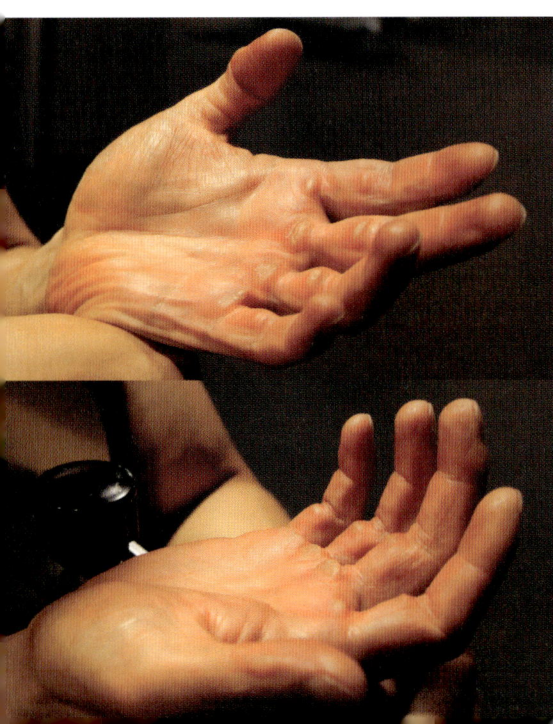

@ 2011 4월 말(24일)

새로운 시작. 수개월 만에 다시 새롭게 시작해, 고중량·고반복 운동을 집중하다 보니 굳은살이 있음에도 등 워크아웃 중 그 굳은살조차 밀려 아파왔다. 대부분의 등 운동에서 '클로즈드 그립'이 아닌 '오픈 그립'을 사용하는 데다, 그립을 도와주는 스트랩은 전혀 사용하지 않기 때문에 더욱 그러하지만, 그만큼 열심히, 고강도로 훈련하고 있다는 사실이 반영된 것이다.

이때까지는 전완 워크아웃은 거의 하지 않았으나, 추후 〈바벨 리스트 컬〉, 〈덤벨 리스트 컬〉 등 전완 운동에서 항상 손가락까지 사용하는 실시방법으로 동작하다 보니, 이후 손바닥에 두 줄의 굳은살이 더 생겼다.

않고 훈련 시동과 조건형성을 최우선으로 해서, 체중은 약간 늘든 약간 줄든 상관 않고, 그러나 괜한 과식과 불필요한 과도한 지방 섭취는 하지 않도록 하고, 가공식품은 완전히 피하고, 즉석 조리식품이나 제과제빵류, 떡류는 최소한으로 제한하기로 했다.

이른 오전, 1~1.5시간 WT(웨이트트레이닝)을 하면서 종종 AE(유산소 운동)도 30분 정도 했다. 그렇게 불과 몇 워크아웃 만에 대퇴가 굵어져 기존의 바지가 불편해지기 시작했고, 1~1.5개월 만에 전신은 완전히 탄력받게 되었다. 무엇보다도 근육 글리코겐이 충만하게 느껴졌는데, 특히 상체(가슴, 등, 이두근, 삼두근. 그러나 삼각근과 승모근은 아직 그다지)가 그랬고 복부 왕자와 가슴선(대흉근 하부와 외측)이 뚜렷해지고, 대퇴 전면은 (약간이나마) 갈라지기 시작했다. 체지방률이 15% 되었고, 그때쯤부터 다이어트를 슬슬 가동하기 시작했다.

2개월 된 시점, 대략 시합 2개월 전인 3월 초부터 오전 WT은 그대로 하고 오후에는 복부(또는 부족한 부위) WT과 AE 위주로 하면서 본격적인 감량 다이어트에 돌입했다. 이때쯤의 주된 워크아웃 시간은 오전 WT 1.5~2.5시간이고, 점차 복근 훈련은 시합 몇(2~4) 주 전까지는 좀 덜 하면서, 시합 1.5개월 전부터는 저녁에 AE 1시간씩 하는 것이었다. 시합 1개월 전부터 실내 태닝을 했다. 시합 1개월여 전부터 순조로운 감량으로, 배고파서 못 견디는 일 없이 다이어트에 그다지 어려움 느끼지 않았고, 오히려 일부러 영양상 챙겨 먹으면서도 하루 1,200칼로리 수준으로 유지할 수 있었고, 때로는 저녁 5~7시 이후에는 추가적인 칼로리 섭취 아예 없이 또는 미량영양소를 생각해서 약간의 김, 채소, 우유 등으로 하루를 성공적인 다이어트로 마칠 수 있었다.

진료와 집필. 나는 이 백과의 초기 형태를 2007년에 처음 구상하고 (단순히 〈팔굽혀펴기〉, 〈쪼그려앉기〉, 〈턱걸이〉 같은 운동으로 기초적인 건강과 심미 증진을 도와주고 동시에 어떤 건강하고 아름다운 개인적·사회적 마인드를 공유하고 고취하는 책), 그 책 집필 과정의 일환이자 본격적인 시작으로서 2008년에 생애 첫 보디빌딩 시합출전을 하고, 2009년 초에 출판사와 정식 출판계약을 하고, 그 계약 당시만 하더라도 전체의 반쯤 되는 분량의 원고는 대략 된 상태였지만 (지금 본다면 아주 초보적인 수준), 이후 여러 사정으로 2010년 하반기까지도 그 집필을 완수하지 못했다. 그래서 2010년 11월 내가 새로 개원하면서 가장 크게 생각한 것 중 하나는 '내년 초까지는 꼭 집필 완수하리라' 하는 것이었는데, 2006~2007년 아놀드 백과 번역출간 작업 때와 마찬가지로, 원장실에 집필 환경을 완벽하게 갖출 수 있었기 때문이었다. 물론, 앞에서 말한 이유로, 이후 오히려 훈련과 식이조절에 집중하지 못했고 집필에도 집중하지 못했다. 진료와 직원들과의 시간이 충분히 즐거워 다른 생각을 하지 못하기도 했고, 잠시 환자가 비는 시간이나 집에 돌아와서는 원고를 들여다보겠다는 생각이나 마음 자체가 들지 않기도 했다. 역시 진료가 최고로 행복할 때도 이렇게 본업과 비껴가 있는 집필은 방해받을 수밖에 없다.

@ 2011 4월 말(25일, 28일)

@ 2011 1월 중순(17일)

새로운 시작 2주 후.

1월 3일 새로운 시작 때의 이른 아침 내 공복 체중은 **70.5kg**(체지방률은 **17.5%**). 2주 후인 이날은 **71.5kg**(**16.1%**). 운동과 영양을 통해, 그간 없어졌던 조건형성을 다시 이뤄가는 중으로, 자연히 증량 과정이 된다.

@ 2011 2월 중순(20일)

새로운 시작 2주+5주 후. 새로운 시작 1.5개월 후인 이날은 **73.5kg**(**15.2%**). 조건형성이 어느 정도 된 다음, 약간의 체지방증가가 동반되건 말건, 비교적 잘 먹으면서 근육증대에 최대한 신경 쓸 때다. 이후 얼마간 더 증량했다.

@ 2011 3월 중순(12일)

@ 2011 3월 중순(13일)

@ 2011 3월 말(23일)

2011 4월 초, 4월 말
가슴·등 워크아웃

@ 24일 (친(=풀업, 턱걸이))
* 여기서는 〈와이드 그립 비하인드 친〉 사진을 골랐지만, 당시에나 현재나, 내 최우선 등 운동은 〈와이드 그립 프런트 친〉.

@ 24일 (와이드 그립 비하인드 랫 풀다운)

@ 24일, 26일 (시티드 케이블 로)

@ 4일, 24일, 28일 (벤치 프레스)

@ 24일 (스미스 머신 인클라인 프레스)

@ 21일 (덤벨 플라이)

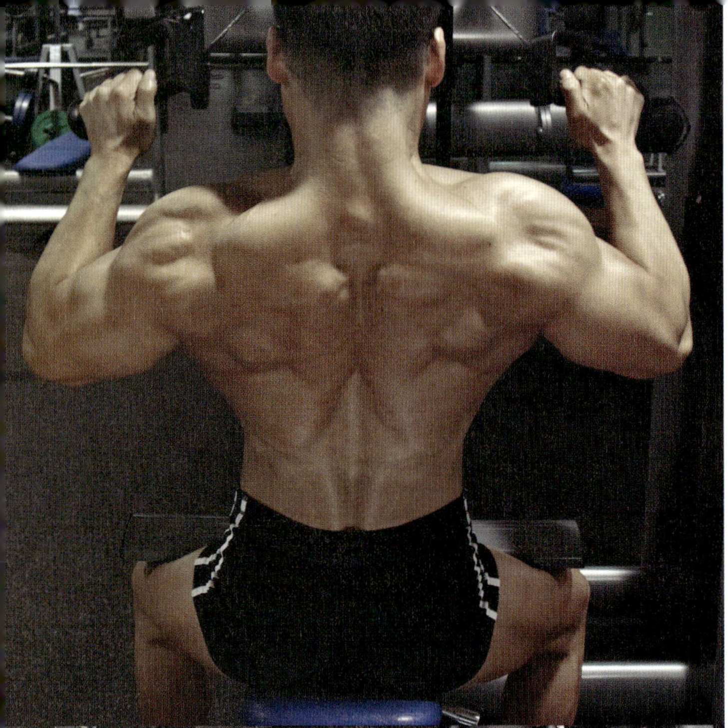

@ 24일 (머신 풀다운)

@ 24일 (서포티드 T바 로)

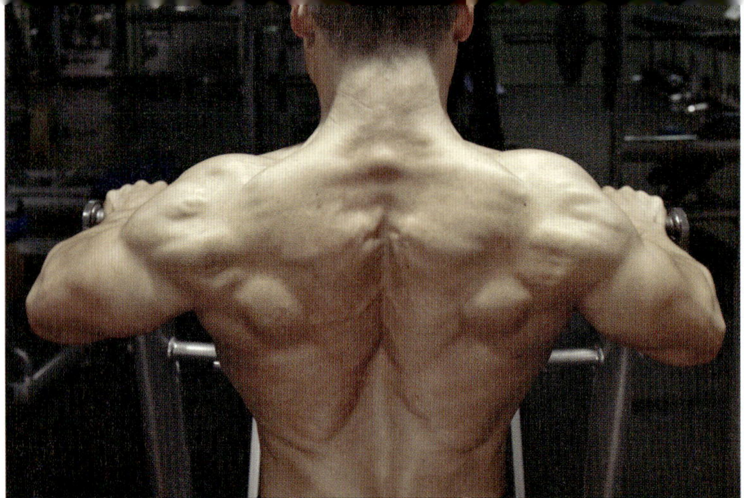
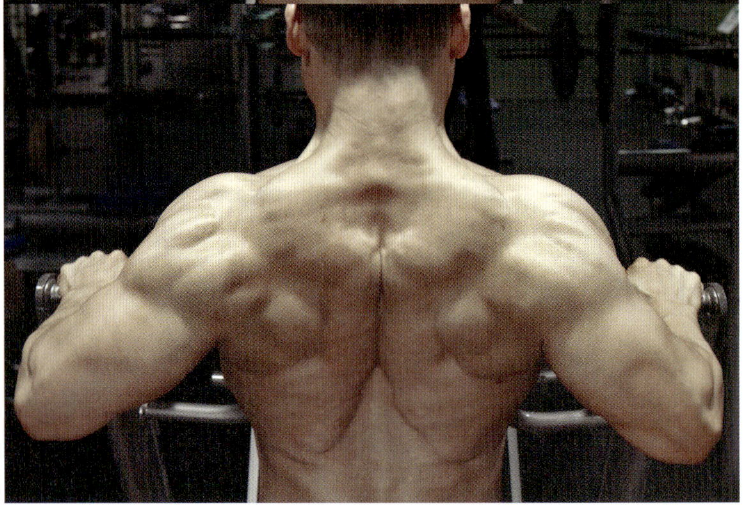

@ 24일 (시티드 머신 로)

@ 24일 (벤트오버 바벨 로)

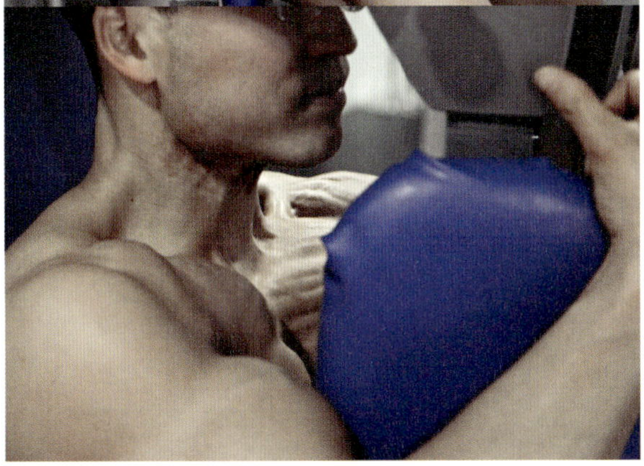

@ 24일 (머신 플라이)

@ 24일, 26일 (딥)

@ 24일 (덤벨 풀오버)

@ 28일 (푸시업(팔굽혀펴기))

@ 5일, 24일 (케이블 프레스다운)
* 〈로프 프레스다운〉의 대체운동.

2011 4월 초, 4월 말
상완 워크아웃

@ 24일 (로프 프레스다운)
* 내 최우선 삼두근 운동.

@ 5일, 24일 (스탠딩 바벨 익스텐션)

@ 5일, 24일 (스탠딩 바벨 컬)
* 내 최우선 이두근 운동.

@ 24일 (바벨 치트 컬)

@ 29일 (덤벨 컬)

@ 5일, 24일 (원암 케이블 익스텐션)

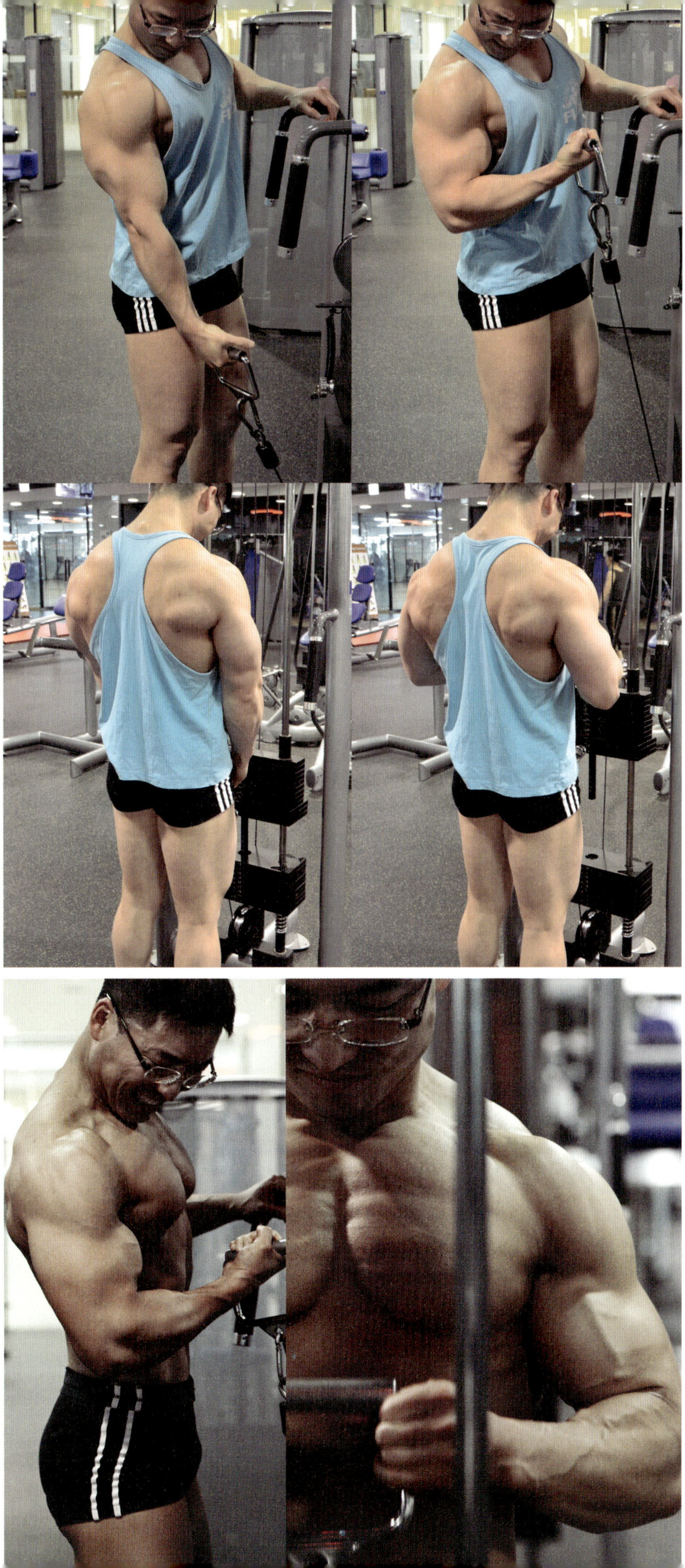

@ 5일, 24일 (원암 케이블 컬, 투암 케이블 해머 컬)

2011 4월 초, 4월 말
어깨 워크아웃

@ 5일, 29일 (케이블 래터럴 레이즈)

@ 29일 (케이블 프런트 레이즈)

@ 24일, 29일 (케이블 리어 래터럴)

@ 5일, 29일 (바벨 숄더 프레스)

@ 29일 (덤벨 숄더 프레스 (아놀드 프레스),
스미스 머신 숄더 프레스, 머신 숄더 프레스)

@ 5일, 29일 (바벨 업라이트 로)

@ 25일 (바벨 슈럭)

@ 24일 (레그 익스텐션)

2011 4월 초, 4월 말
대퇴 워크아웃

@ 2일 (머신 핵 스쿼트)

@ 24일 (레그 컬)

@ 24일 (덤벨 워킹 런지)

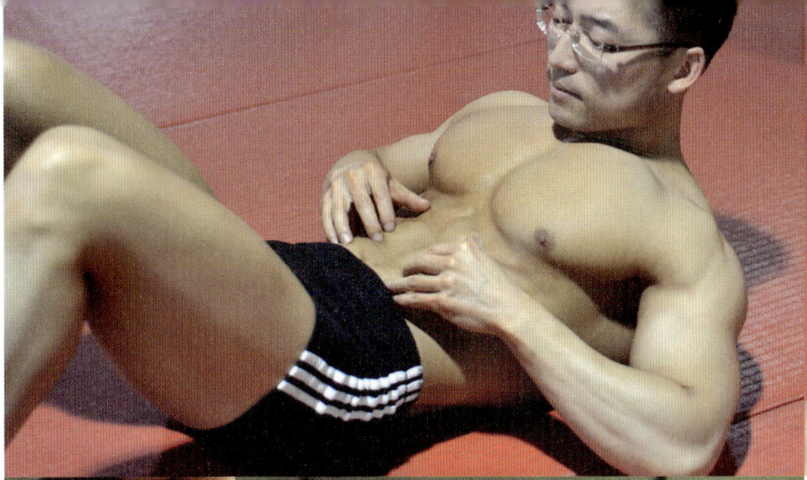

@ 25일, 24일 (바닥에서의 크런치 시리즈: 크런치, 사이드 크런치)

@ 25일 (바닥에서의 크런치 시리즈: 리버스 크런치)

@ 25일 (바닥에서의 크런치 시리즈: 크리스크로스 크런치)

2011 4월 말
기타 신체부위
워크아웃

@ 24일 (로프 풀오버)

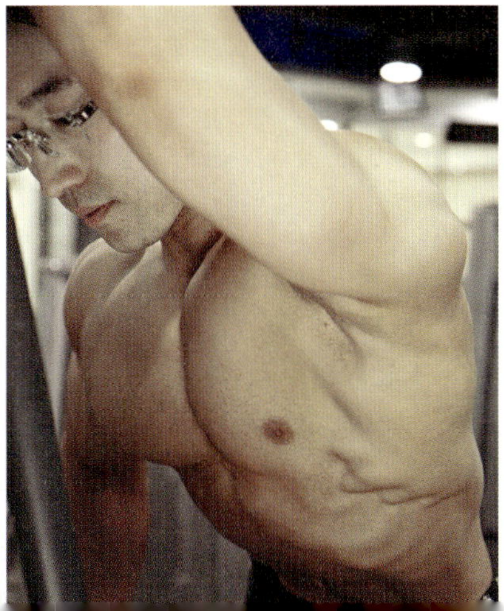

@ 2011 4월 24일

2011년 이전의 전면 코어 운동. 나는 코어를 전면front 코어, 후면back 코어로 나누는데, 전면 코어의 주된 근육은 **복근**(복직근, 내·외복사근, 복횡근(겉으로 드러나 보이지는 않는다))과 **전거근**이다.

이때 나는 이 백과를 위한 사진촬영 동안 이들 행잉hanging 운동, 즉 〈행잉 리버스 크런치〉와 〈행잉 레그 레이즈〉(오른쪽 페이지)도 시연하고 있을 뿐, 이때까지는 이들 운동은 해본 적이 거의 없고, 이전에 몇 번 시험삼아 해보거나 이때 시연하면서도 그 '운동자극 집중 효과'를 거의 느끼지 못했다.

이때까지의 내 주된 전면 코어 운동은 〈바닥에서의 크런치 시리즈〉였고 (물론, 그 훨씬 이전에는 〈싯업(윗몸일으키기)〉이 대부분의 운동이었지만), 플랫 벤치에서든 버티컬 벤치에서든 행잉hanging으로든, 〈레그 레이즈〉 유형의 운동도 거의 하지 않았고, 그래도 시합출전 준비에는 아무런 부족함이 없었다.

이후 어느 시점부터, 복근을 더 명확하게 하겠다는 목적보다는 복근의 근력·근지구력 강화를 위해 이들 운동을 포함해 다양한 운동과 고중량을 이용한 고강도 운동을 본격적으로 포함시켰다. (계속)

(계속) 여기서 이들 운동 사진을 싣는 것은, 당시의 내 전면 코어, 즉 복근과 전거근을 잘 드러내 보이기 때문이지, 이들 운동을 하고 있었거나, 이들 운동이 내 전면 코어 발달에 도움되었다는 의미는 전혀 아니다.

현재, 이들 운동은 내가 [운동편]에서 상급운동으로 분류하고 있고, 내 기본훈련프로그램과 상급훈련프로그램에 항상 포함돼 있는 운동들이다. 대신에, 〈바닥에서의 크런치 시리즈〉는 시합출전 1개월 전 시점 정도가 되기 전에는 거의 할 일이 없어진 운동들이다.

현재까지, 내가 전거근 특이 운동으로 일상적으로 하고 있는 유일한 운동은 〈로프 풀오버〉(바로 앞 페이지)다.

물론, [운동편]에서 이 모든 것에 대해 자세히 다룬다.

@ 2011 4월 6일, 24일

2011년 이전의 후면 코어 운동. 나는 코어를 전면front 코어, 후면back 코어로 나누는데, 후면 코어의 주된 근육은 **척주기립근**과 **둔근**(특히 대둔근)이다.

이때까지의 내 주된 후면 코어 운동은 〈데드리프트〉였다. 그렇다고 해서, 내가 〈데드리프트〉를 항상 꾸준히 해온 것은 아니다. 때로는, 체련장 웨이트트레이닝을 규칙적으로 하면서도 1~2년 이상 〈데드리프트〉를 전혀 하지 않은 경우도 흔히 있었다. 그래도 척주기립근의 근력·근지구력은 어느 정도는 유지되었는데, 〈랫 풀다운〉, 〈시티드 케이블 로〉 등 각종 등 운동을 꾸준히 하다 보니, 이들 운동에서 고정근인 척주기립근이 충분히 강화되었기 때문이었다. 그러나 〈데드리프트〉는 척주기립근과 둔근의 근력·근지구력을 발달시킬 뿐 아니라, 그것 외에도 이 운동을 어느 정도는 규칙적으로 하면 좋은 여러 이유, 목적, 효과가 있다.

이후 어느 시점부터, 척주기립근이나 둔근을 더 명확하게 하겠다는 목적보다는 특히 척주기립근의 근력·근지구력 강화를 위해 이들 운동을 포함해 다양한 운동과 고중량을 이용한 고강도 운동을 본격적으로 포함시켰다. 물론, 둔근에 대해서는 그 둔근의 근력·근지구력뿐 아니라 소위 '힙업' 등의 모양도 생각해 〈데드리프트〉뿐 아니라 〈백 익스텐션〉 등의 운동을 추가해 본격적으로 해오고 있다.

물론, [운동편]에서 이 모든 것에 대해 자세히 다룬다.

@ 2011 4월 30일, 24일

2011년 이전의 전완·종아리 운동. 나는 2008년 첫 시합출전을 준비를 할 때나 그 이후에나, 이때까지 전완 운동은 거의 또는 전혀 하지 않았다. 종아리 운동은 특이 머신이나 스미스 머신을 이용한 〈스탠딩 카프 레이즈〉와 〈시티드 카프 레이즈〉가 거의 다였다.

그래도 〈친〉, 〈랫 풀다운〉, 〈시티드 케이블 로〉 등 각종 당기는 운동에서 전완과 손의 고정근으로서의 근력·근지구력은 어느 정도는 유지되었지만, 이후 어느 시점에 전완의 매스가 부족해 전완이 상완이나 전신에 비해 너무 가늘어 보인다는 걸 깨닫고, 전완이나 손의 근력·근지구력 강화보다는 매스나 모양을 위해 전완 워크아웃을 본격적으로 하면서, 〈바벨 리스트 컬〉, 〈덤벨 리스트 컬〉, 〈바벨 리버스 컬〉을 포함해 다양한 운동과 고중량을 이용한 고강도 운동을 본격적으로 포함시켰다. 나는 〈바벨 리스트 컬〉, 〈덤벨 리스트 컬〉, 〈바벨 리버스 컬〉을 기본운동으로 진행해오고 있으며 (이 순서가 최고로 효과적이라고 느낀다), 〈바벨 리스트 컬〉 없이 하는 〈덤벨 리스트 컬〉은 그 효과가 미미해 권하지 않는다.

여기서 나는 모두 클로즈드 그립으로 시연하고 있지만, 그립은 그때 이후 거의 그렇게 하지 않고, 처음부터 끝까지 오픈 그립으로만 해오고 있다. 클로즈드 그립은 초기에 잠시 사용했고, 이후에는 세트가 거듭되거나 반복수가 늘어나면서 전완이 피로해져 더는 오픈 그립으로는 지속할 수 없을 때 아주 예외적으로 이따금 이용하는 정도가 되었다.

종아리 역시, 이후 어느 시점에 종아리의 매스와 모양이 부족해 대퇴나 전신에 비해 너무 가늘고 밋밋해 보인다는 걸 깨닫고, 〈스탠딩 카프 레이즈〉, 〈시티드 카프 레이즈〉를 포함한 종아리 워크아웃을 본격적으로 포함시키고, 이들 운동에서 고중량 운동을 할 뿐 아니라, 〈레그 프레스 머신 카프 레이즈〉, 〈리버스 카프 레이즈〉 등으로 종아리에 대해서도 진지한 체련장 웨이트 트레이닝을 본격적으로 해오고 있다.

물론, [운동편]에서 이 모든 것에 대해 자세히 다룬다.

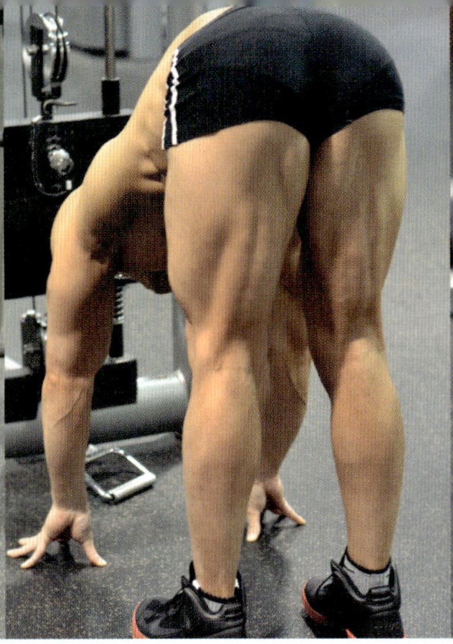

@ 2011 4월 30일 (광명시 대회 전날)
9:00AM~11:30AM

(스쿼트)

(루마니안 데드리프트)
* 당시에는 이 운동도 시연했지만, 내가 하는 〈데드리프트〉는 거의 전적으로 〈컨벤셔널 데드리프트〉.

(스미스 머신 스쿼트)

(덤벨 워킹 런지)

(비하인드 바벨 리스트 컬)
* 당시에는 이 운동을 포함한 본격적인 전완 웨이트트레이닝 전반에 대한 충분한 경험 없이 이 백과를 위해 단순히 시연한 것이어서, 클로즈드 그립이 아닌 오픈 그립으로 시연하고 있었다. 〈바벨 리스트 컬〉, 〈덤벨 리스트 컬〉에서도 마찬가지지만, 특히 이 운동에서는 클로즈드 그립으로 해서는 동작범위가 크게 제한돼 운동효과가 크게 떨어진다.

@ 2011 4월 29일 오전

* 뒤에 자세히 설명하겠지만, 아래쪽의 포즈, 즉 〈최고 근육질 포즈〉 포징에서 내가 가장 잘못한 것은 양손을 어깨보다 앞으로 많이 나오게 한 것이다. 그리고 대흉근 스트리에이션은 광명시 대회 사흘 전인 28일에도, 이틀 전인 이날도, 전날인 30일에도 괜찮았지만, 시합 당일 무대에 올라서는 전혀 그렇지 못했다. 가장 큰 이유는, 로딩(탄수화물) 부족과 탈수(수분섭취 부족) 때문이었던 것 같다. 펌핑 없이, 그리고 대흉근의 충만감이 거의 느껴지지 않는 상태에서, 대흉근을 억지로라도 쥐어짜기 위해 손목을 많이 꺾어, 점점 손목 모습이 다소 엉성해졌지만, 대흉근, 삼각근, 승모근의 모양, 세퍼레이션, 스트리에이션, 그리고 이두근의 모양이 좋아 보인다.

@ 2011 4월 30일 (광명시 대회 전날)
11:30AM~1:00PM

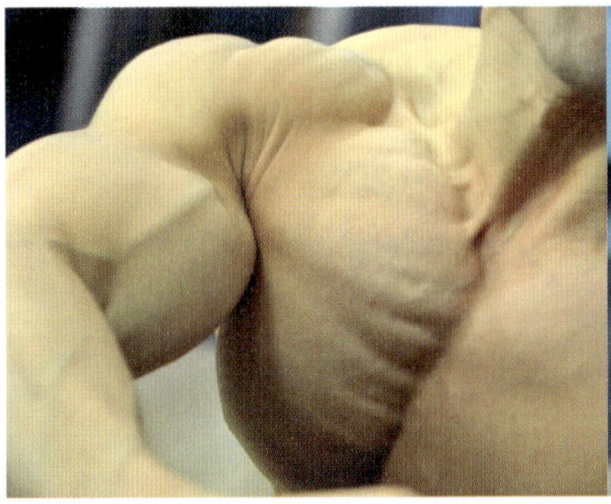

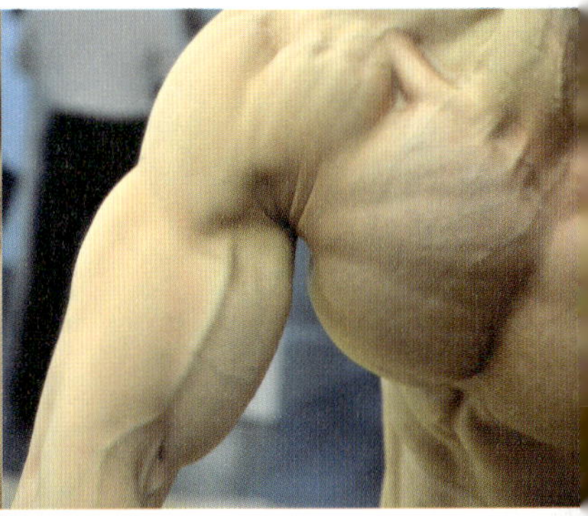

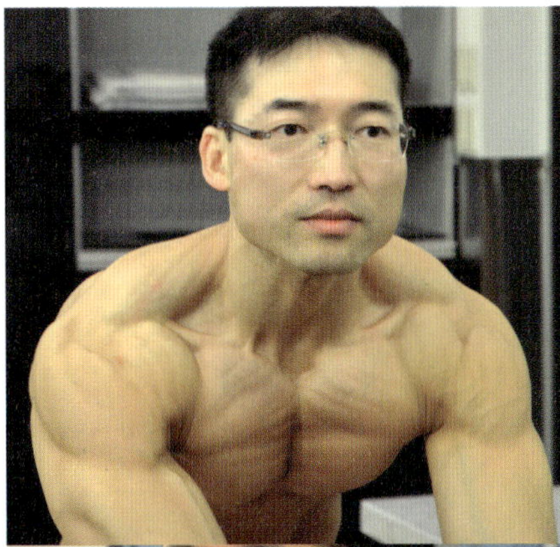

광명시 대회

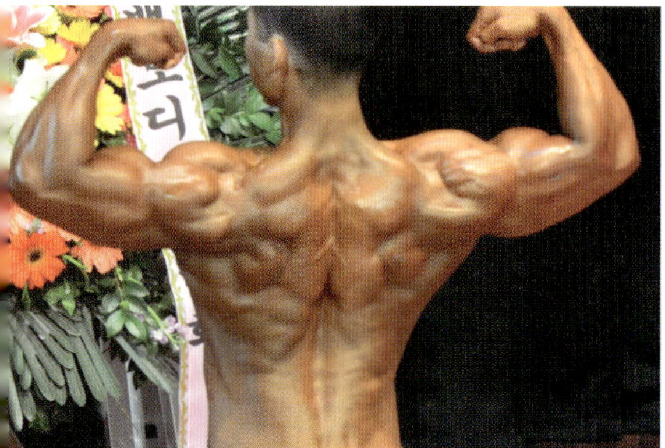

5월 초(1일), 나는 2011 광명시 대회에 출전했고 (광명시 대회: 광명시장배 보디빌딩대회), 13명이 무대에 오른 −65kg급에서 5위에 입상했다.

당시의 수십 장의 시합사진을 2016년 현재 정리하면서 볼 때, 대퇴 전면이 덜 갈라지는 게 역시 아쉽고 1위까지는 '넘사벽'이지만 (그때 처음 알게 된 그 선수는 '하체와 근질의 강자'로 인정받는 설기관. 단체 포징 사진에서 맨 오른쪽), 2위까지는 몸과 포징에서 공히 막상막하가 아니었나 싶다.

@ 2011 광명시 대회

새로운 시작 4개월 후. 당일 이른 아침 내 공복 체중은 **64.5kg** 정도였다 (체지방률은 기록이 없어 정확하게 알 수는 없으나 **10% 살짝 아래**였을 것 같다).

경기 대회

광명시 대회 일주일 후, 나는 같은 곳에서 열린 2011 경기 대회에 출전했고 (경기 대회: 미스터&미즈 경기 선발대회), 5명이 무대에 오른 −171cm급에서 3위, 8명이 무대에 오른 −70kg급에서 5위에 입상했다.

@ 2011 경기 대회 (계체 후 대기 중, 9:30AM~10:00AM)

포징. 뒤에 자세히 설명하겠지만, 왼쪽 포즈에서는 팔꿈치나 어깨를 앞쪽으로 많이 가져올수록 어깨너비와 광배근 상부 너비가 좁아 보이는, 결과적으로 등 전체가 좁아 보이는 경향이 있는 반면, 광배근 중부가 더 불룩해 보이고 대원근의 분리가 더 명확해지는 경향이 있다.

오른쪽 포즈에서는 팔꿈치나 어깨를 뒤쪽으로 너무 보내다 보니 등의 근육질은 조금 더 사는 반면, 등이 전체적으로 좁아 보인다. 이 두 포즈에서, 팔꿈치나 어깨를 너무 앞으로도 뒤로도 치우치지 않게 할 필요가 있다. 이들 사진에서의 내 코어(여기서는 척주기립근과 둔근)와 하체(대퇴와 종아리) 포징은 내가 현재 일반적으로 하거나 권하는 방법이 아니다.

@ 2011 경기 대회 (경기 중, 3:30PM 전후)

새로운 시작 4개월+1주 후. 당일 이른 아침 내 공복 체중은 **67kg** 정도였다 (체지방률은 기록이 없어 정확하게 알 수는 없으나 **10%** 정도였을 것 같다). 광명시 대회, 광명시 대회 다음날부터 며칠간 다양한 변수를 동원했던 전략적 포징 사진촬영 (그 사진들은 뒤에 나오는 [경기종목별 포징]에서 충분히 다룬다), 그리고 경기 대회를 거치면서, 특히 내 상완 외측과 대퇴 전면에서 거의 처음으로 근육분리가 어느 정도 이뤄지는 모습을 목격하게 되면서, 내 몸과 포징에서 공히 한 단계 올라섰나 싶었다. 그러나 추후 알고 보니, 몸에서든 포징에서든, 역시 갈 길은 먼 시점이었다.

@ 2011 5월 2일
* 나는 광명시 대회 다음날 이른 아침부터 경기 대회 전날까지 거의 매일 (첫날은 종일 네 차례에 걸쳐), 집 옥상과 체련장 등에서 내 몸과 포징에 대한 사진촬영을 했다. 이 백과 집필을 위한 일련의 과정 중 한 부분이기도 했고 (그렇게 얻은 사진들은 [경기종목별 포징]에서 주로 활용된다), 다음 시합을 위한 포징 연습이기도 했다.

@ 2011 5월 5일 (덤벨 래터럴 레이즈)
* 특히 셋째 포즈, 즉 〈측면 가슴 포즈〉의 상체 포징과 코어 포징, 넷째 포즈, 즉 〈후면 이두근 포즈〉의 코어 포징과 하체 포징에 있어서는 아쉬움이 많다. 이에 대해서는 뒤에 나오는 [경기종목별 포징]에서 자세히 설명한다.

@ 2011 5월 7일 (덤벨 래터럴 레이즈)

@ 2011 광명시 대회 다음날, 경기 대회

@ 2011 경기 대회 (대회를 모두 마치고, 6:00PM)

2011 광명시 대회, 경기 대회 감상. 2010 종로구 대회, 연합회 대회에 이어, 2011 광명시 대회 출전준비 과정도 순조로웠고 운동과 시합 다이어트도 정말 열심히 했고, 이번에 이 백과 '중기' 형태 집필을 완료해 반드시 출간하자는 생각으로 시합출전과 집필에 최우선 집중해, 결과적으로 시합 전날까지 모든 것 아주 잘했는데, 시합 당일 이른 아침부터 −65kg급 체중에 여유가 있었음에도 무대에 오르기까지 계속 가루커피·설탕커피만(다른 탄수화물이나 물 같은 건 전혀 섭취하지 않고) 먹어 펌핑이 전혀 되지 않았던 게 아쉬웠다. 체급 5위라는 다소 아쉬운 시합성적이 문제가 아니라, 직전까지 준비되었던 것보다, 당일 어떤 실험(?)에 의한 시행착오로 아쉬운 모습이 되었던 게 아쉬웠던 거다. 그래서 그날밤부터 막 먹었다. 이렇게 해도 잘 안 된다면, 1주일 후의 2011 경기 대회에는 막 먹고 −70kg급에 출전하자고.

물론, 그것도 잘못된 것이었다. 광명시 대회 전날까지의 다이어트나 로딩이 잘못된 게 아니라 시합 당일 영양상에서 잘못된 것이었기 때문이다. 2011 경기 대회 당일에도 비슷한 시행착오를 그대로 했다. 이번에는 물 없이 커피 마시는 것뿐 아니라 크레아틴까지 먹었는데, 물론 소용없었다. 경기 대회를 마치고 당일 밤, 그 동영상과 사진을 보면서, 근육발달, 체지방감량, 당일까지의 근육자극 유지, 탄수화물 로딩, 수분조절, 컬러링, 오일링, 펌핑, 포징 모두 부족했다는 걸 깨달았고, 다음 날 아침, 새벽까지 많은 걸 먹은(뷔페식 샐러드바에서, 연어, 닭가슴살, 피자, 뮤즐리, 커피, 호두, 아몬드, 두유 파스타, 딸기 넣은 요구르트, 마늘빵, 초코케이크, 치즈케이크, 스테이크, 집에서 참치김밥, 맘모스빵, 치즈케이크, 녹차케이크, 녹차쿠키, 치즈쿠키?) 다음에도 전체적인 데피니션은 조금 나빠졌어도 세퍼레이션은 거의 유지되었고, 나트륨 섭취에 의한 부종도 별로 없이 몸도 그다지 힘들지 않아, 바로 훈련과 다이어트를 시작해도 되겠고 다음 시합인 2011 코리아 대회에는 이번에 깨달은 부족했던 부분 모두를 개선해서 −65kg급으로 출전하겠다고 결심하게 되었다.

@ 2011 광명시 대회 (5월 1일)

컨디셔닝 시행착오. 계측(10:00AM)에 체중도 여유 있게 맞췄고 (**1**). 계측 직후의 모습으로, 허리둘레는 2008 광명시 대회 때와 비슷하게까지 줄인 것 같고 (**2**). 개회식(1:00PM) 때까지만 해도 자연미는 물론이고, 복부 데피니션과 세퍼레이션도 어느 정도는 괜찮은 편이었다 (**1, 3**). 사실, 24시간 전인 전날 이맘때보다도 못한 모습이었지만, 이후 컨디셔닝 시행착오로 몸과 포징에서 더 나빠졌다.

@ 2011 경기 대회 (5월 8일)

컨디셔닝 시행착오. 광명시 대회 때와 마찬가지로, 전날보다 못한 모습이지만, 경기 전 처음에는 어느 정도 괜찮아 보이다가, 이후 컨디셔닝 시행착오로, 시간이 갈수록 몸과 포징이 훨씬 더 나빠졌다 (**1, 2:** 10:30AM, **3:** 11:00AM). 이는 포즈다운이나 시상식에서의 기념촬영 등에서의 〈최고 근육질 포즈〉에서도 확연히 드러나고, 이 포즈 포징은 아직 미숙함이 많이 보이는데, 특히 전날 체련장에서나 당일 시합장에서나 대흉근의 충만감을 전혀 느끼지 못하고 이 포즈에서 대흉근을 짜내려다 보니 양손이 점점 더 모아지면서 손목은 접히고 어깨너비는 좁아지는데도 대흉근 스트리에이션은 잘 살지 않았고, 복부는 찌그러져 비교적 얇던 복부 피부에 주름이 잘게 여러 개 잡혀 오히려 보기 싫어졌고, 안 그래도 잘 안 갈라지고 부실하던 대퇴 전면은 말할 것도 없다 (**4:** 9:45AM, **5:** 3:45PM, **6:** 5:45PM).

코리아 대회. 6월 말, 토요일과 일요일, 2011 코리아 대회가 이틀간 대구에서 열렸다 (코리아 대회: 미스터&미즈 코리아 선발대회. 첫날은 예선, 이튿날은 본선). 나는 일찌감치 −65kg급과 −171cm급에 출전신청 했고 열심히 준비했다. 그러나 지난 2011 경기 대회 이후 몸과 리듬이 따라주지 않아, 시합 3주 전, 내 신청 체급인 −65kg급에서 7kg이 초과한 상태였고, 단지 3주 만에 그 체중 이상을, 그것도 대부분은 체지방으로 감량해야 했는데, 갈수록 근육은 약화되고 체지방은 늘고 있거나, 적어도 시합 다이어트에 진척이 없었다. 마음은 조급해졌지만, 안 되는 것은 안 되는 것이었다. 고심 끝에 시합 2주 전 시합출전을 포기할 수밖에 없었다.

출전신청을 해둔 시합에 출전 포기를 한다는 게 무척 마음 아팠고, '결석' 처럼 정말 하고 싶지 않은 일이었다. 그러나 배우가 부족한 연기력으로, 가수가 부족한 가창력으로 무대에 오르는 것처럼, 보디빌딩 선수가 체지방이 덜 걷힌 상태에서 무대에 오르는 것은 예의가 아니라고 생각했다. 단순히 나는 다른 선수들과 경쟁하는 게 아니라 관객에게 내 모습을 보이는 것인데, 기본적인 몸이 안 되는 선수가 어떻게 관객의 기대에 부응하고 감흥을 주고 심지어 감동까지 줄 수 있겠는가. 나는 보디빌딩 시합은 다른 스포츠 시합과 다른, 일종의 무대예술이고 관객에게 보여주는 게 큰 스포츠 시합이라 생각했다. 당연히 시합성적은 부수적인 것이었다. '좋은 몸과 포징'에 '그만저만한 시합성적'이, '별로인 몸과 포징'에 '그럴 듯해 보이는 시합성적'보다 낫다. 그러나 한편, 몸이 준비가 덜 되었다고 하더라도 시합을 끝까지 치러내는 게, 나 개인적으로는 그 시합, 즉 코리아 대회에 대한 경험이 되고, 시행착오와 반성을 통해 발전하는 계기가 될 것이 분명하기 때문에, 2009 춘계대회 때와는 완전히 다른 이유로 끝까지 완주하지 못하고 중도에 포기한 건 아쉬운 일이다. 게다가, −65kg급 선수들을 보며, 내가 출전했더라면 그 체급에서 대략 몇 위에 입상할 수 있었을 거라는 생각이 들면서 또 아쉬워졌다 (물론, 실제 결과는 알 수 없고, 그 입상성적 자체가 특히 내게는 중요하지 않겠지만).

YMCA 대회. 나는 코리아 대회 시합장에서 다음에 있을 메이저 시합인 8월 말의 YMCA 대회에 출전하기로 결심했고, 돌아오자마자 열심히 준비하면서 출전신청 했다. 그러나 이번에도 코리아 대회 때와 꼭 마찬가지로, 중도에 포기할 수밖에 없었다.

진료와 시합. 이 모든 것은 나로서는 그럴 수밖에 없었던 게, 바로 내 본업 문제 때문이었다. 2010년 후반에 최고로 행복한 진료를 하고 있었지만, 연말과 연초 들어, 협조도 좋은 환자들이나 팀워크 최고인 치과 식구들이나 순조롭고 행복하던 진료 자체와는 무관한, 타인의 어떤 비상식을 내가 용납할 수 없고 그게 해결되지 않으면서, 몇 개월 후 나는 그 치과를 그만두었고, 새 장소, 새 환경에서 그 환자들과 치과 식구들을 맞고 싶었지만, 너무 어이없고 안타까운 상황이어서 그럴 준비를 시작하지도 못했다. 이렇게 내 진료가 본의 아니게 단절되자, '그래, 억지로 진료를 속개하려 하지 말고, 내가 원래 하려던 걸 이 기회에 꼭 해내자' 생각하며 운동과 식이조절, 시합출전과 사진촬영에 몰입했던 것이다. 그러나 2011 경기 대회 때까지는 그렇게 진료를 중단한 기간이 3개월 안 되었을 때였지만, 곧 그 기간이 총 3개월을 넘어서면서, 내 목적, 목표, 의지와는 상관없이, 내 정신건강(행복감, 정신적 안정감이나 이완 등)이 받쳐주지 않았고, 거기에 관계된 내 각종 신경전달물질·호르몬(세로토닌, 도파민, 성장호르몬, 남성호르몬, 스트레스호르몬 등) 수치 면에서 긍정적인 부분은 바닥을 치고 부정적인 부분은 넘치는 것으로 생각되었는데, 아무리 노력해도 계속 근육량은 줄고 체지방은 늘고 피하 수분정체는 심해지는 쪽으로 내 몸이 반응하고 있었다. 이후, 집필에 집중하면서도 그 진척은 더디고 정신적으로 더는 견디기 힘겨워지자, 어서 (개원 전까지 한 법인 치과에서) 진료하기로 했고, 역시 진료 첫날부터 바로 날아다녔다.

with 설기관 @ 2011 코리아 대회

선수가 아닌 저자의 입장. 코리아 대회 출전을 포기한 직후는 그 아쉬움과 자책으로 그 시합장에 가고 싶은 마음이 나지 않았다. 그러나 어느 순간부터 마음을 고쳐먹고, 책에 쓸 시합사진과 자료 확보를 최우선으로 생각해, 선수가 아닌 관객이나 기자 입장에서, 훈련 동료와 사진작가(지인)를 대동하고 1박 2일 여정으로 시합장에 갔다 (나도 카메라를 들고 갔다. 비록 그 사진 품질은 그만저만한 수준이어서 효용은 떨어지겠지만).

당시에는 몰랐지만, 이 기념사진에서 내 오른쪽 이두근 봉우리가 아직 살아있는 걸 보면, 비록 정신적으로 힘겨울 때였고, 그래서 다이어트가 안 되고 피하 수분정체는 어쩔 수 없었지만, 아직 근육 (그리고 글리코겐 축적)은 내 생각보다는 괜찮았나 보구나 싶다.

2012: 드디어 코리아 대회다

@ 2012 3월 중순 (코리아 대회 약 2개월 전)

코리아 대회

6월 중순, 나는 드디어 코리아 대회에 출전했고 (수요일과 목요일, 예선과 본선이 이틀간 부산에서 열렸다), 7명이 무대에 오른 −65kg급에서는 6위 내에 들지 못해 예선 탈락, 5명이 무대에 오른 −171cm급에서는 5위에 입상했다. 한 체급 입상은 했지만, 사실상 단 한 선수에도 앞서지 못하고 두 체급 모두 꼴찌를 한 것이다.

비록 경쟁력 있는 몸과 포징으로 만족할 만한 경기력을 펼치거나 상위 입상한 것은 아니지만, 체련장에서 보디빌딩 유형의 웨이트트레이닝을 시작했다면 보디빌딩 시합에 한 번은 출전해봐야 한다고 생각했던 게 수년 전인데, 이제는 시합출전을 시작했으니 코리아 대회에 한 번은 출전해봐야겠다고 생각하던 걸 실천하고 완수한 셈이다.

@ 2012 코리아 대회

시합 다이어트의 효과. 시합 당일 이른 아침 내 공복 체중은 예선 전날 **65.2kg** (체지방률은 **11.6%**), 예선 당일 **64.3kg**이었다 (체지방률은 **10.8%**).

5개월여 전인 2012년 1월 3일에는, 그간 내 본업과 관련한 어려움(사기사건의 피해자로서의)으로 운동과 영양에 집중하지 못해, 그 3개월 전인 2011년 9월 초에 비해 체중은 줄고 체지방량은 늘어 **70.7kg**이었고 (체지방률은 **17.5%**. 이때가 2011 (5월) 경기 대회 이후 체지방률 최고지점), 증량해 1월 31일에는 **73.7kg**이었다 (체지방률은 **15.7%**. 이때가 2011 경기 대회 이후 체중 최고지점).

즉, 체중과 체지방률, 각각 최고지점을 기준으로 한다면, 이 시합 때까지 체중은 **9.4kg** (73.7kg에서 64.3kg로), 체지방률은 **6.7%**(17.5%에서 10.8%로) 줄인 것이다.

진료와 시합. 당시 나는 한 법인 치과에서 원장으로 근무하면서, 추후 내가 원하는 곳에 내가 원하는 방식과 형태로 순전히 내 충분한 자금만으로 새로 단독개원을 하리라 생각하며, 한편으로는 이 백과 원고 작업을 틈틈이 하고 있었다. 진료 외적인 시간에는 여전히 집필이 일상에서의 가장 큰 숙원사업이었지만, 진료 여건상, 아무리 내가 시간조정을 잘해도 집필에 완전히 집중할 스케줄이나 리듬은 웬만해서는 만들기 어려웠다. 그래도 1년 정도만 더 이렇게 생활하면 내가 원하는 내 꿈을 펼칠 수 있다는 생각에, 진료는 보람되기도, 때로는 일손부족과 동시에 몰려오는 환자들을 혼자 봐야 할 때 정신적으로 힘들어, 심장질환이 생기는 것 같기도 한 나날들도 있었지만, 본업에서는 미래에 대한 희망을 품고 차근차근 제대로 된 방향으로 나아가고 있을 때였다.

시합 1개월 전 월요일, −65kg급 본선진출 및 입상을 목표로 준비해오던 중, 나는 오전 6시에 체중과 체성분 측정을 하고는 (체중 67.5kg, 체지방률 13%), 이전에 주로 출전하던 −65kg급이 아닌 −60kg급에 출전하기로 최종 결정하고 그렇게 출전신청을 했다. 이전에는 −70kg급에 출전하기도 했었지만, 이번에는 작정하고 다이어트를 이전보다는 훨씬 더 잘해보기로 다짐하고, 그 마음가짐을 강화하기 위해, 그리고 혹 다이어트가 거기까지는 안 되어 −65kg급으로 월체해 출전하게 되더라도 생애 최고의 모양을 얻을 거라는 기대에서였다 (월체: 시합 당일 계측 시, 사전에 출전신청한 체급보다 위 체급으로 현장에서 변경하고 그 체급으로 출전하는 것). 그러나 체중을 63kg으로까지 줄이면서 그렇게 의욕은 가상했으나, 결국은 '월체해 −65kg급으로' 출전할 수밖에 없었다. 둘이서 하던 진료를 혼자 과중하게 떠안은 게 한계에 달했는지, 시합 전 2~3주일간 운동 및 다이어트 그 어느 쪽에도 최고로 집중할 수 없었고, 아무리 노력해도 정신적 이유로 근육이 빠지고 체지방이 느는 것은 어쩔 수 없었다.

1

@ 2012 코리아 대회 경기 중 (**1**), 내 본선 경기를 모두 마치고 선수 대기실 (**2**, **3**), 시상식 후 무대 (**4**)

몸과 포징에서의 아쉬움. 이렇게 내 가장 마음 편한 포즈로 기념 포징을 하는 것은 (**3, 4**), 내 경기력을 충분히 펼치지 못하고 이 시합을 마치게 되는 아쉬움 때문이다. 시합 후, 나는 내 모든 시합사진을 보고는 내 몸이 2011 광명시 대회나 경기 대회 때보다 밋밋한 상태로 이 시합에 출전했다는 걸, 그리고 생애 첫 시합출전 이후 계속 책에 쓰일 사진을 틈틈이 촬영하겠다는 생각이 무의식 중에 항상 있다 보니, 그동안 증량 개념은 거의 없이 너무 감량 위주로 잘못 해왔다는 걸 차츰 깨닫게 되었다. 나는 내 종아리가 다른 신체부위, 특히 대퇴에 비해 발달이 부족하다는 걸 본격적으로 깨닫기 시작했는데, 전면 포즈에서도 그렇지만, 특히 측면 포즈와 후면 포즈에서 종아리가 특히 약해 보였기 때문이다. 이후 나는 종아리 워크아웃에 대해 더 진지하게 접근하기 시작했다.

포징에 대해서는 뒤에 자세히 살펴보겠지만, 후면 포즈에서는 이렇게 엉덩이를 뒤로 내미는 게 아니라 골반을 앞으로 당겨야 더 나은 모습이 될 거라는 걸 이때까지도 알지 못하고 반대로 해왔다 (**3**). **4**에서 내가 가장 잘못한 두 가지는 손을 몸통에서 띄우고 있고 복부 크런칭을 과하게 하고 있다는 점이다.

2

3

4

2013: 다시 일어서다

코리아 대회

@ 2013 2월 초, 4월 초

5월 중순, 나는 역시 코리아 대회에 출전했고 (수요일과 목요일, 예선과 본선이 이틀간 충북 오송에서 열렸다), 16명이 무대에 오른 −70kg급에서는 6위 내에 들지 못해 예선 탈락, 4명이 무대에 오른 −171cm급에서는 3위에 입상했다.

몸과 포징. 지난 같은 시합에서보다 발전한 성적이지만, 사실상 체지방감량이 5kg은 부족한 상태에서 출전한 것이어서 몸도 부족했고 포징도 엉성해져, 경쟁력은 훨씬 못해진 것이다. 그러나 괜찮았다. 6월에 있을 거라 예상했던 대회가 생각보다 일찍 잡혀 체지방감량 도중에 출전한 것이었고, 6월에 치러질 경기대회나 9월에 있을 YMCA 대회에 더 나은 몸으로 출전하기 위한 과정으로 생각했기 때문이다. 다이어트만 더 한다면, 지난해보다는 분명히 나은 모습이 될 테니까. 그러나 체지방감량에는 당초의 내 예상보다 시간이 더 필요하다는 걸 이번에 확실히 깨달았다. 그리고 시합사진을 보고 알게 된 사실인데, 다이어트 정도와 무관한 측면에서의 포징, 컬러링과 오일링 역시 잘못된 게 많았다.

2013년의 운동과 영양. 다이어트 시작 전까지 근육증대는 빠진 신체부위 없이 잘 이루어져 체중 80여 kg으로는 내 개인 최고의 전신적 및 신체부위별 모양으로 향상돼갔는데, 2012 코리아 대회 이후 내가 이 시합에 초점을 맞추고, 그동안 거의 신경 쓰지 않았던, 전완, 종아리, 복근·전거근/척주기립근·둔근 같은 신체부위에 대해서도 독립된 워크아웃과 더 체계적인 훈련으로 챙기면서, 그동안 거의 하지 않았던 운동을 새로 알게 된 발전이 있었고, 영양도 충분히 챙겼기 때문이다.

이때는 전년에 그랬던 것처럼 크레아틴을 1~2개월 정도 섭취했는데 (보충제로서는 유일하게), 다이어트 시작 시점에 크레아틴이 마침 떨어져 더 구매 않고 섭취 중단했더니, 근력, 근지구력, 펌프, 평소 근육량, 굵기 등이 모두 줄어들고, 평소에도 더 피로함이 느껴졌다. 그래서 곧 다시 시작하기로 했지만, 이후 위장장애가 생겨 금세 섭취를 중단했다.

진료, 운동, 시합. 이번 시합에는 우여곡절이 없었는가 하면, 전혀 그렇지 않다. 2012 코리아 대회 1개월쯤 전, 나는 진료시간에 한 통의 전화를 받는데, 요약하면 이런 것이었다. '○○○(내 전직 헤드 위생사) 통해 원장님 얘기 많이 들었습니다. □□(서울의 특정 중심지역)에 개원하실 생각이시라는데, △△원장님(그 특정 중심지역의 개원의)과 함께...'

나는 1년쯤 더 개원자금을 모아 그때 그 중심지역에 개원할 생각으로, 비록 많은 환자 수와 진료량에도 이전의 그 법인 치과에서 꿋꿋이 진료하고 있었는데, 그 계기로 바로 개원준비를 하게 되었다. 그러나 상당한 인지도가 있던 그 10년쯤 선배(동문은 아니고)는 극도로 나빠진 재정적·법적 상황에 전문 사기단과 손잡은 것이었고, 그를 신뢰하고 함께 진료하려 했던 나는 사기 피해자가 되어 개원자금이 고스란히 날아감은 물론이고 직전에 진료하던 법인 치과에서 퇴사한 상태에서 본격적인 개원준비를 하던 상황이라 진료라는, 최소한의 리듬이나 행복감, 안정감, 긴장해소의 수단도 없이 (물론, 경제적 수단도 없이), 그들과 상대하느라 6개월 이상을, 특히 정신적으로 힘겨워야 했다 (나와는 비슷하거나 완전히 다른 방식과 과정의 금전적 피해자가 선후배(동문이든 아니든) 치과의사, 성형외과의사, 환자, 거래처 등, 수백 명이라 한다).

그 장기간의 스트레스가 어찌나 심했던지, 새해 2013년 초 어느 날 WT 한두 세트 하자마자 앞머리가 터질 듯 아파 한쪽에 널브러져 양손으로 머리를 감싸 쥐고 수십 분을 보내야 했고, 이후 WT을 위해 예방적으로 진통제를 복용하기를 여러 날 한 후, 친구인 내과의사에게 문의하고 권유에 따라 검사해본 결과, 이전에 120/80 이하로 알고 있던 내 (안정)혈압이, 놀랍게도 무려 140~160/*** 으로 치솟았던 것이다 (뇌혈관 영상에서 뇌혈관은 지극히 정상). 그 검사 직전, 그 사기 사건 사후처리 방식과 수순에 있어서 최근 가장 괴롭던 어떤 선택의 문제에서 최종 결단을 내린 것만으로 정신건강에 결정적으로 도움되어, 이런 심인성psychogenic 고혈압 문제는 며칠 만에 확연히 괜찮아졌고, 나는 다시 정신적·신체적으로는 정상 회복하고 다시 운동과 식이조절에 정상적으로 집중할 수 있었다 (물론, 그 금전적 회복은 요원하거나 불가능).

@ 2013 코리아 대회

몸과 포징, 그리고 컬러링과 오일링. 당일 이른 아침 내 공복 체중과 체지방률은 **69.9kg, 12.4%.** 비록 감량 과정 중, 체지방감량이 5kg 정도 부족한 상태로, 그래서 당연히 탄수화물 로딩도 고려하지 못하고 출전해, 2011 광명시 대회나 경기 대회만큼의 경쟁력조차도 없는 몸이었다. 그 두 대회 수준보다 피하지방을 훨씬 더 걷어내야 하며 근육발달을 계속해야 함은 물론이고, 자유포징까지 갈 것도 없이, 한동안 흐트러져 있거나 잘못 생각하고 있던, 규정포즈의 개인화[개인맞춤]부터 근본적으로 다시 살피고, 컬러링 및 오일링도 근본적으로 재료와 노하우부터 새롭게 알아보는 게 필수로 여겨졌다. 체지방이 과다하다 보니, 어깨관절에서의 유연성이 떨어지고 비록 모든 포즈에서 포징이 엉성했지만, 가슴(특히 하부 외측 대흉근), 등, 대퇴가 전체적으로, 그리고 거의 처음으로 체계적이고 본격적으로 훈련했다고 생각되는 전완, 종아리, 복부까지, 매스와 모양은 향상되었다는 걸 알 수 있었다 (이들 사진에서 모두 확인되지는 않더라도, 내가 느끼던 그대로, 다른 사진들에서 확인된다).

뒤에 자세히 살펴보겠지만, 나는 **1** 포즈에서는 몸통을 여전히 다소 뒤로 젖히고 있었던 것 같기도 하지만, 그래도 광배근 펼침은 괜찮아 보이는데, 이때까지도 삼각근을 살리게끔 상완을 몸통에 다소 붙이고 전완을 앞으로 숙이는 것까지는 생각하지 못했다. 그리고 **2** 포즈에서는 앞으로 복부를 그냥 방치하지 않고 당겨 넣거나 (배큠), 플렉싱을 할 것 같고, **3** 포즈에서는 오른팔과 몸통 사이에 빈틈이 가급적 없게 할 것 같고, 손이 허리나 엉덩이에서 떨어져 있는데, 최대한 붙여야겠고, 이때까지 나는 항상 양손 손가락을 걸어 잡았는데, 그게 내게 더 편하고 맞게 느껴졌기 때문이지만, 앞으로 손목이나 손을 잡는 방법도 시험해봐야겠다. 그러면서도 이 두 포즈에서 대흉근이 찌그러지지 않게 유지하거나, 찌그러지더라도 흉하지 않게 피하지방 감량을 더 잘해야겠다. **4** 포즈가 육중하고 더 나아 보이게 하려면, 오른손은 복부에 딱 붙이고, 왼팔은 몸통과의 사이에 빈틈이 없게 하는 것이다. 즉 왼팔과 오른팔 둘 다, 각각 앞뒤로 더 확실히 교차시켜 몸통에 딱 붙이는 것이다. 그리고 승모근도 더 살릴 수 있으면 더 좋겠다. 오른쪽 손목은 일자로 유지하거나 오히려 손등 쪽으로 젖혔더라면 더 좋았겠다. 그리고 복부 크런칭을 약하게 했더라면 싶다.

2014: 오늘 내가 할 수 있는 최선을 다하자

2012, 2013 코리아 대회에 이어, 나는 2014, 2015 코리아 대회에도 출전해야 마땅했겠지만, 그러지 못했다. 개원준비 과정에서 또, 그것도 이전보다 훨씬 더 심한 불운을 겪게 되었고, 다시 힘내 열심히 달리던 내가 다시 엎어진 셈이었다. 그때부터 이후 거의 2년간 (내가 지금껏 살아오면서 정신적으로 가장 힘겨운 2년이었다), 나는 심한 만성피로와 우울증을 겪게 되었고, 시합출전에 대해서는 물론이고, 매년 3~4월 정도에 하게 돼 있는 (상반기) 선수등록조차 까맣게 잊고 있었기 때문이다.

몇 번째냐, 본업과 관련한 이런 불운이. 2013년 5월 중순, 내가 코리아 대회에 출전할 때는 2012년의 개원준비 과정에서의 사기 사건을 이겨내고 다시 힘을 내, 거의 1년 만에 (2012년에 개원준비를 하던 그 특정 중심지역의) 새로운 곳에서 다시 개원준비를 시작해 인테리어 공사를 한참 하고 있던 중이었고, 그것만으로 나로서는 가장 행복한 시간이었다. 앞에서 말한 것처럼 체중감량(또는 체지방감량)은 덜 된 상태에서 출전한 것이지만, 정신적으로는 최고조의 상태였다. 그리고 수개월 후 있을 2013 YMCA 대회 출전 준비를 할 참이었다.

그러나 그 코리아 대회를 마치고 올라와 며칠 후, 처음부터 조금씩 잘못돼 간다고 인식되던, 부실공사, 지지부진한 공사 진척, 무책임한 공기 연장, 수시로 말 바뀜, 당초의 말과 공사결과가 다름 등, 여러 사건과 단계가 반복되고 중첩되어 이제는 정말 잘못돼가고 있다는 걸 확신하게 되었다. 공사비와 공기가 당초에 얘기된 것의 두 배가 되었지만, 아직 공사는 형편없는 품질로도 ⅔밖에 진행되지 않은 상태에서, 나는 내 눈높이와 들인 비용에 맞지 않게 70점짜리 인테리어라도 일단은 어서 개원해 진료를 시작하는 게 내 정신건강상 (그리고 그것은 곧바로 내 신체건강과 경제건강으로 이어지는데) 최선인 걸 잘 알고 있었기 때문에, 어떡해서든 그 공사를 진행시키기 위해 노력했지만, 계속 이렇게 가다가는 개원 자체가 요원하거나 불능하다고 판단하고, 결국, 직전의 사기 사건에서 같은 피해자 입장에서 알게 돼 업무적·인간적으로 6개월여 가깝게 지낸 B가 중재한 그 (의료기관 공사 무경험) C에 의한 공사를 중단시키고 B, C와 여러 번 협의했으나 (다른 공사업체들과도 상의했으나), 상대의 기본적인 인간성에 의존해야 하는 그 사후처리는, 알고 보니 사기성 있는(다분한?) 저급한 부류였던 그들에 의해 해결될 수 없었고, 신뢰할 만한 인력과 방법을 찾지 못해 수개월을 상당한 고액의 임대료·관리비만 부담하다, 결국 또(!) 추가비용 들여 원상복구 공사로 돌리고 위약금 감수하며 임대계약을 해지하기까지, 6개월간 엄청난 진퇴양난과 늪에 빠진 것 같은 상황에, 상당한 혼란, 우울증, 만성피로를 겪었고, 경제적 손실 역시 이전의 내 인수개원 또는 개원준비와 관련한, 적어도 세 차례 각각보다 큰 액수였는데, 여전히 세상물정(서울물정? 강남물정?) 모르고 순진해 수업료(?) 크게 치른 셈이었다.

2013~2015년의 몸, 운동, 마인드. 2013년 11월 말의 내 공복 체중과 체지방률은 **76.2kg, 23.3%**로, 이때의 이 체지방률은 내가 본격적으로 증량을 하고 있던 2008년 1월부터 2016년 현재까지, 중요한 시점이나 내 체중과 체성분 변화의 방향이나 양을 알고자 할 때마다, 짧게는 하루 만에 혹은 길게는 수개월 만에 총 40여 차례 측정해, 그중 체지방률이 20%를 넘긴 겨우 다섯 차례 중에서도 단연코 최고치였다 (두 번째 높은 수치는 21.4%, 3~5번째 높은 수치는 각각 20.3, 20.2, 20.1%였다). 즉 최근 8년간 중 최고로 부실한 몸이었다는 게 수치로도 반영된 것이다.

2013년 연말은 내 생애 가장 외로운 연말 중 하나였다. 우울증일 뿐 아니라, 온몸에 힘이 없고 피로하고 가슴이 답답했다. 그럴수록 다른 외로운 사람들에게 내가 어서 괜찮아져 어떤 좋은 역할을 하고 싶다는 생각이 더 깊어졌다. 대학졸업 이후 내가 살아온 20년 가까이를 돌아보며, 내가 누군가에게 큰 상처를 준 경험에 대한 자책이 깊어져, 앞으로 무슨 에너지로 살아야 할까, 삶의 의욕이 떨어질 대로 떨어져 있기를 계속했다.

그러다 보니 2014년 9월 추석연휴는 내 생애 가장 힘겨운 명절연휴 중 하나였다. 2013 코리아 대회 직후부터 정신적·신체적으로 가장 힘겨웠던 2년 중에서도 그 바닥상태의 바닥지점이었다. 과거로 퇴행한 내 정신은 정도가 심해져, 과거 내게 가장 후회되는 특정 선택·시점에 고착돼, 그것과 관련한 누군가에 대한 미안함, 그리움, 상실감으로 24시간 괴로웠고, 한밤에 겨우 잠들었다가도 그 생각으로 1~2시간 만에 깨기를 반복했다. 진료도 하지 못하고 있었으니, 내 머리는 잠시도 쉬지 못하고, 계속 그 악순환 생각의 연속이었다. 당시 내 체중은 **75kg 이하**로까지 줄어들면서 체지방률은 **20%를 살짝 넘어** 있었다.

결국, 이전에 우울증으로 진료받았던 정신과에 다시 찾아가 우울증약을 처방받아야 했다. 부정적이고 과거지향적인 생각에 종일 압도돼 있고, 그 생각으로 잠을 제대로 못 잔다고, 우울증약을 그렇게, 강하게, 잠 잘 수 있게 처방해달라고 부탁했다. 나처럼 천성이 자유롭고 긍정적이고, 조용하면서도 쾌활하고, 매사에 능동적이고 적극적인 사람이, 그리고 가벼운 질환이나 불편은 미련하더라도 참거나 혼자 해결하거나 이겨내고 웬만해선 영양제나 기타 약도 전혀 이용하지 않으려 하는 사람이 우울증약을 자발적으로 찾는다는 것은, 그만큼 정신적으로 극도로 힘겨웠다는 의미다. 그 약으로 수주일 만에 처음으로 제대로 잘 수 있었다. 그러나 그 강한 약 기운으로, 며칠 만에 나는 기력을 많이 잃어 손에 쥔 숟가락 젓가락조차 무겁게 느껴졌고 개원지 후보 신축건물의 흔들리고 좁은 간이다리를 건너려 할 때 내 무게중심도 잘 잡지 못했다. 처음 며칠은 의사와 약이 드라마틱하게 도움되었지만, 도저히 이렇게 계속해서는 안 되겠다 싶어, 내 자의적 판단으로, 임의로 그 우울증약을 그때 바로 중단했다.

1년여 동안 계속 악화일로였던 그때, 내 정신적·신체적 건강 상태의 바닥지점에서 내 머리와 가슴에 떠오른 게 있었다. '오늘 내가 할 수 있는 최선을 다하자'는 것이었다. 당시에 의지할 수 있는 유일한 생존철학이었다. 그 소박하고 절박하고 비장한 마음가짐으로, 내가 당장 할 수 있고 해야 하는 것인 운동과 집필에 몰입하기로 했다. 이때부터 나는 그 정신적 바닥상태를 이겨내고 증량을 시작했고, 2015년 5월 말에는 체중이 **80kg**을 넘어서고 있었다. 결국, 그렇게 나는 또 일어서기 시작했다.

2015: 또 다시 일어서다

파주시 대회

10월 10일, 나는 파주시 (보디빌딩)대회에 출전했고, 12명이 무대에 오른 피지크 −175cm급에서는 6위 내에 들지 못했고, 9명이 무대에 오른 보디빌딩 −70kg급에서는 5위에 입상했다.

피지크 경기종목은 나로서는 첫 출전이었고, 보디빌딩 경기종목은 원래 −65kg급에 출전신청을 했으나, 체중을 거기에 맞출 수 있게까지 감량하지 못할 것 같기도 했고, 감량할 수는 있지만 굳이 그렇게까지 정신적으로 힘겹게 하지는 않기로 하고 (어느 쪽이 몸이 더 잘 나올지도 모르는 것이어서), 당일 월체한 것이었다.

@ 2015 파주시 대회 피지크 −175cm급, 보디빌딩 −70kg급

피지크와 보디빌딩, 그리고 컬러링 및 오일링. 피지크 경기에서, 우선 포징에 있어서는, 피지크 특유의 포징 디테일에 대해서는 이전에 거의 생각해본 적 없으니, 당연히 무대에서도 그럴 수밖에 없었다. 워킹 및 자유포징, 그리고 규정포즈에서 경쟁자들에 비해 너무 경직되고 단조로운, 그리고 피지크라기보다는 보디빌딩스러운 포징을 했고, 총체적인 포징 앤 플렉싱에서, 그렇게 당연히 많은 시행착오를 했다. 규정포즈에서 특히, 항상 허리를 가늘어 보이게 함과 동시에 어깨와 광배근을 최대한 확장해 어깨가 허리와 대조되게 넓어 보이게 하고, 복근도 항상 살려야 하겠다고 이후 생각하게 되었다. 몸에 있어서, 내 몸이 피트니스 몸이라고는 그다지 생각하지 않았지만 어엿한 보디빌딩 몸으로서도 크기와 모양이 다소 부족하니, 그것보다 가는 선수들이 주로 출전하는 피트니스에도 출전해볼 정도가 되겠다는 생각이 들기도 했지만, 그것보다는 피트니스 복장과 포징을 내 몸으로 직접 보여주면 더 좋겠다는 생각이 들어서였기 때문에 출전한 것이다. 선수복인 스포츠(비치) 반바지는 적절한 걸 구하기 위해 몇 군데 다녔지만, 여름철 바지를 겨울에 구하려니 쉽지 않아, 얼핏 비슷하게 봐줄 수 있는 저렴한 면 반바지로 대신한 거여서 내 복장은 다소 부실하다.

컬러크림과 오일 사용을 일절 금지한다는 시합요강대로, 나는 이 피지크 경기에는 컬러크림이나 오일을 바르지 않고 출전했다. 그러나 대부분의 선수가 시합요강과는 상관없이 컬러크림이나 오일을 바르고 출전했고 주최·주관 측에서도 그들에게 아무런 제제나 불이익을 주지 않는다는 것을 나는 또다시 절감하고, 선의의 부당한 피해자가 되지 않기 위해서라도, 뒤이어 진행된 보디빌딩 경기에는 미리 준비해 간 베이비오일이나마 바르고 출전했다. 여기에 대해서는 뒤에 나오는 [시합출전]에서 더 구체적으로 다룬다.

앞서 5월 말에는 체중이 80kg을 넘어서고 있었다. 2015년, 그렇게 나는 또 다시 일어섰다. 원래 아주 잘 달리는 내가 그간 다리를 다쳐 움직이지도 못하다가, 아직 달리지는 못하지만 걸을 수 있는 정도로는 회복된 셈이다. 2013 코리아 대회 직후 엎어지고 2년 만이었다. 당초, 나는 이 [시합편]에서 내가 바람직하다고 생각해 열심히 설명하게 된 최근의 내 (특히 기본포즈) 포징을 내 몸으로 직접 보여주면 더 좋겠다고 생각했고, 그러려면 스튜디오에서 사진촬영을 하는 게 조명 면에서 내가 얘기하는 모든 것, 그리고 포징에 있어서의 사소한 변수까지 다양하게 적용하면서 포징할 수 있어서 그게 최선이라 생각했다. 그런데 그걸 위해서는 우선 커팅을 해야겠고, 그러기 위해서는 이번에도 시합출전을 그 중간과정으로 삼는 게 좋겠고, 이왕이면 시합무대의 그 조명에서, 좀 더 나아진 컬러링과 오일링으로 보여줄 수 있다면 더 좋겠다고 생각했다. 이미 상반기 선수등록은 생각지도 못하고 넘겨버렸으나, 하반기 선수등록을 하고 YMCA 대회, 그리고 심지어는 전국체전까지 출전해볼 생각이었다. 그러나 그렇게 유의하고 있었음에도 하반기 선수등록 기간조차 놓쳐버리고는, 아예 생활체육 대회를 여러 개, 그리고 이 [시합편]의 재미를 위해서라도, 해변에서 열리는 각종 몸짱 대회에도 출전해볼까 생각도 들었다. 그러나 역시, 많은 시합, 이런저런 시합에 출전하는 것보다는, 내가 책에서 더 보여주고 싶거나 더 하고 싶은 얘기에 맞는 사진을 얻을 수 있는 소수의 시합에 집중해서 출전하고 최종적으로는 스튜디오에서 적절한 조명과 충분한 시간, 충분한 변수를 동원해 사진촬영을 하는 쪽으로 생각이 정리된 것이다.

그러나 집에 처박혀 집필에 다시 집중하고 있으면서도 수개월이 지나도 그 작업이 마무리되지 않고 진도조차 잘 나가지 않자 다시 힘겨워졌고, 어서 페이닥터라도 해서 정신건강과 생활리듬부터 회복해야겠다 싶었다. 마침, 3년 전에 근무하던 곳에서 연락이 와, 개원하겠다고 나가서는 개원하지도 못하고 금전적으로나 시간적으로나 많은 것을 잃고 다시 시간적으로나 공간적으로나 과거로 돌아가는 느낌은 상쾌할 수 없는 것이었지만, 거기에서의 좋았던 점과 새롭게 생긴 가능성을 크게 생각하고 나빴던 점은 작게 생각하면서 일단 거기에서 진료를 다시 시작했다.

그러나 1개월쯤 후부터, 나는 진료시간에 밀려오는 환자로 인해 거의 잠시도 쉴 수 없었다. 환자 수 자체가 내가 가장 즐겁게 진료하던 정도의 2~5배였고, 원래 둘이서 진료하기로 한 분량을 나 혼자서 해내고 있었는 데다, 내 고유의 완벽주의 진료철학 때문이기도 했는데, 직전의 진료진에 의한, 기초공사에 해당하는 일차수술 결과가 내 기준에 미치지 못한 것을, 이후의 과정에 앞서 상당 부분을 재수술을 통해 개선시켜야만 했기 때문이다. 어떤 식으로든 환자에게 도움되는 그런 진료 자체는 즐거운 것이지만, 나는 종일 진료 중에도 계속 책 원고 작업을 생각하면서도, 치과에서나 집에 돌아와서나, 그 작업을 할 시간이나 체력이 남지 않았고 (출퇴근에 자가운전으로 2시간 이상 걸리고, 일찍 자고 이른 아침 체련장 훈련을 계속해야 했으니), 집필 리듬과 체계도 유지할 수 없었다. 방법은 역시 하나, 원고 마무리를 위해 다시 진료를 3개월만 쉬자고 결정할 수밖에 없었고, 후임을 구할 충분한 말미를 주고 9월 말, 그만두었다.

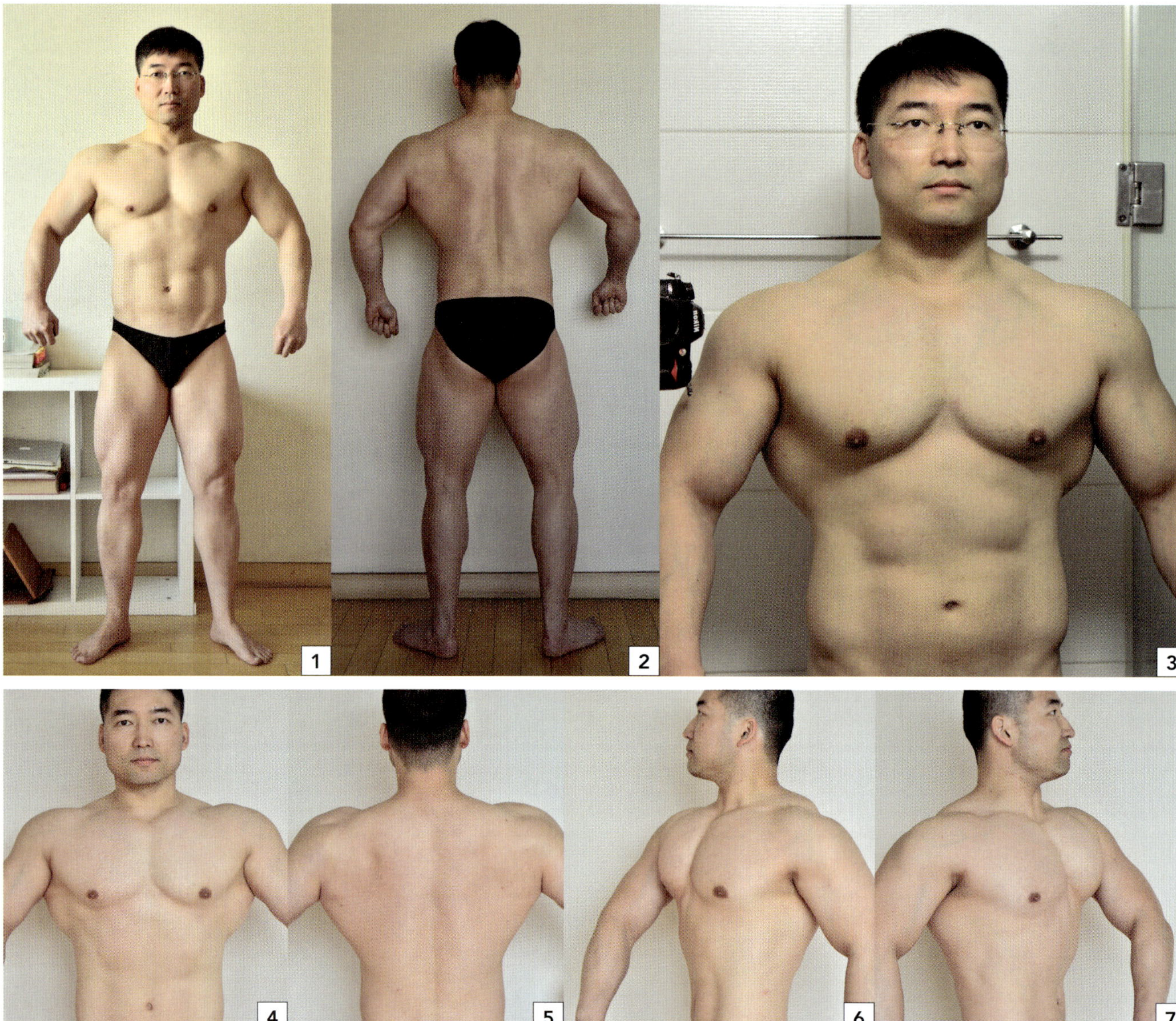

@ 2015 6월 3~5일

시합 다이어트의 효과: D-180. 6월 1일(월)부터 본격적인 시합 다이어트를 시작하면서, 당일 이른 아침 내 공복 체중은 **78.3kg** (체지방률은 **18.2%**). 나는 평소 이런 내 모습에 만족하고 있었다. 2007, 2008년, 내가 생애 처음으로 증량할 때는 내 체형과 내 체형에 맞는 증량 식이요법에 대해 전혀 모르고 잘못된 식이요법을 하다 보니, 근육보다는 체지방 위주로 늘었다는, 즉 '매스업'이라기보다는 그야말로 '벌크업'이었다는 걸 이후에 알게 됐는데, 이제는 체지방이 어느 정도 늘더라도 크게 신경 쓰지 않고 마음껏 잘 먹으면서, 심지어는 일주일에 한 번씩은 물론이고 어떤 때는 연달아 세 차례의 식사를 뷔페식 음식점에서 과식하면서도, 평소에 복부도 별로 불룩하게 나오지 않고 왕자도 어느 정도 보였기 때문에, 역시 그간 내가 운동과 영양 면에서 더 많이 알게 됐고, 이제 운동을 규칙적으로 하고 있으니 마음껏 먹어도 최소한의 몸매는 유지되는구나 생각했었다. 그리고 이전에 잘못해 바로잡으려고 심취하던 〈쿼터 턴〉 포징도 거울을 통해 볼 때 어느 정도 괜찮아 보인다고 생각했다. 그러나 이들 사진을 통해, 전혀 그렇지 않다는 걸 새삼 다시 깨닫게 되었다. 역시 사진을 통해 보는 내 모습은 체련장의 웨이트룸이나 파우더룸, 집의 거실이나 화장실에서 거울을 통해 보는 내 모습보다 훨씬 못해 보이는구나, 그리고 사진을 볼 때 내 체지방이 과하다는 걸 더 잘 실감할 수 있구나 하고 느끼게 된다.

영양에 있어서, 그 직전 5월 30일(토)부터 마음의 준비를 하고 5월 31일(일) 오후부터는 체내에 나트륨 과잉에 의한 수분정체, 늦은 오후의 과식에 의한 다음날 오전의 훈련 차질, 그리고 이 양자에 의해 무겁게 느껴질 수도 있는 몸이 아닌 상태로 상큼한 스타트를 끊기 위해 물을 충분히, 그리고 커피(카페인)도 어느 정도 섭취하면서 준비한 것이었고, 그래서 6월 1일(월)은 체중이 **2kg** 정도 줄어든 것이었다. (계속)

(계속) 운동에 있어서, 6월 1일(월)부터 내 워크아웃 시간은 급격히 늘어, 1일(월) 3시간(오전 AE 1시간, WT(가슴·등) 2시간), 2일(화) 3시간(오전 WT(상완) 1.5시간, 오후 WT(어깨) 0.5시간, AE 1시간), 3일(수) 1시간(오전 AE 1시간), 4일(목) 1.5시간(WT(대퇴) 1.5시간), 5일(금) 2시간(오전 WT(전완) 1시간, 오후 WT(종아리) 1시간)이었다. 4일(목) 내 체중은 **76.9kg**으로 (**3**), **사흘 만에 1.4kg**이 줄어든 것이었고, 6일(토) 내 체중은 **76.5kg**으로, **닷새 만에 1.8kg** 줄어든 것이었다. 본격적인 시합 다이어트를 시작하기 직전 토요일 즈음부터 치자면, **일주일 정도 만에 3kg 넘게** 줄인 것이었다. 물론, 운동보다는 영양, 즉 식이요법이 훨씬 더 중요한 것이어서, 당연히 식이요법도 계속 병행했지만, 체중감량에 있어서는 이후 약 열흘간 후진·정체·전진을 오가다 6월 15일부터 다시 본격적으로 76.5kg 아래로 계속 내려가기 시작했다. 물론, 이후에도 1차 D데이까지는 후진·정체·전진을 1~2주간 오가는 걸 몇 차례 겪었지만.

@ 2015 10월 10일 파주시 대회

시합 다이어트의 효과: 1차(중간) D데이. 당일 이른 아침 내 공복 체중은 **66.9kg** (체지방률은 **10.4%**). 감량 완료된 게 아니라 감량 중이었다. 며칠 전까지 태닝샵에서 10분간의 인공광 태닝을, 얼굴을 제외한 전신에 며칠 간격으로 8차례 진행한 상태로 (**1, 2**), 태닝이 충분하지는 않지만, 그리고 사진으로는 크게 비교되지 않지만, 태닝 전과는 실제로는 아주 큰 차이다. 집에서 '울트라원'을 한 차례 바르고, 시합장에 도착해 계측 후 (**3**). 그리고 피지크 경기 (**4~7**).

스튜디오 사진촬영

몸과 포징 사진촬영. 성탄절을 이틀 앞둔 12월 23일, 나는 최종 D데이D-day로 삼은 이날 드디어 스튜디오 사진촬영을 했다. 그날은 지난 파주시 대회 이후 내가 체지방감량을 더 잘해보겠다면서 다이어트 기간을 최대한 길게 갖기 위해 미루고 미루면서도, 최근 들어 '어떤 종교를 갖고 있든, 아니면 아무 종교도 없든, 나를 포함해 우리 국민은 물론이고 세계인 그 누구나, 개인적으로든 사회적으로든, 혼자서든 누군가와 함께든, 시끄럽고 신나게든 조용하고 차분하게든, 모두가 따뜻하고 행복하게 지낼 수 있어야 하는 날'이라는 데 생각이 미친 성탄절에까지 가족과 떨어져 혼자서 외롭게 다이어트를 이어나가고 싶지는 않다거나 그렇게 이어나가는 다이어트가 실제로 효과적이지도 않을 것이라는 생각, 그래서 사진촬영 날짜를 성탄절을 넘기지는 말아야겠다는 생각으로 내가 스튜디오 측과 일정을 맞춰 정하게 된 최종 D데이였다 (우리나라에는 전 국민이, 지구에는 전 세계인이, 충분히 잘 먹고 잘 살 식량과 자본이 있다. 다만, 분배가 적절히 안 되고 있을 뿐이다).

당초 나는 11월 29일에 열리기로 돼 있던 신규 피트니스 대회에 출전하고 그 직후인 12월 1일에 스튜디오 사진촬영을 할 예정이었다. 그 대회는 남자 경기종목으로는 보디빌딩이나 클래식 보디빌딩으로 이루어진, 즉 보디빌딩대회가 아닌, 머슬 모델, 스포츠웨어, 서핑웨어, 수영복으로 이루어진, 즉 피트니스대회였는데, 그것은 내가 이 [시합편]의 저자로서 지난 파주시 대회에서 주된 목표로 삼고서도 충분히 달성하지 못한, 각종 피트니스 경기종목의 시합사진(특히 복장과 포징 면에서)을 추가로 얻을 수 있는 최적의 기회였다. 그러나 얼마 지나지 않아, 그 대회는 주최 측의 사정으로 취소되었고, 그렇다면 남은 스튜디오 사진촬영이 [시합편] 출간 전까지의 마지막 사진촬영 기회고 다이어트 역시 이번이 마지막 다이어트라는 비장한 생각으로 스튜디오 사진촬영 날짜를 나로서는 최대한 늦추게 된 것이었다. 그러나 나는 당일 컨디셔닝에 완전히 실패했다.

@ 2015년 12월 23일 스튜디오 사진촬영

D데이와 컨디셔닝. 나는 당일 컨디셔닝에 완전히 실패했다. 전날까지만 해도 이두근 상부의 피부가 평소 때처럼 1mm 정도의 두께로 잡히던 게 새벽 3시에 잠시 깼을 때 3~4mm 정도의 두께로 잡히는 것에서부터 시작해, 아침 6시에 일어났을 때를 거쳐, 오전 8~10시에 스튜디오에서 컬러링 및 오일링을 할 때에 이를 때까지, 반복적으로, 그리고 갈수록 두꺼워지는 걸 실감하면서 좌절·실망하고 사진촬영 결과물에 대한 기대를 처음부터 어느 정도 접을 수밖에 없었다. 전날 오후 6시 즈음부터 물을 전혀 섭취하지 않으면서 잠들 즈음에는 의식적으로 단당류를 수십g 섭취한 게 이번에도 컨디셔닝에 큰 악영향을 미친 것 같았다. 게다가 펌핑에 있어서도, 바벨, 덤벨, 맨손운동은 물론이고 이 스튜디오 사진촬영을 위해 처음으로 마련해 집에서 시험하면서 그 효과에 놀라워하며 흡족해했던 튜빙도 동원했지만, 역시 이번에도 전혀 또는 거의 효과적이지 않았다. 역시 컨디셔닝의 어려움이란! 그리고 막판 아주 사소하지만 잘못된 컨디셔닝의 그 엄청난 부정적인 영향력이란! 나는 이런 내 경험과 사진을 참고자료로 제시하면서, 그 어느 스포츠에서나, 선수가 경기마다 자신의 최고의 경기력을 보여줄 수는 없으며, 선수가 이전보다 못한 몸 상태나 경기력을 보여줄 때조차도, 그것은 남들이 쉽게 말하는, 선수가 절박하지 않아서거나 집중하지 않아서가 절대 아닌 게 대부분이라고, 대신해서 항변해주고 싶다. 컨디셔닝은 필요성과 의지력으로 다 되는 것은 아니다. (계속)

(계속) 당일 이른 아침 내 공복 체중은 **68.5kg**. 앞에서의 파주시 대회의 소위 '비포 앤 애프터' 사진들에서처럼, 당초 이 설명legend 부분의 소제목은 **시합 다이어트의 효과: 2차(최종) D데이**였다. 이 소제목에 어울리려면, 다이어트가 적어도 2.5개월 전의 파주시 대회 때보다는 잘돼 있어야 하지만, 실제로는 완전히 그 반대였고, 그래서 이 부분의 소제목이 현재의 이것으로 바뀔 수밖에 없었다. 파주시 대회 이후 또 남성호르몬·성장호르몬 바닥상태를 체감하며 'Now or Never'를 외치며 집중했지만, 다이어트가 뜻대로 잘되지 않았고, 나는 다음 두 가지 중 한 가지 논지로 주로 이 부분의 글을 쓰게 될 것 같았다 (11월 10일 전후 시점, 체중은 오히려 약 71kg으로 불어난 상태였다. 내 머리는 대부분의 시간, 이번에는 몸과 포징은 물론이고 컬러링 및 오일링, 복장 등에서 총체적으로 충분히, 가장 잘 준비된 상태로 스튜디오 사진촬영에 임할 수 있겠다는 자신감, 그래야 한다는 사명감으로 가득했지만, 시간이 갈수록, 내 몸은 다소 반대로 반응한 것이다).

그 하나는 '자랑스러운 내 성공담'이고, 다른 하나는 '또 한 번의 내 실패담을 통한 타 선수를 향한 공감적 이해 얘기'인데, 결국 후자의 글을 주로 쓰게 되었다. 협의의 다이어트, 즉 '체지방감량을 위주로 한 체중감량'은 (사람에 따라, 그리고 때에 따라) '저절로 되거나 (어렵다기보다는) 힘겨운hard' 것이라면, 협의의 컨디셔닝, 즉 'D데이 며칠 전부터 D데이까지 몸의 상태에 영향을 미치는 모든 것, 또는 몸의 상태를 그 D데이의 특정 목적에 맞게 최적화하는 것'은 '저절로 되거나 (힘겹다기보다는) 어려운difficult' 것이라 할 수 있다. 체지방량이 많은 상태에서는, 다이어트가 몸의 외양[겉모습]에 가장 큰 영향을 미치지만, 체지방량이 적은 상태에서는 (예를 들어, 체지방률이 10% 내외 이하에서는) '협의의 컨디셔닝'이 가장 큰 영향을 미친다. 즉, 체지방감량이 어느 정도 된 이후에는 체지방감량을 1~2kg 더 하는 것보다는, 체지방량이 얼마 증감하는 것과 상관없이 컨디셔닝이 더 잘돼 근육은 이전처럼 계속 충만하고 피부는 이전처럼 또는 이전보다 더 얇게 유지되는 게 훨씬 더 중요하다. 그런데 이것은 의지력이나 노력 같은 것보다는 지식이나 기술, 또는 자신이 조절할 수 없는 체내 호르몬 역학 같은 것들이 훨씬 더 크게 작용하는 것이어서, 저절로 잘될 때도 있지만, 사람에 따라, 그리고 때에 따라, 잘해내기 힘겹다기보다는 어렵다는 것이다. 나는 내 본업에서의 기회비용과 나 개인의 사회적·경제적·감정적은 물론이고 정신적·신체적 건강을 포함한 총체적 건강과 행복감까지 희생시켜가며 파주시 대회 이후 2.5개월을 또 단지 이 [시합편] 집필 마무리를 위해 보내고 있었기 때문에, 유종의 미를 거두기 위한 이날의 사진촬영은 무척 중요했으나, 이 집필 자체가 너무나 힘겨운 작업인 데다 순전히 이 집필을 위해 진료를 일시중지한 시간이 또 수개월이 되면서 내 호르몬은 몸만들기와 컨디셔닝에 부정적으로 작용하고 있었다.

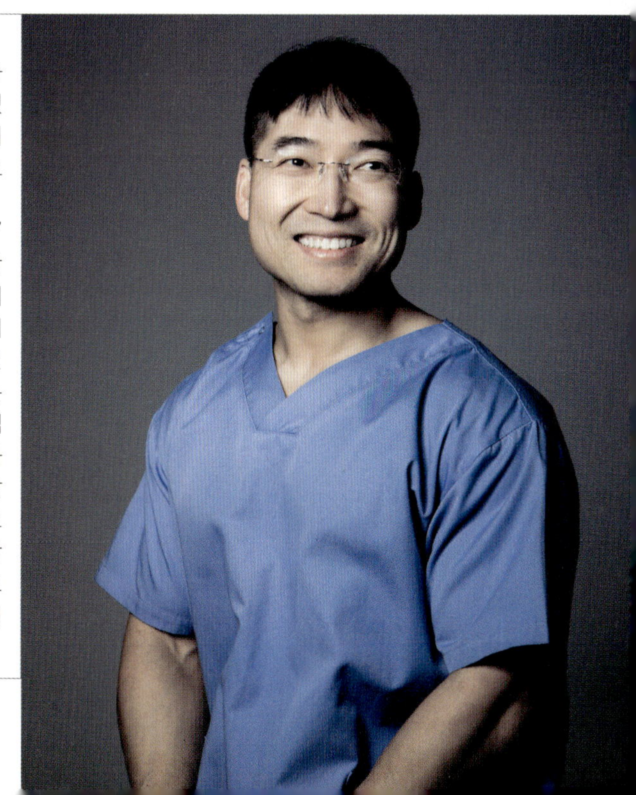

@ 2015 12월 23일 스튜디오 사진촬영

프로필 사진촬영. 가장 자신다운 모습의 사진이 프로필 사진이라면, 선수나 모델과는 달리, 내게는 이런 게 그런 것이라 할 수 있다. 비록 정신적으로 건강할 때는 아니었지만 (집필 때문에, 그리고 진료를 일시중지하고 수개월이 됐기 때문에), 다이어트는 어느 정도 된 상태라 웃을 때 얼굴에 주름은 잘게 지더라도 내 눈에는 가장 보기 좋은 모습 중 하나다.

네티즌 중에는, 내게 '진료에 운동에 번역에 시합에 집필까지, 바쁜 와중에 대단하다'는 반응을 보내오는 경우가 더러 있다. 고마운 말씀들이지만, 딱히 고맙다든가 할 수만은 없는데, 나로서는 아놀드 백과 번역과 이기수 백과 집필을 위해 내 본업인 진료를 희생시킨 측면이 아주 강하기 때문이다. 사람들은, 심지어는 내 가장 친한 동기나 선후배조차도, 내가 개원준비 과정에서 번번이 불운을 겪으면서도 이 스포츠와 이 분야의 번역과 집필을 계속해오는 걸 보면서, 내가 이 스포츠 쪽으로 나아가도 좋겠다고 말하는 경우가 있지만, 그것은 나를 잘 몰라도 너무 몰라서 할 수 있는 말이다. 특히 이 백과 집필 그 자체는 내 개인의 행복과는 거의 반대로 가는 것이기 때문이다. 내가 이런 번역과 집필을 하는 것은 건강하고 아름다운 개인과 사회를 위한 생각에서이지만, 내가 가장 잘하고 좋아하고 하고 싶은 것은, 이 분야가 아닌 내 본업인 진료 그 자체다. 어떡하다 보니 이 스포츠에 대해 어느 정도 알게 된 상태에서, 거기에서 따라오는 사명감과 책임감을 다하고자, '저자로서' 최선을 다할 뿐이다. 그리고 그것은 내가 조만간 치과책을 쓰고자 오랫동안 생각해왔던 것과 2016년 가을부터 소위 민주주의책(상식, 정의, 민주, 복지를 얘기하는)을 따로 펴내야겠다고 생각한 것과 일맥상통하는 것이다.

1

2

그리고 그 이후 영원히

시합과 집필

이전의 시합출전. 나는 내 본업과 관련한 불운으로 내 인생에서 가장 힘겨운 시간 중 한때를 보내면서 시합에 대해서는 전혀 생각조차 할 수 없었던, 아니, 더 정확하고 구체적으로는, 내가 이 [시합편]을 최우선 작업으로 삼으면서도 나 자신의 시합이든 타인의 시합이든, 평소의 나라면 충분히 관심 가졌을 어느 주요 시합이 언제 어디에서 열릴 것이라든가 열리고 있다는 인식은 물론이고 시합이라는 말 자체가 내 머리에 떠오른 적이 거의 또는 아예 없었다고 할 수 있는, 2013 코리아 대회 직후부터 2년여의 기간을 제외하고는, 2008년부터 2015년까지 매년 적어도 한 차례씩은 시합출전을 해왔다.

그리고 이 [시합편] 집필 마무리 작업을 하고 있는 2016년 현재, 언제 또 시합출전을 할지는 알 수 없다. 이 [시합편]을 더 잘 집필하기 위해 지금껏 시합출전을 해왔고, 그것보다 시간순서상 먼저는 [운동편]을 더 잘 집필하기 위해 생애 첫 시합출전을 한 게 큰 만큼, 이제 이 [시합편] 집필을 마무리하면서 당분간은 내 본업과 함께, 다음편인 [운동편] 집필에, 그리고 다음으로는 [영양편], [마인드편] 집필에 집중해야 할 때, 내게 시합출전은 이전만큼은 의미가 덜할 뿐 아니라, 시합출전을 위한 장기간의 다이어트 과정이 집필에는 정신적·신체적으로 방해가 되고, 또 반대방향으로, 집필의 정신적 부담감이 다이어트 과정에 방해가 되는, 이런 경향이 있기 때문이다.

물론, [시합편]이나 특히 [운동편]을 위한 추가적인 사진촬영을 위해 필요하고 내 정신적 건강이 나아져 내 신경전달물질·호르몬 상태도 받쳐준다면, 언제든 본격적인 다이어트 및 시합출전을 결심하게 될지도 모른다 (이 [시합편] 마무리 작업이 계속 늘어지면서, 그 이전에 근육증대부터 해야 하는 상황으로 점점 변하고 있지만). 다이어트 및 시합출전은 (그리고 그 이전의 근육증대는), 의식적으로 어느 시점에 계획하거나 작심한다고 몸이 반드시 거기에 맞게 따라주게 되는 것도 아니고, 여러 변수에 크게 영향받아온 내 정신적·신체적 리듬과 신경전달물질·호르몬 수치가 결국은 어느 시점에 어느 방향으로 흐

@ 2015 파주시 대회 당일 (10월 초), 2016 1월 초 (약 72.5kg), 1월 말 (약 75kg)
사진촬영은 아직 끝나지 않았다. 특히 [시합편]과 [운동편]에서의 정보전달 및 동기유발 차원에서 시의적절하고 현장감 있는 사진을 위해, 언제 어디서나 필요 시 혼자서든 (**3, 4**) 누군가의 도움을 받고서든 (**1, 2**), 사진촬영을 해보게 되는데, 그 대부분의 결과물은 아무래도 전문적인 세팅과 솜씨에 의한 것에 비할 바가 못 된다. 그렇더라도, 그런 사진들조차, 단독으로서나 다른 사진들과의 비교대상으로서나, 없는 것보다는 있어서 도움될 때가 많다.

원래는 지난 스튜디오 사진촬영으로 [시합편]을 위한 사진촬영은 완전히 끝낸다는 생각이었지만, 거기에서 내 몸(컨디셔닝)과 컬러링 및 오일링 등에서 아쉬웠던 점이 많고, 크고 굵고 강하고 단단한 모습이든, 허리가 잘록하고 전신이 세퍼레이션과 스트리에이션으로 갈기갈기 찢긴 모습이든, 그간 거의 매번 컨디셔닝에 실패해 시합장과 스튜디오에서 충분히 보여주지 못한, 더 좋은 화질의 사실적이고 나은 몸과 포징을 위해, 기회가 될 때마다 체련장과 일상에서의 스마트폰과 DSLR카메라를 이용한 셀프촬영에 다시 의지해봐야겠다 싶었다. (계속)

르느냐에 따라 달라질 수밖에 없을 것 같다. 게다가, 단순히 시합출전이나 시합성적이 내게 의미있는 게 아니라, 더 좋은 몸, 더 좋은 포징, 더 좋은 컬러링 및 오일링 등으로 더 좋은 조명과 더 좋은 화질의, 총체적으로 더 나은 품질의 '시합사진'으로 독자에게 무언가 더 나은 걸 줄 수 있을 때, 그것이 이 백과 저자로서의 내게 진정하게 의미있기 때문이다.

이후의 시합출전. 이 백과 전체가 마무리되고 그때 시합출전을 다시 한다면, 아마도 더 좋은 사진과 글로 이 백과의 어느 부분이든 개선하고 보완하기 위한 게 주된 이유일 것이다. 그리고 그때는 지금처럼 본격적인 집필에 몰입해야 하는 것은 아닐 테니 진료를 일부러 쉬고 있지도 않을 것이고, 그렇다면 내 하루하루의 운동(주로 이른 아침의 WT, 그리고 필요 시 늦은 저녁의 AE)은 물론이고, 규칙적인 출근과 낮 시간의 진료로부터 오는 생활리듬과 행복감을 그대로 가져가면서 지금보다 다이어트를 더 잘할 수 있지 않을까 싶다. 2009년부터 2011년까지, 풀타임으로 아주 정상적이고 바람직하고 더없이 행복한 진료를 하면서도, 그 외의 시간에 본격적인 집필에 집중하기보다는 단순히 시합출전에만 집중하던 때처럼 말이다.

그리고 내가 완전히 마스터즈 나이대가 되고 그때도 보디빌딩 시합출전을 한다면, 나는 과연 마스터즈 경기에 출전할까, 일반부 경기에 출전할까? 나이 스물 전후의 청년으로서의 내 생각, 이상, 추구하는 바가 지금껏 거의 변하지 않은 것처럼, 나는 앞으로도 영원히 정신적으로는 청년일 것 같고, 아마도 영원히 일반부 경기에 출전하려 하지 않을까 싶다.

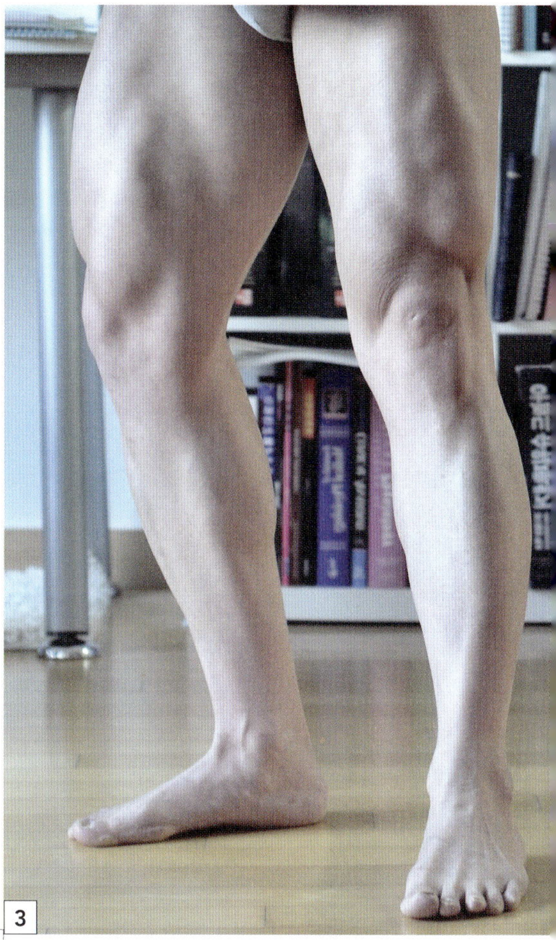

3

(계속) 집필을 위해, 정신적·신체적으로 힘겨울 때조차 억지로 체련장에서의 운동을 하루하루 이어나가고 다이어트를 하면서, 그 과정과 결과로 이 백과를 위한 생각과 자료는 더 넓고 깊어졌지만, 그것을 원고로 옮기는 데는 다이어트가 방해가 됐다 (뇌는 거의 전적으로 탄수화물을 그 에너지원으로 삼는다. 그래서 다이어트 중에는 창조적이고도 감정노동적인 이 집필을 위한 머리가 팽팽 잘 돌아갈 수가 없다). 그리고 내 본업과 관련한 불운으로, 그리고 집필을 위해 진료를 쉬면서, 내 각종 호르몬과 생체리듬 때문인지 다이어트가 힘겨워지고, 더 심하게는 만성피로에 압도당하면서 매번 몸이 다시 거의 원위치로 퇴행하기도 하고, 그래서 더 좋은, 특히, 더 잘 깎인 몸 사진을 보여주지 못한 게 아쉽다. 그러나 나로서는 저자로서 과정에 최선을 다했으니, 시합성적, 시합사진 등이라는 결과에 있어서는, 아쉽더라도 받아들여야만 한다.

엘리베이터 안에서 스마트폰으로 순간적으로 셀프촬영을 하려니 (**4**), 한손으로는 스마트폰으로 나를 대충가늠으로 겨냥하고 그 상태에서 움직이지 않게 아주 살짝 들고 있으면서 다른 손으로는 셔터버튼을 조심스럽게 누르다 보니, 상완과 전완에 플렉싱을 하려 해도 할 수 없었다. 이 측면 상완·전완 모습이 더 인상적으로 보이게 하려면, 이 자세에서 주먹 쥐고 상완과 전완을 강하게 플렉싱하는 것이다. 그러면 상완의 이두근, 상완근, 삼두근, 전완의 완요골근, 장요측수근신근 등이 두드러지면서, 상완과 전완이 훨씬 굵어 보이고 (실제로 전후anterior-posterior 폭경diameter이 늘어난다), 그 근육들의 모양과 분리도 훨씬 좋아진다. 그래서 많은 선수가 셀프촬영이나 누군가와의 기념촬영 등에서 그런 상완·전완 포징 앤 플렉싱을 한다. 측면 포즈로든 전면 포즈로든 활용할 수 있다. 그들은 흔히 엄지도 치켜세우는데, 나는 그간 왜 그들이 '엄지 척'을 그렇게 좋아하나 싶었는데, 내가 이런 면을 스스로 깨달은 것은 겨우 1년 정도 밖에 안 됐다. 그만큼 그간 전신의 총체적 포징 앤 플렉싱 면에서 내가 빠뜨린 신체부위·근육이 많았다는 뜻임과 동시에, 선수들의 포징과 몸의 디테일 하나하나에서, 그들이 왜 그런 포징을 하는지, 어떻게 해서 그런 몸으로 보이는지를 그냥 넘기지 않고 궁금해해온 덕분이라는 뜻이기도 하다. 물론, 그것은 단순히 내 몸과 포징을 위한 게 아니라, 이 백과 집필 과정에서 많은 선수들의 수없이 많은 사진을 비교하고 분석하고 내 몸과 포징으로도 실험·시험하면서 자연스럽게 그렇게 된 것이다.

4

시합출전, 집필, 진료. 내게 시합출전은 내 본업인 진료와 훌륭히 병행할 수 있는 것이었지만, 이 백과 집필은 전혀 그렇지 않았다 (후자에 대해서는, 내가 자신감과 사명감이 넘쳐, 그럴 가능성을 미처 생각하지 못하고 이 집필을 시작한 것인지도 모른다).

개원 원장이었을 때든 개원준비 과정에서 개인적 불운을 겪다 보니 매번 수개월 이상씩의 마음고생 후 결국은 페이닥터로 명목상 퇴보했을 때든, 내가 진료를 하고 있을 때에는, 매일 이른 아침에 규칙적으로 1~2시간씩 WT 하는 것에는 별 어려움이 없었을 뿐 아니라, 오히려 그것은 생활습관과, 상습적인 교통체증 속에서 자가운전으로 30km 거리를 지체와 정체를 반복하면서 1~2시간에 걸려 출근하는 동안의 정신건강에도 크게 도움되었다. 시합 다이어트가 진료를 방해하는 일도 없었을 뿐 아니라, 진료를 시작하기만 하면 저절로 종일 진료에 집중하게 되면서 (대부분은 즐겁게, 그러나 때로는 페이닥터로서 잠시도 쉬지 못하고 혹사당하면서), 오히려 진료 자체로 시합 다이어트는 저절로 되는 경향이 있었다. 시합은 대부분이 주말에 있고, 나는 매해 겨우 한두 차례 정도의 시합출전만 해왔으니, 시합출전이 내 진료에 방해가 되는 것도 아니다.

그러나 이 백과 집필에 있어서는, 이 백과 집필을 시작한 이래 내가 여러 차례 개원에 차질을 빚으며, 직함과 진료영역 등에서는 대부분은 유일하거나 중심적인 원장이라도 치과 내 세팅과 진료시간 조절 면에서는 완전히 자유로울 수는 없는 위치나 여건일 때에는, 2006~2007년의 아놀드 백과 번역 때와는 달리, 내 치과 원장실이나 상담실에 집필 작업 환경을 구축할 수 없었고, 매일 일정 시간을 집필에 집중할 수 있을 정도의 시간과 체력을 확보할 수도 없었고, 그 집필 리듬과 연결성도 유지하기 어려웠다. 그러다 보니 집필이 계속 늘어지고, 최근 수년간 최우선 업무라 생각해온 그 집필이 끝나지 않으니, 개원 아니라면 페이닥터의 길은, 풀타임이든 파트타임이든, 임시로라도 선택하기 어려워 많은 시간을 혼자 외롭게 보내야만 했는데, 그럴 때면 당연히 남성호르몬, 성장호르몬이 정상 아래로 내려가, 시간이 가면서 아예 바닥을 기기도 했다.

보충제. 게다가, 나는 내 생애 첫 시합출전 시즌이었던 2008년 이후, 보충제는 전혀 또는 거의 이용하지 않고 시합출전을 해왔다. 그것은 처음의 내 생각, 즉 일반인을 위해, 운동이 보충제 등의 영양보다 중요함을 강조하고, 그래서 운동의 기본개념과 기술을 가르쳐줘야겠다는 생각에서 출발한 것이라 (일반인에게 보충제를 권할 생각은 없었으므로), 나 역시 보충제 없이 얼마나 잘할 수 있고 얼마나 만들어낼 수 있는지 본보기가 돼주겠다는 생각 때문이었다 (물론, 보충제가 근육량을 늘리든지 체지방량을 줄이든지 하는 면에서, 몸을 만드는 데는 필시 도움될 테지만).

그런데 내가 보인 극히 드문, 그리고 최고로 좋아 보일지 모를 모습(몸이나 포징)조차도, 보충제를 거의 또는 전혀 이용하지 않은 상태에서의 최선의 결과라고 오해하지는 말기를 바란다. 코리아 대회 정상급 출전자 중에서도 단백질·탄수화물 파우더 같은 아주 기본적인 보충제조차 이용하지 않는 경우도 들어서 알고 있다. 어느 전·현직 선수나 트레이너가 '보충제 없이는 이 정도가 기대할 수 있는 최선의 성과'라거나 심지어는 '금지약물 없이는, 즉 내추럴로는 이 정도가 기대할 수 있는 최선의 성과'라고 하면서 어쩌면 자신의 몸을 그런 예로 든다 하더라도, 그것은 그 자신에게는 그럴 수 있어도 당신에게는 꼭 그렇지 않을 수 있다.

내 경우에 있어서, 보충제 이용 여부와는 상관없이, 앞에서 말한 여러 정신적·신체적 요소로 힘겨워 다이어트를 수개월을 넘어 효과적으로 이어갈 수 없었거나 (이 집필에 집중하고자 진료를 일시중지하고 3개월이 지나면 거의 여지없었다. 그리고 진료를 중단하면 그렇게 될 거라는 사실, 그리고 진료를 재개하면 바로 괜찮아질 거라는 사실 역시 아주 잘 알고 있지만, 이 집필을 마무리하기 위해서는 어쩔 수 없는 선택이었다), 시합 전날이나 당일 아주 사소한 시행착오로 시합 당일 컨디셔닝을 심하게 망쳤던 경우가 많다. 그리고 이런 사소한 시행착오는 별 생각 없이 특별한 고려를 하지 않고 넘어가면 오히려 경험하지 않아도 될 것들인 경우도 많다.

그래서 대부분의 독자는, 특히 현재는 나보다 레벨이 낮은 독자인 경우라 하더라도, 앞에서 말한 이 모든 걸 종합해, 내 특수한 상황, 즉 집필을 병행해야 했거나, 수년간 보충제를 거의 또는 전혀 이용하지 않았거나, 본업에서의 불운으로 인한 장기간의 정신적 고통과 불행, 거기에 민감한 내 특수한 신경전달물질·호르몬 변화에 따른 생체리듬으로 인한, 근육증대, 근육유지, 체지방감량 등에서의 퇴보나 기복, 컨디셔닝의 실패를 나만큼 겪을 가능성은 거의 없는 데다, 아놀드 백과를 나보다 일찍 접하고 (나는 아놀드 백과를 33세에 처음 접했다), 이제 이 이기수 백과까지 있다면 더욱더, 나보다 더 좋은 성과를 더 쉽게 거둘 수 있는 여건에 있다는 것은 무척이나 당연히 확신할 수 있는 것일 테다. 물론, 사람마다 타고난 게 달라, 특히 자연미에서는 다소 다른 얘기가 필요하다 하더라도 말이다 (자연미에 대해서는 [경기종목별 포징]에서 구체적으로 다룬다).

시합출전 과정과 결과로서의 건강과 심미. 체련장이나 체련장 이외에서 운동만 하다가 처음으로 보디빌딩 시합에 진지한 관심을 갖기 시작하고, 그러다가 드디어 시합출전을 시작하고, 그렇게 해서 심지어는 매년 일상적으로 시합출전을 하게 되면서, 그리고 그때마다 체중 10~15kg씩은 줄이면서, 나는 단순히 몸과 포징에서의 심미적 발전뿐 아니라, 운동, 영양, 마인드(눈높이, 심미안을 포함해서 총체적인), 이 모든 것에서 단계적으로 큰 변화와 발전을 이룬 것 같다.

사람에 따라, 그리고 때에 따라, 비록 시합출전을 위한 다이어트 과정이 힘겹고 그 과정에서 때로는 정신적·신체적으로 자신이 느끼든 아니든, 뼈, 관절, 근육이 허약해지고, 행복감이 약해지고 우울감이 강해지고, 심지어는 위, 간, 신장 등에 무리가 따를 수 있지만, 어떡하랴, 시합출전을 시작해야 비로소 심미안이 생기게 되고, 시합출전을 계속해야 비로소 심미안이 발전하게 되고, 그만큼 자신의 몸도 거기에 따라가고, 그 시합출전 과정과 결과로서 운동과 영양에 대해 더 잘 알게 되니 말이다. 자신이 직접 시합출전을 하면서, 자신의 과거의 몸과 포징을 현재와 비교해보고, 자신의 몸과 포징을 다른 선수들과 비교해보는 것을 반복적으로 하지 않고서는 심미적으로 올바른 방향으로, 만족스러운 속도로 발전할 수가 없다. 건강 차원을 넘어 심미 차원에서 발전하자면 시합출전, 그리고 그 목적지까지 가는 과정으로서의 식이요법도 하지 않을 수 없는 것이다.

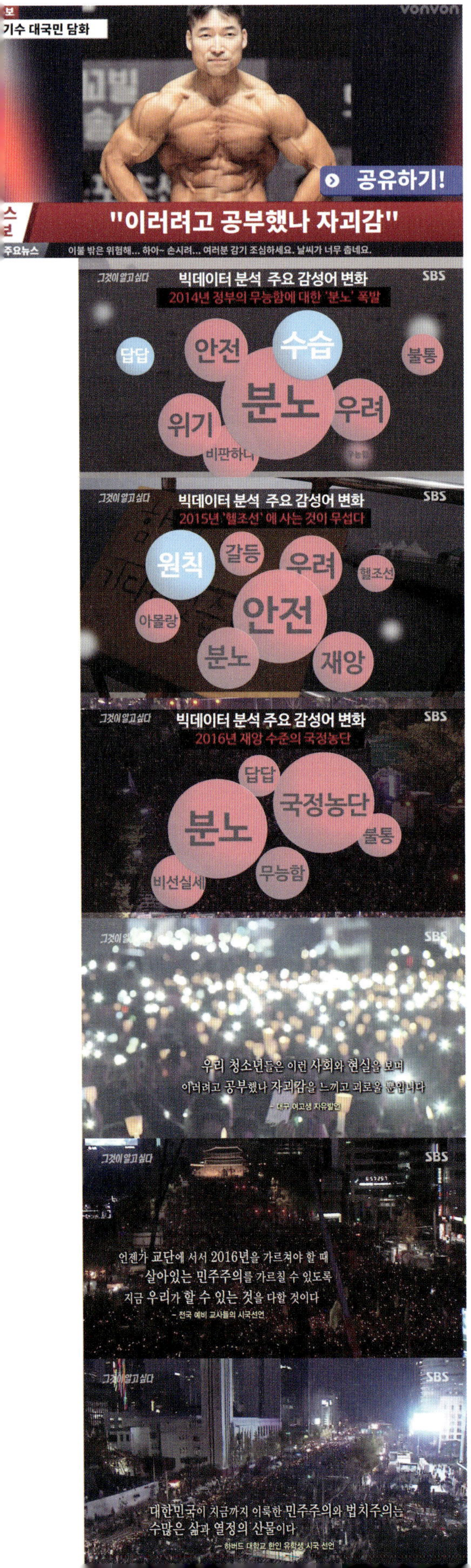

시합, 운동, 영양, 마인드,그리고 인생의 모든 것에 있어서의 사흘. 신기하게도, 우리 몸과 마음에 있어서, 하루라는 시간은 물론이고 사흘(3일)이라는 시간도 참으로 중요한 기본 시간단위 중 하나인 것 같다. 나트륨 섭취가 과잉하면 그 잉여 나트륨으로 인한 수분정체 효과를 무효화하기 위해서는, 아무리 그 잉여 나트륨을 체내에서 빨리 빼내기 위해 칼륨, 물, 카페인 섭취를 늘리고 운동과 사우나 등으로 땀 배출을 촉진하더라도, 최소 사흘은 걸린다 (나트륨과 수분조절). 그리고 운동이나 펌핑에 충분하게끔 근육 내 글리코겐 저장량이 충분하려면, 최소 사흘간의 충분한 에너지 (주로 탄수화물로서 공급되어야겠지만, 단백질과 지방으로 어느 정도 보충해주는 것도 도움된다)가 근육 내 축적돼 있어야 한다 (로딩과 펌핑). 본격적으로 시합 다이어트를 시작할 때든 시합 다이어트를 한참 해왔을 때든, 정신적으로 또는 신체적으로 힘겹다고 느껴질 때, 포기하고 싶어질 때도, 사흘만 견디면 또 언제 그랬냐는 듯 괜찮아지기도 한다.

시합을 떠나, 몸이 아주 힘들 때, 체련장 가기 싫어질 때, 심지어는 인생에서 너무나 힘든 일을 겪으면서 앞으로 어떻게 살아가야 할지 막막하고 절망적이 되더라도 (우울증이 가장 심하거나 비이성적 판단을 할 가능성이 가장 높을 때가 한밤, 새벽, 기상직후다), 때로는 한순간에, 하룻밤이나 하루아침에, 그게 아니라면 사흘만 지나면 또 나아지고 해결책이 보이고 기분전환이 되고 에너지가 새로 생길 수 있다. 그리고 몸과 마음이 힘들 때일수록, 다음 둘 중 하나를 선택하는 게 도움될 수 있다. 오늘 내가 할 수 있는 최선을 다하자는 것이다. 아니면, 내일 할 일을, 내일 할 걱정을, 내일 해도 될 일을, 굳이 오늘 해야 한다고 강박적으로 생각하지 않으면서, 오늘 하루를 그냥 편한 마음으로 넘기자는 것이다. 어떤 것은 한 달, 석 달, 반 년, 일 년, 또는 그 훨씬 이상이 걸릴 수도 있지만, 그 기본은 적어도 사흘만 참고 견디고 넘기자는 생각이 도움될 수 있다는 것이다.

집필 마인드

이기수 백과 집필 힘겨움의 사회적 요인. 나는 이 백과 집필 없이 내 본업인 진료에만 집중할 수 있으면 가장 좋겠다. 진료는 내가 가장 좋아하고 잘하는 것일 뿐 아니라, 내가 저절로 가장 집중하게 되고 그 과정이나 즉각적인 결과에 안정감, 자아가치감, 행복감, 만족감, 뿌듯함을 가장 크게 느끼는 것인 반면, 이 백과 집필은 거의 그 반대이기 때문이다. 그러나 최근 수년간은 이 백과 집필을 최우선 업무로 생각해왔는데, 내가 환자 등을 상대로 한 일대소수(1:소수) 관계를 넘어, 수많은 이에게 도움될 무언가를 일시에(한 방에) 해줄 수 있는 작업이어서, 그 무엇 못지않게 가치 있는 것이기 때문이다. 말로 하면 그나마 쉬울 텐데 글로 하자니 더 어렵고, 매 페이지를 교과서나 참고서, 때로는 자서전이나 에세이 쓰듯이 하니 장기간 더욱 힘겨운 작업이 되고 있다. 그 외에도 개인적 힘겨움의 요인은 많다 (이 백과 여기저기서 조금씩 언급하듯이). 그러나 여기서 말하고자 하는 것은 다음과 같은 사회적 요인이다.

내가 '협의의' 건강과 심미 차원에서 이 백과의 초기 형태를 구상하던 이래, (2007년) 17대 대선에서부터 (2008년) 광우병 촛불집회, 의료민영화 이슈, (2009년) 용산 참사, 미디어 악법, (2010년) 천안함 사건, 4대강 사업, (2012년) 18대 대선, (2013년) 재등장한 의료민영화 이슈, 안녕들 하십니까 이슈, (2014년) 세월호 사건, 통진당 해산 및 소속의원 의원직 박탈, (2015년) 역사교과서 국정화, 한일위안부합의, (2016년) 테러방지법 빙자 대국민 테러법, 사드 배치, 한일군사정보협정, 그리고 ○○○·□□□ 게이트까지, 이 나라에서 상상을 초월하는 수많은 비정상이 득세·횡행하고 수천만 국민이 부당하게 희생되거나 정신적·신체적·경제적·사회적·감정적으로 고통받는 걸 봐와야 했다. 세계에서 가장 희망적인 나라, 그리고 곧(?) 가장 중심적인 나라가 될 것으로 각광받던 우리나라가, (지능도 감성도 낮은, 그러면서 사기, 꼼수, 부정축재, 사익추구에는 능한) 한 줌도 안 되는 소수의 저급하고 사악한 무리에 의해 한순간에, 그리고 갈수록 더, 상식과 정의 자체가 무너지고 인권, 역사, 민주, 복지가 역행하고 어느 세대 어느 지역 할 것 없이 대부분의 국민이 불행해진 이 시대착오적 시국에, 그리고 과정도 결과도 부정한 이들 두 불법·부당 정권(청기와집(!)과 한나라당·새누리당), 이들에 의해 소위 '낙하산', '라인' 등으로 장악되어 그렇거나 원래 그런지도 모를 정부기관·국가공기업(국정원, 감사원, 방통위, 인권위 (이상 대통령 직속), 안전처(세월호 사건 이후 해경 포함), 보훈처, 식약처, 권익위 (이상 국무총리 직속), 선관위, 기재부(국세청, 통계청 포함), 교육부, 미래창조부(이름부터 가증스럽다), 외교부, 통일부, 법무부(검찰 포함), 국방부(병무청, 방위사업청 포함), 행자부(경찰 포함), 문체부, 복지부, 환경부, 국토교통부, 해수부(세월호 사건 직후까지 해경 포함), 토지공사, 수자원공사, 법원, 헌재 등. 그들은 적어도 지난 10년 가까이, 제대로 된 정부기관·국가공기업이라 할 수 없었다), 언론이라 할 수 없는 찌라시(전단지) 수준의 매체(조·중·동·문(화일보)·연(합신문), KBS·MBC·YTN(이들은 혈세인 국고보조금을 받으며, KBS는 수신료까지 따로 떼어간다. SBS는 조금 덜했고 최근 많이 달라졌다), TV조선·채널A·MBN, 네이버 등), 그리고 이들에 관여·일조·부역·공생한 공범인 재벌기업, 관변단체, 나름 학자·교수·언론인·방송인 등이 상시적이고 반복적이고 노골적이고 악의적으로 대국민(오천만 국민을 상대로!) 쇼·거짓말·사기·말바꾸기, 공작(댓글, 북풍 등)·조작(여론, 간첩, 개표 등)·언론플레이·왜곡·과장·허위사실유포, 진실은폐·증거인멸·위증·위증교사, 직권남용·직무유기, 선동·세뇌·우민화·우민취급, 불안조장·분열조장, 폭력·협박·고소·고발, 심지어는 수조·수십조·수백조 원 단위씩의 천문학적 규모의 탈세·횡령·배임·국고유출, 국고낭비·국고탕진·국가채무증액 등 결코 용서받을 수 없는 온갖 패악질을 대놓고(!) 하는, 나로서는 도저히 이해나 용납이 안 되는 이런 황당한 상황에 분노, 답답함, 무력감, 불안감을 느꼈고, 그 모든 사안에 신경이 분산되면서 이 집필에 온전히 집중하지 못하거나 어려움을 겪을 때가 많았다.

상식과 정의, 민주와 복지. 나는 건강하고 아름다운 개인과 사회에 무엇보다 중요한 바탕으로서의 상식과 정의, 민주와 복지 같은 것들이 총체적으로 무너진 이런 엄중한 시국에 상대적으로 사소하게 느껴질 수밖에 없는 시합(몸과 포징) 얘기만 하고 운동 얘기만 하고 영양 얘기만 하고 있을 수는 없었다 (이

한동안 유행한 자동완성 패러디 앱, SBS 〈그것이 알고 싶다〉, jtbc 〈뉴스룸〉 @ 2016 11~12월

헌법 제 1조 1항: 대한민국은 민주공화국이다. 2016년 봄, 우리나라 절체절명, 최대의 위기였던 4·13 총선 직전, 나는 불안한 심경과 그만큼 비장한 마음가짐으로, 이럴 때일수록 우리는 더욱 가열차게 상식과 정의, 민주와 복지를 외치고 얘기해야 한다고 생각했다 (사람들은 '이게 나라냐' 했고, 혹자들은 대한국민이 '집단우울증'을 앓고 있다고 평했다. 나도 전적으로 공감하고 동의하고 있었다. 상식과 정의, 민주주의가 뒤집히는 것은 나라를 잃는 것과 정신적인 면에서 근본적으로 다를 게 없다). 그러지 않으면, 어쩌면 불의한 세력에 의해 그들의 장기집권 개헌, 부정선거 등으로 우리에게 앞으로 다시는 그럴 기회조차 없을지도 모른다고 생각했다. 대단히 다행스럽게도, 국민의 현명한 선택과 집중으로 우리는 그 위기를 넘기고 아주 잠깐 안도의 한숨을 돌릴 수 있게 되었지만, 그 총선 기점으로 상황이 급격히 나빠질 뻔했던 게, 그렇게 되지만 않았을 뿐, 상황이 나아진 것은 아니었다. (계속)

(계속) 정말 다행스럽게도 2016년 가을겨울, 대한민국에서는 전 세계가 주목하는 '주권자[시민]혁명'이 시작되었고, 진행되고 있다. 상식과 정의, 공정성과 투명성을 바탕으로 모두 함께 잘살고 마음껏 자아추구·행복추구할 수 있는, 건강하고 아름다운 나라로 다시 나아갈 수 있게, 보이는 곳에서든 보이지 않는 곳에서든, 오프라인에서든 온라인에서든, 불의와 타협하거나 불의를 나 몰라라 하지 않고 공익적 소신을 지키고 시대적·사회적 사명을 다하는, 오늘날의 진정한 지식인과 전문가, 언론인과 연예인, 젊은이와 청소년 포함, 기지 넘치고 각종 풍자와 해학으로 재기발랄한, 이 나라의 선량한 일반 남녀노소 모두에게, 같은 주권자이자 동시대인의 한 사람으로서 지지와 응원과 환호를 보낸다. 이게 바로 수천만 국민의 '집단지성'이다.

2008년 광우병 촛불집회는, 원래의 내 생각과 어느 전문가의 의견을 종합해 표현하자면, '우리 국민[시민]들의 민주주의 의식, 민주주의 품격, 민주주의 열망이 총체적으로 표출된 역사적인 사건'이며, 2002년 '대~한민국 짝짝~짝짝짝' 하던 것과는 또 달리 전 국민이 공감하고 하나가 된, 하나의 큰 '민주주의 경험의 장'이었다. 이를 계기로, 나와 마찬가지로 많은 국민이, 직전까지의 그 민주주의가 우리에게 그냥 주어진 게 아니라 앞서간 수많은 이가 그 비용을 치른 덕분에 최근 10년 남짓 우리는 그것을 마음껏 누려왔다는 것과, 그간의 민주주의에 대한 무지와 무임승차에 대한 후불적 비용과 앞으로의 민주주의에 대한 선불적 비용을 지금, 좋든 싫든, 수동적으로든 능동적으로든, 치러야 한다는 걸 점점 더 깨닫게 되었을 것이다.

2016년 가을겨울, 8.5년 만에 나는 촛불시민의 n분의 1로서 사람 수 한 명 더 보태고 시대의 기록자·전달자의 한 명으로서 현장을 정확히 담기 위해 다시 광화문광장에 나갔다. 전국에서 동시에 수백만 국민이 함께한 촛불집회는 절체절명 위기의 대한민국을 다시 한 번 구했다. 물론, 촛불집회는 수많은 '주권자[시민]행동' 중 하나일 뿐이고, 이번에는 가장 강력하고 효과적인 방법이었을 뿐이라고 할 수 있다. 우리는 헌법에 명시된 주권자로서의 권리와 의무를 더 유념해, 이 위기를 발전의 기회로 삼아야 할 것이다 (우리 국민은 그 헌법을 제정까지 할 수 있는, 헌법제정권력자이기도 하다).

헌법 제1조 2항 "대한민국의 주권은 국민에게 있고, 모든 권력은 국민으로부터 나온다." 제7조 1항 "공무원은 국민 전체에 대한 봉사자이며, 국민에 대하여 책임을 진다." 나도 헌법조항으로는 2016년에야 알게 되었지만, 헌법조항이기 이전에, 그 근본 취지는 자연인으로서의 내게 오래 전부터 당연한 상식이었다. 여기에 더해, 우리는 (대통령 포함 모든) 공무원은 국민(사용자·고용주)에 의한 '피용자'일 뿐이며, 부적격자나 부당행위자는 국민의 명령으로 언제든 즉각 추방·격리·처벌·단죄되어야 마땅하다는 점 역시, 국민 입장에서든 공무원 입장에서든, 상식으로 여겨야 할 것이다. 무엇보다도, 앞으로 지난 두 대선·정권에서와 같은 부정선거와 자격미달·수준미달·함량미달·후안무치·비정상들은, 사전에든 사후에든, 절대로 허용·용인해서는 안 되며, 총체적으로 그런 검증·언론·선거·퇴출 시스템을 확립해야 한다. 선거는 민주주의의 '꽃(결과)'이기도 하지만, '시작(씨앗?)'이고, 우리는 그 결과를 충분히 경험해왔고, 경험하고 있잖은가.

그리고 국민은 나이와 지위고하를 떠나 그 어떤 공직자·공무원이라도 '높으신 분', '나랏일 하는 분', 이렇게 칭하지 말자. 앞에서 말한 것처럼, 선출직이든 임명직이든 정규직이든 비정규직이든, 모든 공직자·공무원은 국민 이하에서 국민의 혈세를 받으면서 국민의 일을 대신 처리해주는 신분이며, 대통령조차 그들 중 최고위직일 뿐이라는, 대학교에서의 '과 학우'에 대한 '과 대표'와 기본적으로 다를 바 없다는 마인드를 잊어서는 안 된다. 나는 그런 대표 경험이 있으니 이를 잘 알고 있다. 그리고 사람의 급[격]은 학력, 직업, 직위, 직책, 경제력, 나이 등이 아니라 어떤 경험, 기억, 생각으로 어떤 일을 어떻게 하고 어떻게 사느냐에 따라 가늠되는 것이며, 청렴·유능·근면·성실하고 민주적이며 재기발랄한[할] 공무원과 그 지망생·응시생 수는 충분하리라 추정된다 (공무원 경쟁률을 보라). 그들이 제대로 된 자리에서 제대로 일하게 해주면 될 일이다. 훌륭한 공무원은 '어떻게 하면 국민을 더 행복하게 해줄 수 있을까' 생각하는 사람일 것이다. 대통령은 그런 생각을 가장 많이 하는 사람이어야 할 것이다.

백과의 초기 형태 때부터 그랬지만, 시국에 따라, 갈수록 더해졌다). 그렇다 보니, 내가 편의상 '민주주의 담론'이라고 하는 것을 이 백과에 담아야겠다 싶었고, 내용 연관성 면에서 [마인드편]에 담으면 더 좋겠으나, [마인드편]은 일러도 앞으로 수년 후에나 출판될 수 있을 텐데, 이런 담론은 더는 미룰 수 없어, 첫 출간편인 [시합편], 바로 여기서 해야겠다고 생각하게 되었다. 2016년 가을, 그 담론 원고가 수십 페이지로 넘어가면서 도저히 그렇게 해서 될 일이 아닌 것 같아 또 힘겨워졌다가, 그 담론을 아예 책으로 따로 집필출간하자는 생각이 들면서 비로소 시원한 해결책을 찾았고 (이 부분을 최종 마무리하고 있는 2017년 초 현재, 그 개인적 비장함과 사회적 긴요함이 덜해졌고, 그래서 그 결과물은 영원히 없을 수도 있다), 거기에 더해, 때마침 전 국민적으로 깨어난 '주권자[시민]의식'으로 우리나라가 새로운 촛불집회·탄핵 정국에 들어서고 우리 사회가 다시 민주주의와 희망을 본격적으로 얘기하게 되면서 내 마음도 한층 더 가벼워져, 다행히도(!) 여기서 이렇게 비교적 짤막하게 마무리할 수 있게 되었다.

2장

포징 원리

PRINCIPLES OF POSING

포즈와 포징

포징 연습 원리

일러두기. 나는 이 [시합편]에서 [포징 원리]를 [경기종목별 포징] 앞에 배치했는데, [포징 원리]는 [경기종목별 포징]이라는 각론에 대한 총론이기 때문이다. 그러나 이 [포징 원리]는 [경기종목별 포징] 전에 보기에는, 시합출전 경험이 없는 독자로서는 충분히 이해하면서 쉽게 읽어나가기 어려울 수 있다. 그렇다고 해서 내가 이 총론을 각론 뒤로 보낼 수는 없는 일이다. 그런 면에서, 이 [포징 원리]가 지금 당장은 어렵게 느껴질 독자를 위해, 나는 다음 둘 중 하나를 권한다. 1. 말 하나하나를 꼼꼼히 읽으며 완전히 이해하려 하기보다는, 우선은 그냥 설렁설렁 읽어나가면서 대체적으로 어떤 말인 것 같다는 정도로만 받아들이거나, 2. 아예 그냥 뛰어넘어skip 바로 [경기종목별 포징]으로 가는 것이다. 참고로, 이 모든 것은 [운동편]에서 [운동 원리]와 [신체부위별 운동]과의 관계에서도 마찬가지다.

포즈와 포징

몸과 포징

피겨스케이팅 선수, 리듬체조 선수, 각종 무용 전공자, 패션모델, CF모델, 아니면 단순히 차밍스쿨을 다닌 사람들까지, 그들은 단순한 한 자세나 동작으로도 자신의 '몸'을 남다르게 눈에 띄는, 심미적으로 매력적인 모습으로 보여줄 수 있는 기술을 체득하게 된다. 몸 자체가 처음부터 남다른 경우도 당연히 많겠지만, 같은 몸으로도 더 좋은 모습으로 보이게 하는 게 그들의 기술이다. 그런 기술은 단시간에 배워서 몸에 바로 적용할 수 있는 쉬운 것도 있지만, 장기간 그 기술을 익히고 자세나 동작이 몸에 배게 하고 몸이 거기에 따라 변해야만 가능한 고난도의 것도 있다. 자세와 동작이 몸을 더 심미적으로 보이게 함과 동시에, 몸 자체가 심미적일수록 그 자세와 동작이 더 심미적이고, 그 자세와 동작이 더 심미적이게 하기 위한 노력과 시간이라는 과정의 결과로 몸 자체가 자연스레 더 심미적으로 발전하기도 한다.

보디빌딩 및 피트니스에서도 마찬가지다. 자세와 동작의 총합이라 할 수 있는 이런 '포징'을 얼마나 잘하느냐에 따라, 똑같은 몸이 더 좋게도 더 나쁘게도 보인다. 이런 포징은 펌핑과 더불어, 보디빌딩 및 피트니스에서의 특별하고도 독특한 기술이다. 멋진 몸을 갖고 있지 않다면 어떤 포징으로도 멋진 포즈가 나올 수 없겠지만, 정말 멋진 몸을 갖고 있어도 포징을 정말 멋지게 해서 그 몸을 멋지게 표현하는 것도 무척 어려운 일이다. 포징이 좋으려면 몸도 좋아야 하고 포징 기술도 좋아야 한다. 둘 중 어느 하나라도 부족하면 안 된다. 몸이 좋다면, 즉 근육발달이 좋고 피부가 얇다면, 포징의 디테일에 덜 신경 써도 어떤 포즈, 어떤 각도에서도 몸이(전신이나 특정 신체부위나) 어느 정도 보기 괜찮을지 모르지만, 그렇지 않다면 포징의 디테일에 더 신경 써야 한다. 포징 기술에 따라 그 모습이 얼마나 좋아지는지, 아니면 심지어는 오히려 나빠지는지가 완전히 달라진다.

근육발달, 체지방량, 그리고 유연성. 포징은 몸과는 완전히 독립적인 게 아니라 근육발달, 체지방량, 유연성과 상호 의존적이며 상호 보완적이어서, 제대로 된 포징을 위해서는 근육발달도 병행되어야 하고, 체지방감량도 뒤따라야 하고, 유연성도 받쳐줘야 하는 것이다. 즉, 근육발달, 체지방량, 유연성에 따라 그 과정으로서의 포징이 달라지고 그 결과로서의 포즈가 달라 보인다. 운동 기술이 몸과 함께 점진적으로 발달하는 것처럼, 포징 기술도 그렇다.

물론, 근육발달이나 체지방량 면에서 상급자가 될수록 디테일에 더 신경 쓰게 되고 포징에 관해 더 많이 알게 되는 것도 분명한 사실이고, 몸과 포징은 병행해 발전하는 게 일반적이지만, 포징 기술은 몸과는 별개로 더 좋을 수도 더 나쁠 수도 있고, 몰라서 못 하던 걸 알기만 하면 거의 모든 시행착오 단계를 단번에 뛰어넘을 수 있기도 한 게 포징이다.

포징의 요소와 운동·영양·시합 순환 속의 포징. 포즈(또는 포징)는 자신의 몸을 상대적이고 객관적으로 평가할 수 있는 가장 확실한 기준이 될 뿐 아니라, 심미안을 길러주고, 포징 자체가 몸을 발달시킨다 (그래서 포징을 일찍 경험할수록 좋고, 그래서 시합출전을 일찍 경험할수록 좋다는 것이다).

포징 연습도 소위 커팅이 진행되면서, 즉 체지방이 깎이면서 몸이 유연해지고 근육이(근육의 모양과 근육질이) 멋지게 드러나기 시작하면서 가장 잘되는데, 고유감각적으로나 시각적으로나 공히, 그래서 심리적으로도 포징 연습에 유리해지는 것이다 (그래서 본격적인 다이어트가 필요하고, 그래서 시합출전이 필요하다는 것이다).

그런데 총체적인 포징을 처음부터 머리로 다 이해할 수도 몸으로 구현할 수도 없다 (그래서 끊임없는 포징 연습이 필요하고, 그래서 반복적인 시합출전이 필요하다는 것이다). 그러나 처음부터 대부분의 고려사항을 알고 하는 것과 그렇지 않은 것에는 큰 차이가 있다. 그리고 포징 연습은 바른 방법으로 해야 하고, 제대로 알고 해야 제대로 도움되는데, 운동에서의 운동 기술과 마찬가지로, 포징에서의 포징 기술은 혼자만의 시행착오, 생각, 분석, 경험만으로 되는 게 아니다.

유연성은 조금 다른 면일 수 있다. 유연성에는 많은 요소가 관련되는데, 근육발달과 피하지방량, 피하 수분정체 같은 요소 외에도, 관절구조와 근육의 유연성에 의해 절대적으로 영향받는다. 특히 어깨관절에서의 유연성이 좋을수록 규정포즈에서의 포징이 더 좋아지고 더 잘 살릴 수 있는 신체부위·근육이 늘어난다. 그 유연성은 타고난 관절면 모양과 가동범위 같은 것처럼, 성인에 이르러서는 노력으로는 안 되는 요소도 포함된다.

포즈와 포징이란?

포즈pose란 무엇이고 포징posing이란 무엇인가? 간단히 말하면, 앞에 나온 내 거의 모든 모습 각각이 바로 하나하나의 '포즈'고, '포징'은 그런 포즈를 잡는 것[행위], 또는 그런 포즈를 잡는 세부적이거나 총체적인 방법이라 할 수 있다. 보디빌딩 및 피트니스에는 특별한 이름과 규정이 있는 여러 포즈가 있고 (규정포즈compulsory[mandatory] poses라 한다), 특별한 이름이나 규정이 없는 수많은 포즈가 있다 (자유포즈free poses라 한다). 보디빌딩 및 피트니스 선수는 '운동'과 '영양'뿐 아니라 결국에는 '포징'을 통해 몸의 심미성을 발달시키고, 시합에서 '포징'을 통해 그 몸의 심미성을 더 잘 보여줄 수 있게 되고, 심판과 관객들은 같은 '포즈'에서의 선수들의 '몸'과 '포징'을 선수들 간에 서로 비교함으로써 선수들을 더 객관적으로 심사·평가할 수 있는 것이다.

이처럼 포즈와 포징은 선수의 발전과 경쟁, 심판의 심사[평가]assessment와 채점scoring, 관객의 감상을 위한 가장 기본적이고 체계적인 수단으로, 사실상 '시합의' 핵심이자 거의 모든 것, 나아가 '보디빌딩 및 피트니스 스포츠의' 핵심이자 거의 모든 것이라 할 수 있다. 다시 말하면, 시합출전을 하는 선수에게만 중요한 게 아니라, 체련장에서 보디빌딩 유형의 웨이트트레이닝을 하는 사람 모두에게 도움되는 것이라는 말이다. 내가 왜 이렇게까지 말하는지는 앞으로 이 [시합편]에서 하나씩 알게 되겠지만, 더 깊게는 당신 자신이 직접 시합출전을 시작해 그 시합출전을 발전적으로 계속해나갈 때 체감할 수 있을 것이다. 포즈(또는 포징)는 시합출전을 하지 않는 사람에게도 도움되지만, 그런 사람이 그 방법과 그 사실을 제대로 깨달을 기회는 시합출전 외에는 사실상 없기는 하다.

어떤 면에서, 포즈는 정지 상태인 사진 같은 것, 포징은 그 정지 상태의 단일 또는 복수의 특정 포즈는 물론이고 그 전후 과정의 모든 동작을 포함한 전 과정인 동영상 같은 것이라 할 수도 있다. 같은 맥락에서, 어떤 경기종목에서의 〈워킹〉도 포징의 일종으로 볼 수 있고, 포징은 '개인 포징 루틴'individual posing routine을 하는 것 또는 '개인 발표'individual presentation의 전full 과정이라 할 수 있다.

발전적 포징

포징의 복잡성. 시합에 전혀 관심이 없고 시합출전을 한 번도 경험하지 않은 단순 동호인이라면, 체련장에서 아무리 많은 시간을 보내더라도 보디빌딩 및 피트니스 포즈에는 어떤 것들이 있는지, 어느 특정 포즈의 정확한 이름이 무엇인지 하는, 포즈에 있어서는 아주 기초적인 것조차 알 일이 평생 없다. 내가 아놀드 백과를 접하기 전까지 15년간 그랬던 것처럼.

그러다 아놀드 백과를 통해서든 아니든, 사진이나 간단한 포즈 설명을 통해 포즈에 관해 아주 기초적인 것만 아는 상태가 된다 하더라도, 각 포즈는 참으로 단순해 보인다. 처음에는 분명 그럴 것이다. 그 단계에서 누군가의 어떤 포즈를 〈전면 이두근 포즈〉라고 당신이 알아보거나, 당신의 어떤 포즈를 〈전면 광배근 포즈〉라고 누군가가 알아보게 하는 것은 아주 쉬운 일이다.

그러나 그런 아주 기초적인 수준을 넘어, 시합무대에 서는 선수로서 그런 포즈들 중 하나라도 정말 제대로, 그리고 자신에게 최대한 유리하게 잡을 수 있느냐 하는 실제적인 면에서는 전혀 그렇지 않다. 포징에는 예상보다 훨씬 많은 기술이 있고, 거기에는 많은 생각과 경험이 필요하다. 물론, 거듭 말하게 되는 것이지만, 혼자만의 생각과 경험만으로는 충분치 않다.

어느 특정 포즈에서 어떻게 포징해야 하는지, 선수마다 공통으로 최선인 방법을 몇 마디 말로 다 해주기는 어렵다. 우선, 규정에 어떻게 하게 돼 있는지 하는 게 있을 것이다. 그런데 그 규정이라는 것도, 시합에 따라 또는 때에 따라, 조금씩 다를 수 있다. 선수는 그런 규정을 대체적으로 준수하거나 크게 벗어나지 않으면서 선수 각자에게 최선인 포징을 하는 게 중요하다.

내 수많은 시행착오를 바탕으로 어느 한 명에게 어느 한 포즈에 대해 직접 바로 앞에서 설명하고 가르쳐주고 바로잡아주는 데도 많은 말이 필요한데, 이 [시합편]에서는 불특정 다수 모두를 대상으로 총체적으로 설명해야 하니 더더욱 복잡해질 수밖에 없다. 내가 [운동편]에서 〈스탠딩 바벨 컬〉이나 〈와

이드 그립 프런트 친〉 같은 운동을, 복잡하더라도 총체적으로 살펴보는 것처럼 말이다.

포징은 처음부터 정확히 배우는 게 가장 좋다. 물론, 처음의 몸 상태에서 최고로 효과적인 포징과, 아마도 더 발전한 몸에서겠지만, 나중의 몸 상태에서 최고로 효과적인 포징이 다를 뿐 아니라, 포징이 몸에 주는 느낌도 달라지지만.

점진성의 원리. '점진성progressivity, graduality의 원리'라는 게 있다. 사람은 일어설 수 있게 된 다음에야 걸을 수 있고, 걸을 수 있게 된 다음에야 뛸 수 있다. 피겨스케이팅 선수가 공중 3회전 점프를 할 수 있으려면, 먼저 1회전 점프, 그다음에는 2회전 점프를 할 수 있어야 한다. 리듬체조 선수가 각종 고난도 동작을 완벽하게 해내려면, 단번에 뛰어넘을 수 없는 여러 단계의 과정을 장기간에 걸쳐 순차적으로 먼저 거쳐야 한다. 어느 스포츠에서든, 문외한으로서는 어떻게 그렇게 해낼 수 있을까 싶은 자세와 동작도, 가장 난도 낮은 것에서부터 마스터하기 시작해, 필수적으로 거쳐야 하는 다음 단계로 계속 나아가는 과정을 통해 성취된 것이다.

보디빌딩 및 피트니스 운동에서의 점진성의 원리. 보디빌딩 및 피트니스 '운동'에서도 마찬가지다. 바벨이든 덤벨이든 머신이든 그 무엇이든, 무거운 중량을 들기 위해서는, 먼저 가벼운 중량부터 들 수 있어야 한다. 점점 더 무거운 중량을 다룰 수 있도록 해야겠지만, 이전보다 더 무거운 중량을 들 수 있게 되었다는 단순한 사실만으로, 몸이 더 발전했다든가, 그 운동의 강도가 더 높아졌다든가, 그 운동을 더 효과적인 실시방법으로 더 효과적으로 하고 있다든가, 운동 개념과 지식이 발전했다고 할 수 있는 것도 전혀 아니다 (비록 그 운동에서 발휘할 수 있는 자신의 힘은 늘었겠지만). 또한, 갈수록 상급운동을 추가로 도입하거나 상급운동으로 나아가야겠지만, 상급운동을 초보·초급자가 해서는, 아무리 가벼운 중량으로라도 그 상급운동을 제대로 된 자세와 동작으로 해내지 못하고, 설령 제대로 하더라도 몸이 그것을 받아들여 발전적으로 변하는 것은 전혀 아니다.

보디빌딩 및 피트니스 포징에서의 점진성의 원리. 그러나 보디빌딩 및 피트니스 '포징'에서는 꼭 그렇지만은 않다. 몰라서 문제지, 알기만 하면 바로 자신의 몸에 적용할 수 있고, 그러면서 그 효과를 바로 볼 수 있는 게 대부분이다. 시합에 대해, 그리고 포징에 대해 가장 빠르고 쉽고 확실하게 배우는 방법은, 선수로서 시합출전을 시작하고, 그다음에는 시합출전을 반복하는 것이다. 그러나 이것만으로는 알 수 없는 게 많다. 인터넷으로, 선수들의 시합사진으로 알 수 있는 것도 있고, 전문선수여야만 알 수 있는 것도 있는가 하면, 물론, 당신이나 내가 생각하거나 깨달은 것 중에, 정상급 전문선수조차도 미처 생각지 못하거나 깨닫지 못한 게 있을 수도 있다. 그리고 그 모든 것을 이 [시합편]에서 다룬다.

운동 기술 연습 계획. '운동 기술 연습 계획'motor skill practice scheduling, 즉 운동 기술을 습득하기 위한 연습 일정을 어떻게 계획할 것인가 하는 데는 '전습법'과 '구획법'의 개념이 있다. 전습법whole-task practice은 학습자가 과제를 한 번에 전체적으로 학습하는 것으로, 농구에서의 드리블 연습은 여기에 해당한다. 분습법part-task practice은 학습자가 과제를 복수의 하위단위들subunits로 나눠 학습하는 것으로, 체조에서의 마루운동 연습은 여기에 해당한다.

보디빌딩 및 피트니스 포징에서의 연습 계획. 그런 면에서, 보디빌딩 및 피트니스 포징 연습은 기본적으로 전습법에 해당한다고 생각하는 게 좋을 것 같다. 초기에 상체 포징 80점, 하체 포징 70점, 코어 포징 60점의 경우보다는 상체 포징 70점, 하체 포징 70점, 코어 포징 70점의 전신의 총체적 포징이, 특히 장기적·발전적 관점에서, 훨씬 더 바람직할 것이기 때문이다. 나는 초기 수년간 거의 또는 전혀 그러지 못했기 때문에, 이후 이를 더 잘 깨닫게 되었고, 그래서 그 확신으로 이렇게 말할 수 있는 것이다.

나는 이 [시합편]에서 포징의 기본원리뿐 아니라 상급원리, 그래서 아주 기초적인 포징에서부터 시행착오 포징, 바람직한 포징, 고난도 포징까지 한꺼번에 모두 설명할 것이다. 물론, 단계별로 이해하기 쉬운 구성으로 제공할 것이니, 적어도 보디빌딩 및 피트니스 시합출전 경험이 단 한 번이라도 있는 독자라면, 그리고 집중하기만 하면, 어렵지 않게 따라올 수 있을 것이다. 누구든 이 모든 것을 접하고 나면, 그 어느 것도 처음부터 바로 이용할 수 있다. 물론, 이 모든 것을 접했다고 해서 바로 자신의 몸에 완벽하게 적용할 수 있는 경험과 인식 수준이 되지도, 그걸 적용할 수 있는 몸 상태도 아닐 것이다. 그래도 처음부터 모두 아는 것은 시행착오를 줄이는 데 엄청나게 중요한 것이다. 그래서 이 책에 그렇게도 사진과 글이 많은 것이다. 아무리 많은 사진도, 아무리 많은 글도, 절대로 과할 수는 없다.

기본포즈와 자유포징

레벨에 상관없이, 남녀 보디빌딩 및 피트니스 선수라면 시합무대에서 반드시 해야 하는, 그래서 필수적으로 익혀야 하는 포즈가 있는데, 〈일반적 발표〉와 〈규정포즈〉다. 이들 포즈에 더해, 레벨에 상관없이, 남자 보디빌딩 선수라면 가장 흔하게 하게 되는 포즈가 있는데, 〈최고 근육질 포즈〉다. 이들을 편의상 '기본포즈'basic poses라 부르기로 하자. 그리고 추후 기본포즈에 더해 하게 되는 〈자유포징〉에서의 자유포즈는 '상급포즈'advanced poses라 할 수 있다. 내가 [운동편]에서 신체부위별 운동을 기본운동, 상급운동으로 분류하는 것처럼 말이다.

기본포즈

나는 이 [시합편]에서 당신이 〈일반적 발표〉와〈규정포즈〉를 포함한 기본포즈에 있어서의 총체적인 포징을 세부적인 것까지 모두 알 수 있게, 다음 장 [경기종목별 포징]에서 포즈 각각에 대해 IFBB 규정집, 아놀드 백과, 내가 해온 포징, 내가 생각하는 포징, 정상급 선수들의 포징을 함께 구성했다.

IFBB 규정집. IFBB 규정집을 먼저 살펴보는 것은, 포즈 관련 '규정'이 정확히 어떻게 돼 있는지 알기 위함이다. 그래야 지킬 건 지키면서 자신에게 가장 유리한 포징을 선택할 수 있는 것이다. 또한, 규정 외의 정보나 힌트도 덤으로 얻을 수 있다.

IFBB(세계보디빌딩연맹)는 보디빌딩 및 피트니스에서 가장 영향력 있고 가장 중심적인 국제단체[기구]고 IFBB 규정은 IFBB와 KBBF(대한보디빌딩협회)를 포함한 IFBB 산하 단체에 의한 시합에 적용되는 규정이다. 그러나 이들 단체 외에도 다양한 단체에 의한 수많은 국내외 보디빌딩 및 피트니스 시합이 있고, 그런 시합에서는 그들 자체 규정을 따르겠지만, 특히 포즈에서는, IFBB 규정집이 기본이 되는 것은 분명하고, 다르다 하더라도 대동소이할 수밖에 없어서, IFBB 규정집만 참고하는 것으로 충분할 것이다.

그런데 인터넷, 출판물 등에 나오는, 〈규정포즈〉에 대해 하나같이 똑같은 기존 한글 설명들은 대부분이 영어 IFBB 규정집rule book의 해당 부분으로부터 비롯되었을 텐데, 시합 경험자가 대충 이해하기에는 별 무리가 없지만, 오역과 생략이 많은, 다소 부정확하고 불충분한 것이라 할 수 있다. 이 [시합편]에서 앞으로 나오는 IFBB 규정집 인용 부분은 최신 IFBB 규정집의 해당 부분을 내가 가감 없이, 있는 그대로 번역한 것으로, 물론, 독자의 오해나 혼란을 막기 위해, 일부 불필요하게 다양한 표현은 배제하고 가급적 용어는 통일하고자 했다.

IFBB 규정집의 영어 표현을 보면, 선수와 심판의 자유도가 크다는 걸 알 수 있다. 대부분이 '선수와 심판은 이렇게 해야 한다.'는 식이 아니라 '선수와 심판은 이렇게 할 것이다.'는 식으로 돼 있다. 실제로도 그렇다. 규정은 규정이고 실전은 실전이다. 포즈가 구체적으로 규정돼 있어서 이름도 그런 〈규정포즈〉를 선수들은 아주 다양하게 한다.

때로는 선수들이 세부사항에서 규정에 어긋나게 하기도 한다. 그러나 선수들이 이들 포즈를 아무리 다양하게 하더라도 결국은 그게 어느 포즈인지는 명확히 구분된다. 그래서 아무리 다양하게 하더라도 심판이 지적하지 않는 이상, 그 특정 포즈 각각에 명확히 들기만 하면 자신에게 도움되게 거의 그 어떤 변형이나 조정도 가능한 것으로 보인다. 선수들은 레벨이 높아질수록 자신에게 최적인 세부사항을 어느 정도는 자연히 찾아가게 돼 있지만, 포징에서 더 높은 레벨에 이르기 위해서는 포징 자체만을 위해서도 의식적인 생각, 실험, 경험이 필요하다.

아놀드 백과. 아놀드 백과에서 특정 포즈 각각에 대해 짧은 단 한 문단으로 된 해당 부분을 살펴보는 것은, 아놀드는 실제로 어떻게 했고 어떻게 하기를 권하는지, 그 아놀드의 '비결'을 단편적으로라도 먼저 알기 위함이다. 이 부분은 아놀드 백과 번역서에서의 내 번역 문장을 새로이 약간 손본 것이다. 용어와 의미 차이는 전혀 없지만, 어순과 어법 등을 약간 바꿨다. 어순과 어법에서는 '결과나 목적을 나타내는 부사적 용법의 to 부정사'의 번역에서, 예를 들면, 〈전면 이두근 포즈〉에서 '손목을 몸쪽으로 돌려, 이두근 봉우리를 이끌어내라'고 번역했던 것을 '이두근 봉우리를 이끌어내기 위해, 손목을 몸쪽으로 돌리라'는, 좀 더 단순 직역 식으로 바꾼 것이다. 이전에는 방법이나 과정을 더 중시해 문장 앞쪽으로 배치했지만 (방법이나 과정 → 목적이나 결과), 이번에는 목적이나 결과를 더 중시해 문장 앞쪽으로 배치했다는 차이이다 (목적이나 결과 ← 방법이나 과정). 문장 앞쪽의 내용이 문장 뒤쪽의 내용보다 더 중요하게 각인되는 경향이 있기 때문에, 내가 포징에서 수년간 시행착오를 거치면서, 방법이나 과정보다는 목적이나 결과를 더 깊이 새기는 게, 중요한 사항을 항상 우선순위에서 잊어버리지 않고, 포징 중에도 거듭 반드시 그렇게 되었나를 확인하는 데, 더 중요하다고 느끼게 되었기 때문이다.

아놀드 백과를 제외하면, IFBB 규정집과 대부분의 보디빌딩 안내서를 포함한 어떤 자료에서든, 포즈에 관해 설명하는 사진과 글은, 일반적으로 정말 간단하다. 〈일반적 발표〉, 그리고 7가지(남자) 또는 5가지(여자) 규정포즈 같은 가장 기본적인 포즈 몇 가지에 대해서만, 그것도 포즈마다 단 한 장의 사진과 한두 문단의 설명으로 끝난다. 그러나 그 사진과 설명이 아무리 완벽해 보이더라도, 거기에 오류가 없을 뿐이지 선수의 전신의 총체적인 포징을 위해서는 그것만으로 충분히 가르쳐줄 수 있는 것은 전혀 아니다. 그 사진이나 설명대로 하는 게 이상적이라 할 수 있는 경우라 하더라도, 아무리 많은 시간과 노력을 들여도 모두가 그렇게 할 수는 없을 뿐 아니라, 더 중요한 것은, 잘못된 것을 그대로 사진으로 보여주면서 그게 왜 잘못되었고 왜 그런 결과가 나왔고 그렇게 되지 않으려면 어떻게 해야 하는지를 글로도 설명하지 않으면, 대부분의 사람이 내가 거쳤던 시행착오를 반복할 가능성이 아주 크다.

나는 포징도 처음에 아놀드 백과를 통해 대부분을 배웠다. 거기에 전직 정상급 선수로부터 포징 지도도 아주 약간 받았다. 그러나 첫 시합출전 이후는 혼자서 준비하고 출전하는 경우도 많았고, 내 포징에 조언해주는 이는 사실상 전혀 없었다. 아놀드 백과에서 포징 부분의 분량은 거의 100페이지에 이른다. 그만큼 포징은 간단한 게 아니라는 뜻이다. 나는 아놀드 백과에서의 포즈 설명을 토대로 처음부터 지금껏 포징해왔다. 그래서 내 포즈는 기본적으로 아놀드의 것과 어느 정도 닮았다. 그리고 아놀드 백과에 나오는 몇몇 인상 깊은 다른 선수들의 포징도 자연스레 내 포징에 어느 정도는 녹아 있었다. 그러나 아놀드 백과에서의 짧은 포즈 요령 설명 중에서도, 내가 내 포징에 적용하는 데 놓치고 지금껏 수년간 잘못한 게 여전히 많다. 까맣게 잊어버리고 못한 것도 많고, 항상 무척이나 당연하게 생각하고 강하게 유념하고 있으면서도 실전에서 해내지 못했다는 사실을 시합사진을 통해 발견하는 경우도 수없이 많다.

내가 해온 포징. 아놀드 백과는 보디빌딩, 나아가 보디빌딩 시합, 더 나아가 보디빌딩 포징에 관한 한, 내가 아는 가장 실제적이고 자세하고 방대한 책이다. 그리고 그 역자인 나는 아놀드 백과를 세상에서 가장 여러 번 읽은 사람 중 하나일 것이다. 그리고 아놀드 백과로부터 자극과 정보를 받아 보디빌딩 시합출전을 시작했고 그렇게 해서 2015년까지 8년간 10회 정도의 시합에 출전해왔다. 그런데도 특히 포징에서 매번 수많은 시행착오를 했다.

아놀드 백과에서의 각 포즈별 설명은 익히 내 머리에 들어 있지만, 그리고 선수마다 대표적인 포즈, 그리고 그 포즈에서의 특징적인 포징은 인상적으로 남아 있었지만, 아놀드 백과 전체를 통틀어 모든 선수의 모든 포징 하나하나를 비교분석적으로 살펴본 적은 거의 없었다. 그러다 보니, 아무리 이후 올림피아 대회나 코리아 대회의 정상급 선수들의 시합사진을 보더라도, 선수들의 포징 원리, 내 몸에서의 포징 원리를 제대로 깨닫지 못했다. 나는 아놀드 백과가 알려준 것의 절반도 최근까지는 제대로 못 했던 것 같다. 몰라서가 아니라, 알아도 그렇게 안 되었던 것이다.

또 하나는, 아놀드 백과마저도 포징에 있어서 충분히 자세하다고 할 수만은 없다는 것이다. 어떻게 하면 왜 좋고 어떻게 하면 왜 안 좋은지를 하나하나 빠짐없이 다 짚어주지는 못하고 있기 때문이다. 아놀드 백과를 되돌아보면, 사진이나 글로 설명된 것도 내가 제대로 해내지 못한 것도 있고, 사진이나 글로는 충분히 설명되지 않은 것도 있다.

포징에 있어서는 특히 더, 시간이 지나고 경험이 쌓이면서 시행착오를 통해 스스로 깨닫게 되는 것도 있지만, 그러지 못하는 것은 훨씬 더 많을 수 있다. 나 역시도 이 [시합편]을 쓰면서, 체계적이고 구체적으로 가르쳐줘야겠다는 생각을 하다 보니, 선수들의 시합사진을 더 많이 보게 되고, 내 사진도 더 분석적으로, 왜 좋고 왜 안 좋은지, 왜 같은 실수를 반복하는지 찾아보게 되면서 알게 된 게 훨씬 더 많다.

그래서 초기부터 지금껏 내가 해온 포징으로, 내 초기 모습, 수많은 시행착오, 변화·발전 과정, 실험을 담았다. 내가 수년간 시합출전을 해오면서도 근육발달과 체지방감량 부족은 물론이고, 수분조절, 컬러링과 오일링, 펌핑 등을 제대로 해본 적이 거의 없는 것과 마찬가지로, 무대에서 포징도 제대로 해본 적이 드물다. 어느 한 포즈가 괜찮았더라도 다른 포즈는 엉망이었다든가 상체는 괜찮았으나 하체가 엉망이었다든가 하는 식이다.

여기서 나는 내 자연미와 각각의 포즈에서 시간 흐름에 따라 어떻게 발전 또는 퇴보했는지, 그리고 이 모든 게 포징(플렉싱 또는 릴랙싱을 포함해)에 따라 어떻게 변하는지 비교평가할 수 있게도 했는데, 대체로 시간이 갈수록 나아지고 있지만, 반드시 그런 것도 아니고 때에 따라서는 갑자기 나빠지기도 한다. 그때마다 내가 어떻게 조정했는지, 아니면 똑같은 시행착오를 어떻게 반복했는지, 그리고 지금은 어떻게 생각하는지 등을 통해 당신은 어떻게 포징할 것인지에 관한 힌트를 얻을 수 있을 것이다. 포징을 말로 설명한다고 되는 게 아니기 때문에, 포징에 따른 차이를 사진으로 직접 보여주면서 글로도 설명해야 하는데, 독자 모두가 자신의 몸으로 사진을 일일이 찍어보고 비교평가해보기가 거의 불가능하기 때문에 더욱 그렇다.

내가 생각하는 포징. 앞에서 나는, 포징 기술을 주로 어디서 배우거나 어떤 포징이 내게 인상적으로 남아 있느냐 하는 면에서, 내 포징은 거의 아놀드 백과에 의해 영향받은 것이고, 그렇다고 내가 아놀드 백과대로 다 알아보고 내 포징에 다 적용했느냐 하면, 절대 아니라고 했다.

처음에 아놀드 백과를 보면서, 나는 그 설명은 모두 이해했다고 생각했다. 그 글씨로 된 부분은 모두 내 머리에 남아 있고, 대부분은 내 몸에 반영시키려 해왔다. 그러나 사진으로 된 부분에서, 따로 설명이 없는 부분은 내가 보지 못한 게 많았다. 내가 이 백과 집필을 위해, 그리고 내 포징의 아쉬움에 대한 이유와 해결책에 대한 실마리를 찾기 위해 다시 아놀드 백과에서의 포징 사진을 유심히 볼 때 비로소 알아차릴 수 있는 것도 많았다.

그래서 결론적으로 현재 내가 생각하는 포징을, 나는 이 책에서 가급적 글로 다 해주려 한다. 한 사진만 갖고도 해주고 싶거나 해줄 수 있는 말이 많지만, 그러면 한 사진에서 봐야 할 게 너무 많아져 집중되지 않거나 힘겨워질 수도 있어서, 가급적 한 번에 받아들여야 할 양이 너무 많아지지 않게 고루 분산하면서도, 또한 중요한 것들이 너무 흩어져 있지 않고 한눈에 보이게 정리하자고도 했고, 다음번에서는 문제를(선수들의 다른 사진을) 통해 자신이 무엇을 배웠고 무엇을 드디어 볼 수 있게 되었는지 독자가 스스로 시험해볼 수 있게끔, 초반에 많이 설명하고 후반에 설명을 자제하는 방법을 쓰기도 했다. 그리고 뒤에서는 같은 사항이 반복될 때는 내가 더 언급하지 않아도 이미 아쉬운 점을 독자가 알아차렸을 거라고 짐작 또는 간주하고, 그때까지 언급하지 않고 남겨두었던 점을 그제야 한두 개씩 설명하기도 했다.

나로서 조금 아쉬운 점은, 내가 이 책을 쓰면서 깨닫게 된 게 많아서, 직접 내 몸에 적용해 발달시키고 포징으로 보여줄 사진을 찍지 못했기 때문에, 내가 가장 좋아하고 잘하는 진료조차 하지 않고 뒤로 미루면서 집필에 장기간 몰입하다 보니, 그리고 불운한 개인사정이 겹쳐, 정신건강이 나빠질 대로 나빠진 상태에서도 이 백과 집필에 매진하고 있는 현재, 내가 최선을 다한다고 해서 내가 당장 더 인상적인 몸으로 더 권장할 만한 포징을 단 한 장의 사진으로 보여줄 수는 없다는 것이다. 몸은 의지만으로 되는 게 아니라 정신건강이 받쳐줘야 하는 것인데 (이는 정신건강이 호르몬에 크게 영향 미치기 때문이기도 하다), 그래서 내가 이 [시합편]이라도 마무리하고 진료를 다시 본격적으로 시작하기 전까지는 좋은 몸이 나올 수는 없기 때문이다.

선수들의 포징. IFBB 규정집과 아놀드 백과에서의 관련 내용, 내가 생각하는 포징에 대한 시각적 자료가 되거나 내 심미적 기준에 좋아 보이는 선수들의 포징 사진을 골랐다. 대부분이 국내 정상급 선수들의, 몸 자체로 도움되든지 포징으로 도움되든지 하는 것들이다.

물론, 어느 한 선수의 어떤 포징이 총체적으로 완벽할 수도 완벽하지 않을 수도 있는데, 독자는 선수들의 몸과 포징을 전체적인 첫인상만으로 감상할 게 아니라, 완벽하면 왜 완벽하고 완벽하지 않으면 왜 완벽하지 않은지, 발끝에서부터 발목, 종아리를 거쳐 대퇴, 엉덩이까지, 손끝에서부터 손목, 전완을 거쳐 상완, 어깨까지, 그리고 머리끝까지, 어느 선수가 어떻게 포징하고 있는지, 왜 그렇게 포징하고 있는지, 어느 부분이 어떻게 좋거나 아쉬운지, 저자는 이 사진에 어떤 부연설명을 하고 싶을지, 독자 자신이라면 신체부위별로 아주 구체적으로 어떻게 포징할지 생각하면서 문제풀이를 하듯, 선수들끼리, 또는 같은 선수의 다른 때, 또는 다른 포징을 비교심사해보듯 하면서 분석적으로 봄으로써 스스로 많은 것을 배울 수 있을 것이다. 이 과정을 거친 후 아놀드 백과에서, 그리고 인터넷에서 다양한 선수의 다양한 포징을 보면 더 많은 게 보이게 될 것이다. 그게 보일 때, 자신의 몸에 자신의 포징으로 더 잘 적용할 수 있다.

자유포징

'개인 포징 루틴 면에서 세계 정상급' 선수들의 〈자유포징〉은 보기에는 환상적이지만, 비슷하게라도 따라 하기는 무척이나 어렵고 복잡한 것이다. 기본포즈를 포함한 다양한 개별포즈를 해내는 일관된 원리와 원칙을 정확히 이해하고 자신에게 잘 개인맞춤된 포즈와 포징 루틴으로, 포즈 하나에서부터 포즈와 동작의 총합인 〈자유포징〉을 잘하는 것은 정상급 선수에게도 결코 쉬운 게 아니다.

〈자유포징〉은 마치 TV나 인터넷 동영상에 나오는 남녀 아이돌 가수나 솔로 댄스 가수가 음악에 맞춰 춤을 추는 것과 비슷한 과정과 결과를 거친다. 그들은 연습실 거울 앞에서 무수히 많은 시간을 보낼 것이다. 표정과 손짓 하나 놓치지 않고, 매번 무대에 오를 때마다 그 안무를 연습실에서와같이 해내고, 그런 과정이 반복되면서 그 안무가 점점 몸에 익고 세련돼지고 자연스럽고 보기 좋고 따라 하고 싶은 안무가 되는 것처럼. 현재 보는 카이 그린Kai Greene의 그런 독특하면서도 완성도 높은 〈자유포징〉은 그로서도 오래 전부터 해오던 것이고, 거기에 비하면 훨씬 단순해 보이는 과거의 아놀드의 〈자유포징〉조차 대부분의 선수는 흉내 내기 어려운 것이다.

비록 이 [시합편]에서 몇몇 자유포즈를 다루고 있기는 하지만, 〈자유포징〉에 있어서만큼은 아놀드 백과를 더 적극적으로 참고하기를 권한다. 그리고 추가로 인터넷 유튜브에서 과거와 현재의 올림피아 대회나 아놀드 클래식 정상급 선수들의 포징 루틴을 주로 참고하면 좋겠다.

포징 연습 원리

아놀드는 어릴 때부터 포징이 훌륭했고, 갈수록 몸과 포징이 세련돼지기는 했지만, 전성기가 될 때까지 포징에서는 큰 변화는 없는데, 이는 그가 어릴 때부터 비교적 올바른 포징 테크닉으로 시작했고, 그 포징이 얼마나 많은 연습으로 단련돼왔는지 짐작할 수 있는 부분이다.

무대에서의 포징은, 무대에 오르기 전까지 포징 연습을 어떻게 해왔는지를 완전히 똑같이 보여준다. 그래서 포징에 관한 한, 연습이 시합보다 훨씬 중요하다. 대부분은, 나쁜 것은 연습한 그대로 시합에서 드러나지만, 좋은 것은 놓치거나 빠뜨리거나 실패하는 경우가 많다는 것이다.

공부와 시험 비유. 시험에서 한번 틀린 문제는 다음에 또 틀리기 아주 쉽다(그래서 학창시절, 오답 노트를 만들어 다음 시험에 대비하는 게 도움되는 것이다). 그렇게 되는 이유는, 그게 틀렸다는 사실 자체를 까맣게 몰라서일 수도 있고, 틀렸다는 사실은 알되 왜 틀렸고 어떻게 틀렸고 어떻게 하면 다시는 틀리지 않을지를 총체적으로 자신에게 강하게 인식시켜 놓지 않고 넘어가서일 수도 있다. 그래서 오랜만에 그 문제를 다시 접하면, 처음에 틀리게 된, 그런 기억이나 사고체계가 여전히 기본적으로 강하게 작동할 수 있기 때문이다. 나는 당연히 맞았다고 확신하고 넘어간 문제를 중요한 세 차례의 같은 시험, 같은 문제에서 결국 그렇게 똑같이 틀린 경험이 있다. 결국에는 우연히가 아니라 의식 하에 다시 틀리지 않고 맞혔을 때에만 비로소 그 문제는 극복되는 것이다. 포징에서도 꼭 그렇다. 더한 문제는, 잘못이나 아쉬운 점을 알아차리지 못하는 새, 그 잘못이나 아쉬움은 점점 '강화'될 수 있다는 점인데, 그래서 포징의 어느 요소가 갈수록 악화되는 것이다.

'아는 대로 쓰시오.' 유형의 서술형describe 시험문제에서, 사전에 일목요연하게 정리해 써보지 않았다면 시험에서도 그 비슷하게조차 절대 써낼 수 없는 것처럼, 연습 때 해보지 않은 걸 시합 때 할 수도 없고, 연습 때 잘하지 못한 걸 시합 때 잘할 수도 없다. 더구나 긴장돼서든, 컬러크림, 오일, 땀 때문에 몸이 손에 미끄러워서든, 무대나 포즈대 바닥이 맨발에 미끄러워서든, 시합무대에서의 포징은 연습 때의 포징보다 어렵거나 잘 안 될 가능성이 크다. 게다가 시합무대에서 포징을 할 때는, 연습 때와는 달리, 거울도 없어서 시각적 피드백을 통해 자신의 포징을 스스로 실시간으로 점검할 수도 없다.

조언자

상급자. 시합출전 경험이 많은 상급 선수나 지도자 같은 조력자가 있으면 포징 연습에 확실히 도움된다. 나도 첫 시합출전 시즌에는 그랬다. 그러나 이 책을 읽는 많은 독자에게는 그런 기회가 없을 것이고, 나 역시 이듬해부터는 결국 혼자서 내 나름대로 포징을 알아서 하게 되었는데, 나는 일반 개인 선수로, 내게는 수시로 또는 지속해서 포징 조언을 해줄 누군가가 없었기 때문이다.

시합편. 그러나 당신보다 눈높이가 더 높은 타인이 객관적으로 당신을 봐줄 수는 있지만, 당신 자신만큼 당신 몸을 많은 시간 봐줄 수는 없고, 미세한 변수를 당신의 몸에 적용하면서 다양하게 시험해보고 시행착오를 거치면서 당신에게 가장 잘 개인맞춤된 포징을 찾아가야 하는 것은 결국 당신 자신일 수밖에 없다. 물론, 당신은 그러기에 부족하지 않을 만큼의 포징 변형이나 변수를 이 [시합편]에서 확인할 수 있을 것이다.

포징을 잘하고 결과적으로 포즈가 확실히 좋아지려면 몸도 받쳐줘야 한다 (근육발달, 체지방, 유연성, 나아가서는 (협의의) 컨디셔닝까지). 그런 면에서, 나는 어느 포즈 하나 확실히 잘해온 게 없는 것 같고, 이 [시합편]의 내 포징 대부분에는 그런 시행착오나 아쉬움이 포함돼 있다. 독자들은 내 모습들에서는 포징 원리를 과정으로서 이해하고, 다른 정상급 선수들의 모습들에서는 결과로서 확인하는 용도로 주로 생각하면 되겠다.

사진과 동영상

거울 앞에서 포징 연습 하는 것을 넘어, 자신의 포징을 사진과 동영상으로 확인하는 것은 아주 중요하지만, 대부분의 선수는 그렇게 하지 못한다. 당연히 사진은 기본포즈에서, 동영상은 자유포징에서 더 중요해지는데 (그래서 포징 연습에 있어서 사진이 기본원리라면, 동영상은 상급원리라 할 수 있다), 시각적으로 바로 확인되는 포징의 완성도 면에서, 기본포즈에서는 연결동작보다는 완성포즈가, 자유포징에서는 완성포즈보다는 연결동작이 훨씬 더 중요하기 때문이다.

기본포즈. 사진은 말할 것도 없고, 동영상은 자유포징이 아닌 기본포즈에서도 역시 중요하다. 개인적으로든 인터넷상이든, 선수의 경기 모습은 대부분은 사진으로 남게 되고, 간혹 동영상으로 남는다 하더라도 그것은 주로 정상급 선수들에 대한 것이다. 그래서 대부분의 초급 선수는 무대에 선 자신의 기본포즈조차도 동영상으로 처음부터 끝까지 확인할 기회가 거의 없다. 그러나 적어도 한 번은 그렇게 해보기를 권한다. 누군가가 당신을 대신해, 한 명은 당신의 사진을 찍고, 한 명은 당신의 동영상을 찍게 하는 식으로 말이다.

사진은 사진대로, 동영상은 동영상대로 장단점이 있다. 당연히 사진은 동영상보다 화소와 화질 면에서 훨씬 우수한 게 일반적이다. 그러나 사진은 대부분은 포즈당 한두 장씩 찍는 게 일반적이고, 포징의 미세한 변화가 미치는 영향을 알기 위해서는 연속된 많은 사진이 필요하다. 그러나 연속으로 아무리 많은 사진을 찍어도 동작을 제대로 확인할 수는 없다. 자유포징에서와 같은 연결동작의 중요성은 덜하다 하더라도, 기본포즈에서조차 연결동작이나 완성

포즈 상태를 유지하면서 심판들에게 고루 어필하려는 자신의 생생한 모습을 동영상으로 직접 확인하는 것은 무척 중요한 발전적 기회가 된다.

내가 수년 전, 기본포즈에서의 내 모습을 누군가에게 처음으로 동영상으로 찍게 했을 때, 시합 후 그 동영상을 보고 내 포징이 그렇게도 분답고 엉성했는지, 그리고 내가 좋을 거라고 생각하고 일부러 그렇게 한 포징이 오히려 어떻게 역효과를 내는지, 나는 단번에 알아볼 수 있었고, 당연히 그런 똑같은 실수는 이후 반복하지 않게 노력할 수 있게 되었다.

자유포징. 〈자유포징〉을 위해서는 동영상이 훨씬 중요해져, 거의 필수적이다. 〈기본포즈〉에서도 동영상의 역할이 엄청난데, 〈자유포징〉에서는 말할 것도 없다. 물론, 자유포징은 그것을 해야만 하는, 중·상급 선수에게 주로 해당하는 것이어서, 초급 선수가 신경 쓸 필요는 거의 없다.

내가 시합무대에서 몇 번 해본 〈자유포징〉은 다시 보고 싶지 않은 부끄럽고 끔찍한 모습 중 하나일 정도로, 그리고 주제넘고 미안한 말이 될 수도 있겠지만, 나는 그 어떤 정상급 국내 선수도 정말 멋진 〈자유포징〉을 하는 것을 본 적이 없고, 어느 정도 볼 만한 〈자유포징〉을 했다고 내 기억에 남아 있는 선수조차도 겨우 한두 명 정도일 만큼, 정말 멋진, 완성도 높은 〈자유포징〉을 위해서는, 그야말로 몸과 포징에서 총체적으로 엄청난 수준이 필요한 것이다(아놀드, 도리안 예이츠, 카이 그린 등, 참고할 만한 정상급 선수들의 〈자유포징〉 동영상은 인터넷 유튜브에서 확인할 수 있다).

포즈 공통 원리

포즈별로 각각 적용되는 원리도 있고 (포즈별 원리), 포즈에 상관없이 공통으로 적용되는 원리도 있다 (포즈 공통 원리). 포즈별 원리는 앞으로 나오는 [경기종목별 포징]에서 구체적으로 살펴보겠지만, 포즈별 원리라 하더라도 그 특정 포즈의 원리가 다른 많은 포즈에서도 기본적으로 공통 적용 가능한 게 많은데, 그래서 내가 어느 한 포즈에 관한 설명을 다른 포즈에서 하지 않았다 하더라도 공통 원리로 생각해볼 수 있다. 그래도 특히 포즈 공통 원리라 할 만한 것을, 결론부터 알아보는 차원에서, 여기서 먼저 살펴보자.

전신의 총체적 포징. 패션모델이 런웨이에서 워킹과 그 워킹 처음, 중간, 마지막에 포즈를 잡듯, 보디빌딩 및 피트니스 선수들도 그렇게 포징을 하지만, (특히 보디빌딩) 선수에게는 전신에서 가려지는 부분이 작은 선수복 외에는 없어서, 심판, 관객, 카메라 등의 주된 관찰자에게 보이는 어느 한 신체부위·근육도 그냥 무관심 하에 내버려둬서는 최고의 포징이 될 수 없다. 발끝, 손끝에서부터 심지어는 머리의 전후 위치, 상하좌우 방향, 시선에 이르기까지, 전신의 총체적 포징이 필요하다.

플렉싱 vs 릴랙싱. 또한, 특히 보디빌딩 선수에게는 추가로 요구되는 게 있는데, 전신적으로 근육에 긴장을 가하는 것, 즉 '의식적인' '전신적' **플렉싱**flexing이다. 이런 플렉싱 못지않게, 특정 포즈에서는 특정 소수의 신체부위·근육에는 긴장이 가해지지 않게 하는 것, 즉 '의식적인' '선택적' **릴랙싱**relaxing이 필요할 수도 있다. 신체부위·근육별로 플렉싱을 할지 릴랙싱을 할지는 포즈마다, 그리고 선수마다 다를 수 있는데, 앞으로 나오는 [경기종목별 포징]에서 구체적으로 살펴볼 것이다.

릴랙싱이 가장 중요한 신체부위 중 하나가 얼굴, 즉 **표정**이다. 미인대회 출전자와 마찬가지로, 보디빌딩 및 피트니스 선수도 표정이 좋을수록 좋다. 적어도 남자 보디빌딩, 클래식 보디빌딩 경기종목에서는 국내외 정상급 선수도 표정이 일그러지는 경우가 많고, 나도 예외는 아니고, 표정이 실제로 채점에 반영되는 경우는 거의 없는 것 같지만, 나머지 경기종목에서는 그렇지 않을 수 있다.

그런데 포징이든 플렉싱이든 릴랙싱이든, 제대로 하려면, 먼저 이 모든 신체부위·근육을 완전히 통제할 수 있어야 하는데, 선수복 외에는 그 어느 것으로도 몸을 가리지 않고, 전신을 최대한 심미적으로, 그리고 가능하면 근육질을 돋보이게 하는 쪽으로 총체적인 포징 앤 플렉싱 앤 릴랙싱을 하면서, 얼굴은 편안하고 밝은 표정을 짓는 것은 무척이나 어려운 것이어서, 그만큼의 생각, 실험, 경험이 필요하다. 그래서 나는 이 [시합편]에서 하체 포징, 코어 포징, 상체 포징, 그리고 심지어는 머리 포징 등으로 구분하고 ([운동편]에서 나는 코어를 복근, 전거근, 척주기립근, 둔근을 통칭하는 말로 쓰고 있다), 나아가서는 다시 세분해 각각에 대해 따로 구체적으로 살펴보는 것이다.

하체부터, 말단부터. '포징 앤 플렉싱'은 최소한 하체의 대퇴에서부터, 그리고 더 좋기에는 '발끝에서부터' 시작해 '아래에서 위로' '머리끝까지' 올라와야 한다. 포즈에 따라 한쪽 또는 양쪽 발앞꿈치로 바닥을 누르면서 발뒤꿈치를 살짝 또는 최대한 들고 종아리, 대퇴, (주로 후면, 측면 포즈에서) 대둔근 '포징 앤 플렉싱'을 완수하고 대퇴, 둔근을 거치는 식으로, 즉 아래에서 위로 잡아가는 것이다. 대퇴와 둔근은 물론이고, 종아리 플렉싱 앤 포징을 나는 유념하면서도 그 포징 방법이 근본적으로 잘못돼, 시합에서는 흔히 놓쳐왔다. 그래서 내가 포즈별 포징에서 이 점을 특히 강조하고 있기도 하다. 하체부터 포징하는 것에 더불어, 발끝, 손끝 같은 말단에서부터 포징을 시작한다는 것도 중요한 사실이다. 때로는 발끝, 손끝이 시선을 분산시키고 포징을 엉성하거나 어색하게 보이게 하기 때문에 더욱 그렇다. 숙련되면, 전신 포징을 일시에 완성한 후, 일시에 전신 플렉싱을 할 수도 있는데, 〈자유포징〉에서는 이 점이 특히 중요하다.

개인맞춤. 아놀드 백과나 이 [시합편]에서, 어느 선수의 어느 완성포즈나 연결동작[이행동작]transition, 예비동작preliminary move, 중간포즈intermediate[in-between] poses 사진이나, 심지어는 내 어느 주장이 강하다거나 어느 설명이 당신에게 인상 깊었다거나 해서, 그게 꼭 당신에게도 최선의 포징에 그대로 적용되는 것은 아닐 수 있다. 선수는 규정에서 크게 벗어나지 않는 범위에서, 각자 자신에게 최선의 포징이 되게 하기 위한 개인맞춤[개인화]individualization[personalization]이 필요하다.

경기종목

보디빌딩 및 피트니스 '경기종목'disciplines에는 **남자 보디빌딩** (흔히 일반부, 학생부[고등부], 마스터즈[중·장년부] 경기로 나뉜다), **클래식 보디빌딩** (남자 경기종목이다), **여자 보디빌딩** (학생부나 마스터즈가 따로 없이 모두 일반부인 셈이다), **보디피트니스** (여자 경기종목이다), **남자 뷰티바디**, **여자 뷰티바디** 등이 있다.

이들 경기종목에 따라, 그리고 '전문체육' 시합이냐 '생활체육' 시합이냐에 따라, 그리고 특정 시합에 따라, 체중weight 체급이냐 연령age 체급이냐 신장height 체급이냐 하는 체급분류categorization 기준이 달라지고, 포즈를 포함한 심사항목, 복장 또한 달라질 수 있다.

경기종목에 따른 일반적인 체급, 심사항목, 복장 등에 관해서는 앞으로 나오는 [경기종목별 포징]에서 어느 정도 살펴보겠지만, 시합마다 조금씩 다를 수 있기 때문에, 선수는 자신이 출전하고자 하는 시합의 '시합요강'을 항상 살펴보고 이에 관해 사전에 확인하는 게 좋다.

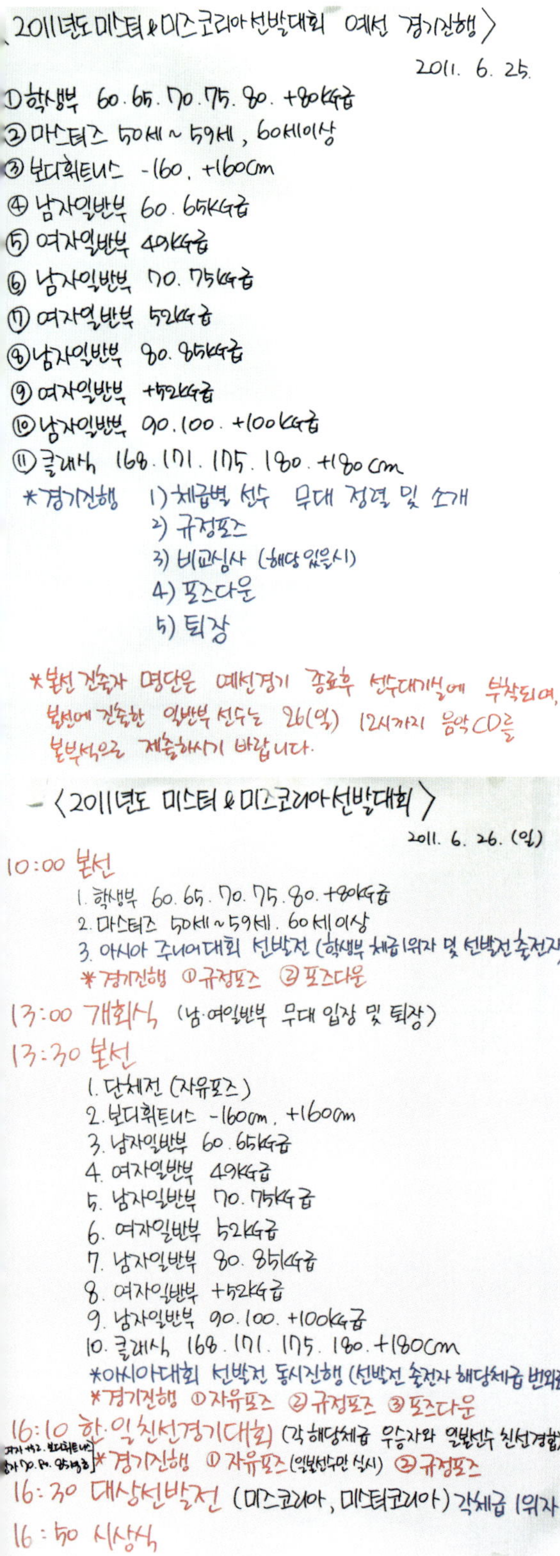
〈2011년도 미스터&미즈코리아선발대회 예선 경기진행〉
2011. 6. 25.
①학생부 60. 65. 70. 75. 80. +80kg급
②마스터즈 50세~59세, 60세이상
③보디휘트니스 -160, +160cm
④남자일반부 60. 65kg급
⑤여자일반부 49kg급
⑥남자일반부 70. 75kg급
⑦여자일반부 52kg급
⑧남자일반부 80. 85kg급
⑨여자일반부 +52kg급
⑩남자일반부 90. 100. +100kg급
⑪클래식 168. 171. 175. 180. +180cm
*경기진행 1) 체급별 선수 무대 정렬 및 소개
2) 규정포즈
3) 비교심사 (해당 있을시)
4) 포즈다운
5) 퇴장
*본선 진출자 명단은 예선경기 종료후 선수대기실에 부착되며, 본선에 진출한 일반부 선수는 26(일) 12시까지 음악CD를 본부석으로 제출하시기 바랍니다.

〈2011년도 미스터&미즈코리아선발대회〉
2011. 6. 26. (일)
10:00 본선
1. 학생부 60. 65. 70. 75. 80. +80kg급
2. 마스터즈 50세~59세. 60세이상
3. 아시아 주니어대회 선발전 (학생부 체급1위자 및 선발전 출전자,
*경기진행 ①규정포즈 ②포즈다운
13:00 개회식 (남·여일반부 무대 입장 및 퇴장)
13:30 본선
1. 단체전 (자유포즈)
2. 보디휘트니스 -160cm, +160cm
3. 남자일반부 60. 65kg급
4. 여자일반부 49kg급
5. 남자일반부 70. 75kg급
6. 여자일반부 52kg급
7. 남자일반부 80. 85kg급
8. 여자일반부 +52kg급
9. 남자일반부 90. 100. +100kg급
10. 클래식 168. 171. 175. 180. +180cm
*아시아대회 선발전 동시진행 (선발전 출전자 해당체급 번외로
*경기진행 ①자유포즈 ②규정포즈 ③포즈다운
16:10 한·일친선경기대회 (각 해당체급 우승자와 일본선수 친선경기)
*경기진행 ①자유포즈(일본선수만 실시) ②규정포즈
16:30 대상선발전 (미스코리아, 미스터코리아) 각체급 1위자
16:50 시상식

@ 2011 코리아 대회

경기종목, 체급, 경기진행. 첫날 예선[예심]Prejudging, 다음날 본선[결선]Finals이 열리는 시합에서, 첫날 시합장 선수대기실 벽에 붙은 공지로, 이 시합에서의 경기종목, 체급, 경기진행 순서를 한눈에 알 수 있다.

여기서 남자 일반부 −100kg급, +100kg급은 실제로는 +90kg급으로, 그리고 클래식 보디빌딩은 실제로는 −168cm급, −175cm급, +175cm급으로 치러졌는데, 당일 현장상황에 따라, 이렇게 어느 체급이 합쳐지거나(통합) 없어지기도(폐합) 하고, 경기진행 순서가 바뀌는 것은 자연스럽고도 흔한 일이다.

최근 신규 (피트니스) 경기종목이 추가되어, 이제는 이것보다 훨씬 복잡한 경기진행, 훨씬 많은 출전선수를 볼 수 있게 되었다.

당일 현장에서는 여러 변동사항, 공지사항을 제때 전달받고 여러 변수에 잘 대처하면서 선수 자신은 경기 준비에만 집중할 수 있게, 단순히 '컬러링', '오일링', '펌핑'을 도와줄 누군가 외에도, 이런 역할을 대신해줄 누군가가 시합장에 동행하면 도움되는데, 큰 시합일수록 더욱 그렇다. 나는 후자는 물론이고 전자도 없이 혼자 출전해서, 시합장에서 생면부지의 선수나 동행자에게 컬러링과 오일링을 도움받아야 했던 적도 있었다.

여기서 전문선수든 생활체육선수든, 실업팀이나 기타 경기단체 소속선수, 마니아나 트레이너들로 이뤄진 팀의 일원, 또는 상당한 팬을 갖고 있는 보디빌딩 스타와 나 같은 일반 개인 선수의 차이가 날 수밖에 없다. 선수가 적절한 시기에 '펌핑'을 시작하고 전신의 총체적 펌프 상태를 최상으로 유지한 채 무대에 오르려면, 일단 이 자체도 무척이나 어려운 일이지만, 자신이 무대에 오르는 시점도 정확히 알아야 하는데, 출전 선수가 많고 현장이 복잡하면, 현장상황, 변동사항, 공지사항이 선수 개인 모두에게 직접 쉽게 전달되지는 않을 수 있기 때문이다. 물론, 처음에는 이 모든 것 복잡하게 생각할 것 없이, 단순히 출전하는 것만으로도 충분하다.

3장

경기종목별 포징

DISCIPLINE POSING

남자 보디빌딩

클래식 보디빌딩

여자 보디빌딩

보디피트니스

남녀 뷰티바디

남녀 신규 경기종목

남녀 기타 경기종목

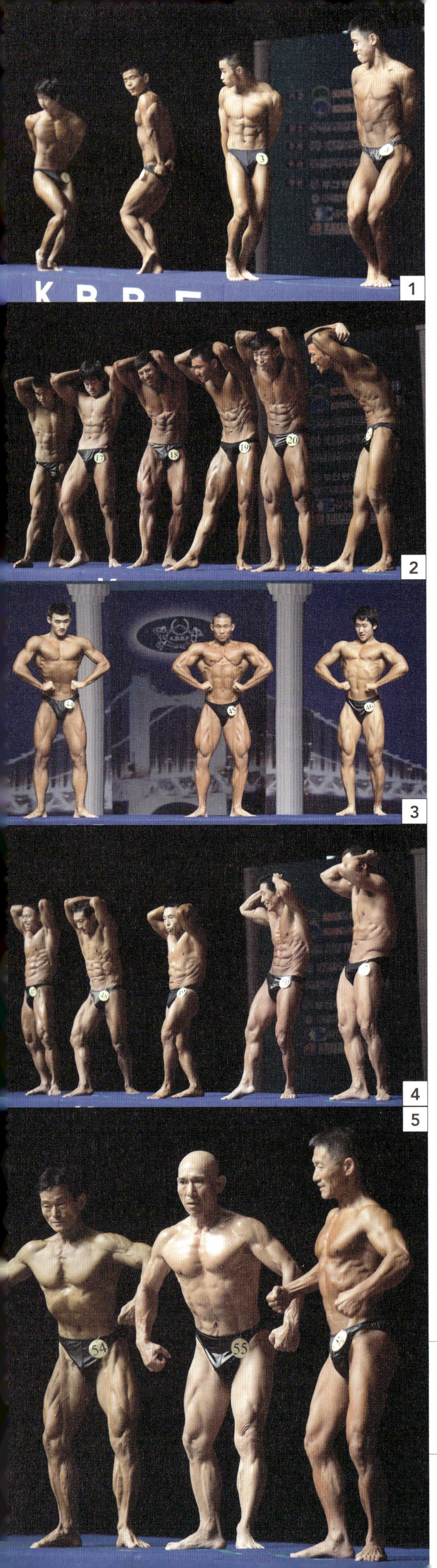

남자 보디빌딩

체급. 흔히 일반부, 학생부[고등부], 마스터즈[중·장년부] 경기로 나뉘는데, 메인main이라 할 수 있고 경쟁이 가장 치열한 부문인 일반부는 체중 체급인 경기도 있고 (주로 전문체육 대회), 연령 체급인 경기도 있는데 (주로 생활체육 대회), 더 흔한 것은 체중 체급으로, 주로 다음과 같이 나뉜다.

−60kg급	플라이급	Flyweight
−65kg급	반탐급	Bantamweight
−70kg급	라이트급	Lightweight
−75kg급	웰터급	Welterweight
−80kg급	라이트미들급	Light-Middleweight
−85kg급	미들급	Middleweight
−90kg급	라이트헤비급	Light-Heavyweight
+90kg급	헤비급	Heavyweight

드물지만, 시합에 따라 −55kg급도 있을 수 있다. 그리고 +90kg급은 −95kg급[헤비급]과 +95kg급[슈퍼헤비급] 또는 −100kg급[헤비급]과 +100kg급[슈퍼헤비급]으로 나뉘기도 한다. 미스터&미즈 코리아 선발대회 (줄여서 코리아 대회), 전국체전 보디빌딩, 미스터 YMCA 선발대회 (줄여서 YMCA 대회)를 비롯해, 국내대회는 기본적으로 모두가 아마추어 시합이라 할 수 있고 (최근에 생긴 일부의 이벤트성 짙은 국내대회, 최근에 국내에 진출한 외국 단체(협회나 연맹) 또는 외국 브랜드의 국내대회 등을 제외하고), 이들 시합의 일반부 체급은 IFBB 아마추어 체급 규정과 같다.

학생부[고등부]Junior 체급은, 코리아 대회의 경우, −60kg급, −65kg급, −70kg급, −75kg급, −80kg급, +80kg급으로 나뉜다.

마스터즈[중·장년부]Masters 체급은, 코리아 대회의 경우, 50~59세급, +60세급으로 나뉜다. 마스터즈 체급에 해당하는 연령의 선수라도 마스터즈가 아닌 일반부 경기에 출전할 수 있다.

일반부, 학생부, 마스터즈 구분 없이 모두가 연령 체급인 시합에서는 −25세, −30세, ... −70세, +75세처럼 일반적으로 5세 단위로 구획된다.

@ 2012 코리아 대회
학생부와 마스터즈. 고등부(**1, 2, 3**)와 중·장년부(**4, 5**) 선수 중에는 일반부 선수 못지않게 좋은 모습을 보여주는 경우도 종종 있다. 일반인이 가장 선망하는 것인 '왕'자six-pack는 대부분의 선수가 아주 기본 중의 기본으로 갖추고 있다.

같은 이름의 시합이라도 때에 따라 다를 수 있으므로, 체급은 항상 해당 시합 요강을 확인해야 한다.

체급 통·폐합. 어느 체급에 출전자 수가 적으리라 예상되거나 시합 당일 계측 시 그럴 경우, 그 체급은 다른 체급과 통합되거나 없어질 수 있다.

월체. 시합 당일 계측 시, 사전에 출전신청한 체급보다 위 체급으로 현장에서 변경하고 그 체급으로 출전하는 것. 대부분의 시합에서, 공식적으로 한 체급 월체는 허용되고, 그 월체에 따른 채점scoring상의 불이익은 없으며, 아래 체급으로 변경하는 것인 '하체'는 허용되지 않는다. 물론, 주로 체중 체급 경기에서의 얘기다.

심사. 〈자유포징〉Free Posing이 선행될 수 있고 (상급시합에서, 그리고 예선보다는 본선에서 더욱 그렇다), 일반적으로 〈일반적 발표〉General Presentation, 7가지 〈규정포즈〉Compulsory[Mandatory] Poses로 진행되고, 추가로 〈최고 근육질 포즈〉Most Muscular, 〈포즈다운〉Posedown이 실시될 수 있다.

7가지 〈규정포즈〉는 다음과 같은 순서로 구성돼 있다.

전면 이두근 포즈	프런트 더블 바이셉스	Front Double Biceps
전면 광배근 포즈	프런트 랫 스프레드	Front Lat Spread
측면 가슴 포즈	사이드 체스트	Side Chest
후면 이두근 포즈	백 더블 바이셉스	Back Double Biceps
후면 광배근 포즈	백[리어] 랫 스프레드	Back[Rear] Lat Spread
측면 삼두근 포즈	사이드 트라이셉스	Side Triceps
복근과 대퇴 포즈	업도미널즈 앤 싸이즈	Abdominals & Thighs

〈규정포즈〉에는 흔히 번호를 붙이기도 하는데, 〈일반적 발표〉와 〈최고 근육질 포즈〉를 포함해, 기억하고 떠올리기 좋게 시각화하면 다음과 같다.

0. 일반적 발표
1. 전면 이두근 포즈　2. 전면 광배근 포즈　3. 측면 가슴 포즈
4. 후면 이두근 포즈　5. 후면 광배근 포즈　6. 측면 삼두근 포즈
7. 복근과 대퇴 포즈
8. 최고 근육질 포즈

이들은 초급, 중급, 상급 등의 시합 레벨에 상관없이 항상 기본적으로 실시되는 포즈들로, 그래서 나는 이들을 편의상 '기본포즈'basic poses라 통칭한다. 채점에 가장 핵심적인 포즈들로, 선수라면 우선적으로 익혀야 할 포즈들이다.

기본포즈에 상대되는 말로, 나는 '상급포즈'advanced poses라 하는데, 〈자유포징〉에 주로 사용되는 각종 자유포즈를 통칭하는 것이다.

0

@ 2015 파주시 대회 당일

기본포즈. 남자 보디빌딩, (남자) 클래식 보디빌딩의 기본포즈다 (여자 보디빌딩의 기본포즈도 이와 크게 다르지 않다). 여기서 내가 하고 있는 포징이 정석이라든가 나로서는 가장 잘한 것이냐 하면, 꼭 그렇지는 않다. 그래서 여기서는 초보·초급자가 기본포즈를 한눈에 대충 익히는 정도로 이용하는 게 좋겠고, 자세하게는 이후 포즈별로 살펴본다. 총체적으로 좋은 몸, 총체적으로 좋은 포징, 거기에다 그 좋은 모습을 좋은 조명과 좋은 앵글에 고화질로 담아낸 총체적으로 좋은 사진을, 그것도 일련의 이 모든 기본포즈에서 일관되게 얻기란 무척 어려운 일이기 때문인데, 다만, 여기서의 이 사진들은 그나마 한눈에 보기에 여러모로 좋고, 그러면서도, 수년간 수많은 시행착오를 겪어오면서 나름 발전해온 결과로서의 최근의 포징 사진들이어서 여기에 가장 적당해 보이는 것들이다.

시합 당일 이른 아침, 그간 내 몸과 포징이 큰 틀에서 어떻게 변했나(발전했나) 기록하는 차원의 사진이라, 전신의 총체적 포징 앤 총체적 플렉싱(근육에 긴장을 가하는 것) 면에서 부족하거나 약해진 경향이 있다. 게다가 작은 방에서 소위 똑딱이$_{\text{compact}}$ 카메라를 겨우 2m 앞에 두고 찍은 것들이라 (광각렌즈), 사진에 따라 비율과 원근에 있어서 왜곡이나 과장도 다소 있는 편이긴 하다.

0: 일반적 발표
1: 전면 이두근 포즈
2: 전면 광배근 포즈
3: 측면 가슴 포즈
4: 후면 이두근 포즈
5: 후면 광배근 포즈
6: 측면 삼두근 포즈
7: 복근과 대퇴 포즈
8: 최고 근육질 포즈

1

2

3

4

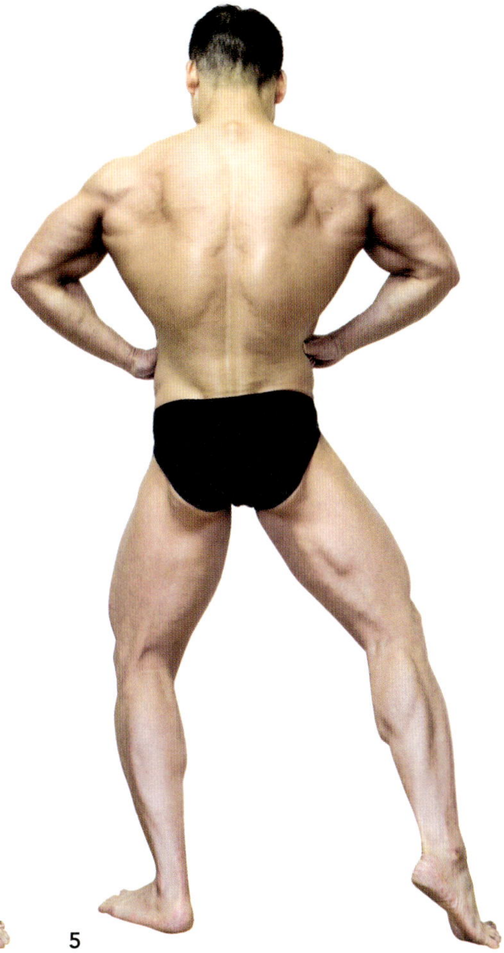

5

6

7

8

일반적 발표

IFBB 규정집에 주로 〈일반적 발표〉General Presentation로 돼 있는 이것은 아놀드 백과에는 〈이완 상태로 서 있기〉Standing Relaxed로 돼 있는 것이다.

그런가 하면, 실제로는 흔히 〈라인업 (포즈)〉Line-Up이라고도 하는데, MC(진행자)master of ceremony는 선수들에게 이 포즈를 하라는 의미로, 또는 선수들이 단체로 〈포즈다운〉이나 특정 포즈를 하고 있을 때 그것을 그만하라는 의미로, 흔히 '라인업!' 또는 '라인업 포~즈!'라고 구령한다. '라인업'은 원래 '인적[물적] 구성 또는 정렬'을 말하고, 보디빌딩에서는 '선수들이 포징에 앞서 포즈대posing platform[plinth] 또는 무대에서 줄지어 자리를 잡고 서는 것'을 말하는 것이다. 그래서 엄밀히는, 이 라인업 '상태'에서 〈일반적 발표〉 '포즈'를 잡는 것이다.

선수들은 무대에 입장한 순간부터 무대에서 퇴장하는 순간까지, 규정포즈 같은 특정 포즈를 잡고 있지 않을 때는 일반적으로 이 포즈를 하고 있게 되는데, 그래서 이 포즈는 보디빌딩 '차려' 포즈, 보디빌딩 '원점' 포즈인 셈이다.

남자 보디빌딩 〈일반적 발표〉는 뒤에 나오는 클래식 보디빌딩 〈일반적 발표〉와 실제로는 다를 게 전혀 없다. IFBB 규정집과 아놀드 백과에서의 설명은 클래식 보디빌딩 〈일반적 발표〉 부분에서 구체적으로 살펴보는 게 더 좋을 것 같아 그쪽에 배치했는데, 필요하면 그쪽을 먼저 참고하라.

전신의 총체적 포징. 포즈 공통 사항인데, 심판 입장에서든 관객 입장에서든, 무대에 선 선수를 볼 때, 선수가 하고 있는 그 포즈 이름이나 그 포즈에 따른 IFBB 심사 규정에 따라 어느 신체부위·근육을 더 중시해서 또는 모든 주요 신체부위·근육을 빠짐없이 체계적·총체적으로 살피는 게 아니라, 어느 포즈건 상관없이, 우선은 눈에 띄는 대로 전신을 한눈에 평가하게 될 수밖에 없다. 본능적으로 그렇고 시간관계상 그렇다.

그런 관점에서, 이 포즈에서 지배적인 영향을 미치거나 강점·약점이 한눈에 가장 먼저 드러나는, 그래서 가장 중요한 신체부위·근육은 **광배근, 복부, 대퇴**다. **대흉근** 모습에도 유의할 필요가 있는데, 광배근을 펼침과 동시에, 양쪽 대흉근이 한쪽은 긴장되고 한쪽은 이완되면서 양쪽이 비대칭이 되지 않게 통제할 필요가 있다. 광배근과 대흉근 모습은 상완과 어깨 포징을 어떻게 하느냐에 의해서도 크게 영향받는다. 복부에는 흔히 배큠이든 플렉싱이든 하게 되는데, 선수에 따라 그냥 내버려두기도 하고 크런칭을 하기도 한다. 대퇴에서는 일반적으로 근육분리를 이끌어내는 게 최선이다. 다음은 **종아리, 어깨, 상완** 정도라 할 수 있다. 나아가서는 **머리**, 그리고 **표정**까지 고려하게 된다.

몸통 기울임은 가장 기본적인 고려사항이고, **대칭·정적 하체 포징**뿐 아니라 **비대칭·동적 하체 포징**에 처음부터 익숙해지는 게 좋다.

하체 포징

〈일반적 발표〉에서의 하체 포즈는 다른 전면 포즈, 즉 〈전면 이두근 포즈〉와 〈전면 광배근 포즈〉에서도 기본적으로 같다. 이들 전면 포즈에서 하체 포징의 핵심은 대퇴의 외곽선 또는 근매스가 상체와 비율상 조화되게 굵고 벌어져 보이게, 그래서 잘록한 허리와 대비되게 함과 동시에, 대퇴의 모양, 근육분리 또는 빗살무늬를 최대한 살려주는 '포징 앤 플렉싱'posing & flexing을 해줘야 할 뿐 아니라, 그 최고의 하체 모습을 전신의 총체적 포징 내내 흐트러지지 않게 유지하는 것이다.

선수들이 주로 하는 대표적인 하체 포징에는 다음 몇 가지가 있다. 1. 대퇴의 '근육분리'를 강조하는 하체 포징, 2. 대퇴의 '빗살무늬'를 강조하는 하체 포징, 3. 대퇴의 '너비'를 강조하는 하체 포징, 그리고 4. '비대칭·동적' 하체 포징. 물론, 이때 종아리도 최대한 살려주는 것도 중요하다.

1. 대퇴의 '근육분리'를 강조하는 하체 포징. 발끝을 바깥쪽으로 약간 벌린 상태에서 무릎을 약간 굽히고 무릎을 바깥쪽으로 '탁' 치듯 돌려줌으로써 대퇴의 근육분리를 최대한 살리는 것이다.

양발은 어깨너비 이하로 벌리는 게 무릎을 바깥쪽으로 돌리기에 좋다. 그러나 대퇴가 벌어진 정도가 상체와의 가로 비율에서 조화되도록 양발을 충분히 넓게 벌리는 게 좋다는 점도 고려할 필요가 있다. 그런가 하면, 발끝을 바깥쪽으로 벌릴수록 대퇴의 외곽선[외형, 외측 굴곡]이 좋아 보이기 때문에 발끝을 '적당히 넓게' 벌린 상태에서 시작하는 것도 좋고, 이것은 대퇴의 근육분리가 약한 선수에게 더 권장할 만한데, 대퇴의 근육분리가 덜하더라도 결과적으로 덜 실패하는 하체 포징이 되게 하는 경향이 있다. 발끝을 '너무 넓게' 벌리면 무릎을 바깥쪽으로 돌려주기 어려워 대퇴 전면의 근육분리를 이끌어내기 어려울 뿐 아니라 대퇴 내측이 전면으로 향하는 부분이 많아지는데, 대퇴 전면이 좋은 선수인지 대퇴 내측, 특히 봉공근이 좋은 선수인지에 따라 유리한 하체 포징이 달라질 수 있다. 종아리 발달, 특히 종아리 내측의 비복근 발달을 돋보이게 하기 위해 발끝을 바깥쪽으로 넓게 벌리는 선수도 있다. 주의할 점으로, 무릎을 너무 굽히면 포즈 자체가 어정쩡해질 수 있다.

설기관 @ 2012 전국체전 –65kg급

대퇴의 근육분리를 강조하는 하체 포징, 그리고 예비동작. 하체, 데피니션[근선도], 세퍼레이션[근육분리]이 특별 강점인 그가 전면 포즈를 시작하는 모습으로, 대퇴의 환상적인 근육분리를 이끌어내면서, 동시에 손 예비동작으로 시선을 더 집중시키고 있다.

〈일반적 발표〉뿐 아니라 모든 전면 포즈, 즉 〈전면 이두근 포즈〉, 〈전면 광배근 포즈〉, 〈복근과 대퇴 포즈〉 등에서 이 기술은 절대적으로 중요하고 유용한 것으로, 대퇴 전면에 있어서 가장 먼저 익혀야 할 기본적인 기술이다. 단순하고 에너지가 많이 들지 않는 이런 동작만으로도 대퇴의 근육분리를 쉽게 이끌어낼 수 있고, 상당한 집중이 필요치 않아 전신의 총체적 포징 내내 그대로 장시간 유지하기 쉽다. 그리고 보기에 가장 좋은 대퇴가 되는 경향이 강하기 때문에, 대부분의 선수에게, 그리고 대퇴 전면의 근육분리가 강점인 선수에게 특히 권장할 만하다.

그러나 내가 첫 시합출전 때를 제외하고 지금껏 주로 해온 방법이지만, 대퇴 전면의 근육분리가 좋지 않은 편인 내게는 덜 효과적인 것 같아, 나로서는 앞으로는 이전보다는 덜 할 것 같은 하체 포징이기도 하다.

@ 2011 광명시 대회 며칠 후

대퇴의 근육분리를 강조하는 하체 포징, 그리고 상체 포징. 여기서 양발을 더 넓게 벌리거나 발끝을 더 넓게 벌리고 서면 대퇴의 외측 굴곡, 그리고 넓은 어깨와 광배근, 잘록한 허리, 넓은 대퇴로 이어지는 외곽선과 가로 비율 면에서 더 좋아 보일 것이다.

대퇴 전면의 포징 앤 플렉싱을 잊어버리지 않거나 전신의 총체적 포징 내내 약해지지 않게 하는 방법 중 하나는, 발가락을 위로 살짝 당겨 유지하는 것이고, 이는 많은 선수에게서 관찰할 수 있는 모습이다. 이렇게 하면 전경골근에도 긴장이 유지되어 모양이 좋아지고, 이것은 종아리가 더 발달돼 보이게 하는 데에도 일조한다. 물론, 이와는 반대로, 발뒤꿈치를 약간 들면서 발앞꿈치로 올라서는 방법을 쓰기도 하는데, 넙치근과 함께, 특히 비복근이 추가로 강조된다.

상체에서 더 좋기에는, 전완은 '수직에 가깝게' 아래로 더 기울이고 어깨도 앞으로 조금 내밂으로써 상체가 이렇게 너무 뒤로 젖혀지지 않게 해야 한다.

또한, 나는 지금껏 삼각근을 살리는 포징을 하지는 않았는데, 상완을 몸쪽으로 더 붙이고 측면삼각근과 후면삼각근에 플렉싱을 하든 릴랙싱을 하든 함으로써 삼각근을 더 각지고 봉긋하게 할 수 있고, 이렇게 하면 어깨가 더 넓고 상체의 근육발달이 전체적으로 더 좋아 보이는 경향이 있다는 걸 최근에 발견했다.

2. 대퇴의 '빗살무늬'를 강조하는 하체 포징. 발끝을 바깥쪽으로 약간 벌린 상태에서 무릎을 완전히 펴고 대퇴 전면front을 강하게 플렉싱함으로써 대퇴사두근의 빗살무늬를 최대한 살리는 것이다 (뒤에 나오는 〈전면 광배근 포즈〉에서 설기관 선수의 하체 포징을 참고하라). 대퇴의 근육분리를 위할 때보다는 발끝을 더 좁게 벌리는 게 빗살무늬를 살리는 데 도움되고 발끝을 더 넓게 벌리면 대퇴의 외곽선이나 상체, 허리, 대퇴 간의 비율 면에서 유리할 수 있다.

대퇴의 근육분리를 강조하는 하체 포징보다 에너지가 많이 들고 상당한 집중이 필요해, 장시간 효과적으로 유지되기 어렵고 수시로 약해지는 단점이 있다. 내 훈련 동료이기도 한 광태는 주로 이런 하체 포징을 하는데, 대퇴 전면의 근육분리와 빗살무늬가 나보다 훨씬 좋지만, 포징에서는 하체 포징이 자꾸 틀어진다. 무릎을 바깥쪽으로 돌려줌으로써 대퇴 전면의 근육분리를 이끌어내는 내 방법과는 달리, 광태는 무릎을 돌려주지는 않고 대퇴사두근에 힘을 주는 방법으로 하기 때문에 근육분리를 이끌어내는 것도 부족하지만, 더욱 중요한 것은 전신의 총체적 포징 중 대퇴가 생각날 때마다 한 번씩 대퇴에 힘주고는 금방 잊어버려 대퇴 전면은 대부분의 시간 풀려 있다는 것이다. 내가 광태의 경기 직전 항상 주문하는 것도, 그리고 관객석에서 신호를 주는 것도 대부분은 '대퇴 전면의 지속적인 근육분리를 위해 무릎을 바깥쪽으로 '탁' 돌려준 채로 유지하라'는 것이다. 빗살무늬가 강하지 않다면, 근육분리만 유지하는 게 시합무대에서는 훨씬 효과적일 뿐 아니라, 심지어는 광태처럼 대퇴의 근육분리보다 빗살무늬가 더 강점인 선수조차 대퇴의 근육분리를 강조하는 하체 포징을 우선으로 하는 게 대부분은 훨씬 유리해 보인다.

3. 대퇴의 '너비'를 강조하는 하체 포징. 발끝을 바깥쪽으로 크게 벌림으로써 대퇴의 너비를 최대한 살리는 것으로 (뒤에 나오는 〈최고 근육질 포즈〉에서 남경윤 선수의 하체 포징을 참고하라), 대퇴의 외측 굴곡, 그리고 상체, 허리, 대퇴로 이어지는 외곽선과 가로 비율을 더 좋게 할 수 있는 하체 포징이다. 어느 정도는, 대퇴 전면과 내측의 근육분리를 좋아 보이게도 한다. 정도의 차이는 있지만, 대부분의 선수가 기본적으로 선호하는 하체 포징이다. 발끝을 바깥쪽으로 얼마나 벌리느냐뿐 아니라, 양발을 얼마나 넓게 벌리고 서느냐도 전신과 대퇴의 모습에 크게 영향 미친다. 물론, 양발을 너무 넓게 벌리면 대퇴 내측의 근매스가 적을 때 하체가 더욱 빈약해 보일 가능성도 고려할 필요가 있다.

내가 첫 시합출전 때 했던 방법이지만, 이 시합편을 쓰면서 깨닫는 것은, 그때를 제외하고는 그 원리를 잊어버리거나 가볍게, 다르게, 또는 대수롭지 않게 여기고 그렇게 해오지 않았다는 것이고, 그래서 그 효용성을 재발견하게 된 하체 포징이다. 또한, 각종 후면 포즈에서도 특히 대둔근과 대퇴 측면에서, 직후에 나오는 비대칭·동적 하체 포징과 함께, 가장 권장할 만한 하체 포징이라 할 수 있다.

4. '비대칭·동적' 하체 포징. 원래 완전히 좌우 대칭인 전면 포즈, 즉 〈일반적 발표〉, 〈전면 이두근 포즈〉, 〈전면 광배근 포즈〉 등에서 나를 포함해 대부분의 선수가 대칭·정적 하체 포징을 하는데, IFBB 포즈 규정에 맞는 (모)범생 같은 포징이라 할 수 있다. 그러나 이런 전면 포즈에서 비대칭·동적 하체 포징으로 더 좋은 모습이 될 수도 있다.

규정에는 어긋날 법한 상당한 좌우 비대칭 포징이나 심지어는 한쪽 하체를 앞이나 뒤로 두는 등의 상당한 변화조차 심판에 의해 제지되거나 감점 요소가 되는 일은 사실상 거의 없을 뿐 아니라, 포징이 훌륭한 선수들에게서는 아주 흔한 것이다. 잘 활용하면 포즈 자체가 더 우아하고 세련돼지고, 종아리 모습, 대퇴 모습이 모두 더 좋아 보일 수 있고, 약점은 덜 노출되고 강점은 더 강조되게 해줄 수 있다. 또한, 대퇴가 특별 강점인 정상급 선수는 대퇴 전면의 근육분리를 이끌어내는 기술과 빗살무늬를 이끌어내는 기술을 번갈아 사용하면서 자신의 강점을 최대한 활용하거나, 한쪽은 근육분리, 다른 한쪽은 빗살무늬를 이끌어내기도 하고, 양쪽 대퇴 각각에서 근육분리와 빗살무늬를 동시에 최대한 이끌어내는 수준에 이르기도 하는데, 특히 이런 비대칭·동적 하체 포징일 때 더욱 그렇다.

〈일반적 발표〉, 〈전면 이두근 포즈〉, 〈전면 광배근 포즈〉 같은 '대칭' 전면 포즈에서, 나는 지금껏 대칭·정적 하체 포징을 전적으로 해왔는데, 앞으로는 이런 '비대칭' 포징을 자주 또는 주로 활용해볼 생각이다.

박인정 @ 2012 전국체전 –80kg급

비대칭·동적 하체 포징, 그리고 다양한 하체 포징에 익숙해 있어야 하는 중요한 이유. 이 정도는 정말 최소한의 비대칭·동적 하체 포징이라 할 수 있다. 사진에서처럼 양쪽 무릎의 굽힘을 좌우 달리하거나, 양쪽 발뒤꿈치를 바닥에 붙이거나 바닥에서 드는 정도를 좌우 달리함으로써, 무게중심을 한쪽으로 기울인다든지 하는 것에서부터 심지어는 한쪽 하체를 앞이나 옆으로 뒤로 크게 벌리는 것까지 다양하다.

대퇴와 종아리를 포함한 다양한 하체 포징에 익숙해 있어야 하는 중요한 이유가 있다. 시합무대에서 포징 중, 또는 무대에 오르기 전부터 대퇴나 종아리에 경련이나 연축[쥐]이 발생하는 경우가 흔히 있는데, 이때 그 한 하체 포징만 알고 있어서는 계속 그 경련이나 연축에 시달리며 무대에서 아주 안쓰러울 정도로 부실한 하체 포징을 할 수밖에 없기 때문이다.

1

2

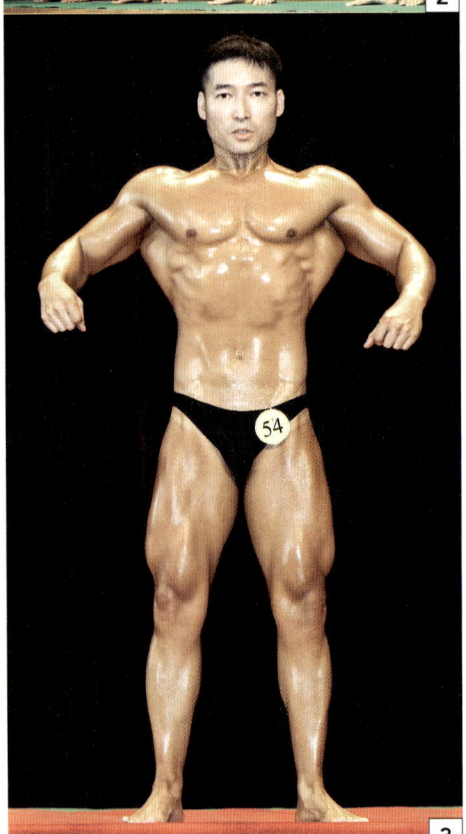

3

@ 2008 크리스챤 대회, 강서구 대회, 2009 연합회 전국대회

코어 포징: 몸통 기울임. 초기에 나는 몸통 기울임을 점점 잘하다가 다시 점점 잘못하기 시작했다 (**1**→**2**→**3**). 게다가, 갈수록 상체 포징을 강하게 하다 보니 몸통이 뒤로 오목하게 젖혀지기 시작했는데, 그래서 대흉근의 매스에 의한 입체감[볼륨감]도 점점 줄어들고 전완도 점점 들리기 시작했다 (**3**).

종아리. 어느 한쪽 또는 양쪽 발가락, 발앞꿈치, 안쪽 발바닥, 발뒤꿈치 중 어느 쪽이든 바닥에서 어느 정도 띄움으로써 종아리와 대퇴 모습을 더 좋아 보이게 할 수도 있다. 전면 포즈뿐 아니라 각종 측면 포즈, 후면 포즈, 그리고 〈최고 근육질 포즈〉에서도 마찬가지다.

코어 포징

몸통 기울임. 시합장에서 심판석은 일반적으로 무대 아래 수 미터 앞에 있다. 그래서 무대의 포즈대에 선 선수는, 전면 포즈에서든 후면 포즈에서든, 몸통을 심판들 쪽으로 '충분히' 또는 '적절히' 기울여, 심판들이 보기에 최고의 상체 모습이 되게 포징해야 한다는 사실을, 나는 첫 시합출전을 준비하면서 경험 많은 트레이너와 정상급 선수에게서 들어 잘 알고 있었다. 그래서 초기에 나는 이런 전면 포즈에서 몸통 기울임이 나쁘지 않은 상태에서 시작해 점점 나아졌다. 물론, 이것은 선수나 조명에 따라 크게 달라질 수 있는데, 몸과 포징의 세부사항에 따라, 몸통을 똑바로 세우거나 심지어는 약간 뒤로 기울이는 게 나은 선수도 있고, 그렇게 해야만 특히 복부가 '꽝'이 되지 않는 조명도 있다.

그러나 나는, 나도 몰래 어느새 몸통 기울임이 약해지면서 몸통이 바로 서더니, 심지어는 몸통을 뒤로 오목하게 젖히기까지 하고 있었는데, 뒤에 나오는 〈전면 이두근 포즈〉에서는 더 그랬고, 〈전면 광배근 포즈〉에서는 더욱 그랬다. 이 백과를 위해 혼자 사진촬영을 많이 하면서 아래쪽에 있는 심판들보다는 내 눈높이의 정면 거울과 카메라를 훨씬 더 자주 향하면서 포징을 하다 보니, 부지불식간에 몸통 기울임을 완전히 잘못하고 있었던 것이다. 그런 상태에서 시선을 아래쪽에 있는 심판들에게 두려니 머리가 자연스레 앞으로 빠지면서 숙여졌다. 이는 머리 포즈 자체의 어정쩡함이기도 하지만, 전면에서 볼 때 머리와 다른 신체부위 간의 비율을 악화시킨다. 최근에 깨닫고 다시 돌아오고 있다.

그러나 뒤에 나오는 〈측면 가슴 포즈〉, 〈측면 삼두근 포즈〉 같은 측면 포즈처럼, 안 그런 포즈도 있는데, 이들 포즈에서는 몸통을 심판들 쪽으로 기울여주다가는 심판들 쪽 하부 외측 대흉근이 찌그러지거나 그쪽 복부의 피부가 두꺼워 보이거나 주름이 많이 잡히는 경향이 있기 때문이다. 물론, 심판들 쪽으로 몸통을 기울이면서도 그쪽 대흉근을 찌그러뜨리지 않고 복부와 옆구리를 더 훌륭해 보이게 포징을 할 수 있는 선수도 있다.

복부 렛잇고, 배큠, 플렉싱, 크런칭. 이 포즈에서 허리를 최대한 뽑아낼 때는, 복부를 되는 대로 그냥 내버려두어도 괜찮을 수 있다 (렛잇고let it go. 이는 애니메이션 영화 『겨울왕국』(2013)에 대한 내 오마주에서 비롯된, 내가 붙인 용어다). 그런 상태에서든 아니든, 배큠vacuum을 할 수도 있고, 플렉싱flexing을 할 수도 있고, 심지어는 크런칭crunching을 함으로써 훨씬 좋은 모습을 보여주는 선수도 있다.

@ 2010 종로구 대회 다음날

잘못된 몸통 기울임: 촬영 습관. 나는 몸통 기울임을 나도 모르게 거의 하지 않기 시작했고, 심지어는 몸통을 뒤로 기울이고 몸통을 뒤로 오목하게 젖히기까지 하고 있었다. 이렇게 몸통을 세우는 것과 몸통을 젖히는 것, 이 둘이 복합돼 〈일반적 발표〉는 물론이고, 이 포즈와 기본적으로 많은 공통점이 있는 다른 전면 포즈, 즉 〈전면 이두근 포즈〉, 〈전면 광배근 포즈〉까지 완전히 망쳐버리게 되었던 것이다.

내가 출전하는 시합 레벨이 조금이라도 높아짐에 따라, 대부분의 경쟁 또는 동급 선수들은 당연히 몸통 기울임을 점점 잘하고 있었지만 나는 오히려 그 반대였다. 우선, 몸통을 앞으로 기울이는 기본적인 포징 습관이 없어진 것은, 내가 시합무대에서와는 달리, 훨씬 높은 위치에 있는 관찰자를 향해 포징 연습을 주로 해왔기 때문이었다. 나는 이 백과를 위해 시합장 외에도 집에서건 옥상에서건 체력장에서건, 다른 촬영자가 카메라를 들고서건 내가 카메라를 삼각대에 고정하고서건, 수시로 사진촬영을 했는데, 그때마다 카메라는 거의 항상 내 허리높이보다 위쪽에, 심지어는 내 머리높이에 있기도 했다. 그렇다 보니 자연히 내 몸통은 앞으로 기울지 않고 서거나 오히려 뒤로 기울게 되었다.

@ 2012 코리아 대회

잘못된 몸통 기울임: 강한 상체 포징, 그리고 관객 생각. 몸통이 서거나 오히려 뒤로 기울게 된 것에 더해, 몸통이 뒤로 젖혀지는 경향은 내가 포징에 최선을 다할수록, 그리고 시합 때마다 심해졌다. 가슴을 너무 내밀다 보니 어깨를 뒤로 빼고 있었고 전완은 너무 들려 있었다. 전완은 수직에 가까워야 하는데, 수평에 가까웠으니! 전완은 몸통 기울임이 제대로 된 상태에서도 의식적으로 아래로 더 기울여, 전면에서 상완의 측면이 가급적 많이 보이게 하는 게 유리한데, 이때까지는 그걸 전혀 몰랐다. 포징에 최선을 다해 강한 포징이 되게 하는 것은 좋지만, 몸통이 뒤로 젖혀져서는 안 되고, 어깨도 뒤로 빠져서는 안 될 것이다. 아니, 어깨는 오히려 앞으로 약간 내밀어야 할지도 모른다. 가슴이 아니라 어깨를. 그래야 대흉근도, 대흉근과 전면삼각근 사이의 근육분리도 더 잘 산다. 그리고 광배근도.

또한, 이때 내 마음과 시선은 심판들보다 관객석 1, 2층의 모든 관객을, 즉 전·상방을 향하고 있었다. 나는 몸은 항상 부족했지만, 관객에 대한 서비스 마인드는 강했으므로, 심판들보다는 관객들에게 더 좋은 모습을 보이고자 했는데, 그것은 분명한 내 착각이었다. 심판들에게 최고의 모습을 보이는 각도로 포징을 해야 하고, 그게 좋은 성적으로 이어질 뿐 아니라, 그게 사실상 관객들에게도 더 좋은 포징이 된다. 무대에서는 철저히 심판들 관점에서 포징해야 하고, 평소에도 철저히 그렇게 연습해야 한다. 카메라도 멀리, 가령 5m 떨어진 바닥에 놓고 촬영하는 습관을 들여야 한다. 앞으로 기운 몸통을 때에 따라 세우는 것은 쉬운 일이지만, 뒤로 기운, 그리고 뒤로 젖혀진 몸통을 앞으로 기울이는 것은 잘 안 될 수 있기 때문에 더욱 그렇다. 한번 밴 잘못된 습관은 의식만으로는 잘 바뀌지 않고 행동을 통해 결과를 만들어내야 한다.

1

2

배승대 @ 2013 경기도민체전 -70kg급

릴랙싱과 대흉근, 그리고 어깨, 상완, 전완. 대부분의 포즈에서 전신의 총체적 포징 및 플렉싱이 훌륭해 보이는 (그리고 전신의 총체적 발달 역시 거의 못지않은) 그의 이 포징에 하나 더 보태자면, 하부 외측 대흉근이 더 좋을 수 없을 정도로 잘 발달해 있지만 (**1**), 이 포즈에서 그 강점을 충분히 살리지는 못하고 있는데 (**2**), 그에게도 이 부위에는 의식적인 릴랙싱이 더 낫지 않을까 싶다.

바로 앞 사진에서도 나와 잘 비교되겠지만, 전완을 이렇게 아래로 기울이는 게 삼각근을 살리는 데 (삼각근 자체의 모양과 삼각근과 대흉근 사이의 근육분리, 공히), 그리고 상완을 더 낫게 표현하는 데 도움될 수 있는데, 그 점에서도 잘하고 있고, 어깨를 약간 들어올리거나 내밂으로써 삼각근을 더 잘 분리시키고 있는 것으로 보이기도 한다.

나는 광배근 펼침에 따라 어깨가 자연히 올라가는 쪽의 포징을 해왔고, 어깨를 의식적으로 들어올리는 포징을 한 적은 없지만 (계속)

상체 포징

광배근과 대흉근. 양쪽 광배근을 펼치면서, 거기에 '뒤늦게 맞춰' 어깨와 가슴이 저절로 들리게 하거나 아니면 거기에 '앞서 이끌어' 어깨와 가슴을 의식적으로 들어주면서, 양쪽 대흉근은 찌그러지지 않게 하면서, 광배근과 대흉근, 그 어느 것도 짝짝이가 되지 않게 하는 게 중요하다. 어깨와 가슴을 얼마나 들어올릴지에 따라서도 가슴 모양에 차이가 나는데, 물론, 어깨와 가슴을 반드시 들어줘야 한다는 건 아니다. 선수에 따라서, 그리고 때에 따라서, 자신에게 어느 게 나은지 수시로 살펴봐야 하는 사안이다.

아놀드의 가르침대로 〈일반적 발표〉와 〈전면 이두근 포즈〉에서 '어깨를 약간 내미는' 게 좋을 수 있는데, 그러면 대흉근과 전면삼각근 사이의 분리와 대흉근 모양이 좋아지고 어깨, 가슴, 등이 넓어 보여 더 좋은 비율과 모습이 된다. 그러나 반대로 '가슴을 내밀면서' 어깨는 뒤로 빠지게 한 게, 그래서 광배근도 최대한 펼쳐지지 못하게 한 게, 내가 지금껏 가장 흔히 해온 가장 큰 실수다. 이런 '몸통 뒤로 젖힘'은 치명적인 결과를 가져오는데, 모양과 비율도 나빠지지만 포즈 자체가 어설퍼 보인다 (뒤에 나오는 [클래식 보디빌딩]에서의 내 〈일반적 발표〉 시행착오 사진들을 참고하라).

광배근을 제대로 펼치는 것도 시합무대에서는 그저 되는 게 아니다. 경기 전 펌핑을 하면서 광배근이 지치다 보면 광배근에의 느낌이 둔해져 오히려 펼치기 어려워지기도 한다. 내 시합사진을 보면, 종종 이 포즈에서 한쪽이나 양쪽 광배근이 제대로 펼쳐져 있지 않았다. 광배근을 최대한 펼치려면, 어깨와 상완을 의식적으로 앞으로 약간 내밀고 팔꿈치가 몸의 측면보다 약간 앞으로 오게 해서 광배근이 펼쳐지는 것을 도와주는 것도 고려해보자 (나도 아직 그렇게 크게 의식하고 한 적은 없는 것 같지만). 물론, 이때 대흉근이 찌그러지지 않게 가슴에는 최대한 힘을 빼거나 (릴랙싱), 양쪽 대흉근에 동일한 긴장을 가해 (플렉싱) 비대칭이 되지는 않게 하는 것이다.

대흉근 플렉싱 vs 릴랙싱. 〈일반적 발표〉에서 대흉근은 어떻게 할 것인가? 플렉싱$_{flexing}$을 할 것인가, 릴랙싱$_{relaxing}$을 할 것인가? 즉 의식적으로 긴장시킬 것인가, 의식적으로 이완시킬 것인가? 나는 〈일반적 발표〉에서는 양쪽 대흉근에, 그리고 〈측면 가슴 포즈〉, 〈측면 삼두근 포즈〉에서는 심판들 쪽 대흉근에 힘이 들어가지 않게, 대흉근 릴랙싱에 관심을 두고 최대한 노력해왔다. 그게 나로서는 일반적으로 모양이 나아 보였기 때문이다.

우선, 어느 쪽 모습이 보기 좋은지는 선수마다, 그리고 관찰자마다 관점이 다를 수 있겠지만, 나는 이 포즈에서는 이완된 대흉근 모습이 긴장된 대흉근 모습보다 보기 좋다고 생각했고, 더 명확한 점으로는, 대흉근에 신경 쓰지 않고 되는 대로 내버려두었다가는 어느 순간이든지 대흉근이 한쪽은 이완되고 다른 한쪽은 긴장됨으로써 좌우 비대칭이 될 수 있는데, 이런 비대칭은 특히 보기 좋지 않고, 이런 비대칭을 예방하기 위해서는 릴랙싱이 플렉싱보다 유리하기 때문이다. 그래서 나는 내 첫 시합출전 이후 줄곧 이렇게 해왔는데, 광배근 펼침을 최대한으로 하면서도 대흉근이 좌우 비대칭이 되지 않게 하기 위한 노력과 기술이었다. 물론, 대흉근 발달이 좋은 선수는 이때 대흉근 플렉싱을 함으로써 더 좋은 모습을 보여주기도 한다.

손. 손은 엄지를 감싸 쥐는 게 일반적이지만 (훅hook 그립), 이 포즈에서든 〈전면 이두근 포즈〉에서든, 그게 반드시 최선이라고 할 수는 없다. 손이 시선을 분산시키기 않고 전신의 총체적 포징을 약화시키지만 않는다면, 어떻게 주먹 쥘지는 선수에 따라, 특정 포즈에 따라 달라질 수 있다.

(계속) (최근에 실험삼아 해보기는 했지만, 어깨를 적절히 들어올리는 정도를 가늠하기 어렵고, 거기에 따라 광배근이 덜 인상적으로 보일 수 있기 때문이기도 했다), 나와 선수들의 시합사진들을 분석하고 포징 연습을 하면서, 어느 시점부터 전완은 의식적으로 아래로 기울이게 되었다 (1, 3장에서 확인할 수 있다).

@ 2011 경기 대회

플렉싱 vs 릴랙싱: 대퇴와 대흉근. 말하자면 '진정한 이완' 〈일반적 발표〉라 할 수 있다 (**1**). 복근에는 전혀 의식하지 않아도 복직근이 뚜렷하다. 그러나 대퇴 전면은 전혀 갈라지지 않는데, 대퇴 전면의 발달이 엄청나고 그쪽의 피부가 엄청나게 얇은 정상급 선수라도 이런 현상은 크게 나아지지 않는다. 그러나 시합무대에서는 이렇게 방심하고 있어서는 안 되고, 말하자면 '시합무대' 〈일반적 발표〉를 하고 있어야 한다 (**2, 3**).

'진정한 이완' 〈일반적 발표〉와 이 '시합무대' 〈일반적 발표〉를 비교해 보면, 어느 모습이 더 인상적인지, 그래서 왜 선수들이 포즈대 또는 무대에서 제자리에 서자마자, MC가 이 포즈를 주문하기도 전에, 이 포즈를 취하게 되는지 알 수 있다. 심판들은 선수가 무대에서 제자리에 서기도 전부터 채점을 시작할 수 있고, 무대에 선 선수 전원의 〈일반적 발표〉를 충분히 살피기에 시간이 부족할 수도 있기 때문에도 그러하다. '진정한 이완' 〈일반적 발표〉에서 아무리 자연미가 좋은 선수라도 '시합무대' 〈일반적 발표〉 모습에는 크게 못 미치는 게 일반적인데, 대퇴에서는 특히 더 그러하고, 어깨와 상부 광배근 너비에서도 이에 못지않다.

나는 내 자연미가 좋다고 생각하고 포즈대에서 '시합무대' 〈일반적 발표〉를 서둘러 하지 않고, 일부러 '진정한 이완' 〈일반적 발표〉에 훨씬 가까운 모습으로 잠시 서 있었던 적도 있는데, 지금 생각하면, 내 '실험정신'에서 기인한 나만의 착각일 수밖에 없지만, 때로는 과한 '시합무대' 〈일반적 발표〉가 오히려 '진정한 이완' 〈일반적 발표〉보다 못해 보일 때도 있었던 것도 사실이다. 물론, 대퇴 갈라짐(또는 근육분리)을 제외하고 상체에서만 말이다.

이 두 포징에서의 차이는 대흉근에 있다 (**2, 3**). 전자에서는 대흉근에 힘이 들어가 하부 대흉근이 위로 올려진 상태고, 후자에서는 그렇지 않은 상태다. 그러나 광배근 펼침을 최대로 하면서 대흉근에 의식적으로 힘을 빼는 것도 쉬운 일이 아니어서, 자칫하면 한쪽 대흉근만 올라가 짝짝이가 되기도 하는데, 나는 이를 피하기 위해, 그리고 심미적으로 더 낫다고 생각해, 항상 후자를 지향해왔다.

@ 2012 코리아 대회

잘못된 몸통 젖힘: 가슴 내밂과 어깨 들임. 선수대기실에서 경기 직전 펌핑 중, 의식적으로 포징 감을 잡아본다. 결론부터 말하면, 가슴보다는 어깨를 내밀어야 어깨, 광배근, 대흉근이 모두 넓어지고 삼각근과 대흉근 사이의 분리도 좋아진다. 무엇보다도, 그래야 상체 포즈 자체가 어정쩡해지지 않는다.

1: 최소한의 포징 앤 플렉싱. 여기에 추가로 어깨를 약간 내밀어봤다.
2: 가벼운 긴장을 가한 〈일반적 발표〉. 당시에는 몰랐지만, 이 정도면 전면에서 볼 때 광배근 펼침은 이미 약해졌을지 모르고, 삼각근과 대흉근 사이의 분리도 별로 안 될 것이다.
3: 중등도의 긴장을 가한 〈일반적 발표〉. 복부는 약간 당겼다. 역시 당시에는 몰랐지만, 이 정도로 가슴을 내밀고 어깨를 들이면(뒤로 빼면) 대흉근, 광배근, 삼각근, 이들 각각의 모습과 이들 사이의 분리는 더 악화될 것이다. 똑바로 서 있을 때도 그렇지만, 무대에서 심판들을 향할 때는 골반에서 몸통을 접어 아래로 기울인다고 생각하는 게 대부분의 경우에 바람직하다. 그러나 여기서 나는 오히려 그 반대로 하고 있다. 아주 잘못된 코어 포징이다. 무대 뒤에서의 이 모습은 무대에서도 그대로 또는 더 심한 모습으로 이어졌다. 심지어 시선조차 전·하방이 아닌 전·상방을 향하고 있으니.

그러나 바로잡기는 아주 쉽다. 엉덩이를 뒤로 빼면서 몸통을 앞으로 기울이면 된다. 그리고 '가슴'을 내미는 게 아니라, 광배근 펼침을 최대화한 상태에서 '어깨'를 내미는 것이다. 몸통을 바로 세우거나 오히려 뒤로 기울이면, 게다가 몸통을 뒤로 오목하게 젖히면, 기본적으로 심판들에게 보이는 상체 각도가 나빠질 뿐 아니라, 무대조명에 따라 복직근이 거의 사라지기도 하고, 광배근, 대흉근, 머리 포징, 표정은 더 나빠질 수 있다 (뒤에 나오는 [클래식 보디빌딩]에서의 내 〈일반적 발표〉 시행착오 사진들을 참고하라).

김성환 @ 2011 코리아 대회 −80kg급

김성환 @ 2015

하체 포징. 그는 이 포즈에서 무릎을 너무 굽히는 경향이 있는데, 여기서는 그렇지 않아 좋다.

설동근 @ 2012 코리아 대회 +90kg급

@ 2012 코리아 대회 –65kg급, –75kg급, –80kg급, +90kg급

전신의 총체적 포징. 내가 얼마나 황당한 상체 포징을 하고 있는지, 그리고 나처럼 허리를 최대한 길게 뽑아내는 코어 포징을 선택한 선수는 그다지 많지 않다는 걸, 그리고 몇몇 선수가 얼마나 차별되고 효과적인 전신의 총체적 포징을 하고 있는지 한눈에 알 수 있다. 물론, 선수들의 포징은 시합장에서 직접, 그리고 좀 더 가까이서 봐야 더 정확하고, 선수들의 몸도 이들 사진에서보다 현장에서 훨씬 더 인상적이다.

내가 몸통을 너무 뒤로 젖히고 있는 점 외에도 (다른 선수들은 심판들을 응시하고 있었지만, 나는 특히 이 포즈에서, 아래쪽 심판들이 아니라 전·상방의 먼 쪽 관객들을 주로 향하고 있었다), 나는 허리를 이렇게 최대한 뽑아내는 게 항상 최선인 줄 알고 있었지만, 이제는 꼭 그렇지는 않다는 걸 깨닫고 있다. 여기서도 허리를 최대한 뽑아낸 선수도 있고 그렇지 않은 선수도 있고, 그리고 복부를 그냥 되는 대로 내버려 둔 선수도 있고 플렉싱을 하거나 심지어는 크런칭을 함으로써 더 훌륭한 모습을 보여주는 선수도 있다.

하체에 있어서는, 나를 포함해 대부분의 선수가 (모)범생 유형의 대칭·정적 하체 포징을 하고 있지만, 2015년 나는 이 사진들을 보며 앞으로 이 포즈에서 (강한) 비대칭·동적 포징을 주로 할 생각이었고 (그래서 2015 파주시 대회 전·중·후 내가 대부분의 전면 포즈에서 그렇게 하고 있는 걸 이 [시합편]에서 확인할 수 있다), 2016년 나는 다시 처음으로 거의 돌아와, 역시 비대칭·동적 하체 포징은, 하더라도 아주 약한 정도로 하는 게 나를 포함한 대부분의 선수에게 일반적으로는 최선인 것 같다고 생각하게 되었다.

자연미와 균형미란?

@ 2008 광명시 대회

최소한의 포징 앤 플렉싱. 출전 선수 (거의) 전원이 체급별로 자신의 체급에 줄지어 서 있게 되는 개회식에서, 나는 중간쯤 서려 하다가 무대진행자에 의해 안내되어 내 체급 줄의 맨 앞에 서게 되었고, 그래서 나는 '내 자연미가 좋아 보이는구나!' 생각하며, 그때 바로 체급 1위를 어느 정도 예감하게 되었다.

물론, 이런 자연미가 심사에 미치는 영향은, 각 포즈에서 최대한의 포징 앤 플렉싱으로 보여주게 되는, 특히 근육질의 모습보다는 훨씬 작다는 걸 최근 깨닫고 있다.

이때 나는 맨 앞에서 약간의 광배근 펼침과 대퇴 근육분리를 이끌어내면서 (물론, 대퇴는 거의 갈라지지 않았지만), 최소한의 포징 앤 플렉싱을 하고 있는 상태를 개회식 내내 유지하고 있었는데, 심판들의 심사와 상관없이 무대에서 항상 최고의 모습으로 있겠다는 게, 특히 선수로서의 내 기본적인 마음가짐이었다. 이 정도의 최소한의 포징이라면 균형미, 심지어는 자연미를 어느 정도 잘 볼 수 있다.

〈일반적 발표〉나 〈쿼터 턴〉(뒤에 나온다) 심사를 흔히 **자연미 심사** 또는 **균형미 심사**라고도 하는 것처럼, 보디빌딩 및 피트니스 시합에서 '자연미'란 이들 특정 포즈에서 주로 언급되는 '심미적 특성'인데, 이들 포즈에서 선수 전신의 총체적 가로세로 비율, 외곽선[외형], 기본적인 근육발달, 근육부착과 근육 모양, 피하지방량 등을 (이런 것들을 이 스포츠에서는 '자연미' 또는 '균형미'라 통칭한다), 어떤 의식적인 포징이나 플렉싱에 의한 강조나 숨김이나 방해도 없이, 있는 그대로 가장 잘 관찰하고 감상하고 심사할 수 있다고 해서 하는 말일 것이다.

그런데 내가 생각하는 자연미와 균형미는 그 의미하는 바에서 다소 차이가 있다. 결론부터 말하면, 무대에서 진정한 균형미는 몰라도 진정한 자연미를 심사할 수 있는 보디빌딩 및 피트니스 포즈는 사실상 없다고 할 수 있다. 선수들이 그렇게 포징을 하지 않기 때문이다.

〈일반적 발표〉든 〈쿼터 턴〉이든, 자연미(또는 균형미)를 보고자 하는 게 목적일 텐데, 실제로 아무런 포징을 하지 않고 아무런 플렉싱을 하지 않는, 즉 선수들이 그냥 서서 온몸에 거의 또는 완전히 힘을 빼고 있는, 진정한 이완 상태로 서 있는 (여기서 나는 이 경우를 자연미라고 보고 있다) 경우는 거의 없다.

IFBB 규정상 '이완 상태로 서 있어야' 한다고, 그리고 그러지 않을 경우 경고나 감점을 받게 될 거라고 명시돼 있는 경우에도, 선수들은 거의 그렇게 하지 않고, 그러면서도 경고나 감점을 받는 경우도 거의 없다. 더구나 IFBB 포즈 규정 그대로 하더라도 진정한 이완 상태의, 진정한 자연미를 관찰할 수 있는 포즈 상태가 되는 것도 거의 아니다 (IFBB 포즈 규정상으로 어떻게 돼 있는지는 다소 긴 얘기가 필요한데, 뒤에 나온다).

자연미. 내가 생각하는 자연미란 선수가 그 어떤 특정 포즈도 취하지 않고 (no posing), 그 어떤 긴장도 가하지 않으면서 (no flexing), 가장 편하게 똑바로 서 있을 (upright standing relaxed) 때의 모습으로 판단되는 것이다. 물론, 우리가 일상에서 사람들을 보고 판단하듯, 앞·옆·뒷모습 모두에서 그렇다. 자연미는 영어로는 내추럴 뷰티natural beauty다. 그리고 내추럴은 '타고난' 또는 '자연스러운'이라는 뜻이다. 그래서 의식적인(또는 인위적인) 포징이나 플렉싱을 하지 않은 '자연스러운 아름다움'이라고 생각한다.

미인대회 출전자가 얼굴에 긴장된 억지 미소를 지을 수 있더라도 무의식적으로 크게 웃을 때 그 모습이 예쁘지 않다면 우리는 그녀를 '웃는 모습이 예쁘다'고 하지 않는 것처럼, 아니면 심지어는 미용 성형수술을 통해 정말 다행히도 얼핏 예뻐 보인다고 하더라도 우리는 그것을 '자연미'라 부르지 않는 것처럼, 자연미는 순간적으로 계획된 것이거나 인위적인 것이 아니어야 한다. 그래서 내가 생각하는 진정한 자연미는 이상적으로는 방심 상태이거나, 기껏해야 〈일반적 발표〉나 〈쿼터 턴〉에서 '최소한의' 포징 앤 플렉싱만 할 때 주로 볼 수 있는 것이다.

남자 보디빌딩, 여자 보디빌딩, (남자) 클래식 보디빌딩, (여자) 보디피트니스, 남녀 뷰티바디, 기타 남녀 그 어떤 경기종목에서든 간에, 좋은 성적을 거둔 선수가 힘을 빼고 있을 때, 이전과는 달리 실망스러운 모습이 되는 경우도 있는데, 어떤 특정 포즈에서 멋진 모습이었고 경쟁 선수들에 앞섰다 하더라도, 가장 기본적인 자연미에서 상당히 아쉬운 모습을 보이는 선수라면, 그 선수의 성적을 떠나 덜 좋아 보일 수밖에 없다. 이는 남자 선수에서도 그렇지만, 여자 선수에서는 더욱 그렇다. 미인대회에서 미인이라고 선발했지만, '앞모습은 괜찮았는데, 옆모습이나 뒷모습은 ...(부정적 평가)' 하는 것과 마찬가지로 아쉬운 일이다. 내가 보기에, 남자 선수는 앞모습이나 옆모습에서, 그리고 여자 선수는 옆모습이나 뒷모습에서 선수 간에 자연미 차이가 더 큰 경향이 있다. 이 말은 곧, 자연미 면에서, 여자 선수는 자신의 옆모습과 특히 뒷모습에 더욱 신경 쓸 필요가 있다는 뜻이다.

포징 앤 플렉싱은 대단한 효과를 발휘한다. 그래서 자연미가 별로인 선수가 자연미가 최고인 선수를 시합에서 이기는 것도 아주 흔한 일이다. 그게 이 [시합편]에서 포징에 이렇게도 많은 지면에 많은 사진과 많은 글을 동원하는 이유이기도 하지만, 남녀 보디빌딩 선수든, 여자 피트니스 선수든, 앞모습이든 옆모습이든 뒷모습이든, 자연미에서 크게 뒤지는 선수가 자연미가 우수한 선수를 이기는 것은, 심사가 포즈 위주로 될 수밖에 없기 때문이고, 또한 심판들이 〈일반적 발표〉나 〈쿼터 턴〉에서 충분한 시간 채점하고 있을 수 없기 때문이기도 하다. 그러나 각종 포즈에서의 모습보다 자연미가 좋은 선수가 내 눈에 더 보기 좋은 것은 어쩔 수 없고, 지금도 자연미 하면 생각나는 선수들이 있고, 자연미가 별로인데 어느 특정 신체부위나 포징이 눈에 띄어서 좋은 성적을 거둔 남녀 선수들도 생각나는데, 이런 면에서, 그 심사 방식이나 채점 기준의 한계가 다소 아쉬울 때가 있다.

선수가 레벨이 높아짐에 따라, 각종 〈규정포즈〉와 〈최고 근육질 포즈〉 등에서의 모습이 발달하는 것과 더불어, 자연미 역시 발달하는데, 최근 들어 나로서는, 선수들이 각종 포즈에서 포징 앤 플렉싱으로 보여주는 심미적 발달보다 그런 자연미에서 저절로 보여지는 심미적 발달이 더 대단한 결과로 생각될 때가 흔히 있다.

균형미. 그런가 하면, 내가 생각하는 균형미란 이런 자연미와는 좀 다른데, 거의 또는 완전한 이완 상태에서의 모습을 의미하는 자연미와 그 점에서 주로 다르다고 할 수 있다. 우리나라에서는 자연미라는 말과 균형미라는 말을 함께 많이 사용하지만, 아놀드 백과에는 자연미라는 말은 나오지 않고, 균형미, 영어로는 시메트리symmetry라는 말만 나올 뿐이다. 시메트리에는 가장 먼저 생각나는 '대칭'이라는 뜻 외에 '균형'이라는 뜻도 있는데, 아놀드 백과에서는 '몸의 전체적 형태[모양]'overall shape of the body를 보디빌딩에서는 '균형미'symmetry라 부른다고 하면서, 신체 비율을 균형미에서 살짝 따로 떼놓기도 했지만, 내 생각에 결국, 인체에서 균형미란 전신적 형태와 신체부위별 (주로 근육) 발달, 모양, (골격 또는 근육) 비율 등을 총체적으로 포함할 것이다 (골격적으로 다리가 곧으냐 휘었냐 같은 것은 균형미보다는 자연미 쪽이라고 할 수밖에 없을 것이다).

〈전면 이두근 포즈〉에서는 양팔을 들어올림으로써 이완 상태의 어깨너비에 의한 가로 비율을 정확히 알 수 없다. 〈후면 이두근 포즈〉나 〈후면 광배근

@ 2011 광명시 대회 다음날
최소한의 포징 앤 플렉싱. 양손을 허리에 올리고 한쪽 다리를 우아해 보이게끔 편안하게 위치시키고, 복부를 약간 당기고, 광배근을 약간 펼치는 등, 최소한의 포징 앤 플렉싱으로 비교적 자연스러운 모습으로 보이고자 했다.

그러나 양손을 허리에 올려둔 채로 (자연히 광배근 굴곡이 약해진다), 팔꿈치와 어깨를 충분히 앞으로 가져오지 않다 보니, 대흉근은 찌그러지지 않았지만, 광배근은 펼침은 고사하고 자연 상태의 굴곡보다도 훨씬 못해 보이게 되었다. 그래서 광배근과 대흉근 측면에서라도, 양손은 편안히 내리는 게 자연미 측면에서 유리하다. 어깨, 특히 삼각근만 살리고 말이다.

포즈〉에서는 무릎을 굽히거나 양쪽이든 한쪽이든 발끝으로 올라섬으로써 세로 비율도 정확히 알 수 없다. 〈측면 가슴 포즈〉나 〈측면 삼두근 포즈〉에서는 허리 트위스팅까지 더해져 가로세로 비율 전체를 거의 알 수 없다. 언급하지 않은 다른 포즈들에서도 이와 비슷한 분석이 가능하다. 그러나 〈일반적 발표〉나 〈쿼터 턴〉에서는 그나마 균형미를 가장 잘 알아볼 수 있다. 내가 말하는 자연미까지는 아니더라도.

나는 2008년에 시작한 보디빌딩 시합출전 아주 초기에 '자연미가 좋다', '상체가 좋다', '가슴이 좋다', '등이 좋다'는 말을 종종 들었다. 물론, 분명히 칭찬이었지만, 그리고 현장에서 육안으로, 그리고 이후에 시합사진으로 경쟁 선수들과 비교할 때, 초기에는 어느 정도 분명한 사실이었지만, '자연미'가 좋다는 것은 '신체비율'과 '타고난 골격과 근육의 모습'이 좋을 뿐, '근육발달'muscular development이나 '근육질'muscularity은 거기에 못 미친다는, 즉 포징을 할 때 근육이 굵고 울퉁불퉁하거나 짝짝 갈라져 보이지는 않는다는 의미로 충분히 이해할 수 있었다. 그리고 '상체', '가슴', '등'이 좋다는 것은 '하체'는 물론이고 '코어(시각적으로 복직근이 핵심)'는 상대적으로 못하다는 의미가 되는 것도 사실이었다.

@ 2011 광명시 대회 다음날, 경기 대회

진정한 자연미 vs 최대한의 포징 앤 플렉싱. 〈일반적 발표〉에서부터 〈최고 근육질 포즈〉까지 포징을 사진으로 기록하던 중, 내가 서 있는 모습이다 (**1, 3**). 그래서 양발을 평소보다 조금 더 벌리고 있는 것 같기는 하지만, 내가 자연스럽게 서 있는, 즉 전신의 자연미를 논하기에 가장 좋은 모습일 것이다. 그 어떤 의식적인 특정 포징도 펌핑도 플렉싱도 전혀 하지 않은.

이런 최대한의 포징 앤 플렉싱 상태에서는 (**2, 4**), 균형미라면 몰라도, 내가 말하는 진정한 자연미를 논하기는 어려울 것이다. 앞에서 살펴본 것처럼, 전완을 앞으로 숙이고, 어깨를 앞으로 약간 내밀었더라면 더 좋았을 것 같은데, 그렇게 하면 광배근 펼침이 더 좋아지고, 전면삼각근, 하부 외측 대흉근의 분리가 더 좋아지고, 승모근도 더 잘 살고 더 많이 노출된다. 또한, 삼각근을 살리고 상체의 모양을 더 좋게 하기 위해, 상완을 몸통 쪽으로 다소 가져오는 것도 고려해볼 만하다.

역시 시합출전 아주 초기에 '포즈가(포징이) 좋다'는 말도 들었지만, 그것은 내 생애 첫 시합출전을 위해 포징 연습을 많이 했었고, 그래서 부족한 몸과 첫 시합출전이지만 (당연히, 근육발달은 많이 부족했고 피부도 충분히 얇게 만들 수 없었다), 포징은 그나마 괜찮았다는 의미이기도 했을 것이다 (물론, 최근의 내 포징도 어설픈데, 지금의 내 기준으로 당시를 보니 당시의 포징이 얼마나 어설프기 짝이 없는지 싶다). 그러나 나는 갈수록 내가 출전하는 모든 시합에서, 더는 그 어떤 칭찬도 듣기 어려워졌는데, 내가 더 높은 레벨의 시합에 출전하거나 비슷한 레벨의 시합에 출전하더라도 내가 덜 준비된 채로 출전하거나, 갈수록 선수들의 평균적인 레벨이 높아지거나 경쟁이 치열해지면서, 내 거의 모든 게 '상대적이며 절대적인 약점'이 되었기 때문이다.

무엇보다도, 나는 다소 과하거나 내게 맞지 않는 〈일반적 발표〉로 내 비교적 좋은 자연미를 깎아먹은 적이 많았다고 생각된다. 최대한의 포징 앤 플렉싱을 하는 〈일반적 발표〉 포징이 아닌, 최소한의 포징 앤 플렉싱을 하는 〈일반적 발표〉 포징이, 적어도 상체에서는 내게 더 나은 포징이 아닌가 싶을 정도다. 일련의 내 지난 시합사진을 통해 느끼는 점은, 나는 골격적으로 가슴이 어깨보다 두드러지고, 근육발달로도 그런 측면이 있음에도, 평소 또는 방심하고 있을 때는 괜찮은데, 시합무대에서 또는 카메라 앞에서 포즈를 잡을 때는 늠름한 자세를 취하다 보니 가슴을 내밀고 어깨를 뒤로 빼는 데다, 최대한의 포징 앤 플렉싱을 하는 〈일반적 발표〉에서는 이런 포징이 더 심해져 악화되는 습관이 나도 모르게 몸에 배었던 것이다.

내가 흔히 그랬던 것처럼, 많은 할리우드 영화 속 육중한 근육질의 특수부대 군인들의 차려 자세처럼 가슴을 내미는 게 아니라, 관찰자의 시각에서 가장 근육질의 보디빌더 같은 모습이 필요한 것이다. 가슴을 내밀고 어깨를 뒤로 젖힌 자세는 남녀 일반인으로서는 좋은 자세로, 특히 옆모습에서 늠름하거나 건강하고 아름답고 매력적인 자세일 수 있지만, 보디빌딩 선수로서는, 특히 앞모습에서는 전혀 그렇지 않고, 시합에서 주요 관찰자는 심판들이고, 대부분의 시합장에서 심판들은 선수들의 무릎보다 아래 위치에서 선수들을 올려다보게 되는데, 이때는 더욱 그렇다.

특히 나같이 삼각근 발달이 가슴 골격과 대흉근 발달보다 약한 선수는 이 점을 특히 유념해서, 가슴을 내밀지 않을 뿐 아니라 (아놀드도 그렇고, 그래서 아놀드도 각종 전면 포즈에서 어깨를 내밀고 있고 또한 그렇게 하라고 권한다) 어깨를 '약간' 내밀어 삼각근의 모습, 삼각근과 대흉근 사이의 분리를 좋게 하고 어깨와 광배근을 넓어 보이게 하는 게 중요할 것 같고 (이렇게 생각한 지 수년 되었어도, 2016년 현재까지도 여전히 흔히 잊어버리지만), 삼각근을 살리는 포징에도 유념하면서, 우선수칙, 충격수칙, 다운동세트, 더 다양한 운동, 더 많은 세트수 등을 도입하면서, 삼각근 발달을 위해 어깨 훈련을 더 효과적으로 해야 할 것 같다 (이렇게 생각한 이후 수년째 그렇게 해오고 있다).

물론, 지금의 내 대흉근도 저절로 된 것도 아니고, 운동과 영양을 꾸준히 지속하지 않으면, 또는 그렇게 함에도 정신적·신체적 이유로 활력이나 동화를 담당하는 체내 호르몬이 받쳐주지 않으면, 금방 꺼져 없어지는 게 눈에 확 띄는 게 내 대흉근(특히 하부 외측 대흉근)이기는 하지만.

@ 2015 파주시 대회

규정포즈

전면 이두근 포즈

먼저, IFBB 규정집과 아놀드 백과에는 다음과 같이 돼 있다.

IFBB 규정집: 선수는 전면이 심판들을 향하게 서서, 양다리와 양발을 일직선이 되게 하고 약간 벌린 채, 양팔을 어깨높이까지 들어올려 팔꿈치에서 굽힌다. 양손을 주먹을 꽉 쥐고 아래로 돌려 이두근과 전완 근육을 수축시키는데, 이 둘은 이 포즈에서 평가하는 주요 근육군이다. 추가로, 심판들이 머리부터 발끝까지 전신을 살펴볼 동안, 다른 근육들도 최대한 많이 수축시키도록 해봐야 한다.

심판은 우선, 이두근을 살피는데, 이두근이 완전히, 그리고 봉우리가 높게 발달했는지, 이두근의 내측두와 외측두 사이에 명확한 갈라짐이 있는지 없는지 살피고, 계속해서 머리부터 발가락까지 살피는데, 전완, 삼각근, 흉근, 흉근과 삼각근의 타이인tie-in, 복근, 대퇴, 종아리의 발달을 관찰하는 것이다. 또한, 근육의 밀도, 데피니션, 그리고 전체적인 균형도 살핀다.

아놀드 백과: 정면을 향해 선다. 〈일반적 발표〉 포즈에서처럼, 대퇴를 플렉싱하고 궁둥이를 당겨 넣는다. 양팔을 들어올려 이두근 포즈를 잡으면서, 동시에 광배근을 벌린다flare. 최대한의 이두근 봉우리를 얻기 위해, 손목을 뒤친다supinate (손이 몸쪽으로 향하게 안쪽으로 돌린다). 포즈를 마무리하기 위해, 팔꿈치를 아주 약간 앞으로 내밀어 가슴을 이끌어내고, 반드시 복근은 탄탄한 상태가 되게 한다. 〈전면 이두근 포즈〉를 할 때, 대퇴 포즈를 격렬하게 잡고, 이 〈전면 이두근 포즈〉를 유지하는 동안에는 대퇴가 느슨해지게 해서는 안 되며, 반드시 복근도 항상 플렉스된 상태를 유지한다.

여기 내가 밑줄 친 부분에 대해 간단히 짚고 넘어가자.

Q: 양다리와 양발을 일직선이 되게 하고 약간 벌린 채?

A: 이는 **좌우 대칭·정적 하체 포징**이다. IFBB 규정집에서 여자 보디빌딩에서는 이 부분이 '양다리와 양발을 일직선이 되게 하고 오른쪽 다리를 옆쪽으로 벌려 위치시킨 채'로 돼 있다. 이는 **좌우 비대칭·동적 하체 포징**이다. 나는 지금껏 좌우 대칭 하체 포징을 해왔지만, 많은 정상급 남자 선수가 좌우 비대칭·동적 하체 포징을 하고 있었는데 (물론, 이때 남자는 옆으로 벌려 위치시키는 다리가 오른쪽이든 왼쪽이든 상관없다), 사실상 대부분은 그게 훨씬 더 효과적으로 보인다. 넓은 어깨(또는 팔꿈치)와 광배근, 잘록한 허리, 다시 넓은 대퇴로 이어지는 외곽선 면에서, 그리고 대퇴의 굵기, 대퇴의 근육분리 면에서 훨씬 유리해 보인다. 그래서 앞으로는 나도 가급적 이렇게 할 생각이다. 이런 하체 포징은 가장 세련된 포징의 한 단면이지만, 초급 선수일 때부터 이런 포징에 익숙해지는 게 좋겠다. 〈일반적 발표〉, 〈전면 광배근 포즈〉, 〈최고 근육질 포즈〉 같은, 다른 전면 포즈에서도 마찬가지다.

Q: 포즈를 마무리하기 위해, 팔꿈치를 아주 약간 앞으로 내밀어 가슴을 이끌어낸다?

A: 아놀드다운 포징의 정수라 할 수 있고, 나는 그렇게 하려고 노력하면서도 사실상 완전히 반대로 했던 경우가 대부분이다. 여기서 중요한 것은 '팔꿈치'를 내민다고 생각하기보다는 '어깨' 자체를, 또는 어깨와 팔꿈치를 함께 내밀어야 한다는 것이다. 또 중요한 것은 '아주 약간' 내민다는 것이다.

규정포즈 첫 포즈이기 때문이기도 하고, 몸의 전체적 모습을 가장 명확히 드러내는 포즈이기 때문이기도 한데, 〈일반적 발표〉와 함께, 채점에 가장 큰 영향을 미치는 포즈라 할 수 있다.

전신의 총체적 포징. 포즈 공통 사항인데, 심판 입장에서든 관객 입장에서든, 무대에 선 선수를 볼 때, 선수가 하고 있는 그 포즈 이름이나 그 포즈에 따른 IFBB 심사 규정에 따라 어느 신체부위·근육을 더 중시해서 또는 모든 주요 신체부위·근육을 빠짐없이 체계적·총체적으로 살피는 게 아니라, 어느 포즈건 상관없이, 우선은 눈에 띄는 대로 전신을 한눈에 평가하게 될 수밖에 없다. 본능적으로 그렇고 시간관계상 그렇다.

그런 관점에서, 이 포즈에서 지배적인 영향을 미치거나 강점·약점이 한눈에 가장 먼저 드러나는, 그래서 가장 중요한 신체부위·근육은 **광배근, 복부, 대퇴**인데, 〈일반적 발표〉에서는 훌륭해 보였던 광배근이 이 포즈에서는 약점에 가까워질 정도로 약해지는 경우가 정상급 선수 중에도 흔해서, 광배근 펼침을 잘하는 게 아주 중요하다. 이때의 **대흉근** 모습에도 유의할 필요가 있는데, 특히 양쪽 대흉근이 몸통에서 잘 분리되게 하는 것은 결코 쉽게 달성되는 수준이 아니다. 광배근과 대흉근 모습은 상완과 어깨 포징을 어떻게 하느냐에 의해서도 크게 영향받는다. 다음은 **상완**인데, 이두근 봉우리와 이두근과 삼두근 사이의 근육분리가 특히 중요하다. 그러나 상완이 상대적으로 작은 신체부위이다 보니, 포즈 이름이 이두근 포즈이기는 하지만, 이두근이 다른 더 큰 신체부위·근육인 광배근, 복부, 대퇴보다는 중요성이 떨어지는 것 같다. 이두근이 경쟁자보다 더 크고 높이 발달했는지, 이두근과 삼두근 사이의 분리가 얼마나 명확한지 하는 것들이, 특히 시합장에서는 시각적으로 금방 눈에 들어오지는 않는 경향이 있기 때문이다 (아놀드의 이두근쯤 되면 얘기가 달라지지만). 그다음은 **종아리, 전완** 정도라 할 수 있다. 나아가서는 **머리**, 그리고 **표정**까지 고려하게 된다.

앞에 나온 〈일반적 발표〉에서와 마찬가지로, **몸통 기울임**은 가장 기본적인 고려사항이다. 〈일반적 발표〉와는 상체 포즈[포징]만 다를 뿐, 나머지 대

@ 2011 광명시 대회 다음날

전신의 총체적 포징. 아놀드 백과에서 아놀드는 이 포즈를 "가장 어려운 포즈 중 하나인데, 어떤 약점이라도 있으면 그 부분이 강조되는 경향이 있기 때문이다."라고 했다. 나도 여기에 완전히 동감하는데, 내게 가장 어려운, 그래서 가장 하기 싫은 포즈가 이 포즈다. 〈일반적 발표〉나 〈전면 광배근 포즈〉에서는 비교적 발달해 보이는 광배근, 대흉근이 이 포즈에서는 거의 사라지기도 한다. 생각보다, 이두근 봉우리도 살리기 훨씬 어렵다. 복부 배큠, 플렉싱, 크런칭, 리버스 크런칭, 그 어느 방법으로든 복부를 멋있게 살리기도 쉽지 않다. 대퇴의 외측 굴곡, 전면 갈라짐, 내측 매스, 모두가 나로서는 약점이다. 종아리는 물론이고. 그러나 하체에 있어서는, 앞에서 설명한 것처럼, 앞으로는 비대칭·동적 하체 포징을 도입함으로써 하체 포징이 훨씬 더 좋아질 것 같다.

아놀드 백과에도 아놀드의 이 포즈 사진이 많은데, 시간이 가면서 과거와 현재의 국내외 최정상급 선수들과도 자연히 비교해보게 되면서, 그리고 내 보디빌딩 눈높이가 높아지면서, 아놀드가 이 포즈에서 얼마나 압도적인 심미성을 자랑하는지 명확히 알게 되었다. 넓은 어깨와 불룩한 광배근, 그리고 잘록한 허리, 불룩 솟은 이두근 봉우리, 그리고 잘 분리된 상완 내측, 잘 분리되고 입체감 좋은 대흉근과 전거근, 훌륭한 복부 배큠, 외측으로 우아하게 굴곡지고 전면이 잘 분리된 대퇴, 그리고 빠지지 않는 종아리 내측 굴곡. 그래서 나는, 아놀드는 특히 이 포즈에서 전 시대를 통틀어 세계 최고라 생각한다. 물어보니, 광태도 같은 생각이라고 한다.

퇴, 복부, 종아리, 머리, 표정에 있어서는 다를 게 없다. 상체에서는 사실상, 아래로 늘어뜨린 팔을 위로 올리는 것일 뿐이라고도 할 수 있지만, 이것 때문에 특히 대흉근과 광배근의 모습이 크게 영향받는다.

하체 포징

앞에 나온 〈일반적 발표〉에서와 완전히 같다.

송재필 @ 2011 코리아 대회 –70kg급, 2012 전국체전 –65kg급

대칭·정적 하체 포징 vs 비대칭·동적 하체 포징. 상완이 특별 강점인 선수로, 삼두근 매스와 이두근 봉우리가 상당하다. 대칭·정적 하체 포징을 하면서 종아리를 더 잘 살리기 위해 발뒤꿈치를 살짝 들고 있거나 (**1**), 비대칭·동적 하체 포징을 위해 무게중심을 한쪽으로 옮겨 서 있다 (**2**). 이런 후자의 하체 포징은 대퇴의 근육분리에 있어서 특히 유리한데, 봉공근에 있어서는 더욱 그렇다.

김진식 @ 2013 전국체전 –65kg급

하체 포징, 그리고 전신의 총체적 포징. 잘록한 허리, 좋은 비율, 삼두근(특히 매스), 그리고 전신의 총체적 포징이 특별 강점인 선수. 무게중심을 한쪽으로 이동시켜 약간의 비대칭·동적 포즈를 이끌어내고 있다. 이 정도의 약간의 변형은 허용되는 한계 한참 안쪽에 있는 것으로, 포즈 자체가 더 우아하고 심미적으로 되기도 하지만, 하체를 더 잘 표현하는 방법이기도 하고, 비율이나 허리나 하체에 어떤 약점이 있다면 이를 벌충하는 방법이 되기도 한다. 후자의 이유로 내게 꼭 필요한 방법임에도 나는 2015년 이전에는 시합이나 사진촬영에서 제대로 활용해본 적이 한 번도 없고, 그래서 앞으로는 최우선 활용해야 할 방법이라 생각하고 2015년에는 그렇게 했으나 (이때 양쪽 대퇴 포징뿐 아니라 플렉싱도 빠뜨리지 않게 특히 유의하는 게 좋다. 내가 이렇게 강조하는 이유는, 물론, 내가 그런 시행착오를 했기 때문이다), 2016년에는 다시 원점인 대칭·정적 하체 포징 쪽으로 돌아가고 있다. 결국, 이 둘 사이에서 최선의 지점을 찾아, 때와 편의에 따라 적절히 활용해야 할 것이다. 현재로는 아주 약간의 비대칭·동적 포징이 대부분의 선수에게 가장 효과적이지 않을까 한다. 앞에 나온 〈일반적 발표〉에서와 마찬가지로 말이다.

코어 포징

앞에 나온 〈일반적 발표〉에서는 상완을 내리고 〈전면 이두근 포즈〉에서는 상완을 올리는 데에서 오는 약간의 코어 포징 차이가 있지만, 〈일반적 발표〉에서와 기본적으로 같다. 즉, 몸통 기울임은 완전히 같고, 복부 렛잇고, 배큠, 플렉싱, 크런칭 중 어떤 쪽을 선택할까 하는 문제에서, 그리고 그 효과에서 약간의 차이가 있을 수 있다.

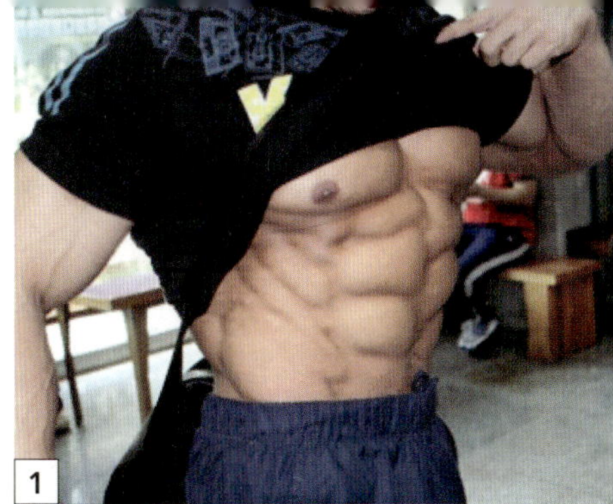

1

2

3

박인정 @ 2011 전국체전 −80kg급

코어 포징: 배큠. 그가 〈전면 이두근 포즈〉에서 항상 복부 배큠[진공]vacuum을 하는 것은 아니지만 (**3**), 그는 국내에서 배큠을 가장 잘하는 현역 선수 중 하나일 것이다 (**2**). 복근의 엄청난 매스에도 말이다 (**1**).

아놀드가 아쉬워하며 "배큠은 이제 잃어버린 기술이 되고 있다."고 한 것처럼, 특히 현대의 보디빌딩에서 배큠은 필수사항이 아닌 선택사항이다. 그리고 선수에 따라서는 배큠을 조금이라도 하는 것보다는 오히려 전혀 하지 않는 게 복부 모습에 더 유리할 수 있고 (나도 그런 편인 것 같지만), 그것은 당일 무대조명에 의해서도 상당 부분 좌우된다.

아놀드는 "배큠은 특정 포즈를 위해서뿐 아니라 포징을 하지 않을 때조차도 복부가 느슨하게 불룩 튀어나오지 않게 하는 데 도움된다."고 했다. 그래서 나도 수년 전에 잠시 배큠 훈련도 따로 했었는데, 나는 원래 이런 문제도 없었지만, 상복부에서부터 배큠이 명확히 되는 것도 아니다. 내가 만약 배큠을 잘할 수 있었다면, 당연히 조명에 상관없이 특히 상복부가 훨씬 좋아 보일 것이다.

특히 미스터 올림피아 프랭크 제인Frank Zane이 배큠으로 유명하지만, 아놀드도 거의 못지않다. 배큠에 도움되는 특이적인 훈련을 포함한 추가 정보를 위해서는 아놀드 백과를 참고하라 (p561). 또한, 인터넷 유튜브에서는, 외국 남녀의 다양한 배큠 연습과 놀랍고 따라 해보고 싶게 만드는 전후 변화 동영상을 접할 수 있다.

@ 2011 광명시 대회 다음날
코어 포징: 렛잇고 vs 크런칭. 통상적으로 하던 복부 렛잇고 상태에서 (**1**), 몸통을 뒤로 기울이면서, 시험 삼아 복부 크런칭을 해봤다 (**2**). 중부 광배근 펼침은 약해졌다. 정상급 선수 중에서도, 드물지만, 몸통을 바로 세우거나 앞으로 기울이면서, 복부 플렉싱을 넘어 이렇게 크런칭까지 하면서 더 좋은 모습을 보여주는 선수도 있다.

설동근 @ 2012 코리아 +90kg급
코어 포징, 상체 포징. 몸통 기울임, 복부 렛잇고를 주목하자. 무대조명에 의해 복부 세퍼레이션이 명확해 보이는데, 이 몸통 기울임에 복부 배큠을 한다면 복부가 이만큼 좋아 보이지는 않을지 모른다. 그래서 몸통 기울임과 복부 처리를 어떻게 하는 게 최선일까 하는 코어 포징은 무대조명에 상당 부분 영향받을 수 있다.
상완을 올린 정도, 팔꿈치와 어깨를 앞으로 내민 정도, 팔꿈치를 접은 정도, 손목을 접고 안쪽으로 돌린 정도, 그래서 결과적으로 이두근, 삼두근, 하부 외측 대흉근의 세퍼레이션이 적절해 보인다.

상체 포징

광배근과 대흉근, 상완과 전완, 손목과 손. 이 포즈에서 광배근이 불룩해 보이는 것은 정말 대단한 것이다. 〈일반적 발표〉에서 멋져 보이던 광배근이 이 포즈에서는 완전히 사라지기도 하기 때문에, 이 포즈에서 멋져 보이는 광배근이라면 그 광배근도 상당하지만, 그 포징 자체도 상당한 것일 수밖에 없다. 나는 이 포즈에서 광배근 펼침에 종종 실패했는데, 초기에는 광배근 펼침 포징 자체에 미숙해서, 그리고 이후에는 몸통을 너무 뒤로 젖힘으로써 실패한 경우가 많았다. 광배근 펼침에 실패하지 않기 위한 최근의 내 한 방법은, 〈일반적 발표〉에서의 그 상부 광배근에서 오는 고유감각을 이 포즈에서도 거의 똑같이 느낄 수 있게 신경 쓰는 것이다. 대흉근도 마찬가지다. 〈일반적 발표〉에서 멋져 보이던 대흉근이 이 포즈에서는 완전히 사라지기도 하는데, 대흉근이 하부 외측에서 완전히 근육분리를 이루면서 입체감[부피감]까지 갖는다는 것은 실로 엄청난 것이라 할 수 있다. 이런 광배근과 대흉근의 모습만 생각해보더라도, 아놀드가 이 포즈를 얼마나 멋지게 해내는지 실감할 수 있다.

광배근과 대흉근의 모습은 팔꿈치와 어깨의 상하전후 위치에 크게 영향받는다. 물론, 이두근, 삼두근, 삼각근 등의 모습도 영향받는다. 상완을 거의 수평이 되게 팔꿈치를 드는 게 일반적이지만, 어떤 선수는 팔꿈치를 이보다 훨씬 높이 들어올리기도 한다. 심지어 어떤 선수는 어깨를 올리고 팔꿈치를 내려 낮게 유지하기도 하는데, 이두근 봉우리 측면에서는 선수에 따라, 또는 때에 따라 유리하게도 불리하게도 작용하지만, 광배근 펼침에는 불리하게 작용하는 경향이 있다. 물론, 후자로 하면서도 광배근 펼침이 약해지지 않는 경우도 있지만.

팔꿈치나 어깨를 너무 앞으로 모으면 광배근 펼침 역시 부족해질 가능성이 크고 포즈 자체가 작아 보일 수 있다. 내가 흔히 잘못한 것처럼, 팔꿈치와 어깨를 뒤로 빼는 것은 절대로 삼가야 할 것인데, 광배근 펼침이 아예 되지 않거나, 광배근 펼침은 최대한 되더라도 대흉근이 납작해지거나, 포즈 자체가 아주 어색해질 수 있기 때문이다. 아놀드의 말처럼, 광배근 펼침에 손해 보지 않는 범위에서 '어깨를 살짝 앞으로 내밂'으로써 대흉근 하부 외측의 근육분리를 도와줄 수 있고 광배근 펼침에도 도움될 수도 있지만, 이때 어깨가 아닌 팔꿈치를 앞으로 모아주듯 하다가는 광배근 펼침에서 손해 볼 가능성이 크다. 양쪽 팔꿈치는 활짝 펼친 상태를 유지해야 광배근 펼침이 약해지지 않는다.

그리고 팔꿈치는 얼마나 굽힐지에 따라, 이두근과 삼두근의 모습이 크게 달라진다. 팔꿈치는 직각이나 약간 예각으로 접는 게 좋은 것 같다. 둔각에서는 이두근 봉우리가 약해지고, 너무 예각에서는 상체가 작아 보이고 이두근과 삼두근의 분리도 덜해지는 경향이 있다.

〈전면 이두근 포즈〉와 〈후면 이두근 포즈〉에서 전완을 더 틀어줄수록 (회외), 그리고 전완을 뒤로 넘겨줄수록 이두근 봉우리가 사는 반면 전완은 가늘어 보이게 된다. 나는 이두근을 살리기 위해 이렇게 하려고 최대한 노력해왔지만, 전혀 그렇게 하지 않는 정상급 선수도 많다. 그들은 그래도 이두근이 잘 살거나, 아니면 전완이 굵어 보이는 게 더 중요하다고 생각하는 것인지도 모른다. 요즘은 나도 그 점을 고려하고 있다.

손목은 얼마나 꺾을지, 엄지는 주먹 안으로 둘지 바깥으로 둘지에 따라, 단순히 손 모양뿐 아니라, 미세하지만 이두근, 삼두근, 전완의 모습이나 느낌도 달라질 수 있다. 나는 아놀드의 지침대로 엄지를 항상 전자로 해왔지만, 아놀드도 항상 그렇게 하지만은 않았고, 나도 지금은 꼭 그것만이 정답이라고 생각하지는 않는다.

1 2 3

@ 2011 경기 대회

광배근과 대흉근: 팔꿈치와 어깨. 나는 몸통을 뒤로 젖히면서 가슴은 내밀고 팔꿈치(와 어깨)는 뒤로 빼는 경향이 언젠가부터 생겨, 광배근이 아예 사라지거나 상부 외측 광배근이 찌그러진 경우가 종종 있었는데, 당시에는 전혀 느끼지 못하다가 후에 시합사진을 보고 알게 되는 사실이다. 그래서 아놀드 백과에서 말한 것처럼 '팔꿈치를 앞으로 내밀어주면' 어떻게 보일까 싶어 실험해봤다.

통상적으로 해보고 (**1**), 상체 전체에 힘을 더 주면서 팔꿈치를 앞으로 약간 내밀어보고 (**2**), 팔꿈치를 '앞으로' 약간 내미는 정도를 넘어 아예 약간 '안쪽으로' 모아봤다 (**3**). 결과적으로 점점 광배근 펼침이 약해졌는데, 팔꿈치가 앞으로 나오면서 어깨 자체는 뒤로 빠졌기 때문일 것이다.

아놀드 백과에서 아놀드가 "포즈를 마무리하기 위해, 팔꿈치를 아주 약간 앞으로 내밀어 가슴을 이끌어낸다."고 한 것처럼, 대흉근 종착부인 상완골을 약간 앞쪽으로 둠으로써 대흉근 모양을 좋게 하고 하부 외측 대흉근의 근육분리를 도와주면서도, 광배근 펼침이 약해지지 않게 하기 위해, 팔꿈치뿐 아니라 어깨도 같이 내밀어줄 필요가 있는데, 팔꿈치는 최대한 넓게 벌어지도록 유지한 채 '어깨'를 앞으로 '아주 약간' 내민다는 게 중요해 보인다.

@ 2011 광명시 대회 전후

상완과 전완. 시합출전 준비과정과 시합출전 자체가 근육에 어떤 발전적 역할을 해주는지, 그리고 포징의 미세한 변화가 어떤 효과를 내는지 알 수 있는 일련의 사진들로, 시즌 첫 시합출전 D-5(5일 전), D-1(전날), D+1(다음날), 즉 일주일 사이의 이두근 모습의 ('발달'과는 약간 다른 의미로) '발전' 모습. 포징과 촬영조건이 조금씩 다르기는 하지만, 매번 최고의 이두근 모습을 위해 최선을 다해 포징을 했고, 사진도 여러 장씩 촬영해 각각 최고의 사진만을 고른 것이다.

D-5: (방에서) 저녁때쯤 책상에 앉아 있던 중, 우연히, 생전 처음으로 이두근 내측두와 외측두 사이의 분리선을 발견했다. '확실히 한 단계 더 발전했구나!' 싶어 아주 흥분되는 순간이었다.

D-1: (체련장에서) 이두근과 삼두근의 비율, 모양, 분리, 전완의 비율과 모양이 전체적으로 조화롭다.

D+1: (집 옥상에서) D-5 때와 비슷한 저녁때쯤 비슷한 상황에서, 생전 처음으로 이두근 봉우리가 상완골에서 거의 수직으로 올라오는 듯한 모습을 발견했다. 팔꿈치를 더 접고, 전완을 뒤로 더 넘겨주고, 엄지를 주먹 밖으로 두고 손목을 더 틀어준(회외, 뒤침) 등의 포징의 차이도 있겠지만 (이두근 모양은 살고 삼두근 모양은 죽고 전완은 가늘어 보일 수 있다), 시합 후의 일반(고탄수화물, 고지방, 고나트륨) 식이로 연이은 포식을 해서 이두근을 비롯해 근내 글리코겐 저장량이 많아진 게 그 주된 이유일 것이다. 반면, 피하 수분정체, 피하지방량 증가로 피부는 일시적으로 약간 두꺼워진 것 같다.

나로서는 무척 고무되는 일이고 대단한 경험이었지만, 시합무대에서 전신의 총체적 포징에 집중하는 가운데, 시합에서 이두근을 그 최고의 모습의 반만큼이라도 살리는 건 무척 어려운 일이었다.

체련장에서의 모습이 어떻게 좋았는지, 포징 연습 때 어떻게 좋았는지 하는 게 시합무대로 그대로 이어지는 일은 내게는 드물었다. 내 시합 전 펌핑 시점과 영양(물 포함) 섭취 등에 관련된 문제겠지만, 그래서 내 경험에 비추어, 시합무대에서 이 포즈에서 전신의 다른 신체부위와 함께 상완도 대단하다면, 그건 정말 대단한 상완에 대단한 시합준비(글리코겐 로딩, 펌핑 등), 대단한 포징인 것이다.

물론, 요즘은 전완에 대해서도 상완만큼 깊이 생각하게 되었는데, 전완을 더 굵게 발달시키고, 전완이 상완과 더 조화되게 포징해야겠다는 것이다.

@ 2011 광명시 대회 다음날

상완과 어깨, 전완, 손목. 이런 상완의 모습은 전체로 보면 미세한 차이이지만, 부분까지 보면 결코 미세한 차이가 아니다 (**1, 2**). 특히 오른쪽 어깨를 조금 더 들어주고 상완과 전완과 손목에 더 의식한 결과 (**2**), 광배근 펼침을 손상하지 않으면서 이두근 봉우리를 더 살릴 수 있었음을 볼 수 있다.

현재, 이 [시합편]에서 따로 사진으로 보여주고 있지는 않지만, 상체 포징에서도 대칭이 아닌 비대칭 포징을 하는 선수가 더러 있는데 (특히 외국 선수에게서), 가령, 양쪽 팔꿈치의 높이를 다르게 하는, 즉 그 연결선이 살짝 기울게 하는 것이다. 자연히, 거기에 허리와 대퇴도 약간의 비대칭 포징을 함으로써 선이 아름다운, 우아한, 고전적일 수도 있고 세련될 수도 있는 포징을 만들어냄과 동시에, (비율이나 모양이나 근육분리 등의 면에서) 상체, 코어, 하체에서의 약점을 덜 노출시키면서 강점을 더 잘 살리는 것이다.

설기관 @ 2014 세계클래식보디빌딩선수권대회 −168cm급

상완과 전완. 이 두 사진이 그 차이를 극명하게 보여주는 것은 아니지만, 전완의 전면(해부학적 위치[자세]에 따른 것으로, 손바닥 쪽 면)이 전면(심판들 쪽)을 향하게 할수록 전완은 굵고 이두근 근복은 길어 보이는, 즉 이두근 근복과 전완(또는 팔꿈치) 사이의 공간이 비어 보이지 않는 경향이 있고 (이두근 근복이 짧은 선수에게 유리한 포징일 수 있다), 전완을 안쪽으로 틀수록 전완은 가늘어 보이고 이두근 봉우리는 잘 사는 경향이 있다. 나는 지금껏 전완의 전면이 내측(얼굴 쪽)을 넘어 심지어는 약간 후면을 향하게 하는 쪽이었지만 (그래서 전완이 특히 가늘어 보이고 상완과의 조화가 덜 돼 보인다), 그 이두근 봉우리를 살리는 장점보다는 전완을 더 약해 보이게 하는 단점이 더 큰 듯해, 이제는 덜 그래야겠다고 생각하고 있다.

남경윤 @ 2013 세계선수권대회 −70kg급

이승철 @ 2008 YMCA 대회 +90kg급

박인정 @ 2012 전국체전 −80kg급

일반적인 예비동작.

이대성 @ 2009 전국체전 +90kg급

세련된 감각의 예비동작.

전면 광배근 포즈

먼저, IFBB 규정집과 아놀드 백과에는 다음과 같이 돼 있다.

IFBB 규정집: 선수는 전면이 심판들을 향하게 서서, 양다리와 양발을 약간 벌린 채, 양손을 펴거나 주먹을 꽉 쥐어, 하부 허리 또는 복사근에 대고 누르거나 잡고, 광배근을 확장한다. 동시에, 전면의 다른 근육들도 최대한 많이 수축시키도록 해봐야 한다. 대퇴사두근의 내측 최상부를 보여주기 위해 선수복을 당겨 올리는 것은 엄격히 금지될 것이다.

심판은 우선, 선수가 광배근을 잘 펼쳐 보임으로써 V 형태의[역삼각형의] 몸통이 되게 할 수 있는지 살핀다. 그런 다음에 계속해서 머리부터 발까지 살피는데, 우선, 몸의 전체적인 측면을 살피고, 그런 다음에 다양한 근육군의 더 세부적인 측면에 집중하는 것이다.

아놀드 백과: 〈전면 이두근 포즈〉에서처럼 하체 포즈를 취한다. 양손을 허리에 올려 복사근을 잡고, 팔꿈치를 앞쪽으로 가져오고, 광배근을 벌리는데, 가슴은 높게 유지한다. 〈전면 광배근 포즈〉에서 가슴 근육이 얼마나 중요한지 잊어버리는 보디빌더가 많다. 광배근을 펼치는spread 동시에, 흉근을 두드러지게 해주기 위해 가슴을 높이 들어올리고 어깨를 앞쪽으로 가져온다.

전신의 총체적 포징. 포즈 공통 사항인데, 심판 입장에서든 관객 입장에서든, 무대에 선 선수를 볼 때, 선수가 하고 있는 그 포즈 이름이나 그 포즈에 따른 IFBB 심사 규정에 따라 어느 신체부위·근육을 더 중시해서 또는 모든 주요 신체부위·근육을 빠짐없이 체계적·총체적으로 살피는 게 아니라, 어느 포즈건 상관없이, 우선은 눈에 띄는 대로 전신을 한눈에 평가하게 될 수밖에 없다. 본능적으로 그렇고 시간관계상 그렇다.

그런 관점에서, 이 포즈에서 지배적인 영향을 미치거나 강점·약점이 한눈에 가장 먼저 드러나는, 그래서 가장 중요한 신체부위·근육은 **광배근, 복부, 대퇴**인데, 광배근 펼침을 잘하는 게 가장 중요하다. 이때의 **대흉근** 모습에도 유의할 필요가 있다. 광배근과 대흉근 모습은 손을 어느 위치에 어떻게 두느냐뿐 아니라 상완과 어깨 포징을 어떻게 하느냐에 의해서도 크게 영향받는다. 대퇴는 광배근 못지않게 중요하고, 복부도 우선순위에서 빼놓을 수 없다. 다음은 **종아리**, **어깨**, **상완** 정도라 할 수 있다. 나아가서는 **머리**, 그리고 **표정**까지 고려하게 된다.

같은 전면 포즈인 〈일반적 발표〉, 〈전면 이두근 포즈〉에서와 마찬가지로, **몸통 기울임**은 가장 기본적인 고려사항, **비대칭·동적 하체 포징**은 가장 세련된, 그러나 초급 선수라도 도입하는 순간부터 포징이 급격히 좋아져 더욱 좋은 고려사항이라 할 수 있고, 〈일반적 발표〉, 〈전면 이두근 포즈〉와는 상체 포즈[포징]만 다를 뿐, 나머지 대퇴, 복부, 종아리, 머리, 표정에 있어서는 다를 게 없다.

하체 포징, 코어 포징

앞에 나온 〈일반적 발표〉, 〈전면 이두근 포즈〉에서와 마찬가지다.

@ 2008 광명시 대회, 2009 연합회 전국대회
몸통 기울임. 나는 초기에는 몸통 기울임이 나쁘지 않았는데, 일반적으로 몸통은 아래쪽에 있는 심판들을 향해 이렇게 앞으로 적절히 기울이는 게 좋다.

@ 2011 경기 대회, 2012 코리아 대회
몸통 기울임. 그러나 앞에서 말했듯, 갈수록 몸통 기울임이 점점 잘못돼갔는데, 이 포즈에서도 그랬다. 가슴을 높게 유지하든 아니든, 광배근 펼침을 위해 척주를 뒤로 활처럼 휘게 하든 곧게 하든 앞으로 약간 구부정하게 하든 간에, 몸통을 수직으로 세우는 것까지는 몰라도, 가급적 이렇게 뒤로 기울이지는 말아야 한다 (물론, 선수에 따라 다르고, 그래서 일반론이기는 하지만). 그런 몸통 기울임으로 시선을 아래로 두다가는, 잘못하면, 소위 '두 턱'이나 '추남 선발대회' 얼굴이 될 수도 있는데, 내가 흔히 그랬다.

@ 2011 광명시 대회 다음날, 며칠 후
몸통 기울임과 크런칭. 여기서 나는 펌핑이나 오일링도 하지 않은 상태에서조차 양쪽, 특히 오른쪽 광배근 펼침에 반복적으로 조금씩 실패하고 있는 것 같은데 (당시에는 몰랐다), 몸통이 뒤로 기울거나 상체가 뒤로 오목하게 젖혀진 상태에서 팔꿈치를 앞으로 충분히 가져오지 못한 탓인 듯하다.

반면, 이 사진들이 보여주는 것은 아니지만, 아주 약간의 복부 크런칭을 더해주는 것은, 선수에 따라 광배근 펼침에 유리할 수도 불리할 수도 있는 것 같다.

상체 포징

광배근 펼침이 관건이다. 이때의 대흉근 모습도 중요하다. 그다음은 어깨, 특히 승모근까지 살려주느냐 하는 것이다.

광배근 펼침. 엄지검지 방법, 주먹 방법, 제3의 방법을 고려할 수 있다 (이 셋은 내가 임의로 이름 붙인 것이다). 추가로, 광배근 펼침에 실패하지 않기 위해서는 1. 몸통 기울임과 약간의 복부 크런칭, 2. 어깨와 팔꿈치를, 또는 어깨와 상완을 의식적으로 충분히 앞으로 가져오는 것, 3. 엄지에 테이핑하는 것을 고려할 수 있다. 특히 엄지 테이핑에 관해서는, 많은 정상급 선수가 그렇게 하고 있는데, 나는 이 [시합편]을 쓰면서 최근에야 비로소 '그게 주로 이 목적이었군!'하고 깨닫게 된 것이다.

@ 2008 크리스챤 대회
광배근 펼침: 엄지검지 방법, 주먹 방법. 내 첫 시합출전으로, 처음치고는 광배근 펼침은 괜찮았다고 생각한다. 나는 평소 광배근 펼침이 훌륭한 편이라 생각했는데, 일반인, 체련장의 동호인, 트레이너 등에게서 광배근 발달이 좋고 광배근 펼침이 좋다고 항상 들었고, 나 자신도 그렇게 느꼈기 때문이다. 그러나 후에 당시의 시합사진을 통해 보니, 출전자들의 수준이 다양하다 보니 무대에서 나보다 못한 광배근 펼침을 보여주는 선수도 물론 여럿 있었지만 도움되는 훌륭한 광배근 펼침을 보여주는 선수도 여럿 있었다 (여기서는 보이지 않지만, 잘라낸crop 상태인 이 사진의 원본에서 내 오른쪽 선수는 나와 마찬가지로 엄지검지 방법을, 그리고 그 오른쪽 선수는 주먹 방법을 쓰고 있는 것으로 보이는데, 둘 다 아주 훌륭한 광배근 펼침을 보여주고 있다).

광배근 펼침: 엄지검지 방법, 주먹 방법. 선수들이 〈전면 광배근 포즈〉에서 광배근 펼침을 할 때 손은 크게 두 가지다 (〈후면 광배근 포즈〉에서도 마찬가지다). '엄지와 검지로' 허리를 뒤에서부터 앞으로 잡아채오면서 누르거나, '주먹으로' (뒤에서부터 허리를 앞으로 잡아채오거나 말거나 간에, 결국은) 옆에서부터 허리를 그냥 누르는 것이다. 이를 각각 '엄지검지 방법', '주먹 방법'이라 하자. 그 와중에 또는 그 상태에서, 광배근 펼침을 최대한으로 하는 것이다. 나는 초기에 엄지검지 방법으로 시작해서 주먹 방법으로 바꿔 한동안 주먹 방법을 주로 하거나 이 둘을 병행하게 되었는데, 시합출전 때 오일을 몸에 바르다 보니 엄지검지 방법으로는 허리에서 손이 자꾸 미끄러져 광배근 펼침이 흔히 약해지거나 아예 실패하기 때문에, 주먹 방법으로 그런 경향을 아예 없애고자 한 것이다. 잡아채오면 미끄러질 수 있지만, 옆에서 누르기만 하면 미끄러질 일이 없기 때문이다. 그러나 나는 이 주먹 방법으로 광배근 펼침에 어느 정도 성공할 때도 있었고 완전히 실패할 때도 있었는데, 이렇게 일관성이 없었을 뿐 아니라, 주먹 방법으로 광배근 펼침 감을 찾으려니 대퇴 같은 하체 포징에는 아예 집중 못 하고 어설프게 한 경우도 많았다. 종합적으로는, 내 광배근 펼침이 나빠진 가장 큰 이유 두 가지는, 부지불식간에 몸통을 너무 뒤로 젖히고 있었고 (광배근 펼침 자체에도 나쁘게 작용했을 수 있고, 심판들이 보는 방향에서의 상체 모습이나 머리, 표정 등에서 손해 보기 쉽다), 최근 이런 주먹 방법을 자주 사용한 때문이라 할 수 있다.

@ 2008 광명시 대회, 2009 연합회 전국대회

광배근 펼침: 엄지검지 방법. 여기서 광배근 펼침은 무난해 보이지만, 팔꿈치가 앞으로 충분히 나오지 못한 것 같기도 한데, 〈일반적 발표〉에서 그랬던 것처럼, 그것은 내가 이 포즈에서도 대흉근은 최대한 느슨하게 유지하는 쪽을 추구해왔기 때문이기도 하다. 지금은 꼭 그게 정답이라 생각하지는 않지만.

전신에 오일을 바른 상태에서는, 아무리 손과 허리 쪽에는 오일이 묻지 않게 노력하고 수건으로 닦았다 하더라도 결국에는 여기도 오일과 땀으로 미끄러워져, 손을 옆구리 뒤쪽에서부터 깊게 확실히 찔러넣어 허리를 가늘게 만들면서 광배근 펼침까지 제대로 하기는 쉽지 않다.

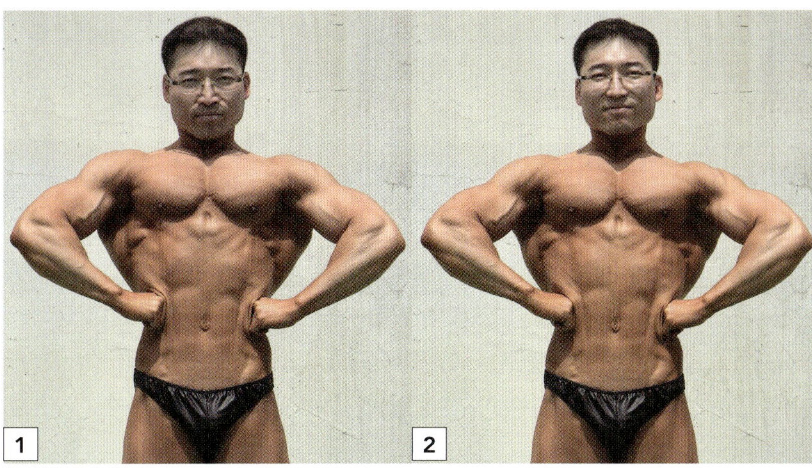

@ 2011 광명시 대회 다음날

광배근 펼침: 손, 그리고 몸통 기울임. 엄지검지 방법을 쓴 것인지 주먹 방법을 쓴 것인지는 모르겠지만, 펌핑이나 오일링이 돼 있지 않은 상태에서도 광배근 펼침은 성공하기도(**1**) 살짝 실패하기도(**2**) 했는데, 몸통을 너무 뒤로 기울인 것도 상당 부분 영향 미쳤을 수 있다.

@ 2013 코리아 대회

광배근 펼침: 주먹 방법. 엄지검지 방법으로든 주먹 방법으로든, 광배근 펼침은 한 시합에서조차 일관성이 없었고, 실패율이 주먹 방법에서 더 높았다 (**1**). 그나마 실패 정도가 덜할 때는, 팔꿈치를 앞으로 좀 더 내밀었던 경우다 (**2**).

광배근 펼침의 실패 가능성을 최대한 줄이기 위한 몸통 기울임이나 크런칭과는 별개로, 손뿐 아니라 어깨와 팔꿈치를, 또는 어깨와 상완을 의식적으로 충분히 앞으로 가져오는 게 광배근 펼침에서 가장 중요해 보인다.

광배근 펼침: 제3의 방법. 결론적으로, 광배근 펼침에 있어서 내가 지금껏 잘 못한 것들을 정리하면 이렇다. 우선, 아놀드 백과에서 꼭 내게 맞지는 않는 것이 있었다. 아놀드 백과에서 (p605) "사미르 바누트가 얼마나 뒤쪽에서부터 엄지손가락으로 누르기 시작하는지 보라."고 하면서 아주 뒤쪽에서부터 눌러오는 것을 강조했고, 대부분의 선수가 그 비슷한 예비동작으로 시작하는 상체 포징을 했고, 나 역시 지금껏 거의 항상 그렇게 했다. 그러면서 나는 시합 때 이 포즈에서 거의 항상 광배근 '충만감'이나 '펌프'나 '플렉스된' 고유감각을 거의 느끼지 못하면서 포징을 하고 있었고, 경기 전 펌핑이 오히려 광배근 펼침의 감을 떨어뜨렸다. 물론, 오일에 의한 미끄러움도 크게 작용했다. 그건 내게 맞지 않는 방법이란 걸 이 부분을 쓰면서, 내 사진들을 비교하고 시합 당시의 감을 다시 생각하면서 깨닫게 되었다. 나는 뒤에서부터 주먹과 엄지로 잡아채오든, 옆에서 단순히 주먹으로 찔러넣든 했지만, 어느 것도 내게 잘 맞는 방법은 아니었다.

나는 때에 따라 이 둘 중 한 방법을 이용한 〈전면 광배근 포즈〉와 〈후면 광배근 포즈〉를 했지만, 〈일반적 발표〉에서 잘됐던 광배근 펼침이, 이들 포즈에서는 모두 〈일반적 발표〉에서보다 대부분은 훨씬 못한 광배근 펼침의 결과로 나타났다. 양손으로 허리를 눌러 광배근 펼침의 효과와 그 모습을 극대화하는 것인데도, 시합 다이어트에 의한 이전의 고갈에 이어진 글리코겐 로딩은 부족한 탓인지, 광배근 펌핑으로 오히려 광배근 펼침 감(고유감각)이 둔해져서인지, 오일 때문인지, 오히려 예비동작 때문인지 간에, 나는 〈일반적 발표〉에서보다 광배근을 더 못 펼치고 허리도 제대로 눌러주지 못하는 경우가 훨씬 더 많았다. 내게는 〈일반적 발표〉에서 손을 뒤에서부터 가져오지 않고 〈일반적 발표〉 상태에서 손만 그대로 옆구리로 가져가 엄지와 검지로 누를 때, 광배근 펼침은 물론이고 '광배근 플렉싱'과 '광배근 충만감'을 훨씬 더, 아니, 충분히 느낄 수 있다는 걸 최근에야 발견하게 되었고, 그래서 나는 이를 '제3의 방법'이라 부르기로 했고, 앞으로는 그 방법으로 주로 할 생각이다. 즉, 기존의 일반적인 예비동작을 포함시키는 게 내게는 꼭 정답은 아니라는 것이다. 물론, 내가 이 [시합편]을 쓰면서 비로소 그 주된 목적을 깨닫게 된 '엄지 테이핑'은 기존의 엄지검지 방법에서든 제3의 방법에서든, 모두 도움될 것이다. 엄지 테이핑을 통해서, 어쩌면 기존의 엄지검지 방법도 예비동작도 더 잘 활용하면서 더 좋은 광배근 펼침을 보여줄 수 있을지도 모른다.

그런가 하면, 아놀드 백과에서 내가 간과했던 것 중에서, 내가 도입해야 할 것도 있었다. 아놀드 백과에서 (p602) "팔꿈치를 앞쪽으로 가져오라."는 것과 "어깨를 앞쪽으로 가져옴으로써 흉근을 두드러지게 하라."는 것이다. 팔꿈치를 앞으로 충분히 가져와야 광배근 펼침이 최대한으로 될 수 있다. 물론 팔꿈치가 광배근을 앞질러 팔꿈치만 앞으로 와서는 안 된다. 광배근을 이끌고 와야 한다. 어깨를 앞쪽으로 가져와야 팔꿈치도 더 앞으로 가져올 수 있어서, 그렇게 하는 게 광배근 펼침에도 유리하고 대흉근과 삼각근, 그리고 그 사이의 분리도 더 좋게 할 것이다. 나는 지금껏 이 포즈에서 가급적 하부 대흉근이 찌그러지지 않았으면 좋겠다고 생각했다. 그래서 팔꿈치나 어깨를 충분히 앞으로 가져오지 못했다. 그래서 광배근 펼침도 부족할 수밖에 없었다. 앞으로는 팔꿈치를 앞으로 가져오는 것은 물론이고 어깨까지 앞으로 내미는 것도 고려해봐야겠다.

설기관 @ 2011 코리아 대회, 2014 세계클래식보디빌딩선수권대회 –168cm급

전신의 총체적 포징: 광배근과 대흉근, 대퇴, 종아리. 팔꿈치를 얼마나 앞으로 빼는지 (**1**), 그리고 거기에 따라 광배근과 대흉근의 모습은 어떻게 달라지는지 볼 수 있다 (**1, 2**). 다른 모든 전면 포즈에서와 동일하게, 대퇴의 근육분리나(**1**) 빗살무늬를(**2**) 강조하는 하체 포징을, 그리고 발뒤꿈치를 들었을 때 (**1**), 대퇴와 종아리의 모습이 어떻게 변하는지를 자신의 몸으로도 확인해보자. 복부 크런칭이 복부, 대흉근, 광배근에 어떤 영향을 미치는지, 그릭고 어떤 모습이 나아 보이는지, 코어 포징도 비교해보자 (**3, 4**).

이승용 @ 2013 코리아 대회 –70kg급

남경윤 @ 2009 전국체전 –75kg급

김지용 @ 2013 부천시장기 대회 +85kg급

코어 포징, 상체 포징: 몸통 기울임, 광배근 펼침, 대흉근 플렉싱. 몸통 기울임을 어떻게 할 것인가, 그리고 어깨와 팔꿈치는 얼마나 앞으로 내밀어줄 것인가 하는 것은 선수에 따라, 무대조명에 따라, 그리고 전신의 총체적 포징에 있어서의 아주 사소한, 그러나 다양한 변수에 따라 달라질 수 있다. 여기서는 어느 쪽이 나아 보이는가? 몸통이 약간 뒤로 기울어진 포징에서는 광배근 펼침이 최대한 잘돼 보이고, 상부 대흉근 매스가 엄청나 말 그대로 물컵을 올려두거나 상당량의 물을 담을 수 있을 것 같아 보인다 (**1**). 몸통이 곧게 서고 팔꿈치가 앞으로 더 나온 포징에서는 광배근 펼침은 잘됐지만, 견갑골이 앞으로 모여 어깨와 상부 광배근 너비는 줄어든 반면, 대흉근에의 플렉싱이 더해졌다 (**2**).

이승철 @ 2008 YMCA 대회 +90kg급

설동근 @ 2012 코리아 대회 +90kg급

김성환 @ 2011 코리아 대회 −80kg급

코어 포징. 어느 쪽이 나아 보이는가? 특히 복부의 모습은 플렉싱이나 크런칭 정도뿐 아니라 무대조명, 몸통 기울임 정도에 따라서도 크게 달라 보인다. 물론, 코어 포징에 따라 대흉근, 광배근도 영향받는다.

이두희 @ 2008, 2009 전국체전 −80kg급, 2014 전국체전 −85kg급

상체 포징, 하체 포징, 코어 포징. 전체적으로, 그리고 광배근, 대흉근, 삼각근, 승모근, 복부, 봉공근 등, 신체부위별로 어느 모습이 나아 보이고, 그것은 각각 어떤 포징 변형에 의한 것인가 살펴보자.

측면 가슴 포즈

먼저, IFBB 규정집과 아놀드 백과에는 다음과 같이 돼 있다.

IFBB 규정집: 선수는 '나은'better 팔을 보여주기 위해 이 포즈를 어느 쪽으로 할지 선택할 수 있다. 좌측 또는 우측이 심판들을 향하게 서서, 심판들 쪽 팔을 직각으로 굽히는데, 그 손은 주먹을 꽉 쥐고, 다른 쪽 손으로 손목을 잡는다. 심판들 쪽 다리는 무릎에서 굽히고 발가락으로 착지한다. 그런 다음에 가슴을 확장하고 심판들 쪽 굽힌 팔을 위로 당기는 압력으로 이두근을 최대한 수축시킨다. 또한, 대퇴 근육, 특히 대퇴이두근군biceps femoris group을 수축시키고, 발가락에 아래로 누르는 압력으로 종아리 근육을 수축시켜 나타내 보인다.

심판은 특히 흉근, 흉곽의 아치arch, 이두근, 대퇴이두근, 종아리에 유의하고, 머리부터 발까지 살피는 것으로 마무리한다. 이 포즈에서 심판은 대퇴와 종아리 근육을 측면에서 살필 수 있는데, 이것은 대퇴와 종아리 근육 발달을 더 정확하게 비교평가하는 데 도움된다.

아놀드 백과: (어느 쪽이든) 옆을 향해 서서 한쪽 (어느 쪽이든) 다리는 엄지발가락으로 올라섬으로써 종아리를 플렉싱한다 (발가락으로 더 높이 올라설수록, 종아리는 자연적으로 더 많이 플렉스된다). 옆구리 쪽에서 팔을 컬하는데, 손바닥은 위로 향하게 하고, 반대쪽 손은 가슴을 가로질러 손목을 위쪽에서 잡는다. 팔꿈치는 최대한 뒤로 당긴다. 복부를 빨아당겨 넣고 가슴을 높게 유지한다. 몸을 약간 비틀어 가슴이 심판원들에게 더 많이 보이게 한다. 심판원들에게 가까운 쪽 다리로 서서 반대쪽 다리를 굽혀 종아리를 플렉싱해보고, 또는 심판원들에게서 먼 쪽 다리로 서서 반대쪽 다리의 종아리를 플렉싱해보면서, 어느 쪽이 자신에게 최선인지 결정하도록 한다.

여기 내가 밑줄 친 부분에 대해 간단히 짚고 넘어가자.

Q: 다른 쪽 손으로 손목을 잡는다?

A: 대부분의 선수가 '손목'을 잡지만, '손'을 잡는 선수도 있다. 양손은 참으로 다양하게 할 수 있는데, 거기에 따라 상체 포징 자체가 다양해지기도 한다. 그리고 내가 흔히 간과해온 것으로, 주먹을 꽉 쥐는 손의 엄지와 기타 손가락들뿐 아니라 다른 쪽 손의 엄지와 기타 손가락들을 최대한 간결하게 할 필요가 있다. 특히 다른 쪽 손의 엄지가 그런데, 의식적으로 그 엄지를 검지 옆에 딱 붙이든지 검지 아래에 두거나, 전완에 평행하게 두거나, 아니면 전완 아래로 가게 클로즈드closed 그립으로 잡음으로써, 손이 어정쩡하지도 시선을 분산시키지도 않게 하는 게 좋다.

Q: (IFBB 규정집에서) 심판들 쪽 다리는 무릎에서 굽히고 발가락으로 착지한다? (아놀드 백과에서) 심판원들에게 가까운 쪽 다리로 서서 반대쪽 다리를 굽혀 종아리를 플렉싱해보고, 또는 심판원들에게서 먼 쪽 다리로 서서 반대쪽 다리의 종아리를 플렉싱해보면서, 어느 쪽이 자신에게 최선인지 결정하도록 한다?

A: 나를 포함해 대부분의 선수는 심판들 쪽 종아리로 올라서는 걸 선호한다. 그러나 심판들 먼 쪽 종아리로 올라섬으로써 더 멋진 모습을 보여주는 선수도 있고, 이 두 하체 포징을 번갈아 하는 선수도 있다. 어느 쪽으로든 선수가 선택하면 되는 사안이다.

Q: 팔꿈치는 최대한 뒤로 당긴다?

A: 아놀드의 특징적인 포징이다. 나도 따라서 대부분은 그렇게 해왔다. 이럴 때 그 쪽 광배근에 연축[쥐]이 쉽게 발생하기도 한다. 그러나 곧 살펴보겠지만, 좋은 다른 포징도 있다.

Q: 복부를 빨아당겨 넣고 가슴을 높게 유지한다?

A: 아놀드의 특징적인 포징이다. 곧 살펴보겠지만, 복부는 다양하게 할 수 있다.

전신의 총체적 포징. 포즈 공통 사항인데, 심판 입장에서든 관객 입장에서든, 무대에 선 선수를 볼 때, 선수가 하고 있는 그 포즈 이름이나 그 포즈에 따른 IFBB 심사 규정에 따라 어느 신체부위·근육을 더 중시해서 또는 모든 주요 신체부위·근육을 빠짐없이 체계적·총체적으로 살피는 게 아니라, 어느 포즈건 상관없이, 우선은 눈에 띄는 대로 전신을 한눈에 평가하게 될 수밖에 없다. 본능적으로 그렇고 시간관계상 그렇다.

그런 관점에서, 이 포즈에서 지배적인 영향을 미치거나 강점·약점이 한눈에 가장 먼저 드러나는, 그래서 가장 중요한 신체부위·근육은 **대흉근, 상완, 대퇴**다. 상완은 특히 변수가 많다. 다음은 **복부, 종아리, 대둔근**이라 할 수 있다. 뒤에 나오는 〈측면 삼두근 포즈〉와 함께, 이들 측면 포즈에서는 손이 특히 중요해지는데, 손을 어떻게 해서 다른 손의 어디를 어떻게 잡느냐 하는 것이다. 또한, **허리 트위스팅(비틂)**을 얼마나 할지 하는 게 추가되는데, 그렇게 해서 상체, 복부, 하체를 각각 정확히 어느 방향으로 향하게 하느냐 하는 것이다. 나아가서는 **머리**, 그리고 **표정**까지 고려하게 된다.

몸통 기울임은 이전까지의 전면 포즈와는 좀 다를 수 있다. 심판들 쪽으로 몸통을 기울이는 게 전면 포즈와 후면 포즈에서는 대부분의 경우 유리하지만, 뒤에 나오는 〈측면 삼두근 포즈〉와 함께, 이들 측면 포즈에서는 몸통을 그다지 기울이지 않는 게 일반적으로 유리할지도 모른다. 특히 복부 플렉싱, 크런칭, 또는 사이드 크런칭을 도와주기 위해서라도 몸통을 심판들 쪽으로 약간 기울여줄 수는 있지만, 심판들 쪽 하부 외측 대흉근이 찌그러질 위험성, 허리에 주름이 잡힐 위험성도 고려해야 한다.

1 2

@ 2012 코리아 대회

전신의 총체적 포징. 내가 이 포즈에서 최근까지 거의 항상 해온, 그러나 아주 쉽게 바로잡을 수 있는 시행착오는 종아리, 손, 복부에서였는데, 이들 사진에서도 그대로 드러난다. 종아리는 대부분의 경우 발뒤꿈치를 높이 올린다고 의식하면서도 실제로는 그렇게 못 한 경우가 흔히 있었다 (**1**). 여기서 오른손의 엄지는 주먹 안으로 두든 밖으로 두든 시선은 분산시키지 않으니 어떻게 하든 상관없지만, 왼손의 엄지는 전혀 그렇지 않은데, 어정쩡해 보인다 (**2**). 전신의 총체적 포징은 발끝에서뿐 아니라 손끝에서도 시작한다는 사실까지는 이 포즈에서는 충분히 생각지 못하고 있었던 것이다. 복부도 전혀 신경 쓰지 않고 호흡에 따라 되는 대로 내버려두고 있었다 (**1, 2**).

그리고 나는 허리 트위스팅을 많이 하면서 상완도 뒤로 많이 빼는 상체 포징을 했는데, 그렇게 해서는 몸통은 좋아 보였지만 상완은 좋아 보일 수 없었다. 앞으로는, 아예 측면보다 약간 후면을 향해 선 다음, 종아리를 더 살리면서 약간 깊이 앉고 (너무 깊이 앉으면 상·하체 비율이 나빠 보일지도 모른다), 허리를 최대한 비틀더라도, 팔꿈치를 너무 뒤로 빼지 않으면서, 이두근과 삼두근을 모두 고려해 팔꿈치를 직각 정도로만 굽히는 게 좋겠다는 생각이 든다 (즉 〈측면 '상완' 포즈〉이기도 한 것처럼). 복부는 되는 대로 그냥 내버려두는 (렛잇고) 게 아니라, 배큠이나 플렉싱이나 크런칭을 약간 하면서.

김진식 @ 2009 전국체전 –65kg급

설기관 @ 2014 세계클래식보디빌딩선수권대회 –168cm급

하체 포징

대퇴를 최대한 굵고 갈라져 보이게 하고 종아리를 확실히 살리는 게 중요하다. 대퇴를 굵어 보이게 하기 위해 나는 양쪽 대퇴를 서로 꼭 붙이려고 노력하는데, 이는 내가 아주 초기에 배운 사실이지만, 무대에서는 잘 흐트러지기도 하는데, 심판들에게 내 포즈를 고루 보여주고자 허리를 비틀면서 몸통을 좌우로 돌려줄 때 더욱 그랬다 (〈측면 삼두근 포즈〉에서도 마찬가지다).

@ 2011 경기 대회. 경기 전과 경기 중

하체 포징, 코어 포징. 종아리를 일관성 있게 살리지는 못하다 보니, 비복근과 넙치근이 살았다 죽었다 한다. 심판들 쪽 대퇴가 최대한 굵고 모양 좋아 보이게 할 필요가 있는데, 심판들 쪽 발뒤꿈치를 높이, 그리고 확실히 들고, 양쪽 대퇴를 최대한 붙이는 게 좋다. 대퇴내전근을 밀어줌으로써 심판들 쪽 슬굴곡근 외형이 돋보이게 하기 위해서다. 물론, 여기서 나는 종아리(특히 비복근과 넙치근)를 살리기 위해 발뒤꿈치를 끝까지 올리라는 취지로 대부분의 글을 쓰고 있지만, 규정상 꼭 그래야 하는 것도 아니고, 그게 반드시 종아리를 더 나아 보이게 한다는 것도 아니다. 발뒤꿈치를 바닥에 완전히 붙이거나 바닥에서 아주 조금만 띄우는 게 종아리의 굵기, 비복근의 완만한 굴곡, 종아리 외측 근육들 간의 분리 등에서 종아리의 모습이, 또는 굵기, 분리, 외형 면에서 종아리가 대퇴와 더 잘 조화되어 더 유리한 포징이 될지도 모른다. 다만, 나는 발뒤꿈치를 완전히 올리지 않으면, 근육보다는 포징 자체에서 어정쩡해 보인다는 점을 강조하는 것이다. 결국, 어떻게 하는 게 최선일지는 선수에 따라, 그리고 때에 따라 다를지도 모른다.

나는 지금껏 이 포즈에서 복부는 신경 쓰지 않고 그냥 내버려두었는데 (렛잇고), 다른 데 신경 쓸 곳이 많았기 때문이다. 그러다 보니 복부는 척주의 굴곡을 따라 불룩하거나 기껏해야 호흡에 따라 편평한 정도였는데, 앞으로는 이왕이면 복부도 당겨 넣어야겠다.

상체 포징, 코어 포징, 머리 포징

이 포즈에서는 상체 포징, 코어 포징, 머리 포징은 서로 연관성이 아주 크다. 상체 포징이 가장 중요한데, 양쪽 대흉근과 상완이 관건이지만, 손끝에서 시작해 손끝에서 끝난다는 걸 유념하면서, 하체에 대한 최적의 허리 트위스팅을 포징 내내 유지함으로써 상체 포징이 흐트러지지 않게 하는 게 중요하다. 코어에서는 허리 트위스팅, 몸통 기울임, 그리고 복부를 어떻게 하느냐 등을 살펴볼 필요가 있다. 머리 방향은 상체 방향을 그대로 따라가게 하는 게 최선이다.

대흉근, 어깨, 상완, 전완, 손목, 손. 심판들 쪽 팔꿈치를 완전히 뒤로 당겨 빼지 (심판들 쪽 가슴을 넓고 커 보이게 한다), 앞으로 가져와 옆구리 쪽에 둘지 (심판들 쪽 대흉근의 근육질을 강조하지만, 그쪽 하부 외측 대흉근이 찌그러지거나 근육분리가 약해 보이게 하는 경향이 있다), 그 상태에서 팔꿈치를 몸통에 딱 붙일지 몸통에서 띄울지, 양쪽 팔꿈치를 얼마나 굽힐지, 상체를 얼마나 심판들 쪽으로 틀어줄지, 몸통을 수직으로 세울지 심판들 쪽으로 살짝 기울일지 심판들 먼 쪽으로 살짝 기울일지, 상체를 앞으로 숙일지 수직으로 세울지 뒤로 젖힐지, 심판들 쪽 골반을 살짝 들어줄지 (사이드 리버스 크런칭) 말지, 무릎을 얼마나 굽히고 앉을지 등에 따라 가슴, 어깨, 상완이 어떻게 보이느냐에 차이가 있다 (물론, 코어와 하체에도 영향 미친다). 일반적으로 심판들 쪽 상완을 가장 좋아 보이게 하는 것은 상완이 옆구리와 거의 일직선이 된 상태에서 팔꿈치를 직각 정도로 굽히는 것 같다. 나는 첫 시합출전 때를 제외하고는 지금껏 그렇게 포징한 적이 거의 없지만, 이 [시합편]을 쓰면서 그렇게 해보니 상완이 그렇게 굵어 보일 수 없을 정도로 최고로 보였다. 그 상태에서 상완을 몸통에 눌러 이두근과 삼두근을 더 굵어 보이게 하거나 상완을 몸통에서 띄워 삼두근의 모양을 좋아 보이게 할 수도 있을 것이다. 이때 삼각근은 매스가 좋아 보일 수도, 전면·측면·후면삼각근의 분리가 좋아 보일 수도, 빗살무늬가 좋아 보일 수도 있는 등, 아주 다양하게 변한다.

심판들 쪽 손목을 (위로) 감으면 전완 외측이 굵어 보이고 손목을 (아래로) 젖히면 전완 후면의 근육분리가 좋아 보이는 경향이 있지만, 역시 손목은 전완과 일직선으로 유지하는 게 최선으로 보인다. 손목을 전완과 일직선이 되게 유지하면서, 손목은 밖으로 틀어줄 수도 있고, 반대로 안으로 틀어줄 수도 있지만, 역시 손바닥이 곧장 위를 향하거나 약간 안쪽을 향하게 하는 게 최선으로 보인다.

1 2

@ 2008 크리스챤 대회, 광명시 대회

상체 포징: 대흉근과 상완. 생애 첫 시합출전치고는 상체 포징은 좋아 보인다 (**1**). 다만, 심판들 쪽 하부 외측 대흉근이 약간 부족하거나 찌그러져 보인다. 이는 그쪽 대흉근 발달이 부족하거나, 그쪽 대흉근을 둘러싼 피하지방이 덜 걷혔거나, 그쪽 대흉근이 수축해 그 근복이 위로 들러붙었기 때문이다. 앞으로 근육발달과 체지방감량 레벨이 더 높아지면 상체 포징은 이렇게 다시 해볼 생각이다. 정확히 확인할 수 없는 왼손 엄지를 제외하면, 양손 포징도 좋다.

1개월 후의 시합출전으로, 상체 포징이 비교적 좋아 보이지만, 발전과 퇴보가 동시에 보인다 (**2**). 발전한 부분으로, 심판들 쪽 하부 외측 대흉근이 대부분은 이 모습 이상으로 살아 있었다. 그쪽 대흉근을 둘러싼 피하지방이 더 걷힌 덕분이기도 하지만, 그쪽 대흉근이 찌그러지지 않게 오른쪽 팔꿈치를 뒤로 빼고 대흉근이 최대한 느슨하게 유지되게 신경을 집중한 덕분이기도 한데, 이런 대흉근 릴랙싱은 이후 차츰 익숙해졌다. 퇴보한 부분으로, 양쪽 손과 손목 포징이 극단적으로 엉성해졌다. 심판들 쪽 하부 외측 대흉근을 최대한 느슨하게 유지하려다 보니 나도 모르게 그렇게 된 것인데, 그래서 포징은 발끝에서뿐 아니라 손끝에서도 시작하고 끝난다는 걸 항상 유념하는 게 중요하다는 것이다.

@ 2011 광명시 대회 다음날

상체 포징: 상완. 거울을 보며 상완을 몸통에서 떼거나 앞으로 가져오면서, 거기에 따른 상체 모습의 변화를 실험해보고 있다 (다소 아래쪽에서 위로 촬영된 것이다).

1: 지금껏 내가 해오던 방법으로, 상완을 몸통에 붙인 채 뒤로 빼고 있다.
2: 상완을 더 나아 보이게 하기 위해, 상완을 몸통에서 떼 앞으로 가져왔다.
3: 몸통을 시선 방향으로 약간 숙여봤다.

@ 2011 광명시 대회 다음날

상체 포징: 심판들 쪽과 심판들 먼 쪽. 사진에서, 몸통을 세우느냐 앞으로 기울이느냐 뒤로 기울이느냐 오른쪽으로 기울이느냐 왼쪽으로 기울이느냐, 오른쪽 어깨를 드느냐 낮추느냐, 그리고 오른쪽 어깨를 앞으로 모으느냐 뒤로 빼느냐 중간선을 택하느냐, 왼쪽 어깨를 드느냐 낮추느냐, 허리를 얼마나 비틀면서 몸통을 심판들 쪽으로 트느냐, 오른쪽과 왼쪽 팔꿈치를 얼마나 굽히느냐, 왼손은 어떤 모양으로 오른쪽 전완, 손목, 손 중 어디를 잡느냐, 그때 오른쪽 엄지는 주먹 안에 두느냐 밖에 두느냐, 오른쪽 전완을 밖으로나 안으로 얼마나 돌려주느냐, 양쪽 손목은 각각 직선으로 유지하느냐 어느 한 방향으로 꺾어주느냐, 오른쪽 상완 또는 팔꿈치를 앞으로 가져오느냐 뒤로 빼느냐 그 중간선을 택하느냐, 오른쪽 팔꿈치를 옆구리에 바짝 붙이느냐 뒤로나 옆으로 떨어지게 빼느냐 등, 변수는 무척 다양하다.

내가 왼쪽 손으로 오른쪽 손목을 단지 잡고 있는 게 아니다. 상체의 왼쪽을 관찰자 쪽으로 더 많이 향하게 함으로써 넓은 상체, 좁은 허리, 넓은 하체로 이어지는 심미성을 좋게 하기 위해 허리를 비틀면서 몸통을 틀어줌과 동시에, 왼쪽 대흉근의 빗살무늬를 살려주기 위해 왼쪽 상완으로 왼쪽 대흉근을 밀어주고 있는 것이다. 이때 왼쪽 상완은 몸통에 바짝 붙여서 할 수도 있고 몸통에서 띄울 수도 있는데, 나는 대부분의 경우 몸통에 바짝 붙이려 한다. 그렇게 하는 게 '비어 보이지 않고 육중한', '어정쩡하게 떨어져 있지 않고 정돈된', 더 좋은 포징이라고 생각하기 때문이다. 그렇게 해보지는 않았지만, 왼쪽 상완뿐 아니라 심지어는 왼쪽 어깨 자체를 앞으로 밀어줄 수도 있을 것이다.

심판들 쪽뿐 아니라 심판들 먼 쪽 상체 포징도 거의 못지않게 중요한데, 특히 대흉근과 삼각근 측면에서 그렇고, 그래서 그쪽 어깨와 상완을 어떻게 해야 할지, 그리고 그쪽 팔꿈치를 얼마나 접고 손목과 손은 어떻게 해서 심판들 쪽 전완, 손목, 손 중 어디를 잡을지 하는 것이다.

허리 트위스팅. 허리 트위스팅은 상체·코어·하체의 가로 비율, 외곽선뿐 아니라 그 포즈에서의 대흉근, 삼각근, 상완, 복부, 대퇴의 모습에 공히 영향 미친다.

몸통 기울임, 그리고 복부 렛잇고, 배큠, 플렉싱, 크런칭, 사이드 크런칭, 사이드 리버스 크런칭. 내가 이 포즈에서 주안점을 두었던 것은 항상 가슴과 상완이었고, 이후 전완, 대퇴, 종아리까지 관점을 넓혀갔지만, 복부에는 신경 쓰지 않고 내버려둔 편이었다.

그러나 우연히 복부가 볼록하게 나오지 않은 내 (왼쪽 페이지 아래쪽) 사진들을 보니, 그리고 그 반대의 사진들을 보니, 앞으로는 복부도 신경 써서 배큠이나 플렉싱을 해야겠다고 생각하게 되었는데, 선수에 따라서는 크런칭을 하거나 사이드 크런칭을 하거나 심지어는 사이드 리버스 크런칭 (심판들 쪽 골반을 살짝 들어준다)을 할 수도 있을 것이다. 물론, 어떤 경우에도 심판들 쪽 하부 외측 대흉근이 찌그러지지 않게, 그리고 그쪽에 주름이 크게 잡히지 않게 주의할 필요가 있다.

@ 2008 강서구 대회
잘못된 크런칭 또는 사이드 크런칭. 내 초기 모습으로, 상체와 하체 포징이 총체적 난국이다. 하체는 차치하고, 상체에서 몸통이 심판들 쪽으로 너무 따라가, 앞과 옆으로 너무 구부정해졌다. 그래서 오른쪽 하부 외측 대흉근이 찌그러지고 허리에 주름이 잡혔다.

전신 돌려주기, 그리고 머리 포징. 선수가 심판들 전원에게 고루 몸을 보여줄 때는, 전신을 돌리는 게 아니라 시선과 상체 위주로 돌리게 되는 경향이 있다 보니, 이때 특히 심판들 쪽 대흉근, 삼각근, 상완, 복부, 대퇴, 종아리의 포징 앤 플렉싱이 약화되거나 그 모습이 악화되는 경향이 있다. 그래서 뒤에 나오는 〈측면 삼두근 포즈〉에서와 마찬가지로, 이런 목적으로라면 시선과 상체뿐 아니라 '발을 조금씩 옮겨주면서 전신을 고정한 상태로' 돌려주는 게 어떻겠냐는 생각으로 내가 시합무대에서 실제로 그렇게 한 적 있다. 물론, 이때는 천천히, 그리고 조금만 전신을 돌려줌으로써, 분다워 보이지 않게 주의해야 한다. 이런 목적의 전신 돌려주기의 원리와 그 효과, 적용방법은 사실상, 앞에 나온 전면 포즈에서도 마찬가지다. 아니면, 아예 상체든 전신이든, 좌우로 전혀 또는 거의 돌려주지 않는 것도 한 방법일 수 있다.

@ 2009 연합회 전국대회
전신 돌려주기, 그리고 머리 포징. 나는 이때 내 오른쪽에 있는 심판들을 위해서는 상체 전체가 아니라 거의 얼굴만 돌리고 있었나 보다. 심판들 전원에게 이 포즈를 효과적으로 보여주기 위해서는, 머리에서 발끝까지 전신의 총체적 포징을 그대로 유지하면서, 상체의 방향을 약간, 그리고 더 좋기에는 전신의 방향을 통째로 좌우로 돌려주는 게 좋겠다.

@ 2011 광명시 대회 며칠 전, 전날

측면 포즈의 특성. ⟨측면 가슴 포즈⟩, 그리고 뒤에 나오는 ⟨측면 삼두근 포즈⟩, ⟨쿼터 턴 라이트⟩를 포함한 각종 측면 포즈에서는 상체 방향, 하체 방향, 허리 트위스팅에서의 변형이 다양하고, 그래서 그 변형만을 따로 생각할 만하다.

어떤 포즈든 기본적으로 한 방향에서 최고의 모습을 보인다. 상체, 코어, 하체 각각의 전면front이 똑같은 전면front이나 후면back을 정면으로straight-on 향하는 각종 전면 포즈와 각종 후면 포즈에서도 그렇지만, 기본적으로 비튼twisted 포즈일 수밖에 없는 각종 측면 포즈에서는 더욱 그렇다.

이들 측면 포즈에서는 상체의 전면과 측면 중 어느 쪽을 심판들에게 주로 보여줄지 (**1, 2**), 하체는 양쪽 각각 외측, 내측, 전면, 후면 중 어느 쪽을 정면으로 또는 주로 보여줄지가 중요하고, 거기에 따라 어떤 하체 포징으로 어느 방향으로 서서 허리 트위스팅을 0도에서 시작해 얼마나 할지가 결정되고, 거기에 따라 코어 포징과 코어의 모습도 달라진다.

더구나 여러 방향에 있는 심판들을 고려해야 하는데, 여러 심판들 중 한가운데를 향한 한 방향으로만 그 최선의 포징을 유지하느냐, 하체는 그대로 둔 채 허리 트위스팅으로 여러 심판들을 향해주느냐 (코어 모습이 나빠지기 쉽고, 상체 및 하체 포즈도 나빠 보이게 되는 경우가 흔하다), 하체와 함께 전신을 통째로 좌우 방향으로 약간씩 돌려주느냐 (자칫 분다워 보일 수 있다), 선택해야 한다.

선수복 이외의 포징 연습 복장. 시합 며칠 전, 체련장에서 거울로 몸을 점검하던 중, 사진으로 몸을 기록하고 있다 (**1, 2**). 매번 포징에 의식적인 변화를 줘서든, 아니면 근육들을 최대한 쥐어짜다 보니 포징에 저절로 변화가 생겨서든 간에, 포징의 변화는 그게 아주 작은 것이라도 시각적으로는 큰 차이를 낼 수 있다. 그런데 운동복에 가려진 부분은 어떤 모습일까. 나온 가슴과는 대조적으로 복부가 쏙 들어가 허리가 잘록할 것 같아 보인다 (**1, 2**). 실제로 정말 그랬을까?

그러나 시합무대에서, 복부를 당겨 넣거나 복사근이나 복직근을 플렉싱하지 않고, 호흡에 따라 그냥 되는 대로 내버려두다 보니, 복부는 편평한 상태에서 (**3**) 완만하게 볼록한 상태 사이를 일관성 없이 오갔다. 후자는 내가 S자 옆모습을 강조하는 포징을 선호해온 때문이기도 하지만, 복부는 내가 대흉근과 이두근에 주로 신경 쓰다 보니 미처 챙기지 못한, 그리고 체련장 등에서의 포징 연습 시 운동복에 가려져 거의 의식하지 못하고 어떤 변화를 주지도 어떤 점검을 하지도 못하던 부위여서, 시합에서도 어떤 다른 생각을 할 수 없었다. 지금의 내 관점에, S자 허리 척주를 따라 복부도 완만하게 볼록해지게 하는 것은 심미적 복부 포징이라고 할 수는 없다. 신경만 썼다면 포징 내내 복부 배큠이나 플렉싱이나 크런칭을 유지하는 것은 아주 쉬운 일이었을 텐데 말이다.

결론적으로, 포징 실험experiment이든 시험test이든 연습이든 단순히 몸 점검이든, 선수복 차림으로 하는 게 최선이고, 그게 아닐 때는 선수복 차림일 때를 생각해서, 보이지 않는 부분까지 항상 함께 포징하는 습관을 들여야겠다. 보이는 신체부위는 근육과 피부(피하지방, 피하 수분정체)와 포징을 점검할 수 있지만, 운동복에 가려 보이지 않는 신체부위는 점검할 수가 없는데, 보이지 않는 부분은 보지 않았고 점검하지 않았다고 인식되는 게 아니라, 특별한 문제나 개선해야 할 사항이 없었다고 무의식적으로 인식됨으로써, 실제로는 몸에서든 포징에서든 아쉬움이 있었더라도 그게 자신의 눈에 띄지 않으면서 오히려 강화되고, 결국은 시합장까지 그대로 가기 때문이다.

나아가 당장에는 상체에만 관심이 있더라도, 항상 발끝에서부터 머리끝까지 어느 한 신체부위도 빠뜨리지 않고 전신의 총체적 포징을 하는 습관을 들여야겠다.

1

2

고기드온 @ 2012 대전 대회 −80kg급, 2016 NABBA Korea 대구 대회 어슬레틱 프로전

상체 포징: 상완과 전완. 내가 그랬던 것처럼 그도 상완, 특히 이두근을 더 잘 살리기 위한 노력으로 손목을 얼마나 틀어줬는지 보라 (**1**). 이후 더 보편적인 전완 포징 쪽으로 돌아온 것으로 보이지만 (**2**), 결과적으로 얼마나 성공적인 포징이었든 간에 이런 실험, 이런 시행착오 과정을 거쳐보면 어느 게 자신에게 최선인지 진정으로 알게 되고, 다른 선수의 포징도 더 잘 보이게 된다.

최근 나는, 이렇게 이두근을 살리기 위해 손목을 바깥쪽으로 돌려주는 것보다는 손목을 편하게 약간 안쪽으로 돌리는 게 상완(이두근, 상완근, 삼두근 등의 총체)이나 전완을 전체적으로 더 좋아 보이게 할 수도 있다는 걸 깨달았다.

양연석 @ 2015 전국체전 −75kg급

상체 포징: 상완과 전완. 전완을 약간 안쪽으로 돌려주면, 이두근 봉우리는 약해지지만 전완, 특히 완요골근과 전완굴근이 두드러지면서 전완이 굵어 보이는 장점이 있다. 그래서 이두근이 좋을수록, 즉 어느 포징에서도 이두근이 좋아 보일수록 (극단적인 예를 들자면, 아놀드나 올림피아 대회 정상급 선수인 카이 그린처럼), 이렇게 전완을 약간 안쪽으로 돌려주는 쪽을 선택하는 게 유리할 수 있다. 나는 눈높이가 올라가면서 이두근과 상완 못지않게 전완의 모습과 전완·상완의 균형과 조화를 생각해 상완과 전완을 공히 더 열심히 증대·발달시켜야겠다고 생각하고 있다.

이승용 @ 2013 코리아 대회 −70kg급

상체 포징, 코어 포징. 왼쪽 대흉근의 빗살무늬가 잘 살고 오른쪽 하부 외측 대흉근은 찌그러지지 않게 잘 유지되고 있고, 골반을 약간 앞으로 당긴 코어 포징으로 복근과 대둔근이 더 잘 살고 있다.

류제형 @ 2010 YMCA 대회 −75kg급

김지용 @ 2013 부천시장기 대회 +85kg급
상체 포징, 코어 포징. 대흉근과 상완 매스와 세퍼레이션이 상당하다. 아놀드처럼 흉곽을 더 살릴 수 있는 상체 포징이 뒷받침되면 훨씬 더 인상적인 모습이 될 것 같다.

설동근 @ 2012 코리아 대회 +90kg급
상체 포징, 코어 포징. 심판들 쪽 하부 외측 대흉근에 긴장이 가해져도 보기 좋은 대흉근이 될 수 있다면, 복부 세퍼레이션도 강조할 수 있는 이런 상체 포징, 코어 포징도 괜찮을 수 있다.

김성환 @ 2011 코리아 대회 −80kg급
상체 포징, 코어 포징, 하체 포징: 대흉근, 허리 트위스팅, 그리고 종아리. 포징은 일방향성이다. 즉 모든 방향에서 최고로 보이는 포징을 할 수도 없고 그렇게 하려 해서도 안 된다. 그래서 핵심 관찰자가 보기에 최선인 포징을 하게 된다. 심판들에게 상체를 고루 보여주기 위해, 하체는 고정한 상태에서 허리 트위스팅을 위주로 몸통을 돌려주면, 특히 심판들 쪽 하부 외측 대흉근과 복부의 모양과 세퍼레이션이 약해지거나 허전해질 수 있는 점을 고려하는 게 좋은데, 이들 사진에서는 그렇지 않지만, 여기에서 몸통을 왼쪽으로 더 틀어주면서 실제로 그도 그랬다. (뒤에 나오는 〈측면 삼두근 포즈〉에서의 내 모습처럼). 그래서 이런 목적의 허리 트위스팅은 최소로 해야 한다.

이두희, 박인정 @ 2009 세계선수권대회 국가대표 선발전 −80kg급
상체 포징, 코어 포징. 내가 말하는 크게 두 가지의 서로 대조적인 상체 포징 (특히 심판들 쪽 대흉근과 상완의 측면에서)과 코어 포징 (특히 복근과 대둔근의 측면에서)을 모두 보여주는 좋은 예다.

박인정 @ 2012 전국체전 −80kg급
상체 포징, 코어 포징. 2009 미스터 코리아. 오른쪽 상완을 몸통에서 떨어뜨려 유지하고 있고 (그쪽 하부 외측 대흉근에 긴장이 가해져 위로 달라붙거나 찌그러지는 경향이 있다). S자 옆모습이 되게 엉덩이를 뒤로 빼기보다는, 반대로 골반을 앞으로 당기고 약간의 플렉싱이나 크런칭으로 복근을 살리고 있는 것으로 보인다.

이두희 @ 2014 전국체전 −85kg급
상체 포징, 코어 포징. 2007 미스터 코리아. 이 시합편을 집필하면서 많은 선수의 사진을 집중적으로 분석하기 전까지는 주로 아놀드 백과의 영향을 받아서인지, 나는 최근까지 이렇게 S자 옆모습이 강조되는 코어 포징, 즉 엉덩이를 뒤로 빼고 있는 포징을 이상적으로 생각해왔다. 그런 포징의 〈측면 가슴 포즈〉에 가장 가깝게 하는 선수. 심판들 쪽 대흉근을 찌그러뜨리지 않고 풍융하게 유지하는 포징 면에서 특히 그렇다. 복부는 약간의 배큠을 하고 있는 것으로 보이는데, 내가 지금껏 그랬던 것처럼 복부를 그냥 호흡에 따라 되는 대로 내버려두는 게 아니라, 잊지 않고 배큠이나 플렉싱을 하는 게 최선이다.

1

2

3

4

@ 2015 파주시 대회 대기 중

상체, 코어, 하체 포징: 변형. 상체·코어 포징 변형 (**1, 2**)과 하체 포징 변형 (**3, 4**). 내가 앞에서 말한 두 가지 상체·코어 포징에 추가로 도입해본 또 하나는, 양손을 심판들 쪽 골반에 두고 양쪽 대흉근을 쥐어짜는 것이다 (**2~4**).

나는 〈측면 가슴 포즈〉에서 몸통을 비틀면서 항상 상완을 뒤로 빼는 경향이 있었고, 그렇게 해서 상완을 너무 뒤로 빼다 보니 상완의 측면이 아닌 전·측면이 주로 심판들을 향하게 되는 경우가 흔히 있었는데 (**1**에서도 그런 경향이 약간 있다), 심판들 쪽 대흉근이 긴장돼 찌그러지지 않게 하기 위한 것이었지만, 상완의 측면이 심판들을 정면으로 향하게 해야 상완이 굵고 이두근, 삼두근, 후면 삼각근의 외형이 더 잘 살고 상완근, 전완근, 완요골근을 포함해 상완과 전완의 근육분리가 전체적으로 잘 돼 더 좋아 보인다. 이때 상완에도 강하게 플렉싱을 하느냐 마느냐에 따라 상완의 근육질 모습에 큰 차이가 난다 (여기서는 전혀 그렇게 하지 못하고 있지만).

이런 하체 포징에서는 (**4**), (비록 여기서는 그 정도가 크지 않고 잘하고 있지도 않지만) 뒤로 둔 하체의 대퇴와 종아리의 포징 앤 플렉싱이 앞에 둔 하체의 경우보다 훨씬 중요할 수 있는데, 대퇴내전근과 슬굴곡근 발달이 좋다면, 이때 뒤로 두는 하체를 더 명확히 뒤쪽에 두고 그 자세에서 이 신체부위를 강하게 플렉싱하는 것이다. 종아리에서도 마찬가지다.

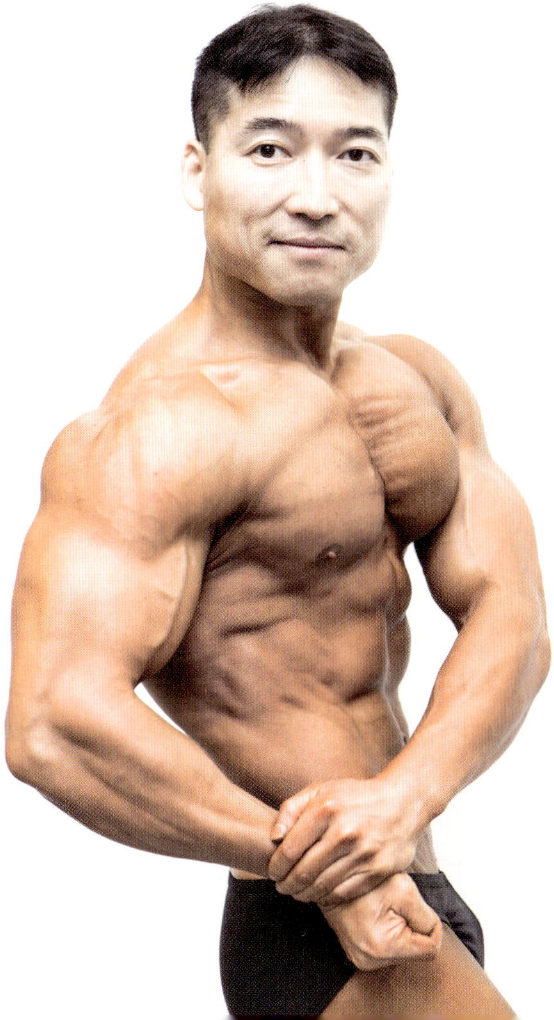

후면 이두근 포즈

먼저, IFBB 규정집과 아놀드 백과에는 다음과 같이 돼 있다.

IFBB 규정집: 선수는 후면이 심판들을 향하게 서서, 〈전면 이두근 포즈〉에서와 같이 양팔과 양손목을 굽히고, 한쪽 발을 뒤쪽에 위치시키고 발가락으로 착지한다. 그런 다음에 어깨, 상부와 하부 등, 대퇴와 종아리 근육은 물론이고 팔 근육도 수축시킨다.

심판은 우선, 팔 근육을 살피고, 그런 다음에 머리부터 발까지 살피는데, 그 와중에 살펴봐야 할 근육군이 다른 모든 포즈에서보다 더 많다. 여기에는 목, 삼각근, 이두근, 삼두근, 전완, 승모근, 원근teres, 극하근, 척주기립근, 외복사근, 광배근, 둔근, 대퇴이두근(역주: 여기서는 사실상 햄스트링 또는 슬굴곡근 정도가 더 맞는 용어인데, 대퇴 후면에 보이는 근육에서 대퇴이두근은 외측 ½ 정도밖에 차지하지 않는 부분이기 때문이다), 종아리 근육이 포함된다. 이 포즈는 심판이 선수의 근육 밀도, 데피니션, 전체적 균형의 질을 판단하는 데, 아마도 다른 포즈들보다 더 도움된다 (역주: 밑줄 친 이 부분은 여자에서는 없는 부분이다).

아놀드 백과: 뒤로 돌아선다. 한쪽 다리를 약간 뒤쪽으로 두고, 발가락으로 올라섬으로써 종아리를 플렉싱한다. 양팔을 들어올려 이두근 포즈를 잡으면서, 동시에 광배근을 벌린다. 광배근이 플렉스된 상태를 유지하면서, 광배근에 대고 팔꿈치를 뒤로 누르는데, 이렇게 함으로써 등의 근육질을 이끌어내게 된다. 최대한의 이두근 봉우리를 얻기 위해, 손목을 뒤친다 (손이 몸쪽으로 향하게 안쪽으로 돌린다). 승모근의 비대칭을 이끌어내기 위해, 머리를 옆으로 돌린다. 팔꿈치를 뒤로 당기고 등을 활처럼 다소 휘게 한다—심판원들은 당신을 올려다보고 있다는 걸 잊지 말고, 뒤쪽으로 약간 구부려 심판원들이 잘 볼 수 있도록 할 필요가 있다.

여기 내가 밑줄 친 부분에 대해 간단히 짚고 넘어가자.

Q: 승모근의 비대칭을 이끌어내기 위해, 머리를 옆으로 돌린다?

A: 아놀드의 특징적인 머리 포징이다. 이 지침에 따라 나도 흔히 머리를 옆으로 돌려 포징했지만, 대부분은 약간만 돌렸던 것이고 그것은 결과적으로 어정쩡한 포징이었다. 지금의 내 기준으로는, 머리를 돌릴 때는 완전히 옆으로 돌려 〈후면 이두근 포즈〉에서는 한쪽 이두근을 보듯 (아놀드가 흔히 그러듯이), 또는 〈후면 광배근 포즈〉에서는 한쪽 어깨나 멀리 측면을 응시하듯 (도리안 예이츠가 흔히 그러듯이) 하는 게 좋을 것 같다. 결국은 머리를 옆으로 돌리든 말든, 그것은 선수 개인의 선택사항이고, 승모근의 모습, 머리·목·어깨·광배근의 가로 비율, 포징의 느낌, 우아함 등을 전체적으로 고려해서 머리를 어떻게 하는 게 자신에게 최선인지 선택해야 하는 사안이다.

전신의 총체적 포징. 포즈 공통 사항인데, 심판 입장에서든 관객 입장에서든, 무대에 선 선수를 볼 때, 선수가 하고 있는 그 포즈 이름이나 그 포즈에 따른 IFBB 심사 규정에 따라 어느 신체부위·근육을 더 중시해서 또는 모든 주요 신체부위·근육을 빠짐없이 체계적·총체적으로 살피는 게 아니라, 어느 포즈건 상관없이, 우선은 눈에 띄는 대로 전신을 한눈에 평가하게 될 수밖에 없다. 본능적으로 그렇고 시간관계상 그렇다.

그런 관점에서, 이 포즈에서 지배적인 영향을 미치거나 강점·약점이 한눈에 가장 먼저 드러나는, 그래서 가장 중요한 신체부위·근육은 **광배근, 대둔근, 대퇴**다. 다음은 **상완, 종아리, 어깨** 정도라 할 수 있다. 상완은 특히 변수가 많다. 뒤에 나오는 〈후면 광배근 포즈〉와 함께, 이들 후면 포즈에서는 예비동작이 특히 중요해진다. 나아가서는 **머리**까지 고려하게 된다.

몸통 기울임은 이전까지의 전면 포즈에서처럼 심판들 쪽으로 몸통을, 이번에는 뒤로 기울여주는 것이다.

뒤에 나오는 〈후면 광배근 포즈〉와 함께, 이 두 후면 포즈는 내가 가장 좋아해온 포즈들이다. 등에, 광배근에 그나마 자신 있었기 때문이다. 그러나 내가 이들 포즈에서 광배근 펼침을 그간 얼마나 잘못했는지, 이들 포즈가 얼마나 어려운지, 새롭게 깨닫고 있다. 광배근 펼침을 최대로 하면서, 동시에 상완 외측의 근육분리와 특히 이두근의 봉우리를 최대한 이끌어내야 하는데, 이게 쉬운 일이 아니다. 전완을 뒤로 더 넘겨줄 수 있어야 이두근이 잘 살 수 있는데, 어깨관절이 그만큼 유연하지 않으면 안 되고, 그러는 와중에 광배근 펼침도 나빠지지 않게 하는 게 관건이다.

하체 포징은 내가 가장 흔히 잘못해온 것으로, 거의 반대로 해왔다고 할 수 있다. 심지어는 미스터 올림피아들을 비롯한 많은 국내외 정상급 선수도 나와 똑같은 실수를 하고 있는데, 핵심은 대퇴, 종아리, 대둔근을 살리는 것이고, 내가 이 [시합편]을 쓰면서 깨달은 그 비결은 1. 엉덩이를 뒤로 내미는 게 아니라 골반을 앞으로 당기고 2. 앞쪽 발을 너무 앞으로 내밀지 않음으로써 양발을 전후로 너무 넓게 벌리지 않는 것이고, 3. 흔히 앞이나 뒤로 두는 하체를 앞이나 뒤라기보다는 옆으로 두는 것도 한 방법일 수 있다 (왼쪽 페이지 상단의 사진에서처럼, 또는 다르게).

@ 2011 광명시 대회 며칠 후

전신의 총체적 포징. 이 포즈에서는 등이 우선 눈에 들어온다. 그래서 광배근 펼침이 가장 중요하다. 그러나 순간적으로 등을 확인한 시선은 또 순간적으로 대퇴와 대둔근으로 간다. 거기서 거의 바로 결판난다. 적어도 최근의 내게는, 선수가 어떤 몸을 갖고 있는지 하는 것보다는, 선수가 포징을 얼마나 잘하는지 하는 게 눈에 먼저 들어오고, 등이 조금 좋고 덜 좋고 하는 것보다는, 대퇴를 중심으로 한 하체 포징과 코어 포징에서 그 선수의 포징 센스와 포징 이미지가 결정된다.

시합장에서는 심판들에게나 관객들에게나, 이 포즈에서 이들 신체부위를 넘어 승모근, 삼각근, 상완, 전완 등이 승부를 좌우할 만큼 시간적이나 시각적으로 여유가 없다. 이들 신체부위는 추후에 시합사진으로 선수들을 면밀하게 비교해볼 때나 눈에 들어오는 부분이다. 그러나 이두근 봉우리를 살리는 것은 이 포즈 이름이 그래서도, 그리고 이 포즈 이름과 상관없이도 중요하다. 그리고 광배근과 대흉근에서의 포징 차이뿐 아니라 특히 이두근 측면에서라도, 이 포즈에서 상체 포징은 단순히 〈전면 이두근 포즈〉에서의 상체 포징을 뒤돌아서 하는 게 아닌데, 간단히 말하면, 전면 포즈에서는 전면을, 후면 포즈에서는 후면을 상하좌우 전체적으로 약간 오목하게 만든다는 느낌으로 포징하는 게 최선이라 할 수 있다.

이 사진에서는 하체 포징, 코어 포징이 크게 잘못돼 있는데, 엉덩이를 뒤로 빼고 있지만, 골반을 앞으로 당기는 게 훨씬 유리하고, 종아리도 확실히 살려야 한다 (왼쪽 페이지의, 최근의 포징에서는 이를 제대로 하고 있다).

또한, 머리 포징도 중요한데, 정면을 향하느냐, 얼마나 숙이거나 들고 얼마나 좌우로 돌려주느냐가 비율과 승모근의 모습에서 차이를 낸다. 이 모든 것은 곧 자세히 살펴보기로 하자.

하체 포징, 코어 포징

뒤에 나오는 〈후면 광배근 포즈〉를 포함한 후면 포즈에서는 하체 포징과 코어 포징은 서로 불가분의 관계에 있다. 핵심은 코어 포징에 있고, 하체 포징은 코어 포징에 결정적으로 영향받는다고 할 수 있다. 그런데 그 코어 포징 자체가 하체 포징, 특히 전후 스탠스 너비에 크게 영향받는다. 심판들 쪽뿐 아니라, 나아가서는 심판들 먼 쪽 대둔근, 대퇴, 종아리까지 최대한 잘 살리기 위한 포징을 생각하게 된다.

@ 2009, 2011 코리아 대회 그랑프리전

하체 포징, 코어 포징: 크리스마스트리, 대둔근, 대퇴, 종아리. 〈후면 이두근 포즈〉, 〈후면 광배근 포즈〉에서는 다른 모든 전면 포즈, 측면 포즈에서만큼은 코어 포징에 변수가 많지는 않아서, 크게 두 포징으로 나눠볼 수 있다. 사진에서 보는 것처럼, 엉덩이를 뒤로 내미는 선수도 있고, 골반을 앞으로 당기는 선수도 있는데, 나는 최근까지 전자로 해왔지만, 시행착오였다고 생각되고, 나를 포함한 대부분의 선수에서 후자가 훨씬 유리할 것이다. 여자 선수라면 다를 수 있는데, 보디빌딩이 아닌 보디피트니스, 뷰티바디, 비키니 등의 선수라면 더욱 그렇다.

엉덩이를 뒤로 최대한 내밂으로써 척주기립근이나 내측 하부 광배근을 살리고자 하는 노력이 실제로 그런 효과에 의한 장점보다는 허리의 크리스마스트리의 가로transverse 가지가 약화되는 단점이 더 클 수 있고, 더 중요한 것은 대둔근, 대퇴, 종아리에 있는데, 대둔근을 살리기 위해서는 골반을 최대한 앞으로 당기고 대퇴를 외회전시키는 게 유리하다. 이 자세는 대퇴의 슬굴곡근과 대퇴사두근의 분리와 모양을 좋게 할 뿐 아니라, 종아리 포징까지 좋게 하는 경향이 있다. 또한, 골반을 앞으로 당기면 몸통을 뒤로 더 기울일 수 있게 되기 때문에, 등과 상완(특히 이두근 봉우리)을 심판들에게 더 유리한 각도로 보여주는 데도 확실히 도움된다.

1 2 3

@ 2011 광명시 대회, 경기 대회

하체 포징, 코어 포징. 하체 포징의 중요성을 단적으로 보여주는 시합사진들로, 상체 포징이 아무리 좋다 하더라도 하체 포징이 어정쩡하다면 완전한 실패 포징일 수밖에 없다 (**3**). 나는 이때 당연히 심판들 쪽 슬굴곡근, 종아리, 대둔근 쪽에도 힘을 준다고 항상 생각하고 있었고, 실제로 어느 정도는 힘을 잘 주고 있을 거라고 짐작하고 있었지만, 나중에 사진을 봤더니, 그렇지 않았던 것인데, 이때부터 되돌아보니 이런 경우가 허다했다.

S자 옆모습을 강조하면서 척주기립근을 살린다는 생각으로 엉덩이를 뒤로 최대한 내밀고 그 상태에서 대퇴와 종아리를 살린다는 생각으로 바닥을 오른쪽 발바닥으로 뒤로 미는 방식의 포징으로 항상 연습해왔는데, 포즈대의 덮개 재질이 부직포 같은 것으로 마찰력이 거의 없는 경우가 대부분이었고, 당연히 뒤로 내미는 발이 포즈대에서 미끄러지니 특히 슬굴곡근이 제대로 힘을 받아주지 못했던 것이다. 그리고 심판들에게 고루 보여주기 위해 약간의 허리 트위스팅으로 몸통을 좌우로 돌려주는 과정에서 대퇴나 종아리 포징 앤 플렉싱이 약해지기도 했다 (**1, 2**). 이렇게 심판들 쪽 대퇴, 대둔근, 종아리 포징 앤 플렉싱에서, 시합에 따라서는 물론이고 한 시합에서도 나는 이것을 잘하다가 못 하는 등, 일관성이 없었다. 나아가서, 이때까지는 심판들 먼 쪽 대퇴, 대둔근, 종아리는 전혀 생각을 못 했다.

엉덩이를 뒤로 최대한 내밀다 보니 당연히 몸통이 뒤로 충분히 기울지 않았고, 아래쪽에 있는 심판들에게 등과 특히 이두근 봉우리가 당연히 최대한 유리한 각도로 보이지 않았을 것이다. 약간 위쪽에서 찍힌 사진들에서 이 정도의 이두근으로 보인다면 아래쪽에서는 거의 보이지 않았을 것이다 (**1, 2**).

시합 레벨이 낮으면 선수 대부분이 이때의 나처럼, 대퇴 후면에 긴장을 가하지 못하고 있다는 걸 관찰하게 된다. 선수 레벨이 높아질수록 〈후면 이두근 포즈〉, 〈후면 광배근 포즈〉 같은 후면 포즈에서 하체 포징도 잘하게 되는 경향이 물론 있지만, 정상급 선수들조차 이들 후면 포즈에서 우선은 대퇴의 근육분리와 모양, 다음으로는 대둔근의 근육분리와 빗살무늬, 나아가서는 크리스마스트리를 잘 살리지 못하는 코어 포징을 하는 경우가 흔하다 (**3**).

그러나 이제는 나부터도 이런 실수를 되풀이하지 않을 것이다. 코어 포징, 하체 포징을 완전히 반대로 바꿨기 때문이다. 그리고 필요하면 예비동작으로 손으로도 대퇴와 엉덩이를 촉진하면서 촉각으로 확인할 수도 있고 (미스터 올림피아 선수들을 포함해 많은 정상급 선수가 그렇게 하는 것을 볼 수 있다), 포징 내내 하체와 코어로부터 오는 고유감각으로도 내가 그쪽 포징 앤 플렉싱을 정확히 하고 있다는 것을 이 자세나 동작으로 더 제대로 느낄 수 있기 때문이다. 그리고 처음에는 '미끄러운 바닥에서 양말을 신고 연습'하는 것도 한 방법이다. 그러면 점차, 바닥의 마찰력에 더는 의지하지 않으면서도, 심판들 쪽뿐 아니라 심판들 먼 쪽 대둔근, 대퇴, 종아리까지, 이들 모든 신체부위·근육을 다 살릴 수 있는 하체 포징, 코어 포징에 익숙해진다.

사진에서처럼 심판들 먼 쪽 발끝이 안쪽을 향하게 하면 대둔근, 슬굴곡근, 대퇴 외측이 잘 살기 어려운데 (**3**), 양발의 전후 간격이 크면 스탠스 안정상 앞쪽 발끝이 안쪽으로 향하는 경향이 있고, 그래서 양발의 전후 간격을 크지 않게 유지하는 게 좋다. 앞발을 앞으로 많이 내밀지 않으면서, 심판들 쪽 무릎을 밖으로 돌려주면서 대둔근과 대퇴를 최대한 살리는 것이다. 아니면, 심판들 쪽 하체를 뒤쪽이라기보다는 옆쪽으로 두는 것이다.

1

2

김성환 @ 2011, 2012 코리아 대회 –80kg급

하체 포징, 코어 포징. 한 시합에서도 양쪽 하체를 번갈아 뒤로 내밀기도 하는, 성실한 모범생 다운 포징을 하는 선수. 2014 미스터 코리아. 기본적으로 이전까지의 나처럼 엉덩이를 뒤로 내밀고 있어서, 척주기립근과 크리스마스트리의 삼각 외형은 잘 살았지만, 대둔근과 대퇴 후면이 살았다 죽었다 한다 (**1, 2**). **1**에서 전후 스탠스 너비를 줄이고 골반을 앞으로 더 당기면서 대둔근과 대퇴를 더 확실히 살리면, 더 좋은 코어 포징, 하체 포징이 될 것 같다.

설기관 @ 2011 코리아 대회 –65kg급

하체 포징, 코어 포징. 심판들 쪽 대퇴와 종아리의 근육분리와 모양을 완벽히 살리고 있다. 심판들 먼 쪽 대둔근을 더 살릴 수 있었더라면 더 좋았을 것이다. 여기서 오른쪽 종아리를 더 잘 살리는 방법 중 하나는 오른쪽 발뒤꿈치를 약간 드는 것이다.

여기에서 골반을 앞으로 더 당기고 오른쪽 무릎을 더 펴면서 양발의 전후 스탠스 너비를 더 줄인 상태에서 〈전면 이두근 포즈〉에서처럼 발끝을 약간 외측으로 돌리거나 대퇴나 무릎을 외측으로 벌려주면 오른쪽 대둔근과 대퇴도 더 살릴 수 있는, 더 좋은 포징이 될 것 같다.

남경윤 @ 2013 세계선수권대회 –70kg급

하체 포징, 코어 포징. 2015 미스터 코리아. 골반을 앞으로 당기고 전후 스탠스 너비를 넓지 않게 유지하고 있어, 양쪽 대둔근과 대퇴가 잘 살고 있고, 또한, 상체도 뒤로 충분히 기울여줄 수 있게 되었다.

상체 포징

이 〈후면 이두근 포즈〉에서의 상체 포징은 앞에 나온 〈전면 이두근 포즈〉에서의 상체 포징을 단순히 뒤돌아서 하는 게 아니다. 간단히 말하면, 같은 이두근 포즈지만, 〈전면 이두근 포즈〉에서는 아래쪽에 있는 심판들을 고려해 몸통을 앞으로 기울이고, 광배근 펼침과 대흉근 근육분리와 모양을 위해 어깨와 팔꿈치를 약간 앞으로 내밀지만, 이 〈후면 이두근 포즈〉에서는 몸통을 뒤로 기울이고, 광배근 펼침을 최대로 한 상태에서 등 근육분리와 모양을 위해 어깨와 팔꿈치를 약간 뒤로 모으고, 이두근을 위해 전완은 뒤로 더 넘기는 것이다.

1

2

3

광배근, 상완, 전완, 허리 트위스팅. 관절구조든 근육이든, 신체가 유연해야 포즈도 잘 나온다. 이런 유연성은 기본적으로 타고나는 것에다가 스트레칭, 다이어트[체지방감량], 그리고 끊임없이 반복적인 포징 연습으로 뒷받침되는 것이다. 몸통을 뒤로 더 넘기지 않으면서도 상완을 더 외회전시킬 수 있거나 전완을 뒤로 더 넘길 수 있다면, 등(특히 광배근)이 찌그러지지도 않으면서 이두근도 더 잘 살릴 수 있을 것이다.

팔꿈치는 어깨높이에, 또는 그것보다 높이 또는 아래에 둘 수 있는데, 그 등 모양이 어떤지 사진으로 반드시 확인해보자. 자신의 예상과는 달리, 팔꿈치가 너무 높다든가, 광배근의 외곽선[윤곽], 등 가운데 쪽의 근육분리는 팔꿈치의 약간의 움직임만으로 엄청나게 변한다는 걸 깨닫고 가장 효과적인 포즈를 잡도록 해야 한다.

그리고 나는 모든 심판에게 등을 충분히 보여주고자 허리를 조금씩 비틀어 몸통을 좌우로 돌려주기도 했는데, 어쩌면 이런 동작은 굳이 필요하지 않을 뿐 아니라 때로는 해로울지도 모른다. 너무 분다워 보일 수 있기 때문이기도 하고, 코어와 하체 포징을 약화시킬 수 있기 때문이기도 하다. 그래서 일반적으로는 심판들의 가운데를 향해 고정하는 게 더 유리할지도 모른다. 아니면, 몸통을 좌우로 돌려주되, 아주 좁은 각도의 범위에서 머무는 것이다.

@ 2008 광명시 대회, 강서구 대회

상체 포징: 광배근, 상완, 허리 트위스팅. 내 초기 모습으로, 이때는 팔꿈치를 다소 올린 상태로 포즈를 완성했고, 팔꿈치도 약간 뒤쪽으로 밀어 결과적으로 등이 좁고 광배근이 약간 찌그러졌는데, 등 전체를 최대한 펼치면서도 등 근육에 힘을 주는 기술을 이때는 터득하지 못했기 때문이다 (**1**). 그리고 전완을 뒤로 더 넘김으로써 이두근 봉우리가 더 보일 수 있게 할 수 있었더라면 더 좋았을 텐데, 이는 어깨관절의 유연성에 크게 좌우되는 것이어서 한계가 따르는 부분이기는 하다 (**2**).

예비동작 중인지 포즈를 완성한 상태였는지 모르겠지만 (**3**), 이 정도까지는 아니더라도, 신경 쓰지 않으면, 포즈 완성 상태일 때도 이렇게 한쪽이든 양쪽이든 광배근이 찌그러진 상태인지 모르다가 시합사진을 통해 비로소 확인할 수 있었던 경우도 초기에는 다소 있었다.

특히 시합 직전 펌핑이 과도하면, 펌핑의 이점보다 광배근에서 오는 고유감각이 둔해져 오히려 이렇게 광배근 펼침이 조절되지 않는 훨씬 더 큰 역효과가 생길 수 있다. 또는 나 같은 경우, 〈측면 가슴 포즈〉를 마치면서 심판들 쪽 광배근에 연축(수축했던 근육이 금방 이완되지 않고 한동안 뭉쳐 있는 상태. 심한 상태에서는 특히 '쥐'라고도 한다)이 생기는 경우가 흔히 있었는데, 이는 심판들 쪽 상완을 뒤로 많이 빼다 보니 더 그랬던 것 같고, 그게 더해져서, 직후의 이 〈후면 이두근 포즈〉에서 광배근 펼침이 제대로 되지 않은 경우가 많았다. 그래서 이 〈후면 이두근 포즈〉에서 광배근이 꺼지지 않게, 확실히 펼치고 있는지 거듭 마음속으로 확인해야 한다. 그러려면 우선, '광배근 펌핑'을 과하게 함으로써 '광배근 글리코겐'을 소진하거나 '광배근 고유감각'을 약화시키는 것은 주의하고, 〈측면 가슴 포즈〉 포징 때는 심판들 쪽 광배근 연축을 최소화하거나 이후 스트레칭으로 그쪽 광배근을 확실히 풀어주고 (뒤에 나오는 〈쿼터 턴 라이트〉 직후에도 거의 마찬가지다), 다음으로 〈후면 광배근 포즈〉 포징 때는 마음속으로 '광배근 펼침'이 '최대한' 이뤄졌고 '광배근 플렉싱'도 어느 정도는 됐다는 고유감각을 느끼는 데 신경을 집중해야 할 것이다.

@ 2011 경기 대회

상체 포징, 그리고 발달, 발표, 사진의 총체적인 면. 조금 앞에 나온, 하체 포징과 코어 포징이 잘못되었다고 한 이 모습에서, 조명조건이 나쁘지 않았는지, 그래도 등의 굴곡과 근육분리는 잘 살았다. 물론, 조명조건을 더 좋게 하자면, 광배근의 외곽선을 비롯한 전신의 외형이 배경과 완전히 분리되고, 음영이 심해 근육의 디테일이 묻히는 부분이 없도록, 간접조명이 더 있어야 한다.

옆으로 90도 돌려 보면 더 인상적으로 보이기도 한다. 그것은 그렇게 보는 모습이 우리 눈에 덜 익숙하기 때문이기도 하겠지만, 그만큼 울록불록하게 발달시켰으니 그렇게 보이기도 할 것이다.

물론, 아쉬운 점은 당연히 있다. 우선, 근육발달과 체지방감량이 부족하고 수분조절이 잘못되었다. 그래서 등의 피부가 충분히 얇아 보이지 않고, 상완 외측의 근육분리와 삼각근과 승모근의 빗살무늬striation도 약하다. 거기에, 옆 선수들과 비교해보면 더 잘 알 수 있겠지만, 컬러링도 부족하고 오일링도 부족하다. 포즈 이름이 무색할 정도로, 이두근 봉우리는 별로 보이지도 않는데, 오른쪽 팔꿈치를 조금 더 굽히고 양쪽 전완을 더 바깥쪽으로 틀어주고 (회외, 뒤침) 뒤로 더 넘겨 양쪽 이두근 봉우리를 살릴 수 있었다면 더 좋았겠다. 그리고 등을 더 넓게 펼칠 수 있었음에도 어깨를 너무 뒤로 모아 양쪽 승모근이 서로 맞닿은 정도가 되었는데, 이는 등, 특히 승모근을 더 울록불록하게 만드는 장점과 등을 좁아 보이게 하는 단점이 함께 있는 포징이다.

@ 2011 광명시 대회 5주 전, 광명시 대회 다음날

상완. 시합에서 상완, 특히 이두근을 일관성 있게 잘 살리는 건 쉬운 일이 아니다. 내가 워크아웃 중이나 (**1**) 평소 휴식 때만큼 (**2**) 시합장에서 광배근 펼침을 최대로 하면서 동시에 이두근을 잘 살린 적은 얼마 없다.

이승용 @ 2013

상체 포징: 상완. 팔꿈치를 다소 올린 상체 포징을 하고 있다.

송재필 @ 2009 전국체전 –65kg급, 2011 코리아 대회 –70kg급

상완. 인상적인 상완 매스와 근육분리, 그리고 특히 이두근 봉우리.

머리 포징

아놀드는 "승모근의 비대칭을 이끌어내기 위해, 머리를 옆으로 돌리라."고 했고, 그래서 나도 그 점을 의식하고 실천한 적도 많지만, 그게 꼭 유일한 정답은 아닐 수 있다. 시합장에서는 전혀 그게 눈에 들어오지 않고 후에 시합사진으로 알게 되는 작은 요소인데, 승모근 비대칭을 이끌어내는 게 반드시 도움된다고 할 수도 없고, 머리를 돌리는 게 어깨와 머리의 가로 비율을 해치는 경우도 있기 때문이다.

지금의 내 관점에, 1. 머리는 몸통과 일직선으로 하는 것을 기본으로 하고(앞으로 숙이거나 뒤로 눕히지 말고), 얼굴과 시선을 정면 전·상방으로 향하게 하는 머리 포징을 하거나, 2. 머리를 한쪽으로 완전히 돌려 그쪽 이두근을 응시함으로써, 머리와 기타 신체부위와의 비율을 더 고려한 머리 포징을 하는 것이다.

이 포즈에서는 (심판들이 후·하방에 있기 때문에) 자연히 몸통을 뒤로 기울이게 되고, (광배근 펼침과 등의 근육분리를 위해) 어깨를 뒤로 약간 빼게 된다. 자연히 머리는 상대적으로 앞으로 빠진 상태가 되는 데다, 머리는 그만큼 의식적으로 또는 의도적으로 뒤로 기울이지 못한 채 시선도 후면 정면을 향하게 되는 게 일반적이다. 그러면 승모근의 빗살무늬는 잘 살지 않는다.

나는 머리를 앞으로 숙이는 게 등을 비율상 더 좋아 보이게 하는 데 도움될까 해서 그렇게 해봤지만, 비율이 오히려 나빠 보이거나 상체 포징이 흐트러지기도 해서, 그렇게 하지 않는 편이 더 나아 보인다는 걸 발견하게 되었다. 물론, 머리를 뒤로 기울이는 것도 좋지 않은데, 목에 주름이 크게 잡히거나 머리와 목이 무대조명을 가려 상부 등이 잘 보이지 않게 되거나 비율이 나빠 보일 수 있기 때문이다.

위에서 말한 것처럼, 나는 앞으로 이렇게 할 생각이다. 머리를 앞으로 빼거나 앞으로 숙이지는 않는다. 대신에, 1. 고개를 오히려 약간 들거나 최소한 바로 하면서, 얼굴과 시선은 가슴이 향하는 그쪽 전·상방을 향하게 하거나, 2. 고개를 한쪽으로 완전히 돌려 그쪽 이두근을 응시하는 것이다.

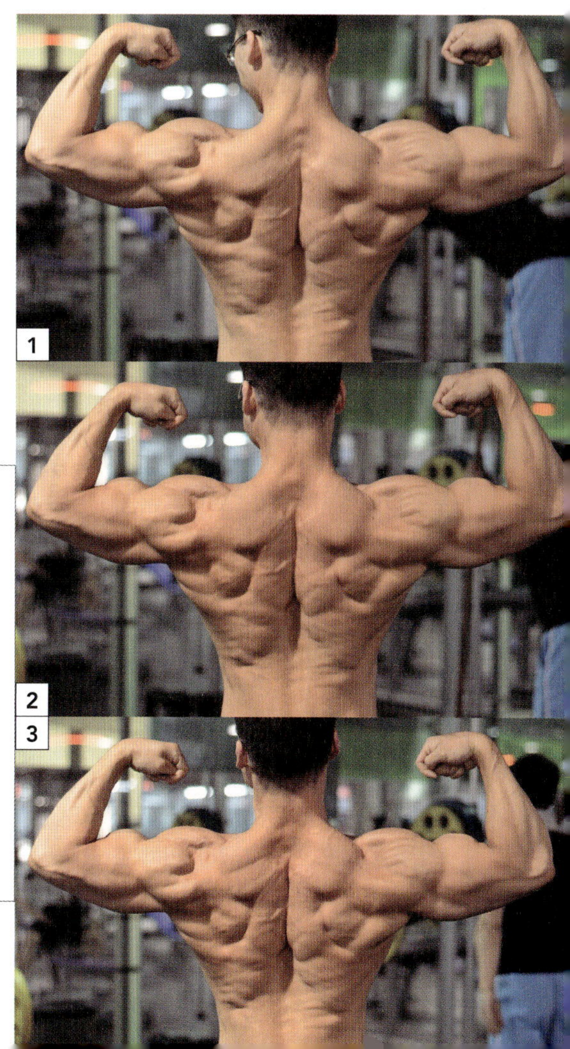

@ 2011 광명시 대회 전날

머리 포징. 머리 포징에 따라 머리·목·어깨·광배근의 가로 비율과 승모근의 모습이 크게 변한다. 추가로 상체 포징, 특히 어깨를 뒤로 모으는 정도에 따라 등의 모습이 어떻게 변하는지도 참고하자.

1: 머리가 앞으로 빠진 상태인 데다 머리를 돌린 정도가 너무 작아, 의도했던 비대칭적 머리 포징과 승모근의 비대칭 모습이 약하다.

2: 몸통은 뒤로 약간 (잘) 기울였지만, 머리는 앞으로 약간 빠진 상태로, 승모근의 비대칭도 빗살무늬도 살지 않고 양쪽 턱[우각]mandibular angle의 외형이 어중간하다. 물론, 이것은 선수의 목과 턱 너비에 따라 달라진다.

3: 어깨를 뒤로 더 (너무) 모으고 몸통을 뒤로 더 기울이기는 했지만, 몸통을 뒤로 기울인 것과 마찬가지로 머리도 몸통에 거의 일직선으로 유지해, 얼굴과 시선이 후면 전·상방을 향하고 있어, 머리 포징만 본다면 이게 가장 무난해 보인다.

예비동작

뒤에 나오는 〈후면 광배근 포즈〉와 함께, 이들 후면 포즈에서는 예비동작이 특히 중요해지는데, 최종 포징에 도움될 수 있을 뿐 아니라, 이 예비동작에서 크리스마스트리, 삼두근의 빗살무늬나 매스, 대둔근의 빗살무늬, 심지어는 대퇴, 종아리, 삼각근의 매스, 모양, 근육분리, 빗살무늬를 과시함으로써, 최종 포징에 이르기까지 계속 시선을 집중시킬 수 있을 뿐 아니라 그 예비동작만으로도 강한 인상을 남기는 기회가 되기 때문이다.

@ 2011 광명시 대회 전날

예비동작: 대원근과 극하근. 이때 광배근 상방이자 후면삼각근 하방에 두드러지는 근육은 대원근이고 (**2**), 대원근 내측이자 하부 승모근 외측에 두드러지는 근육은 극하근이다 (**2, 3**).

최민석 @ 2010

예비동작: 삼두근과 삼각근. 누군가가 우스갯소리로 '등 뒤로 잘못 지나가면 삼두근에 걸리겠네!' 한 삼두근의 소유자. 이 예비동작에서 그의 삼두근과(**1~3**) 삼각근이 (**3**) 특히 강조되고 있다.

앞에서 살펴본 것처럼, 머리를 좀 더 세우고 시선을 다소 상방으로 두었더라면 승모근의 빗살무늬도 허전하기보다는 삼각근에 거의 준하게 살면서 훨씬 더 좋아 보였을지 모른다고 충분히 생각해볼 수 있다. 그리고 이는 바로 앞의 내 모습과 바로 뒤의 다른 선수의 모습에서도 거의 마찬가지다. 이런 사소한 신체부위의 사소한 포징 변형조차도 그 효과 면에서 미세하게 볼 때는 얼마나 큰 차이인가. 그리고 이 머리 포징을 잘하기 위해서는 단순히 감에 의존하거나 되는 대로 해서는 기대와 달리 제대로 안 된다는 걸 확인할 수 있고, 그래서 머리 포징은 더 의식적으로 해야 한다는 것이다.

고기드온 @ 2012 대전 대회 −80kg급

예비동작: 크리스마스트리와 삼두근. 예비동작에서 종아리의 비복근, 대퇴의 슬굴곡근, 엉덩이의 대둔근도 플렉싱하기 시작하면서 훌륭한 크리스마스트리와 함께 극강의 삼두근 데피니션, 세퍼레이션, 스트리에이션을 보여주고 있다 (데피니션, 세퍼레이션, 스트리에이션에 관해서는 뒤에 나오는 〈최고 근육질 포즈〉에서 자세히 살펴보기로 하자).

〈후면 이두근 포즈〉나 〈후면 광배근 포즈〉로 이어지는 가장 일반적인 예비동작에서 가장 먼저 눈에 띄는 것은 하부 등의 크리스마스트리의 존재 여부와 그 질인데, 척주기립근에 의한 것으로 흔히 오해하기 쉽지만, 크리스마스트리의 핵심인 삼각 외형과 빗살무늬 가지는 하부 광배근의 기시부 건막[널힘줄]aponeurosis과 근복[힘살]muscle belly에 의한 것이고, 예비동작 중 가장 발휘되기 쉽다. 선수에 따라, 그리고 때에 따라 척주기립근이 하부 외형을 이루거나 굵은 줄기처럼 보이기도 한다. 엉덩이를 뒤로 빼면 척주기립근과 크리스마스트리의 삼각 외형은 강조되는 대신에 크리스마스트리의 빗살무늬 가지, 대둔근과 슬굴곡근의 모양, 분리, 갈라짐, 빗살무늬는 약화되는 경향이 있다. 골반을 앞으로 당기면 그 반대가 된다.

그러나 이때 엉덩이 하방과 상방에 피부가 접히거나 주름 잡히는 경향이 있다. 그럴 때는 대퇴를 곧장 후방으로 두기보다는 대퇴를 외측으로 돌리면서 둔근과 햄스트링을 살림으로써 엉덩이 하방에 피부가 접히거나 주름 잡히는 현상을 방지할 수 있다. 대퇴를 바깥쪽으로 돌려줄 때, 그쪽 발은 원래대로 두고 할 수도 있고 (내 2011 경기 대회 때처럼), 그쪽 발을 오히려 반대쪽으로 교차시키면서 양쪽 대퇴가 거의 붙은 상태로 할 수도 있다. 그리고 상방에 대해서는, 상체를 그만큼 뒤로 기울이지 않거나 골반을 과하게 앞으로 당기지 않음으로써 그런 현상을 피할 수 있고, 또 그게 크리스마스트리 측면에서도 유리할 수 있다.

비록 이런 예비동작은 규정포즈 비교심사에서 선수들이 서로 다른 예비동작을 하고 있거나 예비동작을 전혀 하지 않고 있는 상태에서 순간적으로 지나가기 때문에 선수들 간에 서로 비교될 일이 거의 없을 뿐 아니라, 완성된 규정포즈에서 본격적인 비교심사가 이뤄지기 때문에, 이런 예비동작이 심판들에 의한 등위 채점과 관중에 의한 등위 평가에 큰 영향을 미치지는 못할지 몰라도, 삼두근, 크리스마스트리, 또는 대둔근이 특별 강점인 선수는 이런 예비동작으로 심판들과 관객들의 시선을 자신에게 집중시킬 뿐 아니라, 이후 자신의 전체적 인상 측면에서 유리하므로, 이런 예비동작을 항상 포함시키는 게 좋다. 물론, 이런 예비동작에서 특별 강점이 없는 선수라면, 이런 예비동작은 당연히 강조되어야 하는 특징을 보여주지 못함으로써 오히려 역효과를 낼 수 있으므로 피하는 게 나을지 모른다.

이두희 @ 2009 세계선수권대회 국가대표 선발전 −80kg급

상체 포징, 코어 포징, 하체 포징, 그리고 근육. 전직 역도 선수로, 어깨와 등이 특별 강점인 선수. 전완 근매스도 상당해, 상체의 나머지 신체부위와 잘 조화된다. 그는 이 포즈에서 경쟁자들 사이에서 특히 눈에 띈다. 우선, 외측 광배근이 위에서부터 아래로 길게 연장돼 있고, 다음으로는, 하부 내측 광배근의 근복 역시 아래로 길게 연장돼 있으면서 그 근복이 두껍게 발달해 있다. 그래서 승모근과 삼각근을 포함해, 등에서 '비어 보이거나 허전해 보이는' 부분이 거의 없다. 대둔근의 분리와 빗살무늬에 코어 포징, 하체 포징이 어떻게 도움되는지 직접 실험해보라.

후면 광배근 포즈

먼저, IFBB 규정집과 아놀드 백과에는 다음과 같이 돼 있다.

IFBB 규정집: 선수는 후면이 심판들을 향하게 서서, 양팔꿈치를 넓게 벌린 채 양손을 허리에 위치시키고, 한쪽 발을 뒤쪽에 위치시키고 발가락으로 착지한다. 그런 다음에 광배근을 최대한 넓게 수축시키고, 뒤쪽의 발가락에 아래로 누름으로써 종아리의 수축을 나타내 보인다. 〈후면 이두근 포즈〉에서 나타내 보였던 종아리가 아닌 반대쪽 종아리를 나타내 보이도록 노력함으로써 심판들이 양쪽 종아리를 똑같이 평가할 수 있게 해야 한다. 대둔근을 보여주기 위해 선수복을 당겨 올리는 것은 엄격히 금지될 것이다.

심판은 광배근이 잘 펼쳐지는지 살피는데, 이뿐 아니라 근육 밀도도 좋은지 살피고, 다시 머리부터 발까지 살피는 것으로 마무리한다.

아놀드 백과: 한쪽 다리를 약간 뒤쪽으로 두고, 발가락으로 올라섬으로써 종아리를 플렉싱한다. 양손을 허리에 올려 복사근을 잡는다. 팔꿈치를 앞쪽으로 가져오고 광배근을 천천히 벌리는데, 이 근육이 펴지는 과정을 심판원들이 지켜볼 수 있도록 한다. 최대한의 광배근 너비를 보여주기 위해, 광배근을 벌리고 등을 약간 둥글게 구부린다. 승모근의 비대칭을 이끌어내기 위해, 머리를 옆으로 돌린다.

여기 내가 밑줄 친 부분에 대해 간단히 짚고 넘어가자.

Q: 〈후면 이두근 포즈〉에서 나타내 보였던 종아리가 아닌 반대쪽 종아리를 나타내 보이도록 노력함으로써 심판들이 양쪽 종아리를 똑같이 평가할 수 있게 해야 한다?

A: 대부분의 선수는 종아리뿐 아니라 대퇴, 대둔근을 포함해, 어느 쪽 하체를 뒤로 빼는 게 전체적으로 더 좋아 보이는지에 따라, 〈후면 이두근 포즈〉와 〈후면 광배근 포즈〉에서 같은 쪽 하체를 뒤로 빼는 경향이 있고, 그게 실제로 채점에 불리하게 작용하는 경우는 없는 것 같을 뿐 아니라, 실제로 더 현명한 방법일지도 모른다. 물론, 주로 이 규정대로 하(려)는 것으로 보이는 선수도 있다.

Q: 대둔근을 보여주기 위해 선수복을 당겨 올리는 것은 엄격히 금지될 것이다?

A: 대둔근의 근육분리와 빗살무늬가 훌륭하기만 하다면, 우선은 규정을 크게 벗어나지 않는 범위에서 대둔근이 충분히 잘 노출되는 선수복을 입는 게 유리하고, 후면 포즈 직전에 노골적으로 선수복을 확 까는(?!) 것은 보기에 좋지 않지만, 예비동작 차원에서 대퇴와 대둔근을 손으로 점검하면서 선수복을 자연스럽게 약간 당겨 올리는 것이야 오히려 권장되거나 환영받을 수도 있는데, 결국은 그 당겨 올리는 동작과 당겨 올리는 정도와 결과적으로 드러나는 대둔근의 모습이 얼마나 보기 좋으냐에 달렸다고 할 수 있다.

Q: 광배근을 천천히 벌리는데, 이 근육이 펴지는 과정을 심판원들이 지켜볼 수 있도록 한다?

A: 자신의 포징 루틴을 할 기회인 자유포징 동안이면 몰라도, 기본적으로 선수들이 일렬로 정렬해 단체로 규정포즈를 진행하는 동안에는, 광배근에 자신 있으면 광배근을 빨리 펼치는 게 심판들과 관객들의 시선을 사로잡는 데 유리하다. 물론, 예비동작 동안 크리스마스트리, 삼두근의 빗살무늬나 매스 같은 자신의

강점이 있다면 그것을 충분히 보여주는 게 절대적으로 유리한 것은 분명하지만, 그것과는 별개로, 너무 느리고 긴 동작으로 광배근을 펼치는 것은 결국 광배근 펼침이 완전하지 않은 상태에서 광배근 펼침 포징을 마무리하는 실패로 이어질 위험성이 있다. 광배근이 펴지는 과정을 보여주려다가 광배근 펼침을 충분히 하지 못하는 것보다는 그 완전히 펼쳐지고 밀도 높아 보이는 광배근을 더 잘 보여주는 게 더 유리할 수 있다. 그래서 앞에서 설명한 것처럼 '제3의 방법'이 더욱 고려할 만한 것이다.

Q: 최대한의 광배근 너비를 보여주기 위해, 광배근을 벌리고 등을 약간 둥글게 구부린다?
A: 나 같은 경우는 허리를 거의 꼿꼿하게 유지하거나, 등을 둥글게 구부리더라도 '아주 약간' 구부리는 게 좋은 것 같다. 후자는 광배근 펼침의 실패를 최소화해 주는 아주 유용한 방법이다.

Q: 승모근의 비대칭을 이끌어내기 위해, 머리를 옆으로 돌린다?
A: 앞에 나온 〈후면 이두근 포즈〉에서의 설명을 참고하라.

전신의 총체적 포징. 포즈 공통 사항인데, 심판 입장에서든 관객 입장에서든, 무대에 선 선수를 볼 때, 선수가 하고 있는 그 포즈 이름이나 그 포즈에 따른 IFBB 심사 규정에 따라 어느 신체부위·근육을 더 중시해서 또는 모든 주요 신체부위·근육을 빠짐없이 체계적·총체적으로 살피는 게 아니라, 어느 포즈건 상관없이, 우선은 눈에 띄는 대로 전신을 한눈에 평가하게 될 수밖에 없다. 본능적으로 그렇고 시간관계상 그렇다.

그런 관점에서, 이 포즈에서 지배적인 영향을 미치거나 강점·약점이 한눈에 가장 먼저 드러나는, 그래서 가장 중요한 신체부위·근육은 **광배근, 대둔근, 대퇴**다. 광배근 펼침을 잘하는 게 가장 중요하고, 대퇴는 사실상 광배근 못지않게 중요하고, 대둔근도 거의 마찬가지다. 다음은 **종아리, 상완, 어깨** 정도라 할 수 있다. 앞에 나온 〈후면 광배근 포즈〉와 함께, 예비동작이 특히 중요해진다. 나아가서는 **머리**까지 고려하게 된다.

몸통 기울임은 〈후면 이두근 포즈〉에서와 거의 마찬가지다.

@ 2011 광명시 대회 다음날
전신의 총체적 포징. 앞에 나온 〈후면 이두근 포즈〉에서와 마찬가지로, 여기서 나는 엉덩이를 뒤로 어느 정도 내밀고 있지만, 골반을 앞으로 최대한 당기는 게 여러모로 훨씬 유리한 포징이다 (비록 이 각도에서는 잘 구분돼 보이지는 않지만, 왼쪽 페이지의, 최근의 포징에서는 이를 제대로 하고 있다. 하단의 포징에서는 추가로 의식적으로 한쪽 하체를 뒤가 아닌 옆으로 두고 있다).

역시 앞에 나온 〈후면 이두근 포즈〉에서와 마찬가지로, 나는 광배근과 대퇴가 가장 중요하다는 것은 처음부터 잘 알고 있었고, 그래서 광배근과 대퇴 포징에 최대한 신경 쓰면서, 나름대로 무난하게 하고 있다고 생각한 적도 있지만, 사실상 그 포징에 완전히 실패한 경우도 흔히 있었다. 게다가 대둔근, 종아리, 머리 포징의 중요성은 크게 인식하지 못했거나, 내 생각대로 해봤지만, 대부분은 결과적으로 어정쩡한 포징이었다.

광배근은 내 약점은 아닌, 상대적 강점에 속하는 것으로, 이 포즈는 내가 그나마 가장 마음 편하게, 또는 자신 있게 할 수 있었던 포즈 중 하나지만, 사실상 지금껏 많은 시행착오를 해왔고, 그래서 이 [시합편]에 나오는 대부분의 내 이 포즈 사진에는 그런 시행착오가 포함돼 있다. 그러나 이 [시합편]을 쓰면서 그 모든 시행착오와 포징 원리를 알았으니, 앞으로는 모두 제대로 할 수 있을 것 같다. 포징의 아주 사소한 면에서부터 중대한 면까지, 모르면 정상급 선수라 하더라도 똑같은 실수를 되풀이하고, 알면 초급·중급 선수라 하더라도 그 실수를 피할 수 있는 것이다.

@ 2010 코리아 대회 –80kg급, 그랑프리전(–60kg급~+90kg급)

전신의 총체적 포징. 정상급 선수들답게 모두 훌륭한 광배근 펼침을 보여주고 있다. 하부 몸통을 뒤로 기울이면서, 대부분은 등을 곧게 펴기보다는 최소한 어느 정도는 '크런칭'으로 등을 둥글게 하면서 광배근 펼침을 하고 있다.

앞에 나온 〈후면 이두근 포즈〉에서와 마찬가지로, 엉덩이를 뒤로 내미는 선수도 있고, 골반을 앞으로 당기는 선수도 있는데, 그게 광배근, 척추기립근보다는 대둔근, 대퇴, 종아리에 어떤 영향을 미치는지를 더 고려하는 게 좋을 수 있다.

하체 포징, 코어 포징

앞에 나온 〈후면 이두근 포즈〉에서와 마찬가지로, 이 포즈에서는 하체 포징과 코어 포징은 서로 거의 불가분의 관계에 있다. 핵심은 코어 포징에 있는데, 하체 포징은 코어 포징에 결정적으로 영향받는다고 할 수 있다. 그러나 잘못될 가능성은 〈후면 이두근 포즈〉에서보다는 작은데, 광배근 펼침 동작 자체가 코어 포징을 덜 잘못되게 만들고, 코어 포징은 하체 포징에 결정적 영향을 미치기 때문이다. 심판들 쪽뿐 아니라, 나아가서는 심판들 먼 쪽 대둔근, 대퇴, 종아리까지 최대한 잘 살리기 위한 포징을 생각하게 된다.

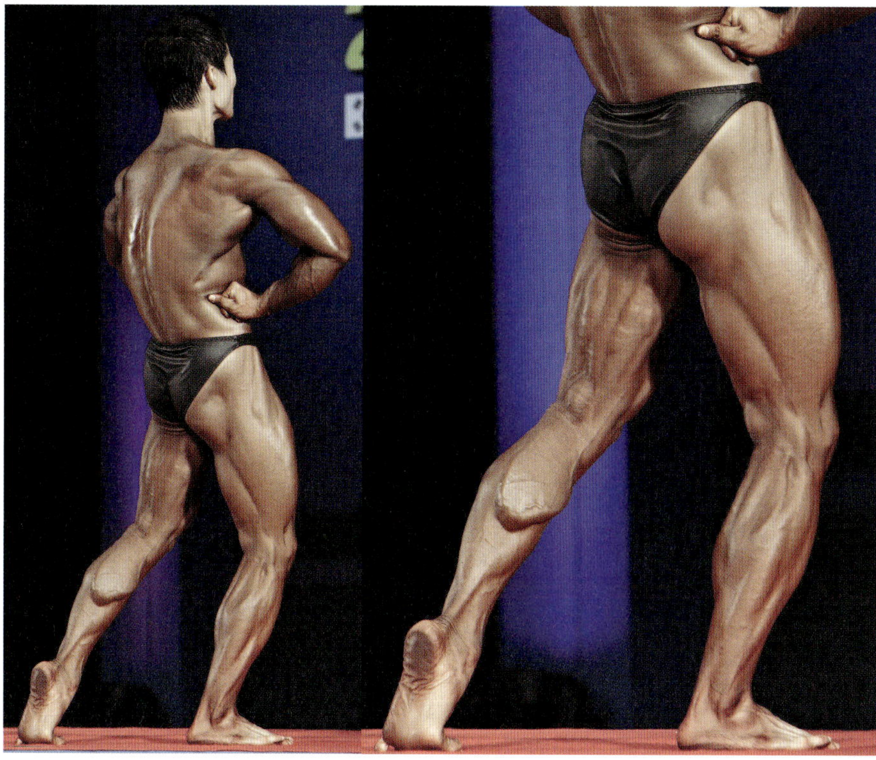

설기관 @ 2011 코리아 대회 −65kg급
하체 포징, 코어 포징. 기본적으로 골반을 앞으로 당기는 코어 포징을 하고 있다. 그래서 대퇴, 종아리, 대둔근이 잘 살고 있다. 여기에서 양발의 전후 스탠스 너비를 줄이면서 오른쪽 무릎을 약간 밖으로 돌릴 수 있다면 오른쪽 대둔근과 대퇴를 더 살릴 수 있을지도 모른다. 여기서 오른쪽 종아리를 더 살리는 방법 중 하나는 오른쪽 발뒤꿈치를 약간 드는 것이다.

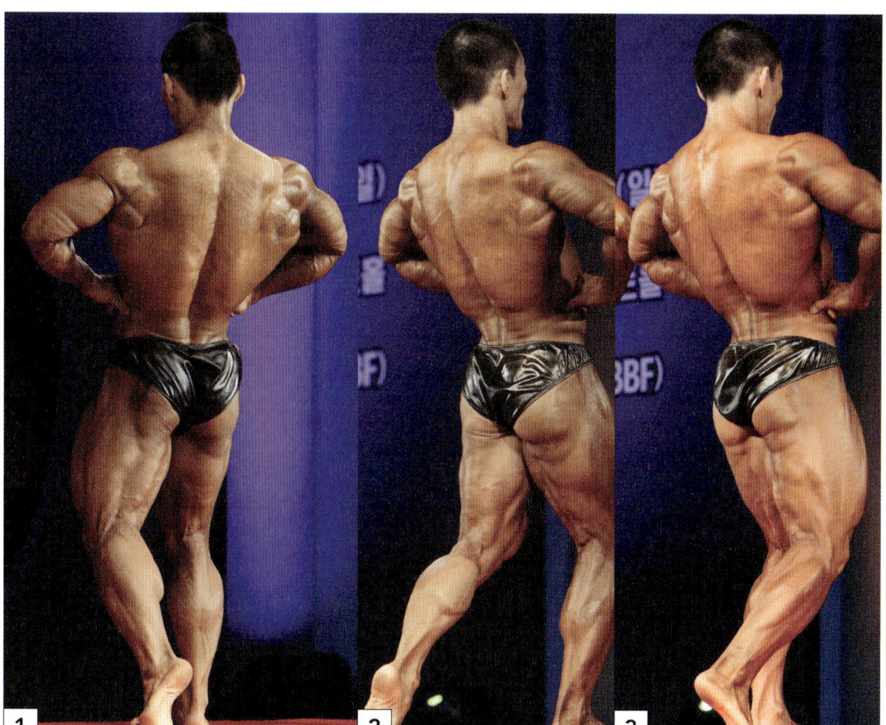

김성환 @ 2011 코리아 대회 −80kg급
하체 포징, 코어 포징. 골반이 앞으로 약간 당겨진 코어 포징 (**1**), 엉덩이가 뒤로 약간 빠진 코어 포징 (**2**), 그리고 엉덩이가 뒤로 많이 빠진 코어 포징 (**3**). 이렇게 엉덩이를 뒤로 내미는 정도가 커질수록 척주기립근과 크리스마스트리의 삼각 외형이 잘 사는 경향은 있지만, 그것보다 더 중요한, 대퇴, 대둔근, 종아리 포징은 나빠지는 경향이 있다.

상체 포징

광배근 펼침. 이 포즈의 상체 포징에서는, 우선은 광배근 펼침만 중요하다고 생각해도 된다. 광배근 펼침 기술은 사실상 〈전면 광배근 포즈〉에서와 대동소이하지만, 이 포즈에서는 안 보이는 대흉근과 복부에는 신경 쓸 필요가 없으니 광배근 펼침에 더 잘 집중할 수 있는 반면, 광배근 펼침이 실패하면 사실상 상체 포징 전체가 실패하는 것이다. 또한, 상체 포징이 엉성해지면 하체 포징도 어느 정도 엉성해지는 경향이 있다. 광배근 펼침이 결과적으로 어떤 모습이 되는지 하는 것은 1. 손, 2. 팔꿈치, 3. 척주, 4. 어깨를 어떻게 하는지에 따라 크게 달라진다.

1. 광배근 펼침: 손. 〈전면 광배근 포즈〉에서 살펴본 것처럼, '엄지검지 방법', '주먹 방법', '제3의 방법'을 고려할 수 있다.

엄지검지 방법이란 엄지와 검지로 허리를 뒤에서부터 앞으로 잡아채오면서 누르는 것으로, 대부분의 선수가 주로 이용하는 방법이다. 그런데 이 방법에 의한 광배근 펼침은 평소에 또는 펌핑 및 오일링 전에는 성공하기 어렵지 않지만, 나를 포함해 많은 선수가 시합무대에서는 이 포즈에서 이 방법에 의한 광배근 펼침에 어려움을 겪고 있는데, 1. 무대에 오르기 전에 실시한 광배근 펌핑으로 오히려 광배근 펼침 감(고유감각)이 둔해지거나, 2. 이전의 〈측면 가슴 포즈〉를 마치고 나서 심판들 쪽 광배근에 연축이 생기거나, 3. 컬러크림이나 오일 때문에 허리가 미끄러워 손에서 빠져나가는 경향이 있기 때문이다. 1에 대처하기 위해 광배근 펌핑을 전혀 또는 별로 하지 않는 방법을 선택할 수도 있다. 2에 대처하기 위해 〈측면 가슴 포즈〉에서 심판들 쪽 상완을 너무 뒤로 빼지 않는 방법으로 포징을 할 수도 있다. 3에 대처하기 위해 허리에는 오일링을 하지 않거나 마른 수건으로 오일을 최대한 닦아내기도 하지만, 그래도 결국 오일이 거기에도 묻어 미끄러워진다 (물론, 나는 아직 안 해봤지만, 많은 전문선수가 그러는 것처럼, 앞으로는 엄지에 테이핑하면 어느 정도는 나아지리라 기대된다).

그래서 생각하게 된 게 주먹 방법인데, 미끄럽기 때문에 허리를 뒤에서부터 잡아채오지 않고, 옆에서 주먹으로 그냥 누르면서 하는 게 광배근 펼침에 더 나으리라 생각했다. 그러나 〈전면 광배근 포즈〉에서 말한 것처럼, 무대에서 이 주먹 방법은 엄지검지 방법보다 실패율이 더 높았다. 지금 보니, 올림피아 대회 정상급 선수들 중에도 이런 주먹 방법을 이용하는 경우도 보인다.

그래서 다음으로 생각하게 된 게 제3의 방법으로, 〈일반적 발표〉에서 광배근 펼침을 최대한 한 상태에서, 특별한 예비동작 없이 그대로 양손을 허리에 가져가는 것이다.

역시 일반적으로 권할 만한 답은, 엄지검지 방법이나 제3의 방법을 이용하면서, 팔꿈치와 어깨를 앞으로 충분히 가져오는 것이다. 물론, 팔꿈치와 어깨를 앞으로 가져오는 것은 광배근 펼침과 함께 또는 광배근 펼침보다 먼저 시작해서, 광배근 펼침과 함께 또는 광배근 펼침보다 나중에 끝나게 함으로써, 어깨와 팔꿈치가 광배근 펼침을 방해하지 않을 뿐 아니라 광배근 펼침을 도울 수 있게 해야 한다.

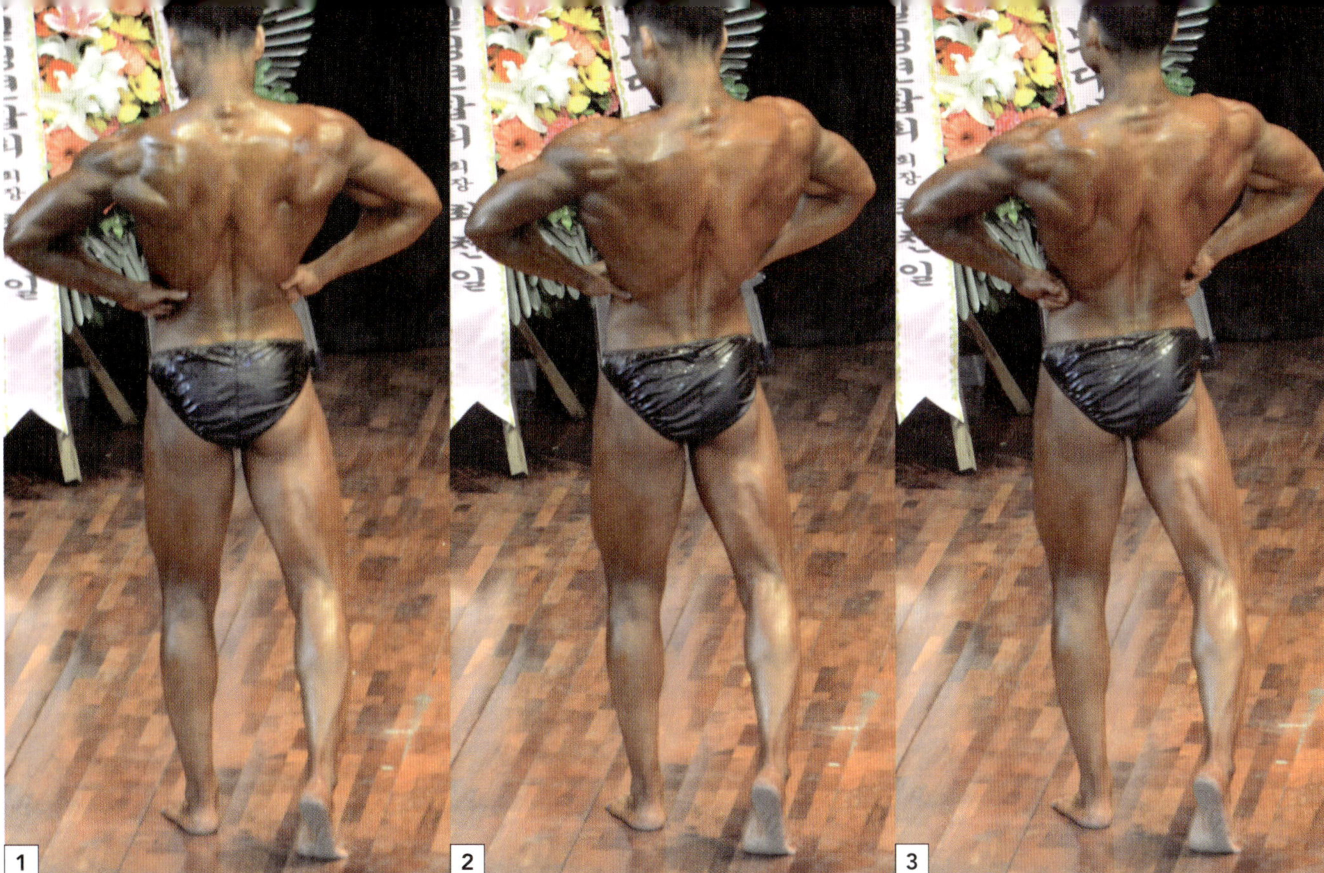

@ 2011 광명시 대회

광배근 펼침: 손. 상체 포징을 비교해볼 수 있는 일련의 사진들이다. 먼저, 예비동작에 이어서 엄지검지 방법으로 포징한 것으로 (**1** → **2**), 무난하게 광배근 펼침에 성공한 모습이다. 그러다 손이 계속 미끄러져 광배근 펼침이 약해졌다고 느꼈는지, 이번에는 주먹 방법으로 포징한 것으로 (**3**), 좌우 양쪽에서, 특히 왼쪽에서 광배근 펼침에 완전히 실패한 모습이다. 물론, 당시에 나 자신은 느끼지 못했다. 이들 사진에서처럼 엉덩이를 뒤로 내미는 게 아니라 골반을 앞으로 당겨야 더 좋은 코어 포징이 된다는 것도 모를 때였다.

〈전면 광배근 포즈〉에서와 마찬가지로, 나는 일반적인 방법인 엄지검지 방법을 선택했을 때도 광배근 펼침에 더러 실패했지만, 그래서 그걸 피하기 위한 실험과 연습을 거쳐 나름대로 고안한 방법인 주먹 방법을 실제로 시합무대에서 선택했을 때는 오히려 대부분의 경우 실패했다. 그래서 원점으로 돌아가, 주먹 방법보다는 역시 엄지검지 방법이 낫다고 할 수 있다.

양손을 허리 뒤쪽에 찔러넣어 앞으로 가져오는 (**1**), 이런 일반적인 예비동작이 중요할 수도 있지만, 상체 포징 완성까지의 상완, 전완, 손의 동작이 상대적으로 제한되거나 이들의 이동시간과 이동경로가 길어져, 자칫하면 광배근이 완전히 펼쳐지는 종결지점까지 오지 못한 채 상체 포징을 마무리할 위험성이 상대적으로 커질 수도 있고, 예비동작으로 광배근 연축이 발생하고 그게 제때 풀리지 않을 수도 있으니, 이 점도 유의할 필요가 있다. 그래서 허리가 컬러크림이나 오일로 미끄러운 것뿐 아니라, 이런 면에서도 제3의 방법이 그 대안으로서 고려할 만하다.

2. 광배근 펼침: 팔꿈치. 팔꿈치를 앞으로 얼마나 가져오느냐 하는 것이다. 일반적으로, 충분히 앞으로 가져오는 게 광배근 펼침에 실패하지 않는 중요한 요소 중 하나다.

@ 2011 경기 대회

광배근 펼침: 팔꿈치. 팔꿈치를 앞으로 많이 가져온 포징으로, 광배근 펼침에 실패할 가능성은 작아지고 광배근이 불룩하고 단단해 보일 수 있는 반면, 팔꿈치를 앞으로 많이 가져오면서 자연히 견갑골도 앞으로 모임에 따라 어깨너비 자체와 상부 광배근의 너비가 줄어들어, 상변이 긴 역삼각형 모습은 약화될 가능성도 있다.

3. 광배근 펼침: 척주. 허리를 펼지, 등을 둥글게 앞으로 약간 구부릴지 (크런칭), 그리고 그 상태에서 몸통을 뒤로 얼마나 기울여줄지 하는 것이다.

@ 2011 광명시 대회 다음날
광배근 펼침: 척주. 원래 내가 하던 포징 (**1**), 그리고 몸통 크런칭을 의도적으로 어느 정도 한 포징 (**2**), 그리고 몸통 크런칭을 더 하면서 등을 의도적으로 둥글게 한 포징 (**3**). 아주 약간의 크런칭은 광배근 펼침의 실패를 막아줄 수 있지만 (**2**), 과한 크런칭은 광배근 펼침을 약화시킬 수 있다 (**3**).

4. 광배근 펼침: 어깨. 광배근 펼침에 따라 자연스럽게 되는 대로 어깨를 맡겨둘 것인지, 아니면 의식적으로 어깨부터 또는 광배근 펼침에 살짝 앞서거나 거기에 보조를 정확히 맞춰 높게 들어올릴지 하는 것이다.

물론, 어깨를 어떻게 할지는 광배근 펼침과 관계해서뿐 아니라, 나아가서는 광배근 펼침과 상관없이, 삼각근과 승모근의 모습 측면에서도 중요해진다.

이두희 @ 2009 세계선수권대회 국가대표 선발전 –80kg급
광배근 펼침: 어깨. 특징적으로 어깨가 많이 올려져 있어, 어깨너비, 삼각근, 광배근 펼침, 역삼각형의 상체 모습이 강조된다.

머리 포징

앞에 나온 〈후면 이두근 포즈〉에서와 기본적으로 같다. 그러나 머리 포징의 영향은 〈후면 이두근 포즈〉에서보다는 작다고 할 수 있는데, 특히 승모근의 모습에서 그렇다.

예비동작

선수들 대부분은 〈후면 광배근 포즈〉를 완성하기 전에 예비동작을 한다. 이런 예비동작에는 크게 두 가지 이유 또는 목적이 있는데, 그 한 가지는, 최종 포즈를 잘 잡기 위해서다. 즉 '포즈를 완성하기 위해, 거의 필수적으로 하게 되는 동작'인 것이다. 이에 관해서는, 앞에 나온 〈전면 광배근 포즈〉에서와 마찬가지로, 엄지검지 방법, 주먹 방법, 제3의 방법도 같은 맥락이다. 대둔근, 슬굴곡근, 종아리 플렉싱도 이런 측면일 수 있다.

또 다른 한 가지는, 중간과정에서 자신의 강점인 신체부위나 근육이나 포즈를 강조하고 드러냄으로써 더 강한 인상을 남기기 위해서다. 즉 '포즈를 완성하기 전에 자신의 강점을 강조하기 위해, 필수는 아니지만, 도중에 끼워넣는 동작'인 것이다. 이들 예비동작에서 주로 강조되는 강점은 크리스마스트리와 삼두근(특히 빗살무늬나 매스)이다. 그래서 이게 강점인 선수는 그런 동작에서 강하게 플렉싱하고, 비록 잠시이기는 하지만, 그 동작을 비교적 오래 유지하다가 최종 포즈로 전환하는 것이다. 이는 또 최종 포즈 완성을 가장 늦게 해 가장 늦게까지 최고의 모습으로 유지할 수 있는 유리한 점도 있다. 그런 강점이 없는 선수는 바로 최종 포즈를 완성할 수밖에 없는데, 그러지 않기 위해서 늦게 포징을 시작할 수도 없고, 중간에 어정쩡한 동작으로 얼버무리거나, 강점이 드러나는 동작에서 자신의 상대적 약점이 타 선수들의 강점과 직접 비교되게 하는 것은 더욱 불리하기 때문이다. 크리스마스트리, 삼두근 빗살무늬, 삼두근 매스는 한 예비동작에서 동시에 강조해줄 수도 있고, 특정 예비동작으로 자신의 강점인 부분은 강조하고 상대적 약점인 부분은 숨길 수도 있다.

물론, 앞에서 말한 것처럼, 제3의 방법을 고려할 때처럼, 이런 예비동작이 해롭게 작용할 때도 있다는 점을 유념할 필요가 있다. 그리고 역시 앞에서 말한 것처럼, 예비동작 없이 먼저 최종 포즈를 완성해 먼저 시선을 받는 게 더 좋을 수도 있다. 그 최종 포즈가 약점이기보다는 강점이면 더더욱.

@ 2011 광명시 대회 전날, 다음날

비동작. 일련의, 또는 어느 특정 예비동작으로 하체에서는 슬굴곡근과 종아리, 코어에서는 대둔근과 크리스마스트리, 상체에서는 삼두근과 어깨, 그리고 나아가 등 자체의 근육질을 강조해줄 수 있다.

측면 삼두근 포즈

먼저, IFBB 규정집과 아놀드 백과에는 다음과 같이 돼 있다.

> **IFBB 규정집:** 선수는 '나은'better 팔을 보여주기 위해 이 포즈를 어느 쪽으로 할지 선택할 수 있다. 선수는 좌측 또는 우측이 심판들을 향하게 서서, 양팔을 등 뒤에 위치시켜, 양쪽 손가락을 걸거나 뒤쪽의 손으로 앞쪽의 손목을 잡는다. 심판들 쪽 다리는 무릎에서 굽히고 발은 바닥에 편평하게 착지한다. 선수는 앞쪽 팔에 압력을 가해 삼두근을 수축시킨다. 또한, 가슴을 올리고 대퇴와 종아리 근육뿐 아니라 복근도 수축시킨다.
>
> 심판은 우선, 삼두근을 살피고, 머리부터 발까지 살피는 것으로 마무리한다. 이 포즈에서 심판은 대퇴와 종아리 근육을 측면에서 살필 수 있는데, 이것은 대퇴와 종아리 근육 발달을 더 정확하게 비교평가하는 데 도움된다.

> **아놀드 백과:** (어느 쪽이든) 옆을 향해 서서 심판원들 쪽에 가까운 다리를 굽혀 엄지발가락으로 올라섬으로써 종아리를 플렉싱한다. 한팔을 곧게 펴서 등 쪽으로 이동시킨다. 반대쪽 손을 뒤쪽으로 돌려 손목을 잡는다. 삼두근을 플렉싱하고, 팔을 모든 심판원에게 보여주기 위해, 몸을 한쪽 방향으로 약간 돌렸다가 다시 반대 방향으로 돌린다. 삼두근 포즈에서도, 어느 쪽 다리로 설 것인지 각자 선택할 수 있다.

여기 내가 밑줄 친 부분에 대해 간단히 짚고 넘어가자.

Q: (IFBB 규정집에서) 심판들 쪽 다리는 무릎에서 굽히고 발은 바닥에 편평하게 착지한다? (아놀드 백과에서) 심판원들 쪽에 가까운 다리를 굽혀 엄지발가락으로 올라선다? 삼두근 포즈에서도, 어느 쪽 다리로 설 것인지 각자 선택할 수 있다?

A: IFBB 규정은 〈측면 가슴 포즈〉에서와는 다르게, 심판들 먼 쪽 종아리로 올라서는 것처럼 돼 있지만, 이를 아는 선수는 별로 없을 것이다. 나도 이 시합편을 쓰면서 최근에야 알았으니까. 〈측면 가슴 포즈〉에서와 마찬가지로, 나를 포함해 대부분의 선수는 심판들 쪽 종아리로 올라서는 걸 선호한다. 그러나 심판들 먼 쪽 종아리로 올라섬으로써 더 멋진 모습을 보여주는 선수도 있다. 어느 쪽으로든 선수가 선택하면 되는 사안이다. IFBB 규정집에서의 사소한 차이와는 상관없이, 사실상 〈측면 가슴 포즈〉에서와 기본적으로 같다고 할 수 있다.

Q: 팔을 모든 심판원에게 보여주기 위해, 몸을 한쪽 방향으로 약간 돌렸다가 다시 반대 방향으로 돌린다?

A: 〈측면 가슴 포즈〉에서와 마찬가지로, 물론, 그럴 수 있는데, 몸통을 돌려주느냐 전신을 통째로 돌려주느냐 하는 게 관건이라 할 수 있다. 몸통만 돌려주다가는 대흉근, 복부, 대퇴 등의 포징 앤 플렉싱이 흐트러져 그 모습이 못해 보일 수 있다는 점을 유념해야 한다.

전신의 총체적 포징. 포즈 공통 사항인데, 심판 입장에서든 관객 입장에서든, 무대에 선 선수를 볼 때, 선수가 하고 있는 그 포즈 이름이나 그 포즈에 따른 IFBB 심사 규정에 따라 어느 신체부위·근육을 더 중시해서 또는 모든 주요 신체부위·근육을 빠짐없이 체계적·총체적으로 살피는 게 아니라, 어느 포즈건 상관없이, 우선은 눈에 띄는 대로 전신을 한눈에 평가하게 될 수밖에 없다. 본능적으로 그렇고 시간관계상 그렇다.

그런 관점에서, 이 포즈에서 지배적인 영향을 미치거나 강점·약점이 한눈에 가장 먼저 드러나는, 그래서 가장 중요한 신체부위·근육은 〈측면 가슴 포즈〉에서와 마찬가지로, **상완**, **대흉근**, **복부**, **대퇴**, **종아리**, 그리고 **어깨**, 이 모든 것으로, 사실상 어느 한 부분도 빼놓을 수 없다. 나로서는, 복부는 〈측면 가슴 포즈〉에서와는 달리, 완전히 노출되기 때문에 복부에 대해서는 배큠이든 크런칭이든 리버스 크런칭이든 사이드 크런칭이든 하게 되지만 (심지어는 미스터 올림피아들을 포함한 많은 국내외 정상급 선수가 복부를 놓치지만), 종아리는 〈측면 가슴 포즈〉에서와 마찬가지로, 흔히 놓치는 부분이기도 했다. 〈측면 삼두근 포즈〉와 함께, 이들 측면 포즈에서는 손이 특히 중요해지는데, 손을 어떻게 해서 다른 손의 어디를 어떻게 잡느냐 하는 것이다. 또한, **허리 트위스팅(비틂)**을 얼마나 할지 하는 게 추가되는데, 그렇게 해서 상체, 복부, 하체를 각각 정확히 어느 방향으로 향하게 하느냐 하는 것이다. 나아가서는 **머리**, 그리고 **표정**까지 고려하게 된다.

몸통 기울임 정도는 이 포즈에서 특히 중요한데, 〈측면 가슴 포즈〉에서와 마찬가지로, 몸통을 그다지 기울이지 않는 게 일반적으로 유리할지도 모른다. 특히 복부 플렉싱, 크런칭, 또는 사이드 크런칭을 도와주기 위해서라도 몸통을 심판들 쪽으로 약간 기울여줄 수는 있지만, 심판들 쪽 하부 외측 대흉근이 찌그러질 위험성, 허리에 주름이 잡힐 위험성도 고려해야 한다. 몸통 기울임뿐 아니라, 모든 심판에게 상체를 보여주기 위해 몸통을 좌우로 돌려주는 것도 심판들 쪽 대흉근과 복부의 최적의 포징 앤 플렉싱을 약화시키거나 악화시키기도 하기 때문에, 이 점도 주의하는 게 좋다. 또한, 복부는 조명에 따라 크게 달라 보이기 때문에, 때에 따라서는 무대조명에 따라 몸통 기울임 정도를 달리해야 할 수도 있다.

하체 포징

앞에 나온 〈측면 가슴 포즈〉에서와 기본적으로 같다.

@ 2010 코리아 대회 그랑프리전 (−60kg급~+90kg급)
일반적인 하체 포징. 모두가 하체 포징을 IFBB 〈측면 삼두근 포즈〉 규정이 아닌 IFBB 〈측면 가슴 포즈〉 규정에서처럼 하고 있다. 결국은, 〈측면 가슴 포즈〉든 〈측면 삼두근 포즈〉든, 우리나라 선수든 외국 선수든, 그리고 국내시합이든 외국시합이든 국제시합이든 세계시합이든, 하체 포징은 다양하게 하고, 한 선수도 다양하게 바꾸기도 하는데, 이 두 포즈에서 심판들 쪽 다리나 먼 쪽 다리를 어느 방향으로 두든, 그리고 왼쪽, 오른쪽, 어느 쪽으로 서든, 아놀드 백과에서의 아놀드의 말처럼, 실제로는 아무 상관없다.

전영기 @ 2014 머슬마니아 마이애미 대회 -75kg급
다른 하체 포징. 스탠스 너비 때문에 동적 포징이 되고 있고, 대퇴와 종아리를 더 인상적으로 표현하는 한 방법이 되고 있다.

김성환 @ 2011 코리아 대회 -80kg급
대표적인 두 가지 하체 포징. 그는 측면 규정포즈와 후면 규정포즈에서 공히, 시합에 따라 또는 한 시합 내에서도, 양쪽 종아리로 한 번씩 올라서는 포징을 하는 경우가 흔한데, 이는 IFBB 포즈 규정을 가장 성실히 따르려는 모습이고, 그만큼 그가 규정에 대해 진지하고 성실하게 임하는 모범생 선수라는 걸 알 수 있는 한 단면이라 할 수 있다.

상체 포징, 코어 포징, 머리 포징

앞에 나온 〈측면 가슴 포즈〉에서와 마찬가지로, 이 포즈에서는 상체 포징, 코어 포징, 머리 포징은 서로 연관성이 아주 크다. 상체 포징이 가장 중요한데, 양쪽 대흉근과 상완이 관건이지만, 손끝에서 시작해 손끝에서 끝난다는 걸 유념하면서, 하체에 대한 최적의 허리 트위스팅을 포징 내내 유지함으로써 상체 포징이 흐트러지지 않게 하는 게 중요하다. 코어는 〈측면 가슴 포즈〉에서보다 더 많이 드러나기 때문에, 이 포즈에서 코어 포징은 더 중요해진다. 머리 방향은 상체 방향을 그대로 따라가게 하는 게 최선이다.

@ 2011 경기 대회
전신의 총체적 포징. 이 시합사진에서처럼, 내가 해온 상체 포징에서 가장 아쉬운 것은, 상완과 전완을 일자가 되게 팔꿈치를 완전히 펴지는 않았거나, 손, 전완, 팔꿈치, 상완을 완전히 몸통에 붙이지는 않았다는 점, 그리고 코어 포징과 하체 포징에서는, 심판들을 위해 허리 트위스팅을 달리하면서 몸통을 좌우로 돌려주다 보니 대퇴와 종아리의 포징 앤 플렉싱이 다소 약화된 점이다.

1

2

3

4

@ 2008 광명시 대회

몸통 기울임, 허리 트위스팅, 그리고 대흉근, 복부, 어깨, 삼두근, 손. 내 초기 모습으로, 여기서 나는 몸통을 기본적으로 심판들 쪽으로 기울였다 (**1**). 삼두근은 내 약점이기도 했지만, 나는 이 포즈를 삼두근 포즈라기보다는 전신 포즈라는 생각으로 (최근까지 모든 포즈를 그렇게 생각해왔다), 특정 신체부위·근육이 아니라 전신, 특히 상체 전체에 집중했다. 그러다 보니 삼두근보다는 오히려 대흉근과 삼각근에 더 신경 쓰는 경향이 있었고, 상체 포징의 작은 변화에 따라서도 삼각근과 대흉근 사이의 근육분리가 강조되기도 하고 없어지기도 했다 (**1, 2**).

심판들에게 고루 이 포즈를 보여주기 위해 몸통을 좌우로 돌려주고 어깨도 전·하방이나(**3**) 후·상방으로(**4**) 움직이고 상완을 내측이나(**3**) 외측으로(**4**) 회전시키다 보니, 거기에 따라 심판들 쪽 중부 대흉근이 찌그러지기도 하고 (**3**), 심판들 쪽 하부 외측 대흉근이 찌그러지기도 했다 (**4**).

반대쪽은, 〈측면 가슴 포즈〉에서와 마찬가지로, 상완으로 대흉근을 기본적으로 항상 밀어주면서 대흉근의 빗살무늬를 살려 유지하고자 했고, 그 점은 항상 성공적이었다. 왼쪽 엄지손가락은 이후에도 종종 따로 떨어져 군더더기를 만들었는데 (**1, 3**), 포징을 발끝에서부터뿐 아니라 손끝에서부터도 시작해야 한다는 걸 보여준다.

복부는 포즈를 거의 완성한 시점에 기침하듯 해서 의도적으로 공기를 더 내뱉어, 복부를 일부러 당겨 넣지는 않고 단지 저절로 오목해지게만 유지하고자 했다. 그러나 복부도 허리의 좌우 트위스팅 변화에 따른 무의식적인 크런칭의 변화에 따라 모습이 달라지면서 복사근이 밋밋해져 그 부분이 허전해지기도 했다 (**4**). 앞에서 말한 것처럼, 이는 〈측면 가슴 포즈〉에서도 마찬가지로 작용한다.

@ 2012 코리아 대회

대퇴, 종아리, 그리고 허리 트위스팅. 항상 종아리를 살린다고 생각하지만, 그 결과적 모습은 일관성이 없었다. 일단 깨달았으니, 적어도 종아리에 대해서는 앞으로는 같은 실수는 반복하지 않을 것 같다.

심판들에게 상체를 고루 보여주기 위해 몸통을 오른쪽으로 많이 돌릴 때도 이제는 대흉근과 복부는 약화되거나 악화되지 않게 되었지만, 대퇴에 있어서는, 내 생애 첫 시합출전을 준비하면서 배운 대로, 나는 항상 왼쪽 대퇴로 오른쪽 대퇴를 밀어줌으로써 오른쪽 슬굴곡근을 더 좋아 보이게 하려고 노력함에도, 허리 트위스팅이 커질 때는 오른쪽 대퇴도 약간 따라 돌면서 왼쪽 대퇴에서 떨어져 슬굴곡근의 모습이 여지없이 악화되었다. 그래서 이제는 심판들에게 상체를 고루 보여주기 위해 몸통을 돌려주는 것보다는 전신을 돌려주는 쪽이 더 좋다고 생각한다.

@ 2011 광명시 대회 다음날

상체 포징: 실험 시리즈 I. 다음과 같이 해봤다.

1: 오른쪽 어깨·상완을 앞으로 약간 당기고 어깨를 높이.
2: 몸통을 비틀고 어깨를 낮게.
3: 몸통을 더 비틀면서 오른쪽 어깨·상완을 편하게 두고.
4: 오른쪽 상완을 내회전.
5: 오른쪽 어깨를 앞으로 확 당기고.
6: 몸통을 뒤로 기울이고.

1: 첫인상은, 다른 상체 포징과 비교해 상체가 육중해 보였는데, 트위스팅 프런트 포즈보다는 거의 트위스팅하지 않는 사이드 포즈가 그렇게 보이게 하는 경향이 있는 것 같다. 그리고 팔과 몸통 사이의 공간이 작을수록 그렇게 보이는 경향이 있다. 오른쪽 어깨가 들려 있어, 삼각근이 강조되지만, 코어에 신경 쓰기 전이어서 복사근 쪽이 다소 허전해 보인다.
2: 오른쪽 어깨가 내려져 있어, 그 효과가 반대되었다.
3: 허리 트위스팅을 많이 할수록 어깨와 몸통은 넓어 보이고 그 모습이 허리와 대비되어 우아한 포징이 된다. 그리고 팔과 몸통 사이의 공간이 클수록 그렇게 보이고, 또한, 날씬해 보이는 경향이 있다. 즉 보디빌딩보다는 피트니스 포징에 가깝다고 할 수 있다.
4: 왼손 엄지가 시선을 분산시키고 있는데, 역시 손끝, 발끝 같은 말단 terminal 신체부위부터 먼저 확실히 챙겨야겠다.
5, 6: 글쎄, 보디빌딩 포징일까, 피트니스 포징일까, 둘 다일까, 아니면 아무것도 아닐까?

@ 2011 광명시 대회 다음날

상체 포징: 실험 시리즈 II. 다음과 같이 해봤다.

1: 오른쪽 어깨와 상완을 앞으로 약간 당기고.
2: 오른쪽 어깨와 상완을 편하게 두고.
3: 몸통을 약간 되돌리고.
4: 몸통을 확 비틀고.
5: 오른쪽 어깨를 앞으로 확 당기고.
6: 몸통을 약간 되돌리고.

비록 〈측면 삼두근 포즈〉에서 삼두근이 가장 중요한 부분이라고 단언할 수도 없지만, 실제 포즈 이름이 무색하리만큼, 나는 지금껏 삼두근 포즈라기보다는 가슴 포즈라고 주로 생각하며 포징해왔다. 허리 트위스팅을 너무 많이 함으로써 삼두근에 유리한 각도로 포즈를 잡지도 못했고, 삼두근이 약점이기도 하지만, 삼두근 또는 이두근을 포함한 상완 전체를 최대한 유리하게 보이는 상완 포징을 하지도 못하고 있었다. 그래서 그걸 깨닫고는 이때 일부러 상완 포징 변수에 집중한 상체 포징을 주로 실험한 것이다. 물론, 나중에 알고 보니, 이 변수나 변형이 다가 아니었다.

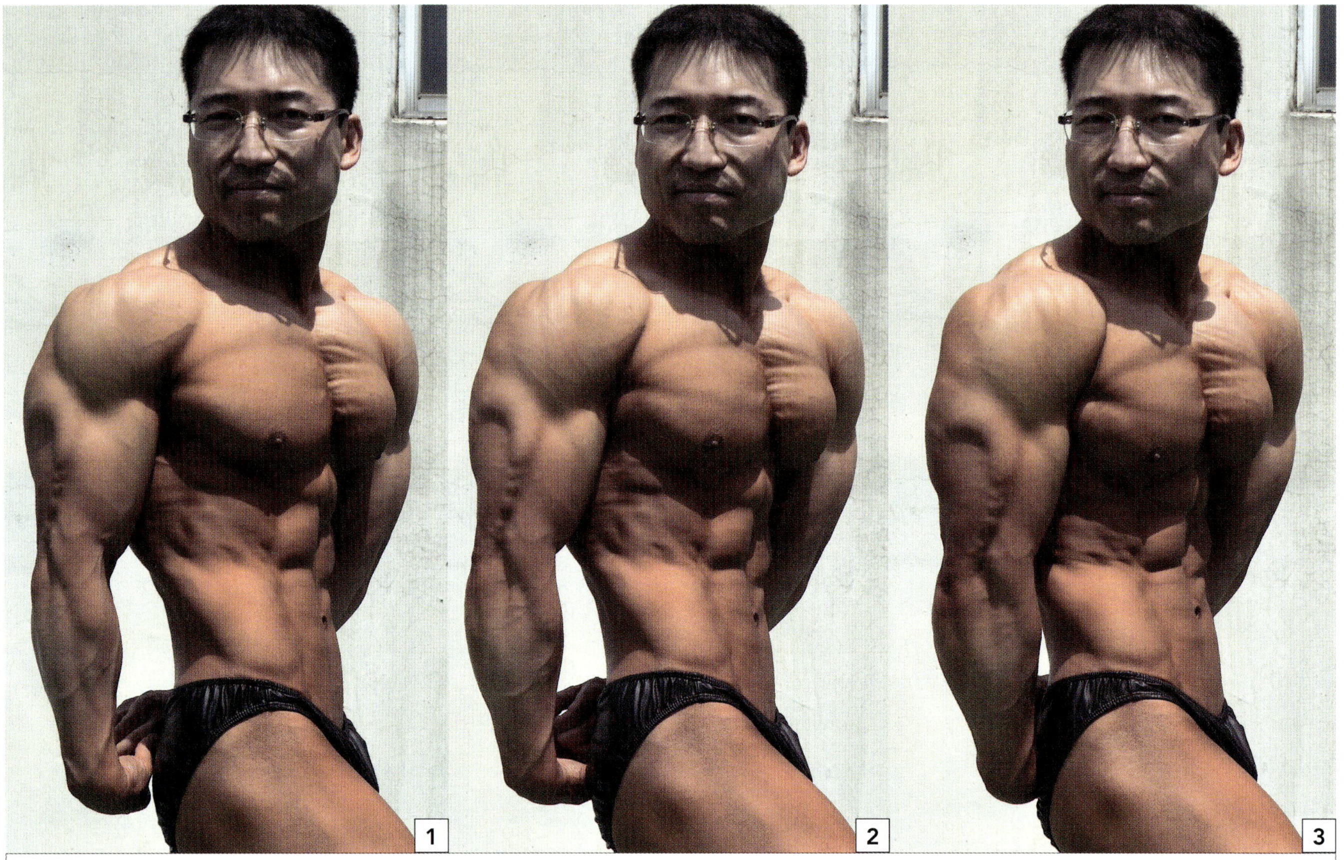

@ 2011 광명시 대회 다음날

상체 포징: 실험 시리즈 III. 다음과 같이 해봤다.

1: 오른쪽 어깨·상완을 편하게 두고.
2: 오른쪽 상완을 내회전.
3: 오른쪽 어깨를 앞으로 확 당기고.

시합 다음날로, 1주 후 또 시합출전이 예정돼 있었다. 시합 마치고부터 밤새 서너 차례 과식과 포식을 한 나는, 해 떠오를 때 시작해 해가 중천일 때까지 건물 옥상을 모두 네 차례 오가며 〈일반적 발표〉, 〈규정포즈〉, 각종 〈최고 근육질 포즈〉, 각종 〈자유포즈〉를, 기록·연습·분석 차원에서 내가 생각할 수 있는 거의 모든 변수를 동원해 실험하면서 수많은 사진을 찍었다. 모두 펌핑 없이 한 것인데, 다른 몸 상태였다면 포징이나 근육의 디테일이 다소 달라졌을 것이다.

이들 사진 중, 비슷한 것은 제하면서 (해 떠오를 때의 것도 제했다), 포징에 참고할 만큼 확연한 차이를 보이는 것들을, 내가 어떤 생각으로 포징에 변화를 줬는지 더 잘 알 수 있게, 기본적으로 시간순으로 정렬한 게 이들 실험 시리즈 I, II, III다.

이 시합편을 쓰면서, 그리고 이 사진들을 정리하면서 알게 된 사실은, 포징 원리를 충분히 깨닫지 못한 상태에서 단순히 다른 선수들의 포징 모습(사진, 동영상을 통해서든, 시합장에서 직접 보든)과 내 나름의 생각과 느낌만으로는 아무리 다양하게 여러 번 포즈를 잡아도 한계를 못 벗어난다는 점이다. 즉 포징 원리를 먼저 알아야 포징 연습이든 포징 실험이든 제대로 할 수 있다는 점!

포징 '연습'은 내가 최고의 모습이 될 거라고 생각하는 것이 진짜 최고로 되도록 하기 위한 것이다. 그런데 포징 연습이 제대로 되려면 포징 원리를 알아야 하고 자신에게 최선인 포징을 찾아내야 한다.

포징 '실험'은 1. 내가 해온 시행착오라면 이후에는 그 시행착오를 가급적 반복하지 않도록 하기 위한 것, 2. 한 번도 해보지 않은 것이지만, 실험을 통해, 정말 아닌 거라면 아예 하지 않도록, 그리고 해봤더니 좋았다면 도입하기 위한 것이다. 그리고 실패나 영 아닌 게 예견되더라도, 의외로 결과가 괜찮을지도 모르니, 일단은 의도적으로 최대한 다양하게 해보는 것이다. 이런 포징 실험이 제대로 효과를 발휘하려면 포징 기록과 포징 분석이 필요하다.

포징 '기록'과 포징 '분석'은 내 포징뿐 아니라 내 몸(특히 근육발달과 체지방감량 정도)을 기록하고 비교함으로써 장기간 내 변화과정, 그리고 길게는 단 몇 개월에서 짧게는 단 몇 분 상관에 내 몸이 글리코겐 로딩, 컬러링과 오일링, 펌핑, 포징, 심지어는 조명 등에 따라 어떻게 얼마나 변화하는지, 그리고 그 변화가 좋은 방향인지 나쁜 방향인지 알아보기 위한 것이다.

지금껏 이 포즈를 삼두근 포즈라기보다는 가슴 포즈라고 주로 생각하며 포징을 해온 데다, 오른쪽 하부 외측 대흉근 발달이 충분하지 않거나 그쪽 피하지방이 덜 걷힌 상태에서 그쪽에 긴장이 가해져 대흉근이 들리거나 찌그러지는 것보다는 느슨하게 유지되는 게 낫다고 생각하다 보니, 나는 상완을 몸통에서 띄워 팔과 몸통 사이의 공간을 너무 두는 경향이 있었고, 그렇게 팔과 몸통 사이의 공간이 커져, 육중하고 강한 근육질의 보디빌딩 포징이라기보다는, 우아한 고전적인 피트니스 포징이 되는 경향이 있었다는 걸, 이들 일련의 사진들로 알 수 있었다. 앞으로는 팔과 몸통 사이의 공간을 최대한 줄인 포징을 좀 더 고려해야 할 것 같다.

그리고 삼두근을 몸통에 눌러 삼두근이 더 강조돼 보이게 하고 있지도 않았는데, 상완을 몸에서 띄워서도 그렇고, 몸에 붙일 때는 상완을 내회전시켰기 때문이기도 하다. 상완을 내회전시켜 삼두근을 보여주기보다는 (이때는 이두근이 또 죽어버릴 수 있다), 상완을 내회전시키지 않고 삼두근을 몸통에 바짝 붙여 삼두근을 누르는 방법으로 하는 것도 좋을 것이다. 오른쪽 페이지 하단의 모습처럼.

설기관 @ 2011 코리아 대회, 2012 전국체전 −65kg급

삼두근: 근육분리, 빗살무늬. 삼두근이 인접 근육인 삼각근, 상완근과 잘 분리돼 보이고, 삼두근 내에서도 외측두와 장두가 잘 분리돼 보인다. 그리고 빗살무늬도 (**1**).

팔꿈치를 완전히 편 상태에서 팔을 거의 수직으로 내리고 팔을 몸통에 가까이 붙여, 팔과 몸통 사이의 공간이 최소화되어 포즈가 간결하고 깔끔해 보인다. 왼쪽 하부 외측 대흉근이 찌그러지지 않게 느슨하게relaxed 유지된 상태에서 복사근과 복직근도 잘 분리돼 보여, 비어 보이거나 허전해 보이는 부분이 거의 없다 (**2**).

류제형 @ 2010 YMCA 대회 −75kg급

예비동작. 삼두근, 특히 빗살무늬가 강점인 선수들이 흔히 하는 예비동작.

김진식 @ 2013 전국체전 −65kg급

삼두근: 매스, 외형. 삼두근 외형[외곽선]outline이 특히 인상적이다. 카메라 앵글이나 렌즈 초점거리 등에 의해 삼두근이 늘어나 보이는, 그런 왜곡 현상이 아니다. '그래, 이게 진짜 삼두근 포즈지!' 싶다. 원래 삼두근(특히 매스)이 강점인 선수지만, 그 강점을 최대한 유리하게 보여주는 포징으로, 오른쪽 대흉근도 찌그러뜨리지 않았고, 복부도 의식적으로 당겨 넣어 유지하고 있다.

이 정도의 삼두근 모습을 위해서는, 기본적으로 삼두근 매스가 뒷받침되어야 하지만, 삼두근 매스가 약점인 내가 실험해보니, 이런 포징에 '방해'되는 것은 1. 팔꿈치를 완전히 펴지는 않는 것, 2. 손, 전완, 팔꿈치, 상완을 뒤로나 옆으로 몸에서 띄우는 것, 3. 상완을 내회전시키는 것이었다. 그래서 이 반대로 하면 이런 포징에 '도움'될 텐데, 반대쪽 손으로 손을 잡아 손목 이하가 고정된 상태에서, 팔꿈치가 몸통 쪽으로 더 붙으면서 더 앞으로 나오게 하고 팔을 전체적으로 약간 외회전하면서 팔꿈치를 '완전히' 펴는 것인데, 팔꿈치 쪽은 더 좁아 보이고 위쪽은 더 넓어 보임으로써, 팔꿈치 쪽에서 올라오는 삼두근 외형이 더 유리하게 강조돼 보인다.

복근과 대퇴 포즈

먼저, IFBB 규정집과 아놀드 백과에는 다음과 같이 돼 있다.

IFBB 규정집: 선수는 전면이 심판들을 향하게 서서, 양팔을 머리 뒤쪽에 위치시키고 한쪽 다리를 앞쪽에 위치시킨다. 그런 다음에 몸통을 살짝 앞쪽으로 '크런칭'함으로써 복근을 수축시킨다. 동시에, 앞쪽 다리의 대퇴 근육을 수축시킨다.

심판은 복근과 대퇴 근육을 살피고, 그런 다음에 머리부터 발까지 살피는 것으로 마무리한다.

아놀드 백과: 정면을 향해 선다. 한쪽 다리를 앞으로 내밀고 대퇴사두근을 플렉싱한다. 양손은 머리 뒤로 올리고 앞쪽으로 크런치해서, 복근을 최대한 수축시킨다. 몸통을 한쪽으로 (어느 쪽으로든) 기울이면서 복근에 힘을 주어, 복근이 최대한 유리하게 보일 수 있도록 한다. 포즈를 잡고 있는 동안 앞뒤 다리를 바꿀 수 있는데, 뒤쪽 다리를 앞쪽으로 가져와 그 대퇴사두근을 플렉싱하는 것이다. 복부 배큠을 먼저 실시하고 그런 다음 앞쪽으로 크런치해서 복근을 폭발시키는 보디빌더들도 있다. 양손을 올린 복근 포즈overhead abdominal pose에 있어서, 충분히 포즈가 완성되었을 때는, 폐에 남은 마지막 공기까지 내보내 복근을 충분히 이끌어내기 위해, (역주: 의도적으로) 기침을 한다.

여기 내가 밑줄 친 부분에 대해 간단히 짚고 넘어가자.

Q: (IFBB 규정집에서) 몸통을 살짝 앞쪽으로 '크런칭'함으로써 복근을 수축시킨다? (아놀드 백과에서) 앞쪽으로 크런치해서, 복근을 최대한 수축시킨다?

A: 복부는 크런칭을 해서 복근을 최대한 수축시킴으로써 최대한 유리한 포징을 하는 선수도 있고, 아주 살짝 크런칭을 하거나 단순히 플렉싱만 함으로써 더 유리한 포징을 하는 선수도 있다. 나는 대부분의 경우 전자로 해왔다고 할 수 있는데, 지금의 내 기준으로는, 후자로 하는 게 나았겠다 싶을 때도 많다.

Q: 복부 배큠을 먼저 실시하고 그런 다음 앞쪽으로 크런치해서 복근을 폭발시키는 보디빌더들도 있다?

A: 배큠의 대명사라 할 만큼 배큠이 엄청난 프랭크 제인이 특히 그럴 텐데 (아놀드 백과 p323, 607), 배큠과는 반대로, 복부를 불룩하게 내밀고 그 상태를 최대한 유지하면서 크런칭을 함으로써 복직근을 더 올록볼록하게 보이게 하는 선수들도 있다.

전신의 총체적 포징. 포즈 공통 사항인데, 심판 입장에서든 관객 입장에서든, 무대에 선 선수를 볼 때, 선수가 하고 있는 그 포즈 이름이나 그 포즈에 따른 IFBB 심사 규정에 따라 어느 신체부위·근육을 더 중시해서 또는 모든 주요 신체부위·근육을 빠짐없이 체계적·총체적으로 살피는 게 아니라, 어느 포즈건 상관없이, 우선은 눈에 띄는 대로 전신을 한눈에 평가하게 될 수밖에 없다. 본능적으로 그렇고 시간관계상 그렇다.

그런 관점에서, 이 포즈에서 지배적인 영향을 미치거나 강점·약점이 한눈에 가장 먼저 드러나는, 그래서 가장 중요한 신체부위·근육은 **복부**와 **대퇴**인데, 복부는 모든 전면 포즈에서 중요하지만 이 포즈에서는 거의 절대적이어서, 복부에 대해서는 플렉싱을 하든 크런칭을 하든 리버스 크런칭을 하든 사이드 크런칭을 하든, 당연히 무언가 하게 되고, 대퇴는 심판들 쪽 대퇴가 가장 중요하지만, 심판들 먼 쪽 대퇴도 때에 따라서는 못지않게 중요해서, 양쪽 대퇴에 대해 근육분리를 살리거나 빗살무늬를 살리는 포징을 하고 있어야 한다.

몸통 기울임 정도는 이 포즈에서 특히 중요한데, 복부는 조명에 따라 크게 달라 보이기 때문에, 때에 따라서는 무대조명에 따라 몸통 기울임 정도를 달리해야 할 수도 있다.

복부와 대퇴를 제외한 나머지 신체부위·근육은 시합장에서 심판이나 관객 입장에서 직접 볼 때는 거의 눈에 띄지 않는 미세한 부분인데, 주로 추후 시합사진을 통해 볼 때 비로소 그 선수가 포징을 얼마나 잘하고 있는지, 그 선수가 어떤 몸을 갖고 있는지 드러나는 것으로, 양쪽 **종아리**는 잘 살아 있는지, **이두근**은 어떤지 (이들은 포징으로 크게 달라진다), **광배근**은 불룩한지, **대흉근**은 근육분리가 잘 되면서 부피감이 있는지 (이들은 포징으로 크게 달라지지는 않는다) 같은 것이다.

하체 포징

IFBB 규정과는 상관없이, 어쩌면 사실상 〈일반적 발표〉, 〈전면 이두근 포즈〉, 〈전면 광배근 포즈〉에서와 크게 다를 게 없다고 할 수도 있다. 대칭·정적 하체 포징을 하든 비대칭·동적 하체 포징을 하든 말이다. 물론, 규정상으로 이 포즈에서 하체 포징이 더 다양해질 수 있고, 그 규정을 폭넓게 해석하면 하체 포징이 훨씬 더 다양해질 수 있다.

다른 전면 포즈에서와 마찬가지로, 기본적으로 대퇴의 근육분리를 강조하는 하체 포징, 대퇴사두근의 빗살무늬를 강조하는 하체 포징이 있다. 한쪽 대퇴가 아닌 양쪽 대퇴 둘 다 최고의 모습을 보이게 할 필요가 있고, 양쪽 종아리를 최대한 살릴 수 있다면 더욱 좋다. 한쪽 대퇴를 앞으로 내미는 게 아니라 옆으로 내밀면서 대퇴의 근육분리와 빗살무늬를 더 강조해주면서 더 세련된 동적 하체 포징을 하는 게 더 효과적으로 보일 때도 많다. 앞쪽이나 양쪽의 종아리, 그리고 나아가 앞쪽이나 양쪽의 대퇴도 더 좋아 보이게, 앞쪽이나 양쪽 발뒤꿈치를 살짝 들고 발앞꿈치로 올라설 수도 있다.

@ 2011 광명시 대회 다음날

하체 포징, 코어 포징. 규정에 딱 맞아들어가지 않더라도 일반적으로 상당히 다양한 하체 포징 변형이 인정된다. 〈일반적 발표〉, 〈전면 이두근 포즈〉, 〈전면 광배근 포즈〉 같은 전면 포즈에서 의식적인 비대칭·동적 하체 포징이 인정될 뿐 아니라 심미적으로 유리할 수도 있는 것처럼, 이 포즈에서는 반대로 이렇게 한발을 앞이 아닌 옆에 두든, 양발을 벌리든 모으든, 다리를 교차시키든, 어느 쪽이 나은지 선수가 선택하면 되는 사안이라 할 수 있다.

사실상, 대칭적 하체 포징에서 아주 약간의 변화만으로도 비대칭적 하체 포징이 될 수밖에 없기도 하다. 물론, 그 비대칭의 정도를 크게 해, 한쪽 대퇴를 옆으로, 그것도 발끝도 옆으로 향하게 해서 위치시킬 때, 대퇴가 넓어 보이고 봉공근을 중심으로 해서 대퇴의 근육분리가 좋아 보이는 이점이 크다는 걸 지금은 깨닫고 있다. 이때, 종아리를 더 잘 살리기 위해 한쪽으로 내뻗은 쪽 발뒤꿈치는 완전히, 그리고 다른 쪽 하체를 잘 살리기 위해 발뒤꿈치나 발앞꿈치나 발바닥 안쪽을 살짝 들 수도 있다.

나는 여기서 몸통을 약간 뒤로 기울이면서 크런칭을 하는 코어 포징을 하고 있는데, 이에 대해서는 바로 뒤의 사진에서 함께 살펴보기로 하자.

코어 포징

대표적인 두 가지 코어 포징이 있다고 할 수 있다. 1. 몸통을 약간 '뒤로' 기울이면서 '크런칭'을 하는 코어 포징, 그리고 2. 몸통을 거의 '수직으로' 세운 상태에서 또는 약간 '앞으로' 기울이면서 복부 '플렉싱'이나 '크런칭'을 하는 코어 포징.

@ 2011 광명시 대회 다음날

대표적인 두 가지 코어 포징. 먼저, 몸통을 약간 뒤로 기울이고 골반을 약간 앞으로 당기면서 '크런칭'을 한 것으로 (**1**), 주로 내 몸에 저절로 개인맞춤된 것이고 부수적으로 아놀드 백과에 영향받은 것이겠지만, 나는 처음부터 지금껏 이런 다소 고전적인, 우아하지만 부드러운, 지금 보기에 보디빌딩보다는 피트니스에 더 어울릴 법한 코어 포징을 하고 있었다. 그리고 마지막에는 숨을 '후! 후!' 내쉼으로써 복부를 더 잘록하게 해주는 것이다. 이때 광배근도 그만큼 더 좁아지기는 한다. 그리고 이와는 달리, 몸통을 거의 수직으로 세우거나 약간 앞으로 기울이고 크런칭은 거의 하지 않고 복부 '플렉싱'을 한 것으로 (**2**), 심판들이 일반적으로는 아래쪽에 있다는 걸 상기하고, 의식적으로 실험 삼아 해본 것이다.

이 [시합편]을 쓰면서 알게 된 사실은, '피트니스' 선수들은 몰라도, '보디빌딩' 선수들은 거의 전적으로 후자로 하고 있었다는 것. 그리고 전자의 경우, 허리를 잘록하게 하고 전거근과 광배근의 근육분리를 이끌어내는 데는 유리한 장점이 있지만, 〈복근과 대퇴 포즈〉에서는 크게 드러나지 않아서 괜찮을지 몰라도, 뒤에 자세히 살펴보겠지만, 《(스탠딩) 최고 근육질 포즈〉에서는 특히, 상체가 작고 어깨가 좁고 키와 전신이 작아 보이게 하는 등, 비율과 크기 면에서 공히 불리한 단점이 있어서, 골격적으로 어깨가 넓지 않은 나 같은 선수에게 있어서는 특히 피해야 할 코어 포징이 될 수 있다는 것이다!

상체 포징

이두근, 대흉근, 광배근, 그리고 상체 포즈 자체에 관한 것으로, 시합장에서는 일반적으로 복부와 대퇴에 시선집중에서 밀려 눈에 거의 띄지 않고, 이렇게 디테일 하나하나까지 다 드러나는 시합사진으로 볼 때에야 비로소 그 강점·약점을 알아볼 수 있는 미세한 부분이라 할 수 있다.

@ 2012 코리아 대회

상체 포징. 단순히 양손을 깍지 끼고 손바닥을 머리 쪽에 두고 상완을 늘어뜨리는 게 아니라, 머리와 팔 사이가 비어 보이지 않게, 머리 뒤에서 한손으로 다른 쪽 손등이나 손목을 붙잡거나, 내가 여기서 그렇게 한 것인지는 모르겠지만, 이두근까지 살리기 위해, 양손을 주먹 쥐고 손바닥이 바닥이나 뒤쪽을 향하게 전완을 돌려주는 (회외) 것이다.

설기관 @ 2011 코리아 대회 –65kg급

하체 포징, 상체 포징. 앞쪽에 위치시킨 대퇴의 '근육분리'를 강조하는 하체 포징, 그리고 이와는 달리 앞쪽에 위치시킨 대퇴사두근의 '빗살무늬'를 강조하는 하체 포징, 이 두 하체 포징을 번갈아 하고 있다.

그러나 포즈 규정상으로나 실제로나, 선수는 어느 한쪽 포징이나 이 두 포징을 모두 요구받는 게 아니기 때문에, 그리고 어느 한쪽 포징을 할 때 다른 포징의 특성은 심판이든 관객이든, 그 누구도 알아볼 수 없기 때문에, 선수는 이렇게 두 포징이 모두 완벽하지 않다면, 굳이 두 포징을 오가는 것보다는 자신에게 조금이라도 더 좋아 보이는 한쪽 포징만 유지하고 있는 게 훨씬 더 유리하다.

이 포즈에서는 대흉근의 근육분리와 매스에 의한 부피감이 약해지면서 대흉근이 사라지기 쉬운데, 상완을 높이 올릴수록 더욱 그렇다. 물론, 복부 데피니션에는 도움되지만.

@ 2012 전국체전 –65kg급

전신의 총체적 포징. 대퇴가 특별 강점이면, 손짓으로 대퇴를 가리키거나 손으로 대퇴를 쓸어주는 예비동작으로 시선을 더 집중시킬 수 있다 (**1**).

종아리도 대퇴 포징에 크게 영향받거나 영향 미치는데, 포즈 내내 앞쪽 종아리도 잘 살리고 있어야 한다. 뒤쪽 종아리를 더 살리기 위해 발뒤꿈치를 아주 살짝 들어줄 수도 있다.

사이드 크런칭을 통해 복사근을 강조하거나 복부의 다른 모습을 보여줄 수도 있다 (**3**).

정상급 선수 중에도 이 사진에서처럼 손목을 돌려 (회외) 이두근을 최대한 살려주는 선수는 아주 드물다 (**2, 3**). 물론, 이런 이두근 포징이 코어 포징을 약화시키지 않게 주의해야겠지만.

김성환 @ 2011 전국체전 −80kg급

하체 포징, 상체 포징. 대퇴의 근육분리를 강조하는 하체 포징, 그리고 대퇴사두근의 빗살무늬를 강조하는 하체 포징, 이 두 하체 포징을 번갈아 하고 있다. 상체에서 이렇게 대흉근의 근육분리와 매스에 의한 부피감이 두드러져 보이기 위해서는 우선, 대흉근, 특히 중부·하부 대흉근 매스가 아주 잘 발달해 있어야 한다.

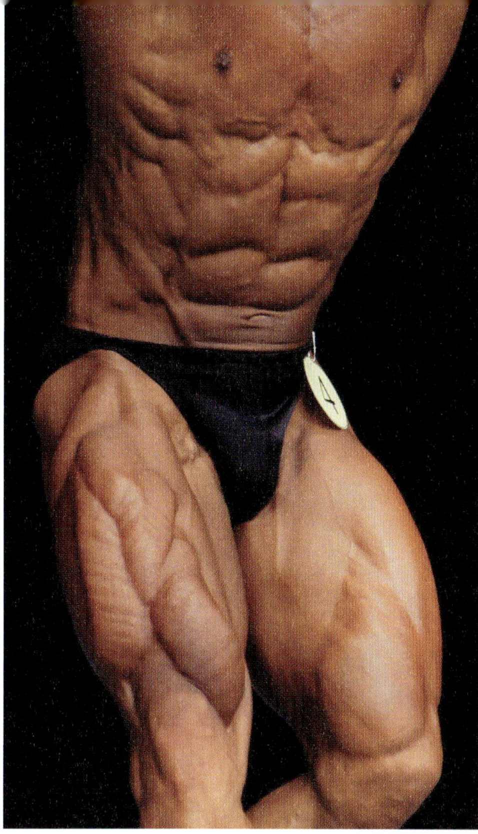

류제형 @ 2011 전국체전 –75kg급, 2013 전국체전 –80kg급

코어 포징, 하체 포징. 개인 '트레이드마크'trade mark로 여겨질 만큼 눈에 띄는 독특한 개인맞춤 포징이지만, 따라 해보면 사실상 골반을 좀 많이 접은 포징일 뿐이기도 하다. 이 포징 자체가 심미적인지는 차치하고, 이 포징에서 그의 복근과 대퇴는 최고라 할 만하다.

복부는 다소 편 상태로 플렉싱만 하거나 최소한의 크런칭을 하고 있다. 심판들 쪽 대퇴사두근의 모양, 근육분리, 특히 대퇴직근에까지 이르는 빗살무늬가 인상적인데, 마치 제이 커틀러Jay Cutler(2006, 2007, 2009, 2010 미스터 올림피아)의 대퇴직근을 보는 듯하다.

이두희 @ 2009 세계선수권대회 국가대표 선발전 –80kg급

류제형 @ 2014 전국체전 –80kg급

최고 근육질 포즈

〈최고 근육질 포즈〉는 남자 선수가 〈일반적 발표〉와 7가지 〈규정포즈〉 다음으로 많이 하게 되는 포즈다 (나는 이 세 가지를 '기본포즈'라 통칭한다).

이 포즈에 관한 규정이 따로 있는 것은 아니다. 그래서 다양한 포즈가 가능한데, 자신의 근육질을, 또는 근육질의 보디빌더다운 모습을 돋보이게 할 수 있는 포즈면 모두가 〈최고 근육질 포즈〉가 될 수 있을 것이다. 물론, 그 포즈는 〈일반적 발표〉, 7가지 〈규정포즈〉, 그리고 (클래식 보디빌딩에 나오는) 4가지 〈쿼터 턴〉 중 어느 것하고도 똑같거나 혼동되지 않는 것이어야 할 것 같고, 기본적으로 타인에게 '근육질 포즈'로 인정되는 것일 뿐 아니라 실제로 자신이 가장 '근육질'로 보일 수 있는 포즈여야 하겠다 ('근육질'에 관해서는 이 포즈 끝에 자세히 살펴보자).

우선 나는, 포징 원리를 생각해, 몸통이 똑바로 서 있느냐 앞으로 많이 기울어져 있느냐에 따라, 크게는 '스탠딩'standing 〈최고 근육질 포즈〉와 '벤트오버'bent-over 〈최고 근육질 포즈〉로 나누는 게 좋다고 생각하고, 그 중간은 주의하지 않으면 아주 어정쩡해질 수 있어서 초급 선수일수록 특히 조심해야 할 포즈로 생각된다.

각 체급의 선수들이 무대에 나와 1열 또는 그 이상으로 줄지어 서 있는, 즉 라인업 상태에서 MC에 의해 한 명 한 명씩 호명되면서 자신이 소개될 때, 선수들은 흔히, 심판들이나 관객들에게 꾸벅 절하는 '인사' 대신으로 스탠딩 또는 벤트오버 〈최고 근육질 포즈〉를 하는데, 본격적인 경기를 시작하기에 앞서 강한 인상을 남기는 데 효과적이기도 하고 보디빌더다운 좋은 인사법이라고도 생각된다. 본격적인 경기 중에는 〈규정포즈〉 직후 MC가 〈최고 근육질 포즈〉를 요구할 때가 흔히 있다. 그리고 〈포즈다운〉이나 〈자유포징〉 때 마지막 포즈로도, 선수들은 이 포즈를 가장 즐겨 한다. 또한, 스탠딩 〈최고 근육질 포즈〉는 누군가와 함께하는 기념촬영 시 가장 흔히 사용되는, 가장 유용한 포즈다.

@ 2011 경기 대회
벤트오버 포즈. 모든 게 만족스러운 포징은 전혀 아니다. 특히 상완, 전완, 손목, 손 포징에 관해서는 이후의 설명을 참고하라.

스탠딩 최고 근육질 포즈

선수는 각자 자신에게 가장 유리한 스탠딩 〈최고 근육질 포즈〉 1~2가지를 잘 하는 게, 여러 가지를 덜 잘하는 것보다 훨씬 효과적이다. 그리고 내 시행착오 경험상 분명히 말하건대, 다른 포즈에서와 마찬가지로, 이 포즈에서도 포징 원리를 잘 알고 해야 제대로 할 수 있다. 근육량이 많다고, 순전히 근육의 감에 의존해 포징을 해서는 최선의 포징이 절대로 될 수 없다.

하체 포징. 이전과 기본적으로 같고, 다양하다. 하체 포즈부터 자신의 최고 모습으로 잡아나가야 한다. 내가 가장 부족했던 부분이다.

코어 포징. 복부는 0. 신경 쓰지 않고 그냥 내버려두거나 (let it go), 1. 배큠을 하거나 (vacuum), 2. 몸통을 곧게 유지한 채 복부 플렉싱을 하거나 (flexing), 3. 몸통을 앞으로 구부려 복부 크런칭을 하거나 (crunching), 4. 몸통을 옆으로 구부려 복부 사이드 크런칭을 하거나 (side crunching), 5. 골반을 앞으로 당겨 복부 리버스 크런칭을 할 수 있는데 (reverse crunching), 〈일반적 발표〉나 '벤트오버' 〈최고 근육질 포즈〉에서라면 몰라도, '스탠딩' 〈최고 근육질 포즈〉에서는 0이 가장 안 좋고, 나머지 중에서 자신에게 맞는 것을 찾아가야 한다.

상체 포징. 이전까지의 포즈에서와는 다른, 다양하고 특이적인 설명이 필요해, 구체적인 것은 포징 사진과 함께 살펴보자.

여기서 다양한 포즈를 소개하고 나 역시도 실험하지만, 스탠딩 〈최고 근육질 포즈〉에서 육중한 근육질 포즈로 보이고자 할 때의 중요한 포징 요소 중 하나는, '팔과 몸통 사이의 공간, 즉 빈틈이 최대한 작게', 즉 '비어 보이지 않게', '꽉 차 보이게' 하는 것이라고 생각된다. 그리고 내가 가장 잘못해온 것은 스탠딩 〈최고 근육질 포즈〉에서 몸통을 뒤로 기울이거나 어깨를 좁아 보이게 하는 포징을 한 것으로, 이 [시합편]에 나오는 내 대부분의 이 포즈 사진에서 그렇게 돼 있는데, 제대로 된 포징이라면 이와는 반대여야 한다.

1

2

3

@ 2008 광명시 대회, 강서구 대회, 2009 연합회 전국대회
스탠딩 포즈. 내가 처음에 한 '양손을 앞에 두는' 스탠딩 포즈 (**1**), 그리고 다음에 추가해본 '한손씩 앞뒤에 두는' 스탠딩 포즈 (**2**). 지금의 내 관점에, 이 두 포즈에서 가장 잘한 점은 (승모근을 빠뜨리는 일은 이후에도 별로 없었기 때문에), 한손이든 양손이든, 앞에 있는 손을 배꼽 이하에 두고 몸통에 붙이고 있는 것이다. 그리고 또 다음에 추가해본 '양손을 대퇴나 골반에 두는' 스탠딩 포즈 (**3**). 지금의 내 관점에, 이들 포즈에서 가장 잘못한 점은 몸통을 뒤로 기울인 데다 복부 크런칭을 다소 과하게 하고 있는 것이다. 이렇게 할 때의 가장 나쁜 효과는, 상체의 비율과 크기를 나빠 보이게도 하지만, 무엇보다도, 하체 포징 앤 플렉싱을 어설프거나 약해지게 한다는 것이다.

@ 2011 광명시 대회 다음날

주먹 쥐고 양손을 앞에 두는 스탠딩 포즈: 총체적 시행착오. 앞에서도 말했듯이, 시합 다음날로, 1주 후 또 시합출전이 예정돼 있었다. 시합 마치고부터 밤새 서너 차례 과식과 포식을 한 나는, 해 떠오를 때 시작해 해가 중천일 때까지 건물 옥상을 모두 네 차례 오가며 〈일반적 발표〉, 〈규정포즈〉, 각종 〈최고 근육질 포즈〉, 각종 〈자유포즈〉를, 기록·연습·분석 차원에서 내가 생각할 수 있는 거의 모든 변수를 동원해 실험하면서 수많은 사진을 찍었다. 모두 펌핑 없이 한 것인데, 다른 몸 상태였다면 포징이나 근육의 디테일이 다소 달라졌을 것이다.

우선, 일반인에게 또는 우람한 근육질의 무술영화 또는 액션영화 남자배우에게 '최고 근육질로 보일 수 있는 아무 포즈나 해보라'고 하면, 아마 대부분은 이들 사진에서 내가 하고 있는 포즈를, 그것도 내가 하고 있는 것과 비슷한 포징으로 할 것 같다. 내가 가장 잘못해온 포징으로, 명색이 선수인 나도 이때까지 별반 다를 게 없이 하고 있었다. 승모근을 살리고 있는 점을 제외하면, 내가 아무리 힘을 주고 애를 쓰며 다양하게 포징을 해봤지만, 다 헛짓이었다. 기본적으로 이것은 전혀 보디빌딩 포즈라 할 수 없기 때문이다.

기본적으로 '스탠딩' 포즈라 할 수 있는 이들 포즈에서, 손이 몸통에 붙어 있지 않고 어깨와 팔꿈치보다 훨씬 앞으로 나와 있기 때문에, 포즈 자체가 엉성할 뿐 아니라, 상완과 대흉근이 최고의 모습으로 보일 수 없었다. 상완이 앞으로 나올수록 상부 대흉근은 약간 더 살지만, 하부 외측 대흉근은 상부 대흉근이 더 사는 정도보다 더 크게 죽는다. 게다가 어깨도 좁아 보이게 되고, 상완은 가늘어 보이게 되고, 전완과 손이 복부를 불필요하게 가려버린다. 스탠딩 포즈든 벤트오버 포즈든, 팔꿈치와 손이 어깨와 거의 수직선상에 있게 바짝 당긴 채, 팔꿈치와 손이 어깨보다 앞으로 나오지 않게 하는 게 가장 중요한 점이라고 깨닫게 된다. 이런 보디빌딩 포즈에서는 '복부에 손!'이다. 더 구체적으로 말하자면, '배꼽 이하 몸통에 딱 붙이는 게 최선'일 것이다.

물론, 몸통을 먼저 똑바로 세워야 했던 것도 있다. '몸통 기울임'이 나로서는 스탠딩이면 확실히 스탠딩, 벤트오버면 확실히 벤트오버로 하는 게 최선인 것 같다. 스탠딩과 벤트오버 사이에서 어정쩡하게 하는, 즉 스탠딩인데도 몸통을 앞으로 약간 숙이거나 복부 크런칭을 하는 것은 어깨, 대흉근, 광배근, 그리고 상체 전체가 머리와 비교해 가로세로 비율상 작아 보이게 하는 경향이 있다. 복부 크런칭을 할수록 상부 대흉근은 두드러지지만 하부 외측 대흉근의 모양은 약해지는 경향이 있고, 각종 스탠딩 〈최고 근육질 포즈〉에서 이렇게 하는 것은 대부분은 불리한 것 같다. 특히, 나를 포함해, 비율상으로 어깨가 넓지 않고 골격적으로 어깨가 다소 처진, 아놀드 같은 어깨를 가진 선수는, 게다가 측면삼각근이나 후면삼각근 발달이 뛰어나지 않은 선수는 더더욱, 어깨가 더 좁아 보이고 전신이 작으면서 비율도 나빠 보일 수 있다. 이때는 삼각근과 광배근에 대해서는 생각지도 못 했다.

아놀드 백과. 아놀드 백과에서 이런 유형의 포즈 사진들에서 특히 상완, 전완, 손목, 손을 살펴보면, 팔꿈치를 벌려 옆쪽이나 다소 앞쪽에 두어 양쪽 상완과 전완을 한 평면상에 둘지, 팔꿈치를 다소 뒤쪽에 둘지, 양손을 띄울지 붙일지 교차시킬지 한손으로 다른 손 주먹을 감싸 잡을지 손목을 잡을지, 양손의 손바닥 방향이 위로 향하게 해서 손바닥에 정권을 눌러 잡을지, 양손의 손바닥이 몸통 쪽을 향하게 해서 주먹 전체를 손 전체로 감싸 잡을지, 한손은 손바닥이 아래로 향하게 해서 손바닥을 위로 향하게 한 손목을 잡을지 (p261, 643, 656의 아놀드, p167, 395의 리 프리스트, p385, 484, 626의 케빈 레브로니), 양손바닥을 대칭으로 맞잡을지, 양손바닥 전체를 엄지와 검지 사이로 비껴 맞잡을지, 양손 손등을 맞댈지 (p643의 세르주 뉘브레), 주먹을 손바닥 쪽에서 감쌀지 (p670의 숀 레이), 주먹 쥐고 양손의 손바닥을 맞댈지 (p670의 숀 레이), 주먹을 맞댈지 (p321, 625, 641의 아놀드와 프랑코), 양손을 아예 멀리 둘지 (p624의 프랑코), 손가락은 모으고 손바닥은 펴 맞댈지 (p535의 빈스 테일러), 손바닥이 몸쪽을 향하게 할지 (p320의 아놀드), 주먹을 쥐고 정권 아닌 손가락 마디로 양주먹을 맞댈지 (p303의 아놀드, p314의 함둘라 아이쿠툴루), 양손 손등을 옆구리에 찌를지 (p299의 프랑코), 양손을 가운데서 모으지만 붙이지는 않거나 (p264의 플렉스 휠러), 손가락 둘째 마디에서 감싸 잡을지 (p165의 나세르 엘 손바티), 손목이나 손목 위쪽을 잡고, 그 손목을 손등 쪽으로 젖힌 상태로 몸 가운데서 대칭적으로 할지 (p252의 플렉스 휠러, p395의 리 프리스트), 손목 위쪽을 잡지만 손목을 손바닥 쪽으로 당기고 몸의 한쪽으로 기울여 비대칭적으로 할지 (p261, 533의 아놀드, p484의 톰 플라츠. 어깨가 좁아 보이게 하는 단점이 있다), 손목은 일직선으로 할지, 손등 쪽으로 젖힐지, 손바닥 쪽으로 당길지 등 다양한 변형이 있다는 걸 알 수 있다. 〈일반적 발표〉, 7가지 〈규정포즈〉 등에 대해서도 이와 같은 방식으로 분석해보는 것도 도움될 것이다.

with 설기관 @ 2012 코리아 대회

포징 원리. 경기 후의 기념사진으로, 나는 처음 볼 때 충격을 받았다. 아무리 정상급 선수와 직접 비교된다고는 하지만, 단순히 기념촬영이라고 생각했던 게 결과적으로 '체험 극과 극'이 될 줄이야.

처음에 눈에 들어온 건 '몸'이었고 다음에 눈에 들어온 건 '포징'이었는데, 이때 내 몸이 1년 전과 비교해 얼마나 부실한 상태였는지, 그리고 그동안 내가 스탠딩 〈최고 근육질 포즈〉를 근본적으로 어떻게, 그리고 얼마나 잘못하고 있었는지 즉각 깨닫게 되었다. 비록 1년 전에 수많은 포징 사진을 찍어봤지만, 내가 다른 선수와 직접 비교되는 사진들은 아니어서 스탠딩 〈최고 근육질 포즈〉의 포징 원리를 제대로 깨닫게 되는 계기는 없었던 것이다. 그 포징 원리는 무엇일까.

1. 어깨를 내리고 있었다. 어깨를 올리고 광배근 펼침을 한 상태로 했었더라면 싶다.
2. '스탠딩'과 '벤트오버' 사이의 어정쩡한 '몸통 기울임'과 '복부 크런칭'을 하면서 머리까지 앞으로 내밀고 있었다. 그래서 비슷한 키임에도 내가 5~10cm 작아 보일 뿐 아니라 비율도 크게 나빠 보인다.
3. 손을 몸에서 띄워 앞으로 내밀고 있는 데다 전완과 손이 복근을 불필요하게 어느 정도 가리고 있다. 그래서 오른쪽 상완의 외측이 주로 보이지 않아 특히 가늘어 보이고 포즈 자체가 엉성해 보인다.

@ 2011 광명시 대회 다음날

손바닥을 맞잡고 양손을 앞에 두는 스탠딩 포즈: 총체적 시행착오. 이 포징 실험 사진을 처음 볼 때도 충격을 받았다. 어깨가 너무 좁고 상체 전체가 너무 작아 보였기 때문이다. 그래서 나는 다시는 이런 포즈는 하지 말아야겠다, 아니면 하려면 이와는 완전히 다른 포징을 해야겠다 싶었다. 이때 나는 펌프되지 않은 상태에서 거의 대흉근과 복근을 쥐어짜는 데에만 신경 쓰고 있었다. 게다가 습관대로 어깨는 아래로 내려서. 무엇보다도, 손바닥을 이렇게 맞잡는 것은 나에게 맞지 않는 포징일 가능성이 큰데, 아놀드와 마찬가지로, 이완 상태일 때 처져 있어 상대적으로 좁아 보이는 이런 어깨는 이런 포즈로 더 좁아 보일 수 있다.

그럼에도 이와 비슷한 포즈를 하려면 나는 앞으로 다음처럼 해야 할 것 같다. 우선 광배근 펼침을 하면서 어깨를 넓게 유지한 상태로 포징을 하는 것이다. 그리고 이때는 양손을 복부에 완전히 붙이지도 못했지만, 그것보다도, 양손도 이렇게는 잡지 않는 것이다. 양손을 이렇게 하면 상완이 더 모여 어깨가 더 좁아 보이게 되기 때문에, 지금 해보면 (이 레전드(사진 설명문)는 2014년 이전 시점에 쓴 글이다. 2016년 현재도 같은 생각이지만), 뒤에 나오는 다른 선수들처럼 한손으로 다른 손의 검지와 중지 쪽에서 주먹을 감싸 잡거나 양손 손등이 전면을 향하게 하거나 양손바닥 전체를 엄지와 검지 사이로 맞잡는 게 훨씬 낫다. 그리고 복부 크런칭은 최소한으로 하거나 복부 플렉싱만 할 것이다. 머리도 앞으로 내밀지 않고 오히려 약간 뒤로 당길 것이다. 그래야 승모근이 더 살고, 전면에서 볼 때 머리가 더 커 보여 비율상 손해를 보거나 측면에서 볼 때 머리만 앞으로 튀어나온 어색한 포즈가 되는 걸 피할 수 있다.

@ 2011 광명시 대회 다음날

주먹을 감싸고 양손을 앞에 두는 스탠딩 포즈: 상완. 대흉근과 상완에 집중하면서 실험했던 포징이다.

1: 되는 대로 한 포징.
2: 오른쪽 상완을 약간 내회전시킨 듯하다. 복부 크런칭을 어느 정도 하고 있다.
3: 팔꿈치를 의도적으로 몸통 쪽으로 붙여봤다. 자연히 양손은 더 앞으로 나왔다. 복부 크런칭도 더 하고 있다.

결과적으로,

1: 어깨가 좁아 보인다.
2: 오른쪽 상완이 넓어져 나아 보인다.
3: 어깨가 더 좁아 보이고 상완도 가늘어 보여 모든 면에서 불리해 보인다. 복부 크런칭도 과해 상체와 전신이 작아 보인다.

역시 원리를 몰랐으니, 아무리 많은 시간과 노력을 들여 포징을 해도 결과적으로는 다 헛짓이었다. 후에 깨달은 그 원리란 〈전면 광배근 포즈〉를 잡을 때와 마찬가지로 어깨를 최대한 높고 넓게 유지하면서 광배근 펼침을 최대로 한 채로, 복부 크런칭은 하더라도 아주 약하게 하는 게 좋겠다는 것이다.

사진들에서 1. 손의 (상하전후) 위치 (배꼽 이하에 두면서 몸통에 붙이는 게 최선인 것 같다. 그리고 뒤에 나오는 선수들의 모습처럼, 오른손은 손등이 전면을 향하게 한 상태에서 왼손으로 오른손의 검지 쪽을 감싸는 그립으로 하는 게 최선인 것 같다), 2. 몸통 크런칭 여부 (강한 크런칭은 이점보다는 단점이 많다), 3. 어깨를 앞으로 빼면서 승모근과 삼각근을 살리는지 (대부분은 절대적으로 유리하다), 4. 광배근 펼침과 흉곽 확장을 최대한으로 활용하고 있는지 (지금껏 그러지 못했지만, 앞으로는 항상 그래야겠다), 5. 머리 위치 (앞으로 내밀지 말아야 한다) 등을 생각하면서 보면 좋겠다.

1

2

3

4

@ 2011 광명시 대회 다음날

주먹을 감싸고 양손을 앞에 두는 스탠딩 포즈: 손 위치와 복부 크런칭. 대흉근과 승모근에 집중하면서 실험했던 포징이다.

1: 손을 몸통에서 띄웠는데, 배꼽 이하 몸통에 딱 붙였더라면 더 좋았겠다. 물론, 승모근도 살리지 못했다.

손을 앞으로 내밀면, 상완이 가늘어 보이고, 복부가 가려지고, 보이지 않아도 되는, 즉 선수복이나 몸에서 허전하거나 비어 보이는 부분이 불필요하게 드러나고, 하부 외측 대흉근 모습도 나빠질 수 있다.

2: 손이 몸통에 비교적 가까이 있기는 하지만, 상완이 더 넓어 보일 수 있음에도 그렇지 못한데, 손을 몸통에 딱 붙이고 팔꿈치와 어깨를 앞으로 좀 내밀어 상완과 승모근을 살렸더라면 더 좋았겠다. **1**에서 말한 것처럼 손을 아래로 더 내리는 게 나을 것 같다.

손을 배꼽 이하로 내리면, 크게 두 가지 이점이 생길 것이다. 첫째, 선수복보다는 데피니션과 세퍼레이션이 좋은 신체부위가 최대한 더 보이게 하는 게 심미적으로 나은데, 나는 이때 하복부 데피니션과 세퍼레이션이 나쁘지 않았기 때문에, 양손이 하복부를 가리고 선수복을 많이 드러나게 하는 것보다는 그 반대가 훨씬 낫다. 그리고 그렇게 함으로써 하복부까지 드러나 전신의 근육질이 돋보이고 양손이 시각적 중심인 배꼽이나 선수복 정도에 위치함으로써 상·하체 비율이나 균형도 더 좋아 보인다. 둘째, 팔꿈치 각도가 예각이 되지 않아 상완 모습이 더 좋아질 것 같다. 상완이 더 굵어 보이고 이두근, 상완근, 삼두근이 더 분리돼 보일 것이다.

3: 승모근은 살렸으나 양손은 복부에서 멀리 떨어져 있다. 게다가 몸통을 앞으로 다소 어정쩡하게 숙였다.

4: 무엇보다도, 과한 복부 크런칭으로 키가 실제로 5~10cm 작아질 뿐 아니라 상체가 가로세로 비율상으로도 작아 보이고 전신의 가로세로 비율도 나빠 보이는데, 특히 나처럼, 어깨가 넓지 않고 처진 골격에서 광배근 펼침을 하지 않고 할 때는 더욱 그렇다.

이를 토대로 내가 생각하는 최선의 포징은, **4**에서 어깨를 들어 높고 넓게 유지하면서 광배근 펼침을 최대한으로 하고 복부 크런칭은 최소한으로 하거나 복부 플렉싱만 하면서 오른손은 손등이 전면을 향하게 해서 왼손으로 오른손의 정권 쪽이라기보다는 검지와 중지 쪽에서 감싸고 양손을 배꼽 이하의 몸통에 밀착시키는 것이다.

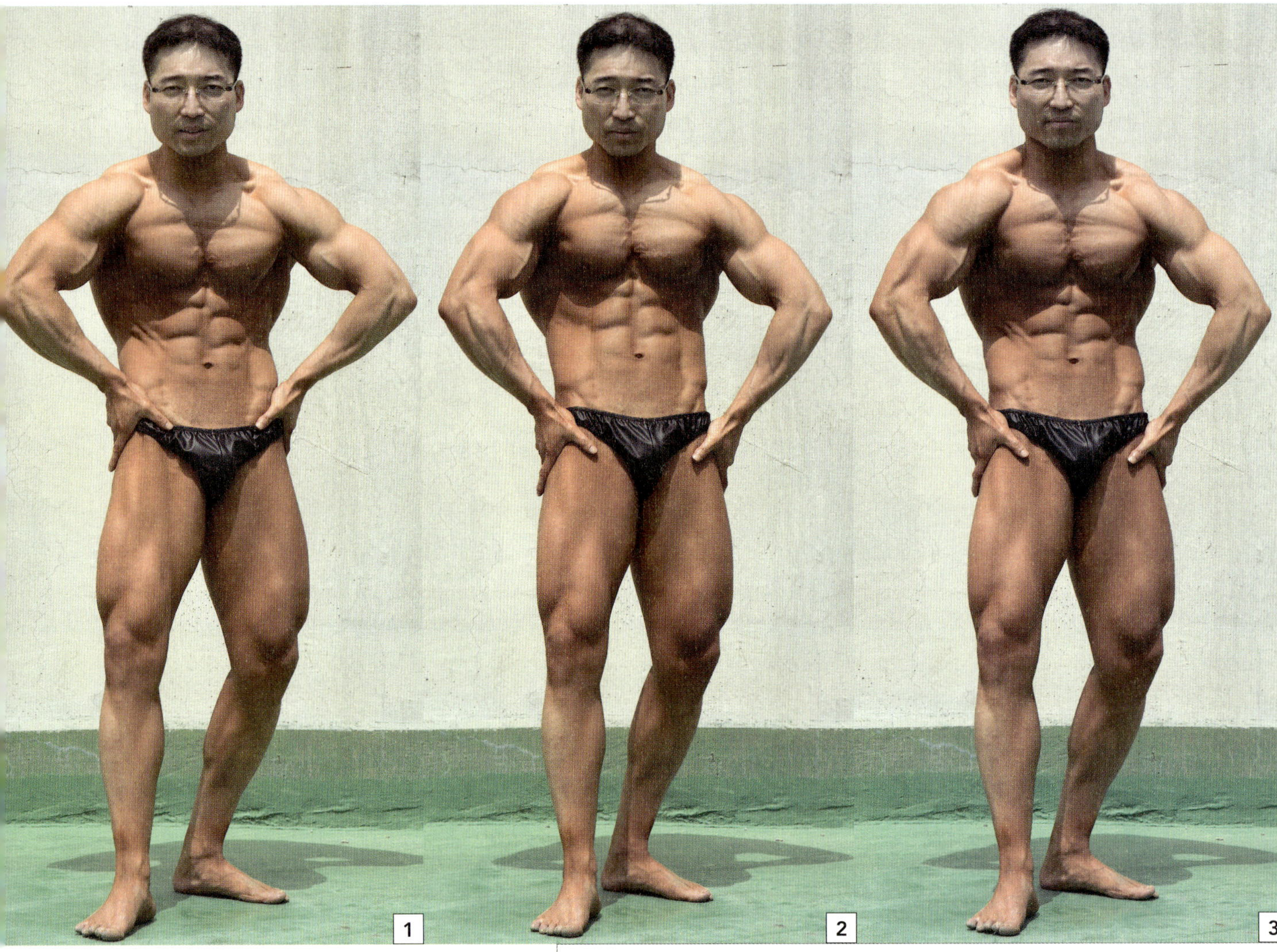

@ 2011 광명시 대회 다음날

양손을 골반이나 대퇴에 두는 스탠딩 포즈: 총체적 시행착오. 당시에는 포징에 최선을 다했지만, 지금의 내 관점에, 총체적으로 아쉬운 포징인데, 뭐가 어떻게 잘못되었는지, 그리고 여기서 건질 만한 것은 무엇인지 살펴보자.

1: 의도적으로 양손을 골반에 두고, 복부 크런칭.
2: 편하게 양손을 대퇴 상단으로 옮기고.
3: 승모근을 살리는 데 더 신경 쓰면서 복부 크런칭.

결과적으로, 최대한 강해 보이고 꽉 차 보여야 할, 본연의 '현대' 〈최고 근육질 포즈〉라기보다는 모두 기껏해야 '고전적인' 포즈, 아니면 '피트니스' 포즈나 '뷰티바디' 포즈 정도가 되었는데, 몸통을 뒤로 기울이면서 복부 크런칭을 한 데다 어깨와 광배근을 넓게 유지하지 못했기 때문이라 할 수 있다. 같은 이유로, 상체 전체가 작아 보이고, 그래서 전신의 상하좌우 비율이 나빠 보인다. 게다가, 몸통을 뒤로 기울이다 보니 하체 포징도 약하고 엉성해진 경향이 있다. 후에 알게 된 사실은, 몸통을 앞으로 기울여야 대퇴 전면의 근육분리를 살리기 유리하다는 것이다. 대퇴직근, 봉공근 같은 근육은 특히, 골반 굴곡근이기 때문에, (팔꿈치를 어느 정도 접었을 때 이두근이 잘 사는 것과 마찬가지로) 골반을 어느 정도 접으면서 발뒤꿈치를 들면서 대퇴를 어느 정도 들어올렸을 때 대퇴직근, 봉공근이 더 잘 사는 것이다. 또한 그런 하체 포징에서 반대쪽 발뒤꿈치도 살짝 들어올리기 편해, 그쪽 종아리도 더 잘 살 수 있다. (계속)

(계속) 상체에만 국한해서 신체부위별로 구체적으로 보면 다음과 같다.

어깨. 어깨가 좁고 측면삼각근이나 후면삼각근이 약해 보인다. 기본적으로는, 이들 포즈 자체가 어깨가 넓거나 측면삼각근이나 후면삼각근, 그리고 상완과 전완 근매스 발달이 좋은 선수에게 유리할 것 같다. 그리고 이 사진들을 바탕으로 이후 추가적인 실험을 통해 알게 된 사실은, 양손을 골반에 둘 때 비교적 어깨가 넓어 보이고, 양손을 대퇴에 둘 때 비교적 어깨가 좁아 보인다는 것이다. 그리고 광배근 펼침을 한 상태에서 해야 어깨도 넓어 보인다는 것이다. 물론, 어깨가 들리느냐 아니냐에 의한 것들이다.

대흉근. 펌프되지 않은 상태에서 충만감 없는 대흉근을 쥐어짜 대흉근에서의 고유감각을 이끌어내는 데 신경을 집중하다 보니, 포징하는 내내, 그리고 갈수록 더, 상체를 상하좌우로 전면이 너무 오목하게 포징하고 있다는 걸 느끼면서도 팔꿈치를 앞으로 더 내밀고 모으고 있었다. 그래서 어깨와 상체가 더욱 좁아 보인다.

팔과 몸통. 상완과 전완이 공히 가늘어 보이고 팔과 몸통 사이가 많이 비어 보인다. 그래서 육중함을 강조하는 게 좋을 것 같은 〈최고 근육질 포즈〉로는, 상완과 전완이 충분히 굵지 않을 때는, 또는 팔다리가 긴 편인 선수에게는 좋은 포즈가 아니라고 할 수 있다.

광배근. 이 포즈에서 가장 중요한 신체부위는 대퇴, 복부, 가슴, 어깨, 상완일 것이고, 특히 시합무대의 일반적인 조명환경에서는 대부분의 경우, 광배근은 덜 중요한 부분이겠지만, 광배근 펼침을 잊어버린 바람에 광배근 전체가 다소 꺼지거나 상부 광배근이 찌그러져 보인다. 이후 광배근 펼침을 특히 의식하면서 추가로 실험해보니, 양손을 골반에 둘 때는 '아주 신경 쓰지 않으면' 좌우 어느 한쪽이라도 상부 광배근이 약간 찌그러지는 경향이 여전히 있었지만, 양손을 대퇴에 둘 때는 '거의 신경 쓰지 않아도' 거의 그렇게 되지 않았다. 좋기에는, 〈전면 광배근 포즈〉에서 광배근 펼침을 하는 제3의 방법처럼, 양손으로 골반이나 대퇴를 먼저 잡은 상태에서 광배근 펼침을 시도하는 게 아니라, 광배근 펼침을 먼저 쉽게 한 후에 그 상태에서 양손을 골반이나 대퇴에 가져가는 것인데, 광배근 펼침을 먼저 한 상태에서 해야 최종 포즈에서 광배근이 꺼지거나 찌그러지는 경향을 최소화할 수 있다 (2015년 이후 익숙해져, 반대 순서로 해도 광배근 펼침과 삼각근 살리기를 무난히 할 수 있게 되었다). 사진에서처럼, 광배근 펼침에 아주 유의하지 않으면 광배근이 꺼지거나 상부 광배근이 쉽게 찌그러지는 경향은, 복부를 살리기 위해 의식적으로 숨을 내뱉을수록, 또는 복부 플렉싱이나 크런칭을 할수록 커지는데, 특히 이 둘을 동시에 하면 더욱 그렇다.

결론적으로, 이렇게 손 위치, 몸통 기울임 정도, 복부 크런칭 정도에 따라, 같은 몸이라도 포즈가 어정쩡하거나 심하게는 황당해지기도 하고, 포즈의 성격이 '강한 근육질의 보디빌딩 포즈'에서 '우아한 포즈'로 바뀌기도 한다. 다음에는 꼭! 양손을 골반에 두든 대퇴에 두든, 허리를 (거의) 펴고, 어깨와 광배근은 〈전면 광배근 포즈〉 하듯이 제3의 방법을 우선 고려해야겠다. 손과 팔꿈치를 몸의 다소 앞쪽에 두지 않고, 옆쪽에 두거나, (뒤에 나오는 류제형 선수처럼) 뒤쪽에 둠으로써 더 좋은 결과를 낼 수 있을지도 모른다.

아놀드 백과. 아놀드 백과에서 이런 유형의 포즈 사진들을 살펴보면, 손을 골반에 둘지 (p256의 숀 레이, p257의 프랑코 콜룸부), 대퇴 상단에 둘지 (p117의 프랑코 콜룸부), 그 약간 아래인 대퇴 상부에 둘지 (p124의 사미르 바누트), 심지어는 그 한참 아래인 대퇴 중부에 둘지 (p268의 세르주 뉘브레), 그리고 그때 손을 약간 앞에 둘지, 딱 옆에 둘지, 약간 뒤에 둘지, 그리고 이들 상하전후 손 위치에서 어깨와 팔꿈치는 약간 앞에 둘지, 딱 옆에 둘지, 약간 뒤에 둘지 등, 다양한 변형이 가능하다. 내 시행착오와 달리, 이 선수들은 손을 골반에 두고 상체를 앞으로 '약간' 오목하게 하고 승모근을 '약간' 살리면서도, 광배근 펼침을 무난하게 (p256의 숀 레이), 또는 완벽하게 (p257의 프랑코 콜룸부) 하고 있다.

@ 2011 광명시 대회 다음날

양손을 뒤에 두는 스탠딩 포즈: 실험. 다음과 같이 해봤다.

1: 양손을 열중쉬어 상태로 했다. 편한 포징.
2: 이두근을 살리기 위해 양손을 깍지 껴 손바닥을 서로 붙이고 팔꿈치를 더 접어봤다. 전완이 가늘어 보인다.
3: 어깨를 앞으로 최대한 모아봤다. 삼각근과 대흉근 사이의 분리가 좋아져 더 단단해 보이지만, 어깨가 아주 좁아 보이고 포즈 자체가 작아진다. 그래서 어깨가 넓지 않거나 측면삼각근이나 후면삼각근 매스 발달이 좋지 않은 선수에게는 불리할 것 같다.
4: 양손을 열중쉬어 상태로 하면서 양손을 느슨하게 잡고 팔꿈치를 앞으로 당겨봤다.
5: 어깨를 앞으로 약간 모아봤다.

뒤에서 한손으로 다른 손을 잡을지, 손목을 잡을지, 손목 위를 잡을지, 아니면 양손을 서로 떨어뜨릴지 등에 따라 팔꿈치와 몸통 사이가 얼마나 비어 보일지가 달라진다. 더 육중해 보이기 원한다면, 비어 보이지 않게 할수록 유리하다. 즉 **1**보다 더 꽉 차게 보이게 함으로써 상체가 더 육중해 보이게 할 수도 있다.

어느 게 더 낫다거나 최종 것이 최초 것보다 반드시 낫다는 것은 전혀 아니고 오히려 그 반대일 수도 있지만 (실제로 훨씬 많은 수의 사진을 촬영했었다), 이런 방식의 실험과 평가는 누구에게나 발전적 포징에 도움될 수 있을 것이다.

벤트오버 최고 근육질 포즈

벤트오버 〈최고 근육질 포즈〉는 선수들이 일반적으로 가장 마지막에 하기 좋아하는 포즈다. 내 생각에, 보디빌딩에서 가장 '괴물[괴수]monster[beast] 같은' 포즈로, 기본적으로 '근육'을 최우선 추구하는 보디빌딩 본연에 가장 가까운, 가장 궁극적인 근육질 포즈인 것 같다 (이 같은 포즈에서와는 다른 의미로, '괴물'이나 '괴물 같다'는 말은, 그게 선수의 몸을 보고 하는 말이든 운동 강도나 운동 근성을 보고 하는 말이든, 선수에게는 최고의 찬사 중 하나일 것이다).

하체 포징. 이전과 기본적으로 같고, 다양하다. 하체 포즈부터 자신의 최고 모습으로 잡아나가야 한다. 내가 가장 부족했던 부분이다.

코어 포징. 이 자세로 할 때는 더 근육질로 보이게, 더 꽉 차 보이게 몸통을 '적절히' 숙이는 게 중요하다. 물론, 심판 같은 관찰자의 눈이 어느 높이에 있는지, 조명은 어떤지도 고려되어야 한다. 너무 숙이면 대흉근의 더 아래까지, 더 넓은 면적이 보이지 않아 불리하고, 너무 세우면 승모근이 덜 돋보여 불리할 수 있다.

복부는 대부분의 경우, 다른 신체부위만큼 잘 보이지도 않고 다른 신체부위에 우선순위를 두다 보니 그다지 신경 쓰지 않게 되기 쉽지만, 신경 쓰지 않고 그냥 내버려두는 것보다는 크런칭이나 플렉싱을 고려하는 게 더 레벨 높은 포징일 것임은 분명하다.

상체 포징. 가슴과 어깨는 물론이고 상완, 전완, 손목, 손 등, 모든 신체부위의 포징이 중요하다.

머리 포징. 머리가 몸보다 앞쪽에 있기 때문에 비율상 불리할 수 있는데, 내 시행착오와 마찬가지로, 머리를 앞으로 빼면 비율이 더 나빠 보일 뿐 아니라 승모근이 죽어 보일 수 있어서, 그렇게 되지 않게 유의하면 좋겠다 (스탠딩 포즈에서도 크게 다르지 않다).

1

2

@ 2011 광명시 대회 며칠 후, 경기 대회

하체 포징과 상체 포징. 다음과 같이 해봤다.

1: 앞쪽 대퇴의 빗살무늬를 이끌어내는 데 유리한 하체 포징
2: 앞쪽 대퇴의 근육분리를 이끌어내는 데 유리한 하체 포징

추가로 어느 한쪽 또는 양쪽 발가락, 발앞꿈치, 안쪽 발바닥, 발뒤꿈치 중 어느 쪽이든 바닥에서 어느 정도 띄움으로써 종아리와 대퇴의 모습을 더 좋아 보이게 할 수도 있다.

펌핑 없이, 그리고 대흉근의 충만감이 거의 느껴지지 않는 상태에서 대흉근과 이두근을 억지로라도 쥐어짜기 위해 팔꿈치를 많이 접고 손목을 많이 꺾어, 손목 포징이 다소 엉성해 보인다. 상완이 더 넓어 보이게, 양손을 어깨보다 앞으로 나오지 않게 유지했더라면 더 좋았겠다.

1

2

3

4

5

@ 2015 파주시 대회

포징의 발전: 상체, 코어, 하체 포징. 경기 전 기록 차원의 사진들로 (**1, 2**), 이 여전히 어정쩡한 벤트오버 포즈에서는 특히 어깨를 높이 들면서 광배근 펼침을 함으로써 어깨를 넓게 하고 삼각근을 봉긋하게 세우지 못했는데, 그것은 처음에 광배근 펼침을 하지 않고 시작했기 때문이기도 하고, 양손을 강하게 밀어줄 수 있게 '넓은 면 접촉'의 안정된 그립으로 맞잡지 못하고 서로 '점 접촉'만 되게 한 상태로 눌렀기 때문일 수 있다 (**1**). 그리고 복부 크런칭이 과해 복직근의 분리를 넘어 피부 주름이 잡히면서 복사근의 빗살무늬도 약해졌다. 이 스탠딩 포즈에서는 삼각근이 좀 나아지기는 했지만 충분히 살린 건 아닌데, 특히 왼쪽 팔꿈치는 더 펴면서 어깨를 더 높이 올려줬어야 할 것 같고 (대퇴보다는 골반에 양손을 위치시킨 결과이기도 할 것이다), 광배근 펼침도 더 크게 했어야 할 것 같다 (**2**).

피지크 경기 중 '스탠딩' 〈최고 근육질 포즈〉를 시작해서 완성하는 모습으로 (**3~5**), 비록 피지크 경기종목에서는 보디빌딩 포징을 하지 않는 게, 특히 〈최고 근육질 포즈〉를 하거나 어떤 포즈에서도 주먹 쥐는 포징을 하는 것은 피하는 게 좋겠다는 걸 생각은 하면서도 (주먹 대신에 손을 펴거나 손가락들을 벌리면 보디빌딩스럽지가 않아지는 경우가 많다), 이때는 이 경기종목 첫 출전이어서 무대에서는 잊어버렸다. 다른 선수들이 덜 근육질로 보일 때, 나를 부각하는 방법 중 하나는 이런 근육질 포즈를 하는 것이라 생각했기 때문이기도 했다. 어쨌건, 이 스탠딩 포즈에서는 적어도 어느 정도는 어깨를 들고 광배근 펼침을 한 상태에서 근육질 포징을 하다 보니 삼각근이 각지게 잘 살았다고 할 수 있다. 그러나 약간의 복부 크런칭을 하고 있는데, 그래서 복부 피부가 두껍고 하부 외측 대흉근이 빈약해 보이는 경향이 있다. 게다가 이 후자는 상완을 몸통에 더 가까이 붙이지 않음으로써 더욱 그런 경향이 있다. 이 둘은 복부 크런칭을 조금 덜 하거나 복부 플렉싱만 했다면 어느 정도 저절로 개선될 사안이다. 물론, 복부 크런칭을 덜 하면 복사근 스트리에이션은 좀 약해질 수도 있다.

김진식 @ 2013 전국체전 -65kg급

총체적 포징 앤 플렉싱. 상체는 물론이고 양쪽 대퇴와 종아리까지, 어느 한 신체부위, 어느 한 근육도 빠뜨리지 않고, 전신에 걸친 완벽한 포징 앤 플렉싱을 하고 있다. 전신을 이만큼 발달시키는 것도 지극히 어려운 일이지만, 전신에 이만큼 완벽한 포징 앤 플렉싱을 하는 것도 지극히 어려운 일이다.

김성환 @ 2014 전국체전 -75kg급

남경윤 @ 2009 전국체전, 2010 코리아 대회 -75kg급

머리 포징. 머리를 앞으로 내미는 게 아니라 뒤로 당기면 승모근을 살리기 좋고 비율상으로도 머리는 작고 상체는 커 보여 유리하다.

김종원

박인정

김지용 @ 2013 부천시장기 대회 +85kg급

몸과 포징. 상부와 하부 대흉근의 매스 전체가 두껍게 두드러져 보인다. 팔꿈치와 손이 어깨보다 앞으로 나오지 않는 게 포즈 자체와 각 신체부위를 얼마나 어떻게 유리해 보이게 하는지 주목하라. 삼각근도 인상적이다.

이두희 @ 2009 전국체전 –80kg급, 2014 전국체전 –85kg급

최민석 @ 2010 코리아 대회 –90kg급, 2013, 2014 전국체전 –85kg급
몸과 포징. 삼두근(특히 매스)이 특별 강점인 선수. 양손의 위치와 맞잡는 방법, 팔꿈치를 접는 정도, 어깨를 위로 들거나 앞으로 빼는 정도 등의 차이가 복합돼, 두 스탠딩 포즈가 서로 상당히 달라 보인다.

이대성 @ 2009 YMCA 대회, 전국체전 +90kg급

몸과 포징. 대퇴(특히 앞모습)가 특별 강점인 선수.

이승철 @ 2008 YMCA 대회, 2010 코리아 대회 +90kg급

몸과 포징. 가슴과 대퇴(특히 앞모습)가 특별 강점인 선수. 2010 미스터 코리아.

근질과 근육질이란?

동호인, 마니아, 선수 등 사이에서 **'근질'**이라는 말을 흔히 듣게 된다. '누구누구가 근질이 좋다'는 식의 말이다. 나 자신이 그런 말을 써본 적은 거의 없지만, 자꾸 듣다 보니 나 역시 그 말에 관해 구체적으로 생각해보게 된다.

근질을 영어로 옮기자면 다음 둘 중 하나가 될 것 같다. Muscle quality 또는 muscle texture. 즉, 근육의 품'질' 또는 근육의 (표면)'질'감. 인터넷을 통하니 영어권에서는 muscle quality라고도 쓰고 muscle texture라고도 쓰고 있으니, 우리말로 그대로 옮기면 둘 다 '근육의 질', 즉 '근질'이 되기는 한다.

IFBB 규정집rule book에는 다음과 같은 말이 있다.

> IFBB 규정집: 심판들은 전신overall physique을 평가해, 비율proportion, 대칭[균형]symmetry, 근육 크기muscle size, 근질muscle quality (밀도[단단함]density, 분리separation, 선도definition), 피부톤skin tone을 파악한다.

그러나 소고기 '마블링'marbling처럼, 지방 함량이나 지방 모양에 따른 등급도 아니고 인체의 근육에 그런 등급이나 품질이 따로 있을 리 만무하다. 근육 내 지방의 함량과 분포의 차이, 근육세포 내 글리코겐 저장량은 사람에 따라, 그리고 때에 따라 차이가 있지만, 근육은 다 같은 근육이지, 다른 게 아니다. 그리고 우리가 근질이라는 말을 쓸 때는 어떤 사람을 시각적으로 판단하는 것이지, 그 사람의 근육을 조직·해부학적으로 들여다보고 판단하는 게 아니다. 그래서 결국, 근질이 근육의 품질을 뜻하는 말이라기보다는, 사실상 근육의 (표면)질감muscle texture이라고 볼 수 있다 (참고로, '근육세포 내의 근원섬유myofibrils 사이를 메우고 있는 세포질cytoplasm'을 뜻하는 생물학적 정의의 근질[근형질]sarcoplasm도 있다). 그리고 이것은 다음 몇 가지 요소를 통칭하는 것으로 이해할 수 있다. **데피니션, 세퍼레이션, 스트리에이션**. 그리고 흔히 말하는 '깍임'cut은 이 세 개념을 통칭하는 것일 수 있다. 그리고 IFBB 규정집의 위 문구를 통해 하나 더 추가하자면, **덴시티**.

이런 근질은 신체부위별로 심하게 차이 나기도 하는데, 어떤 선수는 상체는 근질이 좋은데 하체는 그 반대이기도 하고, 전면은 좋은데 후면은 그 반대이기도 하다.

설기관 @ 2011 서울 대회 -65kg급

내가 아놀드 백과 번역 작업을 하면서 그 '이미지'image가 가장 궁금했던 게 muscularity, muscular였는데, 우리말로는 각각 **근육질, 근육질의**로 주로 번역되는 것으로, 그렇다면 '근육질(muscularity)'이란 어떤 것이고 '근육질의(muscular) 남자'란 어떤 모습의 남자를 말하는 것일까? 잔 근육이 많이 보이는, 날렵하게 깍인cut 모습인가, 아니면 미국 프로레슬링 WWE의 대부분의 선수처럼, 잔 근육은 그다지 보이지 않지만, 실제로 근육량은 엄청나게 많은, 근육 덩치(또는 벌크) 자체가 큰 육중한massive 모습인가? 아니면 이 둘 다인가? 원어민 환자와 보호자 몇 명에게 물어보고 답변을 들었지만, '딱 이거다' 싶은 것은 없었다. 그래서 나는 **'근육발달**(muscular development)'과 별 차이 없다고 생각하고 그렇게 번역하기도 했다. 그러나 이기수 백과 집필 과정의 하나로, 용어 등의 일관성 차원에서라도 아놀드 백과를 처음부터 끝까지 다시 살피면서, 근육질(muscularity)은 여기서 말하는 근질과 비슷하고 근육발달(muscular development)은 주로 크기(또는 배스)와 모양을 뜻한다는 걸 알 수 있었고, 그래서 아놀드 백과에서 필요한 부분은 이번에 그렇게 바로잡아가고 있다.

데피니션. 데피니션definition은 근육이 선명하게 보이는 정도, 즉 '근선도' 정도로 번역될 수 있는 것으로, 피부가 얼마나 얇아서 그 하방의 근육이 얼마나 드러나 보이느냐 하는 것이다. 피하지방이 적고 피하 수분정체가 적을수록 데피니션은 좋아진다. 기본적으로 그 피부 하방의 근육발달 정도와는 크게 상관없는 것이라고 나는 이해하고 있다. 그래서 보디빌딩 웨이트트레이닝은 전혀 또는 거의 하지 않았더라도, 남녀 공히, 깡마른 체형의 사람이라면 전신에서 데피니션은 충분히 좋을 수 있다.

세퍼레이션. 세퍼레이션separation은 근육이 인접 근육들과 분리돼 보이는 정도, 즉 '근육분리', '근분리도' 정도로 번역될 수 있는 것으로, 데피니션과는 별개로 생각할 수 있다. 〈전면 이두근 포즈〉에서 이두근과 삼두근이 명확하게 갈라져 보이느냐, 〈후면 이두근 포즈〉에서 이두근 외측두, 상완근, 삼두근 외측두, 삼두근 장두가 명확하게 분리돼 보이느냐, 〈최고 근육질 포즈〉에서 전면삼각근과 상부 대흉근, 나아가서는 대흉근이 상부, 중부, 하부로 분리돼 보이느냐 하는 것이다. 이것은 피부가 얇아야 하기도 하지만, 기본적으로 그 피부 하방의 근육 자체가 발달하고 그 근육들이 글리코겐과 물 저장량이 부족하지 않아 충만해서 부피감이 있어야 하는 것이다.

그래서 아놀드 백과는 다음과 같이 말하고 있다.

> 아놀드 백과: 근육 세퍼레이션은 단순한 데피니션을 훨씬 넘어서는 수준의 근육발달이다. 훈련과 다이어트로 좋은 데피니션을 얻을 수는 있지만, 시합에서 우승할 수 있는, 걸어 다니는 해부학 도감이 되기 위해서는 이보다 더한 무언가가 필요하다. 질 높은 육체라면 각 근육군 사이에 명확한 분리가 이루어져야 한다. 예를 들면, 〈후면 이두근 포즈〉를 잡을 때, 이두근과 삼두근, 어깨, 승모근, 상부와 하부 등 근육 사이의 경계가 심판원들의 눈에 확 띄어야 한다. 개별 근육군 자체도 그 내부가 명확히 구분되어야 한다.

데피니션과 세퍼레이션은 별개의 개념이며, 실제로도 다르게 나타난다. 특히, 같은 선수에서는 시합을 전후해 주로 식이요법의 차이로 단기간에 극명한 차이로 나타난다. 시합 다음날 데피니션은 나빠지더라도 세퍼레이션은 좋아지는 경우가 많은데, 시합 직후부터 아주 잘, 심지어는 고탄수화물에다 자연히 나트륨도 상당량 함유한 음식을 돼지처럼 먹다 보니, 체중도 순간적으로 늘고, 피하지방도 늘고, 근육 글리코겐 저장량도 넘치고, 나트륨으로 인한 피하 수분정체도 생긴다. 정리하면, 근육은 글리코겐과 물 저장량이 많아지면서 더 커 보여 세퍼레이션이 좋아지고, 피부는 피하지방과 피하수분으로 두꺼워

설기관

져 데피니션은 나빠질 수 있다. 이때, 하루에도 체중 2~3kg은 쉽게 늘고 며칠이면 5kg까지도 쉽게 느는데, 이렇게 늘어난 체중 5kg은 대충 2kg은 체지방, 1kg은 근육(글리코겐 + 근육 내 물), 2kg은 피하 수분정체 정도로 볼 수 있다. 이를 잘 이용해, 시합 1주일 전에 감량 다이어트를 마치고 이후는 탄수화물 로딩(채우기)을 현명하게 해 시합에 딱 맞춰 절정에 이르게 하는 게 중요한데, 이론으로는 쉽지만 실제로는 그렇게 딱 맞춘 경우가 내게는 거의 없었다.

스트리에이션. 스트리에이션striation은 '빗살무늬', '줄무늬' 정도로 번역될 수 있는 것으로, 바로 앞에서도 알 수 있듯, 세퍼레이션과 비슷한 개념이라 볼 수도 있지만, 세퍼레이션은 한 근육 또는 근육군이, 다른 근육 또는 근육군과 명확히 구분돼 보이는 (그렇기 위해서는 근육 자체도 충만하게 발달해 있으면서, 피하지방과 피하수분도 적어 그 근육들 사이가 오목하게 들어가야 한다) 것을 말하고, 스트리에이션은 가령, 삼각근, 내측광근, 외측광근 등에서의 빗살무늬, 대흉근의 내측에서 외측으로 이어지는 여러 줄무늬를 뜻한다. 상부 대흉근과 중부 대흉근 사이의 깊은 골은 흔히 세퍼레이션이라 하고, 그 사이의 줄무늬는 흔히 스트리에이션이라 한다. 그리고 전면삼각근과 측면삼각근 사이는 세퍼레이션이라 하고 개별 삼각근 내에서의 줄무늬는 스트리에이션이라 한다. 하나의 근육으로 보느냐 아니냐에 따라 달라질 수도 있고, 그 골이 얼마나 깊고 명확하냐에 따라, 깊고 명확하면 세퍼레이션, 잘게 나뉘어 있으면 스트리에이션이라고 볼 수도 있겠다.

'갈라짐'split, '찢어짐'rip도 흔히 쓰이는 표현인데, 세퍼레이션 및 스트리에이션에 의한, 특히 조각도로 깊이 홈을 낸 것처럼 깊이 팬 부분이나 그런 모습을 칭할 때 유용한 표현이다.

〈후면 광배근 포즈〉나 그 예비동작에서 크리스마스트리가 보이면 우리는 적어도 그 신체부위에서는 '근질이 좋다'고 생각할 수 있다. 크리스마스트리는 주로 광배근(의 널힘줄과 근복)에 의한 것으로, 기본적으로 광배근이 발달해 있어야 비로소 보일 수 있는 것이다.

스트리에이션은 사실상 거의 모든 근육에서 보일 수 있다. 대흉근, 승모근, 삼각근, 삼두근은 물론이고 이두근, 완요골근, 장요측수근신근까지. 광배근은 물론이고 대원근, 극하근까지. 복직근까지. 외측광근, 내측광근은 물론이고 장경인대, 대퇴직근, 비복근, 넙치근까지.

크로스스트리에이션cross-striation은 '교차빗살무늬', '교차줄무늬' 정도로 번역될 수 있는 것으로, 〈후면 광배근 포즈〉에서의 광배근은 크로스스트리에이션이 가장 흔히 보이는 부위 중 하나일 것이다.

김성환

덴시티. IFBB 규정집의 내용 중 근질에 덴시티density를 포함시킨 부분이 있는데, 덴시티는 '밀도', '단단함' 정도로 번역될 수 있는 것으로, 기본적으로 근매스, 데피니션, 세퍼레이션이 조합된 개념으로 이해할 수 있다. 데피니션과 세퍼레이션이 아무리 좋아도 피부 하방에서 충분한 근매스가 받쳐주지 않으면 시각적으로 단단함은 느끼기 어렵다. 과거의 미스터 올림피아 도리안 예이츠는 단단한 밀도의 대표적 예라 할 수 있다.

1

2

류제형 @ 2010 YMCA 대회 −75kg급

데피니션, 세퍼레이션, 스트리에이션. 내측광근과 외측광근은 물론이고 대퇴직근에까지, 그리고 완요골근과 장요측수근신근[긴노쪽손목폄근]에까지 스트리에이션이 보인다.

양손을 대퇴 상단, 뒤쪽에 두고 있는데 (**1**), 균형미, 데피니션, 세퍼레이션, 스트리에이션 등 모든 것 훌륭하지만, 원래 근육량이 상당함에도 팔다리가 길어서 육중하기보다는 날씬해 보이는 경향이, 팔과 몸통 사이의 공간으로 인해 더 강조되어, 육중해 보일수록 좋다고 생각되는 〈최고 근육질 포즈〉로는 불리할 수 있다고 생각된다.

팔과 몸통 사이의 공간이 작을수록 육중해 보이기 때문에 (**2**), 이 포즈가 특히 그에게는 훨씬 유리한 〈최고 근육질 포즈〉일 것이다.

류제형 @ 2011 전국체전 −75kg급, 2014 전국체전 −80kg급

포즈다운

선수들이 단체로 각자 자신의 최고의 포즈들을 자유로이 보여줄 기회로, 주로 〈일반적 발표〉, 7가지 〈규정포즈〉, 〈최고 근육질 포즈〉 같은 기본포즈 후에 실시되고, 관객들의 관심이나 흥미를 증진시키기 위해서 또는 경기진행의 묘미를 살리기 위해서 같은 이유로, 아주 가끔은 기본포즈 전에 실시되기도 한다. 물론, 생략되기도 한다.

〈포즈다운〉에서 선수들은 어떤 포즈나 할 수 있는데, 선수들에게는 팬서비스를 확실히 할 기회, 심판들의 채점에 추가로 영향을 미칠 기회가 되고, 심판들에게는 채점을 마무리하기 위한 추가의 시간이 되기도 한다. 선수들은 무대에서 자신의 자리에서 벗어나 더 앞쪽으로 나오거나 서로 가까이 붙어 무리를 이뤄 경쟁적인 포징을 하기도 하는데, 선수들, 관객들에게는 짧지만 그 자체로 유쾌하고 재미있는 시간이다.

@ 2011 코리아 대회 -80kg급

with 류승용 @ 2015 파주시 대회 -70kg급

즐거움과 팬서비스. 우리는 무대에 오르기 전, 포즈다운에서 서로 옆에서 같은 포즈로 경쟁적 포징을 하자고 한 상태였다. 누군가가 먼저 어느 포즈를 하면 따라 하는 식이다. 이때 다른 선수들도 하나씩 가까이 붙어 동참하게 되면 점점 더 흥미진진해진다.

@ 2015 파주시 대회 그랑프리전(–60kg급~+90Kg급)

자유포징

선수들이 개인별로 각자 자신의 최고의 포즈들을 자유로이 보여줄 기회로, 주로 전국대회 같은 상급시합의 본선에서 기본포즈 전에 실시된다.

앞에서 살펴본 것처럼, 선수는 단순히 7가지 〈규정포즈〉의 포즈 규정을 알고 있어야 할 뿐 아니라, 어떤 기본포즈에서든 자신에게 최고로 잘 개인맞춤된 포즈를 익혀야 하며, 다음으로는 그 특정 포즈에서 전신의 모든 신체부위·근육에 빠짐없이 총체적인 포징 앤 플렉싱이 되게 해야 한다. 이것은 포즈에서 최고 수준의 포징 기술일 것이다.

그러나 다음으로는, 이런 정지 상태의 포즈들뿐 아니라, 그런 포즈들과 그 중간동작들의 총합인 〈자유포징〉이라는 '난제'를 맞이하게 되는데, 각자 자신이 준비한 포징 음악에 맞춰서, 또는 주최 측에서 제공하는 임의의 포징 음악에 맞춰서 하게 된다. 여기에는 포즈 자체의 포징 기술을 훨씬 넘어서는 수준의 포징 완성도와 포징 세련미가 요구된다. 선수들에게는 심판들과 관객들에게, 자신이 몸으로 얼마나 준비되었고 얼마나 기본포즈 포징이 훌륭한지 하는 것은 물론이고, 얼마나 보디빌딩 또는 다른 면에서 재능이나 독창성이 있는지, 얼마나 팬서비스에 신경 쓰는지, 얼마나 이 스포츠와 이 시합을 제대로 즐기는지 확실히 보여주기에 좋은 기회다. 그러나 이것은 상급 선수에게 해당하는 것이고, 일단은 기본포즈가 최우선 완성되어야 한다.

'포즈'가 사진이라면 '포징'은 동영상인 것처럼, '자유포즈'와 '자유포징'도 그렇다. 각종 〈최고 근육질 포즈〉도 일종의 자유포즈라 할 수 있지만, 〈일반적 발표〉, 〈규정포즈〉, 〈최고 근육질 포즈〉, 그리고 뒤에 나오는 〈쿼터 턴〉 같은 것을 제외한 각종 〈프런트front 포즈〉, 〈백back 포즈〉, 〈트위스팅twisting ¾ 프런트 포즈〉, 〈트위스팅 ¾ 백 포즈〉, 〈닐링kneeling 포즈〉, 〈런징lunging 포즈〉, 〈스플리팅splitting 포즈〉 등의 무수히 다양한 포즈를 일반적으로 자유포즈라 하는데, 자유포징은 자유포즈든 기본포즈든, 특정 포즈와 그 중간동작 등이 조합되고 연결된 것이다. '운동'exercise을 조합하고 연결한 '워크아웃workout 루틴'이 그런 것처럼, '포즈'pose와 '동작'을 조합하고 연결한 '포징posing 루틴'도 순전히 선수 자신에게 달린 것이다.

세계 정상급 프로 선수들을 보면, 자유포징에서 특히 뛰어나다고 할 수 있다. 그들이 몸도 더 다이내믹하지만, 몸보다도 규정포즈 포징이 더 다이내믹하고, 규정포즈보다도 자유포징이 더 다이내믹하다. 기본포즈를 중심으로 자유포징을 하는 선수가 대부분이지만, 현대 보디빌더 중 최고의 자유포징을 보이는 선수라 할 수 있는 카이 그린Kai Greene을 비롯해, 곡예적 동작이나 로봇 춤 등으로 독특하고 흥미진진한 자유포징을 하는 선수들도 있다. 과거와 현재의 자유포징이 뛰어난 선수들의 인터넷 유튜브 동영상을 보면, '그래, 이런 게 진정한 자유포징이지!' 싶다.

나도 코리아 대회 본선을 포함해 한두 차례 자유포징을 한 적 있는데, 내가 아직 자유포징을 할 정도의 레벨이 되지 않았다 생각해서 나 자신의 포징 음악을 준비하지는 않았고, 주최 측에서 즉흥적으로 틀어주는 음악에 맞춰 할 때였는데, 내가 정말 하고 싶은 게 자유포징이기도 하지만, 아직 그만한 레벨이 안 되다 보니, 얼마나 황당한 포징으로 그 시간을 때웠고 후에 내 시합사진을 통해 내가 얼마나 황당한 포징을 했는지 깨달았는데, 그런 면에서, 과거와 현재의 세계 정상급 프로 선수들의 자유포징은 그야말로 감탄과 감동 그 자체일 수밖에 없다 (포징 음악, 포징 연습 등, 〈자유포징〉에 관해서는 추가로 아놀드 백과를 참고하기를 권한다).

프런트, 백, 사이드 포즈

전면 〈규정포즈〉에서 약간의 변형만으로도 가볍게 자유포즈가 될 수 있고, 후면 〈규정포즈〉, 측면 〈규정포즈〉도 마찬가지다. 이두근 포즈와 광배근 포즈를 좌우 조합할 수도 있고, 그 어떤 기본포즈도 조합하면 훌륭한 자유포즈가 될 수 있다. 그리고 전면 포즈의 대부분은 후면 포즈로도 전환 가능하다. 물론, 후면 포즈에서는 단순히 전면 포즈를 뒤돌아서 하는 게 아니라, 크리스마스트리, 대둔근, 대퇴 후면, 종아리 등을 살리기 위한 특별한 포징 앤 플렉싱이 필요하다. 심지어는 측면 포즈조차도 전면 포즈로 전환 가능하다.

고기드온 @ 2016 NABBA Korea 대구 대회 어슬레틱 프로전
프런트 포즈. 〈전면 이두근 포즈〉의 변형.

이두희 @ 2014 전국체전 -85kg급
백 포즈. 〈후면 이두근 포즈〉의 변형.

전영기 @ 2014 머슬마니아 마이애미 대회 -75kg급
사이드 포즈. 〈측면 삼두근 포즈〉의 변형으로, 아주 심미적인 자유포즈가 되고 있다. 이 포즈에서 허리 트위스팅 정도는 사실상 0(영)이라 할 수 있다.

트위스팅 3/4 프런트 포즈

@ 2011 광명시 대회 다음날

트위스팅. 트위스팅 포즈를 실험해봤다. 트위스팅의 목적은 1. 허리를 더 가늘어 보이게 하기 위해, 2. 허리를 더 가늘어 보이게 함으로써 결과적으로 허리 대비 상체와 하체의 가로 비율을 더 좋아 보이게 하기 위해, 3. 포즈 자체를 더 다이내믹하게 또는 더 우아하게 하기 위해 등이라고 생각된다.

트위스팅과 광배근 펼침. 가장 아쉬운 것은 〈전면 이두근 포즈〉의 상체 포즈를 전체적으로 더 정확히 하면서, 더 넓어 보이게 허리를 더 비틀었어야 한다는 것이다 (**1**). 그리고 어깨, 팔꿈치, 광배근은 훨씬 더 크고 넓게 펼쳤어야 했다. 아놀드가 영화 『펌핑 아이언』에서 어린 보디빌더의 포징을 지도해주면서 말했던 것을 유념했음에도, '상체 포즈를 작게' 잡았던 것이다. 트위스팅 포즈에서 상체와 하체의 트위스팅을 강조하다가 상체의 넓은 어깨와 광배근 비율이 죽는 것보다는 트위스팅이 덜 되더라도 상체를 넓게 펼치는 게 훨씬 유리할 것이다.

트위스팅과 코어. 복부 배큠이나 플렉싱을 했다면 어땠을까 싶다 (**2**).

트위스팅과 이두근 봉우리. 그런데 이들 포즈는 아놀드 백과에서 "허리를 최소화하면서 팔의 크기를 최대화하는 포즈다. 그러나 이두근 봉우리가 높지 않다면 피하는 게 좋을 것"이라고 한 포즈에 해당한다. 결과적으로, 사진에서처럼, 이두근 모습을 훌륭하게 표현할 수 있다는 확신이 없을 때는 보디빌딩 포즈로는 피해야 할 포즈일지도 모른다.

트위스팅과 하체. 하체 포징에 따라서도 포즈 자체가 고전적이고 우아한 포즈, 육중한 보디빌딩 포즈, 날씬한 피트니스 포즈, 이렇게 크게 달라져 보인다. 앞쪽 대퇴를 더 옆쪽으로 향하게 할 수도 있고, 앞쪽 무릎이 오히려 반대쪽이나 전면으로 향하게 할 수도 있고, 다리를 서로 교차시킬 수도 있고, 이들 각각의 대퇴 포징에서 무릎을 완전히 펼 수도 있다 (**3**).

박인정 @ 2007 크리스챤 대회 찬조출연

트위스팅 3/4 백 포즈

송재필 @ 2013 전국체전 –65kg급

트위스팅, 광배근, 상완, 하체. 상완, 특히 삼두근 매스, 이두근 매스와 봉우리가 특별 강점인 선수. 그 점이 특히 이들 포즈에서 두드러진다. 상완 외측에서의 완벽한 근육분리, 삼두근 장두의 매스와 모양, 이두근 외측두의 발달과 우뚝 솟은 봉우리 등, 상완이 총체적으로 엄청나다. 마치 원래의 사진에서 포토샵이나 가위로 상완 외형의 굴곡을 강조하면서 따낸 다음 다른 배경에 합성한 것으로 착각하게 할 정도다.

〈트위스팅 3/4 프런트 포즈〉보다 더 어려운 것 같다. 등이 주된 관찰자 쪽으로 거의 완전히 향하게 하고 〈후면 이두근 포즈〉의 상체 포즈를 최대한 재현하게끔, 어깨, 팔꿈치, 광배근을 넓게 펴야 하는데, 그러기 위해서는 관찰자 쪽 대퇴는 앞으로 충분히 당겨와야 한다. 그래야 등이 넓어 보이게 몸통이 충분히 돌려지고 포즈가 안정돼 보인다.

2011년, 시합 며칠 전, 사진촬영을 하면서 이 포즈를 실험해본 적 있다. 아놀드 백과에서 아놀드는 "심판들 먼 쪽 하체를 앞쪽으로 오게 하고 골반을 몸통과 반대방향으로 비틂으로써, 허리를 더 가늘게 보이게 해야 한다."고 했는데, 나는 그때 관련 사진을 잘 보지 않고 그 문구만 강하게 기억하고 있었고, 이때 트위스팅을 강조해 다이내믹한 포징을 하겠다는 생각도 더해져, 대퇴가 앞뒤로 많이 벌어진 상태에서 허리를 최대한 비틀어 등과 어깨와 팔꿈치너비를 최대로 보여주고자 했는데, 나중에 사진으로 확인하고는, 아주 황당한 포즈였다는 걸 깨닫게 되었다. 이런 실험과 사진촬영이 없었다면, 시합무대에서 기회가 닿았을 때 분명히 이 포즈로 자폭했을 것이다.

설기관 @ 2014 세계클래식보디빌딩선수권대회 –168cm급

벤트오버 트위스팅 3/4 백 포즈. 뒤에 나오는 〈컨센트레이션 컬 포즈〉와 함께, 많은 선수가 즐겨 하는 자유 포즈 중 하나로, 아놀드가 먼저 떠오르는 포즈다. 〈전면 이두근 포즈〉와 마찬가지로, 특히 이 포즈에서 아놀드를 따라올 수 있는 선수는 거의 없을 것이다 (아놀드는 주로 등보다는 어깨 근육을 보여주는, 즉 〈벤트오버 트위스팅 '숄더' 포즈〉라고 할 만한 포징을 한다). 비록 아놀드 시절에는 이 포즈에서 코어(특히 둔근) 플렉싱까지는 크게 신경 쓰지 않았던 것 같지만. 나도 해봤지만, 제대로 해내기가 〈컨센트레이션 컬〉 못지않게 어렵고, 상완과 등이 웬만큼 좋다고 해서 되는 포즈가 아니다. 여기에서 양발을 모으거나 심판들 쪽 하체를 반대로 앞쪽에 둠으로써 허리 트위스팅을 줄이는 게 등을 위해서는 더 좋은 포징이 되는 경향이 있고, 대둔근, 대퇴, 종아리가 언제 더 좋아 보일지는 선수에 따라 달라지는 것 같다.

컨센트레이션 컬 포즈

이두근 운동인 〈컨센트레이션 컬〉Concentration Curl에서 착안해 내가 임의로 이렇게 이름 붙였다. 선수들이 가장 흔히 하는 자유포즈 중 하나지만, 잘하기 가장 어려운 자유포즈 중 하나임이 분명하다.

이 포즈만큼 선수가 어느 특정 신체부위·근육 (여기서는 〈컨센트레이션 컬〉을 하고 있는 이두근, 또는 그 상완 전체), 그것도 양쪽이 아닌 한쪽에만 시선을 집중시키는 자세·동작·시선처리를 하는 포즈도 드물다. 보는 이들의 시선도 그쪽으로 최우선 향하게 된다. 그래서 이 포즈에서 이두근 포즈를 하고 있는 그 상완, 그 이두근이 인상적이지 않다면 포즈 자체가 허망한, 그런 포즈일 수밖에 없고, 그래서 어려운 포즈다. 나아가, '반대쪽' 상완, 전완, 대흉근, 삼각근, 복직근, 복사근, 대퇴, 종아리를 포함한 전신의 디테일 하나도 빠뜨리지 않는, 전신의 총체적 포징 앤 플렉싱이 받쳐주지 않으면 안 되는 포즈여서 어려운 포즈이기도 하다.

@ 2011 광명시 대회 다음날

컨센트레이션 컬. 전신의 모든 신체부위·근육에 신경 썼음에도 아쉬운 점이 많이 보이는데, 이 포즈를 소화하기에는 아직 근육발달과 체지방감량이 부족하고, 처음 해본 포즈라 겨우 흉내 내는 수준이었기 때문이다. 이렇게 시행착오를 거치고 사진으로 남겨놔야 다른 선수들의 포징과 비교하면서 무엇이든 더 확실히 깨닫게 된다.

무엇보다도, 〈컨센트레이션 컬〉을 하고 있는 오른쪽 팔꿈치를 더 접음으로써 이두근 봉우리를 더 살릴 수 있었더라면 좋았겠다. 또한, 포즈 이름에 너무 이끌려, 몸통이 그쪽으로 너무 기울고 골반이 반대쪽으로 너무 치우친 것 같은데, 설령 〈컨센트레이션 컬〉이 잘 되었다 하더라도, 그래서 전체적으로는 어정쩡한 포징이 되었을 것 같다. 왼손도 여기 다른 선수들의 포징을 참고해 좀 다르게 하는 게 좋겠다.

김진식 @ 2013 전국체전 –65kg급

전신의 총체적 포징. 〈컨센트레이션 컬〉을 하고 있는 오른쪽 상완은 물론이고, 좌우 대퇴의 내측광근, 외측광근, 대퇴직근, 봉공근, 내전근, 종아리의 비복근 (옆으로 둔 하체가 아닌, 체중을 주로 받치는 하체, 특히 그 대퇴도 근육질로 보이게 할 필요가 있는데, 그쪽 무릎을 바깥쪽으로 돌려주거나 발바닥 안쪽을 살짝 든다든가 하는 방식, 또는 그 어떤 방법으로든 말이다), 복부의 복직근과 복사근, 그리고 왼쪽 상완의 이두근, 상완근, 삼두근, 전완의 완요골근, 장요측수근신근 등, 전신의 모든 신체부위의 포징 앤 플렉싱에서 빠뜨리고 있는 부분이 하나도 없다.

류제형 @ 2015 전국체전 –80kg급

하체 포징과 상체 포징. 비록 대부분의 선수가 이 포즈에서 옆으로 둔 하체에서는 발뒤꿈치를 들지만 (여기서도 아주 약간 들고 있지만), 꼭 그래야 하는 건 전혀 아니다. 어떻게 하는 게 가장 효과적인 근육질의 모습인지를 우선 고려할 필요가 있다.

왼쪽 페이지와 이 페이지에서 선수들의 반대쪽 상체 포징도 비교해보자.

남경윤 @ 2009 전국체전 –75kg급

박인정 @ 2009, 2011 전국체전 –80kg급

런징, 닐링, 스플리팅, 핸드 밸런싱 포즈

모든 〈규정포즈〉와 〈최고 근육질 포즈〉를, 그리고 앞에 나온 〈프런트 포즈〉, 〈백 포즈〉, 〈트위스팅 ¾ 프런트 포즈〉, 〈트위스팅 ¾ 백 포즈〉 등, 이 모든 '스탠딩' 자유포즈를, 런지 자세로 하거나 (런징lunging), 무릎 꿇고 하거나 (닐링kneeling), 양다리를 앞뒤나 양옆으로 찢고 하거나 (스플리팅splitting), 심지어는 (카이 그린이 흔히 그러는 것처럼) 물구나무 자세로 할 수도 있다 (핸드 밸런싱hand balancing).

스탠딩에서 런징, 닐링, 스플리팅으로 가면서 하체 포즈를 다르게 해 단순히 무게중심이 낮아지게 하는 게 아니라, 그 포즈에서 최고의 하체 포징이 되게, 대퇴와 종아리를 최대한 살리는 것이다.

최민석 @ 2010 코리아 대회 −90kg급

남경윤 @ 2013 세계선수권대회 −70kg급

클래식 보디빌딩

클래식 보디빌딩Classic Bodybuilding은 남자 경기종목이다. IFBB에서 2005년 말에 새로운 경기종목new sport discipline으로 공식 인정되었고, 우리나라에서는 2011년 시합에서 처음 도입되었다. IFBB 규정집에서의 이 경기종목에 대한 개요[소개]introduction를 간추리면 다음과 같다.

> IFBB 규정집: 남자 클래식 보디빌딩은 오늘날의 현재의 보디빌더들과 달리, 덜 근육질이지만 운동선수답고 심미적으로 호감을 주는 몸less muscular, yet athletic and esthetically pleasing physique을 발달시키는 걸 선호하는 남자들을 위한 시합에 대한 요구가 세계적으로 증가하고 있는 것에 대한 반응이다.

체급. 기본적으로는 신장 체급이지만, 추가로 선수의 실제 신장에 따라 체중이 얼마 이하여야 한다는 식으로 체중이 제한되는데, 아나볼릭 스테로이드, 성장호르몬 같은 금지약물을 사용하면서 과도한 근육발달을 지향함으로써 공정한 경쟁을 저해하고 선수의 건강과 선수생명에 위협이 되는 걸 제한하기 위한, 즉 내추럴(무약물) 보디빌딩을 지향하기 위한 것이라 할 수 있다.

−168cm급은 체중이 (신장(cm)−100)kg+0kg 이하.
−171cm급은 체중이 (신장(cm)−100)kg+2kg 이하.
−175cm급은 체중이 (신장(cm)−100)kg+4kg 이하.
−180cm급은 체중이 (신장(cm)−100)kg+6kg 이하.
+180cm급은 체중이 (신장(cm)−100)kg+8kg 이하.

이런 식으로 체중이 제한되는데, 이 기준으로 예를 들어, −171cm급에 출전하는 선수가 신장이 170cm라면, 계측 시 체중이 72kg 이하여야 계측에서 통과하고, 그렇지 않으면 월체를 해야 하거나 계측에서 탈락한다. 구체적인 신장 체급과 체중 제한은 시합마다 다를 수 있어서, 반드시 시합요강을 참고해야 한다.

심사. 남자 보디빌딩에 〈쿼터 턴〉이 추가되는데, 자연미 심사를 더 잘하기 위한 것이며, 나머지는 남자 보디빌딩과 기본적으로 완전히 같다. 〈일반적 발표〉General Presentation, 〈쿼터 턴〉Quarter Turns, 〈규정포즈〉Compulsory[Mandatory] Poses 등으로 진행된다. 〈규정포즈〉는 7가지 모두 진행될 수도 있고, 몇 가지만 진행될 수도 있다. 물론, 개인별로 〈자유포징〉Free Posing이 선행될 수도 있다.

일반적 발표

클래식 보디빌딩에서 〈쿼터 턴〉 직전에 실시되는 〈일반적 발표〉는, 남자 보디빌딩에서 〈규정포즈〉 직전에 시행되는 〈일반적 발표〉와 실제로는 다를 게 전혀 없다.

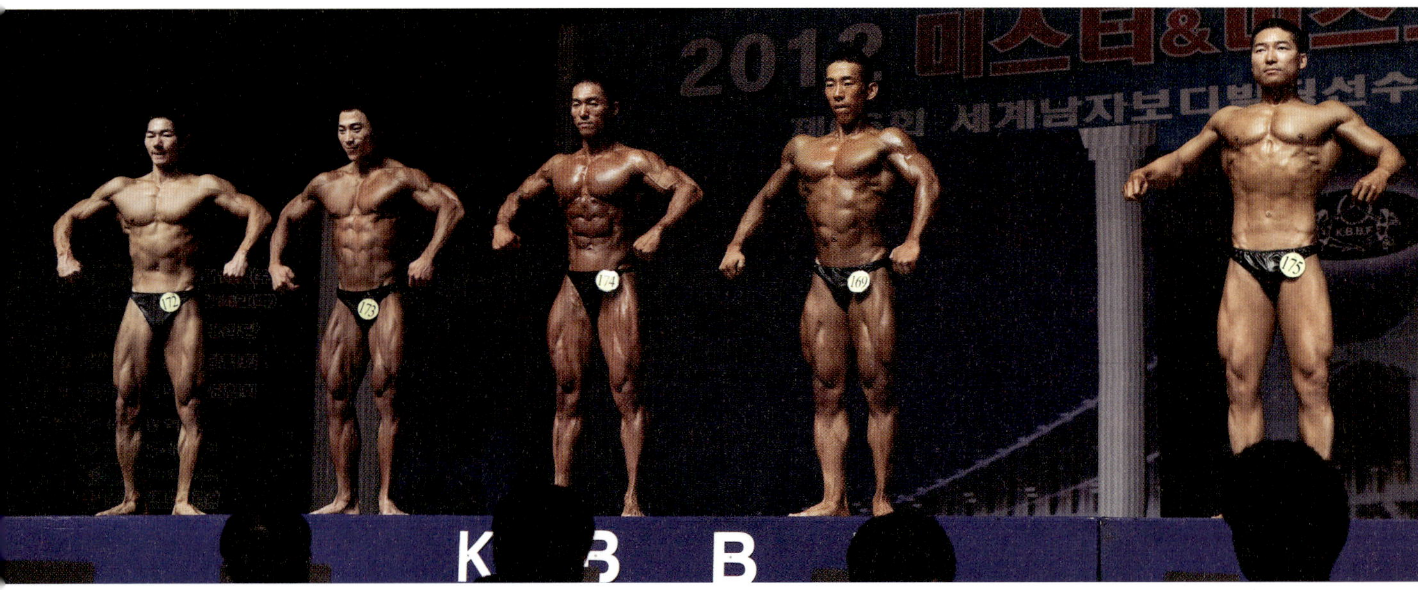

허춘, 김석, 양연석, 배승대, 나 @ 2012 코리아 대회 −171cm급

코어 포징, 상체 포징: 시행착오. 나는 시합경험이 어느 정도 있음에도, 어느 시점에서부턴가, 대부분의 전면 포즈에서 몸통을 뒤로 젖히는 데다 어깨와 팔꿈치를 뒤로 뺌으로써 광배근 펼침도 제대로 못 하고 대흉근은 납작해지게 만드는 경우가 흔히 있었다.

몸통을 다시 앞으로 기울임에 더해, 이제는 어깨 모양, 삼각근과 대흉근 사이의 근육 분리도 살릴 수 있게 어깨를 앞으로 약간 내밀거나 상완을 몸통에 더 가까이 둬야겠다.

일단, IFBB 규정집과 아놀드 백과에는 다음과 같이 돼 있다.

> **IFBB 규정집**: 〈일반적 발표〉 동안 선수들은 팔을 굽히고 옆으로 들어 근육질을 보이는 등의, 힘을 주는 포즈를 하지 않도록 경고warning를 받을 것이다. 〈일반적 발표〉는 선수가 직립자세로, 머리와 눈은 앞을 향하고, 양어깨는 뒤로하고, 가슴은 내밀고, 복부는 당기고, 양발뒤꿈치는 모으고, 양팔은 '이완 상태로' 옆에 자유롭게 늘어뜨리는 것을 의미한다.

> **아놀드 백과**: 몸을 똑바로 세우고, 양발을 모으고, 양손을 옆쪽에 둔다. 모든 포징에 있어서, 바닥에서부터 올라오며 포즈를 잡아야 하는데, 우선 대퇴를 플렉싱하는 것으로 시작한다. 대퇴를 벌어져 보이게 하려는 목적으로 무릎을 약간 굽히는 보디빌더들도 있는데, 이렇게 하면 너무 쭈그리고 앉은 것처럼 보일 경우도 있기 때문에, 거울을 보고 무릎을 펴 잠갔을 때가 나아 보이는지 무릎을 약간 굽혔을 때가 나아 보이는지 확인해야 한다. 궁둥이를 약간 당겨 넣고, 복근으로 위로 끌어당기면, 골반의 각도가 약간 기울게 되는데 이렇게 되면 복근이 탄탄하고 명확해 보이게 유지하는 데 도움된다. 척주를 위로 쫙 펴, 최대한 길게 유지한다. 척주를 늘리되, 어깨를 들어올려서는 안 된다. 이렇게 함으로써 키가 커지고 가슴을 확장할 수 있다. 광배근에 의해 팔이 양옆으로 밀릴 정도로 광배근을 약간 벌리는데, 너무 많이 벌림으로써 광배근 포즈를 하는 것 같아 보이게 해서는 안 된다. 팔에 긴장을 가하고, 반드시 복근을 플렉싱하고, 얼굴은 긴장을 풀고 편안하게 유지한다.

선수들이 꼭 IFBB 규정집이나 아놀드 백과에서의 포즈 규정·요령·지침대로 포징을 하는 건 아닌데, 그것은 (내가 그랬던 것처럼) 그 규정이나 요령이나 지침을 정확히 몰라서일 수도 있고, 허용되는 범위 내에서 자신의 개인화[개인맞춤]individualization를 거친 결과일 수도 있다. 실제로 규정상 문구의 차이가 있을 수도 있고 아닐 수도 있지만, 나를 포함한 대부분의 선수는, 실제로는 남자 보디빌딩의 〈일반적 발표〉와 기본적으로 다를 게 전혀 없다고 생각하고 똑같은 포징을 한다. 그래서 이후의 IFBB 규정집과 아놀드 백과에서의 이 포즈에 대한 세부사항은 때로는 단순히 참고사항일 뿐이어서, 꼭 그렇게 해야 한다든가, 꼭 그렇게 하는 게 최선의 포징이라는 것은 아니라고 할 수 있다.

클래식 보디빌딩 vs 남자 피트니스. 그런데 여기 내가 번역해놓은 〈일반적 발표〉와 〈쿼터 턴〉 IFBB 규정은, IFBB 규정집에서 '클래식 보디빌딩'이 아닌 '남자 피트니스'의 해당 부분이다. '클래식 보디빌딩'의 해당 규정을 IFBB 규정집에서 발견하지 못해, 대신으로 한 것인데, 가령 '클래식 보디빌딩'에서는 주먹을 쥐고 '남자 피트니스'에서는 주먹을 쥐지 않고 손가락을 모아 손을 편다든가 하는 미세한 차이는 있을지 몰라도, 나머지는 차이가 크게 나봐야 전체적으로는 대동소이할 것이므로, '클래식 보디빌딩'의 해당 규정이 아닌 '남자 피트니스'의 해당 규정만 참고하더라도 '클래식 보디빌딩' 〈일반적 발표〉와 〈쿼터 턴〉 포즈 규정을 아는 데는 무방하다고 생각된다.

쿼터 턴

〈일반적 발표〉에서 시작해 네 번의 '우향우'를 하는 것인데, IFBB 규정집에는 각각 다음과 같은 이름으로 돼 있다.

쿼터 턴 라이트 Quarter Turn Right
쿼터 턴 백 Quarter Turn Back
쿼터 턴 라이트 Quarter Turn Right
쿼터 턴 프런트 Quarter Turn Front

일단, 아놀드 백과에는 다음과 같이 돼 있다.

> **아놀드 백과**: 이론적으로는, 이 회전(〈쿼터 턴〉 라운드round) 포즈를 정확히 취하는 방법은, 정면을 향해 이 포즈(〈이완 상태로 서 있기〉)를 잡고, 오른쪽으로 90도 돌아 그 포즈를 유지하고, 또 90도 돌아 뒤쪽으로 향하고, 또 90도 돌고, 그리고 또 90도 돌아 다시 정면을 향하는데, 〈이완 상태로 서 있기〉 포즈를 계속 똑같이 유지하는 것이다. 그러나 실제로는, 90도 돌아 측면을 향할 때, 출전자들은 심판원들 쪽의 팔을 곧게 펴고, 삼두근을 플렉싱하고, 몸도 그 방향으로 비트는 경향이 있다. 심판원들에게 당신의 전체적인 모양과 비율을 보여주도록 디자인된 회전에서 이렇게 하는 것은 상황에 맞지 않다. 그러나 심판원장이 허락만 한다면, 출전자들은 모든 수단을 다 동원하려고 할 것이다. 그러나 당신의 균형미가 좋으면 좋을수록, 플렉싱하고 몸을 비틂으로써 당신의 그 균형미를 가리는 일은 하지 말라고 나는 충고한다.

이처럼, 아놀드 백과에서 아놀드는 〈쿼터 턴 라이트〉에서조차 가급적 몸을 비틀지 말라고 했는데, 앞에서 말한 것처럼, '클래식 보디빌딩' 〈쿼터 턴〉에서의 정확한 규정은 나도 모르겠지만, 역시 요즘의 대부분의 정상급 선수들은 허리를 비틀고, 나도 많이 비트는 게 정답이라 생각한다.

하체 포징, 코어 포징, 상체 포징: 총체적 시행착오. 첫째 〈쿼터 턴〉 심사 중 내가 심판들로부터 무언가를 지적받고 심판들 쪽으로 돌아보고 있다 (**1**). 나는 하체 포징을 〈측면 가슴 포즈〉와 〈측면 삼두근 포즈〉에서처럼 한쪽 무릎을 굽히고 있었는데 (**2**), 〈쿼터 턴 라이트〉 포즈 규정에 크게 어긋날 뿐 아니라, 실제로 자연미에서도 크게 손해를 보는 것이었다. 나로서는 이 경기종목은 이제 두 번째 출전으로, 당시에는 〈쿼터 턴〉의 정확한 포즈 규정도, 효과적인 포징 요령도, 지적받은 영문도 몰랐다.

지금의 내 관점에, 〈쿼터 턴 라이트〉에서, 오른쪽 페이지 상단의 사진에서 좌로부터 셋째, 다섯째 선수처럼, 하체와 머리와 시선은 옆(좌측이나 우측) 정면을 향하게 유지한 채 상체 전면은 최대한 관찰자(심판, 관객, 카메라) 쪽으로 향하게 허리를 가급적 많이 비틀어주는 게 최선이라 생각하는데, 시합사진 상에서 선수들을 비교해보면 자명해지는 사실이다.

그러나 나는 이 포즈에서 오른팔로 대흉근을 미는 데만 신경 썼지 몸통 자체를 심판들 쪽으로 틀어줄 생각까지는 못 했다. 그러다 보니 오른쪽 대흉근의 빗살무늬도, 내 〈측면 가슴 포즈〉 때보다는 훨씬 약해 보인다.

나아가 오른쪽 팔꿈치는 얼마나 굽히거나 펼지, 전완은 몸통에서 얼마나 띄울지, 손바닥은 몸을 향하게 할지 위를 향하게 할지, 왼쪽 팔꿈치는 펼지 접을지, 전완은 몸통에서 얼마나 띄울지, 손목은 곧게 유지할지 위로 젖힐지 아래로 젖혀 전완굴근을 살릴지도 고려할 필요가 있다.

복부도 단순히 허리를 길게 뽑아내기만 한 채로 그냥 둘 게 아니라, 배큠을 하든지 플렉싱을 하든지 사이드 크런칭을 하는 게 최선일 것이다. 그리고 대둔근의 근육분리와 빗살무늬를 살리는 등, 더 효과적인 포징을 위해서는 골반도 앞으로 당겨야 하는데, 이것은 여자 선수라면 거의 반대일 수 있다. 보디빌딩이 아닌 보디피트니스, 비키니 등의 경기종목에서는 더욱 그렇다.

쿼터 턴 라이트

첫째 우향우로, 무대 좌측을 향한다 (먼저 일러두건대, 이후 네 가지 〈쿼터 턴〉의 IFBB 규정에서 여기 내가 밑줄 친 부분은 (여자) 보디피트니스에서는 없는 부분이다. 내용상 실제적 차이나 중요성은 전혀 없다고 생각되지만).

IFBB 규정집: 이완 상태의 직립자세로, 머리와 눈은 몸과 같은 방향으로 향하게 하고, 양발뒤꿈치는 모으고, 양발은 바깥쪽으로 30도 경사지게 하고, 양무릎은 굽히지 않은 채로 모으고, 복부는 당기고, 가슴은 내밀고, 양어깨는 뒤로 한다.

왼팔은 내려 몸의 중심선에서 약간 뒤쪽에 유지하고, 팔꿈치에서 약간 굽히고, 손바닥은 몸과 같은 방향을 향하게 하고, 손은 약간 오므리고, 오른팔은 이완 상태로 늘어뜨리고 몸의 중심선에서 약간 앞쪽에 유지하고, 팔꿈치에서 약간 굽히고, 엄지손가락과 나머지 손가락들은 모으고, 손바닥은 몸을 향하게 하고, 손은 약간 오므린다. 양팔을 이렇게 위치시킴으로써 상체가 약간 왼쪽으로 틀리게 되고, 왼쪽 어깨는 내려가고 오른쪽 어깨는 올라가게 될 것이다. 이것이 정상이고 과장되어서는 안 된다.

적절한 자세를 취하지 못하는 선수는 한 번 경고를 받은 다음, 채점점수에서 차감될 것이다.

턴, 트위스팅, 상체 포징, 코어 포징. 턴(방향전환)을 할 때는, 두어 번 발을 옮기는 것보다는 제식훈련에서의 '우향우'에서처럼 간결하고 절도 있게 하거나, 나아가서는 로봇 춤 스타일로, 즉 오른쪽 무릎을 접어 먼저 방향전환을 한 다음 나머지 신체부위가 따라오게 하는 방법으로 하면 더 보기 좋을 것이다. 물론, 부수적인 것이지만.

좌로부터 세 번째, 다섯 번째 선수의 포징이 가장 좋아 보일 것이다. 그리고 그 차이는 허리를 얼마나 비틀어 상체의 전면을 얼마나 많이 보여주느냐에 주로 달렸다. 그리고 양팔을 어떻게 하느냐 하는 것이다.

허리는 최대한 비틀어 상체의 전면이 최대한 심판들 쪽으로 향하게 하는데, 이렇게 하는 가장 효과적인 방법은, 하체를 옆으로 향하게 한 상태에서, '먼저' 얼굴과 상체의 전면을 심판들을 향하게 최대한 틀어주고, '그다음에' 얼굴을 옆 정면을 향하게 되돌려주는 것이다.

그리고 양팔은 몸에서 너무 띄우지도 않고 몸을 가리지도 않게 한다. 복부는 배큠이든 플렉싱이든 크런칭이든 사이드 크런칭이든, 무언가는 한다.

설기관 @ 2013 세계선수권대회 -168cm급

코어 포징, 하체 포징. 골반을 앞으로 당기면 대둔근, 슬굴곡근, 대퇴사두근의 분리, 모양, 빗살무늬가 좋아져 유리하다. 이때 발끝을 약간 외측으로 벌리면 이런 경향은 더 커진다. 여기에 추가해, 발뒤꿈치를 아주 살짝 들면서 발앞꿈치로 올라서면 종아리까지 살면서 더 좋은 모습이 될 수 있을지 모른다.

이와는 반대로, 여자 선수라면 필시 엉덩이를 뒤로 내미는 게, 그리고 종아리는 살리지 않는 게 심미적으로 더 유리할 것 같다.

상체 포징. 나를 포함해, 광배근 펼침을 하고 있는 선수도 있고, 등의 근육분리를 강조해주는 포징을 하고 있는 선수도 있다. 어느 쪽이 더 효과적일지는 선수마다 다를 것 같다.

쿼터 턴 백

둘째 우향우로, 무대 뒤를 향한다.

IFBB 규정집: 직립자세로, 머리와 눈은 몸과 같은 방향으로 향하게 하고, 양발 뒤꿈치는 모으고, 양발은 바깥쪽으로 30도 경사지게 하고, 양무릎은 굽히지 않은 채로 모으고, 복부는 당기고, 가슴은 내밀고, 양어깨는 뒤로한다.

양팔은 <u>내려</u> 몸의 중심선을 따라 옆쪽에 유지하고, 팔꿈치는 약간 굽히고, 엄지손가락과 나머지 손가락들은 모으고, 손바닥은 몸을 향하게 하고, 손은 약간 오므린다.

적절한 자세를 취하지 못하는 선수는 한 번 경고를 받은 다음, 채점점수에서 차감될 것이다.

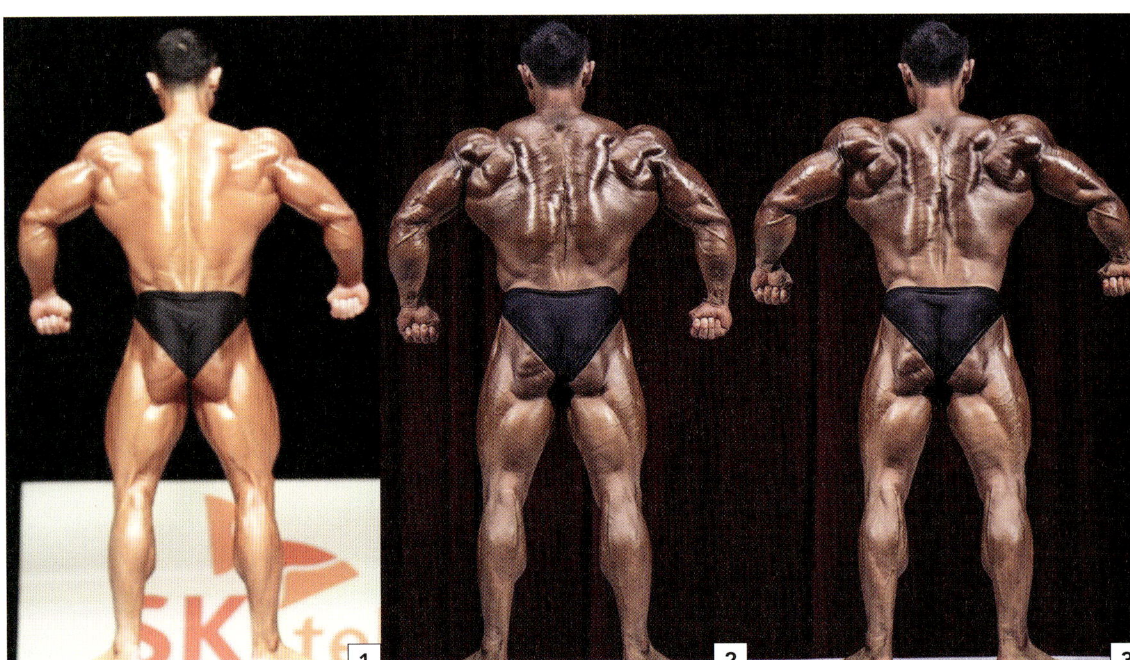

이두희 @ 2008 전국체전 −80kg급, 2014 전국체전 −85kg급

상체 포징, 하체 포징. 상체 포징에서는 어깨를 들어올리면서 광배근 펼침을 최대한 할 때와 그렇게 하지 않을 때 중 어느 쪽이 나은지 (**2, 3**), 하체 포징에서는 발끝을 외측으로 넓게 벌렸을 때 대둔근이 얼마나 잘 살고 대퇴의 외측 굴곡이 얼마나 좋아져 전신이 더 균형 잡힌 모습이 되는지 (**1, 3**) 비교해보자 (클래식 보디빌딩 〈쿼터 턴〉이 아닌, 자유포징에서 일종의 〈백 포즈〉로 한 것이지만).

전신의 총체적 포징: 시행착오와 비결. 나는 이때 엉덩이를 뒤로 내밀면서 척주기립근을 살리고, 동시에 무릎을 바깥쪽으로 돌리면서 대둔근을 살리려 했지만, 그게 완전히 비효과적인 포징이라는 걸 당시에는 전혀 깨닫지 못하고 있었다.

〈쿼터 턴 백〉에서의 코어 포징, 하체 포징은 〈후면 이두근 포즈〉, 〈후면 광배근 포즈〉에서보다 더 복잡하고 변수가 많은데, 한쪽 다리를 뒤로 내밀지 않기 때문에 생기는 것이다. 결론적으로 말해, 〈후면 이두근 포즈〉, 〈후면 광배근 포즈〉에서는 엉덩이를 뒤로 내미는 것보다는 골반을 앞으로 당기는 게, 적어도 남자 선수에게는 일반적으로는 훨씬 나은 포징이라면, 〈쿼터 턴 백〉에서는 꼭 그렇게 단정하기는 좀 어렵다.

여기서 나를 제외한 두 선수 모두, 나와 비슷한 방법, 즉 엉덩이를 뒤로 내미는 포징을 하고 있는데 (가운데 선수는 다른 시점에는 이 후자의 포징을 하기도 했지만), 그래서 대둔근이 거의 살아 있지 않다. 이렇게 엉덩이를 뒤로 내밀면서 척주기립근을 살리면서 대둔근을 최대한 플렉싱하느라 고군분투하기보다는, 이와는 정반대로, 골반을 앞으로 당기는 게 대둔근, 슬굴곡근, 대퇴사두근(대퇴의 외측 굴곡)을 더 잘 살리는 데 유리할 수 있다. 단, 전자로 할 때는 대퇴가 더 굵어 보여 상체와 잘 조화돼 보이는 장점이 있다. 척주기립근과 크리스마스트리의 삼각 외형은 엉덩이를 뒤로 내밀 때, 그리고 크리스마스트리의 빗살무늬 가지는 골반을 (약간) 앞으로 당길 때 더 뚜렷해지는 경향이 있다.

이 포즈에서 척주기립근과 크리스마스트리의 삼각 외형을 더 살리는 게 유리한지 (엉덩이를 뒤로 내민다), 크리스마스트리의 빗살무늬, 대둔근의 분리와 빗살무늬, 슬굴곡근의 분리를 더 잘 살리는 게 유리한지 (골반을 (약간) 앞으로 당긴다), 대퇴나 엉덩이가 허리에 비해, 그리고 상체와 조화되게 굵어 보이거나 벌어져 보이는 게 유리한지 (엉덩이를 뒤로 내민다), 그리고 양발을 모을지, 아니면 얼마나 넓게 벌릴지, 발끝을 모을지, 아니면 얼마나 바깥쪽으로 벌릴지, 마지막으로 발앞꿈치로 약간 올라설지 하는 것도 중요한 변수이고, 그것에 따라 앞모습보다는 뒷모습이 훨씬 더 크게, 극과 극으로 달라진다. 이런 모든 변수를 적용하면서 직접 자신의 뒷모습을 사진으로 확인해야만 자신에게 최선의 포징이 어떤 것인지 알 수 있다.

상체 포징: 상완과 손 위치. 나는 왼손을 몸에서 너무 멀리 떨어뜨리고 있는데, 단순히 팔을 들고 있는 게 아니라 왼쪽 대흉근을 밀어주고 있기는 하지만, 포즈 자체로 보나 몸 자체로 보나 비효과적인 포징이 되었다. 〈쿼터 턴 라이트〉에서 양손, 특히 앞쪽(여기서는 왼쪽) 손은 (팔꿈치를 얼마나 굽히든 간에, 그리고 이렇게 심판들 쪽에서 볼 때) 몸에서 20cm 내외로 떨어뜨리는 게 최선일 것 같다.

오른손은 몸을 가리지 않게 더 뒤로 보내면서 손목은 곧게 유지하는 게 최선일 듯하다.

물론, 이번에도 나는 하체 포즈가 규정에 어긋난다는 지적을 심판들로부터 받고 있었지만, 여전히 영문을 모르고 있었다.

쿼터 턴 라이트

셋째 우향우로, 무대 우측을 향한다. 몸이 향하는 방향이 무대 왼쪽에서 오른쪽으로 달라질 뿐, 첫째 〈쿼터 턴〉과 완전히 대칭이다.

IFBB 규정집: 이완 상태의 직립자세로, 머리와 눈은 몸과 같은 방향으로 향하게 하고, 양발뒤꿈치는 모으고, 양발은 바깥쪽으로 30도 경사지게 하고, 양무릎은 굽히지 않은 채로 모으고, 복부는 당기고, 가슴은 내밀고, 양어깨는 뒤로 한다.

오른팔은 이완 상태로 늘어뜨리고 몸의 중심선에서 약간 뒤쪽에 유지하고, 팔꿈치에서 약간 굽히고, 손바닥은 몸과 같은 방향을 향하게 하고, 손은 약간 오므리고, 왼팔은 내려 늘어뜨리고 몸의 중심선에서 약간 앞쪽에 유지하고, 팔꿈치에서 약간 굽히고, 엄지손가락과 나머지 손가락들은 모으고, 손바닥은 몸을 향하게 하고, 손은 약간 오므린다. 양팔을 이렇게 위치시킴으로써 상체가 약간 오른쪽으로 틀리게 되고, 오른쪽 어깨는 내려가고 왼쪽 어깨는 올라가게 될 것이다. 이것이 정상이고 과장되어서는 안 된다.

적절한 자세를 취하지 못하는 선수는 한 번 경고를 받은 다음, 채점점수에서 차감될 것이다.

1

2

3

4

쿼터 턴 프런트

넷째 우향우로 다시 심판들을 향한다. IFBB 규정집에서의 설명은 〈쿼터 턴 백〉과 완전히 같고, 실제로는 〈일반적 발표〉와 완전히 같다. 물론, 후면 포즈와 전면 포즈는 방향뿐 아니라 포징 자체가 달라야 한다. 후면 포즈에서는 후면이, 전면 포즈에서는 전면이 최고로 보이게 포징을 해야 하는데, 전신적으로도 그렇고 신체부위별로도 그렇다.

> IFBB 규정집: 이완 상태의 직립자세로, 머리와 눈은 몸과 같은 방향으로 향하게 하고, 양발뒤꿈치는 모으고, 양발은 바깥쪽으로 30도 경사지게 하고, 양무릎은 굽히지 않은 채로 모으고, 복부는 당기고, 가슴은 내밀고, 양어깨는 뒤로한다.
>
> 양팔은 내려 늘어뜨리고 몸의 중심선을 따라 옆쪽에 유지하고, 팔꿈치는 약간 굽히고, 엄지손가락과 나머지 손가락들은 모으고, 손바닥은 몸을 향하게 하고, 손은 약간 오므린다.
>
> 적절한 자세를 취하지 못하는 선수는 한 번 경고를 받은 다음, 채점점수에서 차감될 것이다.

@ 2015 스튜디오 사진촬영

쿼터 턴 포징의 발전. 내가 설명하는 〈쿼터 턴 라이트〉를 시연하고 〈쿼터 턴 백〉에서 포징 변수에 따라 그 모습이 어떻게 변하는지 사진으로 확인하고자 했다.

1, 7: 허리는 충분히 비틀어 상체의 전면이 관찰자에게 충분히 보이게 하고 (여기서보다 더 비트는 게 좋겠다), 발끝을 벌리고 골반을 앞으로 당김으로써 대둔근과 햄스트링을 플렉싱함과 동시에 복부 배큠, 플렉싱, 크런칭을 조합해 허리를 잘록하고 복직근과 복사근이 잘 분리되게 하고, 양쪽 팔꿈치는 어느 정도 굽히든 완전히 펴든 간에, 양손이 몸에서 20cm 내외로 떨어지게 하는 것이다.

2~6: 골반을 앞으로 당긴 채 상체 포징을 달리하고 (**2, 3**), 엉덩이를 뒤로 내밀고 (**4**), 골반을 앞으로 당기고 발끝을 벌리고 (**5**), 발끝으로 올라서봤다 (**6**).

8: 하체와 코어 포징을 논외로 하고, 전완을 아래로 충분히 기울였다는 것이다.

5

6

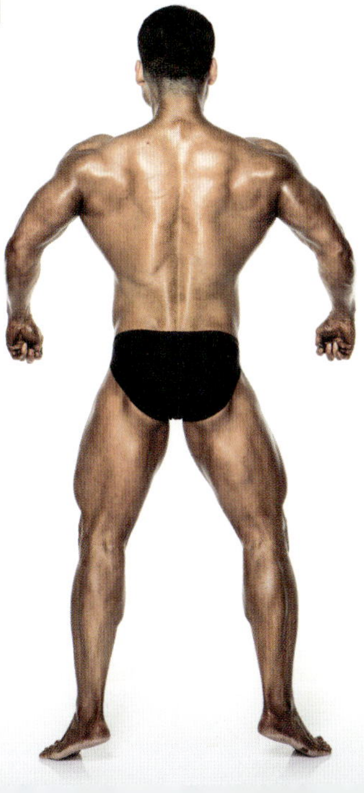

7

8

여자 보디빌딩

체급. 국내대회에서는 일반적으로 −49kg급, −52kg급, +52kg급으로 나뉜다.

월체. 시합 당일 계측 시, 사전에 출전신청한 체급보다 위 체급으로 현장에서 변경하고 그 체급으로 출전하는 것. 대부분의 시합에서, 공식적으로 한 체급 월체는 허용되고, 그 월체에 따른 채점scoring상의 불이익은 없으며, 아래 체급으로 변경하는 것인 '하체'는 허용되지 않는다.

심사. 〈자유포징〉Free Posing이 선행될 수 있고 (상급시합에서, 그리고 예선보다는 본선에서 더욱 그렇다), 일반적으로 〈일반적 발표〉General Presentation, 5가지 〈규정포즈〉Compulsory[Mandatory] Poses로 진행되고, 추가로 〈포즈다운〉Posedown이 실시될 수 있다.

5가지 〈규정포즈〉는 다음과 같은 순서로 구성돼 있다. 남자 보디빌딩 7가지 〈규정포즈〉 중 〈전면 광배근 포즈〉와 〈후면 광배근 포즈〉는 여성적이지 않다는 이유로 제외돼 있는 것인데, 선수에 따라서는 이들 광배근 포즈를 자신의 〈자유포징〉에 포함시켜 하기도 한다.

전면 이두근 포즈	프런트 더블 바이셉스	Front Double Biceps
측면 가슴 포즈	사이드 체스트	Side Chest
후면 이두근 포즈	백 더블 바이셉스	Back Double Biceps
측면 삼두근 포즈	사이드 트라이셉스	Side Triceps
복근과 대퇴 포즈	업도미널즈 앤 싸이즈	Abdominals & Thighs

〈규정포즈〉에는 흔히 번호를 붙이기도 하는데, 〈일반적 발표〉를 포함해, 기억하고 떠올리기 좋게 시각화하면 다음과 같다.

0. 일반적 발표
1. 전면 이두근 포즈　　2. 측면 가슴 포즈
3. 후면 이두근 포즈　　4. 측면 삼두근 포즈
5. 복근과 대퇴 포즈

서승아 @ 2009 춘계 전국대회 −52kg급

자유포징

남자 보디빌딩 〈자유포징〉과 요령은 같다. 그 부분을 참고하라.

일반적 발표

기본적으로 남자 포즈에서와 같지만, 오른쪽 다리는 옆쪽으로 벌려 위치시킨다.

상체 포징: 손, 그리고 광배근. IFBB 규정상으로는 이 포즈와 앞으로 나오는 〈전면 이두근 포즈〉, 〈측면 가슴 포즈〉, 〈후면 이두근 포즈〉에서 주먹을 꽉 쥐어야 하는 것 같지만, 선수에 따라서는 손가락을 펴거나 벌림으로써, 강인함이나 다부짐보다는 우아함이나 세련됨을 강조하기도 한다. 이는 여자 선수들이 보디피트니스 포즈 규정과 명확히 구분하지 않고 있어서일 수도 있지만, 어쨌거나 이런 손 포징 변형이 실제로 채점에 감점으로 작용하는 일은 없다고 할 수 있다.

그리고 이 포즈에서 광배근 펼침을 하는 선수도 있고 하지 않는 선수도 있는데, 어느 쪽이나은지 선수 각자의 선택사항이라 할 수 있다.

규정포즈

여기서의 설명을 일차로 숙지하고 체득했다면, 나아가서는 남자 보디빌딩 부분을 추가로 참고하기를 권한다 (단, 나는 남자에서는 대둔근, 종아리를 최대한 살리는 포징을 권하지만, 여자에서는 거의 그 반대를 권한다).

전면 이두근 포즈

남자에서와 완전히 똑같지만, 한 가지 예외로, 남자는 양다리와 양발을 약간 벌리지만, 여자는 오른쪽 다리를 옆쪽으로 벌려 위치시킨다.

IFBB 규정집: 선수는 전면이 심판들을 향하게 서서, 양다리와 양발을 일직선이 되게 하고 오른쪽 다리를 옆쪽으로 벌려 위치시킨 채, 양팔을 어깨높이까지 들어올려 팔꿈치에서 굽힌다. 양손을 주먹을 꽉 쥐고 아래로 돌려 이두근과 전완근육을 수축시키는데, 이 둘은 이 포즈에서 평가하는 주요 근육군이다. 추가로, 심판들이 머리부터 발끝까지 전신을 살펴볼 동안, 다른 근육들도 최대한 많이 수축시키도록 해봐야 한다.

심판은 우선, 이두근을 살피는데, 이두근이 완전히, 그리고 봉우리가 높게 발달했는지, 이두근의 내측두와 외측두 사이에 명확한 갈라짐이 있는지 없는지 살피고, 계속해서 머리부터 발가락까지 살피는데, 전완, 삼각근, 흉근, 흉근과 삼각근의 타이인tie-in, 복근, 대퇴, 종아리의 발달을 관찰하는 것이다. 또한, 근육의 밀도, 데피니션, 그리고 전체적인 균형도 살핀다.

코어 포징: 몸통 기울임. 앞에 나온 남자 보디빌딩 부분에서 내가 몸통을 심판들 쪽으로 기울여야 한다고 강조한 것만큼 여자 선수들이 그렇게까지는 하지 않는 게 보통인데, 그게 더 심미적일지도 모른다.

측면 가슴 포즈

남자에서와 완전히 똑같다.

IFBB 규정집: 선수는 '나은'better 팔을 보여주기 위해 이 포즈를 어느 쪽으로 할지 선택할 수 있다. 좌측 또는 우측이 심판들을 향하게 서서, 심판들 쪽 팔을 직각으로 굽히는데, 그 손은 주먹을 꽉 쥐고, 다른 쪽 손으로 손목을 잡는다. 심판들 쪽 다리는 무릎에서 굽히고 발가락으로 착지한다. 그런 다음에 가슴을 확장하고 심판들 쪽 굽힌 팔을 위로 당기는 압력으로 이두근을 최대한 수축시킨다. 또한, 대퇴 근육, 특히 대퇴이두근군biceps femoris group을 수축시키고, 발가락에 아래로 누르는 압력으로 종아리 근육을 수축시켜 나타내 보인다.

심판은 특히 흉근, 흉곽의 아치arch, 이두근, 대퇴이두근, 종아리에 유의하고, 머리부터 발끝까지 살피는 것으로 마무리한다. 이 포즈에서 심판은 대퇴와 종아리 근육을 측면에서 살필 수 있는데, 이것은 대퇴와 종아리 근육 발달을 더 정확하게 비교평가하는 데 도움된다.

후면 이두근 포즈

남자에서와 완전히 똑같지만, 한 가지 예외로, 남자에서의 밑줄 친 마지막 부분은 여자에서는 없는 부분이다.

IFBB 규정집: 선수는 후면이 심판들을 향하게 서서, 〈전면 이두근 포즈〉에서와 같이 양팔과 양손목을 굽히고, 한쪽 발을 뒤쪽에 위치시키고 발가락으로 착지한다. 그런 다음에 어깨, 상부와 하부 등, 대퇴와 종아리 근육은 물론이고 팔 근육도 수축시킨다.

심판은 우선, 팔 근육을 살피고, 그런 다음에 머리부터 발끝까지 살피는데, 그 와중에 살펴봐야 할 근육군이 다른 모든 포즈에서보다 더 많다. 여기에는 목, 삼각근, 이두근, 삼두근, 전완, 승모근, 원근teres, 극하근, 척주기립근, 외복사근, 광배근, 둔근, 대퇴이두근(역주: 여기서는 사실상 햄스트링 또는 슬굴곡근 정도가 더 맞는 용어인데, 대퇴 후면에 보이는 근육에서 대퇴이두근은 외측 ½ 정도밖에 차지하지 않는 부분이기 때문이다), 종아리 근육이 포함된다.

측면 삼두근 포즈

남자에서와 완전히 똑같다.

IFBB 규정집: 선수는 '나은'better 팔을 보여주기 위해 이 포즈를 어느 쪽으로 할지 선택할 수 있다. 선수는 좌측 또는 우측이 심판들을 향하게 서서, 양팔을 등 뒤에 위치시켜, 양쪽 손가락을 걸거나 뒤쪽의 손으로 앞쪽의 손목을 잡는다. 심판들 쪽 다리는 무릎에서 굽히고 발은 바닥에 편평하게 착지한다. 선수는 앞쪽 팔에 압력을 가해 삼두근을 수축시킨다. 또한, 가슴을 올리고 대퇴와 종아리 근육뿐 아니라 복근도 수축시킨다.

심판은 우선, 삼두근을 살피고, 머리부터 발까지 살피는 것으로 마무리한다. 이 포즈에서 심판은 대퇴와 종아리 근육을 측면에서 살필 수 있는데, 이것은 대퇴와 종아리 근육 발달을 더 정확하게 비교평가하는 데 도움된다.

복근과 대퇴 포즈

남자에서와 완전히 똑같다.

IFBB 규정집: 선수는 전면이 심판들을 향하게 서서, 양팔을 머리 뒤쪽에 위치시키고 한쪽 다리를 앞쪽에 위치시킨다. 그런 다음에 몸통을 살짝 앞쪽으로 '크런칭'함으로써 복근을 수축시킨다. 동시에, 앞쪽 다리의 대퇴 근육을 수축시킨다.

심판은 복근과 대퇴 근육을 살피고, 그런 다음에 머리부터 발까지 살피는 것으로 마무리한다.

하체 포징: 변형. 규정에 딱 맞아들어가지 않더라도 일반적으로 상당히 다양한 하체 포징 변형이 인정된다. 어느 쪽이 나은지 선수가 선택하면 되는 사안이라 할 수 있다.

김은미 @ 2013 코리아 대회 −49kg급

서승아 @ 2013 코리아 대회 −52kg급

정경진 @ 2012 코리아 대회 +52kg급

박복임 @ 2012 코리아 대회 +52kg급

보디피트니스

보디피트니스Bodyfitness는 여자 경기종목이다. IFBB에서 2002년 말에 새로운 경기종목new sport discipline으로 공식 인정되었고, 우리나라에서는 2009 코리아 대회에서 처음 도입되었다 (보디, 바디, 피트니스, 휘트니스, 이들이 조합돼 여기저기서 네 가지 한글이름으로 쓰이고 띄어쓰기도 제각각이지만, 이 백과에서 나는 '보디피트니스'로 통일했고, 이 백과와는 상관없이 이 한글표기대로 공식용어가 되고 있는 것 같다).

IFBB 규정집에서는 이 경기종목에 대한 개요[소개]introduction에서 다음과 같이 말하고 있는데, 국내외 대회에서 실제로 꼭 이 기준으로 채점되는 것은 아니지만, 보디피트니스가 기본적으로 어떤 것인지 말해주는 부분이다.

> IFBB 규정집: 심판들에게는 여자 보디빌딩 시합이 아니라 여자 보디피트니스 시합을 심사하고 있다는 사실이 강하게 되새겨져야 한다. 피트니스 선수가 여자 보디빌더에서 보이는 근육질muscularity, 혈관질vascularity, 근육 데피니션, 다이어트에 의해 마른 모습dieted leanness 같은 유형이 보인다면 적절하지 않다고 생각될 것이고, 따라서 감점되어야 한다.

@ 2011 코리아 대회 +160cm급, 2012 코리아 대회 –168cm급

또한, 이 경기종목에서의 '〈쿼터 턴〉에서의 몸 평가'에 관해 다음과 같이 말하고 있다.

> IFBB 규정집: 비교심사 내내 심판은 선수를 '총체적인 조합'total package으로서 심사하고 있다는 관점을 잃어서는 안 된다. 심판은 선수 몸의 운동선수로서의 전체적인 모습overall athletic appearance을 먼저 평가해야 한다. 이런 평가는 전신을 고려해야 한다. 몸의 전체적 인상general impression에서 시작해, 머리hair와 미모facial beauty, 운동선수로서의 전체적인 근육조직musculature의 발달, 몸이 균형 잡히고balanced 대칭적으로symmetric 발달해 보이는지, 피부와 피부톤skin tone(역주: 피부색조), 그리고 운동선수로서의 자신감confidence, 몸가짐poise, 우아함grace을 고려해야 한다.
>
> 몸은 운동선수로서의 노력을 통해 달성한 전체적인 근육톤muscle tone(역주: 근육의 이완 상태에서의 긴장도)의 레벨에 관해 평가해야 한다. 근육군은 체지방이 적은 상태에서 둥글고 견고한 모습을 가져야 한다. 몸은 과하게 근육질이어서도muscular 과하게 말라서도lean 안 되고, 근육분리 및 빗살무늬가 깊어서도 안 된다. 너무 근육질이거나 너무 마르다고 생각되는 몸은 감점되어야 한다. 피부가 탄탄한지, 그리고 피부톤이 어떤지도 고려해야 한다. 피부톤은 부드럽고 건강해 보여야 하고, 셀룰라이트가 없어야 한다. 얼굴, 머리, 화장도 '총체적인 조합'을 보완해야 한다. 선수의 전체적인, 즉 선수가 무대에 걸어 나오는 순간부터 무대를 걸어 나갈 때까지의 모든 발표를 평가에 포함시켜야 한다. 항상, 피트니스 선수는 매력적으로 발표되는 '총체적인 조합' 속에서, '건강하고healthy, 탄탄하고fit, 운동선수다운athletic' 몸에 강조를 두고 봐야 한다.

체급. 일반적으로 −163cm급, −168cm급, +168cm급으로 나뉜다.

심사. 〈워킹 및 자유포징〉Walking and/or Free Posing, 〈일반적 발표〉General Presentation, 〈쿼터 턴〉Quarter Turns 등으로 진행된다.

복장과 헤어스타일. 하이힐, 화려한 선수복, 반짝이 장신구 등, 여자 보디빌딩과는 많이 다르다. 자세하게는 시합요강, 시합사진, 시합동영상 등을 참고하라.

워킹 및 자유포징

많은 선수가 보디빌딩과 보디피트니스 경기에 함께 출전하거나 보디빌딩 선수에서 보디피트니스 선수로 옮겨가는 경향이 있는 것처럼, 여자 보디빌딩의 〈일반적 발표〉, 〈규정포즈〉, 〈자유포징〉 등이 보디피트니스의 〈워킹 및 자유포징〉에도 그대로 또는 약간의 변형을 거쳐 훌륭하게 활용될 수 있다.

서승아 @ 2011 코리아 대회 −163cm급

서승아 @ 2013 코리아 대회 –163cm급

김은미 @ 2013 코리아 대회 –163cm급

박복임 @ 2013 NABBA/WFF Korea 대회

일반적 발표

먼저, IFBB 규정집에는 다음과 같이 돼 있다.

IFBB 규정집: 심판들은 선수의 자세와 복장을, 선수가 무대에 있는 동안 항상 고려해야 한다는 사실이 상기되어야 한다. 선수가 나타내는 전체적인 이미지는 몸가짐과 자신감을 나타낸다. 이는 라인업 상태에서 〈일반적 발표〉 동안이나 〈쿼터 턴〉 비교심사 동안에는 항상, 특히 더 그렇다.

라인업 상태에서 〈일반적 발표〉 동안 선수들은 팔을 굽히고 옆으로 들어 근육질을 보이는 등의 힘을 주는 포즈를 하지 않도록 경고warning를 받을 것이다 (역주: 그러나 국내외 대회에서 대부분의 정상급 선수가 이렇게 해오고 있고, 실제로 이런 이유로 경고나 감점을 받는 경우는 거의 없을 것이다). 라인업 상태에서의 〈일반적 발표〉는 선수가

• 직립자세로, 심판들을 향하고, 양팔은 옆에 늘어뜨리고, 양발은 모으거나

• 몸을 약간 틀어 섬으로써, 몸의 왼쪽이 심판들을 향하게 해, 선수 번호표가 잘 보이게 하고, 왼손은 골반에 두고, 왼다리는 약간 앞쪽 옆쪽으로 이동시킨 것을 의미한다.

머리와 눈은 앞을 향하고, 양어깨는 뒤로하고, 가슴은 내밀고, 복부는 당긴다.

코어 포징, 상체 포징. 복부는 어떻게 하는 게 최선일지 (편안히 둘지, 배큠, 플렉싱, 크런칭, 리버스 크런칭을 할지), 몸통은 어떻게 하는 게 유리할지 (가슴을 내밀고 어깨와 등은 좁게 유시할시, 어깨를 넓게 유지하고 광배근 펼침을 할지, 아니면 아무런 포징 앤 플렉싱을 하지 않고 편하게 이완하고 있을지). 이는 선수가 자신에게 맞는 것을 잘 선택해야 하는 부분이다.

쿼터 턴

쿼터 턴 라이트

첫째 우향우로, 무대 좌측을 향한다. IFBB 규정집에서의 설명은 남자에서와 기본적으로 똑같다.

> IFBB 규정집: 직립자세로, 머리와 눈은 몸과 같은 방향으로 향하게 하고, 양발 뒤꿈치는 모으고, 양발은 바깥쪽으로 30도 경사지게 하고, 양무릎은 굽히지 않은 채로 모으고, 복부는 당기고, 가슴은 내밀고, 양어깨는 뒤로한다.
>
> 왼팔은 몸의 중심선에서 약간 뒤쪽에 유지하고, 팔꿈치에서 약간 굽히고, 손바닥은 몸과 같은 방향을 향하게 하고, 손은 약간 오므리고, 오른팔은 몸의 중심선에서 약간 앞쪽에 유지하고, 팔꿈치에서 약간 굽히고, 엄지손가락과 나머지 손가락들은 모으고, 손바닥은 몸을 향하게 하고, 손은 약간 오므린다. 양팔을 이렇게 위치시킴으로써 상체가 약간 왼쪽으로 틀리게 되고, 왼쪽 어깨는 내려가고 오른쪽 어깨는 올라가게 될 것이다. 이것이 정상이고 과장되어서는 안 된다.
>
> 적절한 자세를 취하지 못하는 선수는 한 번 경고를 받은 다음, 채점점수에서 차감될 것이다.

코어 포징, 상체 포징. 엉덩이를 뒤로 뺄지 골반을 앞으로 당길지, 복부는 어떻게 할지 (편안히 둘지, 배큠, 플렉싱, 크런칭, 사이드 크런칭, 리버스 크런칭을 할지), 허리를 얼마나 비틀지 등에 관해서는 (남자) 클래식 보디빌딩에서의 〈쿼터 턴 라이트〉 설명을 참고하라 (남자와 똑같이 해야 한다는 게 아니다. 특히 엉덩이나 골반은).

쿼터 턴 백

둘째 우향우로, 무대 뒤를 향한다. IFBB 규정집에서의 설명은 남자에서와 기본적으로 똑같다.

> IFBB 규정집: 직립자세로, 머리와 눈은 몸과 같은 방향으로 향하게 하고, 양발 뒤꿈치는 모으고, 양발은 바깥쪽으로 30도 경사지게 하고, 양무릎은 굽히지 않은 채로 모으고, 복부는 당기고, 가슴은 내밀고, 양어깨는 뒤로한다.
>
> 양팔은 몸의 중심선을 따라 옆쪽에 유지하고, 팔꿈치는 약간 굽히고, 엄지손가락과 나머지 손가락들은 모으고, 손바닥은 몸을 향하게 하고, 몸에서 10cm 정도 띄우고, 손은 약간 오므린다.
>
> 적절한 자세를 취하지 못하는 선수는 한 번 경고를 받은 다음, 채점점수에서 차감될 것이다.

코어 포징, 상체 포징. 엉덩이를 뒤로 내밀지 골반을 앞으로 당길지, 등은 어떻게 할지 (편안히 둘지, 광배근 펼침을 할지, 등을 오히려 좁게 유지할지, 등의 근육분리를 이끌어낼지) 등에 관해서는 (남자) 클래식 보디빌딩에서의 〈쿼터 턴 백〉 설명을 참고하라 (남자와 똑같이 해야 한다는 게 아니다. 특히 엉덩이나 골반은. 남자에서는 골반을 앞으로 당기는 게 최선이겠지만, 여자에서는 엉덩이를 내미는 게 최선일지도 모르고, 이는 선수가 자신에게 맞는 것을 잘 선택해야 하는 부분이다).

쿼터 턴 라이트

셋째 우향우로, 무대 우측을 향한다. IFBB 규정집에서의 설명은 첫째 〈쿼터 턴〉과 완전히 대칭이다.

IFBB 규정집: 직립자세로, 머리와 눈은 몸과 같은 방향으로 향하게 하고, 양발 뒤꿈치는 모으고, 양발은 바깥쪽으로 30도 경사지게 하고, 양무릎은 굽히지 않은 채로 모으고, 복부는 당기고, 가슴은 내밀고, 양어깨는 뒤로한다.

오른팔은 몸의 중심선에서 약간 뒤쪽에 유지하고, 팔꿈치에서 약간 굽히고, 손바닥은 몸과 같은 방향을 향하게 하고, 손은 약간 오므리고, 왼팔은 몸의 중심선에서 약간 앞쪽에 유지하고, 팔꿈치에서 약간 굽히고, 엄지손가락과 나머지 손가락들은 모으고, 손바닥은 몸을 향하게 하고, 손은 약간 오므린다. 양팔을 이렇게 위치시킴으로써 상체가 약간 오른쪽으로 틀리게 되고, 오른쪽 어깨는 내려가고 왼쪽 어깨는 올라가게 될 것이다. 이것이 정상이고 과장되어서는 안 된다.

적절한 자세를 취하지 못하는 선수는 한 번 경고를 받은 다음, 채점점수에서 차감될 것이다.

상체 포징: 상완과 손 위치. 내가 간혹 그랬던 것처럼, 특히 여자 선수들은 〈쿼터 턴 라이트〉에서 양손, 특히 앞쪽 손을 몸에서 멀리 떨어뜨리는 경향이 있는데, 단순히 팔을 들고 있는 게 아니라 가슴을 최대한 유리하게 표현하는 한 방편이겠지만, 지금의 내 관점에, 양손을 몸에서 멀리 떨어뜨리는 것은 포즈 자체로 보나 몸 자체로 보나 심미적으로 유리할 게 없다. 〈쿼터 턴 라이트〉에서 양손, 특히 앞쪽(여기서는 왼쪽) 손은 (팔꿈치를 얼마나 굽히든 간에, 그리고 이렇게 심판들 쪽에서 볼 때) 몸에서 20cm 내외로 떨어뜨리는 게 최선일 것 같다.

쿼터 턴 프런트

넷째 우향우로, 다시 심판들을 향한다. IFBB 규정집에서의 설명은 둘째 〈쿼터 턴〉과 완전히 똑같다. 물론, 후면 포즈에서는 후면이, 전면 포즈에서는 전면이 최고로 보이게 포징을 해야 하는데, 전신적으로도 그렇고 신체부위별로도 그렇다.

IFBB 규정집: 직립자세로, 머리와 눈은 몸과 같은 방향으로 향하게 하고, 양발 뒤꿈치는 모으고, 양발은 바깥쪽으로 30도 경사지게 하고, 양무릎은 굽히지 않은 채로 모으고, 복부는 당기고, 가슴은 내밀고, 양어깨는 뒤로한다.

양팔은 몸의 중심선을 따라 옆쪽에 유지하고, 팔꿈치는 약간 굽히고, 엄지손가락과 나머지 손가락들은 모으고, 손바닥은 몸을 향하게 하고, 몸에서 10cm 정도 띄우고, 손은 약간 오므린다.

적절한 자세를 취하지 못하는 선수는 한 번 경고를 받은 다음, 채점점수에서 차감될 것이다.

남녀 뷰티바디

개요. 주로 연합회에서 주최·주관하는 생활체육 시합에 포함돼 있는 경기종목이다. 여기서 '연합회'란 '협회'에 대한 상대적인 말로, 연합회는 국민생활체육회 산하 전국보디빌딩연합회(KBBFSA. 생활체육 보디빌딩 중앙경기단체), 또는 그 산하 시·도(또는 시·군·구) 보디빌딩연합회를 말하고, 협회는 대한체육회 산하 대한보디빌딩협회(KBBF. 전문체육 보디빌딩 중앙경기단체), 또는 그 산하 시·도(또는 시·군·구) 보디빌딩협회를 말한다.

전국보디빌딩연합회에서 주최·주관하는 대표적 시합으로 **전국생활체육대축전, 문화체육관광부장관기 전국대회, 국민생활체육회장배 전국대회, 연합회 전국대회**가 있고, 그 산하 시·도(또는 시·군·구) 보디빌딩연합회에서 주최·주관하는 시합이 있는데, 시합에 따라, 보디빌딩 경기종목과 함께, 또는 보디빌딩 경기종목 없이, 뷰티바디 경기종목이 포함돼 있을 수 있다.

보디빌딩 시합출전으로 시작해 뷰티바디 시합출전으로 의식이 발전하는 경우도 있고 뷰티바디 시합출전으로 시작해 보디빌딩 시합출전으로 의식이 발전하는 경우도 있을 텐데, 개인의 특성과 선호도의 문제지만, 남자라면, 몸 자체나 포징에 의한, 있는 그대로의 심미성 기본을 다지기에 좋은 보디빌딩 시합출전으로 시작하는 게 좋다고 나는 생각하는데, 뷰티바디 시합출전을 위해서는 몸의 심미성 외의 기타 많은 요소, 가령 복장이나 기타 공연요소 같은 면이 몸 자체의 심미성 발달에 집중하기 어렵게 하는 요소가 될 수 있기 때문이다. 여자라면, 내 얘기는 달라진다.

내가 받은 심판강습회 교육자료에는 이 경기종목에 대해 다음과 같이 돼 있다.

> **심판강습회 교육자료**: 뷰티바디 선수는 우선, 근육이 거대한 엘리트 선수화돼 있지 않고, 내추럴하며, 상체는 하체에 비해 짧아야 하며, 곧은 다리, 꼿꼿한 허리의 건강한 몸매를 지니고 있어야 한다. 또한, 남녀 공히 용모가 준수하며 당당한 걸음걸이로 워킹해야 하고, 전체적인 자연미 조화가 잘 대칭돼 있어야 한다. 심판은 이 경기가 가진 특성상 의복과의 조화를 참고해야 할 것이다.

체급. 일반적으로 남녀 각각 신장 3체급으로, 남자는 −175cm급, −180cm급, +180cm급, 여자는 −165cm급, −170cm급, +170cm급, 또는 −163cm급, −168cm급, +168cm급으로 나뉜다.

심사와 기타. 〈워킹〉, 〈뷰티바디 규정포즈〉 또는 〈쿼터 턴〉 등으로 진행된다. 〈워킹〉은 T자 워킹을 기본으로 하지만, 시합에 따라, 그리고 무대에 따라 달라지는 사항으로, 현장에서 최종 결정될 것이다. 〈뷰티바디 규정포즈〉 또는 〈쿼터 턴〉은 〈전면 포즈〉Front, 〈좌측면 포즈〉Left, 〈후면 포즈〉Back, 〈우측면 포즈〉Right로 구성돼 있는데, 허리에 한손을 올리는 정도의 단순하고 자연스러운 포즈들이다. 복장, 문신, 헤어, 장신구, 도구, 컬러링 및 오일링 등을 포함한 총체적인 규정 및 요령에 관해서는 시합요강, 시합사진, 시합동영상 등을 참고하라.

@ 2013 부천시 생체회장배 대회 −175cm급, −180cm급, +180cm급, −163cm급, −168cm급, +168cm급

무대진행자의 후기. 이 시합은 내가 선수로서 적을 두고 있는 보디빌딩협회·연합회에서 개최한 것인데, 나는 당일 하루 무대진행자로 참여하게 되었다. 제1회 대회였음에도 상당히 많은 선수가 출전했고 선수들의 열의는 뜨거웠고 몸의 수준은 예상보다 높았고 주최 측과 선수들 공히, 시합 준비도 훌륭했다. 마스터즈 보디빌딩, 남녀 일반부 보디빌딩(체중 체급이었다), 남녀 뷰티바디, 이렇게 해서 모두 18체급에 200명 내외의 선수가 무대에 올랐고 여기서 100명의 입상자가 배출되었다.

당시 나로서는 그 시합의 참여가 즐거운 내 개인적인 상황이 전혀 아니었다. 내 치과개원을 위한 내부공사를 $^2/_3$쯤 진행하던 중, 그 공사 책임자와 그 공사 중개자에 의해 촉발된, 내 인생 최대의 힘겨운 시간 중 하나임에 분명한 시간을 수개월째 힘겹게 감내하고 있을 때였기 때문인데, 체련장에서의 내 규칙적인 운동은 억지로, 그러나 유일한 탈출 수단으로서 이어나가고 있음에도 근육은 전혀 유지되지 못하고 쭉쭉 빠져나가고 있었고, 정신적·신체적 건강은 하루가 다르게 악화돼가고 있을 때였다. 그럼에도 어떤 식으로든 시합에 참여하는 게 내게 긍정적으로 작용할 가능성은 크고 부정적으로 작용할 가능성은 없어 보였다.

또한, 그런 와중에도 나는 2개월 전에 보디빌딩 심판강습회에 참가하고 심판자격을 얻게 된 후여서, 이 시합에서는 이전보다 한 단계 발전한 마인드였다. 이전에는 선수의 경험은 있었지만 심판의 경험은 없었고, 이번에는 선수가 아닌, 처음으로 주최 측의 입장이 되어본 것이다. 물론, 내가 심판강습회에 참가한 것은, 협회·연합회 활동이나 심판 활동을 본격적으로 해볼까 해서가 전혀 아니고, 추후 나 개인적 주말 레크리에이션 차원으로 이따금 관객이 아닌 심판으로 시합을 경험해볼까 하는 생각도 없지는 않았지만, 그것은 부차적인 잠재성의 문제고, 당면한 실제 문제로는, 무엇보다도 이 [시합편] 집필에 도움되는 정보나 마인드가 있을까 해서였다.

많은 선수가 경기를 펼쳐야 해서, 오전 계측 후의 잠깐의 점심시간 외에는, 일요일 아침 9시부터 해 질 녘까지 나는 선수들 가까이에서 계속 서 있거나 돌아다녀야 했고, 매일 규칙적으로 체련장에서 훈련하고 있던 나로서도 (물론, 종아리도 빠뜨리지 않았을 뿐 아니라, 단독 워크아웃으로 훈련하고 있었다), 오후 중간쯤 되니 종아리가 너무 피로해, 잠깐이라도 짬이 날 때는 의자에 앉아야 했으며, 시합을 마치고 시합장 정리가 끝난 다음에는 발바닥이 너무 피로해, 신발과 양말을 벗고 앉아 쉬면서 발을 연신 마사지하다가 바깥 길에서도 자리를 이동할 때는 그 맨발 상태로 잠시 걸어야 했다.

나는 당일 하루만 수고했을 뿐이지만, 주최 측 실무자들의 상당 기간에 걸친 상당한 노력으로 많은 선수에게 새 시합에 의한 또 하나의 시합출전 및 입상의 기회가 제공되었고, 선수들은 이런 시합출전과 여기서의 입상을 통해 더 탄력받게 될 것이고, 이는 곧 이 분야 인구의 저변확대로도 이어지면서, 결과적으로 이런 좋은 대회가 계속 새로 생기고 주최 측 실무자들의 열린 마음의 노력이 갈수록 더해지고 있는 요즘, 앞으로 더 많은 사람이 더 건강하고 더 아름다워질 것이라는 생각이 들었다.

@ 2015 파주시 대회 피지크 –175cm급

일반적 발표: 보디빌딩 vs 피트니스. 하체에서는 오른쪽 무릎을 완전히 펴고 더 역동적인 포징을 하는 게 좋았을 것 같고, 상체에서도 보디빌딩보다는 피트니스다운 포징을 했었더라면 싶다. 이런 유형의 경기종목에서는 복부는 배큠이나 렛잇고보다는 플렉싱이나 크런칭이 훨씬 더 효과적이라는 걸 이때는 알지 못했다.

내가 이 경기종목에 출전한 이유, 이 경기종목에서의 내 몸과 복장에 대해서는 3장에 언급돼 있다.

남녀 신규 경기종목

앞에서 살펴본 것처럼, 전통적인 보디빌딩 경기종목이라 할 수 있는 남자 보디빌딩, 여자 보디빌딩에 더해, 수년 전에, 주로 대한보디빌딩협회 또는 그 산하 협회가 주최·주관하는 전문체육 보디빌딩 시합에는 (남자) 클래식 보디빌딩, (여자) 보디피트니스라는, 그리고 주로 전국보디빌딩연합회 또는 그 산하 연합회가 주최·주관하는 생활체육 보디빌딩 시합에는 (남녀) 뷰티바디라는 경기종목이 도입된 데 더해, 2014 코리아 대회에서는 다음 몇 가지 경기종목이 처음으로 추가 도입되었다.

남자 피트니스	Men Fitness
여자 피트니스	Women Fitness
남자 애슬레틱 피지크	Men Athletic Physique
여자 애슬레틱 피지크	Women Athletic Physique
비키니 피트니스	Bikini Fitness

이들 경기종목 대부분은 중복 출전이 가능할 수도 (2014 코리아 대회), 아닐 수도 있는데 (2015 코리아 대회). 후자의 경우에는, 1. 더 많은 출전자와 입상자가 배출됨으로써 기존 선수들 사이에서의 저변확대와 동기부여 강화의 장점, 2. 그만큼 초기에는 이들 경기종목에서의 경기와 입상자의 레벨이 낮아지는 단점, 3. 그러나 시간이 갈수록 이들 경기종목에서의 선수들의 몸과 포징과 복장 등에서의 차별적 특징이 더욱 분명해지면서 일반인, 동호인, 마니아, 기존 선수들 사이에서 공히, 저변확대와 동기부여의 폭발적 강화의 장점, 4. 결과적으로 이들 경기종목에서의 경기와 입상자의 레벨이 높아지는 장점으로 이어질 것이라는 생각이 든다.

남자 피트니스의 포즈 규정과 요령은 클래식 보디빌딩에 설명된 것을 참고할 수 있겠고, 기타 모든 경기종목에 관해서는, 인터넷으로 시합요강, 시합사진, 시합동영상 등을 참고하라.

그리고 뒤에 나오는 기타 경기종목에서도 마찬가지지만, 꼭 이들과 똑같은 이름의 경기종목이 아니더라도, 이름과 복장 규정 등만 다를 뿐, 사실상 포징과 심사에 있어서는 대동소이하다. 그리고 여기서 말한 신규 경기종목, 기타 경기종목의 분류 자체도 무의미할 수 있다.

김은미 @ 2014 코리아 대회 보디피트니스 -163cm급, 여자 피트니스 Open, 비키니 피트니스 Open

보디빌딩 vs 피트니스. 바로 뒤에 나오는 기타 경기종목에서도 마찬가지지만, 이들 신규 경기종목이 일반인이나 동호인 사이에서는 어쩌면 앞으로는 보디빌딩보다 더 접근하기 좋아 보편적인 경기종목이 될지도 모르는데, 특히 여자에게 있어서는, 보디 피트니스와 함께, 이들 경기종목이 더욱더 그럴 것이다. 그리고 진지한 보디빌딩을 추구하는 사람 중에는 이런 점을 아쉬워하는 경우도 본 적 있지만, 내 심미적 기준으로는, 남자에서는 논외로 하고, 여자에서는 이런 경향이 훨씬 더 보기 좋다. 비록 여자에서도, 보디빌딩에서 좋은 몸을 보여줄 수 있을 때, 그 비율과 모습은 일반적으로 하이힐을 신게 되는 이들 경기종목으로도 잘 연결되지만, 이들 경기종목에서의 좋은 모습은 하이힐에서 내려와야 하는 보디빌딩에서는 완전히 무너지기도 한다. 그래서 여자에서도 심미의 기본은 보디빌딩에서 보여질 수 있어야 그게 진짜 심미라고 할 수 있을지도 모른다.

류승용

워킹 및 자유포징: 총체적 포징. 손가락, 손목, 팔꿈치, 어깨, 그리고 발가락, 발목, 무릎, 골반 등의 처리에 무용적 요소가 강하게 느껴진다. 그는 오래 전부터 무용에 관심이 많았다고 한다. 내가 그랬던 것처럼 포즈대의 좌우 끝까지 굳이 걸어가야만 하는 것은 아닌 모양이다.

워킹 및 자유포징: 보디빌딩 vs 피트니스. 나는 무대 뒤쪽 왼쪽에서 나와, 무대 뒤쪽에 1열 횡대로 서 있는 선수들 중앙부에서 선수들을 향해 순간적이고 가벼운 시위 또는 도발을 하고 (순전히 관객들의 흥미를 북돋우고자 하는 팬서비스 차원에서) (**1**), 뒤로 돌아 무대 앞쪽 포즈대에 올라 〈일반적 발표〉 포징을 하고 (**2**), 왼쪽으로 돌아 포즈대 끝까지 가 〈쿼터 턴 라이트〉 포징을 하고 (**3, 4**), 다시 뒤로 돌아 포즈대 중앙에서 〈후면 이두근 포즈〉 포징을 하고 (**5**), 이제는 포즈대 반대쪽 끝까지 가 〈쿼터 턴 라이트〉 포징을 하고 (**6, 7**), 포즈대 중앙으로 돌아와 〈최고 근육질 포즈〉 포징을 했다 (**8**).

내가 이렇게 포즈대 중앙과 양쪽 끝에서 특정 포즈 포징을 할 때, 관객석에서는 좋은 반응의 소리와 박수가 들려왔다고 한다 (경기 직후에 전해 들었다). 그러나 그러고 포즈대를 내려올 때, 무대진행자는 허리를 앞으로 살짝 숙인 채 다가와 나를 무대 뒤쪽으로 안내하면서 웃으며 나지막이 "그건 이 (경기종목) 취지가 아니잖아요 (흐흐)." 했고, 나 역시 비슷한 자세와 동작과 표정으로 나지막이 "미안합니다 (헤헤)." 했다 (**9**).

나는 이 경기종목 출전이 이번이 처음이고, 최근에 〈쿼터 턴 라이트〉에 꽂혀 있던 터라, 그리고 내 강점으로 승부하겠다는 생각에, 그리고 다른 선수들의 워킹과 자유포징을 유심히 본 적이 없어, 표정을 포함해, 피지크 경기종목이라기보다는 보디빌딩 경기종목스러운 포징을 했던 것이다.

규정포즈 또는 쿼터 턴: 보디빌딩 vs 피트니스. 피지크 〈규정포즈〉로 불린다면 〈우측면 포즈〉Right, 〈후면 포즈〉Back, 〈좌측면 포즈〉Left, 〈전면 포즈〉Front, 피지크 〈쿼터 턴〉으로 불린다면 〈쿼터 턴 라이트〉, 〈쿼터 턴 백〉, 〈쿼터 턴 라이트〉, 〈쿼터 턴 프런트〉이 이들 각 포즈의 이름일 것이다.

포즈다운: 보디빌딩 vs 피트니스. 너무 보디빌딩스러운 포징을 한 것 같다. 오른쪽 무릎과 발목을 완전히 폈다면, 그리고 양손을 비대칭적으로, 적어도 한쪽은 노출했더라면, 그리고 그 손은 주먹 쥐지 않고 했다면 어땠을까 (**1, 2**). 복직근과 복사근의 근육질은 강조하는 게 도움될지 몰라도, 대흉근의 근육질을 강조하는 포징 (**3**의 왼쪽)과 보디빌딩 특유의 포징 (**4**)은 다른 선수들의 포징과 심판들의 관점을 고려할 때, 그다지 바람직하지 않은 것 같다 (**4**에서 나는 원래 하던 오른쪽이 아닌 왼쪽으로 이 포즈를 했는데, 그렇게 하면 몸이 좀 더 가늘어 보이기 때문에 그게 이 경기종목에 더 맞다고 생각해 순간적으로 그렇게 한 것이긴 하지만). 그리고 이렇게 이 하체 포징에서 양팔을 아래로 넓게 벌리든가, 추가로 왼쪽 하체를 더 뒤로 보내고 무릎을 완전히 펴는 식으로 해서 보디빌딩과는 차별화된 포징을 하는 게 좋을 것 같다.

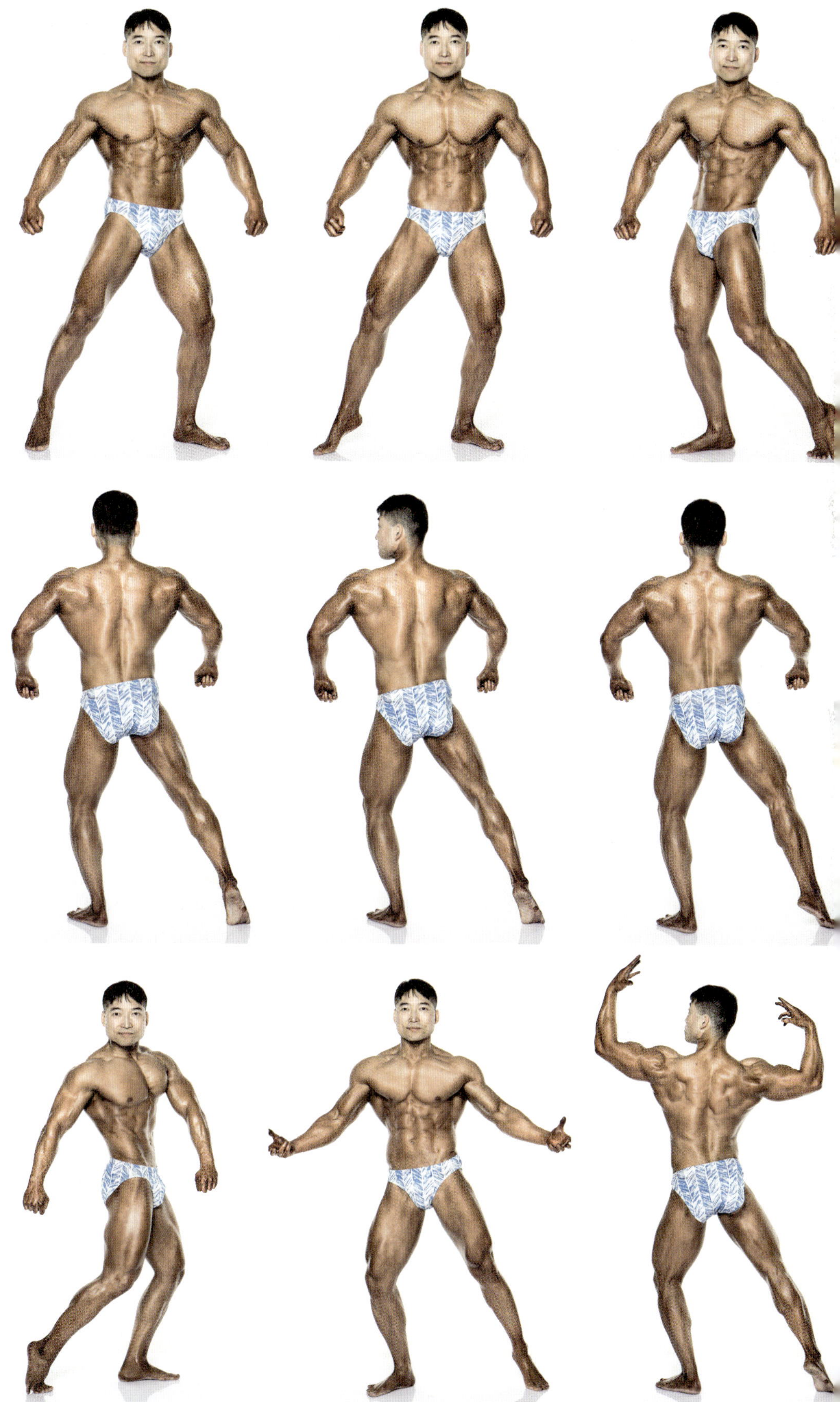

@ 2015 스튜디오 사진촬영

일반적 발표, 쿼터 턴, 자유포즈. 남자 피트니스, 뷰티바디, 스포츠모델 등, 넓게는 보디빌딩보다는 피트니스에 포함되는 유형의 경기종목에서는 대부분의 포즈에서 복부 배큠이나 렛잇고보다는 역시 플렉싱이나 크런칭이 훨씬 더 효과적이어서 대부분의 선수가 그렇게 한다.

1, 2: 〈일반적 발표〉에서의 하체 포징의 변형.

3, 7: 〈쿼터 턴 라이트〉의 상체 포징에서는 보디빌딩의 〈측면 가슴 포즈〉에서는 크게 신경 쓰지 않아도 무방했던 요소, 즉 상체의 전면이 관찰자 쪽으로 (이 사진들에서보다 더) 많이 향하게 하고 어깨와 광배근을 최대한(이 사진들에서보다 더) 넓게 유지함으로써, 잘록한 허리와 대비되게 하는 게 절대적으로 유리하다는 걸 잊지 않는 게 무엇보다 중요해 보인다.

4~6: 〈쿼터 턴 백〉에서의 머리 포징과 하체 포징의 변형.

8, 9: 기본포즈와 자유포즈에서 공히, 주먹 쥐기보다는 손이나 손가락을 펴면 보디빌딩보다는 피트니스스러운 포징이 되는 경향이 있다.

남녀 기타 경기종목

국내에서는 이전에는, 크게는 주로 대한보디빌딩협회 또는 그 산하 협회가 주최·주관하는 전문체육 시합, 그리고 주로 전국보디빌딩연합회 또는 그 산하 연합회가 주최·주관하는 생활체육 시합 정도만 있었다고 할 수 있다. 그러다가 수년 전부터 외국계 연맹[협회, 단체] 또는 그 국내 지부가 주최·주관하는 외국계 시합이 국내에도 하나씩 들어와 열리게 되었는데, 특히 그런 시합에는 다음과 같은 몇 가지 경기종목이 추가로 포함돼 있을 수 있다.

남녀 스포츠모델	Men & Women Sport Model
남녀 머슬모델	Men & Women Muscle Model
남녀 스포츠웨어	Men & Women Sport Wear
남녀 서핑웨어	Men & Women Surf Wear
남녀 수영복	Men & Women Swim Wear
미즈 비키니	Ms. Bikini
피겨	Figure

이전까지의 경기종목들과 본질에서는 대동소이하겠지만, 이들 경기종목에 대한 개요, 체급, 심사, 포즈와 포징, 복장, 컬러링 및 오일링 등을 포함한 총체적인 규정 및 요령에 관해서는 시합요강, 시합사진, 시합동영상 등을 참고하라.

남녀 뷰티바디도 그렇지만, 경험 많은 남녀 보디빌딩, (여자) 보디피트니스 선수라면, 이들 기타 경기종목에서의 포징은 재미있게 갖고 놀 수 있는 것인 면도 있지만, 특히 자유포징, 그리고 규정포즈에서 보디빌딩 경기종목이 아니라는 것을 확실히 보여줄 수 있는 미세한 변형이 필요하다. 예를 들어, 주먹을 쥐는 대신 손을 펴거나 손가락을 벌리는 것, 그리고 무릎을 적당히 펴거나 굽히는 것보다는 확실히 펴거나 확실히 굽히는 것 같은 것이다.

그리고 다음과 같은 몇 가지 다소 가벼운(?) 경기종목의 시합도 열린다.

실버 몸짱·보디빌딩 대회
복근왕 대회
남녀 벤치 프레스 대회

4장

시합출전

ENTERING THE COMPETITION

시합 쪽으로 이행하기

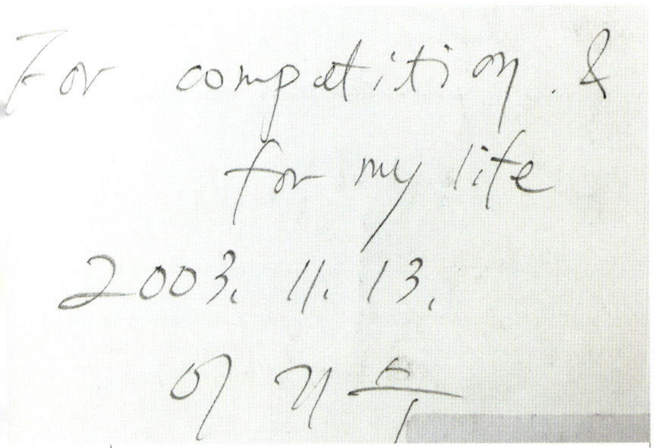

For 시합, 그리고 For 삶[인생]. 내가 어떤 책을 조금이라도 진지하게 읽을 때는 (전공 관련 책이든 아니든), 그 앞표지 다음 첫 페이지에 그 읽기 시작한 날짜와 내 이름을 흔히 적어놓는다. 사진은 내 아놀드 백과 원서의 그 부분으로, 나는 당시에 이 책을 읽기 시작하거나 읽으면서 '장차 시합출전을 하자'고 생각했고 아주 순간적으로 이어 '죽지 않고 살기 위해, 나아가 (특히 신체적) 건강을 위해, 그리고 더 나아가 (특히 신체적) 건강을 통한 건강하고 아름다운 인생을 위해 보디빌딩을 하는 것이고, 그래서 평생 보디빌딩을 하자'고 생각했다 (뒤 'for'는 앞 'for'의 '~을 위해'라는 의미에 '~ 동안 또는 ~ 내내'during or throughout라는 의미도 함께 생각하며 썼다).

당시는 내가 어느 날 갑자기 찾아온 (원인불명의) 만성피로증후군으로 3개월간 거의 죽을 정도로 정신적·신체적으로 아팠다가 극적으로 회복하기 시작한 지 1.5년쯤 되었을 시점이다. 여기에 후에 (특히 신체적) 심미 측면, 즉 이왕이면 더 심미적인 몸으로 살자는 게 더해졌던 것 같다.

여기서 'my life'는 순전히 내 개인적(사인으로서, 그리고 '직업적' 의료인으로서 진료실에서 그 본업에서만 나름의 역할을 하는) 인생이었겠지만, 사회적(진료실을 넘어 시민의 한 사람으로서, 그리고 '진정한' 전문가로서 사회적 책임을 다하는) 인생을 크게(또는 진지하게) 생각할 계기가 당시까지는 그다지 없었다고 할 수는 있어도, 그것을 배제한 지극히 개인적인 삶이라고 할 수는 없다.

시작점과 계기

내 첫 시합출전. 아놀드 백과에서 아놀드는 다음과 같이 말했다.

> **아놀드 백과:** 당신이 시합에 대해 아주 조금이라도 생각이 있다면, 시합에 대해 어느 정도 고려해보기를 강력히 권한다. 보디빌딩이 내게 준 것의 아주 작은 부분이라도 당신이 나눠 가질 수 있다면, 당신은 시합에 나가보기로 한 걸 절대 후회하지 않을 거란 걸 나는 알고 있다.

2003년, 나는 아놀드 백과 원서를 처음 접하면서 이 말을 그대로 받아들였고, '나도 언젠가는 시합출전을 해봐야겠다'는 생각이 들었다. 이전까지는 시합이나 선수, 그 어떤 것에 관해서도 아무 개념도 생각도 정보도 없었는데, 이렇게 시합출전에도 시작점과 계기가 있기 마련이다 (운동, 영양과 마찬가지로, 그리고 인생의 다른 모든 면과 마찬가지로).

그러나 내가 그때 바로 시합출전 준비를 시작했던 건 아니다. 둘째이자 더 본격적인 계기는 2007년 봄, 내가 아놀드 백과 번역 작업을 마무리해가던 시점에 미스터&미즈 대구 선발대회에 구경 갔는데, 2007 미스터 대구 (그랑프리) 선수를 보면서 '나는 그동안 뭐하고 있었나, 나도 저런 시합무대에 서고 싶다'는 생각이 처음 들었던 것이다.

셋째 계기는 아놀드 백과가 번역출간되고 몇 개월 후, '1. 아놀드 백과에 더해, 내가 직접 (주로 초보·초급자를 위한 가벼운) 운동책을 써줘야겠다. 2. 그 책에서 다른 트레이너나 누군가가 나를 대신해서 운동 시연을 하게 하는 것보다는 내가 직접 하는 게 좋겠다. 3. 책에 실릴 내 운동 시연 사진이 더 보기 좋고 독자의 동기유발에 더 도움되게 하려면 내 몸을 더 잘 만들어야겠고, 무엇보다도, 몸을 깎아야겠다. 4. 그런 다이어트를 위해서라면 시합출전을 도구로 삼는 게 가장 확실하겠다.' 싶었던 것이다. 나는 65~67kg 정도 되던 체중에서부터, 나름의 계산과 판단으로, 일단은 체중 90kg을 목표로 증량하기 시작했다.

넷째이자 결정적인 계기는 2008년 봄, 나는 매일 규칙적으로 체련장에서 열심히 훈련하면서 체중을 생애 처음으로 70kg을 넘겨 83kg까지 증량한 상태에서, 당시에 전국적으로 가장 큰 사회 이슈로 떠오른 '광우병 촛불집회' 정국에 깊이 빠져들게 되었다. 서울 광화문광장 일원을 중심으로 한 촛불집회 현장에서 밤새 경찰들의 무차별적인 불법 폭력진압으로 무고한 시민들의 부상이 속출하고 인권이 유린당하는 걸 인터넷으로 실시간으로 접하면서, 나는 집에 그냥 있을 수 없었다. 그들은 더 순수하고 더 깨어 있고 더 용기 있는, 남녀노소 불문하고 '젊은이'들이었고, 한없이 사랑스럽고 자랑스럽고 내가, 우리가 지켜주고 보호해주고 힘이 돼줘야 할, 소중한 우리 시민들이었다 (뮤지컬 영화『레미제라블』(2012)을 볼 때면, 그때의 기억이 겹쳐져 감회가 남다르다). 나는 바로 다음날부터 매일 저녁 30km를 차로 달려 현장에서 날이 완전히 밝을 때까지 밤샘 의료지원을 하게 되었다. 그렇게 밤낮이 바뀐 생활로 수면부족에 시달리면서 운동과 영양을 거의 챙기지 못하고 보낸 일주일 후 처음으로 재본 내 체중은 77kg으로 줄어 있었다. 매일 아침 체중이 얼마나 늘었나 체크하면서 증량에 몰입하던 나로서는 전혀 예상치 못한, 바람직하지 않은 결과였다. 이제 내 몸의 증량 조건형성이 약해진 상태에서, 처음에 목표한 90kg까지 체중을 올리기 위해 다시 증량 쪽으로 방향을 잡는 것도 맞지 않는 것 같았고, 여전히 매일 밤 시민 부상자는 속출하고 있었지만 상황은 뜻하지 않게 장기전으로 돌입하고 있었고, 이제 나 아니어도 충분한 수의 의사들이 의료지원단에 참여하고 있으니 현장은 그들에게 맡겨두고, 나는 이제는 의료지원단의 일원으로서보다는, 촛불집회를 통해 갑자기 더 크고 비장해진 사회적 마인드로 무장한 채, 원래 하려던 집필을 완수해 그 책을 통해 내가 이 나라와 이 사회와 우리 국민에게 나만이 해줄 수 있는 걸 해주는 게 훨씬 더 시급하고 장기적으로 훨씬 더 중요한 일이라 생각하게 되었고, 그렇게 각과(의·치·한) 의사들 중에서는 처음으로 참여해 다른 자발적으로 모인 시민들과 함께 공동 시작한 그 의료지원단 활동을 나는 그쯤에서 무기한 일시정지하기로 하고, 장기적 집필 과정의 일환으로 바로 시합출전 준비, 즉 시합 훈련과 시합 다이어트에 돌입했다 (당시의 그 마인드가 이 백과의 기본적인 집필 마인드다).

수개월 후, 나는 첫 시합출전 −70kg급에서 입상 실패했다. 그리고 4주 후 다음 시합에서는 −65kg급에서 1위에 입상했다.

그 이후. 이후 나는 자주는 아니지만, 그래도 매년 꼬박꼬박 한두 번씩은 시합출전을 하게 되었는데, 대부분의 선수와는 다르게, 나는 시합출전 자체에 대한 직접적인 동기에서보다는, 주로 이 백과 집필을 위한 과정과 수단으로서 시합출전을 계속하게 되었던 것이다. 언제부터인가 진지해지다 보니, 아놀드의 그다음 말도 이미 한참 전에 내 현실 그대로가 되었다.

> **아놀드 백과**: 이 하나만 기억하라. 당신이 보디빌딩 시합을 정말 진지하게 받아들인다면, 그것에 의해 당신의 삶이 점령당하게 될 것이다. 그것 때문에 당신이 어디서 어떻게 살지, 무엇을 먹을지, 어떤 친구를 두게 될지, 결혼생활이 어떨지가 결정될 것이다. 물론, 시합 라이프스타일의 요구사항에 자신을 완전히 헌신하지 않으면서, 즉 여전히 다소 '정상적인' 인생을 살면서, 지역 수준의 시합에서 경쟁할 수도 있지만, 당신의 보디빌딩 레벨이 높아질수록, 거기에 투자되어야 하는 것도 더 많아질 것이다.

무엇이든 간에, 하나에 최대한 집중하면 거기서 최대한 얻을 수 있지만, 그 과정에서 자신도 모르게 잃거나 놓치는 것도 있을 수 있고, 알지만 포기해야 하는 것도 있을 수 있다. 인생에서 어느 시점에 어느 것이 더 중요한지 현명하게 판단하고, 그런 다음에도 이따금, 어느 한쪽에만 너무 치우쳐 있지는 않은지 되돌아보며 항상 균형감각을 유지할 필요가 있다.

그러나 동시에 중요한 것은, 꼭 하고 싶었던 건 꼭 해봐야 한다는 것이다. 그리고 일단 선택했다면, 거기에 모든 걸 쏟아 붓고 모든 걸 바치면서 거기에 최선을 다해야 한다는 것이다. 그래야 나중에 거기에 대해서는 적어도 후회나 미련이나 물음표가 남지 않거나 덜 남고, 나아가서는 머리와 가슴이 편해지고 풍족해질 수 있다 (사랑이 그런 것처럼).

이 약간 상반될 수 있는 두 가지, 그리고 거기에 더해 운동이든 영양이든 시합이든 인생의 그 무엇이든, 쉬우면서도 가장 효율적·효과적으로 하는 것, 이 세 가지 면에서, 모두 내가 항상 잘해오지만은 않았기 때문에, 그리고 경험 부족으로든 적절한 멘토가 없어서든, 수많은 이가 그런 시행착오를 할 수밖에 없으니 내가 이 백과를 쓰고 있는 것이다.

시합출전, 누구나 할 수 있다

생활체육

나는 설렁설렁 선수. 내가 이용하고 있는 체련장의 회원들이 가끔 나를 뭐 대단한 보디빌더나 보디빌딩 선수로 봐줄 때, 나는 나 자신을 '설렁설렁 선수', '초급이나 기껏해야 중급 선수', '전문(체육) 선수가 아닌 생활체육 선수'라고 표현하며 그들의 눈높이를 바로잡아준다.

여기서 **전문체육**[엘리트체육]elite sport과 **생활체육**sport for all은 간단히 말하면 개념상 다음의 차이로 구별되는데, 전문체육은 '경쟁'과 '직업'적 특성이 주가 되고, 생활체육은 '즐거움'과 '여가선용'의 특성이 주가 된다는 것이다. 나는 그런 측면에서든 그 결과로서의 몸 측면에서든, 전문체육이 아닌 생활체육 선수일 수밖에 없다.

내가 나 자신을 설렁설렁 선수라 표현했지만, 운동이든 시합이든 뭐든, 내가 무언가를 선택하고 우선순위를 거기에 둔 이상, 진지하게 집중하지 않고 설렁설렁 임했을 리는 없다. 그러나 내가 아무리 열심히 해도 전문체육 선수와 비교하면 결과적으로는 설렁설렁 선수일 수밖에 없고, 그래서 지금껏 딱 그만큼의 시합성적을 거뒀다 할 수 있다.

2008 광명시 보디빌딩대회 −65kg급 1위
2008 강서구 보디빌딩대회 −65kg급 2위
2009 연합회 전국보디빌딩대회 −40세급 5위
2010 종로구 보디빌딩대회 −65kg급 6위
2010 연합회 전국보디빌딩대회 −45세급 2위
2011 광명시 보디빌딩대회 −65kg급 5위
2011 미스터&미즈 경기 선발대회 −171cm급 3위, −70kg급 5위
2012 미스터&미즈 코리아 선발대회 −171cm급 5위
2013 미스터&미즈 코리아 선발대회 −171cm급 3위
2015 파주시 보디빌딩대회 −70kg급 5위

2015년 현재까지의 내 시합성적. 충분히 준비되었다고 생각했지만 '우물 안 개구리'였다는 걸 깨닫게 된 생애 첫 시합, 그리고 동료 선수를 이끌어줘야 한다는 생각으로, 전혀 준비되지 않은 몸으로 출전했던 한 시합을 제외하면, 내가 준비되었다고 생각했든 단순히 다음 시합을 위한 중간과정이라고 생각했든, 출전한 시합에서는 항상 입상은 했다 (2012, 2013 코리아 대회에서는 두 경기종목에 출전해서 한 경기종목에서 입상).

2014년에는 2013년 코리아 대회 직후 발생한, 내 본업과 관련한 또 한 번의 불운으로 시합출전에 대한 생각 자체를 할 수 없었다. 그 불운 이후 1.5년 동안 체련장 웨이트트레이닝을 완전히 중단한 적은 없지만, 심할 때는 열흘 동안 한 번도 체련장에 나가지 못하고 기껏해야 일주일에 3~4일 훈련하기도 어려울 정도로 정신적·신체적으로 약해져 있는 상태에서 훈련을 억지로 근근이 이어오면서, 한 번 워크아웃의 그 운동 강도나 운동 분량은 최대로 잡아도 이전의 1/3 수준에 못 미치는 정도였다. 몸은 겉이나 속이나 줄기차게 나빠져갔는데, 내가 체련장 훈련을 계속하면서도 몸이 근육 면으로든 체지방 면으로든 발전하기는커녕 후퇴한 것은 아마 이때가 처음인 것 같은데, 음식의 소화·흡수를 담당하는 장은 지속적으로 문제를 일으켰고, 성장호르몬, 남성호르몬 등의 활력·동화 호르몬 수치는 바닥을 기는 것으로 느껴졌다.

다행히 2015년 들어서면서 정신적·신체적으로 다시 회복되기 시작했고, 나는 다시 몸만들기에 집중하기 시작했다. 책 집필 과정에서 그간의 내 포징이 크게 잘못된 부분을 많이 발견하게 되었고, 그런 내 시행착오 사진, 다른 선수들의 사진과 함께 무엇이 잘못이고 무엇이 바람직한 것인지 글로는 충분히 설명할 수 있었지만, 그 바람직하게 생각되는 내 최종 포징을 내 몸으로 직접 보여줄 사진은 없었기 때문에, 그런 이유에서도 몸만들기, 특히 시합 다이어트에 다시 집중할 수밖에 없었다. 그 목적의식, 목표의식은 뚜렷했으니, 시합 다이어트는 어느 정도 저절로 되는 면이 있었고, 그간의 경험을 통해 운동, 영양, 시합, 이 모든 면에서 총체적으로 체계적이면서도 더 쉽고 더 효율적으로 임할 수 있었다.

내가 나 자신을 설렁설렁 선수, 초급이나 기껏해야 중급 선수, 그리고 전문체육, 생활체육은 반드시 양분되는 개념일 수는 없지만, 그래도 전문체육이 아닌 생활체육 선수라고 표현하는 데는 구체적으로는 다음과 같은 이유가 있다.

우선, 보디빌딩이나 보디빌딩 시합출전이 내 본업이 아니기에 그만큼 전력을 들이지 않거나 거기에 전력을 들이는 게 내 본업에 전력을 들이는 것만큼 정신적으로 즐겁고 보람된 것은 아니기 때문이기도 하고, 내 상황이나 선택에 따라 1년에 기껏해야 몇 차례의 시합출전만 할 뿐, 어디에든 정식으로 소속돼 의무적으로라도 시합출전을 해야 하는 것도 아니기 때문이다.

게다가, [마인드편]에서도 어느 정도 얘기되겠지만, 나는 어려서부터 지금껏 중간중간에 정신적·신체적으로 상당히 아프기도 했기 때문에라도 그렇다. 정신적으로든 신체적으로든 한 번 아프면 수개월은 기본이고 1~2년간 그 영향을 받기도 하는데, 그동안 몸은 거의 원점으로 돌아가고, 새로 시합출전을 위해서는 다시 이전에 갔던 거의 그 지점까지 우선은 증량을 먼저 해야 하는데, 그런 조건형성과 거기까지 도달하는 데만도 통상 수개월이 걸리기 때문이다. 그런 다음에야 감량을 하는 것이어서, 다른 선수들과 비교해 불리할 수밖에 없다.

무엇보다 중요한 것은, '잘못된 헬스'는 19세 되기 직전인 대학입학 때 시작해, 일반인으로서는 시작이 결코 늦은 것은 아니었지만, 내가 '올바른 보디빌딩'을 하게 된 첫 계기가 된 아놀드 백과를 만난 건 33세 때였고, 생애 첫 보디빌딩 시합출전을 한 건 38세로, 대학입학과 동시에 체련장에서 웨이트트레이닝을 시작한 지 약 20년 만이다. 다른 선수들과 비교해 상대적으로 꽤나 늦은 것으로, 성장호르몬·남성호르몬 최고치의 시기에 골격과 근육을 최대로 발달시킬 수 있는데, 그런 기회를 날려버린 것이다.

나는 왜 보디빌딩을 하고 시합출전을 하는가? 아놀드 백과에서 아놀드는 다음과 같이 말했다.

> **아놀드 백과:** 건강과 피트니스를 위해 훈련하다가 시합을 위해 훈련하는 쪽으로 이행하는 것은, 주로 의식이 발전함에 따른 것이다. 보디빌더들은 경쟁을 대단히 좋아하는 사람이 대부분이지만, 승리를 한 번이라도 달성하든 그렇지 않든 상관없이, 보디빌딩을 하는 주된 이유가 이 스포츠가 자신의 인생에 주는 의미 때문인 사람들도 있다. 보디빌딩은 단순히 스포츠이기만 한 게 아니라, 삶의 방식way of life이기도 하다. 어떻게 살 것인가 하는 데 대한 전체적 철학entire philosophy이고, 오늘날을 사는 우리 상당수와 관계된 물음들—어떤 일을 하는 게 가치 있는 일이고, 뛰어난 소질을 갖는다는 것과 무언가를 달성한다는 것에 어떤 가치를 둘 것인가 하는 물음들—에 대한 답을 제시하는 가치체계value system다. 자아의 가치self worth를 추구하고 개인의 유효성personal validation을 추구하는 방법이며, 자신의 목표를 설정하고 그 목표에 이르려고 노력하는 자신의 능력에서 만족을 찾는 방법이다.

최근에 체련장에서 잘 모르거나 새로 등록한 회원이 흔히 내게 '보디빌딩 선수냐, 아니면 취미로 하는 것이냐' 물을 때, 나는 '선수이기도 하다. (본업은 아니지만...)'하고 지금은 답하기도 하지만, 이전에는 '시합출전은 이따금 하고 있지만, 선수인 것 같기도 아닌 것 같기도 하고, 단순히 취미로 하는 것은 전혀 아니고, 그렇다고 '취미'가 아니라 '특기'인 것도 아니고...' 생각하면서 단 한마디로 쉽게 답하지 못할 때가 많았는데, 그때 나는 흔히 위의 아놀드의 말이 떠올랐다. 그것으로 대신하면 내 입장이 어느 정도는 잘 표현되는 게 아닐까 싶다.

처음부터 시합출전에 크게 뜻을 뒀던 건 아니다. 지금도 마찬가지다. 단지 사람들에게 운동, 특히 이 보디빌딩을 더 잘 알려주려고 책을 쓰고 싶었고 (물론, 단순히 그 이유만으로 책을 쓰고 있는 것은 점점 아니게 되었지만, 그래도 그 부분이 가장 중심적인 부분이라 할 수 있다), 책을 잘 쓰려고 첫 시합출전을 했고, 책을 더 잘 쓰려고 시합출전을 계속하게 됐던 것이다.

다른 거의 모든 스포츠와 마찬가지로, 보디빌딩도 누구나 할 수 있고, 시합출전도 누구나 할 수 있다. 그것은 오로지 필요와 열의와 의지의 문제다. 그래도 사람들은 치과의사가 '골프도 아닌 보디빌딩' 서적인 아놀드 백과를 번역출간하고 '헬스도 아닌 보디빌딩'을 하면서 시합출전까지 하는 것을 다소 독특하게 받아들인다.

이제 와 나는 생각한다. 치과의사가 골프가 아닌 보디빌딩을 하는 것은 뭐 그리 남다를 게 없다. 골프든 보디빌딩이든, 전문선수 입장이 아닌, 내 주변의 동료 선후배, 동기 치과의사들을 볼 때, 친목과 사교, 인맥형성과 인맥확대, 심지어는 접대와 로비가 중요하거나 필요하면 골프를 하는 것이고, 자신과 타인의 정신적·신체적 건강과 심미에 진지한 관심이 있으면 보디빌딩을 하는 것이다.

내가 그랬던 것처럼, '잘못된 헬스'를 시작할 때의 동기가 어떤 계기로 다시 일깨워지고 본격적으로 진지해지면 그때야 '올바른 보디빌딩'을 하게 되고, 그러면 당연히 시합출전까지 하게 되기도 한다. 그 와중에 최고의 보디빌딩 서적을 발견하게 된 것은 어쩌면 내게 찾아온 우연한 행운일 뿐이었지만, 장차 상당한 사명감의 시초가 된 운명일지도 모른다. 그 원서가 내게 가져다준 게 무척이나 많기에, 수많은 타인도 그 혜택을 받기를 바라는 마음으로 그 책을 번역출간하게 되는 것도 뭐 어쩌면 당연한 순서여서, 그리 별다른 것은 아니다.

별다르다고 할 수 있는 것은, 다름 아닌 이 책, 이기수 백과를 집필하는 것이다. 아침이나 저녁마다 체련장에서 운동을 하는 것은 본업에 조금도 방해가 되는 게 아니라 오히려 크게 도움된다. 신체적 건강에도 도움되고, 정신적 긴장을 늦춰주고, 생활의 리듬도 규칙적이게 해주고 활발한 아침을 시작하게 해준다. 시합출전을 하는 것도, 어쩌다 한 번 주말에 시합출전을 하게 되는 것은 행복한 일이지, 업무도 아니고, 본업에 지장을 주는 일이 전혀 아니다. 그러나 이 책 집필은 완전히 다른 문제였다. 집필에 완전히 몰입하지 않으면 집필이 마무리될 수 없었고, 집필에 완전히 몰입한다는 것은 본업에서는 그만큼 손실을 입을 수밖에 없기 때문이다. 지난 여러 해 동안 이기수 백과 집필 작업을 위한 끊임없는 노력은 물론이고, 나로서는 엄청난 시간적·경제적 기회비용 손실을 스스로 선택하거나 감당해올 수밖에 없었는데, 아놀드 백과 번역 작업의 최소 10배 이상이다. 이 백과 집필을 위해 몸을 만들고 시합출전을 하고, 보디빌딩 포징을 그렇게 태어나고 자라온 게 아닌 몸으로 보여주자니, 한계가 있고 더 큰 노력이 드는 것도 어쩔 수 없는 일이다.

이 운동을 시작했다면 시합출전 한 번쯤은 해봐야지. '어린 왕자' 가수 이승환(2016~2017년 촛불집회·탄핵 정국 등에서 진정한 공인의 사회적 역할 모범이 된, 최고로 멋진 연예인(?) 중 하나)이 "덩크슛, 한번 할 수 있다면, 내 평생

단 한 번만이라도 얼마나 짜릿한 기분을 느낄까" 노래한 것처럼 (비록 그 노래 작사·작곡은 노래 〈마법의 성〉의 김광진에 의한 것이지만), 내 지도교수 샘이나 체련장에서 나와 대화를 나누는 많은 남자 회원들의 경우처럼, 가슴 근육을 한번 만들어보는 게 평생소원인 사람이라면, 나중에 미련이 남고 후회가 될 일이 아니라면 상관없지만, 언제까지 타인의 모습을 부러워하고 동경하거나, 반대로 '여우의 신포도'처럼 폄하하거나 시기하지 않을 거라면 몰라도, 그렇지 않다면 그런 숙원사업은 어떤 식으로든, 어떻게 해서든, 꼭 해봐야 하지 않겠는가. 마음으로든 몸으로든, 젊은이라면 더더욱.

앞에서 말했듯이, 나는 체련장에서의 웨이트트레이닝을 시작한 지 약 20년 만에 첫 시합출전을 했는데, 비록 많이 늦은 것이지만, 그래도 시합출전을 해보지는 않았는가. 더구나 코리아 대회까지. 체련장에서 보디빌딩 유형의 운동을 일단 시작했다면, 언제가 되었든 시합출전도 한 번은 해봐야 하지 않겠는가. 지금이 아니라면, 언제 그런 결심을 하겠는가.

출전할 시합은 많다. 아놀드 백과에서 아놀드는 다음과 같이 말했다.

> 아놀드 백과: 처음 시작하기에 적절한, 출전할 만한 지역 아마추어 시합이 많다. 아마추어 레벨에서는 훨씬 더 많은 기회가 있고, 의사, 변호사, 척추지압사, 또는 사업가의 생애를 추구하면서도 훈련을 계속해 시합에도 출전하는 보디빌더가 많다.

우리나라에서도 마찬가지다. 레벨이 높지 않은 많은 지역대회가 있는데, 현재 매년 100개 이상의 보디빌딩 관련 시합이 열리고 있는 것 같고, 최근 수년간 매년 시합의 종류와 개수가 갈수록 급격히 느는 추세다. 헬스클럽, PT샵, 피트니스 센터 등, 그 어떤 형태와 규모의 체련장이라도, 이용할 수 있는 사람이라면, 회원이든 트레이너든, 남녀노소 불문하고 누구나 시합출전을 해볼 수 있다.

체련장에 등록해서 이제 처음으로 또는 오랜만에 트레드밀(러닝머신)에서 걷거나 뛰어볼까 하는 사람, 또는 잘 뛰지 못하는 사람에게, 마라톤 풀코스를 얘기하는 것처럼 들릴지 모르지만, 전혀 그렇지 않다. 마라톤 풀코스는 일반인이나 초급자가 쉽게 도전할 수도 없고, 도전해서도 안 되는, 완주한다 하더라도, 어쩌면 좋은 경험으로서 얻는 것보다 몸에 무리를 가함으로써 결과적으로 잃는 것이 더 많을지도 모르는 과정일 수 있다. 전문 선수들도 다년간 훈련해오고 또 그 특정 경주를 위해서도 상당 기간 준비를 거쳐 그 풀코스를 뛰는 것이다. 일반인이나 초보자가 마라톤 풀코스에 도전한다고, 그리고 완주함으로써 한 번 무리한다고 큰일 나는 것은 물론 아니겠지만, 잘못하면 장·단기적 신체손상으로 인해 건강 증진·유지와 그 스포츠를 중·장기적으로 즐기는 데 오히려 해가 될 수도 있다.

그러나 보디빌딩 및 피트니스 시합은 그렇지 않다. 시합 자체가 그렇게 작용하는 일은 없다. 다만, 특히 시합 다이어트 중의 운동과 영양이 잘못되었을 경우 신경근골격계는 물론이고 소화계(간 포함), 비뇨기계(신장 포함)에 일시적인 이상이 생길 수 있는 점은 고려해서, 운동에서든 영양에서든, 한쪽으로 너무 치우쳐 과하게 하지는 말아야 한다.

시작하면서부터 시합출전을 생각해보는 게 최선이다. 나는 33세가 되어서야 아놀드 백과를 통해 '올바른 보디빌딩'을 처음으로 깨닫기 시작했고 38세가 되어서야 보디빌딩 시합출전을 시작한, 상당히 늦게 시작한 선수일 수 있지만, 심지어는 성장호르몬, 남성호르몬이 최고치에서 꺾여 갈수록 줄어드는 평균 나이인 40세를 훨씬 넘어선 내 입장에서 볼 때, 누구든 충분히 집중한다면, 정상급 선수가 되지 못할 거라고 단정하지는 않는다 (물론, 아나볼릭 스테로이드 같은 금지약물은 물론이고 심지어는 보충제의 도움조차도 받지 않으면서도).

호르몬과 나이 측면에서, 시합출전은 일찍 경험할수록 좋다. 체련장에서 나를 처음 보는 어리거나 젊은 남녀 초보 회원 중에는 내게 선수냐고, 아니면 트레이너냐고, 운동을 몇 년 한 거냐고, 어떤 운동을 좀 가르쳐줄 수 있겠냐고 물어오는 경우가 종종 있다. 그럴 때 나는 그들의 몸을 쓱 훑어보고는, 심지어는 30분에서 1시간까지도 이어지는 긴 얘기와 함께, 심지어는 '시합출전에 대해 한번 생각해보라'는 얘기까지 꺼내게 된다. 그들의 몸이 현재 괜찮아 보인다거나 해서가 전혀 아니라, 그리고 그들이 전문적인 또는 직업적인 선수가 되기를 기대하거나 바라거나, 그렇게 되는 게 바람직하다고 생각하거나, 그것을 권하는 게 전혀 아니지만, 그리고 비록 시합출전을 위한, 시합출전에 어울릴 만한 '어엿한, 진정한 선수'로서의 몸을 만드는 데는 사람에 따라 적어도 수년이 걸릴지 모르지만, 시합출전을 고려할 수도 있는 회원인지, 그 정도로 동기유발이 돼 있는지, 가르쳐주면 얼마나 열심히 따라올 회원인지 가늠하기도 하고, 그 비슷하게라도 동기유발을 시키고 눈높이를 높여주기 위한 것이기도 하고, 그만큼 시합출전이 체련장에 첫발을 내딛는 어린 회원에게도 고려사항이 될 수 있고, 또 그렇게 되는 게 앞서 말한 이유로 중요하다는 뜻이다.

그러나 호르몬과 나이 상관없이, 운동경험이 얼마가 되었건 간에, 시합출전을 일찍 경험해보는 게 좋은 것은 분명한 사실이다. 요즘은 특히, 다이어트 목적으로 시합출전을 수단으로 활용하는 경우가 흔해졌는데, 시합출전만큼 확실한 동기부여 요소는 거의 없다.

내 생애 둘째, 셋째 시합출전을 같이 한, 내 비슷한 연배의 체련장 남자 회원이 있다. 그는 웨이트트레이닝을 시작한 지는 일 년밖에 되지 않았지만 비교적 이른 결심으로 시합출전을 해보게 되었는데, (여러 꼬맹이를 둔 가정적인 가장이자 중소제조유통업체 운영자로서의) 자신의 일정을 상당히 조정하면서 시합출전 준비에 집중했고 단시간에 많은 몸매변화를 이뤄냈다. 키가 크기 때문에 시합준비 초반에는 근육량과 함께 체중을 늘리는 데 집중했고, 시합이 한 달 남은 시점에서 체중감량에 돌입했다. 시합에 제대로 대처할 운동경험과 시간이 충분치 않았으나 최선을 다하고 있었고, 첫 시합은 경험 차원에서 출전한다 하더라도 그 이후의 몇 차례의 시합은 자신의 기준에서 어느 정도 준비된 몸으로 출전할 생각이었다. 어쨌거나 시합을 앞두고 나처럼 그도 많은 시행착오를 거치며 나름의 몸을 만들어나가고 있었고, 탈의실에서 관찰되는 그의 몸은 날로 눈에 띄게 발전하고 있었다. 운동, 식이조절, 포징 연습, 태닝 등, 과연 우리가 시합출전을 준비하고 있지 않았더라면 이렇게 집중할 수 있었을까?

몸이 충분히 준비되어서 시합출전을 시작하는 것은 아니다. 몸이 충분히 준비되었다고 생각될 때 시합출전을 시작해보겠다고 하면, 평생 시합출전을 할 수 없을지도 모른다. 시합출전을 전혀 해보지 않은 상태에서는 당신이 무슨 수를 쓰더라도 몸이 충분히 준비될 수도 없다.

내게 있어서, 그 시합출전이란 생각이 실제로 첫 시합출전까지 이어진 것은 의지력과 결심만으로 된 게 아니다. 분명한 시작점이 있었고, 그 시작점이 되는 계기가 있었다. 중요한 것은, 그 계기가 될 기회를 접할 수 있어야 한다는 점이다. 많은 경험자가 공통으로 좋다고 권하는 것이라면, 그리고 일찍 경험할수록 좋다는 것이라면, 준비가 되었든 그렇지 않든, 가벼운 마음으로, 자신을 일단 거기에 가볍게 노출시켜보는 게 좋다.

나는 첫 시합출전을 단순히 '더 효율적이고 집중적인 다이어트를 위해' 같은, 다이어트의 수단으로 생각하는 편이었다. 그러면서도 시합성적 측면에서라면, 나는 첫 시합출전에 '적어도 체급 1위'라는 목표로 진지한 생각으로 준비했다 (그러나 첫 시합출전을 단순히 '경험 삼아'라는 가벼운 생각으로 준비하라는 게 내가 요즘 주로 권하는 것 중 하나다). 태닝도 많은 시간과 노력을 들여 정성스럽게 했고, 포징 연습도 나 자신에 완전히 몰입해, 장소 불문하고, 타인의 시선 의식하지 않고, 많이 했다.

아무리 레벨 높지 않은 시합이라 하더라도, 원래 몸이 약한 편이던 내가 아놀드 백과를 지침 삼아 열심히 운동하고 준비한다 하더라도, 단순히 운이 아닌 실력으로 첫 시합출전에 체급 1위를 노린 것은 사실상 욕심이 지나친 것이었는지도 모른다. 아무리 작은 시합이라도, 갈수록 선수들의 레벨이 높아지는 상황에서, 요즘은 더욱더 그렇다고 할 수 있다. 그러나 첫 시합에서 적어도 체급 1위를 하겠다는 생각을 해야만 더 집중해서 준비하게 되는 것은 당연하다.

2008년 내 생애 첫 시합출전 시점으로 돌아가, 그 직전 몇 주나 몇 개월 동안, 나는 내가 훈련하고 있던, 정기등록 남녀노소 회원 수 3천 명의 피트니스 센터에서는 최고 몸의 회원으로 변하면서 엄청난 자부심을 느끼게 되었고 시합에서도 좋은 성적을 거두리라는 희망에 부풀었다. 그러나 시합장에서 내가 출전한 −70kg급의 다른 출전자들을 보는 순간, '나는 정말 우물 안 개구리였구나, 체련장 안에서만 최고였구나' 한눈에 깨닫게 되었다. 그러나 그렇게 준비했기 때문에, 내가 얼마나 부족했었는지 실감하고 다음 시합을 위해 내가 어떻게 더 강해지도록 준비해야 할지 더 잘 알게 되었다. 그리고 비록 우물 안 개구리였지만, 일반인들 기준에서는 엄청나게(?) 좋은 몸인 것은 물론이고 그 시합장의 다른 출전자들과 관중에게도 전혀 부끄럽지 않았다. 오히려 이렇게 시합까지 출전해서, 이렇게 강한 출전자들과 한 무대에 선 나 자신에 대한 자부심을 느끼며, 6위 내 입상이라도 해보겠다며 중간에 굴하지 않고 시합 끝까지 최선을 다했다.

시합을 마치고 다소 허해진 마음을 달래러 처음 들른 곳은 역시 체련장이었다. 그리고 다음날부터 다시 기운을 내고 바로 한 달 만에 체중을 5kg 더 감량해, 비록 더 작고 레벨 낮은 지역대회이기는 하지만 (일부러 그런 것은 아니었다. 처음부터 내 둘째 시합은 그것으로 예정돼 있었다), 다음 시합 −65kg급에서 1위에 입상하게 되었다. 학창시절 체육을 포함해, 내가 그 어떤 공식적인 운동경기에서든 이렇게 1위를 한 것은 (거의) 처음이었다. 공부를 거의 꼴찌 하던 애가 어느 시험에서 1위를 한 것이나 마찬가지였고, 당연히 감회가 남다를 수밖에 없었다.

장애를 극복하고. 심지어는 한쪽 다리가 없거나 한쪽 손이 없음에도 그런 장애를 극복하고 전신을 상하좌우 균형 잡히게 발달시키고 체지방도 충분히 깎은 훌륭한 모습으로 시합출전을 하는 보디빌더는 외국대회에서는 물론이고, 바로 미스터&미즈 코리아 선발대회, 전국체전 보디빌딩에서도 볼 수 있는 것이다. 근육을 발달시키고 체지방을 깎아본, 같은 선수 입장에서 볼 때, 그들이 어떻게 그렇게 전신을 균형 잡히게 발달시킬 수 있었는지, 참으로 대단한 일이다. 한쪽 손이 없어 바벨, 덤벨, 머신을 잡기 불편했을 텐데, 한쪽 다리가 없어 〈스쿼트〉, 〈레그 프레스〉 같은 운동에서 한쪽 다리로 균형을 잡기 어려움은 물론이고 〈레그 익스텐션〉, 〈레그 컬〉 같은 운동에서 척주도 제대로 받쳐주지 못할 텐데, 대부분의 운동에서 다른 선수들보다 얼마나 번거롭고 수고로웠을까. 물론, 나 역시도 심지어는 만성피로와 우울증에 자주 크게 영향받는 와중에도 보디빌딩 시합출전을 시작하고 계속해왔지만.

시합출전을 할 수 있다는 것은, 기본적으로 건강이 받침되어야 하는 것이지만 (의지와 노력만으로 되는 게 아니고, 특히, 호르몬 측면에서 받쳐주지 않으면 더욱 그렇다), 정신적·신체적 불건강과 장애 역시 극복해내는 게 보디빌딩 본연의 가치 중 하나고, 그게 내가 보디빌딩을 예찬하는 가장 큰 이유 중 하나다.

김은미 @ 2016 코리아 대회 피트니스 부문

기타 스포츠에서의 전향. 이 분야의 많은 남녀 선수가 기타 스포츠에서 이쪽으로 전향했다. 그녀는 전직 기계체조 선수로, 당연히 체조·무용 동작을 바탕으로 한 자유포징이 특별 강점이다.

전문체육

일찍 시작한 전문체육 남자 선수. 남자 보디빌딩은 학생부[고등부] 경기종목부터 있고, 체육특기생 출신의 대부분의 남자 엘리트 선수들은 흔히 중·고등학생 때부터, 또는 체육 관련 학과로 대학진학을 하면서 보디빌딩을 시작한다. 이렇게 일찍 시작한 선수는 당연히, 20세를 전후한, 골격구조와 근육구조를 충분히 발달시킬 수 있는 성장호르몬·남성호르몬 최고치의 시기에 효율적이고 효과적인 훈련과 영양을 통해 가장 큰 크기 증가를 이룰 수 있는 유리한 입장에 서게 된다. 이런 면에서, 정상급 선수가 되기 위해서는 일찍 시작하는 게 좋고, 10대 중반 이전부터 시작한다면 아마도 더 좋을 것이다.

과거에 미스터 코리아는 20세 전후에 되기도 했다. 물론, 요즘은 그런 일은 일어나기 어려운데, 경쟁이 더 치열해지고, 20세 전후의, 비교적 짧은 훈련 경험만으로 미스터 코리아가 될 정도로 몸의 크기 증가를 충분히 이루거나 몸을 정교하게 다듬기 어렵고, 국가대표로서 각종 국제대회에 출전해 우리나라 보디빌딩계에 기여한 바도 미스터 코리아가 되는 데 중요한 요소가 되는 것 같기 때문이기도 하다.

비교적 늦게 시작한 전문체육 남자 선수. 비록 40세 전후 이전까지, 즉 성장호르몬·남성호르몬 최고치의 시기에 골격구조와 근육구조를 충분히 발달시키는 게 중요하기는 하지만, 그리고 40세 전후 이후에는 큰 크기 증가를 이루기는 쉽지 않겠지만, 그렇다고 늦게 시작한 남자 선수가 엘리트 선수가 되지 못한다는 것은 전혀 아니다. 대부분의 시합에서 사실상 크기보다는 깎인 정도가 훨씬 더 눈에 띄고 훨씬 더 높은 위치에 입상하는 조건이 된다. 게다가 성장호르몬, 남성호르몬은 골격과 근육을 발달시키고 체지방을 낮게 유지해주는 가장 주요한 호르몬이지만, 그 수치는 단순히 시간적 나이뿐 아니라, 운동, 생활습관(흡연과 음주), 정신적 스트레스 정도 등에 따라 크게 달라지는 것이기도 하고, 이들 호르몬과는 상관없이, 무엇보다도 운동과 영양을 얼마나 효율적이고 효과적으로 활용했는지가 중요하다. 아무리 성장호르몬, 남성호르몬이 넘쳐도 그 기회를 잘 활용하지 못하면 그 성과는 0일 수 있지만, 그 반대라면 그 성과는 자신의 잠재력의 한계치에까지 도달하는 것일 수도 있다.

일찍 시작한 전문체육 여자 선수. 여자 보디빌딩은 학생부[고등부] 경기종목이 따로 없고, 대부분의 엘리트 여자 선수는 엘리트 남자 선수들의 경우만큼 훈련을 일찍 시작하지는 않는다 (여자는 마스터즈[중·장년부] 경기종목도 따로 없어, 여자 선수는 기본적으로 나이와 상관없이 경쟁한다). 체육 관련 학과로 대학진학을 하면서 성인이 된 이후에 시작하는 경우가 훨씬 많고, 그래서 여자 선수에 있어서, 20대 초반에 본격적인 보디빌딩 또는 피트니스 훈련을 시작한다면, 그것은 일반적인 경우이자 일찍 시작한 경우라 할 만하다.

체육 관련 학과로 대학진학을 하지 않고 단순히 다이어트 목적으로, 또는 반대로 살을 찌우기 위해 훈련을 시작했다가 생활체육 선수로, 그러다 전문체육 선수로까지 나아가는 경우도 많은데, 이런 면이 남자들과는 많이 다르다고 할 수 있다. 남자의 경우는 성장호르몬·남성호르몬 최고치의 시기인 20세 전후 수년간 전문적인 훈련과 영양을 통한 기본체격을 키우는 게 중요하고, 늦어도 25~30세 이전에 어느 정도는 기본체격을 갖춰놓는 게 절대적으로 유리한 데 반해, 여자는 갱년기 또는 폐경기 이전까지는 그만큼의 호르몬 영향은 받지 않기 때문이기도 할 것이다.

비교적 늦게 시작한 전문체육 여자 선수. 그러다 보니 20대 중반 이후, 심지어는 30대 중반 이후에 개인적으로 시작해 엘리트 레벨에 이르는 여자 선수도 많은 것 같다. 2012 미즈 코리아 박복임 선수는 그 시합 당시 38세로, 대학졸업 이후 직장생활을 하다 동료와 함께 다이어트 목적으로 25세에 헬스클럽에 처음 다니게 된 게 시작이었다. 결혼 후에도 관장이 '그만 오라'고 할 정도로 매일 몇 차례씩 헬스클럽에서 열심히 운동했지만, 두 아이를 거의 연속으로 임신·출산하고 혼자 아이들을 키우면서 우울증까지 앓게 되었다. 그래서 그 기분을 떨치기 위한 한 방편으로 웨이트트레이닝을 다시 시작하게 되었고, 그 과정에서 주위의 권유로 32세에 첫 시합출전을 했는데, 생활체육 대회였고 체급 4위에 그쳤다. 그러나 자신도 '1위 선수만큼은 할 수 있겠다'는 오기가 생겼고, 이후 시합출전에 더 집중하게 되었고, 그렇게 오늘날에 이르렀다고 한다.

1970년대 아놀드 시절, 세계 정상급 그들은 보디빌더 몸으로는 20~30대에 최정점에 이르렀던 것 같다. 오늘날 국내외 현역 정상급 남자 보디빌딩 선수들은 30~40대에 최정점을 보여주고 있는데, 어쩌면 그들 중 상당수는 50대가 되어서도 그 이상을 보여줄지도 모른다.

박복임 @ 2016 WBFF 토론토 대회 피겨 부문

시합출전의 중요성

시합출전, 특히 생애 첫 시합출전의 가장 큰 이점은 시합출전을 준비하는 과정에서 저절로 운동과 영양에 대해 집중하게 되면서 더 효율적이고 효과적으로 접근하게 된다는 것이고, 그 과정에서의 모든 경험이 이후의 운동과 영양에서, 그리고 건강(정신건강, 신체건강, 기대수명 등)과 심미(골격, 근육, 체지방 같은 차원뿐 아니라 얼굴과 전신의 피부를 포함해 총체적으로) 차원에서, 아주 중요한 기본자산이 된다는 것이다.

눈높이와 동기부여도 마찬가지다. 총체적 건강과 심미를 다루는 보디빌딩 및 피트니스에서, 그리고 그 시합에서 무엇이 중요한지, 그리고 어느 정도의 수준이 요구되는지 모른다면, 건강과 심미에 대한 눈높이를 어떻게 제대로 설정할 것이며 동기부여는 얼마나 제대로 되겠는가. 시합장에서 직접 선수들을 보거나 인터넷으로 선수들의 시합사진이나 시합동영상을 보는 것도 눈높이와 동기부여에 도움되지만, 무엇보다도 직접 자신이 선수로서 시합출전을 많이 경험할수록 눈높이가 올라가고, 거기에 따라 동기부여는 저절로 된다.

공부와 시험 비유

시험공부는 시험 지향적으로, 운동과 영양은 시합 지향적으로! 기본적으로, 나는 운동을 더 자주, 더 오래, 더 강도 높게 하자든가 식이요법을 더 철저히 지키자고 말하는 게 아니다 (우리나라 청소년들이 공부를 지금처럼 맹목적으로 아침 일찍부터 밤 늦게까지 또는 더 열심히 해야 한다고 생각하지 않는 것처럼). 내가 이 백과를 쓰는 이유 중 기술적인 면에서 가장 중요한 하나는, 당신이 원하는 방향으로 당신의 마음과 몸이, 또는 당신의 정신과 신체가 나아갈 수 있게 하는 데 있어서 운동과 영양을 더 쉬우면서도 더 효율적·효과적으로 활용할 수 있는 힌트나 요령을 알려주려는 것이다. 이런 면에서, 운동과 영양 얘기를 가장 잘하기 위해서는 시합 얘기를 같이 하지 않을 수 없고, 이들의 관계를 설명하는 데는, 우리나라 국민 누구나 잘 이해할 만한 공부와 시험 비유analogy가 유용하다.

학창시절, 영어공부 한다고 영어사전을 맨앞에서부터 한 장씩 외워본들, 의욕은 가상하나 사실상 헛짓이듯 (내가 그런 경험이 있다), 무턱대고 운동하고 먹는 게 아니라, 시합이라는 기준과 방향에 맞춰 운동하고 먹을 때, 비로소 체계가 서고 비로소 효율적·효과적인 운동과 영양이 되는 것이다. 운동과 영양은 공부 같은 것, 시합은 시험 같은 것이어서, (시험)공부는 시험 지향적으로 해야 하는 것처럼, 운동도 영양도, 충분히 효율적·효과적이려면, 그렇게 목표 지향적으로, 시합 지향적으로 임해야 한다.

대부분의 사람은 상당히 의아해하겠지만, 나는 특히 본과 4년 동안 수없이 치른 교과 필기시험과 이후의 인턴 필기시험, 치과의사 국가고시까지, 돌아보면 내가 상상할 수 있는 가장 어렵고 비효율적·비효과적 방법으로 공부하고 시험쳐왔다고 할 수 있다. 시험성적이 좋았건 나빴건, 그간 나처럼 요령 없이, 어떤 면에서는 미련하게, 마음고생 심하고 힘겨운 방식으로 공부해온 사람도 별로 없을 것이다. 한심하고 어이없게도, 나는 나이 서른이 넘어서야 어떤 책을 읽으면서 우연히, 어떤 공부 잘한 누군가는 중학생 이전에 이미 알고 있던 그 시험공부 방식을 나는 까맣게 모르고 있었다는 걸 처음으로 깨달았다. 그건 한마디로, 책을 다 보고 내용을 다 정리하기에 앞서, 알든 모르든, '이미 모두에게 공개되고 공유돼 있는' 기출문제, 예상문제, 연습문제, 출제경향이 있을 때는 그것부터 대충이라도 가장 먼저 풀어봐야 한다는 것이다 (말 나온 김에, 최근 매체에 흔히 보도되는, 내신이든 수능이든 TOEIC이든 SAT이든 그 어떤 시험이든, 소위 족집게 학원·강사나 심지어는 현직 교사·교수에게 만연한, 은밀하게 고액이 오가는 그들만의 사전 시험정보·시험문제 유출 행위는 절대로 용서될 수 없고 현행보다 훨씬 더 강력히 처벌되어야 할 것이다).

사실상 누구나 알 만한 것이고, 내 본과 동기생 대부분이 그렇게 하는 것을 봐온 내가, 그렇게도 많은 공부를 하고 그렇게도 여러 번 시험을 치르면서도 나는 모르고, 문제를 전혀 또는 거의 보지 않고 시험공부를 시작해 끝까지 그런 경우가 일반적이었다는 것이다. 시험에서 꼭 알아야 할 게 무엇이고 어떤 유형으로 나오는지 모르니, 당연히 더 일찍 시험공부를 시작해서, 더 많은 시간, 더 밤늦게까지 공부를 하고, 더 많은 밤을 새우거나 새벽에 더 일찍 일어나면서도, 때로는 시험에 나오지 않을 부분까지 공부하거나 시험범위를 다 보지도 못하고 시험을 치른 후 못 본 부분을 마저 보고 정리하는 경우도 흔히 있었다. 동기와 선후배 포함해, 본과 4년 동안 시험기간에 학교에서 나만큼 많은 밤을 새운 사람도 별로 없을 것이고, 국가고시 공부를 위해 마지막 6개월간 도서관에서 내 반만큼도 밤을 새운 동기도 없었다. 예과생 때의 운전면허 필기시험에서도 나는 꼭 그렇게, 작은 글자가 빼곡한 두꺼운 내용집을 두 번이나 통독한 다음에야 문제집을 처음 보기 시작했다. 이렇듯 시험범위를 제대로 모르거나 기출문제, 예상문제, 연습문제, 출제경향을 접하지 못하고 그 시험공부를 얼마나 잘할 수 있겠는가. 내가 강조하는 것은, 운동과 영양을 더 잘 알기 위해서라도 시합출전을 해봐야 한다는 것이다. 잘 모르는 상태에서의 운동과 영양을 위한 시간, 노력, 에너지, 비용은 얼마나 낭비적인 것이며 심지어는 역효과를 낼 것인가.

시합을 위한 운동과 영양, 운동과 영양을 위한 시합. 시험이 공부의 결과(시합성적뿐 아니라 결과적으로 지식과 지혜로 머리에 남는 것)일 뿐 아니라 체계적이고 발전적인 공부를 위한 반복적인 과정인 것과 마찬가지로, 시합은 운동과 영양을 얼마나 효율적·효과적으로 해왔는지에 대한 시험이자 결과일 뿐 아니라, 운동과 영양을 효율적·효과적으로 해나가기 위한 수단이자 과정이기도 하다. 물론, 이는 무한 반복되는 것이고 무한 발전하는 것이다. 즉, 운동과 영양 → 시합 → 운동과 영양 → 시합 → ...

시합출전은 근육증대와 체지방감량에 대한 실제적 감각과 비결을 쌓는 최선이자 유일한 길이고, 결과적으로 더 빠르고 확실한 진척을 이루는 데 가장 도움되는 요소 중 하나다. 시합 다이어트를 하는 기간, 특히 시합이 다가오면서 몸이 점점 깎이고 고갈되기 시작할 때는 내 몸에 귀를 가장 확실히 기울이게 되고, 운동이나 영양 그 자체가 몸에 어떤 영향을 미치는지에 대해 더 깊이 있는 느낌이 들게 된다.

운동과 관련해, 시합(시합 훈련)의 가장 큰 이득 중 하나는, 평소 그다지 하지 않던 운동으로, 평소 잘 운동시키지 않던 근육에, 제대로 된 운동을 시키면서 자신을 새로이 발견하게 된다는 것이다. 평소보다 더 자주, 더 오랜 시간 훈련하다 보니 신체부위별 훈련 스케줄이 더 자주 다가오기 때문에, 그 신체부위를 다시 훈련하기보다는 최근 관심이 미진했던 부위에 관심을 돌리게 된다. 신체부위별 자극과 피로가 어느 정도 남아 있어서, 그 모든 신체부위 중 어느 부위도 오늘 또 훈련할 필요를 못 느낄 때, 다른 신체부위를 운동시키거나 다른 운동을 도입하게 되면서, 새로운 걸 배우고 한 단계 더 발전하는 계기가 된다.

영양과 관련해, 시합(시합 다이어트)의 가장 큰 이득 중 하나는, 미각과 몸이 순수해져, 가공식품의 나트륨, 식품첨가물이 자신의 미각과 몸에 어떤 영향을 미치는지, 어떤 느낌을 주는지 알게 되고, 그것은 평생의 건강과 심미를 위한 가장 도움되는 입맛과 식습관의 계기가 된다는 것이다.

시합은 일찍 접할수록 좋다. 문제를 대충이라도 한 번 보고 내용 공부를 시작하면, 그 반대 순서로 하는 것보다 시간과 에너지와 노력은 훨씬 덜 들면서도 성과는 훨씬 더 좋은 것처럼, 시합에 대해 전혀 모르거나 시합출전을 전혀 경험하지 않고 오랜 시간 체련장에서 운동만 하는 것보다는, 한 번이라도, 그리고 가급적 일찍 시합을 경험해보는 게 이후의 운동과 영양에 있어 훨씬 더 현명하게 선택하고 집중할 수 있어 유리하다.

당신이 어느 정도의 운동경험이 있다면, 운동과 영양을 더 잘 챙기려 하기보다는, 일단은 시합출전을 직접 경험해보기를 나는 권한다. 그리고 이는 당신이 심지어는 일반인이나 동호인, 초보자나 초급자라 하더라도 그렇다는 것이고, 당신이 누군가에게 운동과 영양을 가르치고 이끌어주는 입장에 있는 트레이너라면 더욱 그렇다는 것이다. 시합출전 자체가 골격과 근육을 발달시키는데 가장 결정적인 동기이자 기회가 되기 때문에, 특히 남자는 일찍 시합출전을 시작할수록 절대적으로 유리하다.

일반인과 동호인, 마니아, 트레이너

일반인과 동호인. 헬스클럽에서든 PT샵에서든, 보디빌딩 및 피트니스 유형의 운동(주로 웨이트트레이닝)을 조금이라도 접한 사람 중에, 중도에 그만두는 사람이 대부분이고, 그들 중에서도 (나중에) '예전 그때 운동을 계속했더라면 더 좋았겠다'고 하는 사람이 대부분인데, 그것은 그들이 일찍이 시합출전을 경험하지 않다 보니 (과거의 나처럼), 운동의 기본조차 모르고, 일정 기간 자신의 몸에 충분히 집중해 자신의 몸으로 무언가를 크게 느끼고 배우고 성취해본 기회가 없었기 때문일 가능성이 크다.

마니아. 단순한 동호인은 물론이고 심지어는 마니아를 자처하는 사람조차도 대부분은 시합출전을 한 번도 경험하지 않는데, 그러다 보니 자신의 몸을 보는 심미안이 부족해 자신의 몸이 발전할 기회가 거의 없을 뿐 아니라, 다른 선수들에 대해서는 부당하게 오해하면서 그들의 노력을 무시하거나 폄하하는 경향이 있다. 자신이 시합출전을 한 번이라도 경험한다면 운동도 영양도 훨씬 더 현명하게 활용하는 쪽으로 발전할 수 있을 것이고, 이 스포츠나 이 스포츠의 선수를 보는 시각도 달라질 수밖에 없다. 다른 선수들을 깎아내리려는 어떤 표현이나 생각도 모두 자신의 경험부족 때문이라 할 수 있다.

트레이너. 트레이너에게 시합출전 경험은 더욱 중요한 것이다. 트레이너 중에서도 시합출전을 한 번도 경험하지 않은(또는 않는) 경우가 많은데, 자신이 직접 시합 지향적으로 운동과 영양을 챙기고 힘겨운 다이어트를 수개월간 참아내고 시합무대에서 자신을 최대한 보기 좋게 발표해보지 않은 트레이너는 높은 심미안과 전신을 가장 균형 잡히고 보기 좋게 변화시키기 위한 세부적인 기술을 갖기 어려울 것이다. 좋은 트레이너라면 다양한 시행착오를 거치며 자신의 몸에 대해 더 잘 알고, 타인의 몸에 대해서도 더 잘 분석할 줄 알아야 한다.

체성분이나 몸의 겉모습은 비단 골격, 근육, 체지방으로만 결정되는 게 아니라는 것은, 시합출전을 경험해본 선수들은 모두 알게 된다. 거기에는 단순히 단백질, 탄수화물, 지방 같은 다량영양소뿐 아니라 물, 나트륨, 펌핑, 컬러링 같은 부수적이지만 그 영향은 상당한 것들도 포함된다.

운동에 대한 정신적·신체적 에너지가 부족할 때 어떻게 극복할지, 근육증대나 다이어트에 있어서 더는 진척이 나지 않을 때 그 정체·후퇴를 마인드, 운동, 영양 측면에서 어떻게 극복할지 같은 것은 단순히 책에서만 읽거나 주위로부터 들어서만은 자신이 대하는 회원에게 자신의 충분한 경험담으로 진짜 도움되는 조언을 해주기 어렵다. 그런 조언은 공감에서부터 시작해야 하는 경우가 많고, 공감에 도움되는 것은 완전히 똑같거나 비슷한 상황을 직접, 먼저 경험하는 것인데, 자신이 장기간의 다이어트를 힘겹게 견뎌내고 그 과정을 겪어보지 않았다면 자신이 대하는 회원의 상황을 충분히 공감하고 제대로 된 방향으로 이끌어주기 어려울 수 있다.

또한, 트레이너가 회원에 대해 가장 강한 보이는 무기 중 하나가 바로 자신의 몸과 시합성적인 게 사실이다. 그런 면에서 시합출전을 경험하지 않고, 시합출전을 여러 번 반복하면서 심미안을 기르고 거기에 맞게 효율적·효과적인 방법으로 운동과 영양을 챙기지 않고 몸을 얼마나 심미적인 면에서 인상적으로 만들 수 있을 것이며, 거기에 합당한 시합성적을 어떻게 가질 수 있겠는가. 트레이너들이 소위 트레이너 자격증만 있어도 될 텐데, 단순히 자신의 관심사가 많아서 또는 실제로 자신이나 자신이 대하는 회원의 건강과 심미에 도움될 것이라는 이유에서가 아니라, 자신의 부족해 보이는 몸과 이력 때문에 이런저런 부가적인 자격증, 코스, 연수 등을 여러 개 수집하는 것처럼 보이는 것은 다소 안타깝고 허한 일 아닐까. 그런 소위 스펙spec을 쌓는 것보다는 자신의 몸 하나에 집중해서 그걸 최대한 건강하고 아름답게 발전시키는 게 우선되어야 하고, 그 과정에서의 자신의 경험과 생각이 자신이 대하는 회원에게 실질적인 기술과 조언으로 전달되게 하는 것만으로 충분하지 않을까.

시합출전 시작하기

시합의 전체적 개요

인터넷 카페 BBMC(cafe.daum.net/BBMC)는 시합 일정·요강·결과·사진이 가장 정확하고 풍부하게 업데이트되는 곳이어서, 시합출전을 하는 선수라면 꼭 참고하게 되는 사이트다. BBMC의 게시판 목록을 보면 기본적으로 어떤 시합들이 있는지, 그리고 그 시합들의 종류나 레벨이 대충 어떻게 분류될 수 있는지도 알 수 있다. 또한, '대부분의' 국내대회와 '주요' 국외대회에서의 시합 사진을 시합별로 해마다 누적 정리하고 있어, 시합출전 사전준비와 시합결과 사후확인에 편하다.

나는 이 시합편에서 시합competition, (선수권)대회championship, 경기event, show, contest를 때에 따라 동의어나 유의어로 사용하기도 하고, 분명히 구분하기도 하는데, 그 정의를 구별해 설명하지 않더라도, 이 백과의 수많은 문맥에서 오해 없이 의미파악이 자연스럽게 이루어질 수 있을 것으로 생각한다.

국내대회의 일반적 사항

일정과 경기종목. 내가 국내에서 열리는 대부분의 시합 스케줄을 확인하고 정리해본 2010년, 2011년 기준으로, 국내 보디빌딩 및 피트니스 시합은 일반적으로 매년 3월 또는 4월에 시작해 11월까지 (즉, 이 기간이 보디빌딩 및 피트니스 시즌이라 할 수 있다), 다양한 주최단체, 다양한 레벨, 그리고 다양한 출전자격의 70~80개가 전국 각지에서 열리고, 여기에 〈벤치 프레스〉 시합 같은 각양각색의 보디빌딩 관련 대회까지 모두 합하면, 정식 시합만 해도 거의 100개에 이른다. 여기에 더해, 최근 수년간, 매년 새로운 대회가 생기면서 대회 수가 급격히 증가하는 추세로, 기존 대회에서는 전통적인 보디빌딩 경기종목에다 남자는 클래식 보디빌딩, 여자는 보디피트니스, 그리고 남녀 뷰티바디 등의 경기종목이 추가되었고, 처음으로 외국계 단체에 의한 국내대회가 열리면서, 남녀 피트니스, 스포츠모델, 비키니, 피겨 등의 경기종목도 함께 들어왔고, 이에 따라 보디빌딩 및 피트니스 전체적으로 급격히 출전선수 수도 늘고, 출전선수 레벨도 높아지고 있는 것 같다.

시합은 주로 토요일이나 일요일에 열리고, 대부분은 하루에 대회의 모든 스케줄이 진행되기 때문에, 5~6월이나 9~10월의 어떤 토요일이나 일요일에는 복수의 시합이 중첩되기도 하지만, 평균적으로 보면 앞에서 말한 시즌, 즉 봄부터 가을까지 매주 토요일, 일요일이면, 레벨이 높든 낮든, 규모가 크든 작든, 전국 어디에선가 시합 하나씩은 열린다고 볼 수 있을 만한 것이다. 반면,

코리아 대회는 평일이나 주말, 예선과 본선이 이틀에 걸쳐 열리고 (이전과는 달리, 2015 YMCA 대회도 그랬다), 전국체전 보디빌딩 경기는 여러 체급이 둘로 나뉘어 각각 하루씩 열린다.

그러나 개인에게 있어 시즌은 이와는 좀 다르게 생각할 수 있는데, 매년 봄부터 가을까지 줄곧 한 시즌으로 볼 수도 있고, 3~8월의 봄·여름 시즌, 그리고 9~11월의 가을 시즌, 이렇게 둘로 나눠 두 번의 시즌으로 볼 수도 있는데, 그것은 선수마다, 그리고 해마다 다를 수 있는 것이다. 나는 1년에 적어도 한 시즌 또는 최소한 한 시합이라도 출전하려고 해왔고, 생활체육 선수들은 그렇게 하는 것으로 충분하지 않을까 싶다. 내가 여러 시합에 출전하지 않았던 가장 큰 이유는, 원래 피부색이 아주 옅고 주로 단독으로 시합출전을 하게 되는 나로서는 시합 다이어트 같은 것보다는 태닝, 그리고 반드시 누군가가 도와줘야 할 컬러링이 상당히 번거롭고 잘하지도 못했기 때문이다.

체급. 앞 [경기종목별 포징]에서 경기종목별로 살펴본 것들을 종합하자면, 남자는 연령에 따라 크게 학생부, 일반부, 마스터즈로 나뉘는데, 일반부는 주로 20~40대의, 경기력이 가장 좋은 전성기의 선수들에 의한, 경쟁이 가장 치열한 부문으로, 일반적으로 5kg 단위의 가장 많은 체중 체급으로 나뉜다. 학생부는 일반부보다는 훨씬 적은 몇 체중 체급으로 나뉜다. 마스터즈는 중·장년부 체급으로, 연령에 따라 주로 2~3체급으로 나뉜다. 생활체육 보디빌딩 대회에서 남자는 일반부, 마스터즈 구분 없이, 체중이 아니라 연령으로, 모두 일반적으로 5세 단위로 구획된다. 여자는 일반적으로 연령 체급 개념이 없다고 할 수 있다. 이들 모든 체급과 그 기준 체중 및 연령은 시합에 따라 다르고, 마스터즈에 해당하는 연령의 선수라도 마스터즈가 아닌 일반부 경기에 출전할 수 있다.

시합 선택. 출전자격에 있어서, 대한체육회에 그해에 선수등록이 돼 있어야 출전 가능한 시합이 있고 (이를 일반적으로 전문체육 대회라 하지만, 꼭 그런 것은 아니다), 그렇게 선수등록이 돼 있으면 출전 불가한 시합도 있다 (이를 일반적으로 생활체육 대회라 하지만, 꼭 그런 것은 아니다). 선수의 주민등록(또는 소속) 지역(또는 단체)에 따라 출전할 수 있는 시합, 없는 시합, 그런 것과는 무관한 시합이 있다. 시합요강에서 특히 출전자격과 체급이 정확히 어떻게 돼 있는지를 우선적으로 확인할 필요가 있다. 앞에서 말한 것처럼, 일정이나 요강에 대해서는 BBMC 사이트에서 확인하거나, 필요 시 지역 협회나 연합회에 직접 문의하면 된다. 특히, 출전자격에 대해서는 시합요강에 있는 것만을 곧이곧대로 믿을 필요는 없다. 자신이 꼭 출전하고 싶은데 시합요강에 자신이 출전하기 어려운 것처럼 돼 있더라도, 문의 연락처를 통해 알아보면 얘기가 달라질 수도 있는데, 메이저 대회가 아니라면 더욱 그렇다.

단순히 시합성적이 관심이라면, 레벨이 높지 않은 지역대회의 경우, 제1회 대회, 또는 같은 날 비슷한 지역의 비슷한 출전자격의 둘 이상의 경기가 있을 때의 그 한 대회, 특히 레벨이 더 낮은 쪽을 택하면 유리할지 모른다. 그러나 내가 처음으로 체급 1위를 한 2008년 그 시합도 제1회 대회였던 것처럼, 수년 전까지만 해도 제1회 대회는 출전선수 수가 많지 않고 대회의 레벨이 높지 않고 상대적으로 경쟁이 덜했던 편이지만, 제2회 대회 때는 전혀 그렇지 않다는 걸 알 수 있었고, 최근 수년간 국내에서 보디빌딩과 피트니스 시합 인기가 높아지면서, 이제는 새로 생긴 제1회 대회에서도 더는 별로 그렇지도 않은 것 같다.

시합 레벨. 시합 레벨을 말할 때, 생활체육sport for all 대회 vs 전문체육elite sport 대회, 지역대회 vs 전국대회, 국내대회 vs 국외대회 vs 국제대회 vs 세계대회, 아마추어 대회 vs 프로 대회 등으로 말해볼 수 있다. 그러나 이들이 항상 분명히 구별되는 것도 아니고, 한 시합이 여러 방향으로 분류되거나 한 시합이 여러 방향의 성격을 동시에 갖고 있을 수도 있다. 이 중에서 일반인이 분류하기에 좋아하는 개념도 있고 선수가 분류하기에 좋아하는 개념도 있다. 시합 레벨이란 주최 측에 의한 시합 자체의 레벨과 그 해당 시합무대에서의 출전 선수들의 당일 경기력의 총합이라 할 수 있다.

생활체육 대회보다는 전문체육 대회, 지역대회보다는 전국대회, 국내대회보다는 국제대회, 아마추어 대회보다는 프로 대회가 당연히 더 레벨 높은 경향이 있지만, 전혀 안 그런 경우도 흔하다. 어느 협회[연맹, 단체, 조직]가 주관하는, 얼마나 큰 규모의, 얼마나 경쟁력 있는 선수가 얼마나 많이 출전하는 시합이냐, 같은 날에, 또는 비슷한 시기에 어디에서 어떤 복수의 시합이 열리느냐, 그해 또는 그 회 그 시합의 규정에 도핑검사 시행 여부, 출전자격이 어떻게 변하느냐 등에 따라 달라질 수 있는 것이어서, 전년에는 A시합에 출전한 선수들의 무대에서의 경기력이 B시합에서보다 더 레벨 높았으나 이듬해에는 A, B가 역전되는 경우도 흔하다. 그래서 심지어는 코리아 대회 같은 메이저 전문체육 전국대회에서의 어느 경기종목, 어느 체급의 경기 레벨과 상위 입상 선수들의 경기력이 어느 작은 생활체육 지역대회에서보다 못한 경우도 더러 생길 수 있는데, 특히 신규 경기종목일 때 더욱 그러하다 (선수는 누군가에게 몸과 포징 등의 경기력으로 말해야지, 단순히 어느 대회에서 몇 위에 입상했다는 자체만을 강조하며 (마침 경쟁자가 적거나 경쟁력 없어서일 수도 있는데) 자신을 과대포장하지 말아야 할 것이다).

아마추어와 프로. 상금이 전혀 또는 거의 걸려 있지 않으면 아마추어 대회, 상당한 상금이 걸려 있으면 프로 대회라고 할 수도 있지만, 일반적으로는, 다른 보디빌딩 단체에 의한 대회는 논외로 하고, IFBB에서 프로 대회로 인정한 대회를 프로 대회라 하고, 그렇지 않은 대회는 모두 아마추어 대회라 한다. 마찬가지로, 프로 선수는 일반적으로, 다른 보디빌딩 단체도 있지만, IFBB에서 프로 카드를 획득해 IFBB 프로 보디빌딩 대회에 출전할 수 있는 자격을 가진 선수를 말한다.

국내의 모든 보디빌딩 시합에서 수년 전까지는 기본적으로 상금이 없었다고 할 수 있는데, 전문체육인 양성을 위한 보디빌딩협회, 그리고 생활체육인 양성을 위한 보디빌딩연합회 같은 국공립 단체에서 관장하는 시합이 대부분이고, 모두가 아마추어 대회이기 때문이다. 그러나 세미프로 대회라 할 수 있는 인천오픈 대회 같은 경우에는 공식적인 상금이 있고, 최근 수년간 다양한 단체에 의한 다양한 시합에서, 출전료 액수도 늘면서, 소액이긴 하지만 공식적인 상금을 내거는 경우가 갈수록 흔해졌다.

국내 메이저 대회

내 기준에서 주로 관심을 갖는 국내 메이저 대회는 모두 전문체육 전국대회로, 코리아 대회, 전국체전 보디빌딩, YMCA 대회 순이다. 그다음은 각 지역(광역) 미스터 대회다.

코리아 대회. 미스터&미즈 코리아 선발대회는 우리나라에서 전통과 역사가 가장 깊은 (1949년에 시작되었는데, 이는 아시아에서도 최초다), 우리나라 최고 레벨의 전국대회다. 내가 이 대회에 관심을 두고 지켜봐온 2007년부터 2016년 현재까지, 매년 주로 6월 (예외적으로 2013년에는 5월, 2015년에는 7월 말과 8월 초에 걸쳐 열렸다), 평일이나 주말 이틀간 열렸다. 첫날은 예선, 이튿날은 본선 경기가 치러진다 (이렇게 선수가 본선에 올랐을 때, 이튿날에 본선 경기를 치러야 하는 국내대회는 그간 이 대회가 유일했는데, 2015년에는 YMCA 대회도 그랬다). 전국 어디서나 열릴 수 있고, 어디서 열릴지는 매년 달라지는 편이다. 행사 많은 시기에 주말 이틀간의 시합장 대관에 어려움이 있기 때문인지, 주말보다는 평일에 열리는 때가 많았고, 가장 크고 박진감 넘치는 시합 중 하나임에도, 평일에 열릴 때는 다른 작은 시합이 주말에 열릴 때보다 관객 수가 더 적기도 한 것은 선수, 지원군, 응원군, 관객 등, 이 모든 이에게 아쉬울 수밖에 없는 일일 것이다. 기존의 남녀 보디빌딩에 (남자) 클래식 보디빌딩, (여자) 보디피트니스, 그리고 신규 경기종목까지, 최근 수년간 갈수록 경기종목이 추가되면서, 이제는 경기종목이 가장 다양하게 치러지는 메이저 대회가 되었다.

이 대회의 출전자격 면에서, 남녀 각각, 이전까지의 이 대회에서 그랑프리 경험자, 즉 미스터 코리아, 미즈 코리아만 제외하면 누구나 예선에 출전할 수 있는데, 이는 다른 대회에서의 그랑프리 경험자도 모두 출전할 수 있다는 점에서 가장 레벨이 높은 시합이라 할 수 있는 동시에 (유일한 예외라면, 전국체전 보디빌딩이다), 선수등록만 돼 있으면, 선수의 주민등록 또는 선수등록 지역에 상관없이, 그리고 레벨에 상관없이 누구나 출전할 수 있다는 점에서 누구에게나 가장 열린 시합이라 할 수 있다 (선수등록은 인터넷으로 대한체육회 선수등록신청시스템에 하는 것으로, 자세하게는 곧 다룬다. 2013년부터는 이전 3년간 연속으로 선수등록이 돼 있어야 출전 가능하다는 말이 있었는데, 지금은 어떤지 모르겠다. 그리고 각 광역 단위의 지역 미스터 대회에서 (상위) 입상해야 이 대회에 출전할 수 있게 허락하는 시·도 단체도 있을 수 있으니, 미리 자신의 지역 보디빌딩협회에 확인해 알아둘 필요가 있다.)

남자 보디빌딩 (일반부) 전체우승자overall winner, 즉 그랑프리[대상]grand prix 선수에게는 '미스터 코리아', 여자 보디빌딩 전체우승자에게는 '미즈 코리아' 타이틀이 주어지는데 (2016년 현재, 이 [시합편]에 등장하는 선수 중 10명 정도가 그런 미스터, 미즈 코리아다), 이는 그해의 국내 보디빌딩 분야에서 최고의 영예로 여겨진다. 선수가 미스터 코리아, 미즈 코리아 타이틀을 딸 때, 자신의 그때까지의 최고 모습이냐 하면, 대부분은 그렇지 않았다. 게다가, 대부분은 이후에 훨씬 더 나아졌다.

전국체전 보디빌딩. 전국체전[전국체육대회]에서는 보디빌딩 및 피트니스와 관련해 '남자 보디빌딩' 경기종목만 치러진다. 학생부와 일반부 경기가 이틀간 치러지는데, 예선과 본선 따로 없이, 어떤 체급은 첫날에, 어떤 체급은 이튿날에 치러진다. 체급별 순위를 가리고, 전체우승자를 가리지는 않는다. 전국체전은 10월에 열린다.

비록 이전까지의 미스터 코리아들도 모두 출전할 수 있고, 나 같은 생활체육 위주의, 즉 실업팀 어디에도 소속되지 않은 선수는 덜 출전하는 경향이 있어서, 선수들의 면면으로 보면 분명히 코리아 대회보다는 레벨이 높아야 하지만, 시합무대에서의 선수들의 몸으로 보면 꼭 그렇지도 않아서, 남자 보디빌딩 면에서, 코리아 대회와 전국체전 보디빌딩 중 어느 대회가 더 레벨 높은지는 단언하기 어렵다. 다시 말해, 해마다 다르다.

YMCA 대회. 미스터&미즈 YMCA 선발대회는 코리아 대회와 전국체전 다음가는 레벨의 전국대회로, 최근 수년간 일반적으로 8~9월에 열렸다. 코리아 대회 다음으로 경기종목이 다양하게 열리는 메이저 대회라 할 수 있다. 선수 입장에서, 모든 경기종목에서 예선과 본선 경기가 하루에 치러져서, 코리아 대회 때처럼 이틀간 무대에 올라야 하는, 즉 숙박, 식이조절, 컬러링 및 오일링 등에서의 추가적인 부담감이 없는 장점이 그간 있었는데, 2015년에는 코리아 대회처럼 이틀에 걸쳐 열렸다. 코리아 대회보다 규모가 작고, 그래서 특히 무대배경과 무대조명이 코리아 대회 때보다는 나빠, 좋은 시합사진을 얻기가 어려운 경향이 있다. 물론, 최근의 몇 코리아 대회 때는 무대조명이 최악이라 할 만했지만 말이다.

국내 정상급 선수

인터넷에서 가끔 보이는 동호인이나 심지어는 마니아의 오해 중에는, 현재의 국내 최정상 남자 선수라면 과거의 아놀드, 또는 세계 정상급 프로 대회인 미스터 올림피아나 아놀드 클래식 (과거 정상급 또는 현재 출전) 선수들과도 경쟁해볼 수 있지 않겠느냐는 게 있다. 사진과 동영상으로 비교해보면 시각적으로 대번에 알겠지만, 체중 비교로도 가늠될 수 있는데, 신장 170~175cm의 미스터 코리아라면 시합체중 80~90kg이 일반적이지만, 미스터 올림피아는 (필 히스 175cm, 카이 그린 173cm) 110~120kg이 일반적이다. 즉 같은 신장일 때 시합체중 30kg 정도 차이 난다는 것인데, 나(시합체중 65~70kg)와 미스터 코리아 사이의 시합체중 차이 15~20kg보다 훨씬 더 큰 차이다. 내가 미스터 코리아와 대등하게 경쟁할 수 없는 것처럼, 비록 유전이나 프로 세계의 도핑의 접근도 또는 허용도 등에서 그들과는 차이가 있어서 그럴 수도 있다는 점을 논외로 하고, 전신의 인상적인 크기, 모양, 균형미 측면에서 지금 당장 국내 최정상 남자 선수들을 그들과 비교해볼 정도는 아니다 (물론, 우리나라 선수들의 데피니션, 세퍼레이션은 거의 또는 전혀 뒤지지 않는 것 같다. 우리나라는 세계(아마추어보디빌딩)선수권대회, 세계클래식보디빌딩선수권대회 같은 아마추어 대회에서는, 특히 경량급에서 세계 최강국 중 하나다).

세계 정상급 프로 대회

'태양을 향해 던져라. 그러면 달에라도 떨어진다.'는 말이 있다. 눈높이가 올라가게 되면, 세계 최고 레벨의 프로 보디빌딩 대회인 미스터 올림피아Mr. Olympia, 그리고 이에 버금가는 아놀드 클래식Arnold Classic, 그리고 그 정상급 선수들에게로 자연스럽게 시야가 넓어진다.

미스터 올림피아. 이제는 고인이 된, 아놀드의 멘토mentor라 할 수 있는 조 웨이더Joe Weider에 의한 대회다 (mrolympia.com). 매년 뉴욕 등 미국 주요 도시, 또는 런던, 파리 등 세계 주요 도시 중 한 곳에서 열리다가, 1999년부터는 미국 라스베이거스에서 열리고 있다 (9월).

2012 미스터 올림피아 대회 출전자격 규정에 의하면, 직전의 미스터 올림피아 톱[상위] 4, 아놀드 클래식 톱 3, 뉴욕 프로 톱 2, 그리고 기타 프로 시합 톱 1, 세계아마추어보디빌딩선수권대회 톱 1에 대해 2012 미스터 올림피아 대회 출전자격이 주어졌다 ('뉴욕 프로'는 2005년 전까지는 (아놀드 백과에 나오는) '나이트 오브 챔피언스'로 불리던 것이다).

2012 미스터 올림피아 톱 10의 체격에 관해 보고된reported 수치를 종합해 보면, 신장 168~180cm에 비시즌체중 110~140kg, 시합체중 100~120kg 정도로 나타나고, 1위 필 히스Phil Heath와 2위 카이 그린Kai Greene은 신장 각각 175cm, 173cm에 비시즌체중 125~130kg, 시합체중 110~120kg 정도로 나타난다.

아놀드 클래식. 물론, 아놀드에 의한 대회다. 매년 미국 오하이오 주 콜럼버스에서 열린다 (3월). 지금은 '아놀드 스포츠 페스티벌' 중 하나로, 여기에는 아놀드 클래식뿐 아니라, 아놀드 클래식 212 (–212파운드급의 프로 경기), 피트니스 인터내셔널, 피겨 인터내셔널, 비키니 인터내셔널 등의 IFBB 프로 리그뿐 아니라, 아놀드 아마추어 같은 아마추어 보디빌딩 경기, 그리고 아놀드 스트롱맨 클래식, 아마추어 스트롱맨, 파워리프팅, 팔씨름, 권투, 무술, 펜싱, 양궁, 체조, 테니스, 수영, 탁구, 육상, 역도, 치어리딩, 댄스, 댄스스포츠, 줄넘기 등의 수십 가지 스포츠 시합도 포함된다 (arnoldsportsfestival.com).

아놀드 클래식 남자 프로 보디빌딩 전체우승자

연도	우승자
1989	리치 가스파리
1990	마이크 애슐리
1991	숀 레이
1992	빈스 테일러
1993	플렉스 휠러
1994	케빈 레브로니
1995	마이클 프랑수아
1996	케빈 레브로니 (2회)
1997	플렉스 휠러
1998	플렉스 휠러
1999	나세르 엘 손바티
2000	플렉스 휠러 (4회)
2001	로니 콜먼
2002	제이 커틀러
2003	제이 커틀러
2004	제이 커틀러 (3회)
2005	덱스터 잭슨
2006	덱스터 잭슨
2007	빅터 마르티네즈
2008	덱스터 잭슨
2009	카이 그린
2010	카이 그린
2011	브랜치 워렌
2012	브랜치 워렌 (2회)
2013	덱스터 잭슨
2014	데니스 울프
2015	덱스터 잭슨 (5회)
2016	카이 그린 (3회)
2017	세드릭 맥밀란

미스터 올림피아 남자 프로 보디빌딩 전체우승자

연도	우승자	상금
1965	래리 스콧	(상금 0)
1966	래리 스콧 (2회)	(상금 1,000달러)
1967	세르지오 올리바	(상금 1,000달러(?))
1968	세르지오 올리바	
1969	세르지오 올리바 (3회)	
1970	아놀드 슈워제네거	
1971	아놀드 슈워제네거	
1972	아놀드 슈워제네거	
1973	아놀드 슈워제네거	
1974	아놀드 슈워제네거	
1975	아놀드 슈워제네거	(상금 2,500달러)
1976	프랑코 콜룸부	(상금 5,000달러)
1977	프랭크 제인	(상금 10,000달러)
1978	프랭크 제인	(상금 15,000달러)
1979	프랭크 제인 (3회)	(상금 25,000달러)
1980	아놀드 슈워제네거 (7회)	
1981	프랑코 콜룸부 (2회)	
1982	크리스 디커슨	
1983	사미르 바누트	
1984	리 헤이니	(상금 50,000달러)
1985	리 헤이니	
1986	리 헤이니	(상금 55,000달러)
1987	리 헤이니	
1988	리 헤이니	
1989	리 헤이니	
1990	리 헤이니	(상금 100,000달러)
1991	리 헤이니 (8회)	
1992	도리안 예이츠	
1993	도리안 예이츠	
1994	도리안 예이츠	
1995	도리안 예이츠	(상금 110,000달러)
1996	도리안 예이츠	
1997	도리안 예이츠 (6회)	
1998	로니 콜먼	
1999	로니 콜먼	
2000	로니 콜먼	
2001	로니 콜먼	
2002	로니 콜먼	
2003	로니 콜먼	
2004	로니 콜먼	(상금 120,000달러)
2005	로니 콜먼 (8회)	(상금 150,000달러)
2006	제이 커틀러	(상금 155,000달러)
2007	제이 커틀러	
2008	덱스터 잭슨	
2009	제이 커틀러	(상금 200,000달러)
2010	제이 커틀러 (4회)	
2011	필 히스	
2012	필 히스	(상금 250,000달러)
2013	필 히스	
2014	필 히스	(상금 275,000달러)
2015	필 히스	(상금 400,000달러)
2016	필 히스 (6회)	
2017		

세계 정상급 프로 선수

과거 & 현재

과거의 아놀드 슈워제네거. 1947년생으로, 15세 되기 직전에 보디빌딩 웨이트트레이닝을 시작해 (당시 신장 180cm, 체중 67.5kg 정도였다고 한다), 17세에(1964) 미스터 오스트리아, 20세에(1967) 아마추어 대회 최고 타이틀인 미스터 유니버스, 23세에(1970) 프로 대회 최고 타이틀인 미스터 올림피아가 되었다 (1970~1975, 1980 미스터 올림피아). 보디빌딩의 대명사라 할 수 있고, 시대를 초월한 최고의 심미성으로 인정받고 있다 (그 누구와도 특히 〈전면 이두근 포즈〉를 비교해보라).

과거의 기타 선수들. 앞 표에 나온 미스터 올림피아, 아놀드 클래식 남자 프로 보디빌딩 전체우승자들, 그리고 과거의 기타 수많은 무관의 제왕들의 모습과 얘기는 아놀드 백과에서 가장 쉽게 접할 수 있다 (여자 선수도 일부 포함해서).

현재의 필 히스. 1979년생으로, 대학생이던 2002년까지는 학업을 병행하는, 학교 농구대표팀의 보통 수준의 농구 선수였다. 2002년에 공식적으로 농구에서 은퇴하고 '아놀드 백과를 구매하고' 보디빌딩을 시작해, 2005년에 IFBB 프로 자격을 획득하는 등, 빠르게 성장했다. 2008 아놀드 클래식 2위, 2010 미스터 올림피아 2위 등을 거쳐, 보디빌딩 시작 후 9년 만인 2011년에 미스터 올림피아가 되었고 (2011~2016 미스터 올림피아), 2016년 현재 세계 1위 선수다. 상완둘레 23인치, 대퇴둘레 32인치, 종아리둘레 20인치라고 한다. 자연미(아무 포징을 하지 않을 때의 기본적인 심미성), 균형미(포징을 할 때의 기본적인 심미성), 전신의 고른 발달 측면에서 아주 우수하다. 그러나 이렇게 단독으로는 완벽해 보이지만, 경쟁자들과 비교할 때 그의 모든 신체부위가 최고인 것은 아니다.

현재의 카이 그린. 1975년생으로, 2009 아놀드 클래식 우승, 2011 뉴욕 프로 우승을 거쳐, 2012~2014 미스터 올림피아 2위로 (2015, 2016 대회에는 출전하지 않았다), 2016년 현재 세계 2위 선수다. 상완둘레 22인치, 대퇴둘레 33인치라고 한다. 장시간의 강도 높은 워크아웃과 독특한 헤어스타일로도 잘 알려져 있는데, 무엇보다도 그의 독창적이고 다양하고 거의 완벽한 자유포징이 인상적이다. 또한, 그의 이두근은 아놀드의 이두근 못지않게 인상적인데, 외측 이두근 발달과 이두근 봉우리만 보더라도, 이두근이 잘 살기 가장 어려운 전완 포징에서도 경쟁자 대부분의 최고의 이두근 모습을 완전히 압도한다. 또한, 등이 훌륭해, 특히 〈후면 이두근 포즈〉에서는 필 히스를 포함해 대부분의 경쟁자를 압도하는 듯하다.

2016년 귀환한 무관의 제왕 중 하나인 케빈 레브로니Kevin Levrone, 떠오르는 신예 빅 라미Big Ramy를 포함해, 과거와 현재 올림피아 대회와 아놀드 클래식에서 경쟁해온, 이 모든 선수들의 인터넷 유튜브, 공식 웹사이트, 페이스북, 그리고 보디빌딩 관련 국내외 인터넷 사이트나 자료공유 사이트를 통해 그들의 시합, 훈련, 규정포즈, 자유포징, 보디빌딩 동기유발 등에 관한 사진, 동영상, 소식 등을 충분히 접할 수 있다.

그리고 1975 미스터 올림피아 시합을 주된 배경으로 한 (각본과 연출이 가미된 것이라는 의미의) '다큐(멘터리)드라마' 영화 『펌핑 아이언』Pumping Iron, 속편 격인 『펌핑 아이언 II: 여자』Pumping Iron II: The Women(1985), 『펌핑 아이언』의 25주년 기념의 짧은 후기 동영상(?)이라 할 수 있는 『로 아이언』Raw Iron, 그리고 2012 미스터 올림피아 시합을 주된 배경으로 한 다큐멘터리 영화 『제너레이션 아이언』Generation Iron도 참고할 만한데, 모두 인터넷에서 찾을 수 있다.

과거 vs 현재

몸. 과거로부터 현재로 오면서 몸에서 심미적으로 좋아진 것은, 당연히 더 굵고 더 커졌다는 것이다. 그러나 피부가 더 얇아졌느냐 하면 (데피니션), 그런 것 같은데, 더 갈라졌느냐 하면 (세퍼레이션, 스트리에이션), 꼭 그렇지는 않은 것 같다. 너무 커지다 보니 더 잘 가르지는 못하는 단계에 온 모양이다.

몸에서 심미적으로 나빠진 것은, 단연코 복부가 너무 굵어졌다는 것인데, 뒤에서 보면 알 수 없지만, 앞이나 옆에서 볼 때, 세계 정상급 선수들이 긴장을 풀고 있을 때, 아니, 심지어는 측면 포즈를 완성하고 유지하고 있을 때조차도 복부가 소위 '임신한 보디빌더'pregnant bodybuilder처럼, 그것도 만삭인 것처럼 불룩해 보이는 경우가 흔히 있다는 것이다. 그게 인공적인 성장호르몬(금지약물) 요법 등으로 내장이 비대해지거나 인슐린(금지약물) 요법으로 내장지방이 축적되었기 때문일 것이라고 하는데 (그렇지 않은 경우에도 그렇게 보일 수 있다), 현재의 미스터 올림피아 대회, 아놀드 클래식 대회 등의 정상급 프로 보디빌더 중 과반수가 이런 모습을 보여준다. 필 히스, 카이 그린도 예외가 아니다. 그런 면에서 그들의 지금의 모습이 그들의 수년 전, 심지어는 십여 년 전의 모습보다 더 심미적인가 하면, 내 입장에서는, 꼭 그렇다고 할 수는 없다. 물론, 그들이 점점 더 레벨 높은 쪽으로 발전해온 결과이기는 하지만, 전신의 모든 주요 신체부위가 지금만큼 굵지는 않더라도 더 잘 깎이고 특히 복부가 오목하고 허리가 잘록할 때가 더 심미적일지도 모른다.

포징. 그간 포징에서 특히 변한 것은, 아놀드 시절까지만 해도 고전적인, 우아한 포즈 또는 포징이었던 게, 이후 모든 〈규정포즈〉, 〈자유포즈〉, 〈쿼터 턴〉에서 점차 더 근육질 포징이 되었다는 점이다. 특히 아놀드 시절까지는 하체와 코어 포징에서 (플렉싱 면에서) 부족한 경우가 흔히 있었는데, 후면 포즈일 때 더욱 그랬다. 당시에는 슬굴곡근, 대둔근을 잘 살리는 포징 자체에 대한 관심이 적었던 것 같다. [경기종목별 포징]에서 나는 그 점에 대해 특히 강조하고 있다 (비록 나 역시 이를 제대로 해본 적이 거의 없지만).

선수등록과 출전신청

선수등록과 출전자격

국내대회로 돌아와,
1. 그해에 선수등록을 필해야만[마쳐야만] 출전 가능한 시합이 있고,
2. 그해에 선수등록을 했든 말든 상관없이 출전 가능한 시합이 있고,
3. 그해에 선수등록을 했으면 출전 불가한 시합이 있다.

선수등록신청시스템(첫 페이지와 보디빌딩 페이지)

선수등록 신청은 인터넷상의 **선수등록신청시스템**(pinfo.sports.or.kr)에서 하는 것이다. 선수등록이라는 개념은, 기본적으로 전문체육을 위한 것이어서, 전문체육 대회에서 필요한 것이지 생활체육 대회에서 필요한 것은 아니다.

전문체육 선수와 생활체육 선수를 구분하는 가장 명확한 기준은 해당 기간에 선수등록이 돼 있느냐 하는 것이고, 전문체육 대회와 생활체육 대회를 구분하는 가장 명확한 기준은 선수등록이 돼 있는 선수로 출전자격을 제한하느냐 선수등록이 돼 있지 않은 선수로 출전자격을 제한하느냐 하는 것이다.

어느 대회[시합]가 전문체육 대회인지 생활체육 대회인지는 그 대회 이름으로도 알 수 있는 경우도 있고 (예를 들어, 연합회, 생활체육, 뷰티바디 등이 이름에 들어 있는 대회는 생활체육 대회다), 꼭 그렇지는 않아서 시합요강(대회개최 요강, BBMC 사이트 등에서 찾을 수 있다)을 봐야만 알 수 있는 경우도 있다.

KBBF(대한보디빌딩협회)에서 주관하는, 코리아 대회, 전국체전 보디빌딩, YMCA 대회 같은 메이저 대회는 선수등록을 필해야 하며, KBBF 산하 시·도(또는 시·군·구) 보디빌딩협회에서 주관하는 대회의 경우는 그 시합에 따라는 물론이고, 때에 따라, 그리고 경기종목에 따라 달라질 수 있다. 보디빌딩협회가 아니라 보디빌딩연합회 또는 생활체육협회 등에서 주관하는 생활체육 시합은 대부분이 선수등록이 불필요하거나, 선수등록이 돼 있으면 오히려 출전 불가한 게 일반적이다.

같은 곳에서 주최하는 다른 시합에서는 이 출전자격 기준이 달라질 수 있고, 같은 시합이라도 매년 그 기준이 상황에 따라 달라질 수 있다. 역시 출전자격에 대해 가장 정확히 아는 방법은 그 시합의 시합요강을 확인하는 것이다. 그러나 단순히 시합요강으로는 자신이 출전할 수 없을 것으로 보인다 하더라도, 자신이 선수등록이 돼 있거나 돼 있지 않은 상태에서, 또는 이전 어느 대회에서 어느 정도의 시합성적이 있는 상태에서, 그 특정 시합에는 출전할 수 있고 없는지 정확한 것은, 시합요강에 나타나 있는 문의 연락처를 통해 직접 확인함으로써 알 수 있다. 그래서 자신이 꼭 출전하고 싶은 시합이라면 단순히 시합요강에 나와 있는 출전자격 사항만 믿는 것보다는 직접 자신이 그 출전신청 접수 담당자에게 연락해 알아보는 게 좋다.

물론, 보디빌딩협회, 보디빌딩연합회가 아닌 다른 단체, 특히 외국계 단체가 주관하는 국내대회도 최근 수년간 많이 생겨나고 있는데, 이런 대회에서는 대한체육회를 통한 선수등록 자체를 염두에 둘 필요가 없다. 한편, 선수등록이 돼 있는 상태에서 생활체육 대회에 출전하거나 기타 단체에 의한 대회에 출전하는 것은 KBBF로부터 원칙적으로는 금지된다. 선수등록이 돼 있는 상태에서 KBBF가 출전을 금지하는 타 단체에 의한 대회에 출전하겠다고 한다면, 그것은 그 선수 개인의 판단에 따라 할 일이지만, 추후 KBBF로부터 경고나 기타 제제를 받을 가능성이 있다.

물론, 인지도 있는 상급 선수는 그렇게 하지 않을 것이고, 인지도 별로 없는, 쉽게 말해 KBBF나 그 산하 협회에서 관심을 전혀 두지 않는 선수라면, 선수등록이 돼 있더라도 '무사히' 이 시합 저 시합 모두 출전해볼 수 있을지도 모르고, 사실상 이 후자에 대해서는, 나 개인적 생각으로는, 그래도 되지 않을까 싶다. 그런 선수들은 몸이 일관성 있게 좋거나 나쁘거나 하지 않을 수 있어서, 일단은 선수등록을 해서, 선수등록이 돼 있어야만 출전 가능한 시합도 뛰고 싶고 선수등록 필요 없는 시합도 뛰고 싶을 수도 있고, 어차피 레벨이 높지 않은 선수여서 그 특정 생활체육 대회나 거기에 출전한 다른 선수들에게는 사실상 피해를 주지 않으면서 그 대회 자체를 더 풍성하게 하기도 할 것이고, 전문체육 대회에서라면 당시의 몸 상태에 따라 경쟁력 없다면 자연히 도태될 것이고, 경쟁력 있다면 무대에서 그만한 몸으로 그만한 모습을 보일 것이기 때문이다. 물론, 이런 생각은 들어도, 나는 굳이 그렇게 해본 적은 없고, 꼭 출전하고 싶던 시합을 선수등록이 돼 있었던 이유로 포기한 적은 있다.

선수에 따라 KBBF와 무관한 시합에만 출전하겠다고 선택하면, 당연히 선수등록도 필요없고, KBBF 외의 다른 여러 단체에 의한 여러 시합을 마음대로 출전할 수 있다. 물론, 다른 출전자격 문제는 논외로 하고.

선수등록과 선수등록신청시스템

앞에서 말한 것처럼, 선수등록 신청은 인터넷상의 선수등록신청시스템에서 하는 것이다. 그리고 그 선수등록 진행 과정과 결과가 거기에도 나타난다.

선수등록 과정을 자연스럽게 도와주는 누군가가 주위에 있을 수밖에 없는 전문체육 선수가 아닌, 나 같은 생활체육 선수가 처음에 선수등록을 하는 과정은 다소 까다롭고 번거롭거나 오류를 일으킬 수도 있는데, 자신의 체련장 책임자(관장)나 트레이너의 도움을 받으면서, 자신의 소속팀(또는 체련장)이 속한 시·도 보디빌딩협회나 대한보디빌딩협회에 전화로 문의하고 협조를 받으면 어렵지 않게 처리할 수 있다.

소속팀. 자신이 이용하는 체련장 소속으로 해서는 선수등록 신청이 되지 않을 수도 있는데, 그 체련장이 대한보디빌딩협회에, 그래서 선수등록신청시스템에 등록돼 있지 않기 때문이다 (체련장이 거기에 등록돼 있기 위해서는 연간 일정한 회비를 납부해야 한다). 그때는 선수등록 신청이 가능한 다른 체련장을 찾거나, (자신이 출전하고자 하는 시합의 출전자격에 '선수등록이 돼 있어야 한다'고 돼 있을 때) 그 시합 책임자 등에게 연락하면 어디 소속으로 선수등록을 할 수 있게 도와주는 경우가 흔하다. 소속팀은 추후 필요 시 바꿀 수 있는데, 그때는 소속팀에서 이적동의서를 받아 우편으로 관련 협회에 보내고 대한체육회 선수등록신청시스템에서 소속팀을 수정해 선수등록을 새로 할 수 있다 (이적동의서는 인터넷에 그 양식이 있을 것이다. 단순하게 생겼다).

선수등록 기간과 선수등록 유효기간. 선수등록은 상반기에(아마도 3~4월) 한 번, 그리고 하반기에(아마도 7월) 한 번 할 기회가 있고, 그 선수등록 기간은 인터넷으로 공지된다 (역시 대부분은 BBMC 사이트나 기타 인터넷 사이트에서 공유되겠지만, 내가 그런 적 있는 것처럼, 때로는 발견하지 못하고 그 기간을 놓칠 수도 있으니 잘 찾아봐야 할 것이다). 선수등록 신청은 인터넷상에서 하는 것이지만, 오프라인으로 해야 할 작업도 있을 수 있고, 진행 과정에 이런저런 오류나 실수가 생길 수도 있기 때문에, 마감 때까지 여유를 부리는 것보다는 그 기간의 전반부에 선수등록을 끝낼 수 있게 하는 게 좋다.

선수등록은 당해 연도 상반기에 하든 하반기에 하든, 그해 말까지 유효하다. 그래서 하반기에만 시합출전을 할 거라면, 상반기나 하반기 선수등록 기간에 한 차례 선수등록을 하면 되고, 상반기만 또는 상반기와 하반기 모두 시합출전을 할 거라면, 상반기 선수등록 기간에 선수등록을 해야 한다. 선수등록은 매년 하는 것인데, 물론, 두 번째부터는 이전 기록이 선수등록신청시스템에 그대로 남아 있으니 훨씬 쉽다.

선수등록 진행 과정. 선수등록신청시스템에서 선수등록 '신청'을 성공적으로 완료하면, 대략 다음과 같이 진행될 것이다 (여기에는 내 2013 선수등록 및 2013 코리아 대회 출전신청이 포함돼 있다. 나는 이전부터 매년 선수등록을 해오고 있었다).

3월 25일. 인터넷으로 선수등록 신청을 완료했다. 잠시 후 '이기수 님 보디빌딩 선수등록 신청 접수되었습니다. 1단계 승인 대기 중 → 경기보디빌딩협회'라는 안내문이 휴대전화 문자로 날아왔다.

4월 10일. '보디빌딩 종목 선수등록신청 건(2013/03/25) → 경기체육회에서 확인처리 중입니다'라는 안내문, 그리고 곧바로 이어서, '이기수 님의 보디빌딩 선수등록 신청 건 → 대한보디빌딩협회(사)에서 승인처리 중입니다'라는 안내문이 휴대전화 문자로 날아왔다.

4월 16일. '이기수 님의 2013년도 선수등록이 완료되었습니다. 선수등록번호: MBD(이하 숫자 생략)'라는 안내문이 휴대전화 문자로 날아왔다.

4월 23일. 2013 코리아 대회 출전신청서를 온라인으로 다운받아 작성한 후 내 소속팀을 통해 오프라인으로 접수했다.

4월 25일. 사전도핑검사 비용을 온라인 입금했다. 잠시 후 '2013 코리아 대회 사전도핑검사 일자: 4/28(일). 오후 1시까지 검사실 입장완료. 시간엄수 요망. 장소: 대전광역시 체육회관 지하 1층 회의실 (이하 주소 생략). 반드시 신분증 지참. (이하 생략)'라는 안내문이 휴대전화 문자로 날아왔다.

출전신청

기타 출전자격. 출전자격에는 선수등록 여부만 있는 게 아니다. 자신의 거주지, 주민등록지, 소속팀 소재지 등에 따라, 또는 이전의 자신의 시합성적 등에 따라, 출전할 수 있고 출전할 수 없는 시합이 있다. 시합요강, 그리고 필요시 그 시합요강에 나와 있는 문의처를 통해 확인하면 된다.

시합일정, 시합요강, 출전신청서. BBMC 사이트를 참고하면 시합일정, 시합요강, 출전신청서 등, 대부분의 시합에 대한 대부분의 정보를 가장 일찍, 가장 손쉽게 얻을 수 있을 것이다.

출전신청서를 인터넷으로 다운받아 작성한 후, 인터넷으로 접수하거나 오프라인으로 접수하게 되는데, 코리아 대회, 전국체전 보디빌딩, YMCA 대회 같은 경우 후자가 일반적이고, 출전료에 사전도핑검사 비용이 추가될 수 있다. 선수등록과 마찬가지로, 출전신청과 출전료 입금 등과 관계해 오류나 실수가 생길 수도 있기 때문에, 출전신청은 마감 때까지 기다리기보다는 일찍 하는 게 좋다. 이때 출전신청할 체급은 한 체급 월체할 가능성을 염두에 두고 낮은 체급으로 하거나, 반대로, 경기 전 마지막 며칠 동안 글리코겐 로딩으로 체중이 늘 수 있는 여유를 충분히 주기 위해 높은 체급으로 할 수도 있다. 출전료를 입금한 후에는 출전신청이 제대로 완료됐는지, 그 결과를 주최 측을 통해 사전에 확인하는 게 안전하다.

한 번에 복수의 시합에 출전하는 것도 좋다. 몇 월 몇 일이 되었건, 개인으로서는 시즌 첫 시합에 해당하는 그 단 한 번의 시합에 초점을 맞추는 것도 좋지만, 시즌 첫 시합에는 특히 체중조절, 체지방조절, 수분조절, 글리코겐 로딩, 태닝, 컬러링 등에서 그 절정의 타이밍을 맞추기 어려울 수 있다. 그러나 그 첫 시합을 치러낸 바로 다음날이나 다음 며칠 동안 몸은 더 좋아 보이는 경우가 많다. 그래서 단 한 시합에만 출전신청을 해두는 것보다는, 첫 시합 후 바로 다음날 또는 일주일 후, 이주일 후, 또는 한 달 후에 있는 시합에도 연속으로 출전한다고 계획하는 것도 좋다.

총체적 준비

우리는 사람의 겉모습[외양]을 '본질적' 부분과 '보조적' 부분으로 나눠볼 수 있다. '(맨)얼굴'과 '(맨)몸'이 그 본질적 부분이라면 (외모), '화장'과 '옷' 같은 것은 그 보조적 부분이라 할 수 있다 (차림새). 같은 이치로, 헤어 그 자체는 본질적 부분, 헤어스타일은 보조적 부분이라 할 수 있다. 선수의 겉모습에 있어서도 이렇게 나눠볼 수 있고, 선수는 거기에 따라 이 둘을 동시에, 시간순서대로 챙기며 시합출전 준비를 할 필요가 있다.

개인의 건강과 심미의 기본이자 체중, 근육, 체지방, 기타 체성분과 직결되고 자신 이외의 그 누구도 대신해줄 수 없는 이 (겉모습의) 본질적 부분이 일반인과 선수에게 있어서 공히 훨씬 더 중요한 것은 말할 것도 없다. 그러나 내가 여기서 얘기하는 (겉모습의) 보조적 부분, 특히 그 정수라 할 수 있고 시합성적에 절대적인 영향을 미치는 컬러링과 오일링은, 본질적 부분 못지않게, 무엇보다 결정적인 것이다 (나는 주로 혼자 출전해왔고, 지금껏 이런 컬러링과 오일링을 아주 '수준급으로' 도와줄 인력이란 건 없었다. 훈련 동료 등에게 요청해 시합 전날 밤 이전까지 또는 당일 이른 아침 컬러링 제품을 겨우 한두 번 바르거나, 때로는 사진촬영을 맡아준 전문사진사나 내 급한 전화를 받고 달려와준 체련장 일반 회원이 현장에서 컬러크림이나 오일 바르는 걸 도와줘야 했거나, 심지어는 다른 선수나 세컨으로 온 선수에게 내가 오일링뿐 아니라 심지어는 컬러링을 부탁해야 한 경우도 있었으니, 당연히 그 작업이 부실할 수밖에 없었다).

겉모습의 보조적 부분

복장과 용모

아놀드 백과. p661 선수복, p671 체모, p669 헤어스타일

선수복

남녀 할 것 없이, 보디빌딩 선수가 가장 흔하게 입게 되는 검은색의 선수복은 인터넷 주문으로 쉽게 구할 수 있다. 포징 오일이 묻으면 광택이 나는 신축성 '비닐' 재질의 '유광' 선수복, 포징 오일이 묻어도 광택이 나지 않는 신축성 '직물' 재질의 '무광' 선수복, 이렇게 크게 두 가지가 있다. 국내대회에서는 선수들 사이에서 어느 정도 유행이 있는 것 같은데, 어느 때는 대부분의 선수가 유광 선수복을, 어느 때는 대부분의 선수가 무광 선수복을 입는 것처럼 보인다는 것이다. 선수복을 포함한 복장 규정은 특별할 것 없이 대동소이하지만, 구체적으로는 시합요강에 잘 나타나 있으니 시합에 따라 필요 시 참고하면 된다.

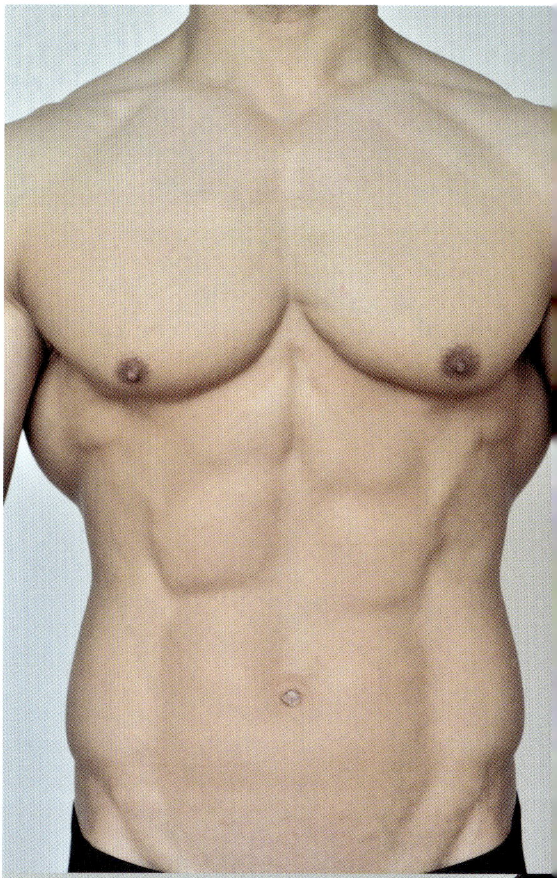

선수복에 의해서도 선수의 모습이 크게 영향받는다 (몸이 부실할수록 더욱 그런 경향이 있다). 직접 입어보지 않고 구매할 수밖에 없다면, 클 것 같은 선수복보다는 작을 것 같은 선수복을 구하는 게 낫다. 시합요강을 참고하면서, 남자 보디빌딩 선수는 자신의 골반의 길이와 근육발달 정도에 따라 허리옆 재단의 폭이 1cm 또는 1인치(2.5cm) 이상인 기성 선수복 중 선택할 수 있다. 그리고 둔부를 완전히 덮는 것과 반만 덮는 것 중 어느 게 나은지도 선택할 수 있다. 때로는 기성품을 자신에게 더 잘 맞게 수선해야 할 수도 있고, 아예 처음부터 맞춤제작을 하는 게 나을 수도 있다. 현재로서 (여자) 보디피트니스 선수복은 대부분이 맞춤제작인 것 같다.

면도

면도는 이르면, 비시즌에도 평소에 부분적으로, 그리고 아주 늦으면, 일반적으로 시합 일주일 전쯤부터 고려하게 되는 컬러링 제품 사용 직전에 전신적으로 하게 된다. 내 경우, 비시즌 평소에는 상체만, 즉 겨드랑, 가슴, 복부만 면도하고 시합출전 준비를 시작하면서 다리도 면도하기 시작하게 된다. 선수에 따라서는, 팔이나 등도 면도하거나 심지어는 왁스로 제모해야 할지도 모르고, 누군가의 도움을 받아야 할지도 모른다.

전신 면도는 시합출전 준비를 시작하면서 가급적 일찍 시작하는 게 좋은데, 면도가 필요하다고 생각되는 신체부위를 모두 포함한 전신 면도를 하면, 몸이 정갈해지는 느낌으로 시합에 대한 마음가짐과 몸이 가벼워진 듯한 느낌이 들어 시합 다이어트에 돌입하거나 박차를 가하는 데도 도움되기 때문이기도 하고 (내게 있어서, 실제로 전신을 면도하는 약 한 시간의 과정에, 칼로리도 상당량 소모되어 더욱 그렇다), 모낭염을 생각해서도 그렇다.

모낭염은 면도날에 의해 예민한 피부에 가볍게 생길 수 있는데, 낫지 않은 상태로는 그 붉은 반점 자체가 보기 안 좋을 수 있고, 그런 부위에는 피부착색제가 더 진하게 착색되어 보기 안 좋을 수도 있다. 나는 일반적인 안전면도기, 즉 일회용 면도기 하나만으로 한동안 충분했지만, 모낭염을 흔히 경험하면서 (모낭염에는 다른 치료법도 있겠지만, 내 경험에 비추어, 면도날로 더는 자극을 가하지 않으면서 시간을 두면 천천히 저절로 없어지는 경우가 대부분이고, 어떤 때는 단 한 번의 장시간의 강한 자연광 태닝으로 며칠 만에 일시에 저절로 사라진 경우도 있었다), 이제는 모낭염에 취약한 부위에는 면도날에

@ 2015 파주시 대회 당일 이른 아침
면도, 모낭염, 피부건강. 몇 주에 걸친 반복적인 인공광 태닝을 며칠 전 마친 상태, 그리고 피부착색제를 처음 바르기 직전의 모습으로, 매일 해온 시합준비 전신 면도에도 전신의 피부에 상처나 모낭염 등의 그 어떤 문제도 없이 건강하고(젊음 포함) 깨끗하게 관리되고 있었음을 보여준다. 이는 당시에 스트레스 관리, 운동, 영양(특히 시합 다이어트), (적절한) 태닝(또는 일광욕)이 중·장기간 총체적으로 피부 건강과 심미에 이상적으로 작용해온 덕분이라고 할 수 있다. 얼굴을 포함한 전신의 피부(의 건강과 심미)는 정신적·신체적 건강(면역력 포함)을 나타내는 가장 확실한 지표 중 하나다 (그래서 이후 이 백과 집필 작업에만 집중하는 시간이 수개월 이상으로 다시 길어지면서, 전신의 피부에 잡티가 하나둘 생기는 등, 피부는 자연히 어느 정도 나빠져가야만 했다).

의한 자극을 최소화하기 위해 일반적인 전기면도기를 먼저 사용하고, 필요 시 최종적으로 일회용 면도기로 살짝 마무리하게 되었다. 이후 모낭염 걱정은 전혀 하지 않게 되었다.

문신

최근 국내에서 문신 합법화 추진 움직임이 있기는 하지만, 현재로서는 무면허 문신업자에 의한 문신 시술은 불법이고, 그래서 의료법 위반으로 형사처분 대상이 되기도 하지만, 그것보다 더, 그런 시술은 피부질환, 감염질환의 위험성이 클 뿐 아니라, 그런 문신은 남녀 불문하고, 그리고 어떤 종류의 어느 크기의 것이라도, 대부분은 전혀 심미적이지도 않고, 몸의 아주 사소한 부분에서부터 모든 것을 소중히 하는 보디빌딩 및 피트니스 선수와는 어울리지 않는 것이다.

시합요강 또는 시합규정에 문신에 대한 제한, 금지, 감점에 대한 언급이 있든 없든 간에, 눈에 띄는 그 어떤 문신도, 채점에 좋게 작용할 가능성은 전혀 없고 심판, 동호인, 관객의 입장에서 적어도 속으로는 감점의 대상만 될 뿐이다. 문신이 있으면, 심지어는 출전이 제한될 수도 있다. 그래서 몸에 문신 있는 많은 선수는 시합무대에 오르기 전에 어떡해서든 자신의 문신을 지우려 하고, 시합무대에서는 어떡해서든 자신의 문신을 가리려 하는 것이다. 이것은 헤나도 거의 마찬가지다.

유명한, 과거 세계 정상급의 어느 선수가 전신에 문신을, 물론, 공개적으로 충분히 봐줄 만한 유의 것을 하고 있더라도, 그게 좋아 보이거나 정신적으로든 신체적으로든 건강에 좋아 보이지는 않는다. 비록 우리가 어느 선수에 대해 이미 좋은 느낌을 갖고 있더라도 그런 문신이 그의 이미지에 플러스 요인이기보다는 마이너스 요인이 될 수밖에 없다.

그러나 그런 정도 레벨의 선수가 아니라면, 우리가 일상에서 흔히 보듯이, 그런 문신은 심미안의 부족인 것은 말할 것도 없고, 자신의 몸에 대한 무책임, 개인위생의 부족을 넘어, 대부분은 자신감과 자부심의 부족, 자신의 나약함을 감추고 강한 척하려는, 유치한 것으로 비쳐질 뿐이다.

대부분의 국내 정상급 선수들은 몸에 작은 문신 하나도 하지 않는다. 보디빌딩 및 피트니스 선수는 몸에 문신을 포함한 어떤 장난도 치지 말아야 한다. 자신의 몸을 아끼고 깨끗하고 건강하게 유지하고, 타인에게도 그렇게 보이게 하는 게 건강하고 아름다운 모습이고, 그게 보디빌딩이다.

헤어스타일

보디빌딩과 피트니스는 전신의 건강과 심미에 관한 것이고, 선수의 별나고 이상한 헤어스타일은, 문신과 비슷하게, 심판들의 채점에 무의식적으로든 의식적으로든 부정적 영향을 미친다. 그나마 선수의 몸이 월등하고 그가 우리가 이전부터 호감을 갖고 잘 알아온 선수라면, 그 별난 헤어스타일도 어느 정도 벌충될 수 있을지 모르지만, 그렇지 않은 선수라면, 그가 원래 어떤 마인드를 갖고 있는지 알 수 없는 대부분의 관찰자에게는 그 모습이 좋아 보일 리 없고, 심판들의 채점에 부정적으로 영향을 미칠 수는 있어도 긍정적으로 영향을 미칠 가능성은 거의 없을 것이다.

보디빌딩과 피트니스는 전신의 건강과 심미에 관한 것이고, 선수의 별나고 이상한 헤어스타일은, 문신과 비슷하게, 심판들의 채점에 무의식적으로든 의식적으로든 부정적 영향을 미친다. 그나마 선수의 몸이 월등하고 그가 우리가 이전부터 호감을 갖고 잘 알아온 선수라면, 그 별난 헤어스타일도 어느 정도 벌충될 수 있을지 모르지만, 그렇지 않은 선수라면, 그가 원래 어떤 마인드를 갖고 있는지 알 수 없는 대부분의 관찰자에게는 그 모습이 좋아 보일 리 없고, 심판들의 채점에 부정적으로 영향을 미칠 수는 있어도 긍정적으로 영향을 미칠 가능성은 거의 없을 것이다.

내 생각에, 남녀 보디빌딩 선수는 그간의 성실하고 꾸준한 운동과 영양으로 멋진 몸을 만든 것으로 충분하지, 그래서 머리는 단정하게만 하면 되지 머리에 무언가를 더 해야 할 필요는 전혀 없고 (보디피트니스, 뷰티바디 같은 경기종목을 논외로 하고), 유행을 따르기보다는 자신에게 맞는 심미를 자신이 찾고 자신의 것을 고수하는 게 훨씬 더 보기 좋은 것이다. 그리고 유행 면에서 보더라도, 남녀 선수들이 여전히 많이 하는 레게 머리, 머리의 옆쪽에 어떤 표식이나 모양을 내기 위해 부분적으로 두피 끝까지 짧게 미는 것, 이런 것들은 유행에서도 한참 뒤진 게 아닐까. 물론, 자신에게 맞고 예쁘거나 멋있어 보인다면, 그걸로 된 것이지만.

컬러링과 오일링

컬러링과 오일링은 무대에서 절대적이다. 운동, 포징과 마찬가지로, 컬러링, 오일링에 있어서도 기술과 경험이 필요하고, 무엇보다도, 좋은 도구(제품)와 지원군의 역할이 절대적이다. 1위의 몸과 포징이라도 컬러링과 오일링의 아쉬움으로 그 몸과 포징이 제대로 보이지 않아 마땅한 성적보다 낮을 수 있고, 또는 그 반대일 수도 있다 (이 백과에서 컬러링은 협의로는 태닝을 제외한, 제품을 이용한 방법에 의한 것을 말하고, 광의로는 태닝을 포함하는데, 나는 이 둘을 혼용하고 있다).

컬러링과 오일링의 대략적인 순서는 태닝(자연광 또는 인공광), 피부착색제, 컬러크림, 정맥확장제, 오일 정도가 되겠지만, 이들 중 어느 과정은 생략

컬러링과 오일링 제품. 가장 흔히 사용되는 제품들로, 내가 초기에 접한 피부착색제 '프로탠', 컬러크림 '드림탠', 포징 오일 '머슬주스', 그리고 컬러링과 오일링 제품이라 할 수는 없지만 정맥확장제 '핫스터프'. 여기에 추가로 최근 집한 '스킨프렙', '쇼탠', '울트라원'. 같은 이름의 제품이라도 용량이 다양하게 포장돼 나오기 때문에, 인터넷 등을 통한 구매 시, 단순히 제품 사진으로만 가격을 판단할 게 아니라, 그 용량을 미리 확인하는 게 좋다.

시합 일주일 전부터 시합 당일 현장에서까지 어떤 제품을 언제, 몇 번, 어떤 조합, 어떤 순서, 어떤 도구, 어떤 방법으로 적용하는 게 최선인지는 나도 모른다. 수년간 여러 차례의 시합 출전과 입상 경험이 있지만, 나도 결과적으로 제대로 해본 적이 거의 없다.

아놀드 백과. p664 태닝, p665 태닝실과 태양등, p667 인공 탠, p668 포징 오일

될 수도 있고, 순서가 바뀌거나 동시에 이뤄질 수도 있고, 어느 과정은 시합요강상 시합 당일 사용이 금지되기도 하고 (흔한 예로, 프로탠과 핫스터프), 시합요강상 시합 당일 사용이 금지된다고 해서 시합 당일 현장에서 반드시 그런 것도 아니어서, 이와 관련한 모든 구체적인 것은 제품 사용설명, 시합요강, 주변의 경험 많은 누군가의 조언을 참고하고, 이 모든 과정을 이끌어주고 가능하면 현장에서도 컬러링과 오일링을 수준급으로 도와줄 누군가를 시합에 대동하는 게 거의 필수다.

태닝

나는 시합출전 1~2개월쯤 전부터는 태닝tanning에 대한 진지한 고려를 하게 된다 (물론, 얼굴과 손은 거의 태닝하지 않겠지만). 실외나 실내에서 직사광선을 이용한 자연광 태닝을 할 것인가, 태닝샵에서 인공광 태닝을 할 것인가, 이 둘을 함께 이용할 것인가, 아니면 아예 태닝을 하지 않고 순전히 피부착색제와 컬러크림에 의존할 것인가?

자연광 태닝과 인공광 태닝. 내 생애 첫 시합출전은 2008년 9월 초였는데, 자연광 태닝을 위해 한여름 야외수영장에서 한 번에 여러 시간, 그리고 거의 열 번을 그렇게 보냈다. 그 모든 시간이 행복한 시간이기도 했지만, 오가는 시간, 태닝 시간, 에너지, 비용을 많이 필요로 하는 상당히 비효율적인 방법이며, 태닝에 완전한 집중도 덜 되는 것 같다. 물론, 그 이후 언젠가는 단 하루 만에 바짝 익어 따갑고 불편한 화상 기간을 거쳐 상당한 태닝 효과를 얻을 수 있었던 적도 있지만.

그다음에는 주로 옥상을 이용했다. 햇빛 좋을 때 몇 시간 옥상에 있다가, 지치면 집으로 들어와 실내에서도 계속해서 햇빛을 전신으로 받는 것이었다. 태닝샵에서의 인공광 태닝도 이용하기 시작했다. 자연광 태닝이든 인공광 태닝이든, 그 태닝 효과에 태닝오일과 태닝크림이 미치는 영향도 상당해 보였다. 내게 가장 효과적이었던 것은, 태닝샵에서 10~20분간의 태닝을 마친 직후, 그 태닝오일을 그대로 유지한 채 집으로 돌아와 자연광 태닝을 더 하는 것이었다.

때로는 태닝을 전혀 하지 않고 피부착색제와 컬러크림에 의지한 적도 있지만, 대부분은 실패였다. 피부색이 밝은 데다 컬러링 제품도 잘 모르고, 잘 바르는 고급 비결이나 경험도 없고, 한 번 발라줄 인력도 구하기 쉽지 않은 경우가 많은데 여러 번 반복해서 바르기는 더욱 어려운 경우가 대부분이었다. 물론, 자연광 태닝이 거의 불가능한 경우도 있다. 가령 3~4월에 열리는 시합을 위해서는 자연광 태닝을 할 만큼의 햇빛을 받을 수 있는 시간이 거의 없다.

피부색이 나처럼 밝은 편인데도 순전히 시합장에서 당일 단 한 번의 컬러링만으로도 멋진 모습의 피부톤으로 변신하는 선수들도 본 적 있지만, 거기에는 수준급의 컬러링 전문가들이 지원군으로 따라와서 전적으로 도와준 경우가 대부분이었다. 피부색이 밝으면서도 그런 든든하고 확실한, 컬러링 전문가가 없다면, 태닝은 거의 절대적으로 필수라고 할 수 있다. 내가 태닝을 했음에도, 그리고 나름대로 피부착색제를 시합 며칠 전부터, 또는 시합 전날 성의껏 발랐음에도, 누군가가 컬러크림으로 현장에서 도와주지 않았을 때 내 피부톤이 얼마

나 허옇고 밋밋한지, 앞에 나온 여러 시합사진에서 확인할 수 있었을 것이다.

그래서 태닝을 이전부터 슬슬 해오지 않았다면, 더구나 피부가 나처럼 하얗고 오랜만에 태닝을 하는 경우라면, 자연광 태닝이든 인공광 태닝이든, 적어도 1.5~2개월 전에 시작하기를 권한다. 첫 태닝 이후 피부가 다음 태닝까지 잘 준비되는 데 시간이 필요하고, 둘째 태닝 때부터 피부 상태와 태닝 정도에 따라 2~5일 간격으로 충분한 태닝을 하기 위해서다.

일광욕. 참고사항으로, 일광욕은 우울증 해소, 면역력 증강 등에도 도움된다. 우리나라 성인에게서 가장 결핍되기 쉬운 영양소 중 하나가 비타민 D이고, 비타민 D가 부족한 것은 우울증의 한 원인이 될 수 있는데, 대부분의 사람에서 비타민 D의 주 공급원은 자외선(파장 290~320nm) 노출에 의한 피부에서의 합성이고, 자외선은 피부에서 비타민 D를 생합성시켜 이에 반대작용 해줄 수 있다. 일조량이 부족해 겨울철이나 장마철에 흔히 생기는 것인 SAD(seasonal affective disorder, 계절성 우울증)에 반대작용 해주기 위해서는 물론이고, 밝으면 그 자체로 인지력과 우울증이 개선되므로, 그래서 실내에서만 생활하는 사람, 치매나 우울증 환자에서 특히 야외활동이 권장된다. 물론, 이런 목적으로는 단순히 얼굴이 아니라 피부를 많이 노출하고 일광욕을 할 필요가 있다. 다만, 북쪽 지역에서는 이 파장의 자외선은 3~10월에만 지상에 닿기 때문에, 그 이외의 기간에는 피부에서의 합성이 일어나지 않는다고 한다.

비타민 D에는 두 가지 형태가 있는데, 일부의 음식에 들어 있는 것은 비타민 D2, 피부에서 자외선에 의해 합성되는 것은 비타민 D3로, 이 둘 다 간, 그리고 그 다음에 신장을 거쳐 활성 형태로 전환되어 사용된다. 비타민 D는 간, 계란, 버섯, 육류(특히 돼지고기), 기름기 생선에 많이 함유돼 있고, 채식주의자, 알코올 중독, 거동이 불편해 외출이 적거나 소화·흡수 능력이 떨어지는 노약자 등에서 부족해지기 쉽다. 비타민 D는 전립선암, 대장암, 유방암 위험성을 줄여주고 (대부분의 면역세포에 그 수용체가 있는데, 그 면역세포 내에서 면역억제 등의 조절작용을 할 것으로 생각된다고 한다), 흡연자에서 비타민 D는 폐질환에 대한 면역력을 높이는데, 이를 위해서는 하루 일광욕 6~7분이면 된다고 한다.

선크림. 그러나 의학적 사실로, 자외선은 노출된 피부의 피하지방 합성을 감소시키고 (한여름에 한 시간 정도 햇빛에 노출된 피부에서는, 그렇지 않은 피부에 비해 피하지방 합성이 절반 정도로 줄어든다고 한다), 그만큼 피하지방으로 축적되지 못한 잉여 에너지(칼로리)는 내장지방으로 축적된다고 한다. 자외선에 과하게 노출된 피부, 예를 들면, 얼굴 피부는 피하지방 합성이 줄어들어 그만큼 피부 탄력이 떨어지고 주름이 증가한다. 즉, 과한 태닝은 얇은 피부를 만들어줄지는 몰라도, 복부비만과 피부 노화를 야기하는 쪽으로 작용한다. 그래서 전문가들은 여름에는 자외선 차단을 강조한다. 선크림과 관련해, 2011년 미국 FDA(식품의약국[식품의약청])을 인용한 한 기사를 요약하면 대충 다음과 같다.

> 한 기사: FDA는 선크림[자외선 차단제]에서 SPF(sun protection factor, 태양광 차단지수, 자외선차단지수)는 50까지만 표기할 수 있게 했는데, 50 이상은 별 의미가 없다는 것이다. 방수 기능이 있다는 표현도 하지 못하게 했고, 땀에도 괜찮다는 표현도 금지했다. 다만 물속에서 얼마나 지속된다는 표현만 쓸 수 있다. SPF가 얼마든 방수 기능이 있든 아니든 2시간마다 선크림을 발라야 효과가 있

다고 한다. 2시간마다 바르고, 어른들은 골프공 부피만큼 발라야 한다. 스프레이 형태의 선크림은 특히 어린이들의 호흡기에 문제를 일으킬 가능성이 있다. 선크림 사용하기 전에 피부가 햇빛에 노출되는 시간을 줄이고 10~2시 사이의 햇빛 노출을 피하라고 전문가들은 권고한다.

피부착색제, 컬러크림, 포징 오일 등

D-7 이전은 피부착색제나 컬러크림을 논할 시점이 아니지만, 용품은 미리 준비해둬야 한다. D-7쯤이 되면, 흔히 '프로탠'(국내에서는 흔히 프로탄으로 불린다)으로 대표되는 피부착색제를 이용한 컬러링부터 고려하게 된다. 내가 탄수화물 로딩, 펌핑과 함께, 지금껏 가장 부실하게 해온 게 이런 컬러링과 오일링이고, 자신에게 딱 맞는 제대로 된 제품이나 전문가의 솜씨가 필요한 부분이다.

@ 2013 코리아 대회

컬러링: 시행착오. 예선과 본선이 이틀에 걸쳐 열리는, 가령 코리아 대회 같은 경우는 이런 컬러링과 오일링이 좀 더 까다롭다고 할 수 있다. 여기서 나는 첫날 예선 때는 전반적으로 컬러링과 오일링이 부족했고 (**1**), 이튿날인 본선 때는 처음 써보는 컬러링 제품을 혼자 힘으로 덧칠했더니, 이전에 피부에 남아 있던 컬러링 제품이 말라붙고 밀려, 전신이 구두닦이 소년의 얼굴처럼 되는 초보적인 컬러링 모습이 되었다 (**2**).

피부착색제. 피부착색제는 제품에 따라 바르는 시기, 횟수 등이 다른데, 대표적인 제품인 '프로탠'의 경우, 시합이 가령 토요일이나 일요일이라면, 대략 그 전 월요일~목요일부터 바르기 시작해 몇 차례 덧칠하거나 시합 전날 한 번 바르게 된다. '울트라윈'은 피부에 실제로 착색이 되는 것은 아니지만, 같은 범주에 속할 만한 것으로, 프로탠과 효과와 적용법이 유사하다.

제품에 포함된 스펀지 붓이나 패드를 이용하지 않고, 페인트칠 하는 롤러를 이용하는 팁도 있다. '프로탠'은 말 그대로 피부에 착색이 되는 것이다. 그래서 경기를 치르고도 며칠간 그 착색제가 피부에 남게 된다. 반면, '울트라윈'은 적용 후 샤워 한 번으로 완전히 제거된다. 이 두 제품을 모두 사용하는 경우는, 일반적으로 '프로탠'을 먼저 사용하고 착색되지 않은 잔여분을 샤워로 씻어낸 뒤 '울트라윈'을 발라야 한다. '울트라윈'을 바른 뒤에는 샤워를 하거나 물에 접촉되어 제품이 씻겨 내려가거나 몸에 얼룩이 생기지 않게 주의해야 한다.

컬러크림. 반면, 컬러크림은 일반적으로 시합 당일 바르는 것으로, 기본적으로 화장품처럼 경기 후 잘 씻으면 바로 다 지워지는 것이다. 피부착색제와 컬러크림을 섞어 바름으로써 훨씬 더 효과적인 컬러링을 하는 팁도 있다.

포징 오일. 포징 오일은 일반적으로 가장 마지막에 적용하는 것이지만, 피부착색제와 컬러크림을 섞어 바르는 경우도 있는 것처럼, 오일도 비슷하게 취급해 적용하는 팁도 있다. 포징 오일은 전문 제품을 쓰는 게 무난하지만, 베이비 오일을 포함해, 다양한 오일을 다양하게 쓸 수 있다.

오일은 피부에 흡수되고 증발도 하는 것인지, 시간이 지나면 그 효과가 약

설기관, 류제형

화되어 덧발라줄 필요가 있다. 선수에 따라, 오일 대신에 바셀린을 아주 얇게 펴 바르기도 하는데, 이때는 그 광택 효과가 다소 약해 덜 반짝이지만matt 고급스러워 보이기도 하고, 무엇보다도, 오일보다는 그 효과가 훨씬 더 오래 지속되는 경향이 강하다.

정맥확장제. 피부에 열을 내 정맥을 확장시켜 정맥이 두드러지게 하려는 목적으로 사용하게 되는 정맥확장제의 대표적인 제품인 '핫스터프'의 사용이 현장에서 금지되든 아니든, 사용할지 말지는 자신에 맞게 선택해야 한다. 나는 2008년 내 생애 첫 시합출전 시즌에 선수대기실에서 〈팔굽펴혀기〉로 펌핑하면서, 딱 한두 번 써봤지만, 그 휘발성 가스 냄새로 숨만 막혔을 뿐이다. 시합요강상, 이런 정맥확장제는 대부분은 시합 당일 사용이 금지된다. 그러나 무엇보다도, 정맥이 두드러진다고 하더라도 그게 꼭 더 심미적일까? 내가 보기에는 대부분의 경우, 전혀 그렇지 않다는 것이다. 정맥이 너무 두드러지면, 근육 모양이 덜 좋아 보이게 하거나, 근육 세퍼레이션이나 스트리에이션이 덜 뚜렷해 보이게 하는, 피부가 얇은 게 아니라 오히려 두꺼워 보이게 하는 등의 역효과가 더 클지도 모른다.

컬러링과 오일링은 얼마나 짙은 색으로 하느냐, 얼마나 반짝이게 하느냐, 얼마나 오래 유지되게 하느냐가 관건이다. 대부분은 어두운 색으로 하는 게 좋지만, 어떤 무대조명에서는 너무 어두운 피부색이 오히려 역효과를 내는 경우도 더러 있는데, 무대조명이 부실할수록 더욱 그렇다. 어떤 무대조명에서는 너무 안 반짝여서 몸이 잘 안 드러나는가 하면, 너무 반짝여서 그렇기도 하다. 심지어는, 오일링이 전혀 안 돼 있거나 최소한으로 살짝만 돼 있을 때 훨씬 더 좋

@ 2015 파주시 대회

컬러링 및 오일링: 로마법? 시합요강대로(컬러크림과 포징 오일 사용 시 출전을 못 하게 한다고 돼 있었다), 나는 이 피지크 경기에는 울트라원만 한 번 발랐을 뿐, 컬러크림이나 오일은 바르지 않고 출전했다 (**1**). 그러나 대부분의 선수가 컬러크림이나 오일을 바르고 출전했고 주최·주관 측에서도 그들에게 아무런 제제나 불이익을 주지 않는다는 것을 나는 또 다시 절감하고, 뒤이어 진행된 보디빌딩 경기에는 베이비오일이나마 바르고 출전해, 결과적으로 반쯤이나 따라갔을까 싶은데, 몇몇 다른 선수처럼, 만약 나 역시 수준급 솜씨의 컬러링과 오일링을 수 있었다면, (후에 시합사진을 통해 볼 때) 피지크에서 입상 실패가 아니라 상위 입상하거나 보디빌딩에서 5위가 아니라 1위까지 되었을지도 알 수 없는 일이다 (**2**).

시합요강상, 당일 현장에서의 프로탠, 그리고 사전이든 현장에서든 컬러크림, 포징 오일, 핫스터프 사용은 금지되는 경우가 흔히 있다. 그러나 그런 경우라 하더라도, 심지어는 대부분의 선수가 이를 무시하고 당일 현장에서 거의 또는 완전히 공개적으로 이들 제품을 바르고 훌륭한 모습으로 변신하고, 그럴 때도 대부분의 주최·주관 측에서는 그들에게 아무런 제제나 불이익을 주지 않을 뿐 아니라, 그런 선수가 심사에서 결과적으로 훨씬 더 유리하거나 좋은 성적을 거두는 경우가 흔히 있다. 그래서 선수가 아무리 (모)범생이라도, 선의의 부당한 피해자가 되지 않기 위해서라도, 일단은 자기에게 필요할지도 모를 제품을 시합장까지 준비해가는 게 좋다. 이것을 나는, '다른 선수들이 반칙을 하니 나도 따라서 반칙을 한다'는 차원이 절대 아니라 '이게 로마법인가' 싶은 것이다. 내가 말하고자 하는 것은, 컬러크림이나 오일 등이 시합장 시설에 묻어나는 걸 최소화하기 위한 것이든 선수들의 몸을 오일 등의 방해요소(?) 없이 더 공정하게 심사하기 위한 것이든 간에, 주최·주관 측은 자신들이 만들어 배포한 시합요강상의 관련 규정을 먼저 스스로 지켜야 하고, 그럴 생각이 없었다면, 시합요강에 그렇게 써두지 않아야 하거나, 적어도 시합장에서는 어느 한쪽의 입장을 분명히 정하고 모든 선수에게 전달되도록 해, 선수 각자가 '눈치껏' 하게 하거나, 곧이곧대로 받아들이는 '범생' 선수가 심리적으로든 실제적으로든 상대적 불리함을 겪게 하면 안 된다는 것이다.

1

2

아 보이는 경우도 있다.

내 경험과 관찰상 확실히 말해줄 수 있는 건, 컬러링과 오일링은 무대에서 몸이 잘 보이게 하기 위한 것이 기본이지만, 잘 깎이지 않은 몸에 컬러링이나 오일링을 하는 것은, 하는 사람으로서도 덜 즐겁고, 하면서도 잘 안 되는 것 같고, 그 상승효과도 충분하지 않다는 것이다. 이런 컬러링과 오일링이 진짜 만족스러워지게 하기 위해서라도, 일단은 끝까지 몸을 잘 만들어놓아야 한다.

겉모습의 본질적 부분

선수가 시합무대에 오르기 훨씬 전부터 시합무대에 올라서까지, 자신의 겉모습의 본질적 부분을 발전시켜나가고 보여주는 과정은, 시간 순으로 크게 다음과 같은 단계 또는 기간으로 구성된다고 할 수 있다.

매스업. 장기간(수개월~수십 년)에 걸친 과정. 근육증대가 초점.
커팅. 중기간(수개월)에 걸친 과정. 체지방감량이 초점.
로딩. 단기간(수일~일주일)에 걸친 과정. 근육에 탄수화물을 충만하게.
수분조절. 단기간(반나절~일주일)에 걸친 과정. 피부를 얇게.
펌핑. 포징을 위해 무대에 오르기 직전, 초단기간(30분~2시간)에 걸친 과정. 근육을 빵빵하게.
포징. 2, 3장에서 충분히 다루는, 시합무대에서의 거의 모든 것.

이 모든 본질적 부분이 충분히 받쳐주지 않으면, 아무리 부수적 부분을 잘 챙기더라도 그 효과는 크지 않다. 그리고 이 본질적 부분의 (포징을 제외한) 나머지 모두가 제대로 되어야, (몸과 함께) 시합을 위한 모든 것이라 할 수 있는, 포징 자체가 잘될 수 있다.

매스업(또는 벌크업)과 커팅(또는 다이어트)은 생애 첫 시합출전 때부터 거의 필수이지만 (물론, 매스업은 보디빌딩의 경우에서 더욱 그렇고, 피트니스나 뷰티바디 같은 경우, 특히 여자 선수의 경우는 꼭 그렇지는 않다는 게 내 개인적인 심미적 기준이다), (탄수화물) 로딩과 수분조절은, 내가 생애 첫 시합출전 때 그랬던 것처럼, 이전의 매스업과 이후의 커팅이 충분하지 않은 상태에서는, 그리고 시합출전 경험이 적을 때는, 오히려 역효과를 낳을 수도 있다. 그래서 생애 첫 시합출전을 준비할 때는 벌크업과 커팅만 생각해도 된다. 펌핑은 일반적으로 비교적 저강도의 운동으로 근육을 일시적으로 더 인상적으로 보이도록 부풀게 하는 행위라 할 수 있는데, 체련장 웨이트트레이닝에서 흔히 경험하던 펌프를 시합장에서, 그것도 거의 전신에 그만큼 충분히 얻기는 쉽지 않다.

이제 갓 웨이트트레이닝을 시작했지만, 그럼에도 내가 권하는 하나처럼, 단순히 다이어트를 위한 동기유발 수단으로, 또는 운동과 영양을 제대로 알 수 있게 해주는 한 과정으로 삼기 위해, 또는 시합출전에 대한 경험 차원에서, 또는 눈높이를 위해 시합출전을 해보겠다면, 그리고 시합 때까지 6개월의 시간이 있다면, 3개월 정도를 매스업(또는 벌크업), 남은 3개월 정도를 커팅(또는 다이어트)을 한다고 생각하면 되고, 3~4개월의 시간만 있다면, 매스업만 또는 커팅만 하거나, 매스업과 커팅을 병행하는 방법으로도 어느 정도 성과를 거둘 수 있다.

물론, 아놀드 백과 등을 바탕으로 수년 이상 꾸준히 웨이트트레이닝을 해왔고 시합에 조금이라도 관심이 있다면, 더 크고 더 모양 좋은 몸을 만들기 위해 더 시간을 보내기보다는, 최대한 이른 (3~4개월 후의) 시점에 있는 시합에 우선 출전해보기를 더 권할 만하다.

컨디셔닝이란?

올림피아 대회에서나 국내 어느 대회에서나, 해설자나 누군가가 '어느 선수가 컨디셔닝이 잘 돼 있다'는 말을 할 때가 흔히 있다. 이때는 물론, 시합 컨디셔닝을 말하는 것이다 (컨디셔닝은 조건형성 또는 컨디션조절 정도로 번역될 수 있지만, 컨디셔닝이이라는 원어 그대로 쓰는 게 사실상 가장 편하고 의미전달에 유리한 것 같다. 운동 컨디셔닝이 아닌 시합 컨디셔닝에 있어서는 더더욱).

나는 [운동편]에서도 컨디셔닝을 말하는데, 그것은 운동 컨디셔닝, (그리고 주로) 근육 컨디셔닝이다. 운동 컨디셔닝과 시합 컨디셔닝은 같은 면도 있고 다른 면도 있는데, 운동 컨디셔닝은 그것이 웨이트트레이닝이든 유산소운동이든, 그 운동 또는 그 워크아웃을 시작하자마자 또는 시작하고 짧은 시간에 바로 그 운동에 적응하고 그 관련 근육에서의 충분한 고유감각과 함께 충분한 운동효과를 얻게 되는, 그런 근육과 전신 컨디션의 '내적 상태'냐 하는 것으로, 주로 '근육'과 '전신 컨디션'의 문제라 할 수 있다. 시합 컨디셔닝은 시합무대에서 근육이 얼마나 충만하고 단단하고 갈라져 보이고 피부가 얼마나 얇아 보이느냐, 그래서 얼마나 단단한 근육질의 인상적인 '겉모습'이냐 하는 것으로, '전신 컨디션'보다는 '근육', '체지방', '체수분'의 문제라 할 수 있다.

예를 들어, 경기 전날 심한 설사를 했다면, 경기 당일 운동 컨디셔닝은 나빠도 시합 컨디셔닝은 좋을 수 있는데, 설사로 칼로리 섭취가 부족한 데다 설사로 빠져나간 수분 때문에 피부는 얇아져 데피니션이 좋아지는 경향이 있기 때문이다.

이렇게 시합장의 무대 밖 대기실에서나 무대에서 보여지는 선수의 컨디셔닝이란 것은, 매스업에서부터 커팅, 로딩, 수분조절, 펌핑 등에 의해 장기간 영향받아온 것이지만, 특히 최근의 것일수록 더 크게 영향 미치는 것이어서, 장기간의 작업보다 단기간의 작업인, 이 미세한 작업이 얼마나 정확하고 잘 되었느냐에 따라 성패가 좌우된다고 할 수 있다. 그래서 이 시합 컨디셔닝은 매스업 이후의 과정, 나아가서는 커팅 이후의 과정에 더 크게 영향받고, 그리고 펌핑 이전의 과정, 그리고 펌핑에 가장 직접적인 영향을 미치는 과정인 로딩과 수분조절을 더 주로 의미한다고 보여지기도 한다.

그러나 무대에 선 어느 선수의 컨디셔닝이 나빠 보인다고 할 때, 이것은 대부분은 그 선수의 이전 모습과의 비교에서 할 수 있는 말인데, 매스업이 부족해서였는지, 매스업은 훌륭했지만 커팅 과정에서 근손실이 과했는지, 커팅이 부족해서 피하지방이 덜 걷혀 피부가 두꺼워 보이는지, 수분조절이 잘못돼 피하 수분정체로 피부가 두꺼워 보이는지, 경기 직전까지 커팅과 수분조절을 하고 로딩이 부족해 근육이 납작하고 밋밋한지 등, 어떤 것은 잘 되었고 어떤 것은 잘못된 것인지를 정확히 가려내기 어려울 수 있다. 그래서 한마디로 '컨디셔닝이 잘 돼 있다' 같은 말로 하는 게 쉬울 수 있는 것이다.

올림피아 대회나 코리아 대회, 전국체전처럼, 가장 중요하다고 생각되는 대회에서, 정상급 선수들이 그 시합에 맞춰 정점에 이르도록 노력하겠지만, 그리고 '이번에는 어느 선수가 우승할 것으로 예상된다', 심지어는 아주 중요한 어느 메이저 대회에서 '이번에는 어느 선수가 우승하기로 돼 있다'는 말이 공공연하게 들려옴에도, 실제로 그 선수가 그 무대에서 보여주는 모습은 꼭 그만한 몸이 아닌 것은 물론이고 이전보다도 훨씬 못할 수도 있는데, 아무리 선수가 어느 시합에 맞춰 주위의 기대나 예상, 그리고 자신의 포부에 맞춰 그때 자신의 최고의 모습을 보이려는 열망과 노력이 있다 하더라도 그 결과로 보여지는 몸이 그렇지 못한 경우를 흔히 보게 되는 것은, 그만큼 이런 컨디셔닝이 정상급 선수에게 있어서도 쉽지 않다는 것을 말해주는 것이다. 물론, 앞에서 말한 것처럼, 설사나 심지어는 장염, 감기 같은 아주 급작스럽거나 일시적인 전신 이상, 또는 최근의 아주 작은 부상으로도 한 방에 망쳐질 수도 있는 이런 컨디셔닝은 자신의 지식과 경험과 노력만으로 되는 게 아니라 그때의 자신의 호르몬이나 정신적·신체적 리듬 같은, 자신이 완전히 통제할 수는 없는 면도 함께 영향 미치기 때문이다. 그래서 시합무대에서 정말 멋진 몸과 포징이라면, 그야말로 정말 대단한 것이고, 그런 모습을 시합마다 거의 일관되게 보여주는 선수라면, 역시 정상급 또는 최정상 선수답다는 생각이 든다.

나는 비교적 커팅이 성공적이었던 2011 광명시 대회, 경기 대회 때도 당일 컨디셔닝에 시행착오를 겪었고, 더 심하게는 최근의 일로, 2015 파주시 대회 직후, 이 [시합편]의 [경기종목별 포징]에서 포징의 많은 변수와 결과적으로 바람직하고 내가 권할 만한 포징에 대해 아주 자세하게 원고에서 설명한 그 모든 것을 최대한 잘 보여주기 위해 스튜디오 사진촬영을 계획했고, 그 목적을 위해 더 커팅하고자 'Now or Never'를 외치며 내 본업에서의 기회비용과 나 개인의 사회적·경제적·감정적은 물론이고 정신적·신체적 건강을 포함한 총체적 건강과 행복감까지 희생시켜가며 2.5개월을 더 집중했으나, 또 남성호르몬·성장호르몬 바닥상태를 체감하며 커팅이 뜻대로 잘되지 않았고, 최악의 상황인 것은, 사진촬영 전날 밤에 특별히 나쁠 게 없다고 생각하고 섭취한 수십 g의 단당류 때문인지, 잘해야 한다는 정신적 부담이나 긴장 때문인지, 새벽에 전신적 피하 수분정체 현상이 생겼음을 발견했고, 그게 몇 시간 후까지 조금도 개선되지 않아 그 사진촬영을 거의 망친 거나 다름없었던 경험이 있다. 몸은 꼭 마음이나 의지력이나 노력이 아니라 자신이 예측하거나 조절할 수 없는 체내 호르몬 역학 같은 것들에 훨씬 더 크게 영향받을 때가 있는데, 유종의 미를 거두기 위한 이날의 사진촬영은 무척 중요했으나, 내 호르몬과 막판의 식이요법이 내 막판 컨디셔닝에 부정적으로 작용한 것이었다.

보디빌딩을 떠나, 어느 스포츠 어느 선수라도, 아무리 그가 정상급 선수라도 시합에 따라 경기력이 크게 차이 날 수 있는데, 바로 이런저런 다양한 이유를 일반인은 잘 모르고 그 선수의 의지력과 성실성을 의심하거나 폄훼하는 것은 섣부른 것일 수 있는 것이다. 시합에서 좋은 경기력으로 좋은 성적을 거두고 좋은 모습을 보이는 게 가장 절실한 사람은 선수 그 자신이지 그 누구도 아니다. 그리고 이전보다 또는 기대보다 못한 경기력을 보인 선수가 자신이 그럴 수밖에 없었던, 자신의 어쩔 수 없는 상황을 일일이 설명할 수도 없는 일이다. 그래서 나도 시합출전을 하는 같은 선수 입장에서, 그 어느 스포츠의 그 어느 다른 선수들의 입장을 대부분은 미루어 짐작하고 이해하게 되었다. 그들이 정상급 선수든 아니든.

매스업

매스업 또는 벌크업. 진정한 보디빌딩 및 피트니스 선수다운, 근육이 뚜렷한 인상적인 몸을 만들기 위해서는, 체지방이 어느 정도 불더라도 근육을 증대시키기 위한 사전 단계가 필수적일 수밖에 없다. 이 과정 동안 근육 크기와 모양을 충분히 향상시키기 위해서는 효율적·효과적인 웨이트트레이닝과 함께 단백질과 탄수화물을 충분한 양 섭취해줘야 하고, 근육단백질을 형성하고 근내(근육 내)intramuscular 글리코겐으로 저장되는 양을 넘어서는 단백질과 탄수화물이 체지방으로 다소 축적되는 것은 어쩔 수 없는 일이다.

아놀드 백과. p736 근육을 늘리기 위한 먹기, p749 모양을 갖추기 위해 모양을 갖추고 있기, p751 먹고, 먹고, 또 먹고

이런 근육증대 또는 체중증량 기간에 근육이 더 느느냐 체지방이 더 느느냐는 어떤 운동을 어떻게 하느냐 (즉 파워리프팅 유형의 운동을 하느냐, 보디빌딩 유형의 운동을 하느냐, 유산소운동을 어느 비중으로 얼마나 하느냐 하는 것인데, 후자에 있어서라면, 비시즌에 체지방이 너무 느는 것을 피하고자 상당한 유산소운동을 병행한다면, 근육을 최대한 발달시키는 데는 한계가 있을 수밖에 없다), 그리고 어떤 음식을 어떻게 먹느냐에 주로 달렸다고 할 수 있다 (아주 간단히 말해, 근육증대를 최대한으로 하기 위해서는 그 기간에 다이어트를 하는 것은 맞지 않을 것이고, 단백질 위주의 식이를 하면 근육이 더 늘고 탄수화물 위주의 식이를 하면 체지방이 더 는다. 물론, 근육증대가 순조로우려면, 전신의 호르몬 상태가 거기에 맞게 받쳐줘야 하는데, 그렇지 않은 경우, 어떤 운동으로 근육에 어떤 자극을 주더라도, 그리고 단백질 위주의 식이를 하든 탄수화물 위주의 식이를 하든, 그 상당 부분이 근육보다는 체지방으로 갈 것이기 때문이다).

이때 근육이 더 느는 쪽이라면 이를 **매스업**mass-up, 체지방이 더 느는 쪽이라면 이를 **벌크업**bulk-up이라고 할 수 있다 (물론, 여기서 매스는 근매스muscle mass를 의미하고, 벌크는 근매스에 근내지방과 피하지방을 포함한, 겉으로 측정되는 부피 또는 굵기를 의미한다). 당연히 어느 신체부위·근육이 체지방으로 주로 느는 것보다는 근육으로 주로 느는 게 바람직하므로, 벌크업이라는 생각보다는 매스업이라는 생각으로 비시즌 운동과 영양을 챙기는 게 좋다.

최대한의 근력(주로 근육단백질의 양에 의해 좌우된다)과 근지구력(주로 근내 탄수화물 저장량에 의해 좌우된다)을 위해서는 벌크업이 유리하지만, 매스업이라는 생각 없이 그런 벌크업이라는 생각으로 비시즌을 보내면, 그만큼 시합 다이어트 동안 줄여야 할 체중, 줄여야 할 체지방이 불필요하게 늘어나게 되는 것이고, 그 체지방을 줄이기 위해서는 더 장기간 더 많은 노력, 특히

유산소운동이 더 필요하고, 그 늘어난 시합 다이어트 기간과 유산소운동 동안 근육단백질도 소모되고, 유산소운동 시 주로 사용되는 발목관절, 무릎관절, 발바닥 근육, 종아리 근육, 대퇴 근육이 피로해지거나 허약해지거나 소모되기 쉽고 (유산소운동을 상체로만 하게 돼 있는 기구도 있지만, 트레드밀, 사이클, 스테퍼, 노르딕, GX 스피닝 등, 대부분의 유산소운동은 하체를 주로 움직이는 운동이다), 그 늘어난 유산소운동으로 일상생활에서 에너지가 달리고, 휴식시간이 줄어들고, 웨이트트레이닝을 위한 정신적·신체적 에너지가 부족해져 강도 높은 웨이트트레이닝 워크아웃을 이어가거나 분할 스케줄에 밀리지 않게 꼬박꼬박 신체부위를 빠지지 않고 워크아웃을 로테이션 기간, 예를 들어, 사흘이든 일주일이든, 그 기간 내에 완수하기 어려워질 때도 있다. 그래서 몸이 점점 약해지는 경향이 커진다. 물론, 다이어트가 오래되고 힘겨워질수록 그 다이어트를 포기하거나 중단하게 되는 정신적·신체적·사회적·감정적·경제적 이유가 생길 가능성도 커진다.

자신의 체형(외배엽형, 중배엽형, 내배엽형, 이들 중 주로 어느 쪽인지)을 잘 아는 게 중요한데, 사실상, 첫 시합출전을 경험하기 전까지는 자신의 체형을 스스로 깨닫기는 어려울 수 있지만, 외배엽성보다는 내배엽성 경향이 있는 체형이라면, 특히 첫 시합출전을 위해 전략적인 증량을 하는 기간에, 탄수화물보다는 단백질 위주의 식이를 함으로써, '지방세포' 수 자체가 괜히 더 늘어날지도 모를 가능성을 최대한 줄이는 게 좋다.

커팅

아놀드 백과. p218 작아지는 것에 대한 두려움, p743 지방을 줄이는 방법, p746 지방감소 식이 법칙 정리, p751 고갈, p752 대사의 감속, p752 신체 변화의 측정, p753 시작하기: 12주 전, p215 시합 육체 키우기, p219 시합훈련의 요소들, p754 유산소운동을 너무 많이 하는 것은 피하기

커팅 또는 다이어트. 나는 이 백과에서 외래어 '다이어트'를 식이, 식이요법, 식이조절 등을 뜻하는 전문용어이자 광의의 용어로 쓰기보다는, 20대 아가씨가 흔히 쓰는 의미의, '체지방감량' 또는 '(체지방감량을 위주로 한) 체중감량'을 뜻하는 일반용어이자 협의의 용어로 주로 쓰고 있다. '커팅'cutting은 이런 협의의 다이어트와 동의어나 유의어라 할 수 있다.

일반인은 주로 다이어트라는 말을 쓰고, 보디빌딩 및 피트니스 선수는 주로 커팅이라는 말을 쓴다 (나는 다이어트라는 말을 주로 써와서 그 말이 더 편하다). 커팅은 과잉한 무언가를 단순히 깎아낸다, 걷어낸다는 의미에, 그 과정이 진행되면서 점차 (몸을) 조각한다는sculpting 의미도 포함되는 것 같아, 다이어트가 다소 여성적이고 평면적이고 느낌을 준다면, 커팅은 다소 남성적이고 입체적인 느낌을 준다고 할 수도 있겠다.

내 20세 전후의 체중은 60kg 정도였고, 이후에 조금씩 늘었지만, 20대 중반부터 30대 중반까지의 내 체중은 65kg 내외에서 거의 일정했다. 그것은 내가 운동을 하다말다하고 영양에 대해서는 무지한 채로 지내면서 (운동에 대해서도 무지했지만, 영양에 대해서는 더욱 그랬다), 내 키에 대한 적정 체중을, 당시에 일반적으로 알려져 있던 (일반 성인 남자) 적정 체중 산정 공식으로 계산해 낸 ((키(cm) − 100) × 0.9(kg)) 체중 63kg에 내 체중이 거의 일치하게 유지하는

게 이상적이라고 생각하고 있었고, 20대 중후반에 내 체중이 66kg이 되었다는 걸 우연히 처음 발견했을 때는 그 초과된 3kg을 악착같이 줄이려 했던 시기도 있을 만큼, 내가 처음부터 약해서 더 강해지려고, 더 커지려고 이 운동의 초보 형태, 즉 '헬스'를 시작해놓고서는 이후에는 그 생각을 잊어버리고 일반인의 체중 기준에 맞춰, 어느새 나 역시 체중이 느는 걸 싫어했기 때문이기도 하다. 당연히, 증대나 증량 차원을 생각하지 않았고, 그 자체가 이미, 운동도 영양도 발전적으로 해오지 않았다는 의미가 된다. 그렇게, 내가 생애 첫 시합출전을 생각하며 의도적 증량을 시작한 36세 될 때까지, 태어나서 한 번도 크게 마른 적도 크게 살찐 적도 없었다. 그 첫 시합출전을 준비하면서 일단은 체중 90kg까지 증량하기로 계획했으나, 83kg 시점에 (광우병 촛불집회 현장에서의 일주일간의 밤샘 의료지원으로) 6kg이 줄어 77kg이 된 상태에서, 증량보다는 감량으로 방향을 전환해, 수개월간의 다이어트로 처음에는 70kg, 그리고 추가로 1개월간의 다이어트로 65kg으로 체중을 줄일 수 있게 되었다 (그 과정과 몸의 변화는 앞에 나온 [시합경험]에 정리돼 있다).

첫 시합출전을 준비하는 선수는 물론이고, 주위에 참으로 흔한, 다이어트를 하는 일반인에게 내가 해줄 수 있는 말은, 중간에 포기하지만 않는다면, 조금씩 참고 견디기만 한다면, 어느새 사흘이 지나고 일주일이 지나고 한 달이 지나고 두 달, 세 달, ... 시간이 지나면서 저절로 다이어트가 된다는 것이다. 중간에 정체와 퇴보가 있더라도, 휴식을 갖더라도, 한 차례씩 거한 고탄수화물 식사를 통한 보상을 스스로 가지면서라도.

체중과 체지방

얼마 동안 얼마의 체중, 체지방을 감량하는가. 보디빌딩 선수들은 시즌 첫 시합출전 준비를 위한 다이어트(체지방감량)를, 일반적으로 3~4개월, 길게는 6개월 또는 그 이상 한다. 그리고 그 기간 동안 체중을 10~20kg 줄이는 게 보통이다. 비시즌 동안 체지방이 크게 불지 않은 선수라면 짧게는 1개월 정도만 다이어트를 해도 될지도 모르고, 시즌 둘째 이후 시합출전이라면 이미 한 차례 다이어트가 되었던 상태이니 이후의 다이어트 기간도 그만큼 짧아질 것이고, 어쩌면 추가적인 다이어트가 거의 불필요할지도 모른다. 내 경우, 이런 시합 다이어트 기간은, 매년 시합출전 경험이 더해지면서, 시합 다이어트를 더 현명하게 할 수 있게 되면서 짧아지기도 했고, 이전보다는 체지방을 더 감량하고 더 깎인 모습이 되겠다는, 높아진 눈높이에 맞춰 더 긴 시간 다이어트를 하게 되기도 했다.

나는 생애 첫 시합 다이어트 3개월 동안 매일 장시간 운동하고 매일 의지력으로 힘겹게 다이어트를 하면서도 (77kg에서 시작해) 겨우 체중 7kg 정도 줄였을 뿐이다. 그러고 다음 시합까지의 1개월 동안 5kg을 의지력으로 더 줄였다 (그래서 65kg). 체중 총 12kg을 줄인 것이었다. 그러나 그 첫 시합 다이어트를 시작하기 직전 일주일간의 밤샘으로 (직전에 83kg에서 시작해) 처음에 체중 6kg이 줄어든 상태에서 의식적이고 본격적인 시합 다이어트를 시작한 것이기 때문에, 총 18kg을 줄인 것이라고 할 수도 있다.

시합 다이어트를 현명하게 한다면 체중 70kg 정도의 사람이라면 일주일에 1kg 정도를 감량하는 게 일반적이고, 이때는 그 감량 체중의 대부분, 가령 80% 이상을 체지방으로 감량할 수 있게 될 것이다. 그 이상의 속도로 빠르게 감량한다면 근손실이 과도해질 수 있다. 물론, 일반인의 다이어트 차원이라면, 자신의 체중과 여러 조건에 따라, 일반적으로 일주일에 0.5~1kg 감량하는 게 추천된다. 그리고 체중(또는 체지방) 1kg은 7,000~10,000kcal에 해당하는 것으로, 이만큼의 칼로리가 마이너스가 되게 하면, 즉 소비되는 것보다 섭취하는 칼로리가 적으면 (네거티브 칼로리 밸런스) 체중(또는 체지방)이 1kg 정도 줄고, 이만큼의 칼로리가 플러스가 되게 하면, 즉 소비되는 것보다 섭취하는 칼로리가 많으면 (포지티브 칼로리 밸런스) 체중(또는 체지방)이 1kg 정도 는다는 것이다.

물론, 여기서 체중은 단순히 체지방의 증감에 영향을 받는 게 아니라, 근육량(근육단백질, 근내 수분, 근내 글리코겐, 근내 지방, 이들의 총량)과 수분 정체(부종)도 함께 고려되어야 하는 사안이다 (수분정체는, 수분과 나트륨 섭취에 주로 영향받지만, 사람에 따라, 그리고 때에 따라, 같은 수분과 나트륨 섭취에도 전신의 호르몬(특히 스트레스호르몬) 변화나 일시적인 단당류 섭취로 심하게 발생할 수도 있다).

생애 첫 시합출전을 위한 다이어트에서는 많은 시행착오를 거듭하면서 상당한 공복감, 수개월간 지속적으로 다이어트 해야 한다는 압박감과 어느 정도 굶고 있다는 박탈감을 참아내면서 체중(체지방) 감량이 원활하지 않을 때가 종종 찾아올 수 있고, 이후 반복적인 시합출전 준비에서도 다이어트 기간에 정체나 후퇴를 경험하는 것도 흔한 일이다. 그래서 다이어트 기간을 길게 잡는 것도 좋은 방법이다.

가장 중요한 것 중 하나는, 자신의 체중 변화가 몸의 어떤 상태를 대변하는지 잘 알고 있어야 한다는 것이다. 체중 증감이 섭취한 음식물을 포함한 위장관 내용물, 방광 내의 소변, 그리고 이전보다 특히 많이 몸에 들어온 나트륨에 의한 부종 때문인지, 근육과 간에 저장돼 있던[있는] 글리코겐 양과 그 글리코겐과 함께 근내 저장되는 물의 무게 때문인지, 체지방과 근육단백질의 증감에 의한 것인지, 체중이 전체적으로 어떻게 구성돼 있고 체성분이 어떻게 변화해 체중과 겉모습에 어떤 영향을 미치는지 등, 일반적 사항과 자신의 몸에서의 변화를 잘 관찰하고 이 둘을 연결시킬 필요가 있다 (여기에 반복적인 체성분 측정이 도움된다). 그 기전이나 상호관계를 이해하고 나면, 반나절 만에 체중 1~2kg이 늘든 줄든 그 이유와 의미를 정확히 해석할 수 있게 되고, 거기에 따라 잘못 일희일비하지 않고, 다이어트를 더 현명하게 할 수 있다.

체중 측정. 아놀드 백과는 다음과 같이 말했다.

> **아놀드 백과:** 분명히, 정기적으로 체중을 측정하는 것은 자신의 다이어트가 얼마나 효과적인지 가늠할 수 있는 중요한 방법이다. 그러나 이렇게 하기는 어려울지 모르지만, 너무 자주 즉, 1주에 1~2회보다 더 자주 체중을 재지는 않는 게 가장 좋다. 내가 말한 바 있듯이, 우리 몸은 체중이 일정하게 지속적으로 줄어드는 게 아니기 때문에, 당신은 충분한 시간 간격을 두고 체중을 측정함으로써, 정말로 어떤 변화가 일어나고 있는지 알 수 있도록 할 필요가 있다.

아놀드 백과의 이 부분 역시 내게 잘 각인돼 있었지만, 나는 지금껏 수년간 (본업에 집중하다 보니 수개월 동안 빼먹거나, 순조로운 증량이나 감량 리듬이 아니어서 체중이 무의미할 때를 제외하고) 매일같이 아침에 꾸준히 체련장에서 운동하면서, 증량 때든 감량 때든, 거의 매일 체련장 워크아웃 직전에 체중계에 올라 체중을 재왔다. 그게 내게는 증량이나 감량에 훨씬 더 도움되었다. 아침에 공복으로, 또는 약간의 아침을 먹고는 그만큼의 중량을 감안해서, 체중을 훈련일지에 꼬박꼬박 기록해왔다. 그러면서 동시에 얻은 것은, 매일 아침의 내 체중 변화가 정신적·신체적으로 어떤 요인에 의한 것인지, 그리고 그 체중 변화가 내 몸에 어떤 느낌과 어떤 겉모습으로 나타나는지 잘 알 수 있게 되었고, 하루하루 체중 변화에 일희일비하면서도 너무 일희일비하지는 않을 수 있었다. 당연히 운동과 영양에서 더 현명하게, 덜 마음고생하면서 임할 수 있게 되었다. 시합이 가까워오면서, 다이어트가 아주 순조로우면, 운동과 영양에서의 특별한 변화가 없을 때, 체중이 하루 200g 정도씩 거의 일정하게 줄어드는 걸 발견하기도 한다.

체성분 측정. 매일같이 체중계에 올라 체중을 재는 것과 마찬가지로, 증량 때 주기적으로 또는 운동 시작, 운동 1개월, 운동 3개월 등, 그리고 감량 때 정기적으로 또는 다이어트 시작, 다이어트 1개월, 다이어트 3개월 등의 특정 시점에 체성분 측정을 하면 심리적, 시각적, 수치적으로 자극되어 '다이어트'에 도움된다. 체성분 측정 결과에서 가장 도움되는 정보는 (체중과) 체지방률로, 그것은 주로 '체지방량'의 변화에 대한 정보다. 물론, 체지방률은 체중감량에 따른 결과로 생각하지, 굳이 어느 일정 수치의 체지방률을 목표로 삼거나 체지방률이 낮을수록 몸이 더 인상적으로 보인다는 것은 전혀 아니다.

거기에 못지않게, 기계에 따라, 함께 나오는 '근육량'의 변화에 대한 정보를 통해, 시합 '훈련'이 상하좌우, 즉 상체와 하체, 왼쪽 팔다리와 오른쪽 팔다리 간의 균형적인 발달에 얼마나 발전적으로 도움되었는지를 수치나 종합적 분석으로도 부수적으로 알게 되는 이점도 있다.

거울, 줄자, 허리띠, 촉각, 고유감각. 다이어트 동기부여에 가장 도움되는 것은, (체지방률이 아니라) 줄어드는 체중과 함께, 아침에 일어나기 직전에, 배가 바닥에 점점 붙고 있다는, 잘록해지는 허리에 대한 느낌, 누워서 고개를 들어 아래를 보며 확인하게 되는 복근과 대퇴의 갈라짐, 그리고 일어나서 거울을 통해 보는, 그리고 체련장에서 워크아웃 전·중·후에 체련장 거울을 통해 보는 자신의 모습 그 자체다. 그리고 매일 아침 줄자로 허리가 얼마나 가늘어졌는지, 그리고 평소에 입던 옷이 얼마나 헐렁해지고, 특히 허리가 가늘어져 허리띠를 얼마나 더 졸라매도 편한지 하는 게 상당한 심리적 자극과 만족감이 된다. 물론, 허릿살이나 뱃살, 이두근이나 삼두근 쪽의 피부, 심지어는 두피까지도 다이어트로 얇아지는 걸, 다이어트가 점점 진행될수록, 시합이 가까워올수록, 손으로도 더 잘 느끼게 되고, 신발 속에서 발도 작아진 느낌이 든다. 체련장 웨이트트레이닝 동안에는 타깃 근육에 더 깊은 자극이 느껴지고, 그래서 그 다이어트 과정이 운동에 대한 감을 추가로 익히는 데도 도움된다. 휴식 때는 직전이나 그 직전에 훈련한 신체부위의 충만감이 그 근육 전체에 더 넓고 강하게 느껴질 수도 있어서, 그때 오는 새로운 느낌과 만족감도 상당히 기분 좋은 것일 수 있다.

크기와 모양, 근력과 근지구력

아놀드 백과는 다음과 같이 말했다.

> 아놀드 백과: 시합훈련을 시도할 때 많은 보디빌더가 직면하게 되는 심리적인 걸림돌 중 하나는, 자신의 신체 크기에 대해 스스로 어떻게 느끼느냐 하는 것과 관계있다. 동기유발이 잘돼 있는 보디빌더들이 처음에 어떤 생각을 하고 훈련을 시작하게 되었든지 간에, 더 크고 더 강해지겠다는 욕망이 항상 그 이유 중 일부를 차지한다. 그러므로 그들 자신이 작아졌다고 느끼게 하는 것이라면, 그게 무엇이든 간에 그들에게는 위협이 된다. 그런 이유로, 시합훈련의 효과에 대해 아주 불안해하는 보디빌더가 많은 것이다. ... 그리고 작아졌다는 이런 느낌이 어떤 사람들에게는 상당한 영향을 미치는데, 심리적으로 자신의 프로그램을 지켜나가지 못하게 되는 정도에까지 이르는 경우도 있다.

크기와 모양. 나도 첫 시합출전을 준비하면서 잠시 이 비슷한 심리 상태가 된 적이 있다. 그러나 모양은 말할 것도 없고, 특히 체련장 회원들이 나를 '크게' 인식할 때는, 수년간 꾸준히 운동해오면서 한참 증량해 체중이 80kg을 넘었을 때가 아니라, 그 이후 수개월의 시합 다이어트로 체중을 10kg 이상 줄였을 때다. 실제로는 전신이 가늘어졌지만, 허리 같은, 가늘어져야 할 부분이 더 가늘어지고 근복 같은, 가늘어지지 말았으면 하는 부분은 덜 가늘어져 그 모양이 강조돼 보이는 데다, 평면적인 몸이 입체적인 몸이 되면서, 같은 면에서 이것저것 구분해 보이는 게 많아져 시각적으로 그런 신체부위가 넓어 보이기 때문일 것이다. 내 상완이 다이어트 후 조금도 굵어지지 않았음에도, 상완 외측에 근육분리가 조금이라도 좋아지면서 더 넓어 보이는 것처럼, 어깨도 등도 그렇다. 다이어트로 하체가 조금도 길어질 수 없지만, 다이어트 후에는 다리가 길어 보여 상하 비율이 좋아 보인다 (남녀 불문하고, 길에서 뒷모습으로 지나가는 비슷한 키와 비슷한 엉덩이 높이의 두 사람 중 상대적으로 날씬한 쪽에서 다리가 길어 보이고 상하 비율이 좋아 보인다는 사실에서, 다이어트만으로도 자신의 상하 비율이 좋아질 수 있다는 걸 짐작할 수 있을 것이다).

빼보지 않으면, 당신을 포함해 이 세상 그 누구도 당신이 다이어트를 통해 최종적으로 어떤 모습이 될지 예측할 수 없다. 몇 kg을 뺐을 때, 왕자가 나올 것인지, 그 왕자가 최종적인 모습인지, 대흉근은 어떤 모양일지, 대퇴 전면이나 후면이 얼마나 어떻게 갈라질지는 전혀 알 수 없다.

종아리가 어쩌면 나 이상으로 굵고 알(근복)이 발달해 보이던 정상급 여자 선수가 시합 다이어트를 마쳤을 때, 그 종아리는 가늘고 알도 별로 보이지 않았던 경우도 보았고, 여자로서는 다소 육중해 보일 수도 있는 몸이 시합 다이어트로 삐쩍 말라 보인다고 할 수 있을 정도로 얼마나 가늘어지고 두꺼운 피하지방에 덮여 있던 전신의 모든 근육이 어떻게 그렇게 또렷하게 드러날 수 있는지, 그 다이어트 능력과 의지력이 놀라울 따름인 경우도 보았다. 그저 그런 것 같던 몸이 시합 다이어트로 아주 근육량 많고 근육질 두드러지는 몸이 된 정상급 남자 선수 겸 트레이너, 그런가 하면, 다이어트 후의 모습이 정말 기대되던, 내가 다니던 체련장에서 근무하면서 첫 시합출전을 준비하던 남자 트레이너들이 다이어트 후 그저 그런 몸이 되는 것도 몇 차례 볼 수 있었다.

꾸준히 운동하고 영양을 잘 챙겨왔다면, 매년 시합출전을 경험하면서 같은 시합체중에서도, 점점 더 효율적·효과적이게 된 운동과 영양을 통해 점점 근육량은 늘고 체지방량은 줄고, 전신의 총체적 균형미에 대해 점점 높아지게 된 심미안으로 인해 상·하체의 균형적인 발달, 상체에서의 대근육군(가슴과 등)과 중근육군(상완과 어깨)과 소근육군(전완) 사이의 균형적인 발달, 하체에서의 대근육군(대퇴)과 소근육군(종아리) 사이의 균형적인 발달, 코어(특히 복근과 둔근)의 디테일 등에서 갈수록 발전하게 된다. 즉, 같은 선수의 같은 체중이라도, 예를 들어, 체중 70kg 이하에서부터 80kg 이상으로까지 증량하는 과정에서의 75kg 때의 몸보다는 80kg 이상에서부터 70kg 이하로까지 감량하는 과정에서의 75kg 때의 몸이, 크기, 모양, 세퍼레이션, 스트리에이션 등에서 훨씬 더 좋아 보인다.

그런가 하면, 체중 80kg 이상에서부터 75kg을 지나 70kg까지 감량한 상태에서의 몸보다는 70kg을 지나 65kg 전후까지 감량했다가 며칠간 고탄수화물 식사로 충분히 잘 먹은 다음의 70kg 때의 몸이 훨씬 더 좋아 보일 수 있다. 그래서 이런 마지막의 '잘 먹는' 기간을 두기 위해서라도 목표한 시합체중보다 더 감량하는 게 좋다. 또한 그런가하면, 마지막에는 수분조절이라는 과정을 통해 시합 전날 오후부터 시합 당일 오전 계측 시까지의 반나절 남짓 동안 1~2kg의 체중은 어렵지 않게 줄일 수 있다는 점도 고려해서 다이어트 기간을 계산할 수 있겠다.

근력과 근지구력. 시합 다이어트가 진행되면서, 맨몸 운동을 논외로 하고, 워크아웃 중 다룰 수 있는 최고중량이나 같은 중량에서의 최대반복수는 점점 줄어드는 게 일반적인데, 아무리 다이어트를 현명하게 하더라도 다이어트로 인해 근육단백질의 양이 어느 정도는 줄어들어서도 그렇고, 근내 글리코겐 저장량이 많이 줄어든 상태로 유지되어서 더욱 그렇다. 이때 줄어든 근내 글리코겐 저장량은 시합 직전 며칠간 고탄수화물 식사를 현명하게 하거나 시합 후 탄수화물 위주로 많이 먹게 되면서 저절로 채워지면서 근육량은 어느 정도 회복되지만 (근육량은 근육단백질, 근내 글리코겐 저장량, 근내 수분 저장량, 이들의 총합, 또는 여기에 근내 지방량까지의 총합이라 할 수 있다), 줄어든 근육단백질은 시합 다이어트를 마치고 시합을 치르고 난 후 많이 먹는다고 해서 다시 저절로 늘어나는 것은 아니고, 다시 수개월 이상의 꾸준한 운동과 영양으로 근육단백질의 양을 늘려줘야 하는 것이다.

얼굴과 피부

다이어트로 가장 좋아지는 것 중 하나는 얼굴을 포함한 전신의 피부가 건강해지고 아름다워지는 것이다. 이전에 있던 잡티조차 말끔히 없어지고, 사람에 따라서는, 특히 삼두근 뒤쪽에 흔히 있는 붉은 반점이 없어지기도 하는데, 그것은 운동과 영양에 의한 복합적인 결과일 텐데, 장기간의 네거티브 칼로리 밸런스에 의해 피하지방이 상당히 적어져서이기도 할 것이고, 특히 식이요법에서, 식품첨가물을 포함한, 몸에 해로울 수 있는 각종 성분을 덜 섭취한 결과이기도 할 것이다.

영양

보디빌더가 근육질로 몸을 키우거나 근육질로 몸을 줄이거나, 아니면 일반인이 살을 찌우거나 쌀을 빼거나, 일반적으로는 운동과 영양이 거의 같은 비중으로 중요하다고 할 수 있지만, 다이어트 기간에는 영양의 비중이 훨씬 커진다고 할 수 있다. 시합 다이어트에 돌입하면서, 웨이트트레이닝 워크아웃은 비슷하게 하면서도 유산소운동을 포함한 전체 운동 시간은 어느 정도 늘어나지만, 그것보다 더 큰 변화는 먹는 걸 확 줄이게 된다는 것이다 (내가 시합 다이어트를 시작하면서 섭취하게 되는 다량영양소, 즉 단백질, 탄수화물, 지방과 총 칼로리는 150g, 150g, 30g, 1,500kcal 정도다). 그리고 그 음식을 순수하게 먹게 되는 게 일반적인데, 즉 식품첨가물 없이, 나트륨이나 기타 자극적인 음식은 최대한 줄이거나 피하는 것이다 (어떤 선수는 나트륨을 전혀 제한할 필요가 없다고 말하기도 한다). 음식량을 상당량 줄이면서 다이어트를 할 때는, 종합영양제(비타민·미네랄 보충제)가 보험 차원에서 도움될지도 모른다 (내 생애 첫 시합출전 시즌이었던 2008년 가을 이후부터는, 다이어트를 전혀 하지 않든 다음 시합을 준비하며 극단적인 다이어트를 하든, 수년간 (일반적으로 말하는) 보충제를 전혀 이용하지 않으면서, 혹 비타민이나 미네랄 어떤 게 부족할지도 모른다는 생각에 일반인이 먹는 종합영양제를 일반인이 먹는 정도, 즉 하루 한 알 정도 먹으면서 수개월 지낸 적 있고, 2015년 시합출전을 위해서는 그 어떤 보충제나 종합영양제도 먹은 게 없다고 할 수 있는데, 그 차이를 체감할 수 있는 정도는 아니어서, 나로서는 누군가에게 어느 쪽이 낫다거나 어느 쪽을 권할 만하다고 할 수 있는 부분은 아니다).

구강위생. 개인위생, 특히 구강위생이 다이어트에도 크게 도움된다. 수면이 부족한 아침이나 낮 동안의 일상생활로 피로한 저녁에, 체련장을 향해 갈까 말까 하게 되는 상황에서 샤워와 함께 칫솔질, 치실, 혀클리너를 중심으로 한 구강위생 관리 술식은 '그래, 체련장에 가는 게 정답이지' 하는 생각과 함께 곧 체련장에서 어떤 운동을 어떻게 할 것인지 계획을 세우게 만든다.

또한, 식사나 간식 직전의 구강위생 관리 술식은 가급적 깨끗하고 자극 약한 음식을 더 찾게 하고, 같은 음식도 더 맛있게 느끼게 하고, 적은 양의 음식에도 더 행복하게 한다. 식사나 간식 직후의 구강위생 관리 술식은 불필요하고 다이어트에 방해되는 후식을 찾지 않게 확실히 돕는다.

카페인. 대부분의 선수는 커팅 시 카페인을 주로 활용한다. 카페인이 주 성분인 보충제를 이용하기도 한다. 첫 시합출전 시즌 이후, 나는 워크아웃 시작 시 커피를 조금 마시거나 가루커피를 입에 털어넣는 경우가 흔히 있다. 카페인은 운동 지속시간을 10% 정도 늘려주고, 운동 시 지방연소를 10% 정도 증가시켜준다는 말이 있어, 그걸 염두에 둔 것이다.

그러나 뒤에서, 그리고 [영양편]에서 다시 다루겠지만, 카페인은 과량 또는 초보 사용 시 근육약화를 일으킬 수 있고, 수면장애는 물론이고, 정신적·신체적 컨디션이 좋지 않을 때 만성피로와 과민성대장증후군 등의 증상을 일으키거나 더 악화시킬 수 있고, 심지어는 어떤 암과도 관련이 있을지도 모르는 등, 그 건강에 대해 이로운 점, 해로운 점을 단편적으로 말하기는 어려운 문제일 수 있다.

운동

아놀드 백과는 다음과 같이 말했다.

> 아놀드 백과: 시합훈련에서는 세트수가 더 많고, 반복수도 더 많고, 전면적으로 더 많은 훈련량volume of training이–체련장 안에서 중량을 이용하는 훈련과, 전체적인 프로그램을 보충하기 위해 체련장 밖에서 하는 추가적인 유산소 훈련의 관점 모두에 있어서–필요하다. 그리고 이것은, 체지방을 최대한 벗겨내기 위해 음식 섭취를 거의 최소한으로 줄이면서, 동시에 달성해야 하는 사항이다. 결과적으로, 이런 프로그램으로는 매스와 힘을 많이 증가시키는 것은 거의 불가능한데, 이 프로그램은 근본적인 크기와 힘을 키우기 위한 게 아니라, 육체를 정교하게 다듬는refinement 목적으로 디자인된 것이다.
>
> 시합훈련은, 근매스를 키워주지는 않으며, 더 크고 강해지기 위한 훈련이 아니고, 또한 사실상 그 반대 역할을 할 수 있는 경우도 있다. 그러나 시합훈련은, 당신이 이미 만들어낸 그 발달에서 질을 이끌어내고, 중요하지 않은 것을 벗겨내고, 근육의 모든 깎인면facet이 다이아몬드 같은 광채를 드러낼 수 있도록 한다.
>
> 내가 시합에 출전하던 시절, 보디빌더 대부분이 어느 정도 심혈관계 훈련을 했었지만, 오늘날의 챔피언들이 시합을 앞둔 프로그램pre-contest program에서 하는 유산소 운동과 같은 운동량은 아니었다. 그러나 대체적으로 유산소 활동이 최대한의 근매스를 유지하는 데 역효과이고 보디빌더들에게 있어 가장 적당한 유산소 운동량은 0(영)이라고 생각하는 전문가들도 있다. 그러나 현대의 시합 출전자들은 이걸 믿지 않고, 체지방을 줄이는 데 도움되고자 심혈관계 운동을 하기 때문에, 결국 문제는 보디빌더들이 이걸 어떻게 해야 하느냐다.

나는 시합 다이어트 동안에도 유산소운동보다는 웨이트트레이닝을 최우선으로 하지만, 시합 다이어트를 시작하면서 내가 가장 먼저 하게 되는 것 중 하나가 유산소운동을 본격적으로 하기 시작하는 것이다. 웨이트트레이닝은 이전과 마찬가지로 대부분의 경우 아침에 하는데, 저녁에 유산소운동 워크아웃을 추가로 하는 것이다. 때로는 시간과 컨디션에 따라, 아침 웨이트트레이닝 직후 또는 직전에 유산소운동을 하기도 한다.

내가 시합출전을 하지 않았다면, 매일 저녁이나 밤에 (때로는 졸면서 억지로) 한 시간씩 유산소운동을 하지는 않았을 것이다. 1시간의 저강도~중강도의 성실한(?) 유산소운동으로 300~450kcal를 소모하면서 체중 40~50g을, 일주일에 그렇게 5~6회 한다면 200~250g, 1개월이면 1kg 정도를, 주로(?) 체지방량에서 추가로 줄일 수 있다는 계산이 나온다.

로딩

아놀드 백과. p685 시합에 맞춰 절정에 이르기, p728 글리코겐의 중요성, p767 마지막 주/"고갈", p768 카빙업

흔히 마라톤 선수들이 시합을 앞두고 고단백 저탄수화물 식이로 한동안 보내다가 시합 며칠 전부터는 저단백 고탄수화물 식이로 전환해 시합까지 그대로 가는 것은, 체내에 저장되는(또는 저장돼 있는) 탄수화물의 양, 즉 탄수화물 저장량storage을 최대화해 실제 경기에서 파워와 스피드지구력을 최대한으로 발휘하기 위함이다. 이때의 탄수화물은 주로 골격근에, 그리고 나머지는 간에, 글루코스의 중합체인 글리코겐 형태로 저장된다.

이렇게 마라토너 같은 지구력 운동선수, 아니면 그 반대로, 파워리프터, 스트롱맨 같은 근력·파워·근지구력 운동선수가 그 스포츠에서 요구되는, 주로 근육의 '운동 능력'을 최대화하기 위해, 근내 탄수화물을 축적시키는 행위, 기술, 과정을 '탄수화물 로딩[축적]'carbohydrate[carbo, carb, CHO] loading '글리코겐 로딩'이라 하고, 흔히 간단히 '로딩'이라 한다. 탄수화물이 근내 저장될 때는 물과 함께 저장되기 때문에 이때 그 탄수화물 무게 몇 배의 체중 증가가 수반된다.

다른 스포츠 선수들과는 달리, 보디빌딩 선수는 커팅 과정에서 납작해지고 밋밋해지는 경향이 있는 근육을 다시 부풀어 최대한 풍융하게 보이고 포징 앤 플렉싱에 근육이 잘 반응하게 하기 위해 같은 이유로, 근육의 부피를 증가시켜 (일시적 비대) '시각적인' 효과를 더하겠다는 목적으로 그런 로딩을 하는데, 마라토너, 파워리프터, 스트롱맨과는 로딩의 목적이 다르지만 그 원리와 방법은 비슷하다. 특히 보디빌더에게 있어서의 로딩은, 방금 말한 다른 스포츠 선수와는 달리, 수분조절과 완전히 구분해서 말할 수 있는 게 아니지만, 일단 여기서는 가급적 로딩에 대해서만 주로 살펴보기로 한다.

먼저, 보디빌딩 특이적인 게 아니라, 마라톤을 포함해 지구력이나 파워가 중요한 모든 운동종목 선수에게 공통으로 적용되는 일반적인 내용으로, 몇몇 전문서적에는 다음과 같이 돼 있다.

> Stryer 핵심 생화학: 골격근 글리코겐이 고갈되면 근육의 운동능력은 최대치의 50%로까지 떨어진다. 충분한 양의 지방을 이용할 수 있는 상태에서도 운동능력은 여전히 이대로다. 이는 지방은 최대 유산소운동능력의 50%만 지지할 수 있다는 뜻을 암시한다. 글리코겐이 고갈된 후 탄수화물이 풍부한 식사를 하면 글리코겐 저장량은 빠르게 회복된다. 실제로 글리코겐 합성은 계속 일어나 글리코겐 저장량이 정상보다 훨씬 높아진다. 이런 현상을 '초과보상'supercompensation 또는 더 흔하게는 '탄수화물 로딩[축적]'carbo-loading이라 한다.

> Nutrition at a Glance (한눈에 알 수 있는 영양학): 근육 글리코겐 저장량을 초과보상하는 것은 탄수화물 로딩CHO loading이라고 알려져 있는 기술technique에 의해 달성될 수 있다. 이것은 운동 지속시간이 90~120분을 넘어가는 경우에 해당 사항이 있는 것인데, 기진맥진[체력소진]exhaustion에 이르는 시간이 20% 증가될 수 있다.
>
> 이 기술에서는 시합 전 3~4일 동안 운동량은 점차 줄이고 휴식은 늘리면서 고탄수화물 섭취를 한다. 이런 초과보상 테크닉의 잠재적 단점은 글리코겐이 저장될 때, 글리코겐 1g당 2.7g의 물과 함께 저장된다는 것이다. 이로 인해 근육이 무겁게 느껴질 수 있어, 선수는 이런 느낌에 익숙해질 필요가 있다.

> Textbook of Medical Physiology (Guyton 생리학): 근육 글리코겐이 소진된 후 그 고갈로부터 회복하는 것은 간단한 사항이 아니다. 포스파겐phosphagen 시스템과 젖산 시스템을 회복할 때처럼 수 초, 수 분, 수 시간이 걸리는 게 아니라 수일이 걸리는 경우가 종종 있다. 2시간의 격렬한 운동이면 근육 글리코겐은 거의 바닥까지 떨어지는데, 고탄수화물 식이를 하는 사람은 완전히 회복하는 데 2일 정도 걸린다. 반대로 <u>고지방 고단백 식이를 하거나 음식을 전혀 먹지 않는 사람은 심지어 5일이 지난 후에도 거의 회복되지 않는다.</u> 그래서 녹초가 되게 하는 경기를 앞둔 운동선수는 (1) 고탄수화물 식이를 하고 (2) 경기를 앞둔 48시간 동안은 기진맥진하게 하는 운동에는 참여하지 않는 게 중요하다.

부연설명 차원에서, 이에 대해 간단히 짚고 넘어가자.

Q: 이런 초과보상 테크닉의 잠재적 단점은 글리코겐이 저장될 때, 글리코겐 1g당 2.7g의 물과 함께 저장된다는 것이다?

A: 마라톤 선수에게는 필시 단점이겠지만, 보디빌딩 선수에게는, 체중조절 문제만 제외하면, 장점일 수밖에 없다. 글리코겐과 물이 공동작용해 근육을 최대한 부풀게 하면 좋은 것이니까.

보통의 진지한 운동선수의 경우, 그 운동종목과 선수에 따라 많이 다르지만, 탄수화물 로딩으로 늘어나는 근내 탄수화물 양은 최대 수백 g이고, 체격 큰 정상급 보디빌딩 선수라면 1kg을 넘어가는 경우도 있을 만하다. 즉 극단적인 시합 다이어트를 한동안 해온 보디빌딩 선수가 제대로 된 탄수화물 로딩을 하면, 수분조절을 통해 체내 수분을 줄이지 않는다면, 계산상 탄수화물 로딩으로 체중 2~4kg이 늘어나기도 할 것이다.

보디빌딩 선수가 시합을 마치고 고탄수화물 고단백 고지방 포식이나 과식에 가까운 식사를 하면서 다음날이나 그 다음 날 체중이 급격히 느는 것은, 이렇게 늘어난 근내 글리코겐, 그리고 함께 저장된 물, 그리고 나트륨 섭취도 덜 제한하거나 전혀 제한하지 않다 보니 그 나트륨에 의한 일시적 부종(수분정체)의 조합이라 할 수 있다.

Q: 고지방 고단백 식이를 하거나 음식을 전혀 먹지 않는 사람은 심지어 5일이 지난 후에도 거의 회복되지 않는다?

A: 그렇다. 고탄수화물이 아닌 고단백이나 고지방 식사 (예. 닭가슴살, 소고기, 돼지고기, 기타 고지방 음식)는 근육단백질 합성이나 '일시적' 기분 증진에는 도움되겠지만, 글리코겐 로딩 자체에는 거의 또는 전혀 도움되지 않을 것이다. 내 경험적으로도 그런데, 또한, 행복감, 만족감을 위해서는, 또는 우울감 해소를 위해서는 고탄수화물 식사가 가장 도움되는데, 글리코겐 로딩에 의한 신체적인 피드백이 뿌듯함, 성취감 등을 가져와 정신적으로도 긍정적으로 작용하기도 하고, 뇌를 포함한 중추신경계는 정상적으로는 탄수화물(포도당)을 거의 전적인 에너지원으로 사용하기 때문이다.

로딩에서 가장 중요한 요소는 탄수화물과 물이다. 부수적 요소로 고려할 만한 것으로는 카페인과 크레아틴이 있다.

탄수화물과 물. 음식 섭취와 소화·흡수 과정을 거쳐 혈류로 유입된 탄수화물(혈중 탄수화물, 즉 혈당은 글루코스(포도당) 형태로 존재한다) 중 바로 에너지로 소비되지 않고 남은(잉여) 부분은 일차적으로 근육 내에 글리코겐 형태로 저장되고 (운동을 강도 높게 해서 근육 글리코겐을 많이 소모하고 자극

받았거나, 근육 글리코켄을 많이 소모하는 운동으로 다져진 근육은 이런 글리코겐 저장능력이 향상된다. 이 근내 글리코겐은 그 근육의 주된 에너지원으로, 근력, 근지구력, 그리고 근력 곱하기 근지구력이라 할 수 있는 근파워의 근원이 된다), 남으면 간에 역시 글리코겐 형태로, 그래도 남으면 지방세포 내에 중성지방 형태로 전환돼 피하나 간이나 내장을 포함한 전신에 분포돼 있는 지방세포나 지방조직에 저장된다.

앞에 나온 것처럼, 지구력 운동선수의 로딩은 일반적으로 그 운동(또는 경기)이 90분 이상 지속되는 것일 때 추천되는 것이다. 마라토너는 체급이 따로 없기도 하지만, 그 체지방과 함께 늘어나는 체중도 얼마 되지 않는 것이어서, 늘어난 체중이 몸을 무겁게 하는 효과보다는 늘어난 탄수화물 저장량이 몸을 더 힘차게 만들어주는 효과가 훨씬 크기 때문에, 마라토너에게는 비교적 손쉽게, 그리고 마음껏 할 수 있는 게 이 로딩일 것이다. 과잉한 나트륨은 수분정체로 몸 전체를 무겁게 할 거여서 나트륨 섭취는 과잉하지 않게 어느 정도 유의해야겠지만.

보디빌딩 선수들도 거의 똑같은 방식을 사용하는데, 보디빌딩 선수는 파워와 지구력을 높이기 위함이 아니라, 다이어트를 통해 체지방을 최대한 걷어낸 다음에는, 시합을 며칠 앞두고 골격근 내의 탄수화물 저장량을 최대화해 근육을 더 커지게 함으로써 전신의 근육을 더 인상적으로 보이게 하기 위함이다. 그래서 운동(또는 경기) 지속시간과는 무관하다. 보디빌딩 선수에게는 이런 탄수화물 로딩이 마라톤 선수의 경우보다 더 중요하면서도 까다로울 수 있는데, 마라톤 선수에게는 해당 사항이 없는, 시합 전 체중감량, 체지방감량, 수분조절, 그리고 경기 직전의 펌핑 등과 맞물려 있기 때문이다. 과잉한 탄수화물에 의해서는 물론이고 과잉한 단백질에 의해서도 체지방이 늘지 않게 하면서 고탄수화물 식이를 해야 하는 것이다. 그 와중에 급작스러운 고탄수화물 식이로 피하 수분정체를 야기하지도 않아야 하고, 나트륨 섭취 또한 더 주의해야 한다.

아놀드 백과에 이론과 경험이 자세히 나와 있는데 (특히 p685~688, 767~768), 나 역시 그 부분을 생애 첫 시합출전 전부터 아주 강하게 유념하고 있었지만, 실제로 해보니 간단한 문제가 아니었는데, 계획한 일정대로 체중감량, 체지방감량을 충분히 일찍 마칠 수 있어서 실제로 그렇게 할 수 있는 여건이 되었느냐, 시합 전 언제부터 언제까지, 그리고 그사이에 정확히 언제 어떤 음식을 얼마나 먹을 것인가 하는 것은 물론이고, 실제로 그렇게 정확히 한다고 했는데 정신적·신체적으로, 섭취한 음식의 소화·흡수 능력, 탄수화물을 포함해 그렇게 흡수된 다량영양소의 대사기능이 거기에 받쳐주느냐 하는 것은 또 다른 문제다.

나는 열 번 정도 되는 내 시합출전에서 거의 항상 시행착오를 했는데, 내 경험이 부족하고 내 몸이 준비되지 않았을 때는, 수분조절에서와 마찬가지로, 결과적으로 탄수화물 로딩을 전혀 시도하지 않는 게 훨씬 더 나은 결과를 가져왔을 것이다. 그리고 탄수화물 로딩을 하기 위해서는, 일단은, 시합 며칠 전에는 체지방감량이나 체중감량을 맞춰놓아야 하는데, 그렇지 않은 상태에서는 탄수화물 로딩 자체를 마음껏 할 수 없을 뿐 아니라, 그 탄수화물 로딩의 순효과보다는 피하지방이나 피하수분이 느는 등의 역효과가 더 클 수 있기 때문이다.

나도 시합출전을 준비하면서 어떤 때는 다이어트가 덜 끝나 시합체중을 맞추지 못한 상태에 글리코겐 로딩 자체를 할 여유가 없었고, 또 어떤 때는 글리코겐 로딩을 한다고 시합 며칠 전부터 바나나 같은 것을 먹기도 했지만, 지나고 보니, 대부분은 그 탄수화물 섭취 시기가 너무 늦었고, 또 그 탄수화물 섭취량이 너무 적었다.

로딩에는 혈당지수 낮은 탄수화물 음식이 선호되는데, 혈당지수 낮은 탄수화물 음식은 서서히 소화·흡수되어 혈당치를 급격히 높이지 않아 인슐린 피크$_{\text{peak}}$를 일으키지 않고, 그 탄수화물(포도당)이 지방으로 전환되기보다는 글리코겐 형태로 전환돼 근육에 우선적으로 저장되게 하고, 직후 저혈당에 빠지는 걸 방지해준다. 전날 밤 거한 (혈당지수 낮은) 탄수화물 식사는 시합 당일을 위한 로딩에 도움된다.

대부분의 식이 탄수화물은 포도당과 과당으로 구성돼 있는데, 과당도 간에서 글리코겐으로 전환될 수 있지만, 근육 글리코겐 수치를 높이는 데는 비효과적이어서, 과일 같은 과당 위주의 식품보다는 포도당 위주인 파스타, 빵, 쌀밥, 감자 같은 식품이 탄수화물 로딩을 위해서는 더 바른 선택이라고 한다. 그런 면에서 보자면, 바나나가 혈당지수는 낮아서 좋을 수 있지만, 포도당보다는 과당 위주로 구성돼 있어서 덜 좋을 수 있을 것으로 생각되기도 한다.

탄수화물이 근내 글리코겐 형태로 저장될 때 물과 함께 저장되므로, 수분섭취가 부족하면, 이 역시도 로딩에 방해가 된다.

당류(단당류와 이당류)를 로딩에 이용하려다가는 그 장점보다 단점이 훨씬 더 클 수 있다. 시합 전날이나 당일 아침, 당류를 수십 g 섭취하면 로딩에 기여하기보다는 인슐린 피크를 일으키면서 지방으로 전환돼 지방세포나 지방조직에 저장되거나 피하 수분정체를 일으키는 경향이 있기 때문이다 (내 2015 스튜디오 사진촬영 전날과 당일, 그것으로 인해 망쳐버린 경험이 있다).

단백질이 로딩에 중요한 기여를 하는 것은 아니지만, 탄수화물 섭취량을 방해하지 않으면서 그 전체 섭취량이 과하지 않을 정도의 적정량의 단백질도 같이 섭취해주면 근육단백질 분해에도 보상작용을 하면서 로딩에도 도움될 수 있다.

카페인과 크레아틴. 2011 광명시 대회와 경기 대회 전날과 당일, 나는 내 경기 직전까지 물 한 모금도 안 마시면서 카페인(가루커피)과 크레아틴만 숟가락으로 계속 퍼먹듯 했는데, 그렇게 하면 수분조절과 커피에 의한 이뇨작용으로 피부는 얇아지고 크레아틴은 물과 함께 근내 저장되면서 근육은 조금이라도 부풀지 않을까 하는 기대에서였다. 그러나 완전히 역효과였다. 카페인에 의한 이뇨작용은, 충분한 물 섭취와 병행되지 않으면, 탈수를 일으키고, 이는 근육을 납작하게 만들고, 역설적으로 피하 수분정체, 그리고 얼핏 그 기전을 떠올리기 어려운, 체지방 축적으로 이어질 수 있다.

크레아틴도, 탄수화물과 마찬가지로, 근내 저장될 때 물과 함께 저장되기 때문에, 로딩은 아니지만, 근육을 약간이나마 부풀게 할 수 있을지도 모르지만, 수분섭취를 피하거나 제한하고 있을 때 크레아틴이 물과 함께 근내 잘 저장되기는 어려울 것이다. 잘 저장된다면, 다른 신체부위는 탈수를 겪을 것이고, 오히려 피하 수분정체를 일으킬 수도 있을 것이다.

고갈. 앞에 나온 로딩의 '초과보상'이라는 개념에서, 소위 '고갈'(우리나라에서는 흔히 '벤딩(?)/밴딩(?)'이라 하는데, 나는 여기에 대해서는 국내외 인터넷 사이트 검색으로든 어떻게든, 그 정확한 철자나 의미를 알 수 없어, 아놀드 백과에서처럼 그냥 고갈depletion이라 하겠다) 단계를 통해 이후의 글리코겐 로딩 과정에서 글리코겐 저장량을 더 높일 수 있다고 생각하는 선수가 대부분일 텐데, 아놀드 백과에서는 그 점에 대해 반박한다. 고갈 단계depletion phase를 거치는 것을 '원래의'original 로딩법loading regimen이라 하고, 고갈 단계를 거치지 않는 것을 (80년대의 연구에 의한) '변형'modified 로딩법이라 하며, 현재 여전히 많은 선수가 원래의 로딩법을 이용하지만, 많은 코치가 변형 로딩법을 추천한다고 한다 (위키피디아의 관련 부분을 참고함).

짧은 고강도 워크아웃. 시합 전날 전까지는 정상적인 식이와 가벼운 훈련을 하고, 시합 전날 (근육당 아마도 몇 분 정도로) 아주 짧게 극도의 고강도 워크아웃을 하고 이후 24시간 동안 탄수화물 식이를 하면, 이런 로딩 전에 비해 글리코겐 저장량이 90퍼센트 증가하고, 이는 2~6일간의 일반적인 로딩법에 비견되거나 그 이상의 효과라고 한다 (위키피디아의 관련 부분을 참고함).

일시적 저혈당. 운동(또는 경기) 전 2시간 이내에 탄수화물을 섭취하면 혈중 인슐린 수치가 올라가고, 이로 인해 혈당이 급격히 떨어져 (일시적[일과성]transient 또는 반응성reactive 저혈당hypoglycemia), (특히 60분 이상 지속되는 운동(또는 경기)에서) 유산소성 운동수행능력이 제한될 수 있다고 한다 (위키피디아의 관련 부분을 참고함). 내 생각에, 이것은 보디빌딩에서도 거의 그대로 적용될 수 있을 것이다. 즉 경기 바로 직전까지 로딩을 위해 무언가를 하는 것은, 그게 앞에서 말한, 로딩에 이로울 수 있는 저혈당지수 탄수화물 음식이든, 설탕, 시럽, 사탕 같은 고혈당지수 탄수화물 음식이든, 별로 이로울 게 없을 것이라는 점 말이다.

[시합경험]과 이번 장에서 반복적으로 말하는 대로, 나는 이 [시합편]에서 다루는 모든 것 중 로딩과 이제 나오는 수분조절에서 가장 시행착오를 많이 했다고 할 수 있다. 대부분은 나름의 생각으로 어떤 시도를 도입하면서, 오히려 아무것도 하지 않았을 때보다 더 부실한 몸이 되었다. 고갈이든 로딩이든 전혀 하지 않는다는 정상급 선수도 있듯이, 선수마다 최적이거나 선호되는 로딩·수분조절 방법이 다를 수 있기도 하지만, 내가 시행착오만 거듭하면서 정답은 알지 못하는 사안에 대해, 단정적으로, 그리고 간단하게 말해줄 수는 없는 일이다. 그래서 같이 공부하는 입장에서, 몇 가지 참고하거나 생각해볼 거리를 이렇게 정리해보는 것이다.

수분조절

앞에서 말한 것처럼, 수분조절은 컨디셔닝에서 가장 중요하고 민감한 부분이라 할 수 있고, 그래서 컨디셔닝의 가장 좁은 의미에 가장 부합할 만한 것이라 할 수 있다. 수분조절은 초보 선수나 나 같은 어느 정도의 시합경험이 있더라도 잘못하게 되면, 안 하느니보다 엄청나게 못한 경우가 있어서 주의할 필요가 있다. 많은 선수는 시합 직전 하루에서 사흘 정도, 어떤 선수는 길게는 일주일 정도까지 수분섭취를 거의 제로에 이르게 제한한다. 아놀드 백과에서는 시합 전날 반나절 정도만 하라고 하고, 나도 그렇게 따라왔지만, 내가 가장 잘못한 것은 시합 당일의 수분조절인데, 생애 첫 시합출전 시즌에서는 계체 직후 너무 일찍부터 물과 온갖 음식을 너무 많이 먹어서도 잘못되었지만, 이후에는 시합 당일 아침부터 경기 직전까지 계속 어느 정도의 수분섭취를 해줘야 한다는 아놀드 백과의 안내를 익히 알면서도 그대로 지키지 못하고, 끝까지 피부를 조금이라도 더 얇게 해봐야겠다는 생각으로 경기 전까지 수분섭취는 전혀 하지 않거나 오히려 커피가루만 (또는 설탕과 함께, 또는 크레아틴과 함께) 퍼먹다시피 했다는 것이다. 수분조절은 로딩과 완전히 구분해서 말할 수 있는 게 아니며, 수분조절에서 가장 중요한 요소는 물, 나트륨, 그리고 탄수화물이라 할 수 있다.

우선, 피하지방이 충분히 걷히지 않은 상태에서는 물 섭취를 제한하는 수분조절은 역효과를 낼 가능성이 크다. 수분조절로 피하 수분정체를 줄인다 하더라도 피하지방으로 인해 피부 두께는 큰 변화 없는 반면, 탈수를 겪는 셈인 근육은 납작해지고 밋밋해질 것이다. 게다가, 과한 수분조절은 오히려 피하 수분정체를 일으킨다. 그래서 경험 쌓이고 커팅을 더 잘하게 되어 이미 피부가 충분히 얇아지지 않았다면, 수분조절은 아예 하지 않는 게 유리할 수 있다. 시합 전날과 당일, 당류, 즉 단당류와 이당류 섭취를 특히 주의할 필요가 있다 (많은 선수가 시합장에서의 컬러링 및 펌핑 시 막대사탕을 입에 물고 있는데, 그 정도의 당류 양은 아주 적은 양이어서 여기에 영향을 미칠 정도는 아닐 것이다). 내가 양갱(나트륨 함량이 거의 제로인 것이었다)을 몇 번의 시합에서 계체 후 경기 전 사이에 먹으면서 느낀 점은, 역시 당류 위주의 탄수화물이어서 역효과였다고 생각된다. 물론, 시합에 대한 중압감, 정신적 긴장 등에 의한 스트레스호르몬도 피하 수분정체를 일으킨다.

아놀드 백과. p688 물, p714 물, p760 이뇨제, p768 수분 감량

@ 2008 광명시 대회, 강서구 대회

수분조절의 어려움. 내 생애 첫 시합출전 시즌, 나는 수분조절과 관련해, 다음과 같은 시행착오를 했다.

1: 경기 전 기념촬영으로, 몸과 상체와 코어 포징이 무난해 보인다 (하체 포징은 처음부터 최근까지 거의 항상 엉성했다).

2: 경기 중, 경험 부족 탓에, 경기 전에 하루 이상 수분섭취를 제한했다가, 시합장 대기실에서 다른 선수들이 하는 것처럼, 그러나 어쩌면 그 이상 과잉으로 섭취한 음료, 탄수화물, 나트륨 등으로 경기 중 피부가 수분정체로 두꺼워진 데다, 심판들을 향해 몸통을 앞으로 너무 숙인 나머지, 복부 피부가 경기 전보다, 그리고 실제보다 다소 두꺼워 보인다.

3: 직전의 시합 후 2주 만의 시합으로, 직전의 시합 후 며칠간 계속된, 하루에도 여러 차례 고탄수화물 고지방 식사나 간식으로 체중[체지방] 늘어, 다시 극단적인 다이어트와 수분조절을 하다 보니, 근육량 손실이 상당했고, 피하지방은 덜 걷히고, 피하 수분정체는 더하고, 그래서 데피니션이 직전 시합에서보다 많이 못한 것 같다.

1

2

3

펌핑

펌핑은 선수가 시합무대에 나서기 전에, 또는 카메라 앞에 서기 전에, 근육을 더 인상적으로 보이게 하기 위해 각종 운동[동작]을 동원해 근육을 부풀게 하는 일련의 과정이다. 그러나 나는 경기 직전에 짧게는 15분 정도, 길게는 30분 이상 매번 펌핑을 했지만, 지금껏 효과적으로 해본 뚜렷한 기억이 전혀 없다. 펌핑을 하면 할수록, 다른 선수들은 근육이 부풀고 정맥이 튀어나오면서, 내가 미처 상상치 못했던 완전히 새로운 모습으로 발전해가는데, 나는 몸과 포징에서 오히려 더 부실해졌다고 할 수 있다.

펌핑의 복잡성. 나는 시합장에서 펌핑 시, 평소의 체련장 웨이트트레이닝 에서는 한 번도 경험하지 못하던, 장시간 자가운전 시 어쩌다 경함하던, 오른쪽 전경골근 근육연축[쥐]muscle cramp이 흔히 일어났고, 전신의 어느 근육도 펌핑 자체가 전혀 또는 거의 안 되는 경우가 대부분이었다. 체련장이나 집에서는 쉽게 얻을 수 있었던 고유감각상의 그 충만감, 손 촉각상의 그 단단하고 부피 큰 펌프를, 시합장에서는 그 절반의 절반만큼이라도 가져본 적 없었다. 펌핑은 어떤 기구 어떤 운동으로, 언제부터 얼마 동안 하느냐만의 문제가 전혀 아닌 것이다.

가장 중요한 것은, 펌핑을 시작하기 전부터 근육 충만감이 어느 정도는 느껴져야 한다는 것인데, 이는 계측 전까지의 근내 글리코겐 저장량 (이는 짧게는 하루, 길게는 사흘 이상 동안의 영양과 운동에 관계되는 것이다), 수분조절 정도 (나는 계측 후 과량의 음료를 마셨거나, 반대로 경기 직전까지 물을 전혀 안 마셨는데, 둘 다 잘못된 것이었다), 계측 후의 수분을 포함한 영양 섭취 타이밍과 양, 계측 후의 수면과 같은 거의 완전한 휴식 (펌핑에 이롭다), 그리고 시합의 중압감이나 정신적 긴장 (펌핑에 해롭다) 정도에 훨씬 더 크게, 절대적으로 영향받는 것 같다.

도구와 운동. 나는 처음에 혼자 덤벨, 덤벨 넣은 가방을 이용하거나, 세컨드나 함께 출전한 선수, 아니면 시합장에서 즉흥적·일시적으로 펌핑 팀이 된 동료 선수의 도움을 받아 타월로 펌핑을 했지만, 후에 적어도 나는 이런 것보다 혼자 바벨을 이용하는 게 펌핑에 훨씬 더 유리하다는 걸 깨닫게 되었고, 정상급 선수 중에 의외로 튜빙이나 밴드를 애용하는 경우도 종종 보이고 내가 고중량의 덤벨이나 바벨을 시합장까지 가져가면서도 펌핑에 충분한 효과를 보지 못하다 보니, 2015년 시합출전을 준비하면서는 튜빙과 핸들을, 오로지 펌

@ 2008 광명시 대회, 강서구 대회
도구와 운동. 덤벨, 덤벨 넣은 가방, 맨손, 그리고 세컨드의 도움을 받으면서 타월로 펌핑을 위해 노력하고 있다. 이들과 바벨은 물론이고 튜빙과 핸들, 밴드, 현장의 지형지물을 이용해, 다양한 운동을 펌핑 운동으로 활용해 대퇴를 제외한 대부분의 신체부위·근육을 펌핑할 수 있다. 물론, 바닥에서의 맨손 〈푸시업〉은 가장 대표적인 펌핑 운동이고, 심지어는 〈벤치 프레스〉 거치대와 고중량 바벨까지 동원하는 선수[팀]도 있는데, 그 부분은 나로서는 부러울 때가 종종 있다. 그러나 최대한의 펌핑을 위한 최적의 도구는, 완벽하게 기구가 갖춰진, 그것도 선수가 익숙해져 있는 그 체련장 자체일 것이다.

핑용으로 구비하게 되었다 (역시 이 기구로도 체련장이나 집에서는 펌프를 쉽게 얻을 수 있었지만, 같은 기구로도 시합장이나 사진촬영 스튜디오에서는 펌프를 조금도 얻을 수 없었다).

2008년 내 생애 첫 시합출전을 준비하면서, 나는 시합장에서의 변수를 최소화하기 위해 모든 것을 최대한 단순하게 유지해야 한다는 생각으로, 최소한의 도구로 효율적인 펌핑을 하기 위해, 시합 수주 전부터 체련장에서 펌핑 연습을 했다. 중량 조절이 가능한 덤벨 하나만으로, 그리고 필요할 때 스포츠 가방에 넣어, 웬만한 상완, 어깨 펌핑은 물론이고 등 펌핑도 하는 것이었다. 가슴 펌핑은 〈팔굽혀펴기〉로 하면 되고, 대퇴는 어차피 펌핑을 할 필요도 없고, 웬만해서는 해서도 안 되는데, 대퇴사두근은 펌핑할수록 세퍼레이션이 줄어드는 경향이 강하다는 걸 아놀드 백과로부터 배워 알고 있었기 때문이다. 내 경기 시작 얼마 전부터, 어떤 신체부위 순서로, 어떤 운동으로 펌핑을 할지, 그리고 그 소요시간은 얼마쯤 될지, 미리 체련장에서 연습하면서 기록했고, 그것을 참고해 시합장에서도 거의 그대로 했다. 물론, 결과적으로 이것은 부질없는 짓이었고, 많은 시행착오 중 하나였는데, 체련장 웨이트트레이닝에서와 마찬가지로, 시합장 펌핑에서도 덤벨이 아니라 바벨을 이용하는 게 훨씬 효과적이라는 걸 추후 깨닫게 되었기 때문이다 (그러나 이는 내가 그만큼 이 시합 준비에 집중했음을 보여주는 한 단면이다. 이 시합을 위해 4개월을 집중해서 다이어트 하고, 일찍부터 포징 연습, 야외 자연광 태닝과 실내 인공광 태닝, 펌핑 연습을 하면서, 오전과 오후 매일 두 차례씩 체련장에서 훈련하면서, 그 사이의 시간에는 역시 체련장 한쪽에서 일지와 노트북에 내 느낌을, 그리고 이 백과의 초기 형태를 위한 자료를 정리하면서, 종일 체련장에 살다시피 하면서, 전업 보디빌더 같은 생활을 했다. 체련장에서의 훈련뿐 아니라, 혼자 영양에 대해 공부하며 음식재료를 사고, 조리하고, 먹고, 자고, 쉬는 모든 내 행동, 시간, 노력은 모두 시합 단 한 가지만을 위한 것이었다. 그리고 시합은 그(이) 책을 위한 필수적인 과정인, 내 몸만들기와 그 과정에서의 경험과 지식을 위한 가장 확실한 수단이었다).

경기 전 펌핑으로 광배근에의 감각이 둔해져 광배근 포즈에서 오히려 광배근 펼침이 어려워지기도 한다. 내 시합사진을 보면, 종종 광배근 포즈에서 한쪽이나 양쪽 광배근이 제대로 펼쳐져 있지 않았다 (이는 내가 〈전면 광배근 포즈〉에서는 일반적으로 대흉근에는 최대한의 릴랙싱을 도모하려 해왔기 때문이기도 하고, 〈전면 광배근 포즈〉와 〈후면 광배근 포즈〉에서 공히, 엄지검지 방법을 동원해본 때문이기도 하고, 엄지에 테이핑을 하지 않았기 때문이기도 할 것이다). 펌핑으로 광배근에의 감각이 둔해져 광배근이 조절되지 않을 때

@ 2015 파주시 대회
펌핑의 복잡성. 비록 덤벨과 바벨을 이용해 펌핑하고 있지만, 이번에도 그 어느 도구와 운동을 통해서도, 대흉근, 광배근, 삼각근, 승모근, 이두근, 삼두근 등, 그 어느 근육에서도 충만감이나 펌프를 거의 또는 전혀 느낄 수 없었다. 역시 펌핑에 무엇보다도 중요한 것은, 도구나 운동 그 자체가 아닌, 바로 로딩(부족하지 않은, 또는 잘된)과 수분조절(하지 않은, 또는 제대로 한)일지도 모른다. 그리고 그것은 당시의 전신의 정신적·신체적 컨디션, 특히 호르몬에 의해 크게 영향받는다.

는, 광배근 포즈에서 광배근이 확실히 펼쳐졌는지 마음속으로 거듭 확인해야 한다. 우선, '광배근 펌핑'을 과하게 함으로써 '광배근 글리코겐'을 소진하거나 '광배근 고유감각'을 손상시키는 것은 피하고, 포징 시 '광배근 펼침'이 '최대한' 이뤄졌고 '광배근 플렉싱'도 어느 정도는 됐다는 고유감각을 느끼는 데 신경을 집중해야 광배근 펼침에 대해서는 '최소한' 안심할 수 있는 것이다.

D-?에서부터 D데이 이후까지

D-?

아놀드 백과. p746 지방감소 식이 법칙 정리

시합, 특별 목적이나 특정 날짜의 사진촬영(특히 바디프로필 사진촬영), 심지어는 많은 일반 남녀가 그러하듯 결혼식 같은 특정 행사가 예정돼 있는 그 D데이가 정확히 언제냐, 그런 D데이가 단 하루뿐이냐 얼마 후 또 있느냐, 현재 자신의 몸이 어떤 상태냐, 그래서 앞으로 어느 방향으로 얼마나 나아가야 하느냐, 한쪽 방향으로 나아가기만 하면 되는 거냐 아니면 한쪽 방향으로 나아가다 어느 시점에 반대 방향으로 나아가야 하느냐 (예. 증량 후 감량) 등등. 거기에 맞추기 위한 시작지점으로서의 자신의 몸이 어떤 상태며 앞으로 근육량, 체중, 체지방량, 체지방률 등에서 얼마의 변화를 이뤄내야 하느냐에 따라 이런 준비기간은 크게 달라질 수 있다.

보디빌딩 선수들은 시즌 첫 시합을 위해 평균적으로 3~4개월의 다이어트 기간을 갖겠지만, 선수에 따라서는, 그리고 때에 따라서는 그게 1개월이 될 수도 있고 6개월이 될 수도 있고, 심지어는 이 기간을 벗어나 그것보다 더 짧거나 길 수도 있다.

내 생애 첫 시합출전 시즌이었던 2008년, 나는 첫 시합 때까지 3~4개월의 다이어트를 했고, 그 기간 체중을 7kg을 줄였고, 그 첫 시합에서 다이어트 부족을 실감한 이후 1개월의 다이어틀 더 해 5kg을 더 줄일 수 있었다. 이후에도 나는 이렇게 3~4개월 정도 다이어트 한다고 생각하고 있었지만, 대부분의 경우, 다이어트가 충분히 되었다고 생각하고 시합출전을 할 수 있었던 경우는 거의 없었다. 내 체형이 내배엽성 중배엽형으로, 내 유전과 평소 탄수화물 위주의 식사를 하는 내 식습관상, 근육량보다는 체지방량이 더 느는 게 그 한 원인이었다.

어떤 선수는 6개월을 다이어트한다는 말을 수년 전 내가 들었을 때, 나는 그게 나와는 별 상관없는 일이라 생각했고, 그건 너무 심하지 않나 생각했으나, 꼭 그런 건 아니었다. 2015년, 나는 6월 1일에 다이어트를 시작해 12월 말에 최종 D데이로 삼은 사진촬영을 했으니, 비록 중간에 중간 D데이로 삼은 시합출전도 있었고, 여러 번의 다이어트 실패와 다이어트 휴식, 정체, 그래도 6개월이 넘는 기간, 적어도 증량으로 방향을 잡거나 체중이나 체지방량이 불어도 신경 쓰지 않아도 되는 게 아닌, 감량을 바라면서 지낸 시간이 6개월이 넘는 것이었다.

최근의 한 미스터 코리아는 중량급 선수로, 너무 허약해지지 않기 위해서라도 다이어트 기간을 너무 길게, 즉 3개월 이상으로는 잡지 말라고 권하는 것으로 보이는 것처럼, 시합 다이어트 기간은 결국은 선수 자신의 상태에 따라 달라질 수밖에 없고, 시합일정에 따라서도 달라질 수밖에 없는 것이다.

D-30

영양. 2014년 후반 저녁, 체련장에서 한 트레이너가 '어지럽다'며 말을 걸어왔다. 그는 키 185cm, 평소체중 110kg의 20대 남자 트레이너로, 그때로부터 1년여 전, 시합출전 5년차이던 내가 거울 앞에서 〈스쿼트〉인가 〈스탠딩 바벨 컬〉을 하고 있을 때, 내 등 뒤에서 나를 보고는 농담인 듯 진담인 듯 "아기네요, 저는. 회원님한테 비하니까요. 저도 좀 키워주세요." 했었다. 나는 시합에 대한 이런저런 얘기를 해주었고, 그는 이제 생애 첫 시합출전을 4주 남겨놓고 한참 다이어트를 하고 있던 중이었다. 출전신청해둔 체급은 −90kg급, 10kg을 감량해 당시 체중은 100kg이었다.

아놀드 백과. p752 대사의 감속

그: 어지러워요. 앉아 있다가 일어나다가 쓰러질 뻔했어요.
나: 기립성 저혈압이네요. 자세성 저혈압. 앉아 있다가 일어날 때 일시적으로 뇌 혈류가 줄어드는.
그: 다이어트 어떻게 하면 돼요?
나: 뭐가 제일 먹고 싶어요?
그: 불고기 비빔밥요.
나: 그럼 막 먹어요.
그: 운동하기 전에 먹어야겠죠?
나: 아뇨, 운동한 다음에 먹어야죠. 그래야 그 기대감으로 운동을 평소보다 더 오래, 더 열심히 할 것이고, 그렇게 근육을 소진시킨 후, 운동 후에는 과식하더라도 대부분의 탄수화물은 근육 내에 글리코겐 형태로 저장될 것이고, 단백질은 근육을 형성하는 데 쓰이겠죠. 그리고 달콤하거나 매콤한 것을 먹고 싶을지는 몰라도 짜거나 기름진 것을 먹고 싶은 것은 아닐 테니까, 그것을 기름진 것, 예를 들어, 삼겹살, 피자 같은 걸 먹고 싶은 것으로 오해하지 말고, 그리고 나트륨은 적게 먹어야죠. 샐러드바salad bar나 뷔페를 가서 과식해도 좋고요. 물론, 나트륨 적은 음식으로만 먹고, 다른 식당에 가더라도 나트륨 적게 쓰는 식당에 가거나, 맛없어도 좋으니 최대한 싱겁게 해달라고 주문해야죠. 아니면 집에서 고기 구워 먹어도 좋고요. 운동 전에 먹으면 그 대부분이 지방으로 저장되겠죠. 그리고 먹고 나면 몸이 무거워 운동 의욕도 떨어질 거고, 더구나 나트륨이라도 과잉으로 들어갔다가는 손도 붓고 몸도 부어 더더욱 운동 의욕이 떨어지고, 심하게는 단순히 나트륨 때문에 체중이 2~3kg 불 수도 있는데, 그러면 그 나트륨에 의한 수분정체 때문에 불어난 그 체중은 자연히 3~7일 후면 정상으로 돌아오겠지만, 그래도 다이어트 때는 체중의 그 숫자에 민감할 땐데, 그 숫자가 줄어드는 것만 보고 앞으로 나갈 땐데, 그 늘어난 체중 숫자 때문에 다이어트 의욕이 좌절되고... 그러니 나트륨은 피하는 게 좋고요. 물론, 나트륨 들어가 체중이 불어나도 오히려 자책감이 들어 물을 많이 마시면서 많은 유산소운동을 하는 등, 다이어트에 더 처절하게 임하게 되는 것도 결과적으로는 도움되지만요.

운동하기 전에 먹어도 된다. 그리고 평소에 나트륨 섭취를 제한해오지 않았다면, 이때 굳이 나트륨을 제한하지 않아도 된다. 다만, 내가 강조하고 싶었던 게 있어서 이런 주제로 말하기 시작한 것이고, 이후에도 대화는 더 이어졌는데, 그때 내가 강조한 것은 단 한 번의 과식에 그쳐야 한다는 것이다. 그리고 그러려면 한 번 먹을 때, 여한 없이 먹어야 한다는 것이다.

두 가지 방법이 있다. 힘없이 졸면서 트레드밀에서 걷거나 사이클을 타든가, 아니면 반대로 한 번 엄청나게 먹는 것이다. 그렇게 먹더라도 얼마나 먹겠는가. 다이어트를 수개월 해오면서 위 용적이 실제로 줄어들어, 한 번에 먹을 수 있는 양이 줄어든다 (의학적으로, 다이어트를 오래 한다고 해서 위 용적이 줄어드는 건 아니라고 하지만, 복부 피부가 줄어들었든 어쨌든, 내 경험상, 이전에 한 번에 잘 먹던 만큼 많이 먹을 수 없게 되는 건 분명한 사실이다). 과식하다가 위가 터지고 배가 터져 죽을 것처럼 고통스러울 수도 있다. 그래도 아까 말한 대로, 지방으로 먹고 싶을 것 같지는 않으므로, 그것을 착각해 지방으로 먹지 않고 탄수화물, 예를 들어 밥을 3그릇 먹든가, 고기를 엄청나게 먹든가 할 때, 그게 몇 칼로리 되겠는가? 흰쌀밥 3그릇 해봐야 탄수화물 210g, 900kcal 정도다. 소고기나 돼지고기 500g 먹는다 해도 단백질 125g, 지방 25g, 700~800kcal다. 더 먹어도 합계 2,000kcal 정도일 것이다. 다이어트 하고 있던 중 먹는 세 끼 분량 정도를 한 끼에 몰아 먹는 셈이다. 그리고 그 한 번 이후는 적게 먹으면 그날 하루조차도 어쩌면 전혀 초과하는 칼로리가 아니다 (이 부분을 다시 읽으며 교정 작업을 하고 있는 2016년 현재, 나는 한 패스트푸드 매장에서 아침 겸 점심으로 버거, 프렌치프라이, 콜라, 이렇게 해서 총 칼로리 1,200kcal 정도의 햄버거 세트를 먹으면서, 이런 것조차도 괜찮을 수 있다고 생각한다. 비록 나트륨 함량이 다소 되겠지만, 물 많이 마시고, 필요 시 커피도 좀 마셔주면 그 나트륨으로 인한 수분정체 정도는 다음날 아침 웨이트트레이닝에 그다지 방해되지 않게 할 수 있을지도 모른다. 그리고 아직 시합까지는 시간이 많이 남았다. 그리고 평소에도 잘 먹지 않고 시합 다이어트 기간에는 철저히 피해오던 튀김음식인 프렌치프라이의 지방(그중에서도 트랜스지방산) 함량이 신경 좀 쓰이지만, 비록 1시간의 유산소운동으로 소비할 수 있는 칼로리가 겨우 300kcal인 것과 비교하면 그 1,200kcal가 얼마나 큰가 느껴지지만, 또 그게 얼마나 되겠는가 싶다. 그 한 번의 식사로 행복해지고 그간의 정신적.신체적 긴장이 해소되고 이후 리듬을 흩트리지 않으면서 운동과 영양에 더 잘 임할 수 있게 된다면 말이다). 그리고 섭취한 탄수화물과 단백질 대부분은 근육으로 가서 글리코겐이 되거나 근육단백질이 될 것이다. 25g의 지방, 그리고 다 근육단백질로 전환되지 않은 일부의 단백질 중 일부는 탄수화물로(근육이나 간에 저장된다), 그리고 일부는 지방으로(간에 저장된다) 전환되어 저장될 것이다. 그 정도의 지방은 하루 정도에 일반적으로 건강하게 섭취할 수 있는 지방의 양까지도 미치지 않는 것이다 (70kg의 사람이 하루에 건강하게 섭취할 수 있는 지방의 양은 40g 정도로 돼 있다. 이 중 포화지방은 15g 이하로 제한하라는 단서가 붙기는 하지만). 샐러드바나 뷔페에 가는 것으로 해보자. 엄청나게 과식을 해보자. 앞에 말한 것의 2배를 먹는다고 가정해도 4,000kcal다. 나트륨이 과잉하게 들어가지 않았을 경우, 섭취한 전량이 지방으로 전환될 수도 없지만, 지방으로 전량 전환된다고 가정하더라도 체중(체지방) 0.5kg 정도에 해당하는 칼로리다. 1,500~2,000kcal는 기초대사량, 1,000~1,500kcal는 운동에 의한 칼로리 소비일 수 있고, 기껏해야 그날 하루에 1,000kcal가 초과했을 뿐이다. 이것은 이제껏 해오던 방식대로 할 때의 하루 다이어트로 줄이는 정도의 칼로리에 불과하다. 시합까지 4주가 남았을 때, 이 정도의 칼로리 과잉은 아무런 문제가 되지 않는다. 과식하더라도 대사율이 높아지고 운동에 대한 활력, 행복감이 더 커지거나, 아니면 반대로 자책감이나 자신에 대한 실망감에 대한 반대심리로 더 힘차고 더 강하고 더 오래 더 열심히 운동하거나 다이어트에 더 매진하게 될 수도 있다. 물론, 그 과정에 근육단백질 손실이 좀 있을지도 모르지만, 하루 120g의 탄수화물만 섭취하면서 연일 어지러워하거나 기립성 저혈압을 느끼는 것은 −90kg급 선수가 시합까지 4주나 남겨놓은 시점에 해야 할 유일하거나 최선의 방법은 아니다. 그 상태가 괴롭지 않고 견딜 만하면 괜찮은 방법이지만, 힘겹다면 한 번 제대로 먹어야 한다. 단, 그게 단 한 번에 그치게 하고, 그게 두 번, 세 번으로 연결되지 않게 하는 게 중요하다. 그러려면, 단 한 번 먹을 때, 원 없이 먹어야 한다. 적당히 먹으면, 몇 시간 후 또 그렇게 먹게 되고, 다음날 또 그렇게 먹게 된다. 결국은 시합 다이어트 실패로 귀결되고 심지어는 시합출전을 포기하게 될 수도 있다. 내가 2010 춘계 전국대회를 준비할 때 꼭 그랬다. 결국은 시합을 포기했다. 다이어트가 힘겨웠던 것도 아니었지만, 마음이 외로워 한 번 먹었다가, 충분히 배불리 먹지 않았던 탓인지, 이후도 계속 먹게 되었던 것이다.

그: 최고예요, 최고. 컨디션, 장난 아니에요.
역시 탄수화물 (부족) 때문이었나 봐요.

다음날 아침, 그가 체련장에서 나를 보자마자 한 말이다. 불고기 비빔밥 2인분에 밥 한 그릇 더 먹었단다. 불고기 2인분, 흰쌀밥 3인분인 셈. 얼굴만 약간 부었고 복부도 괜찮단다. 당연하지, 그게 얼마나 되는 양이라고. 100kg 체구에. 물론, 며칠 후 그는 또 어지러운지, 다이어트로 힘이 없어 보였다. 그러면 또 반복이다. 즉, 먹느냐 마느냐 그것이 문제로다!

결국, 그 (나에 비해 상대적으로) 어린 트레이너는 그 첫 시합출전을 무사히 완수해냈지만, 체련장 라커룸에서 그의 포징 뒷모습을 내가 사진 찍어 보여주고 포징 조언을 해주면서, 처음에 그렇게 커 보이고 다이어트로 곧 좋은 모양이 될 것 같았던 그 몸이 몸 자체로나 포징 자체로나 전혀 인상적이지 않다는 걸 확인하면서, 과거의 나를 포함해, 역시 그런 게 대부분의 선수(또는 트레이너)의 첫 시합출전 모습일 수밖에 없다는 걸 확인하게 되었지만.

태닝과 포징 연습. 태닝은, 필요하다면, 시합 한 달쯤 전부터는 시작해야 한다. 그리고 포징 연습은 아무리 일찍 시작해도, 아무리 많이 해도 부족하기 마련이다. 일찍 시작할수록 좋고 많이 할수록 좋지만, 시작할 때부터 포징 원리를 알고 특정 신체부위·근육이 아니라 전신을 빠짐없이 총체적으로 점검하는 습관을 들이는 게 가장 중요하다.

그러기 위해서는 항상 선수복 복장에 최대한 가까운 상태로 포징 연습을 하고, 무대 아래쪽에 있을 심판들을 위해 시선과 몸통을 아래로 향하게 해야 한다. 특히 빠뜨리기 쉬운 게, 종아리를 살리는 것이다. 이는 측면 포즈와 후면 포즈에서뿐 아니라 전면 포즈에서도, 그만큼까지는 아니더라도 여전히 중요하다. 그리고 전면 포즈에서는 대퇴 전면의 근육분리를, 그리고 후면 포즈에서는 대퇴 후면의 근육분리를 만들어내거나 유지하는 것이다. 코어 포징은 전면 포즈에서도 중요하고 (복부 배큠이든 크런칭이든 사이드 크런칭이든), 측면 포즈에서도 중요하고 (골반을 앞으로 당길지 엉덩이를 뒤로 내밀지, 그리고 복부 배큠을 할지, 크런칭이나 사이드 크런칭을 할지), 후면 포즈에서도 중요하다 (골반을 앞으로 당길지 엉덩이를 뒤로 내밀지). 모든 포징은 기본적으로 발끝에서 (특히 측면 포즈에서는 손끝에서도) 시작해, 머리끝, 턱끝, 손끝에서 끝난다는 점을 명심하는 게 좋다. 포징을 마무리하면서 마지막에 꼭 신경 써야 할 게 복부다. 나는 〈복근과 대퇴 포즈〉, 스탠딩 〈최고 근육질 포즈〉에서 주로 크런칭을 해온 편이지만, 크런칭 없는 플렉싱이 일반적으로 권장되고, 이 부분을 정리하고 있는 2016년 현재, 나 역시 앞으로는, 특히 스탠딩 〈최고 근육질 포즈〉에서 조금도 복부 크런칭을 하지 않고, 정수리 위치가 거의 낮아지지 않게 유지하면서, 복부 플렉싱만 하거나, 거기에 더해 약간의 복부 배큠을 더하는 쪽으로 해야겠다고 생각하며, 거울 앞에서 그렇게 연습하고 있다. 하체와 상체 역시 단순히 포징에만 그치는 게 아니라, 각각 최적의 포징(전체적인 모습) 상태에서 대퇴와 종아리, 상완과 전완에 최대한의 플렉싱을 가해야겠다는 것이다. 표정을 편안하고 밝게 유지하는 것도 잊지 말자. 항상 유념하면서도, 내게도 쉽지 않은 것이지만.

운동. 별로 다를 것 없이, 해오던 운동을 거의 그대로 한다. 체지방이 걷히기 시작하면서, 웨이트트레이닝 시, 이전과 같은 운동이라도 근육이 더 단단하게 펌프되고 자극이 더 깊이 느껴진다. 특별하게 상급훈련수칙을 굳이 동원하려고 하지 않더라도 자연적으로 어느 정도는 그런 수칙을 활용하게끔 근육의 조건형성이 변한다. 체지방이 걷히면서 가동범위가 자연히 더 넓어져 타깃 근육에의 자극집중이 향상되기도 하고, 동작범위를 더 좁게 가져가면서도 더 나은 자극을 근육에 가할 수 있게도 된다. 체지방이 어느 정도 걷혔으므로, 집에서나 체련장에서나 〈바닥 크런치 시리즈〉(복근), 〈로프 풀다운〉(전거근) 같은 디테일에 관한 코어 운동이 본격적으로 시작될 수 있고, 이들 운동은 이때 하는 게 훨씬 더 효과적이기도 하다.

D-7

아놀드 백과. p685 시합에 맞춰 절정에 이르기, p751 고갈, p767 마지막 주 / "고갈", p768 카빙업, p749 모양을 갖추기 위해 모양을 갖추고 있기, p771 훈련, 포징, 그리고 다이어트, p735 유산소운동은 얼마나 할 것인가?, 754 유산소운동을 너무 많이 하는 것은 피하기, p714 물, p768 수분 감량

커팅이냐 로딩이냐 그냥 그대로 가느냐. 크게 두 가지가 있다. 이전처럼 다이어트를 계속하느냐, 아니면 다이어트를 멈추느냐. D-7부터 D-1까지는 D-1이나 D데이만큼이나 특히 영양에서 절대적으로 중요한 차이를 내는 기간이다. 이전까지 다이어트를 아주 잘 해왔다 하더라도 시합 일주일 전부터 영양을 어느 방향으로 잡아서 하느냐에 따라 시합무대에서의 모습이 크게 달라진다 (아놀드 백과: p685 시합에 맞춰 절정에 이르기, p751 고갈, p767 마지막 주 / "고갈", p768 카빙업).

나는 아놀드 백과의 이 관련 부분을 아주 인상 깊게 읽었고 항상 유념하고 있었지만, 다이어트를 충분히 일찍 끝내고 내 시합체중에 맞추지 못한 상태였기 때문이거나 다이어트를 더 해서 피부를 더 얇게 만들어보고자 했기 때문에, 시합에서는 결과적으로 다 거의 반대로 하면서 당연히 많은 시행착오를 경험하면서 아놀드 백과의 그 말들이 역시 진리였다는 걸 뒤늦게 다시 깨달았다. 나는 당신도 그대로 믿고 따르기를 권한다. 실제로도 꼭 그렇게 할 있도록 다이어트 계획을 잘 세우도록 하자. 그리고 비시즌에, 즉 시합 다이어트를 시작하기 전에, 불필요하게 체지방을 많이 쌓아두지 않는 것도 그 한 방법이 된다 (아놀드 백과: p749 모양을 갖추기 위해 모양을 갖추고 있기).

다이어트만 충분히 됐다면, 필요 시 한 체급 월체도 가능할 수 있다는 사실로, 이제 (필요하면 사전 고갈 작업을 포함해) 로딩 작업을 고려할 때가 되었고, 수분조절 역시 이 시점부터는 진지하게 접근해야 한다. 다이어트가 불충분하다면, 월체의 가능성도 염두에 두면서, 계속 다이어트를 할 것인지, 다이어트는 중단하고 로딩 쪽으로 갈지, 아니면 아예 그런 고려 없이, 지금껏 해오던 그대로 시합 때까지 계속 그렇게 갈 것인지, 자신의 상황에 맞게 선택해야 할 시점이다. 만약, 생애 첫 시합출전이라면, 중도에 포기하지 않고, 어떤 몸 상태로든, 시합출전을 끝까지 완수하는 게 가장 바람직할 것이다. 다음을 위해서라도. 자신의 첫 시합이 될 뻔했던 그 시합에 중도에 출전을 포기하면서도 그 시합장에 가보게 되는 경우에는, '역시 중간에 포기하지 않고 끝까지 다이어트할 걸.' 또는 '당시의 아무리 부실한 몸으로라도 일단은 출전해볼 걸.' 하는 생각이 드는 경우가 대부분이기 때문이다.

고갈. 내 생애 첫 시합출전 시즌 둘째 시합(이었지 싶다), 나는 시합(토요일이나 일요일) 전, 선수 경력이 있던 트레이너의 조언에 따라, 탄수화물로는 월요일에는 감자(200g짜리라고 한다면) 셋, 화요일에는 감자 둘, 수요일에는 감자 하나 정도만 먹었다. 그것은 하루 탄수화물을 겨우 각각 60, 40, 20g 남짓만 섭취한 것이라 할 수 있다. 그게 나로서는 고갈을 위한 것이었다. 앞에서 살펴봤듯이, 그게 체중조절에는 도움되었겠지만 로딩에는 실제로 얼마나 도움되는 것인지는 알 수 없다. 더구나 하루 최소 필요량이라 할 수 있는 탄수화물 섭취량 (일반인에게는 체중 kg당 극단적 최소 1g. 그러나 안전하게 보자면 일반인에게도 체중 1kg당 최소 1.5g. 그리고 매일 규칙적으로 시합 훈련을 해온 보디빌딩 선수에게는 체중 kg당 최소 2g)에 훨씬 못 미치는 것이고, 그 탄수화물 섭취 부족분은 거의 근육단백질을 분해해 인체는 그 에너지원을 충당하므로, 그 며칠 동안 하루 수백 g의 근육단백질 손실이 있었을 것이다. 결국, 이런 극단적인 고갈 과정은 그 근육단백질 손실로 인한 근육 부피 감소에, 근내 탄수화물 저장을 위한 근육단백질 자체가 줄어들어 로딩에도 불리하게 작용할 수 있을 것이다. 그래서 내 기준으로 얘기하자면, 의도적인 고갈 단계라 하더라도 체중 kg당 1.5g에 못 미치는 하루 탄수화물 섭취량은 오히려 역효과일 가능성이 크다는 것이다.

피부착색제. 피부착색제는, 필요하다면, 시합 일주일쯤 전부터 고려하게 되는데, 정상급 선수 중에도 사전 태닝 작업 전혀 없이, 시합 전날 단 한 번만 바르거나 시합 당일 현장에서 단 한 번 바르면서도 나만큼이나 하얀 수준에서 시합무대에 딱 맞을 정도로까지 변신하는 경우도 있다. 피부착색제의 최적의 적용 시기, 횟수, 방법은 제품에 따라, 그리고 선수의 피부색에 따라, 그리고 선수나 지원군의 경험이나 노하우에 따라, 달라질 수밖에 없는 부분이다.

포징 연습. 포징 연습은 이전처럼 하면 된다.

운동. 운동도 크게 달라지지는 않는다. 다만, 웨이트트레이닝은 좀 더 다양한 운동으로 더 오랜 시간 하고 있을 것이고, 유산소운동은 거의 매일 하고 있을 것이다. 다이어트를 위한 유산소운동만을 위해 체련장을 따로 찾을 수도 있고, 그게 아니라도 웨이트트레이닝 후, 비시즌이라면 기분에 따라 할 때도 아닐 때도 있던 유산소운동을, 이제는 거의 꼬박꼬박 챙겨 하고 있을 수도 있다. 신체부위별로 모두 다 충분히 쳐주면서hit 웨이트트레이닝을 잘 해왔으면, 어느 날은 '오늘은 어느 부위 운동해줘야 하나?' 싶을 수도 있다. 전신 로테이션을 빨리 돌리고 있다 보니, 마치 전 과목을 고루 공부해온 고3이 시험을 며칠 앞두고 오늘은 어느 과목을 좀 더 공부해볼까 생각하면서 마땅히 해야 할 과목이 딱히 없는 것처럼, 딱히 어느 신체부위, 어느 근육을 그날 운동시켜야 좋을지 모르겠다는, 다소 즐거운 기분이 드는 것이다 (아놀드 백과: p771 훈련, 포징, 그리고 다이어트).

물론, 유산소운동을 너무 많이 하거나, 웨이트트레이닝 직후에, 즉 근육 글리코겐이 거의 소진된 상태에서, 추가의 칼로리 섭취 없이, 연이어 유산소운동을 하는 것은 가급적 피하라는 말도 중요하다 (아놀드 백과: p735 유산소운동은 얼마나 할 것인가?, 754 유산소운동을 너무 많이 하는 것은 피하기).

수분조절. 수분조절도 앞에 말한, 커팅이냐 로딩이냐 그냥 그대로 가느냐 했던 로딩과 그 시기와 개념이 비슷하고, 어떤 면에서는 별개이며 어떤 면에서는 상호 의존적이라고 할 수도 있는데, 로딩만 하고 수분조절은 하지 않거나 로딩은 하지 않고 수분조절만 한다고 생각할 수도 있고, 이 둘을 전혀 하지 않거나 이 둘을 모두 한다고 생각할 수도 있으며, 어느 한쪽만 한다고 하더라도 그 한쪽이 다른 한쪽에 영향을 미치는 면도 있기 때문이다. (사전 고갈을 포함하든 아니든) 로딩과 마찬가지로, 시합 또는 기타 D데이가 토요일이나 일요일이라면, 그 직전 토요일, 일요일, 아니면 늦어도 월요일부터는, 아니면 아무리 늦어도 수요일이나 목요일부터는 (로딩과 함께) 수분조절에 대해서도 진지하게 접근해야 한다 (아놀드 백과: p714 물, p768 수분 감량).

수분조절을 하기로 했다면, 예들 들어, 토요일이나 일요일이 시합이라면, 적어도 그 전 일요일이나 월요일부터는 물을 충분히 마셔 (물을 충분히 마시는 가장 확실한 방법 중 하나는 체련장에서 열심히 운동하는 것이다), 체내에 과잉할지도 모를 나트륨을 충분히 빼주는 것이다. 나는 평소에 하루 1L 정도의 물을 마시는 것 같은데, 수년 전, 내가 이 시기에 이 목적으로 한참 마실 때는 하루 4L를 마셨는데 (그날 밤, 소변배출을 위해, 자다가 깨면서 열 번 넘게 화장실을 들락날락해야 했다), 당시에 같은 체련장에서 코리아 대회를 준비하던 −90kg급의 한 선수는 내 질문에 하루 12L를 마시고 있다고 말했다 (그러면서도 나트륨 섭취를 최소화하기 위해, 계란 같은, 나트륨이 다소 포함돼 있는 편인 음식은 전혀 섭취하지 않는다고 했다).

평소에도 나트륨 섭취를 어느 정도든 제한해왔고 시합에서도 수분조절을 할 거라면, 이제는 체내에 나트륨이 과잉하지 않은 상태인지 확실히 해야 한다. 기상 때부터 취침 때까지 한 순간도 손, 발, 얼굴 등에 부종이 보이지 않고 피부가 얇고 가볍게 느껴지는 것만으로도 어느 정도 나트륨이 과잉하지 않은 상태라 할 수 있지만, 운동 시는 물론이고 사우나에서 격렬하게 땀을 흘릴 때조차 얼굴에 흐르는 땀이 눈에 들어가 눈이 따갑거나 입에 들어가 짜게 느껴지지 않을 때 (땀은 격렬히 흐를 때 그 땀 속 나트륨 함량이 가장 높게 되는데, 땀이 땀샘에서 만들어져 피부 외로 나오기까지의 그 도관$_{duct}$ 내에서 나트륨이 도관 외로, 즉 체내로 충분히 재흡수되기에는 땀의 유속이 너무 빠르기 때문이다. 그래서 땀을 격렬히 흘릴 때조차 피부 외로 나온 그 땀의 나트륨 함량이 적다면, 이미 체내 나트륨은 절대로 과잉하지 않다는 걸 알 수 있다), 그리고 그게 반복적일 때, 비로소 나트륨이 충분히 빠진 상태라 확신할 수 있다. 그래서 사우나는 나트륨 배출을 돕는 데, 그리고 그걸 확인하는 데 도움된다.

나트륨 함량을 정확히 알 수 없거나 통제할 수 없는 음식, 특히 가공식품, 제과제빵류, 즉석조리식품 같은 것은 이전에도 가급적 피해왔겠지만, 이제는 거의 절대적으로 피하는 게 좋은데, 나트륨 함량을 정확히 알 수 없는 손톱크기만큼의 소량의 음식이라도 자칫하면 상당한 수분정체로 이어질 수 있다. 나트륨 1g이 갑자기 체내에 들어오면 즉시 시작해 한동안 지속되는 수분정체 1kg으로 이어질 수 있다.

D-3

로딩과 수분조절. 시합 컨디셔닝에서 가장 중요한 것이라 할 수 있는 것인 로딩과 수분조절 측면에서, 시합 당일 거의 못지않게 중요한 게 시합 전날이고, 시합 전날 거의 못지않게 중요한 게 시합 전 사흘간이고, 여기에 대해서는 이미 앞에서 다소 길게 다뤘다. 그 모든 내용과 아놀드 백과에서의 관련 부분을 참고해, 자신은 어떤 방식이 자신의 상황에 맞는지 선택하면 될 것이다. 즉 탄수화물(정확히 흰쌀밥인지 바나나인지, 그리고 얼마의 수분함량의 어떤 형태의 음식인지), 단백질, 물을 언제 얼마나 섭취할지 하는 것 말이다. 아무리 손톱만한 크기의 음식이라도, 평소에 잘 알고 있던 음식이 아니어서 나트륨 함량 알 수 없으면 주의할 필요가 있다. 시합체중을 맞추거나 수분조절 차원에서 사우나를 이용하는 것도 도움될 수 있다.

시합 다이어트를 잘해왔다면, 정상적으로는 아주 행복한 시간이어야 한다. 그간 굶주렸던 탄수화물 음식을 마음껏 먹을 수 있는 기간이기 때문이다. 바나나는 물론이고, 혈당지수 낮은 탄수화물 음식은 거의 마음껏 먹어도 된다. 내 생애 첫 시합출전 시즌, 2008 광명시 대회를 며칠 앞두고 나는 친한 선수 겸 트레이너로부터, 바나나를 많이 먹어도 된다는, 이제 행복한 시간이라는 말을 듣고서도, 그간의 다이어트에 오히려 해가 될까 해서 바나나를 충분히 먹지는 못했다. 그래서 그렇게 행복한 기간도 아니었다. 그러나 바나나 한

송이, 그것도 비교적 큰 것으로 하더라도 바나나 하나 200g짜리일 때 (그리고 껍질이 많이 마르지 않은, 흔히 유통되는 정도로 익은 경우), 거기에는 과실부(가식부. 먹을 수 있는 부분)가 120g쯤 되고, 그 과실부의 25% 정도가 탄수화물이어서, 여기에는 탄수화물이 30g쯤 들어있고, 탄수화물을 바나나로만 섭취한다면 10개를 먹어도 겨우 탄수화물 300g, 1,200kcal에 지나지 않는다. 로딩은커녕, 운동 전혀 하지 않는 일반 성인의 하루 권장 탄수화물 섭취량에도 못 미치는 수준이다. 나는 그때, 너무 적게 먹었던 것이다. 그렇다고 이후 시합 전에는 잘 먹었느냐 하면 그런 적도 거의 없었다. 여전히 다이어트에 대한 생각이 강했고, 이런 로딩이나 로딩 비슷하게라도 맞아들어갈 논리적인 섭취량 계산은 해보지 않았기 때문이다. 그것은 다이어트를 충분히 일찍 끝낸 적이 거의 없기 때문이기도 하고, 다이어트를 나름 잘했어도, 로딩과 수분조절에 대해 여전히 잘못 이해하고 있었기 때문이기도 하다.

운동과 포징 연습. 로딩, 수분조절과 마찬가지로, 운동 역시, 그것도 웨이트 트레이닝과 유산소운동 각각, 얼마의 시간 얼마의 강도로 할 것인지, 즉 더 할 것인지 덜 할 것인지, 더 강도 높게 할 것인지 아주 낮은 강도로 할 것인지, 아예 운동을 완전히 쉬듯 할 것인지, 그러면서 포징 연습만 할 것인지 하는 것은 단 하나의 정답이 있는 게 아니다. 선수마다 더 상급자의 경험과 조언을 참고해 그것을 자신의 몸에 적용해보고 자신에게 맞는 것을 찾아가야 하는 사안일 것이다.

D–1

아놀드 백과. p771 전날 밤

드디어 시합 전날이다. 이때는 거의 제정신이 아닐 수 있다. 수개월간 다이어트도 해온 데다, 시합 전 마지막 날인 이 하루를 어떻게 보내야 잘 보내는 것일까 생각이 복잡하기 때문이다. 음식은 무엇을 얼마나 어떻게 먹고 물은 언제 얼마나 섭취하고 언제부터 섭취를 아예 중단할까, 자기 전까지 체중은 어떻고 내일 아침 체중은 어떻게 될까, 웨이트트레이닝은 어느 신체부위·근육을 어떤 운동으로 얼마 동안 어떤 강도로 할까, 유산소운동은 또 어떻게 할까, 포징 연습을 할까, 아니면 그냥 쉴까 등, 컬러링은 어떻게 해야 할까, 어느 것 하나 마음 편하게, 그것도 정답이나 확신을 갖고 선택하는 게 아닐 수 있다. 선수복, 콘택트렌즈(필요 시), 신분증(필요 시), 출전료(필요 시), 펌핑 도구, 필요할지 모르는 컬러링 및 오일링 제품, 시합 당일 아침부터 경기를 마칠 때까지의 음식과 음료수, 계측 후 대기시간 동안의 거의 완전한 휴식, 특히 수면을 위해 바닥에 깔 것과 덮을 것 등, 모든 게 제대로 준비되었는지 확실히 해둬야 한다.

아놀드 백과에서도 강조했듯이, 그리고 내가 전혀 그러지 못한 것으로, 시합 전날 사실상 가장 중요한 것은, 별난 것은 전혀 하지 않고, 거의 평소 그대로 행동하는 것이다. 물론, 나트륨과 물 섭취에만 주의하면서, 위나 장에 부담될 어떤 음식도 새로이 시도하지 않으면서, 마음 편하게 하루를 보내는 게 가장 중요할 것이다.

D데이

영양. 2008 광명시 대회 당일, 나는 오전 10시 계체에 체중 64.75kg으로 통과하고는 바나나, 빵, 이온음료 등을 마음껏 섭취했다. 그러다 보니 피하에 수분이 찼는지 금세 복부 식스팩의 윤곽이 덜 선명해졌다. 이로써 수고스럽게 시합체중에 맞추고 계체에 무사통과 했다고 해서 안도감에 마구 먹어서는 안 된다는 걸 시행착오를 통해 깨닫게 되었다. 그리고 탄수화물로 채우는 것은 몰라도 수분은 더더욱 안 된다는 걸 깨달았다. 다음번 시합에서는 시합 전에 더 많은 시간 더 철저한 수분조절이 필요하겠고 계체를 통과한 다음에는 마른 탄수화물만 섭취해야 한다는 걸 깨달았다.

아놀드 백과. p772 경기 당일 아침 / 예비심사와 나이트 쇼 사이, p773 경기를 마치고

시합에서 체급 1위를 하고 기쁜 나머지 시합을 마치고는 샐러드 바에서 각종 짜고 고지방 고탄수화물 음식으로 배가 터지도록 먹고 힘들어 잠들고서는 다시 새벽에 깨어나 빵과 우유, 두유, 주스 등으로 다시 배를 채우고 아침에 헬스클럽에 들러 체중을 재보니 68.15로 하룻밤 사이에 3kg이 넘게 불어 있었다. 물론 어제의 과도한 음식, 염분, 수분 섭취로 인해 1kg 정도는 글리코겐과 체지방(특히 내장지방)으로 저장된 것일 테고 나머지 2kg 정도가 염분 및 수분으로 인한 피하수분의 증가일 것이다. 그리고는 다시 점심때가 되어 밥과 함께 우유, 주스, 두유, 닭다리, 닭가슴살 등 또 한 번 배부르게 먹었는데, 얼마 지나지 않아 피부가 마르고 따갑고 갈라지는 느낌이 들어 피부를 살피니 뱃살 쪽에서 그동안 수분조절로 얇아지고 수축했던 피부가 수분정체로 늘어나면서 피부 각질층이 갈라지는 것이었다. 거울을 보니 이미 식스팩이 둔해지고 있었다.

시합 반성을 했다. 시합 전날까지의 체중조절, 다이어트, 수분조절, 이 모든 게 부족했다고 반성했다 (그러나 앞에서 설명했듯이, 피하지방을 충분히 걷어내지 못한 상태에서의 수분조절은 피부를 얇게 만들겠다는 희망사항에 어긋나게 피부를 전혀 얇게 하지 못하면서, 탈수로 근육은 납작하게 만들고 오히려 피하 수분정체를 일으킬 수 있다. 그때의 수분조절은 체중을 맞추기(줄이기) 위한 방법밖에는 되지 않는다. 그래서 충분히 일찍, 가급적 시합 일주일 전에 시합체중을 맞추고 피하지방을 충분히 걷어내야 로딩이든 수분조절이든 자신에게 유리하게 선택하고 제대로, 충분히 해볼 수 있는 것이다). 그리고 시합 당일 계체 후는, 체중 맞췄다고, 그리고 계체를 통과했다고 해서 수분조절이 끝난 게 아니라 시합을 마칠 때까지 수분조절(수분섭취 제한)을 계속해야 한다고 반성했다 (그러나 이 역시도 잘못이다. 아놀드 백과에서도 강조한 것을 나는 잘 알고 있었지만, 실제로 내 시합에서는 어떻게 하면 조금이라도 피부를 얇게 만들 수 있을까 하는 나름의 이런저런 생각으로, 이후에는 반대로, 경기 직전까지 물이나 기타 음료를 한 모금도 마시지 않고 오후 2~5시에 열리는 내 체급 경기에 출전했으니, 전날 오후 6시쯤부터 수분섭취를 제한한 걸 생각하면 거의 24시간을 (다른 음식에 포함된 약간의 수분은 섭취했겠지만) 탈수 상태로 지내온 것인 경우도 흔히 있었다). 그리고 다음 시합인 강서구 대회를 위해 새로운 계획을 세웠다. 시합 전 월요일부터 시합 때까지 나트륨은 계속 제한하고 시합 전 사흘간 수분섭취를 완전히 제로로 하는 것이었다 (이

미 말했듯이, 그리고 아놀드 백과에서 강조하는 걸 나는 잘 알고 있었음에도 이번에도 그것과는 완전히 반대로 계획하고, 그대로 했다. 탄수화물 섭취도 시합 전 일, 월, 화요일에 각각 100, 50, 0g으로 줄이겠다는 계획을 세웠으니, 앞에서 말한 대로, 이 얼마나 '잘못된 방향의 반성'인가. 물론, 정상급 선수 중에도 일주일간 수분섭취를 제로로 했다고 하는데 엄청난 모습을 보여준 경우도 있지만).

D데이, 즉 시합 당일 아침부터 경기 마칠 때까지, 특히 피하거나 제한해야 할 것 같은 음식·식품·영양성분이 있다. 위에 자극적인 음식 (맵거나 짠 음식)은 물론이고, 장 내에서 가스를 발생시키기 쉬운 음식, 즉 섬유질 함량 높은 음식 (채소, 우유, 유제품, 해조류, 과일 등)은 복부를 부풀게 해 복부가 불편해질 뿐 아니라 이완 시나 포징 시 복부의 모습을 악화시킬 수 있다. 시합장에 판촉 부스를 차리고 있는 닭가슴살 제품, 우유에 탄 단백질·탄수화물 파우더, 기타 시식·시음 행사 식음료는 위나 장에 익숙하지 않아 위나 장을 불편하게 하거나 위나 장에 가스가 차게 하거나 복통이나 설사를 유발할 수도 있고, 거기까지는 아니더라도 전날까지의 다이어트에 대한 해방감과 보상심리, 행복감과 방심, 시합장에서의 긴장감을 억제하려는 기전 등으로 많이 섭취하게 되는 경향이 있고, 그러다 보면, 자신도 모르게 그것이 단순히 위를 채우고 제때 배출되지 않음으로써 복부가 굵어 보이게 되고, 피부에 수분이 차 두꺼워지기도 한다. 카페인은 수분배출을 자극해 탈수를 일으켜 근내 수분저장을 줄여 근육을 납작하게, 그리고 동시에 피하 수분정체를 일으켜 피부를 두껍게 하고, 수십 g 이상 과량의 당류[단순당](단당류, 이당류)는 피하 수분정체를 일으킬 수 있다.

콘택트렌즈. 시합무대에서는 원칙상으로나 효과상으로나 안경을 껴서는 안 되기 때문에, 필요 시 콘택트렌즈를 끼게 된다. 평소에는 안경만 끼는 나 같은, 콘택트렌즈 착용에 익숙하지 않은 선수는 시합장으로 출발하기 전이나 시합장에 도착 후 가급적 일찍 착용하는 게 좋다. 시합장에서 화장실 거울 등을 보며 콘택트렌즈를 착용하는 데 시간상으로나 심리상으로 쫓길 수 있고, 갑자기 콘택트렌즈를 끼면 어색하고 모든 사물과 다른 선수가 커 보이거나 다른 선수의 몸이 좋아 보이는 경향이 강하기 때문에, 여기에 적응하는 시간도 필요하기 때문이다.

관찰과 기록: 체중 측정, 체성분 측정, 사진촬영. 시합 당일, 나는 흔히 오전 6시 (내가 이용하는 체련장이 문 여는 시각이다)에 체련장에 들러 체중을 재고 체성분 측정을 한다. 체중 측정을 하는 것은 내가 몇 시간 후 있을 계측 전까지 얼마를 먹을 수 있는지, 그래서 탄수화물 로딩에 얼마나 도움되게 할 수 있는지, 아니면 이와는 반대로, 내가 얼마를 안 먹고 얼마를 뺌으로써 계측에서 내 출전신청 체급에 체중을 맞출 수 있는지, 정확히 알고자 함이다. 체성분 측정은 순전히 기록, 그리고 이전과의 비교를 위한 것이다. 이때 주로 비교하고자 하는 것은 체지방률이다. 물론, 체지방률이 몸을 대변해주지는 않지만. 그리고 이때의 체지방률은 대부분은 전날보다 약간 높아진 것일 텐데,

수분조절로 인해 체지방률 계산식에서 분모가 약간 작아지기 때문이다.

나는 시합 당일에도 이렇게 체련장은 물론이고 시합장에까지 내 훈련일지를 가져가, 알게 된 것, 느낀 것 등을 모두 기록하는 경우도 있었는데, 아놀드도 물론 그랬다고 하고, 광태도 그랬다고 한다. 시합 당일에도 여러 과정에서 많은 실험이나 시행착오를 하면서 그걸 다음에 참고하기 위해 적어두는 것이다. 물론, 훈련일지를 분실하지 않도록, 주로 메모지로 대신하면서 말이다.

계측과 월체. 본 경기가 있기 몇 시간 전, 시합요강에 적힌 시각에, 선수들은 체급별로 계측하게 된다. 자신의 계측 순서를 놓쳐 시합출전을 못 하게 되는 경우도 있다는 걸 유의해야 한다.

대기시간. 계측 후 본 경기까지는 대부분은 무언가를 좀 먹고, 휴식이나 수면을 취하게 된다. 그게 최선이라 생각된다. 나는 그간 대부분은 시식이나 하면서, 내 음식은 먹더라도 조심하면서 적게 먹으면서, 시합장 분위기나 선수들과의 만남이나 얘기를 즐기는 등, 수면 같은 완전한 휴식을 취하지도 못했는데, 이건 시합무대에서의 경기력을 위해서는 가장 별로인 방법인 것 같다.

컬러크림, 포징 오일, 정맥확장제. 컬러크림, 정맥확장제(흔히 '핫스터프'로 대표된다)는 물론이고 포징 오일조차도 당일 현장에서 사용해서는 안 된다고 하는 경우도 있다. 주최 측에서 비닐 막과 테이프로 아무리 선수들의 무대 밖 주요 동선을 따라 경기장 시설에 이들 제품이 묻지 않게 최선을 다하더라도 사실상 이를 완전히 막을 수는 없다 보니, 차후 그 경기장을 다시 빌리기 어려워지기 때문인 게 주 이유이고, 심판들이 선수들의 몸을 광택이 없는 상태로 비교심사 하고자 하기 위해서일 때도 있다.

그러나 시합요강상 그렇든 현장에서 그렇게 주의를 받든, 선수들은 거기에 아랑곳하지 않기도 한다. 당신이 선수로서 그런 상황에 처한다면, 처음에는 철저히 따랐고 그다음에는 요령껏 하게 됐던 내 경험상, 각자 잘 알아서 해야 할 사안이라고 말해주겠다. 어차피 명확히 금지하는 게 아니라면, 다른 선수들이 하는 것을 비슷하게 따라 함으로써, 괜히 심사에서 선의의 피해를 당하지 않는 쪽을 나는 권하겠다. 물론, 당신이 이런 컬러링과 오일링에서 어느 정도 잘할 수 있다면, 즉 이런 컬러링과 오일링이 과하거나 부적절해 보이지 않으면서 당신에게 확실히 도움되는 쪽으로 할 수 있다면 말이다.

펌핑과 포징. 대퇴 후면에 대해서는 잘 모르겠지만, 대퇴 전면은 펌핑을 하지 않는 게, 근육분리 면에서 일반적으로 유리하다 (가끔 레벨 높지 않은 선수 중에는 〈쪼그려앉기〉를 하는 경우도 있지만, 몰라서 그러리라 싶다. 봉공근을 위한 특별한 동작이라면 도움될지도 모르지만). 펌핑을 과하게 함으로써 오히려 포징이 잘 안 되거나 근육연축, 근육경련을 일으킬 수도 있다 (시합에 따른 정신적 긴장, 수분조절 등으로 근육경련, 근육연축이 일어나기 쉽다).

그리고 그 이후

시합 이후 체지방량을 중심으로 한 건강·심미의 변화. 시합을 마치면, 나는 그날 저녁부터 며칠간은 폭식·과식을 하게 되는 게 일반적이었다. 때에 따라 다르지만, 이런 폭식·과식은 시합결과에 대한 만족감, 그간의 수고에 대한 보상심리 등으로, 또는 그간의(일반적으로 수개월간의) 다이어트로 인한 박탈감, 시합결과에 대한 실망감 등으로, 특히 시합 직전 며칠간의 (탄수화물) 로딩 기간을 제대로 갖지 못하거나 로딩 기간이라고 생각하면서도 그 로딩이 충분하지 않았을 때 더욱 그런 경향이 있었다. 내 생애 첫 시합출전 시즌이었던 2008년에는 시합을 마치고 아주 잘 먹어서 체중이 하루 만에 3kg이 늘고 사흘 동안 자제하지 않고 먹어서 5kg이나 늘었다. 큰 선수는 일주일에 10kg 이상 늘기도 한다고 들었다.

2015년에 나는 꼭 그렇지도 않았는데도, 즉 그간 그다지 박탈당하지 않았기 때문에 시합 직후 폭식·과식을 하고 싶어지지도 않았지만, 그런 기간은 정신적으로나 신체적으로 다시 다이어트를 시작하기 위해 꼭 필요한 것인지도 모른다는 생각으로 위안하면서, 그간의 다이어트를 끝낸다는, 즉 맺고 끊는다는 것을 몸과 마음에 확실히 각인시키기 위해 그렇게 했고, 그래서 체중이 사흘에 3kg 늘고 일주일에 5kg 늘었다. 이는 시합 직후 초기의 체중증가 정도가 2008년에 비해 조금 덜해진 것이다. 그래도 2007년부터 2016년 초 현재까지 오면서, 다이어트 시작 직전 체중, 시합체중, 시합 며칠 후 체중 등에서의 차이가, 해가 갈수록 줄어드는 경향이 있었는데, 그것은 다이어트 시작 전에도 시합 때에도 이전보다 더 나은 모양의 몸 상태와 병행하는 것이며, 시합 직후에도 급작스럽거나 연속적인 이런 폭식·과식의 경향이 약해지면서, 운동과 영양에서 보디빌더 본연의 모습에 조금씩이나마 가까워지는 것 같다.

시합 후, 이런 폭식·과식이 보디빌딩 시합출전의 필수요소 또는 도움되는 요소라고 인정한다 하더라도, 몸에 무리를 주는 게 아닌지, 이런 과정을 반복하는 게 무엇보다도 혈관 건강에는 어떤 악영향이 있지는 않을지, 건강 문제에 대해 다시금 생각하게 된다. 또한, 단기간의 체지방량 증가로 지방세포 수 자체가 늘어나 장기적으로 거의 비가역적으로 심미와 건강에 해로운 요소가 되지는 않을지, 그러나 그간 10kg 넘게 감량하면서 혈관이 건강해졌지, 며칠간의 폭식·과식이 결코 혈관에 좋은 영향을 미칠 수는 없겠지만 혈관이 며칠 만에 두꺼워지고 유연성이 감소하기야 하겠는가, 그리고 그렇게 되더라도 그게 얼마나 되겠는가, 흡연과 음주를 하지 않고 운동과 영양을 건강하게 챙겨왔는데, 이렇게 건강한 생활습관을 가진 사람이 1%나 되겠는가, 뭐, 이런 생각들 말이다.

그런데 시합 직후 3일~1주일 정도까지 증가한 그 체중의 상당 부분은 물에 의한 것이다. 이 기간의 섭취 칼로리와 체중을 비교해보면, 체중증가 정도는 잉여 칼로리에 따라 예견되는 그것을 초과하는 것처럼 보일 때가 흔히 있는데, 그것은 나트륨에 의한 수분정체로 인한 체중증가, 근내 글리코겐 저장량 증가와 병행하는 근내 수분저장량 증가로 인한 체중증가, 과식으로 인해 몸에 가해진 스트레스에 의한 수분정체, 그리고 잉여 칼로리에 의한 체지방량 증가 등이 복합된 결과다. 초기 며칠간은 이런 잉여 칼로리에도 모양[몸매]은 괜찮아 보일 수 있지만, 그 이후에는 이전과 이후의 잉여 칼로리가 본격적으로 피하지방이 되면서 모양은 수개월 후 평형에 도달하기 전까지 하루하루 눈에 띄게 부실해져간다.

시합 이후 방향과 생체리듬. 시합 다음날부터 몸과 마음에 휴식이나 보상을 줘야 할지 곧바로 이전처럼 다잡아야 할지, 충분히 잘 먹으면서 운동, 특히 체련장 WT을 곧바로 재개할지 단기간(대략 ~1주일) 또는 중기간(대략 1주일~1개월) 또는 장기간(대략 1개월~) 쉴지, 체중이나 근육량이나 체지방량 측면에서, 유지할지 증량으로 방향을 잡을지 감량으로 방향을 잡을지, 아니면 거기에 크게 신경 쓰지 않고, '휴식 후 제로 베이스' 개념으로, 운동이나 영양에 있어서 당분간 또는 다시 마음이 어느 방향으로 동할 때까지 아예 편안하게, 되는 대로 할지, 이들 중 어느 게 자신에게 정답일지 잘 모를 수 있는데, 이는 역시 선수에 따라, 그리고 때에 따라 다를 수밖에 없을 것이고, 결국은 마음 내키는 대로, 몸의 리듬이 흐르는 대로, 어쩌면 몸이나 마음이 어느 한 극단에 이르러 몸이나 마음이 서로 주고받는 신호에 따라 몸이나 마음이 저절로 반응하게 되는 것인지도 모른다. 나는 대부분의 경우, 시합 당일보다 시합 다음날 몸이 더 좋아 보였고, 그래서 거의 항상, 직전의 시합에 미련이 남았고, 그래서 한동안 그 줄어든 체중 상태를 유지하거나 더 감량해 더 깎인 모습을 만들고 싶었지만, 그다음 시합이 언제 있는지, 그리고 몸이 그때까지 감량 리듬이 될지 증량 리듬이 될지는 내가 마음대로 조절할 수 있는 게 아니었다.

시합 이후 근력·근지구력, 크기·모양의 회복. 비록 '머슬[근] 엥그램[잠재기억]'muscle engram이라는 개념이 있어, 어느 근육이 크기, 모양, 근력, 근지구력 등에서 발전적으로 변화된 어느 특정 상태에 도달했다면, 한 번도 그런 적이 없었던 경우에 비해, 이후 그때의 그 상태까지 도달하기 쉬운 면이 있지만 (이는 한 번도 크게 불어본 적 없는 고무풍선보다는, 한 번 이상 크게 불어본 적 있는 고무풍선이 그 크기 또는 그 이상으로 불기 더 쉬운 것에 비유할 수 있다. 물론, 고무풍선에서는 순전히 탄성변형, 탄성계수, 소성변형 같은 물리적인 면만 작용하고, 근육에서는 근섬유[근세포]의 세포막보다는 세포내 소기관, 액틴·미오신 같은 사이토스켈레톤cytoskeleton 등 내부적인 면, 신경·근 협동 등 외부적인 면이 주로 작용하고 운동경험·기술이 그 효과를 증진시킬 수 있겠지만), 수개월간의 다이어트로 줄어든 체중·근육단백질량에서의 줄어든 근력·근지구력이, 시합 후 잘 먹어 체중이 이전과 같은 수준으로 는다고 해서, 저절로 함께 느는 게 아니다. 크기, 모양, 근력(1회반복 최고중량), 근지구력(같은 중량에서의 최다반복수)을 이전 수준으로 회복하는 데만도 상당한 노력이 든다.

그것뿐 아니라, 나는 2008년 말에서 2009년 초까지는 수개월 만에, 시합 다이어트 시작 전보다 줄어든 비시즌 체중으로도, 〈벤치 프레스〉와 〈데드리프트〉에서 이전의 1회반복 최고중량을 회복했지만, 2015년 말에서 2016년 초 현재까지는, 체중은 이전의 비시즌 수준에 점점 접근하면서도, 〈벤치프레스〉와 〈스쿼트〉에서 1회반복 최고중량과, 같은 중량에서의 최다반복수가 계속 떨어져간 것처럼, 이것도 역시, 몸에서 각종 호르몬에 따른 신체리듬이 그런 방향에 유리한 상태에 있어야 가능한 것이다.

사진촬영

아놀드 백과. p647 운동으로서의 포징, p651 사진을 위한 포징

양연석 @ 2010

동호인, 마니아, 트레이너, 선수 할 것 없이, 수개월의 다이어트로 멋진 몸을 만들었을 때, 전문 스튜디오에서 사진작가에 의한 바디프로필body profile 사진촬영을 하는 게 수년 전부터 점점 일반화되고 있다. 이렇게 촬영된 사진은 동호인이나 마니아에게는 주로 자신의 심미적 최고의 한때를 기록으로 남겨놓기 위한 개인 소장용일 것이다. 그러나 트레이너들에게는 여기에 개인 홍보용이 더해질 수 있는데, 그것은 분명히 정당한 활용이지만, 자신 또는 자신과 관계된 회원의 '비포 사진'을 일부러 추하게 찍거나, '비포 사진'이나 '애프터 사진'의 가로세로 비율을 인위적으로 조정[조작]하거나, 자신이 그 회원(특히 연예인이나 기타 유명인일 경우는 더더욱)의 심미적 발전에 기여한 부분이 전혀 또는 거의 없는데도 완전히 그 반대로 표현하는 등, '건강하지도 아름답지 않은' 허위·과장 광고도 종종 눈에 띈다. 굳이 그러지 않아도 되는데, 왜 스스로 자신의 격이 낮아 보이게 할까 싶다.

선수에게는 시합출전 직전 일주일간 또는 직후 일주일간이 이렇게 시합무대 이외에서의 본격적인 사진촬영을 하기에 최적인 시기라 할 수 있다. 선수들은 이 기간에 실내 스튜디오에서뿐 아니라, 잡지사나 보충제 등 관련 업체의 지원이나 주도하에 체련장이나 야외에서도 적절한 조명과 최상급의 화질로 전문적인 사진촬영을 할 수 있는 기회가 더 쉽게 생기기도 한다.

체련장에서의 사진촬영에 있어서, 대부분의 트레이너와 많은 선수는 훨씬 유리한 입장에 있는데, 자신이 운영하거나 소속돼 있는 체련장에서 회원이 없는 시간대에 자유로운 사진촬영 세팅과 복장으로 임할 수 있기 때문이다. 그래서 나 역시 2015 스튜디오 사진촬영 직후, 이 백과 저자로서 앞으로도 나 자신이 셀프 사진촬영을 수시로 계속해야 할 것 같아서, 헬스클럽 규모든 PT샵 규모든, 그런 목적으로라도 조명과 거울이 잘 갖춰진 체련장을 이번에 마련해야겠다 생각하고 구체적으로 알아보기까지 했다. 결국은 당장의 집필 마무리와 개원이라는 당면과제와 체련장 공간 확보 문제로 일단은 그러지 않기로 했지만, 아놀드 백과 번역출간 수개월 후인 2007년 말 중대형 헬스클럽을 누군가와 함께 시작할 뻔했던 이후 이렇게까지 생각과 행동을 진행시킨 것은 이번이 거의 처음이었다.

어쨌든, 동호인과 마니아에게는 그렇게 다이어트 하는 일도 흔치 않고 트레이너나 선수에게는 멋진 시합사진뿐 아니라 멋진 바디프로필 사진 한두 장이 두고두고 자신의 시장 경쟁력이 되기 때문에라도 이런 사진촬영은 한번 할 때 잘하는 게 좋다. 바디프로필 사진은 얼굴이나 주로 상반신을 피사체로 하는 '뷰티' 사진이나 전신을 피사체로 하는 '패션' 사진과는 조명, 앵글, 포징, 배경, 소품, 후보정retouching 등에서 다소 다른 경험과 감각과 철학을 요하기 때문에, 거기에 적합한 사진작가를 찾을 필요가 있다. 바디프로필 사진작가 대부분은 인터넷 등에 자신의 포트폴리오를 공개하고 있는데, 그걸 미리 비교·확인해보면 좋다. 그 결과물의 완성도나 만족도는 당신보다는 사진작가가 얼마나 잘하느냐에 주로 달렸기 때문이다.

이 분야에서 내가 생각하는 기본적인 바디프로필 사진은, 어느 신체부위·근육도 너무 어둡거나 배경에 묻히지 않고 잘 살게 촬영된 후 (1장에서의 (2008) [간이 스튜디오 사진촬영], (2015) [스튜디오 사진촬영]도 참고하라), 광고·연예계에서 흔히 그런 것과는 달리, 당연하겠지만, 몸에서 어딘가를 늘리거나 줄이거나 더하거나 빼는 등의 부분적인 수정이나 인공적인 편집은 가해지지 않은 것이다. 즉 투명하고 진실한 사진 말이다.

설기관 @ 2015

이승용, 최미희, 김은미 @ 2013

게임의 법칙

심사에서부터 시상까지

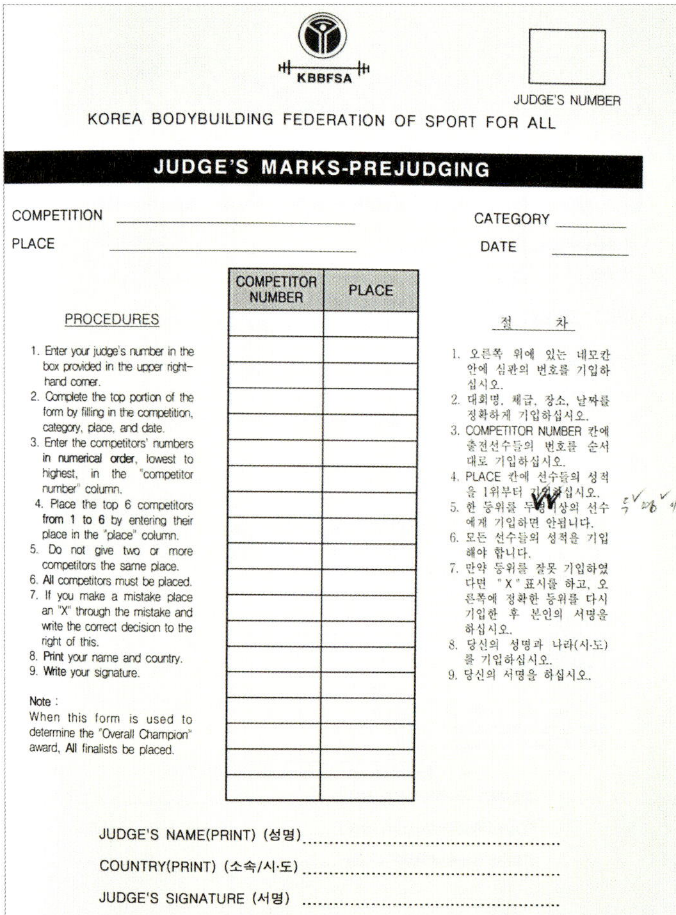

KBBFSA

JUDGE'S NUMBER

KOREA BODYBUILDING FEDERATION OF SPORT FOR ALL

JUDGE'S MARKS-PREJUDGING

COMPETITION ______ CATEGORY ______

PLACE ______ DATE ______

COMPETITOR NUMBER	PLACE

PROCEDURES

1. Enter your judge's number in the box provided in the upper right-hand corner.
2. Complete the top portion of the form by filling in the competition, category, place, and date.
3. Enter the competitors' numbers in numerical order, lowest to highest, in the "competitor number" column.
4. Place the top 6 competitors from 1 to 6 by entering their place in the "place" column.
5. Do not give two or more competitors the same place.
6. All competitors must be placed.
7. If you make a mistake place an "X" through the mistake and write the correct decision to the right of this.
8. Print your name and country.
9. Write your signature.

Note :
When this form is used to determine the "Overall Champion" award, All finalists be placed.

절 차

1. 오른쪽 위에 있는 네모칸 안에 심판의 번호를 기입하십시오.
2. 대회명, 체급, 장소, 날짜를 정확하게 기입하십시오.
3. COMPETITOR NUMBER 칸에 출전선수들의 번호를 순서대로 기입하십시오.
4. PLACE 칸에 선수들의 성적을 1위부터 기입하십시오.
5. 한 등위를 두명 이상의 선수에게 기입하면 안됩니다.
6. 모든 선수들의 성적을 기입해야 합니다.
7. 만약 등위를 잘못 기입하였다면 "X" 표시를 하고, 오른쪽에 정확한 등위를 다시 기입한 후 본인의 서명을 하십시오.
8. 당신의 성명과 나라(시·도)를 기입하십시오.
9. 당신의 서명을 하십시오.

JUDGE'S NAME(PRINT) (성명) ......

COUNTRY(PRINT) (소속/시·도) ......

JUDGE'S SIGNATURE (서명) ......

채점표. 보디빌딩 및 피트니스 시합의 채점표는 기본적으로 이처럼 생겼다. 심판들은 각자, 왼쪽 칸에는 선수의 번호를, 오른쪽 칸에는 선수의 등위를 기입하고 집계부로 건네준다. 집계부에서는 이들 채점표상의 선수의 등위를 주로 컴퓨터의 엑셀 같은 스프레드시트spread sheet 프로그램에 입력함으로써 선수들의 등위가 자동 계산되게 한다.

비교심사. 어떤 경기종목이든 간에, 〈자유포징〉 또는 〈워킹〉 같은 개인 발표가 있기는 하지만, 〈일반적 발표〉와 〈규정포즈〉 등의 주된 심사에서는, 한 선수 한 선수 따로 심사하는 게 아니라 모든 선수를 한꺼번에 심사하기 때문에, 기본적으로는 모두 비교심사comparison인 셈이지만, 이 과정을 일반적으로 비교심사라 부르지는 않는다.

모든 선수가 한꺼번에 MC(사회자)의 구령에 맞춰 기본포즈를 한 차례 마치고 무대 뒤쪽으로 물러서 나열해 있는 상태에서, 필요하면 어느 심판이든 자신이 서로 비교해보고자 하는 선수들의 번호를 적어 MC에게 넘겨줌으로써 MC가 그 선수들을 무대 앞으로 호명해 내게 되고call-out, 이 선수들 사이에서 벌어지는 심사 과정을 일반적으로 비교심사라 부른다. 비교심사는 여러 차례 반복적으로 진행될 수도 있는데, 일반적으로, 선수는 이런 비교심사에 거듭 호명될수록 높은 등위에 오를 가능성이 커진다.

채점. 올림피아 대회나 아놀드 클래식 같은, IFBB에 의한 세계대회 또는 국제대회에서는, 또는 기타 단체에 의한 각종 대회에서는 선수들이 개인 발표를 하는 〈자유포징〉이나 〈워킹〉에 따로 점수제를 도입하고 있는지는 모르겠지만, 적어도 내가 출전하거나 파악해본 국내의 모든 시합에서는 〈자유포징〉이나 〈워킹〉에 사실상 점수를 매기는 채점은 없고 〈일반적 발표〉와 〈규정포즈〉 등의 주된 심사까지 모두 마친 후 심판마다 선수들의 최종적인 '상대적인 등위'를 매기는 채점만 있을 뿐이다.

감점제라고? 흔히 보디빌딩 심사assessing 및 채점scoring 방식을 '감점제'라고 하는데, 어느 강점 신체부위가 있는 것보다는 약점 신체부위가 없는 게 더 중요하다는 뜻으로, 전신의 자연미, 균형미, 비율, 근육발달(근매스[사이즈], 모양 등), 데피니션, 세퍼레이션, 스트리에이션 등, 전신의 최대한 고른 심미적 발달을 추구하는 것이어서 그렇다고는 하지만, 사실상 어느 선수의 전체 점수에서 어느 약점 신체부위나 포징에 대해 감점을 매기는 게 아니라, 심판마다 선수들을 1위에서부터 꼴찌까지 등위를 매기는 것일 뿐이다. 그리고 그 심판들이 선수들에게 준 등위를 집계부에서 합산할 뿐이다.

그리고 IFBB 규정에 의하면 〈일반적 발표〉, 〈규정포즈〉, 〈쿼터 턴〉에서 포즈를 정확히 취하지 못하는 선수에게 감점을 주게 돼 있기는 하지만, 지금 말하고 있는 감점제란 그런 것을 말하는 것도 아니고, 실제로 그렇게 감점을 당하는 경우도 거의 없을 것이며, 결국 심판들은 각자 자신의 채점표에 모든 선수의 번호와 등위를 써넣는 것인데, 거기에서 어느 선수에게 1점 감점 같은 식으로 할 수 있는 사안은 아니다. 비록 선수가 주의나 경고를 받을지는 몰라도.

심판진과 집계부. 심판들의 채점표는 무대 아래 (관객석에서 볼 때) 좌측에 위치한 집계부로 전달돼 집계원(들)에 의해 집계된다. 심판제는 7심제, 9심제, 11심제 등이 주로 사용되는데, 예를 들어 9심제라고 하고 9명의 심판진으로부터 A선수가 1, 1, 2, 2, 3, 2, 1, 2, 1점(위)을 받고 B선수가 2, 2, 3, 1, 2, 1, 2, 1, 2점(위)을 받았다고 하면, 이때 선수마다 심판[심판원, 심판위원]judge[judge member]들의 최고 등위와 최하 등위 각각 둘씩 제하는 식, 또는 등위 중 가장 거리가 멀거나 개수가 가장 적은 한두 개를 제하는 식 등, 정해진 집계 규정에 따라 등위를 합산해, 합산점이 가장 낮은 선수가 1위로 정해지는 방식이라 할 수 있다. 동점자에 대해서도 나름의 규정이 있을 텐데, 동점자에 대해서는 경우에 따라, 그 체급의 경기 후 추가로 그들만을 위한 비교심사가 진행되기도 한다.

시상. 국내대회 기준으로, 가장 일반적으로는 체급별 **톱 6**, 즉 1위~6위의 등위를 정하고 시상한다. (남녀 보디빌딩) 체급별 1위자들의 그랑프리전을 통한 남녀 1인씩의 **전체우승자**overall winner를 **그랑프리[대상]**라 하고 그들에게 미스터 코리아, 미즈 코리아처럼 그 타이틀을 준다 (광역자치단체 단위의 소위 '지역 미스터' 대회 이상 레벨의 전문체육 대회에서 주로 그렇다). 여기에 더해 가끔 근육상, 포즈상 수상자를 선정하기도 하는데, **근육상**most muscular은 근육이 좋은 선수라기보다는 전체 2위 선수에게, 그리고 **포즈상**best poser은 포즈[포징]가 좋은 선수라기보다는 전체 3위 선수에게 주어지는 경향이 있다 (물론, 이는 본래의 취지대로 되는 게 바람직하다). 시합에 따라, 그리고 때에 따라, 경기종목별로 그랑프리를 선정하기도 한다. 전국체전 보디빌딩에서는 출전자 전원의 등위를 결정하고 그랑프리는 선정하지 않는다. 주로 연령 체급 시합이라 할 수 있는 생활체육 대회에서는 그랑프리는 선정하지 않는 편이다.

절대적으로 완벽한 몸으로 절대적으로 완벽한 포징을 하는 선수는 이 세상에 없다. 그 누구도 몸이나 포징이 완벽하지도 절대적 최고이지도 않다. 심지어는 현재의 미스터 올림피아나 최근의 미스터 코리아 대부분에게 있어서도, 어느 한 신체부위, 한 포징, 한 특성, 예를 들면, 〈측면 가슴 포즈〉나 〈측면 삼두근 포즈〉에서의 대흉근, 〈전면 이두근 포즈〉에서의 상완 내측의 이두근과 삼두근의 분리, 〈후면 이두근 포즈〉에서의 등의 세퍼레이션 같은 면에서는, 심지어는 나보다도 못할 수 있는 것처럼 말이다. 심미적 측면에서, 그래서 보디빌딩은 끝이란 게 없다.

홈 어드밴티지와 편파판정

홈 어드밴티지와 편파판정. '홈 어드밴티지'home advantage와 '편파판정'에 대한 내 생각은 대략 이런 것이다. 홈 어드밴티지는 홈 선수가 '자연적으로' 익숙하거나 안정감을 느끼거나 에너지를 얻게 되는 환경(장소, 시설, 장비, 음식, 기후, 응원군이나 지원군 등)에서 경기함으로써 얻어지는, 그래서 상식적인 사람이라면 누구도 특별히 거기에 대해 불만을 갖거나 이의를 제기할 거리가 아닌 이점을 말하는 것이고, 그것을 넘어, 가령, 경기 임원진이나 심판진 등과의 인맥, 친분, 로비 등의 차이로 경기진행이나 채점 등에서 누군가는 특별한 배려나 불투명(비공식적이거나 비공개적)·불공정한 상대적 가점 따위를 받고 누군가는 그 상대적 피해자가 된다면, 그것은 편파진행, 편파판정이 되는 것이고, 심지어는 부정판정, 승부조작이 되는 것이다.

주최 측에서는 어웨이 선수가 편파진행, 편파판정의 피해자가 되지 않게 함은 물론이고 '어웨이 디스어드밴티지'away disadvantage조차 최소화하기 위한 선도적, 추가적, 적극적 노력을 할 필요가 있다. 그게 그 대회가 진정 성공하는 길일 것이다.

시합에서의 편파판정. 우리는 모두, 러시아에서 열린 2014 소치 동계올림픽 피겨스케이팅 여자 싱글에서 김연아 선수가 러시아의 '홈 어드밴티지'를 넘어선, 위정자의 정치논리와 심판진의 자본논리에 의한 '편파판정(또는 부정판정)'의 피해자가 되는 현실을 지켜봤다.

물론, 대부분의 세계 언론과 전문가가 그녀가 이번에도(두 번째 올림픽) 진정한 챔피언이라고 발표했고, 그녀 또한 은퇴 경기로 삼은 이 대회에서 '무결점 경기에 만족하며, 그것으로 된 것'이라며 이 모든 상황을 가장 의연하게 대처해, 그런 면에서도 더 진정한 챔피언의 면모를 보였지만, 문제는 그 경기의 공정한 판정에 직·간접적으로 책임 있는 IOC(국제올림픽위원회), ISU(국제빙상연맹), 그리고 그 개최국과 그 선수의 소속국의 관련 기관(위원회, 협회, 연맹 등)이 그 편파판정을 처음부터 예방하지도 끝까지 바로잡지도 못했다는 점이고, 본의 아니게(?) 그 편파판정의 수혜자(?)가 된 선수에게도 그 자체가 불명예가 되었고, 그 모든 과정을 지켜본 다른 선수들과 대부분의 팬이 불편해졌다는uncomfortable, unhappy 점이다. 무엇보다도, 선수들이 한 시합을 위해 얼마나 많은 시간, 얼마나 많은 노력을 들이는데, 누가 무슨 권한으로, 신성하고 공정해야 할 선의의 경쟁에 '인위적으로' 개입해, 선수를(선수들을) 다른 무언가(선수든 아니든)를 위해 희생시키고 부당하게 들러리 세운다는 말인가!

사회에서의 부정판정. 사실, 이런 일은 사회생활에서도 아주 흔한 일인데, 그것은 분명히 잘못된 것이고 근절되어야 할 대상이다. 나 역시도 오래 전(1990년대 중·후반) 수련의(전공의) 시험에서 명백한 편파판정, 부정판정으로 들러리 서준 입장에 있었던 일이 있다. 배점 높고 객관적인 치과대학 내신점수와 치과의사 국시점수에서 (각각 50%, 25%의 배점이었다), 학부 때 방위병으로 군복무를 마친 나로서는 군 가산점 10%가 없어 경쟁자에 비해 그만큼 불리한 여건마저 충분히 극복하고도 여유 있게 앞섰음에도, 배점 낮고 주관적인 실기점수와 면접점수에서 역전되었는데, 내가 그 내막을 상상하지도 못하고 처음에는 흔쾌히 수긍하고 받아들였던 그 결과가, 직후 알게 되거나 유추하게 된 그 일련의 과정에 의한 것이었다는 사실에 당시에 큰 충격을 받았다 (실기와 면접 배점이 각각 15%, 10%였거나 10%, 15%였는데, 어느 쪽이었는지는 기억이 불명확하다. 실기에서는 내가 정당하게 뒤질 이유가 없었다고 생각되고, 면접에서 내 경쟁자에게 10점을 줬다면 나한테는 3점 이하로, 내 경쟁자에게 15점을 줬다면 나한테는 7점 이하로 줘야만 총점에서 역전 가능할까 말까 하다는 게 이후의 내 대략적인 계산결과였다). 나는 상당한 실망, 분노, 배신, 환멸을 느꼈고, 소기의 절박했던 목적을 달성하지 못한 것도 견디기 힘겨운 것이었지만, 무엇보다도, 그 전후사정을 알 수 없을 동기와 선후배 등 모든 이에게 부당하게 내 명예가 실추되었다고 느꼈다.

내가 당시에 그것을 바로잡을 힘(?)도 없는 약자였고 결국은 내 마음이 떠나면서 공개적으로 문제 삼지 않았지만, 그것과 상관없이, 그 관련자(교수?)들은 필시 어떤 책임을 졌어야 마땅하고, 당시에 요즘처럼 내가 깨어 있었고 입시나 채용 의혹이나 부정이 사회 이슈가 되는 때였다면, 상황은 달라졌을지도 모른다. 내가 여기서 말하고자 하는 것은, 누구도 자신 인생의 중요한 기로에서 자신의 개인사정과 절박함을 알지 못하는 타인에 의해 부당한 방해나 피해를 당하지 않아야 한다는 것이다 (이 비슷한 상황은 전 해에 다른 곳에서도 내게 있었다고 생각된다. 나는 객관적으로 치과대학 학업성적도 아주 우수했고 주관적으로 대학졸업 당시 장차 모교에 교수로 돌아가겠다는 생각이었지만 (그것은 적어도 할아버지 때부터 이어온, 내 유전적 성향이다), 당시에 일련의 이런 일들로 그 길을 가지 않게(못하게?) 되었다. 내가 이후 어떤 진로를 갔고 어떤 인생을 살게 되었는지를 말하고자 하는 것도 아니고, 어느 게 더 바람직하거나 내게 맞는지도 알 수 없다. 내가 어디에 있든, 거기에서의 내 마인드와 이상과 행동이 달라지는 것은 아니다. 다만, 내 마인드와 이상이 현실에서 더 잘 구현되고 더 잘 활용되면 좋겠다는 생각은 여전하다. 잃은 게 있어 얻는 것도 있었다. 얻은 것 중 진료 자체 외적으로 대표적인 것은, 내가 내 경험을 토대로 대학졸업 직후 수년까지의 엘리트주의에서 어느 정도 또는 상당 부분 깨어났다는 것과 인생 모든 면에서 타인의 다양한 실패나 시행착오나 아픔에 대한 인간적 이해, 공감적 이해를 조금이나마 더 잘하게 되었다는 것이다. 그래도 잃은 게 여전히 아프긴 하다).

대부분의 독자에게 있어서 보디빌딩 시합에서의 편파판정은, 우리 사회에서의 수많은 심각한 불공정, 불투명에 비하면 아무것도 아니고, 그런 게 우리 건강과 행복에 훨씬 더 큰 영향을 미친다 (나는 대부분이 내 인생 후배들일 것 같은 독자 개인들과 우리 사회를 위해 이 백과를 쓰고 있다). 그런 개인과 우리 사회를 위해 내가 말하고자 하는 것은, 특히 공적 시스템은 투명하고 공정해야 한다는 것이다. 그리고 그것은 인간애를 바탕으로 해야 한다. 대학 입시도 그래야 하고, 대학병원을 포함한 종합병원 전공의 시험도 그래야 하며, 대학에서의 교수 채용도 기업에서의 직원 채용도 모두 그래야 한다. 대통령 이하 모든 공직자도 그렇다. 이 모든 조직은 개인의 것이 아니고, 개인적 선호도나 이해관계로 인사가 결정되어서는 안 된다. 투명하지 않다면 공정하기라도 하든가, 공정하지 않다면 투명하기라도 해야, 나 같은 사람이 거기에 괜히 들러리 서지 않고 인생의 중요한 시점에 자신에게 맞는 선택을 하고 인생에서 공연한 기회비용을 치르지 않아도 됐을 것이다. 그래야 사회가 더 건강하고 아름다워질 것이고, 악화가 양화를 구축하는 (나쁜 돈(것)이 좋은 돈(것)을 몰아내는) 게 아니라 사회 상식과 정의가 바로서는 게 될 것이다.

보디빌딩 및 피트니스 시합에서의 편파판정과 판정시비. 이 같은 편파판정은 어느 스포츠에나 있는 것이지만, 그게 객관적·기능적·기계적 계측으로 판정하는 게 아닌 주관적·심미적·감정적 가치판단으로 판정하는 스포츠에서는 더 흔한 것일 수밖에 없다. 보디빌딩 및 피트니스 시합에 있어서도, 분명히 편파판정은 어느 정도 존재하는 것으로 보인다. 규모 작고 레벨 낮은 지역대회는 물론이고, 전국체전 보디빌딩 같은 메이저 전국대회, 심지어는 올림피아 대회에서도 편파판정 주장이 강하게 이는 경우가 있다. 국내대회의 경우, 주로 주최 측 소속 선수, 주최 측 지역 선수에게 유리한 편파판정이 내려졌다는 것인데, 그 주최 측에게는 '동네운동회, 동네잔치 할 거면 자신들끼리 하라'는 비판이 퍼부어지기도 한다.

판정시비는, 공개적으로든 개인적으로든, 시합장에서 결과발표 직후 시합장에서부터 제기되는 경우도 있고, 시합장에서는 특별히 그런 게 없었지만, 시합 사진이나 동영상을 인터넷으로 접한 동호인, 마니아, 선수, 트레이너 등에 의해 제기되는 경우도 있다.

이런 판정에 대한 의문이나 이의 제기는 시합장에서 직접 본 사람에 의한 것일 때 주로 의미 있는 것인데, 시합장에서 직접 보는 눈이 가장 정확하기 때문이다. 인터넷으로, 사진이나 동영상으로 시합을 보는 경우는, 화질 좋은 사진보다는 화질 덜 좋은 동영상이 시합장에서의 상황을 더 정확하게 나타낼 수 있는 게 대부분이다. 시합사진에서는 선수들의 〈일반적 발표〉, 〈규정포즈〉, 〈쿼터 턴〉 같은 포즈들에서 세부사항 비교가 더 정확히 될 수 있지만, 심판의 판정은 시합장 현장에서 이뤄지는 것이고, 아무리 많은 연속 사진으로라도 현장 그대로는 물론이고 동영상만큼도 못해서, 시합사진은 참고가 될 수는 있지만, 시합장에서 직접 보지 않은 사람이 시합사진만으로 편파판정을 제기하는 것은 오류의 위험성이 큰 일이다. 그래서 적어도 동영상과 함께 봐야 한다.

소의보다 대의가 훨씬 중요하다. 대~한민국 짝짝~짝짝짝. 우리는 모두, 2002 한일 월드컵 축구에서 우리나라 대표팀의 박진감 넘치는 선전과 함께 그 축제를 한껏 즐겼다. 그러나 내가 당시에 가장 바란 것은, 세계인의 축제를 우리가 개최한 만큼, 세계 각국의 대표팀과 세계인의 진정한 축제가 되는 것이었고, 그러려면 개최국 대표팀은 그 축제의 열기가 개최국에서 식지 않고 거의 끝까지 유지될 만큼만의 성적을 거두면서, 무엇보다도, 개최국에 대한 유리한 편파판정이 절대 일어나지 않는 게 가장 중요하다고 나는 생각했다. 우리가 골을 넣거나 유리한 판정을 받는 것처럼 보였을 때, 그게 조금이라도 부당한 편파판정이 아닌지 우리 스스로 더 엄격하게 봐야 한다고 생각했다. 우리나라 대표팀이 4강에 진출했을 때, 절대로 결승까지는 진출하지 않기를 바랬다(바랐다).

수년 전, 나도 보디빌딩이든 피트니스든 뷰티바디든, 내 나름대로 '아주 작은' 시합을, 단발적 이벤트성으로든 장기적 발전 가능성을 보고서든, 개최해볼까 생각한 적 있다. 그때도 나는 비슷한 생각이었다. 나나 나와 연계한 단체가 벌인 잔치에서, 외지에서, 멀리서 온 손님이 더 즐기고 더 많이 얻어가는 게 그 잔치가 가장 크게 성공하는 것 아니겠는가.

편파판정이나 오심의 이익이나 상대적 특혜도 본인에게는 부당한 불명예일 수 있다. 2014 소치 동계올림픽 피겨스케이팅 여자 싱글에서 김연아 선수 대신에 금메달리스트가 된 러시아의 소트니코바 선수는 그 일로 전 세계적으로 지탄을 받았고, 이후 치러진 다른 많은 대회에 불참하거나 이전보다 부실한 경기력을 보여줬는데, 그것은 기본적으로 그녀 자신의 잘못에서 비롯된 게 아닐 것이다. 그녀가 부당한 편파판정의 표면적인 수혜자일 수는 있으나 그것을 이끌어낸 장본인이나 관계자는 아닐 것이다. 결국은 그게 그녀에게도 해가 되었다. 경기 직후, 그 편파판정에 대한 자신의 입장도 심판진이나 자국 위정자에게 불리한 쪽으로는 말할 수 없었던지, 그 반대로 말함으로써, 만회할 기회를 놓치고 더욱 추락하고 말았다.

내가 초등학교 1학년 때의 일이다. 종종 그랬던 것처럼, 하루는 담임선생님의 받아쓰기 100문제 시험이 있었고, 얼마 후 우리는 각자 자신의 채점된 답안지를 돌려받았다. 짝꿍이나 분단끼리 답안지를 맞바꿔 채점한 것인지 담임선생님이 채점한 것인지 기억이 불명확하지만, 내 점수는 이미 100점으로 알려졌고, 내 답안지에는 빨간색 색연필로 동그라미 100개가 쳐지고 100점으로 매겨진 상태로 내게 돌아왔다. 그러나 나는 분명히 세 개 정도는 틀렸을 거라 생각했었다. 각자 자신의 자리에서 자신의 답안지를 손에 들고 교단에 선 담임선생님과 정답을 하나씩 확인하는 과정이 있었다. 나는 역시 그 세 개가 틀렸음에도 맞게 채점된 것을 발견했다. 채점한 사람이 관성적으로 동그라미를 쳐내려가다 오답을 미처 못 알아차린 모양이다. 당연히, 즉각 나는 담임선생님에게 알리고 바로잡았다. 비록 내 답안지를 100점으로 채점한 그 누군가의 실수를 드러내는 것 같고 내 점수를 100점으로 알고 있는 반 애들 전체를 실망시키는 것 같은 미안한 마음도 들었지만 (그래서 필시 '다음에는 꼭 100점 맞자'고 생각했을 것이다), 그게 마음 편한 일이었고, 아주 당연한 것이었다.

채점표 공개와 전자채점은 어떨까. 심판은 자신의 판정에 떳떳할 수 있는 공정한 판정을 내려야 하고, 주최 측은 집계에서 실수가 개입할 여지를 최대한 줄일 수 있는 시스템을 만들어야 하고, 어느 단계에서든 만약 부정이나 실수가 있었다면 누구나 알아볼 수 있고 시정을 요구할 수 있게 해야 한다.

심판마다 주관적인 채점을 하더라도 심판들의 보는 눈은 대부분이 비슷할 수밖에 없다. 그리고 심판이든 동호인, 마니아, 선수, 트레이너 등 누가 보든, 거의 비슷한 비교심사 채점결과가 나올 수밖에 없다. 심판들 자신이 그런 시절을 지내왔거나 현재도 그런 입장에 동시에 있는 경우도 있다.

야구 주심에게 가장 중요한 일이자 가장 까다로운 게 스트라이크·볼 판정인데, 스트라이크존은 규칙에 분명히 정해져 있지만, 그래도 심판에 따라, 그리고 같은 심판이라도 때에 따라 달라진다. 그때 중요한 게, 심판 개개인의 경험과 판단을 원칙으로 하되, 경기장에 있는 대부분의 사람이 동의하거나 수긍할 수 있는 수준이 유지되어야 한다는 것이라고 한다. 주관적이어서, 그리고 기계가 아닌 사람이어서 주심도 어쩔 수 없는 것은 경기의 일부라고 누구나 생각해야겠지만, 그렇지 않아 보일 정도로 심하다면, 그 주심은 거기에 어떤 식으로든, 작게든 크게든, 책임을 지게 되는 것처럼, 보디빌딩 및 피트니스에서도 어느 심판(들)이 상당히 동떨어진 채점을 했다면, 그 심판은 거기에 어떤 식으로든, 작게든 크게든, 책임을 지면 될 일이다. 실제로, 의도적인 오심을 했다면, 그 심판들은 제명되고 자신의 신분까지 잃게 될 수도 있다.

나는 2013년 대한보디빌딩협회·연합회에서 주최한 심판강습회에서, 간혹 있는 편파판정에 대한 의혹이나 판정시비를 불식시키기 위해서라도 모든 시합, 또는 메이저 시합에서 심판들의 모든 채점표를 (시상 이후에라도) 공개하는 시스템을 도입하는 건 어떻겠냐, 아니면 집계에 실수가 생길 가능성을 줄이기 위해서라도 (시합장 현장에서) 전자채점을 도입하는 어떻겠냐고 공개적으로 질의한 적 있다. 반드시 그렇게 해야 한다든가, 그렇게 하는 게 실효성 있다든가, 그렇게 하는 게 낫다는 것은 아니었지만, 그렇게 생각해볼 수도 있는 문제고, 그렇게 질의해볼 수도 있는 문제였다.

도핑

아놀드 백과. p755 약물, p756 약물과 스포츠, p758 스테로이드 사용의 부작용, p760 이뇨제 / 성장호르몬 / 약물검사와 보디빌딩, p761 슈퍼보충

기본적인 용어와 개념. 금지약물을 **도프**dope라 하고, 금지약물·금지방법 사용을 **도핑**doping이라 하고, 도핑을 판정하기 위한 각종 검사를 **도핑검사**doping test라 한다 (원래의 도프는 남아프리카 댄스축제에서 흥분제로 사용된 원시 알코올음료를 가리키는 것이었는데 선수나 경주마 등에게 경기력 향상 등을 목적으로 부정하거나 위법적으로 사용되는 약물을 가리키는 용어로 바뀌었다고 한다. 또한, 원래의 도프는 불순물, 이물질이라는 뜻이기도 해서, 도핑은 불순물·이물질 첨가라는 뜻으로도 쓰인다. 도프에는 속어로 마약이라는 뜻도 있다).

보디빌딩에서의 도핑검사는 기본적으로는 소변검사다. **약물검사**drug test는 도핑검사의 동의어로 쓰이기도 하지만, 도핑에는 '금지약물 사용'뿐 아니라 '금지방법 사용'도 포함되므로, 약물검사는 엄밀히는 도핑검사의 동의어가 아니라 도핑검사의 일부분이라 할 수 있다. 국제올림픽위원회(IOC, International Olympic Committee)와 세계반도핑기구(WADA, World Anti-Doping Agency)는 도핑검사보다는 **도핑관리**doping control를 공식용어로 채용하고 있는데, 이는 단순히 검사가 아니라, 경기기간 중뿐 아니라 경기기간 외를 포함한, 선수들의 도핑에 대한 상시적이고 총체적인 관리 측면의 용어라 할 수 있다.

코리아 대회, YMCA 대회, 전국체전 보디빌딩 같은 국내 메이저 대회에 출전하기 위해서는 도핑검사(소변검사)를 거치게 된다. 금지약물은커녕, 단순한 동호인 시절을 지나 마니아 시절이 되었을 때부터 내 생애 첫 시합출전 시즌이었던 2008년까지, 어떤 것은 일상적으로, 그리고 어떤 것은 내 생각이나 필요에 따라 이용해오던 가장 기본적인 보충제조차도, 그 첫 시합출전 시즌 이후 지금껏 매년 시합출전을 계속하면서도 오히려 거의 또는 전혀 이용하지 않아 온 내가, 선수로서 나 자신을 위한 금지약물에 대해서는 생각해볼 필요조차 없다 (담배 한 모금도 피워본 적 없고 앞으로도 영원히 그럴 내가 [마인드편]에서 흡연에 대해 다루는 것과 마찬가지로). 그리고 나 역시 가끔 국내 메이저 대회에서 정상급 선수들과 한 시합무대, 같은 체급에서 경쟁을 펼치기도 했지만 (2016년 최근, 인공지능 '알파고'와 바둑 승부를 벌이며 처음부터 끝까지 인간으로서, 그리고 프로 바둑기사로서 훌륭한 모습을 보여준 이세돌은 이후의 한 TV 공익광고에서 "경쟁 자체가 선의의 경쟁(이었으면 한다), 굳이 '선의'를 붙이지 않아도 '경쟁'은 그런 것"이라고 한 것처럼, 나 역시 시험에서든 시합에서든, 항상 모든 경쟁에서 그렇게 생각해왔다), 실제로 그들과 상위권 입상을 두고 박빙으로 경쟁하는 레벨은 그다지 아니었다고 할 수 있고 (그렇다고 해서 내가 시합에 대충 임하거나 경쟁심 없이 임한 건 전혀 아니다. 시합무대에서 만난 경쟁 상대가 정상급 선수든 전문체육 선수든 상관없이, 비록 과정이나 결과에서 나 자신의 특수성(?)과 여러 시행착오가 있었지만, (모범적인 생활체육) 선수와 이 책의 저자로서는 나 나름대로는 최고의 몸과 포징과 태도로 최고의 시합성적을 거두고 최고의 시합사진을 얻고자 최선을 다했다), 무엇보다도, 그들 중 혹 누군가가 도핑을 하든 말든, 그것은 내가 관심을 두거나 영향

받을 일 자체가 아니다. 적어도 나와 대부분의 독자는 의료적인 차원을 떠나 단순히 이 분야에서 자신의 몸을 진척시키기 위한 목적으로는 조금도 관심을 두거나 더 자세히 알아야 할 필요는 없다는 정도는 분명하다.

내가 아놀드 백과 번역 작업을 하면서 아놀드 백과 전체를 통틀어 가장 번역하지 않고 그냥 넘어가거나skip 어서 서둘러 마치고 넘어가고 싶은 마음이 들었던 것도 바로 이 금지약물이나 금지약물에 준하는 '특별한' 보충제 관련 부분으로, 나는 이 관련해서는 당시에 전혀 관심이 없었다. 그때로부터 10년 정도 지난 이제, 그간 듣고 본 게 있어, 그리고 기본적으로 모든 이를 대상으로 하는 이 백과 집필을 위해 시합출전을 계속하고 이 백과에서 다루는 모든 주제에 대해 다각도로 관심을 갖고 정보를 취합하다 보니, 이 관련해서도 하나씩 알게 되는 게 있지만, 여전히 그다지 모르고, 여전히 나 자신을 위해서는 크게 관심이 없는 부분이다.

그런데도(나 자신이 잘 모르고, 대부분의 독자에게도 불필요한 정보인데) 선수들 개인 차원에서나 관련 협회 차원에서나 무분별하거나 편향된 사회 인식 차원에서나 상당히 민감하고 조심스러운 이 주제를 이 백과, 특히 [시합편]에서 어느 정도 다루지 않을 수 없는데, 그것은 크게 다음 몇 가지 이유 때문이다. 첫째, 일반인, 동호인, 마니아, 그들이 알면 도움되거나 그들 사이에서 일반적으로 알려진 것 중 내가 알기에 사실과 다른 부분에 대해 내가 해줄 수 있는 말도 있기 때문이다. 둘째, 이 백과, 특히 [시합편]에는 정상급 선수가 많이 등장하는데 (그들 중 상당수가 미스터, 미즈 코리아이기도 하고, 국가대표이(었)기도 하고, 세계보디빌딩선수권대회, 세계클래식보디빌딩선수권대회 같은, 세계 최고 권위 (아마추어) 대회에서의 최정상을 포함한 메달리스트이기도 하다), 독자에게 그들의 몸을 보여주면서 이런저런 설명을 하는 저자의 입장에서, 그들이 도핑으로 도움을 받았는지, 받았다면 얼마나 받았는지 등에 관해, 비록 잘은 모르지만, 그래도 아는 범위에서 나름대로 언급해줘야 한다고 생각하기 때문이다. 셋째, 스포츠에서의 도핑은 '스포츠 정신'the spirit of sport(WADA 규약은 다음과 같이 말한다. "스포츠 정신에는 도덕, 페어플레이, 정직, 즐거움, 팀워크, 헌신, 규정 존중, 자신과 기타 참여자에 대한 존중, 용기 등이 포함되고, 도핑은 이런 스포츠 정신에 근본적으로 반하는 것이다."), 선수들의 정신적·신체적 건강 문제가 되는 것은 물론이고, 보디빌딩이라는 스포츠의 이미지에 관계된 것이기도 하고, 특히 최근 국내 보디빌딩계에서는 도핑을 근절해야 할 심각한 문제로 인식하고 있는 입장에서, 특히 메이저 대회에서 선수의 도핑이 적발될 시, 메이저 대회의 존폐 문제로까지 연결될 수 있는 중대한 사안이어서, 선수의 개인적 차원을 넘어선 개념정립이나 주의가 필요하기 때문이기도 하다.

보충제와 도핑

내 생애 첫 시합출전 시즌이었던 2008년 이후, 내가 보충제는 사실상 전혀 이용하지 않고 있다고 할 수 있는 것과는 상관없이, 나는 이 보충제라는 용어는 '보충식품' 정도로 번역되어야 할 게 마치 무슨 '약' 같은 부정적 느낌 또는 호도적 인상을 주는 부적절한 용어로 잘못 번역된 게 아닌가 생각해왔는데, 원어인 dietary supplements를 보더라도 그렇고 사실상으로 그렇다. 그러나 내가 보충제라 쓰든 보충식품이라 쓰든, 그것은 나나 보통의 사람들의 언어습관과 관련 있지, 원어나 의미상의 차이는 없다. 물론, 이들 보충제는 약은 아니지만 의료계에서도 흔히 쓰이는데, 노약자, 소화장애, 특정 질환자의 식이요법 또는 식사대용 등의 목적으로 의료용으로 포장돼 나오는 BCAA 같은 게 그런 것이고, 비타민 C, 엽산, 종합영양제(비타민·미네랄 보충제), 글루코사민 등도 모두 이런 보충제에 포함되는데, 그런 면에서 보면, 일반인, 동호인, 환자, 기타 스포츠 선수, 보디빌딩 선수 등, 사실상 거의 모든 이가, 그 목적과 성분과 용량이 다를 뿐이지, 보충제를 이용하고 있다고 할 수도 있다. 그러면 이들 보충제는 금지약물이나 도핑검사와는 전혀 관계가 없는 것일까? 먼저 간단하게 대답하자면, '도핑 생각이 전혀 없는 선수에게는, 그래서 일반적으로 정식으로 유통되는 흔한 보충제만 이용한다면, 아마도 그럴 것이다'라는 것이다.

카페인과 크레아틴. 보충제이기 이전에 기호식품이라 할 수도 있어서 가장 흔히 섭취하게 되는 카페인(주로 커피), 그리고 많은 선수가 최우선으로 활용하고 있을 것 같고, 지금은 나도 보충제 중에서는 최우선으로 생각하게 된 크레아틴에 대해 (그렇다고 내가 현재 이용하고 있다는 것은 아니다. 2016년 봄여름 기준으로, 시합장에서 단백질·탄수화물 파우더 시음은 한 적 있어도, 적어도 2년간은 크레아틴 포함해 그 어떤 일반적인 보디빌딩 보충제도 이용한 바가 거의 또는 전혀 없는 것 같다. 이들 보충제에 대해 그다지 대수롭지 않게 생각하다 보니, 당장의 기억으로 그냥 '~ 같다'고 쓴다. 언제 크레아틴, 단백질·탄수화물 보충제, 아미노산, 글루타민, 종합영양제 중 어느 하나라도 언제 또 이용하게 될지는 현재로서는 전혀 알 수 없고, 당장은 앞으로 이용하면 하는 거고 아니면 안 하는 거고 정도로 생각할 뿐이다), 설마 금지약물은 아닌지 우선해서 확실히 해둘 필요가 있는데, 알고 나면 당연해 보이겠지만, 카페인도 크레아틴도 금지약물이 전혀 아니어서, 언제든 얼마든, 사용이 자유롭다.

물론, 그 효과나 과량 또는 초보 사용 시, 또는 몸의 건강이나 컨디션이 좋지 않을 때의 부작용 가능성은 다소 별개의 문제다. 예를 들어, 스포츠영양학적으로, 운동과 관계되지 않은 카페인 단독 사용을 체중감량 보조제로서 권장할 만한 근거는 거의 없는 것으로, 그리고 카페인은 과량 사용 시 또는 초보 사용자에게는 근육약화를 일으키고ergolytic 잠재적으로 위험할 수도 있는 것으로 돼 있다. 또한 만성피로와 과민성대장증후군 등의 장 문제가 있는 사람에서 카페인은 그 증상을 더 악화시키는 경향이 강하다. 크레아틴은 보충제 중 가장 효과적이라는 게 입증되었고, 성인에서 웬만한(하루 5g 이내) 용량의 장기적 사용에 대해 약간의 체중증가나 설사 같은 사소한 부작용 외에는 안전성도 충분히 확보된 것 같다. 물론, 몸의 건강이나 컨디션에 이상이 있을 때는 그 사소한 부작용이 더 크게 작용할 수 있다.

단백질, 아미노산, 글루타민, BCAA 등. 단백질·탄수화물 파우더는 물론 적법하고 건강한 보충제 중 한 종류다. 그러나 제품에 따라서는 그 원재료 및 함량에서 이미 불법 성분이나 불법을 암시하는 성분이 있을 수도 있고, 영양성분표시에 나타나지 않은 게 들어 있을 수도 있으니, 도핑검사를 거쳐야 하는 시합, 선수라면 제품에 따라, 특히 정상 유통된 게 아닌 보충제라면, 특히 주의하는 게 좋다고 한다.

금지약물과 도핑

나는 아나볼릭 스테로이드, 성장호르몬, 인슐린, 이뇨제, 혈관확장제를 비롯한 금지약물 그 어느 것에 있어서도 처방한 경험, 사용 환자를 진료한 경험, 사용해본 경험이 없는 것은 물론이고 실물을 구경해본 경험조차 없기 때문에, 그 기초적인(주로 생화학·생리학적인) 측면을 넘어, 임상가나 선수로서의 직접적인 경험을 바탕으로 해줄 수 있는 얘기는 거의 없다. 다만, 2012, 2013 코리아 대회에 출전하면서, 모든 출전자를 대상으로 불시에 치러진 사전 도핑검사를 나도 거친 적 있고, 그 도핑검사와 함께, 그리고 2013 보디빌딩 심판강습회에 참여하면서, 대한보디빌딩협회(KBBF)와 한국도핑방지위원회(KADA. Korea Anti-Doping Agency)에 의한 관련 교육을 받을 기회가 있었을 뿐이다. 그리고 평소의 일상 속에서 또는 이 백과 집필을 위한 과정의 하나로, 체련장이나 시합장 내외에서 주위의 트레이너와 선수, 그들과 나눈 대화를 통해 직·간접적으로 알게 된 것들이 좀 있을 뿐이다 (추가로 아놀드 백과, 인터넷(특히 유튜브), 그리고 심지어는 각종 의학서적을 통하면 누구나 충분한 정보를 접할 수 있다).

@ 2013 코리아 대회 사전 도핑검사 및 교육

보디빌딩에서의 도핑. 수년 전, 정상급 선수 두 명과 정상급 아래 레벨의 선수 두 명, 이렇게 네 명에게 각각, 보디빌딩에서의 가장 대표적인 금지약물인 아나볼릭 스테로이드 사용 경험이 있는지, 내가 정중하게 물은 적 있다. '내가 정중하게'라는 말은, 나는 선수들의 개인적 필요에 의한 아나볼릭 스테로이드 사용에 대해 비난할 자격도 입장도 생각도 전혀 갖고 있지 않고, 단순히 이해를 바탕으로 그들에 대해 객관적이고 포용적으로 바라보면서, 여기서 알게 된 사실은 나 혼자 집필과 판단을 위한 정보로만 삼지, 선수 개인을 언급하지는 않을 거라는 걸 말로든 암묵적으로든 상대가 알게끔 하고 시작한다는 뜻이다. 이들 중 나와 비슷한 체급의 한 정상급 (그리고 경량급 국가대표) 선수는, 자신은 아나볼릭 스테로이드 사용 경험이 있지만, 그것은 정상급 선수, 프로 세계의 (관심) 사안일 수 있는데, 레벨이 한참 낮은, 어린 선수가 금지약물의 유혹에 빠지는 게 특히 문제라고 지적했다. 나와 같거나 비슷한 체급의, 특히 데피니션과 세퍼레이션의 강자인 한 정상급 (그리고 경량급 국가대표) 선수는, 자신은 아나볼릭 스테로이드 사용 경험이 없다는 의미로 "스테로이드를 사용하고도 이런 몸이면 안 되죠." 했고, 나는 그의 말을 전적으로 믿는다. 다른 정상급 아래 레벨의 두 선수는 아나볼릭 스테로이드를 사용하고 있다고 내게 말해주었다 (수년 전에 그렇게 말한 이들 중 한 명은 현재 30대로, 이전에 시합무대에서 엄청난 대퇴 발달을 보여주었지만, 역시 유전에 의한 부위별 근육부착, 근복과 힘줄의 경계 위치, 근육발달 잠재력은 그 어떤 수단으로도 극복할 수 없었는지, 다른 신체부위, 특히, 절대로 훈련에서 빼놓지 않았을 법한 상완에서도 상대적으로 많은 아쉬움을 보였다. 이후 듣고 보기에 그는 아주 성실한 선수 겸 트레이너로, 현재는 시합출전을 그만두고 트레이너로만 일하면서도 평소에 매일 보디빌더 도시락을 싸다니면서 규칙적인 보디빌딩 운동과 철저한 식이요법을 하고 있고, 그가 '자신의 노력만으로는 극복할 수 없었던 유전을 어쩔 수 없이 다른 방법으로 극복하고자' (얼마의 기간 동안 얼마의 용량이었는지 몰라도) 이용했을 것으로 짐작되는 스테로이드는, 그 부작용을 실제로 경험했는지 아닌지 몰라도, 이제 더는 이용하지 않을 것 같다고 나 혼자 생각하고 있다). 이들 넷 중 아나볼릭 스테로이드 사용 경험이 있다고 대답한 셋에게 내가 '그러면 어쩌면 건강에는 이상이 없을 수도 있다고 생각하고 아나볼릭 스테로이드를 사용하는 것인지' 물었을 때, 그들은 모두, '건강에의 위험 가능성을 피해갈 수 있다고 생각하지는 않는다'고 대답했다. 수년 전까지의 얘기이기는 하지만, 아는 트레이너와 선수(소위 '지역 미스터 대회'에서 체급 1위 정도는 일상적으로 하지만, 메이저 대회에 출전한 경험이 있는 건 아니었다) 중에는, 몸의 발달이 부족하다거나 경쟁에서 뒤지기 싫다거나 자신의 한계라고 생각되는 지점을 넘어서기 위해 아나볼릭 스테로이드를 사용하기 시작했다거나 사용하는 것을 고려하고 있다는 얘기가 들려오기도 했다. 성장호르몬과 인슐린은 아나볼릭 스테로이드와 체내 작용 측면에서 비슷하거나 연관돼 있는 금지약물이다. 수년 전, 실제로 시합 전날 누군가는 이뇨제의 일종을 사용하자고 내게도 제의하는 경우도 있었는데, 물론, 그 시합은 도핑검사를 하는 메이저 대회가 아니었고, 그것과 상관없이 나는 거기에 동조하거나 응할 생각이 없었다.

국내 보디빌딩 및 피트니스 시합에서, 금지약물은 도핑검사를 엄격하게 시행하기 시작한 메이저 대회보다는 어쩌면 그 아래 레벨의 시합에서 이처럼 더 영향 미칠 여지가 클지도 모른다. 물론, 겨우(!) 그런 레벨의 시합에 출전하면서 금지약물까지 이용하는 선수는 설령 있다 하더라도 극소수겠지만, 그리고 대부분이 적어도 수년 전까지의 과거 얘기겠지만, 그리고 내가 그 정도를 정확히 알 수는 없지만, 그리고 선수로서 나는 거기에 대해 전혀 관심이 없지만.

기타 스포츠에서의 도핑. 금지약물, 특히 금지약물의 대표적인 것이라 할 수 있는 것인 아나볼릭 스테로이드 사용은 보디빌딩에서 유독, 특히 일반인으로부터 오해의 대상이 되는 경향이 있지만 (근육을 키우고 피부를 얇게 하는 데 가장 깊게 관여하는 호르몬이기 때문이다), 금지약물이 그것만 있는 것도 아니고, 그것조차도 기타 스포츠에서도 그 오남용 실태는 크게 다르지는 않다. 그리고 기타 스포츠에 있어서의 금지약물 사용은 개인에 의한 것일 수도 있고 단체에 의한 것일 수도 있고, 단기간의 우발적인 것일 수도 있고 장기간의 광범위하고 조직적인 것일 수도 있다.

도핑은 자신의 고의든 부주의든, 모두 선수의 책임이 되고, 한때 최고의 위치에 있다 도핑 적발로 선수로서의 거의 모든 걸 한순간에 잃으면서 추락하게 되는 경우도 흔히 있다. 자동차 경주 '포뮬러 원'의 미하엘 슈마허, 장거리 사이클 경주 '투르 드 프랑스'의 랜스 암스트롱, 미국 프로 야구 'MLB'의 마크 맥과이어처럼. 스포츠 용품 회사 등 각종 기업으로부터의 거액의 스폰서십sponsorship이 대부분 중단되는 것도 당연지사다. 그런가 하면, 아놀드 백과에서도 단체에 의한 사례를 많이 소개하고 있지만, 최근인 2015년 말, 러시아 스포츠 선수 수백 명이 대규모 집단적으로, 적어도 수년 전부터 도핑을 해온 사례가 적발되었고, 그 결과로, 2016 리우 올림픽에 러시아 육상 선수단 전체가 출전금지 당했고, 육상을 포함한 러시아 선수단 전체가 출전금지 당할 뻔했다.

국제적 반도핑 공조. 자료에 의하면, 스포츠에서의 약물 사용은 이미 1900년경에도 있었고 IOC 이전에 이미 1960년대에 도핑방지에 대한 논의와 입법이 있었지만, IOC에 의한 WADA에 의해 본격적으로 도핑방지와 도핑검사가 시작되었다고 할 수 있다. WADA는 스포츠에서의 도핑doping in sport에 맞선 싸움을 위한 국제기구로, IOC는 1999년 '로잔 선언'Declaration of Lausanne을 바탕으로 스위스 로잔에 WADA를 설립했다 (WADA 본사는 2002년 캐나다 몬트리올로 옮겼다). 유네스코(UNESCO. United Nations Educational, Scientific and Cultual Organization)는 2005년 190여 회원국의 만장일치로 '스포츠에서의 도핑에 맞선 국제협약'UNESCO International Convention against Doping in Sport을 발표함으로써 반도핑에 있어서 IOC에 가세했다. 이후 IOC와 UNESCO, 각국 정부·반도핑기구·중앙경기단체는 국제적·국가적 반도핑을 위해 WADA를 중심으로 재정적·정책적으로 공조하고 있다.

그래서 우리나라 정부, KADA. 대한체육회, 국민생활체육회도 기본적으로는 WADA를 따르며, 가맹국이나 정부나 지역에 따라 그 특수성에 맞게 최소한의 조정을 거친 국제표준International Standards을 정해 따르게 된다. KADA는 2006년 설립되어, 2010년 기준으로 매년 약 3,000건의 검사를 수행하고 있다고 한다.

반도핑 규약과 반도핑 프로그램. WADA는 그 규약[규정]code(세계반도핑규약World Anti-Doping Code)을 매년 9월 업데이트해 발표하는데, 그것은 다음해 1월 1일부터 효력이 발생한다. 그것은 모든 스포츠와 모든 국가에서의 반도핑 규정regulations을 조화되게 하기 위한 문서document로 (100페이지 넘는), WADA는 그 규약과 그 규약을 지원하는support 프로그램(세계반도핑프로그램World Anti-Doping Program)의 목적을 다음과 같이 설명한다.

. 도핑 없는doping-free 스포츠에 참여할 수 있는 선수들의 기본적인 권리를 보호하고protect, 그럼으로써 전 세계 선수들을 위한 건강health·공정fairness·평등equality을 증진하기promote 위해, 그리고

. 도핑 탐지detection·억제deterrence·예방prevention에 관해서 국제적·국가적 수준에서 조화되고harmonized 협조되고coordinated 효과적인effective 반도핑 프로그램을 보장하기ensure 위해.

금지약물과 금지방법. WADA의 그 규약에는 금지항목prohibited list이 포함돼 있고, 금지항목에는 금지약물prohibited substances과 금지방법prohibited methods이 포함돼 있는데, 거기에는 항시 금지되는 약물, 항시 금지되는 방법, 경기기간 중에만 금지되는 약물, 특정 스포츠 경기기간 중에만 금지되는 약물, 주의 약물(감기약, 혈압약)이 포함되는데, 이들은 다시 동화작용제, 흥분제, 이뇨제, 마약류, 부신피질호르몬, 유전자 도핑, 알코올 등의 10가지가 넘는 큰 범주로 나뉜다.

WADA 규약에 의하면, '도핑'은 '반도핑 규정을 위반한 것'으로 정의되며, 여기에는 이들 금지약물 및 금지방법의 제조, 유통, 소지, 사용(복용·흡입·주사·피부접착, 혈액제제, 수혈, 인위적 산소섭취 등), 은폐, 부정거래, 그리고 이들 행위의 시도 등이 모두 폭넓게 포함된다. 그리고 '선수'athlete는 '국제international 레벨 또는 국가national 레벨에서 경쟁하는[시합출전을 하는]compete 사람'으로 정의되며, 선수는 어떤 금지약물도 체내에 들어오지 않게 확실히 해야 하고, 의도, 실수, 무지 등과 상관없이, 금지약물, 그 금지약물의 대사산물이나 표식자marker가 샘플에서 검출되는, 그 모든 것에 책임이 있다고 돼 있다.

실제로, 보충제는 물론이고, 한약재, 민간약, 건강보조제에서도 금지약물이 검출될 수 있으며, 의료적인 차원에서 사전 신고하고 용인된 특별한 경우를 제외하고는, 어떤 경우도 도핑검사 양성반응에서는 선수의 면책사유가 되지 않는다.

보디빌딩에서의 도핑에 대한 관련 국내 단체나 기구의 공식적 입장. 대한체육회, 대한보디빌딩협회, 한국도핑방지위원회는 특히 보디빌딩 및 피트니스 선수들의 도핑(특히 금지약물 사용)에 대해, 시합의 존폐를 두고, 아주 엄격하게 교육하고 있고 정상급 선수들에 대해서는 특별히 상시 관리하고 있다고 말한다. 선수가 금지약물로 메이저 대회에서 적발되면, 이는 선수자격 정지 또는 박탈 등의 개인만의 문제로 끝나는 게 아니라 시합의 존폐 문제로까지 연결될 수 있는 중대 사안이라고 말한다. 그래서 선수는 개인적 차원을 넘어, 이런 엄청난 민폐를 끼치지 않기 위해서라도, 특히 메이저 대회 출전을 앞두고는 금지약물 사용을 특별히 더 경계하는 한편, 자신의 도핑검사 양성반응 가능성이 조금이라도 있다면 그 대회 출전을 아예 피해야 할 필요가 있다.

보디빌딩에서의 도핑에 대한 내 개인적 생각. 코리아 대회나 전국체전 보디빌딩 같은 메이저 전국대회에서, 출전신청자 전원이 경기 전 불시에 소집돼 도핑검사(경기기간 외)를 받게 될 수 있고, 체급별 입상자는 경기 중이나 경기 후에 추가로 도핑검사(경기기간 중, 경기기간 외)를 받게 될 수 있다. 그리고 앞에서 말한 것처럼, 정상급 선수들은 수시로 불시에 도핑검사를 포함한 각종 감시 장치에 의해 상당 부분 통제되고 있다고 한다.

코리아 대회에 출전하는 남자 선수들 대부분이 금지약물 사용 경험이 있을 거라는 네티즌들의 의견을 볼 때마다, 나는 '사실상 전혀 그렇지 않은데.'하고 생각할 때가 많다. 동호인들은 흔히 누가 금지약물 사용 경험이 있고 없는지, 몸을 보면 딱 표가 난다고 흔히 말하는데, 나는 아직 그런 수준이 되지 않아서인지 몰라도 선수들의 몸만으로 판단할 수는 없다. 남자 선수가 가슴이

나 등에 여드름이 많거나, 국내에서는 드물기는 해도, 남자 선수가 깎인 몸으로 시합무대에 올랐음에도 복부에 긴장을 가하고 있지 않을 때는 임신한 것처럼 배가 불룩하면 (그런 모습을 처음 보인 선수의 이름에서 유래한 팔룸보이즘palumboism이라고도 한다), 성장호르몬이나 인슐린 사용이 의심되고, 여자 선수가 얼굴이 남성화되고 있는 것처럼 보이면서 근매스나 세퍼레이션도 웬만한 남자 선수 못지않게 상당할 때, 아나볼릭 스테로이드 사용이 의심되기는 해도, 어느 쪽도 단정할 수는 없을지 모른다. 심지어 미스터 올림피아들의 경우도, 내가 직접 보거나 들은 바가 없는데, 그들의 몸만으로 그들이 아나볼릭 스테로이드, 성장호르몬, 인슐린, 이뇨제 등, 그 어느 것이라도 과거에 사용했거나 현재 사용하고 있다고 단정할 수는 없지 않을까.

그런 면에서, 보디빌딩 및 피트니스 시합에서 금지약물은 미인대회에서 성형과 같은 것이 아닐까 싶다. 안타깝게도, 미인대회가 아닌 보디빌딩 및 피트니스에서도, 여자 선수 중에는 가슴확대 수술을 받는 경우도 더러 있는데, 그게 시합 규정을 어기는 것은 아니지만, 시합장에서부터 그 인공적인 모습이 눈에 띄는 경우도 있고, 시합장에서는 몰라도 후에 이전의 모습과 비교해보면 명확해지는 경우도 있는데 (사실, 우리나라에서도 젊은 선수들 사이에서 특히, 가슴확대 수술이 갈수록 흔해지고 있는데, 미국에서와 마찬가지로, 전신적으로 근육이 발달할수록 여성성의 가슴은 작아 보이거나, 이와는 반대 방향으로, 체지방이 깎일수록 여성성의 가슴은 작아져서인지, 가슴확대 수술 경향이 커진다. 그러나 이것도 같은 상황이 되더라도, 어떤 선택을 할지는 선수에 따라 다를 수밖에 없다), 그래도 대부분은 X-ray 사진을 찍거나 다른 방편을 동원해야 최종적으로 확정할 수 있는 것처럼, 금지약물 사용도 그렇게 바로 알 수 있는 것도 있고 아닌 것도 있지만, 결국은 도핑검사를 통해서만 비로소 금지약물 사용을 단정할 수 있을 것이다. 물론, 금지약물 사용이 적발되지 않은 선수라 하더라도, 그 도핑검사 한참 오래 전 과거는 말할 것도 없고, 최근 금지약물 사용 경험이 전혀 없다고 단정할 수도 없다. 그래서 금지약물 사용 경험이 전혀 없는, 나 같은 소위 '내추럴 보디빌더'인지는 도핑검사 적발 여부만으로 판별할 수 있는 게 아니다.

대한체육회, 한국도핑방지위원회, 대한보디빌딩협회의 입장이 아닌, 순전히 이 [시합편]의 저자로서의 내 입장은 이런 것이다. 이 [시합편]에 등장하는 정상급 선수 중에도 금지약물 사용이 적발돼 자격정지[출전정지]를 받은 전력이 있는 선수도 있는데, 처음에 나는 그런 선수에 대해 다소 부정적인 생각이 들었지만, 지금은 그렇게 단편적으로만 생각하지는 않는다. 그것은 어쩌면 직업인의 세계로, 그런 측면과는 무관한, 예를 들면, 나 같은 사람, 그리고 일반인, 동호인, 마니아가 뭐라고 할 만한 문제는 아니라는 게 어쩌면 더 넓고 깊은 생각일지 모른다. 그래서 내가 이 [시합편]에서, 어느 정상급 선수든, 금지약물 사용 경험이나 도핑검사 적발 전력을 내가 알든 모르든 그 점에 거의 개의치 않고 등장시킬 수 있는 것이다 (금지약물 사용 첫 적발 시 자격정지는 주로 2년 또는 그 이하였다. 내가 아는 범위 내에서 말할 때, 이 [시합편]에 등장하는 선수의 10% 정도에 해당하는 몇 명에게도 그런 전력이 있다. 그러나 그들도 현재는 대부분 또는 전원이 자격정지 기간을 지나 모두 코리아 대회, 전국체전 같은 메이저 국내대회에 다른 선수들과 동등하게, 아무런 불이익을 받지 않고 정상적으로 출전하고 있다. 물론, 정도의 차이일 뿐일 수도 있지만, 금지약물에 대해 노골적이고 악의적으로 접근했거나 선수로서 기본적으로 바람직해 보이지 않는다고 생각되는 선수라면 이 책에 등장시키지 않을 것이다. 참고로, 얼마 전까지만 해도, 금지약물 사용으로 반복 적발 시 영구 제명될 수 있는 쪽이었지만, 이제는 첫 적발 시 바로 영구 제명될 수도 있다고 한다).

내가 말하고자 하는 핵심은 이것이다. 아놀드 백과나 이기수 백과에 등장하는 일부의, 또는 인터넷에서 접하게 되는 어느 선수가 자신의 건강과 심지어는 생명을 담보로 금지약물로 근육을 더 잘 발달시키고 피부를 더 얇게 만드는 데 도움받았다 하더라도, 어쩌면 지금까지의 당신을 포함해, 특히 일반인이나 동호인, 마니아는 타인의 노력을 폄하하거나 자신의 노력부족을 위안 삼기 위해 그것을 비난의 대상으로 삼을 게 아니라, 그들의 몸과 포징에서 배울 수 있고 당신의 운동·영양·시합에서의 방향설정과 동기유발에 도움되는 게 있다면, 그렇게만 자신에게 좋게 활용하면 될 일이다. 그리고 내가 그들의 시합사진으로 도움받지 않고 어떻게 이 [시합편]을 독자에게 최대한 도움되게 충분히 잘 쓸 수 있겠는가.

그리고 현재의 금지약물이 금지약물로 지정되기 이전이든 지정된 이후든, 그런 약물로 몸을 더 극단적으로 발달시키고자 함으로써 결국은 그만큼 멋진 몸을 발달시킬 수는 있었지만 그것으로 인한 건강상의 문제로 이른 나이에 목숨도 잃은 보디빌더가 여럿 있었다. 그들이 그 약물의 부작용이나 위험성을 진작 알았든 몰랐든, 어쩌면 그것은 그들이 단순히 쉬운 길을 찾았다기보다는, 더 어렵지만 더 극단적인 헌신의 길을 갔던 한 단면일지도 모른다. 선수들은 물론이고 동호인들도 대부분은 기본적으로 이용하고 있을 단백질 파우더 같은 보충제나 일반인들도 대부분은 어느 정도 이용하고 있을 종합영양제 같은 것조차 생애 첫 시합출전 시즌이었던 2008년 이후 거의 또는 전혀 이용하지 않아온 내 입장에서 (그 이전에도 마니아나 선수치고는 그리 많이 이용한 게 아니지만. 그리고 2008년의 내 시합사진을 보면, 그 이후, 특히, 다이어트가 충분히 되었던 건 아닐지 몰라도 상대적으로 아주 많이 부족한 건 아니었던 2011, 2015년의 내 시합사진과 비교할 때, 2008년의 시합에서 내가 얼마나 부실한 몸이었는지, 그러나 거기에서 이후 보충제를 전혀 또는 거의 이용하지 않고도, 그리고 기타 개인적·사회적 요인으로 몸이 자주, 여러 번 거의 원점 비슷하게까지 돌아가면서도 나름 발전해온 것을 생각하면, 역시 내가 이 백과의 초기 형태를 집필하기 시작했을 때의 중심된 생각 중 하나, 즉 보충제를 챙기기보다는 운동을 더 잘 알고 운동에 더 집중하는 게 기본적으로 더 중요하다는 걸 내 몸으로 보여주고자 했던 게, 비록 충분히는 아니더라도 조금은 달성되었다고 생각된다. 보충제가 특별히 해롭거나 전혀 도움되지 않는다고 생각해서 보충제를 거의 또는 전혀 이용하지 않기로 한 게 아니었고, 독자를 위해 내 몸으로 시험해 보여주려고 한 게 주된 이유였다), 내가 도핑을 조금이라도 옹호하려는 것은 전혀 아니란 걸, 이 민감한 사안에 대한 오해가 조금이라도 생기지 않게 강조하고 싶다. 나는 그 어떤 인공적인 물질도, 심지어는 의료진에 의한 의료 차원의 약(물)이나 시술도 내 몸에의 접근이나 침투를 최대한 제한하고자 하는 사람이며, 자연적인 건강과 자연적인 심미를 최우선 추구한다. 그게 더 건강하고 더 자연스럽고 더 아름답기 때문이다. 다만, 나는 그들은 그들 자신의 인생에서 자신이 헌신할 무언가를 선택한 것이고 거기에 대해 자신의 건강과 생명까지 걸고 궁극을 추구했고 그 한 방편이 약물이 되었을지 모르고, 타인에게 해가 되지 않는 것이라면 (시합에서의 공정한 경쟁 문제가 아니라면, 분명히, 적어도 그들이 자신에게 해가 될지는 모르지만 선수가 아닌 일반인이나 동호인 등 타인이나 이 사회에 해를 입혔을 만한 게 뭐 있겠는가), 그건 그들의 선택의 자유 영역으로 이해해야 하지 않을까. 우리가 그들에게 무언가를 도와준 적도 없고, 그들이 우리에게 어떤 해를 입힌 적도 없다면 말이다. 어떤 면에서, 손발을 동상으로 잃거나 심지어는 고산병, 저체온증, 크레바스 등으로 한순간에 죽을 수 있다고 하더라도 히말라야 8,000m급 고봉에 오르는 전문 산악인처럼 말이다. 물론, 이제 시합에서라면, 앞에서 말한 바 있는 것처럼, 시합의 존폐와 이미지 측면에서 중대한 문제일 수 있고, 도핑(이용과 유통을 포함한) 자체가 범죄라면, 그것까지는 내가 뭐라 할 만한 게 아니지만.

금지약물의 부작용과 위험성. 아나볼릭 스테로이드, 성장호르몬, 인슐린, 이뇨제 등의, 아놀드 백과에 언급되는 단기적·장기적 부작용 또는 위험성의 일부만 보더라도 무기력, 현기증, 두통, 황달, 위장장애, 체지방 증가, 여드름, 체모의 증가, 출혈, 근육경련, 근육연축, 근육약화, 성기능 저하, 공격성 증가, 우울증, 성장장애, 남성에서의 전립선 비대와 여성형유방증, 여성에서의 남성적 안모face로의 변화와 유방조직의 감소와 클리토리스의 비대, 당뇨병, 고혈압, 심혈관계 질환, 복부비대(팔룸보이즘), 전립선암, 간암, 그리고 사망에 이르기까지, 마치 마약처럼, 알고 있다면 정신적·신체적 건강과 심미 측면에서 결코 도핑을 시도하고 싶지 않을 많은 이유를 발견할 수 있다 (특히 이들 후자로 갈수록, 그 심각한 증례를 인터넷 유튜브에서도 어렵지 않게 접할 수 있는데, 앞표지 안쪽에서 알려준 내 유튜브 사이트에도 그런 동영상 자료를 몇 개 연결시켜뒀다).

금지약물의 의료적 활용. '현재의' 세계 정상급 선수들이 그런 약물을 얼마나 이용하고 있고 얼마나 잘 접근하고 있는지, 그리고 그런 선수들이 고비용을 들여 고도로 전문적인 방법으로 이용하고 있을 그 약물요법이 얼마나 장기적으로 안전할지는 나로서는 아직 알 수 없다. 그러나 선수로서는 금지약물인 아나볼릭 스테로이드, 성장호르몬, 인슐린 등을 선수 입장이 아닌 환자 입장에서 의료적으로 활용하는 것은 자연스럽고 정당한 것이면서, 어쩌면 바람직한 선택일지도 모른다. 선수가 환자가 되었다면, 일단은 그 환자 상태에서 벗어나야 다시 선수가 되든 뭐가 되든 할 것이다. 물론, 충분한 자격과 경험 있는 의료진에 의한 인간애적·전문적 처방, 조언, 관리감독 하에서 말이다.

'여성호르몬 대체요법'이 갱년기 이후 여성에게 일반적으로 도움되고 있듯이, 어느 연령대든 어떤 이유로든, 남성호르몬 부족으로 고통받는 이에게는 '남성호르몬 대체요법'이 의료적 차원에서 도움될지도 모른다. 그러나 여러 면에서, 테스토스테론(또는 그 대체약물) 보충은 에스트로겐 보충보다 훨씬 더 조심해서 접근해야 할 것 같다. 우리 몸이 그 인공적 보충 정도에 훨씬 더 민감하게 반응하고, 잘못되었을 때 그 폐해가 훨씬 더 큰 게 테스토스테론 쪽이라고 판단되기 때문이다. 그래서 나 역시 최근 본업과 관련한 불운(개원이나 개원준비 과정에서의) 등으로 정신적 혼란과 고통을 겪으며 남성호르몬이 장기간 바닥을 치고 있다고 느끼면서 의료기관을 통한 테스토스테론 보충이 내게도 도움될지도 모른다고 생각하면서도, 괜한 오해를 사지 않기 위해서라도, 그런 환자 입장에서의 탈출을 위한 보조적 수단으로서의 의료적 활용조차 피해왔다. 물론, 이 백과에서의 다른 많은 부분에서 그렇듯이, 이 부분에서도 나는 '타의 모범이 되기 위해' 어떤 상황에서도 어떤 식으로든 의료적 또는 약물의 도움 없이 이 모든 상황을 정신적 수단 (사고전환, 마음수양, 기타 발전적 자극 등)의 도움이나 운동이나 영양만으로 버텨내고 이겨냄으로써 그것을 장려하고 거기에 대한 조언을 해주고자 하는 생각과, 좋은 것이라 생각되는 것이든 어쩌면 그 반대일 수도 있겠다 생각되는 것이든, '내가 직접 경험하고 배우고 공부해 남 줘야 한다'는 생각도 항상 공존하는 것이지만 말이다. 성장호르몬 부족으로 성장과 건강 문제를 겪고 있다면 성장호르몬 보충이 (최근에 많은 부모에 의해 소아·청소년에게 유행해온 그런 차원의 접근은 그 효과와 안전성이 입증된 의학적·한의학적으로 권장할 만하거나 바람직한 것이라기보다는 그 서비스(?) 제공자의 의료상업적인 측면과 소비자가 거기에 휘둘리는 측면이 강하다고 생각되지만), 인슐린 부족에 의한 당뇨병을 앓고 있다면 인슐린 보충이 필요한 것도 당연지사다 (많은 고혈압에서도 그렇지만, 많은 당뇨병에서, 영양은 일단 차치하고, 약물 못지않게, 아니면 약물보다 더, 운동이 효과적일지 모른다). 그래도 한마디로 하자면, 이들 인위적인 호르몬 보충에 대해서는, 선수의 도핑 문제 차원을 떠나 '순전히 환자로서의 자신의 건강 차원을 위해서라도' 아주아주 신중하게 접근해야 할 것 같다. 물론, 이것도 명확한 지침이 될 만한 결론은 아닌 것 같은 것은 경험부족으로 어쩔 수 없다. 나는 이 사안을 선수 입장보다는 주로 의료인과 환자와의 사이에서의 의료적 관점, 인간애적 관점에서 바라보고 있다.

이기수 보디빌딩 피트니스 백과 시합편

KEESOO LEE's ENCYCLOPEDIA of BODYBUILDING and FITNESS: COMPETITION

초판 1쇄 2017년 3월 15일 (ver. 1.00)

지은이 이기수
펴낸이 유성권
편집장 이재선
기획자 이경민
마케팅 임태완, 김호철, 최성규, 정명한, 김모란, 한태수, 박만근, 김성환, 박현진
사이즈 215 × 275mm
펴낸곳 범문에듀케이션
주 소 서울시 양천구 목동서로 211 범문빌딩 (우 07995)
전 화 (02)2654-5131
팩 스 (02)2652-1500
홈페이지 www.medicalplus.co.kr

등 록 제 2011-000001호
ISBN 979-11-5943-049-7 (03690)

※ 잘못된 책은 교환하여 드립니다.

이 도서의 국립중앙도서관 출판예정도서목록(CIP)은 서지정보유통지원시스템 홈페이지 (http://seoji.nl.go.kr)와 국가자료공동목록시스템(http://www.nl.go.kr/kolisnet)에서 이용하실 수 있습니다. (CIP제어번호: CIP2016030684)